# ROULEZ SUR VOTRE PROPRE PART DE LÉGENDE

## Avec une motocyclette Harley-Davidson®
## 110th Anniversary édition limitée

# Le Guide de la Moto
## de la

**LA BIBLE DES MOTOCYCLISTES**

# 2013

**LES GUIDES MOTOCYCLISTES**

Pour leur soutien et les divers services qu'ils ont rendus et qui ont aidé la réalisation du Guide de la Moto 2013, nous tenons à sincèrement remercier les personnes suivantes. Merci à tous et à toutes.

Jocelyne Béslile, Louise Coulombe, Stéphane Théroux, Aline Plante, Suzanne Gascon, CRI Agence, Marc Bouchard, Sylvain Drouin, Michel Giguere, Nathalie Grégoire, Jacques Grégoire, Michel Boivin, Jacques Provencher, Karen Caron, Sonia Boucher, Isabelle Dessureault, Robert Dépatie, Pierre Pimeau, Stéphane Masquida, Denis Fournier, Ronald Blouin, Serge Côté, John Campbell, John Maloney, Monette Sports, TSBK, Alan Labrosse, Didier Constant, Costa Mouzouris, Pete Thibaudeau, David Booth, Raymond Calouche, Ilka Michaelson, Daniel Chicoine, Jean Leduc, Kimberly Moore, Moto Internationale, Jean-Pierre Belmonte, Roger Saint-Laurent, Jason Lee, Tylor Donnelly, Jean Deshaies, Michel Olaïzola, Michael Bissonnette, Ian McKinstray, Steeve Corrigan, Jeff Comello, Stéphane Nadon, André Leblanc, Karl Edmondson, Russ Brenan, Greg Lasiewski, Agata Formato, Lauren Oldoerp, Joey Lombardo, Sean Alexander, Norm Wells, Vivian Scott, Rob Dexter, Chris Duff, Chris Ellis, Christine Ellis, Jeff Berry, Danny Brault, Karen Spencer-Gonda, Florian Burget, Marc R. Lacroix, José Boisjoli, Philippe Normand, Johanne Denault, Maude Desjarlais, Alex Carroni, Tim Massarelli, Jean-Pierre Legris, Guillaume Carle, Pascal Blouin, Rodolphe Coiscaud, Jérôme Bolla, Maria J. Diaz, Janet Tinsley, John Bayliss, François Morneau, Steeve Bolduc, Natalie Garry, Tim Kennedy, Bryan Hudgin, Luc Boivin, Robert Pandya, Many Pandya, Lea Abeyta, Francis Larivière, Steve Hicks, GP Bikes, Arrick Maurice, Dominique Cheraki, Tim Collins, Tom Riles, Brian J. Nelson, Adam Campbell, Kevin Wing et Tim Stover.

**Conception graphique :** Karen Caron, Groupe Charest
**Infographie :** Sonia Boucher, Groupe Charest
**Révision linguistique :** Anabelle Morante, Gilberte Duplessis, Mylène Dupré
**Révision technique :** Ugo Levac
**Envoyé spécial salons :** Didier Constant
**Rédacteur section hors-route :** Claude Léonard
**Éditeur, rédacteur en chef :** Bertrand Gahel
**Impression :** Imprimerie Transcontinental
**Représentant :** Robert Langlois : 514 294-4157

## LES GUIDES MOTOCYCLISTES

Téléphone : 1 877 363-6686
Adresse Internet : info@leguidedelamoto.com
Site Internet : www.leguidedelamoto.com

## ÉDITIONS ANTÉRIEURES

Des éditions antérieures du Guide de la Moto sont offertes aux lecteurs qui souhaiteraient compléter leur collection. Les éditions antérieures peuvent être obtenues uniquement par service postal. Voici la liste des éditions que nous avons encore en stock ainsi que leur description :

- 2012 (français, 384 pages en couleurs)
- 2011 (français, 368 pages en couleurs)
- 2010 (français, 384 pages en couleurs)
- 2009 (français, 384 pages en couleurs)
- 2008 (français, 368 pages en couleurs)
- 2007 (français, 384 pages en couleurs)
- 2006 (français, 400 pages en couleurs)
- 2005 (français, 368 pages en couleurs)
- 2004 (épuisée)
- 2003 (français, 300 pages en couleurs)
- 2002 (français, 272 pages en couleurs)
- 2001 (français, 256 pages en noir et blanc avec section couleur)
- 2000 (français ou anglais, 256 pages en noir et blanc avec section couleur)
- 1995, 1996, 1997, 1998, 1999 (épuisées)

Pour commander, veuillez préparer un chèque ou un mandat postal à l'ordre de : *Le Guide de la Moto* et postez-le au : C.P. 55011, Longueuil, QC. J4H 0A2. N'oubliez pas de préciser quelle(s) édition(s) vous désirez commander et d'inclure votre nom et votre adresse au complet écrits de manière lisible, pour le retour ! Les commandes sont en général reçues dans un délai de trois à quatre semaines.

Coût total par Guide, donc incluant taxe et transport, selon l'édition :

- 30 $ pour les éditions 2012, 2011, 2010, 2009, 2008, 2007, 2006, 2005 et 2003
- 25 $ pour l'édition 2002
- 20 $ pour l'édition 2001
- 15 $ pour l'édition 2000

IMPORTANT : Les éditions antérieures du Guide de la Moto que nous offrons à nos lecteurs sont des exemplaires ayant déjà été placés en librairie. Il se peut donc qu'ils affichent certaines imperfections mineures, généralement des couvertures très légèrement éraflées. La plupart sont toutefois en excellent état.

Dépôt légal : Deuxième trimestre 2013
Bibliothèque nationale du Québec
Bibliothèque nationale du Canada
ISBN : 978-2-9809146-7-6
Imprimé et relié au Québec

TOUTE NOUVELLE

*Ninja* **ZX6R**

# 636

SÉRIEUSES
PERFORMANCES
SPORT

*La Ninja ZX-6R supersport affronte l'ultime banc d'essai
des motos de performance à indice d'octane élevé. De son
moteur enthousiaste à son système antipatinage novateur,
la ZX-6R possède toutes les caractéristiques de pointe
nécessaires pour négocier quelques unes des sections de circuit
les plus ardues du monde à l'Île de Man.*

**kawasaki.ca/fr/13NinjaZX6R**

**Kawasaki**

GOLDWING

F6B

# CE N'EST PAS LA GOLD WING DE VOTRE PÈRE.

**Longue, basse, élancée et imposante,** c'est une version «mauvais garçon» simplifiée, recouverte d'un noir obscur et prête à laisser sa marque. La Honda F6B dispose d'un carénage profilé, de la puissance d'un gros six cylindres et d'une remarquable agilité. Si vous recherchez une moto dont le caractère n'a d'égal que le vôtre, la F6B est tout indiquée. Défiez les conventions avec une moto qui fait tourner les têtes mais refuse tout compromis sur le confort, la qualité ou la performance. **Visitez un concessionnaire de motocyclettes Honda près de chez vous pour découvrir le côté obscur de la Gold Wing.**

**Trouvez votre côté obscur à partir de 23 749$** transport et préparation inclus.

 Honda Powersports Canada  @HondaPowerCA

honda.ca

# TABLE DES MATIÈRES

AVANT-PROPOS 8
INDEX PAR MARQUE 12
INDEX PAR CATÉGORIE 14
INDEX PAR PRIX 16
LÉGENDES 18
SONDAGE 20

PROTOS 21
HORS-ROUTE 63

APRILIA 84
BMW 88
BRP 116
DUCATI 124
HARLEY-DAVIDSON 140
HONDA 162
INDIAN 196
KAWASAKI 198
KTM 228
LITO GREEN MOTION 238
MOTO GUZZI 242
MV AGUSTA 244
SUZUKI 250
TRIUMPH 280
VICTORY 308
YAMAHA 318

ATLAS 360
INDEX DES
CONCESSIONNAIRES 393

**LE ROADSTER SPORT TOURISME DE CAN-AM® SPYDER®**
Prenez la route en toute confiance grâce à la maniabilité que vous offre le design
exclusif du Can-Am Spyder ST. Puis profitez d'un contrôle accru avec le système électronique
de stabilité breveté, la transmission semi-automatique, le système de freinage antiblocage (ABS)
et des freins Brembo! Ajoutez des caractéristiques comme une position de conduite relaxe, la protection
contre le vent, amplement d'espace de rangement ainsi que des jantes de 15 po, et vous comprendrez pourquoi
il s'impose comme le roadster sport tourisme par excellence. **Pour en savoir plus, visitez can-am.brp.com.**

# AGRIPPEZ LA ROUTE
# EN TOUTE CONFIANCE
# AVEC LE NOUVEAU
# CAN-AM SPYDER ST 2013.

Après presque 20 ans passés à littéralement chasser une moto après l'autre, après des essais par centaines et peut-être plus, je ne sais pas, après avoir cultivé toutes les relations et établi tous les contacts requis pour réussir à mettre la main sur la bonne information, après l'amas de toute ces connaissances et le gain d'une telle perspective, on croirait que la production d'un livre comme celui-ci devient presque une seconde nature et qu'elle est, finalement, de plus en plus facile. Mais ça n'est décidément pas le cas. En fait, réaliser et publier *Le Guide de la Moto* ces dernières années est même devenu un défi non seulement colossal, mais qui aurait aussi été très difficile à relever sans, justement, tout ce vécu. Bien sûr, de l'extérieur, tout semble à peu près normal, mais derrière, dans les coulisses, ça brasse pas mal. Explications.

L'un des plus grands obstacles se dressant devant nous depuis trois ou quatre ans au moins, c'est le moment où l'information est relâchée. Un moment qui était fixe – l'automne –, mais qui se voit repoussé encore et encore. Si vous êtes un lecteur de longue date, vous avez, à n'en pas douter, remarqué avoir dû patienter de plus en plus depuis quelques années avant de pouvoir mettre la main sur votre nouveau Guide. Ce n'est peut-être pas très visible de votre côté, mais de notre point de vue à nous qui évoluons de l'intérieur et qui devons réunir toute l'information, l'industrie de la moto ressemble à un véritable chaos. Vous aurez aussi sûrement remarqué, si vous suivez un peu l'évolution du marché, que beaucoup de modèles sont en train de changer et que des manufacturiers sont même en train de se réorienter complètement. Ce que vous observez, c'est la réaction de l'industrie face à ce chaos. Ce qui se vendait ne se vend plus, ceux qui achetaient n'achètent plus, et on commence à peine à comprendre ce qui se vendra et qui l'achètera. La cerise sur le sundae dans cette confusion, c'est le personnel des compagnies dont on s'est malheureusement débarrassé à la suite de la crise économique. On parle de gens irremplaçables qui, d'ailleurs, n'ont pas été remplacés. Quand on se trouve dans une position centrale comme celle du Guide et qu'on doit négocier avec des nouveaux et des nouvelles qui ne comprennent pas vraiment pourquoi nous insistons tant pour avoir la bonne information, et toute l'information, ça se complique. Ajoutez à ça certains constructeurs qui, au contraire, ne semblent plus vouloir attendre l'an prochain pour dévoiler leurs nouveautés – ce que vous constaterez d'ailleurs par le nombre de modèles 2014 inclus dans ce livre 2013 – et vous avez un beau casse-tête à résoudre. Si je suis complètement honnête, je dois aussi avouer être moi-même l'un de ces obstacles, et ce, en raison de mon entêtement à ne pas publier n'importe quoi juste pour être sur le marché plus vite ou pour, justement, qu'on se casse moins la tête. On ne l'a jamais fait et ce n'est pas parce qu'on traverse une période complexe qu'on va commencer à le faire. Je me fiche complètement de « perdre une vente » parce qu'on a publié un peu plus tard, mais je n'accepterai jamais de perdre un lecteur parce qu'on a mis n'importe quoi dans nos pages. À l'approche de 20 années de publication, je crois qu'on doit plus que ça à notre lectorat. Alors voilà ce qui, en gros, se passe en arrière, dans les coulisses. Si vous êtes l'un de nos « vieux » lecteurs, j'espère que les explications soulagent un peu les plaies de votre impatience, et si vous êtes un nouvel arrivant au sport et que vous n'avez pas la moindre idée de ce à quoi rime tout ce discours, j'espère que vous en tirez au moins la conclusion qu'on fait réellement l'impossible pour vous mettre dans les mains une source d'informations juste et complète. Une source qui vous permettra de bien entamer votre nouvelle passion. Bienvenue, en passant.

Bertrand Gahel

Dans un garage à étages d'un esthétisme inattendu en plein cœur de Miami, l'auteur Bertrand Gahel réfléchit à la manière d'aborder son premier essai de moto électrique, la Sora de Lito Green Motion, pendant que le photographe Jérôme Bolla immortalise parfaitement cette rare scène de nuit.

DE JOUR COMME DE NUIT,
LA JUNGLE URBAINE EST VOTRE DOMAINE.

# CONQUÉRIR LA ROUTE

BOLT /// 2014

Modèle illustré avec accessoires offerts en option.

**APRILIA**

| | |
|---|---|
| RSV4 Factory APRC ABS | 84 |
| RSV4 R APRC ABS | 84 |
| Tuono V4 R APRC | 84 |
| Dorsoduro 1200 | 85 |
| Dorsoduro 750 | 85 |
| Mana 850 GT | 86 |
| Shiver 750 | 87 |

**BMW**

| | |
|---|---|
| K1600GTL | 88 |
| K1600GT | 88 |
| R1200RT | 90 |
| K1300S | 92 |
| K1300R | 92 |
| S1000RR HP4 | 94 |
| S1000RR | 94 |
| F800GT | 98 |
| R1200R | 100 |
| F800R | 102 |
| R1200GS Adventure | 104 |
| R1200GS | 104 |
| F800GS Adventure | 108 |
| F800GS | 108 |
| F700GS | 108 |
| G650GS Sertão | 112 |
| G650GS | 112 |
| C650GT | 114 |
| C600 Sport | 114 |

**BRP CAN-AM**

| | |
|---|---|
| Spyder RT Limited | 116 |
| Spyder RT-S | 116 |
| Spyder RT | 116 |
| Spyder ST Limited | 118 |
| Spyder ST-S | 118 |
| Spyder ST | 118 |
| Spyder RS-S | 122 |
| Spyder RS | 122 |

**DUCATI**

| | |
|---|---|
| 1199 Panigale R | 124 |
| 1199 Panigale S | 124 |
| 1199 Panigale | 124 |
| 848EVO Corse SE | 126 |
| 848EVO | 126 |
| Multistrada 1200 S Granturismo | 128 |
| Multistrada 1200 S Pikes Peak | 128 |
| Multistrada 1200 S Touring | 128 |
| Multistrada 1200 | 128 |
| Diavel Strada | 132 |
| Diavel Carbon | 132 |
| Diavel Cromo | 132 |
| Diavel | 132 |
| Diavel Dark | 132 |
| Streetfighter 848 | 134 |
| Monster Diesel | 136 |
| Monster 1100 EVO | 136 |
| Monster 796 | 136 |
| Monster 696 | 136 |
| Hyperstrada | 138 |
| Hypermotard SP | 138 |
| Hypermotard | 138 |

**HARLEY-DAVIDSON**

| | |
|---|---|
| Tri Glide Ultra Classic | 140 |
| Electra Glide Ultra Limited | 140 |
| Road Glide Ultra | 140 |
| Ultra Classic Electra Glide | 140 |
| Electra Glide Classic | 140 |

| | |
|---|---|
| Street Glide | 140 |
| Road Glide Custom | 140 |
| Road King Classic | 140 |
| Road King | 140 |
| Fat Boy | 144 |
| Fat Boy Lo | 144 |
| Heritage Softail Classic | 144 |
| Softail Deluxe | 144 |
| Softail Slim | 144 |
| Softail Blackline | 144 |
| Softail Breakout | 144 |
| Super Glide Custom | 148 |
| Street Bob | 148 |
| Wide Glide | 150 |
| Fat Bob | 150 |
| Switchback | 150 |
| V-Rod Muscle | 152 |
| Night Rod Special | 152 |
| Sportster 1200 Seventy-Two | 154 |
| Sportster 1200 Forty-Eight | 154 |
| Sporster 1200 Custom | 154 |
| Sportster 883 Iron | 156 |
| Sportster 883 SuperLow | 156 |
| CVO Ultra Classic Electra Glide | 158 |
| CVO Road Glide Custom | 158 |
| CVO Road King | 158 |
| CVO Breakout | 158 |

**HONDA**

| | |
|---|---|
| Gold Wing | 162 |
| Gold Wing F6B | 162 |
| ST1300 | 166 |
| VFR1200F DCT | 168 |
| VFR1200F | 168 |
| CBR1000RR | 170 |
| CBR600RR | 172 |
| CBR500R | 174 |
| CB500X | 174 |
| CB500F | 174 |
| CBR250R Repsol | 178 |
| CBR250R | 178 |
| CBR250R | 178 |
| NC700X | 180 |
| NC700S | 180 |
| CTX700T | 180 |
| CTX700N | 180 |
| CB1000R | 184 |
| CB1100 | 186 |
| Fury | 192 |
| Stateline | 192 |
| Shadow Phantom | 194 |
| Shadow Aero | 194 |

**INDIAN**

| | |
|---|---|
| Chief Vintage | 196 |
| Chief Dark Horse | 196 |
| Chief Classic | 196 |

**KAWASAKI**

| | |
|---|---|
| Vulcan 1700 Voyager | 198 |
| Concours 14 | 200 |
| Ninja ZX-14R | 202 |
| Ninja ZX-10R | 204 |
| Ninja 1000 | 206 |
| Z1000 | 206 |
| Ninja ZX-6R | 208 |
| Ninja 650 | 212 |
| ER-6n | 212 |
| Ninja 300 | 214 |
| Versys 1000 | 218 |

| | |
|---|---|
| Versys 650 | 220 |
| Vulcan 1700 Vaquero | 222 |
| Vulcan 1700 Nomad | 222 |
| Vulcan 1700 Classic | 222 |
| Vulcan 900 Classic LT | 224 |
| Vulcan 900 Classic | 224 |
| Vulcan 900 Custom SE | 224 |
| KLR650 | 226 |

**KTM**

| | |
|---|---|
| 1190 RC8R | 228 |
| 990 Supermoto T | 230 |
| 990 Adventure Baja | 232 |
| 690 Duke | 236 |

**LITO GREEN MOTION**

| | |
|---|---|
| Sora | 238 |

**MOTO GUZZI**

| | |
|---|---|
| California 1400 Touring | 243 |
| California 1400 Custom | 243 |
| Norge GT 8V | 242 |
| Stelvio 1200 NTX | 242 |
| Griso 8V SE | 243 |
| V7 Racer | 243 |
| V7 Special | 243 |
| V7 Stone | 243 |

**MV AGUSTA**

| | |
|---|---|
| F3 675 | 244 |
| Brutale 675 | 244 |
| F4 RR | 248 |
| F4 | 248 |
| Brutale 1090 RR | 249 |

**SUZUKI**

| | |
|---|---|
| GSX1300R Hayabusa | 250 |
| GSX-R1000 | 252 |
| GSX-R750 | 254 |
| GSX-R600 | 254 |
| GSX1250FA SE | 256 |
| GSX1250FA | 256 |
| GSX650F | 258 |
| SV650S | 260 |
| Gladius | 260 |
| V-Strom 650 EXP | 262 |
| V-Strom 650 SE | 262 |
| V-Strom 650 | 262 |
| Boulevard M109R | 264 |
| Boulevard C90T | 266 |
| Boulevard M90 | 270 |
| Boulevard C50 T | 272 |
| Boulevard C50 SE | 272 |
| Boulevard C50 | 272 |
| Boulevard M50 | 272 |
| Burgman 650 | 274 |
| Burgman 400 | 274 |
| Boulevard S40 | 278 |
| TU250X | 279 |

**TRIUMPH**

| | |
|---|---|
| Trophy SE | 280 |
| Daytona 675R | 284 |
| Daytona 675 | 284 |
| Speed Triple R | 288 |
| Speed Triple SE | 288 |
| Speed Triple | 288 |
| Street Triple R | 290 |
| Street Triple | 290 |
| Thruxton | 292 |

| | |
|---|---|
| Bonneville T100 | 294 |
| Bonneville | 294 |
| Scrambler | 296 |
| Tiger Exporer XC | 298 |
| Tiger Exporer | 298 |
| Tiger 800 XC | 300 |
| Tiger 800 | 300 |
| Rocket III Touring | 302 |
| Rocket III Roadster | 302 |
| Thunderbird Storm | 304 |
| Thunderbird | 304 |
| America | 306 |
| Speedmaster | 306 |

**VICTORY**

| | |
|---|---|
| Cross Country Tour | 308 |
| Cory Ness Cross Country Tour | 308 |
| Cross Country | 308 |
| Zack Ness Cross Country | 308 |
| Vision Tour | 308 |
| Arlen Ness Vision | 308 |
| Hard-Ball | 308 |
| Cross Roads Classic | 308 |
| Vegas Jackpot | 312 |
| Vegas 8-Ball | 312 |
| Boardwalk | 312 |
| Judge | 312 |
| High-Ball | 312 |
| Hammer 8-Ball | 316 |

**YAMAHA**

| | |
|---|---|
| Royal Star Venture S | 318 |
| FJR1300A | 320 |
| YZF-R1 | 324 |
| YZF-R6 | 326 |
| FZ1 | 328 |
| Fazer 8 | 330 |
| FZ8 | 330 |
| FZ6R | 332 |
| Super Ténéré | 334 |
| VMAX | 336 |
| Stratoliner S | 338 |
| Roadliner S | 338 |
| Raider | 340 |
| Road Star Silverado S | 342 |
| Road Star S | 342 |
| Stryker | 344 |
| V-Star 1300 Deluxe | 346 |
| V-Star 1300 Tourer | 346 |
| V-Star 1300 | 346 |
| V-Star 950 Tourer | 350 |
| V-Star 950 | 350 |
| Bolt R | 352 |
| Bolt | 352 |
| V-Star 650 Custom | 356 |
| V-Star 650 Classic | 356 |
| V-Star 650 Silverado | 356 |
| V-Star 250 | 357 |
| TMAX | 358 |
| Majesty | 359 |

Pneumatiques **PIRELLI**

Développée avec **ADVANCE**

Commanditaire officiel **TIM**

A partir de 9995 $

# Ducati Monster 696 : Icône urbaine

## TOURISME DE LUXE

| | |
|---|---|
| BMW K1600GTL | 88 |
| H-D Electra Glide Ultra Limited | 140 |
| H-D Ultra Classic Electra Glide | 140 |
| H-D Road Glide Ultra | 140 |
| H-D Electra Glide Classic | 140 |
| H-D CVO Ultra Classic Electra Glide | 158 |
| Honda Gold Wing | 162 |
| Kawasaki Vulcan 1700 Voyager | 198 |
| Victory Cross Country Tour | 308 |
| Victory Vision Tour | 308 |
| Victory Arlen Ness Vision | 308 |
| Yamaha Royal Star Venture S | 318 |

## SPORT-TOURISME

| | |
|---|---|
| BMW K1600GT | 88 |
| BMW R1200RT | 90 |
| Kawasaki Concours 14 | 200 |
| Honda ST1300 | 166 |
| Moto Guzzi Norge GT 8V | 242 |
| Triumph Trophy SE | 280 |
| Yamaha FJR1300 | 320 |

## SPORTIVE
### Ouverte

| | |
|---|---|
| Kawasaki Ninja ZX-14R | 202 |
| Suzuki GSX1300R Hayabusa | 328 |

### Pure
#### Un litre

| | |
|---|---|
| Aprilia RSV4 R/F APRC ABS | 84 |
| BMW S1000RR HP4 | 94 |
| BMW S1000RR | 94 |
| Honda CBR1000RR | 170 |
| Kawasaki Ninja ZX-10R | 204 |
| MV Agusta F4 RR | 248 |
| MV Agusta F4 | 248 |
| Suzuki GSX-R1000 | 252 |
| Yamaha YZF-R1 | 324 |

#### 750 cc

| | |
|---|---|
| Suzuki GSX-R750 | 254 |

#### 600 cc

| | |
|---|---|
| Honda CBR600RR | 172 |
| Kawasaki Ninja ZX-6R | 208 |
| MV Agusta F3 675 | 244 |
| Suzuki GSX-R600 | 254 |
| Triumph Daytona 675 | 284 |
| Triumph Daytona 675R | 284 |
| Yamaha YZF-R6 | 326 |

### Twin

| | |
|---|---|
| Ducati 1199 Panigale R | 124 |
| Ducati 1199 Panigale S | 124 |
| Ducati 1199 Panigale | 124 |
| 848 EVO Corse SE | 126 |
| 848 EVO | 126 |
| KTM 1190 RC8 R | 228 |

## ROUTIÈRE SPORTIVE

| | |
|---|---|
| BMW F800GT | 98 |
| BMW K1300S | 92 |
| Honda CBR250R | 178 |
| Honda CBR250R Repsol | 178 |
| Honda CBR500R | 174 |
| Honda VFR1200F | 168 |
| Honda VFR1200F DCT | 168 |
| Kawasaki Ninja 1000 | 206 |
| Kawasaki Ninja 650 | 212 |
| Kawasaki Ninja 300 | 214 |
| Suzuki GSX1250FA | 256 |
| Suzuki GSX1250FA SE | 256 |
| Suzuki GSX650F | 258 |
| Suzuki SV650S | 260 |
| Yamaha FZ1 | 328 |
| Yamaha Fazer 8 | 330 |
| Yamaha FZ6R | 332 |

## ROUTIÈRE CROSSOVER

| | |
|---|---|
| Ducati Multistrada 1200 S Granturismo | 128 |
| Ducati Multistrada 1200 S Pikes Peak | 128 |
| Ducati Multistrada 1200 S Touring | 128 |
| Ducati Multistrada 1200 | 128 |
| Honda CB500X | 174 |
| Honda CTX700T | 180 |
| Honda CTX700N | 180 |
| Honda NC700X | 180 |
| Kawasaki Versys 1000 | 218 |
| Kawasaki Versys 650 | 220 |
| KTM 990 Supermoto T | 230 |

## ROUTIÈRE AVENTURIÈRE

| | |
|---|---|
| BMW R1200GS | 104 |
| BMW R1200GS Adventure | 104 |
| BMW F800GS | 108 |
| BMW F800GS Adventure | 108 |
| BMW F700GS | 108 |
| BMW G650GS | 112 |
| BMW G650GS Sertão | 112 |
| Kawasaki KLR650 | 226 |
| KTM 990 Adventure Baja | 232 |
| Moto Guzzi Stelvio 1200 NTX | 242 |
| Suzuki V-Strom 650 | 262 |
| Suzuki V-Strom 650 SE | 262 |
| Suzuki V-Strom 650 SE EXP | 262 |
| Triumph Tiger Explorer | 298 |
| Triumph Tiger Explorer XC | 298 |
| Triumph Tiger 800 | 300 |
| Triumph Tiger 800 XC | 300 |
| Yamaha Super Ténéré | 334 |

## ROUTIÈRE SUPERMOTO

| | |
|---|---|
| Aprilia Dorsoduro 1200 | 85 |
| Aprilia Dorsoduro 750 | 85 |
| Ducati Hyperstrada | 138 |
| Ducati Hypermotard SP | 138 |
| Ducati Hypermotard | 138 |

## MUSCLE BIKE

| | |
|---|---|
| Ducati Diavel | 132 |
| Ducati Diavel Cromo | 132 |
| Ducati Diavel Carbon | 132 |
| Ducati Diavel Dark | 132 |
| Ducati Diavel Strada | 132 |
| Yamaha VMAX | 336 |

## STANDARD

| | |
|---|---|
| Aprilia Tuono V4 R APRC | 84 |
| Aprilia Mana 850 GT | 86 |
| Aprilia Shiver 750 | 87 |
| BMW K1300R | 92 |
| BMW R1200R | 100 |
| BMW F800R | 102 |
| Ducati Monster 1100 EVO | 136 |
| Ducati Monster Diesel | 136 |
| Ducati Monster 796 | 136 |
| Ducati Monster 696 | 136 |
| Ducati Streetfighter 848 | 134 |
| Honda NC700S | 180 |
| Honda CB500F | 174 |
| Honda CB1000R | 184 |
| Honda CB1100 | 186 |
| Kawasaki ER-6n | 212 |
| Kawasaki Z1000 | 206 |
| KTM 690 Duke | 236 |
| Lito Green Motion Sora | 238 |
| Moto Guzzi Griso 8V SE | 243 |
| Moto Guzzi V7 Racer | 243 |
| Moto Guzzi V7 Special | 243 |
| Moto Guzzi V7 Stone | 243 |
| MV Agusta Brutale 1090 RR | 249 |
| MV Agusta Brutale 675 | 244 |
| Suzuki Gladius | 260 |
| Suzuki TU250X | 279 |
| Triumph Bonneville T100 | 294 |
| Triumph Bonneville | 294 |
| Triumph Speed Triple | 288 |
| Triumph Speed Triple R | 288 |
| Triumph Speed Triple SE | 288 |
| Triumph Street Triple | 290 |
| Triumph Street Triple R | 290 |
| Triumph Thruxton | 292 |
| Triumph Scrambler | 296 |
| Yamaha FZ8 | 330 |

## CUSTOM
### Tourisme léger

| | |
|---|---|
| H-D Heritage Softail Classic | 144 |
| H-D Road Glide Custom | 140 |
| H-D CVO Road Glide Custom | 158 |
| H-D Road King | 140 |
| H-D Road King Classic | 140 |
| H-D CVO Road King | 158 |
| H-D Street Glide | 140 |
| H-D Switchback | 150 |
| Honda Gold Wing F6B | 162 |
| Indian Chief Vintage | 196 |
| Kawasaki Vulcan 900 Classic LT | 224 |
| Kawasaki Vulcan 1700 Nomad | 222 |
| Kawasaki Vulcan 1700 Vaquero | 222 |
| Moto Guzzi California 1400 Touring | 242 |
| Suzuki Boulevard C50 SE | 272 |
| Suzuki Boulevard C50T | 272 |
| Suzuki Boulevard C90T | 266 |
| Triumph Rocket III Touring | 302 |
| Victory Cory Ness Cross Country | 308 |
| Victory Cross Country | 308 |
| Victory Cross Roads Classic | 308 |
| Victory Hard-Ball | 308 |
| Victory Zack Ness Cross Country | 308 |
| Yamaha Stratoliner S | 338 |
| Yamaha Road Star Silverado S | 342 |
| Yamaha V-Star 1300 Deluxe | 346 |
| Yamaha V-Star 1300 Tourer | 346 |
| Yamaha V-Star 950 Tourer | 350 |
| Yamaha V-Star 650 Silverado | 356 |

### Performance

| | |
|---|---|
| H-D Night Rod Special | 152 |
| H-D V-Rod Muscle | 152 |
| Suzuki Boulevard M109R | 264 |
| Triumph Rocket III Roadster | 302 |

### Poids lourd

| | |
|---|---|
| H-D Softail Slim | 144 |
| H-D Fat Boy | 144 |
| H-D Fat Boy Lo | 144 |
| H-D Softail Deluxe | 144 |
| H-D Softail Blackline | 144 |
| H-D Softail Breakout | 144 |
| H-D CVO Breakout | 158 |
| H-D Street Bob | 148 |
| H-D Super Glide Custom | 148 |
| H-D Wide Glide | 150 |
| H-D Fat Bob | 150 |
| Indian Chief Dark Horse | 196 |
| Indian Chief Classic | 196 |
| Kawasaki Vulcan 1700 Classic | 222 |
| Moto Guzzi California 1400 Custom | 243 |
| Suzuki Boulevard M90 | 270 |
| Triumph Thunderbird | 304 |
| Triumph Thunderbird Storm | 304 |
| Victory Boardwalk | 312 |
| Victory Vegas 8-Ball | 312 |
| Victory High-Ball | 312 |
| Victory Vegas Jackpot | 312 |
| Victory Judge | 312 |
| Victory Hammer 8-Ball | 316 |
| Yamaha Roadliner S | 338 |
| Yamaha Raider | 340 |
| Yamaha Road Star S | 342 |

### Poids mi-lourd

| | |
|---|---|
| H-D Sportster 1200 Seventy-Two | 154 |
| H-D Sportster 1200 Forty-Eight | 154 |
| H-D Sportster 1200 Custom | 154 |
| Honda Fury | 192 |
| Honda Stateline | 192 |
| Yamaha Stryker | 344 |
| Yamaha V-Star 1300 | 346 |

### Poids moyen

| | |
|---|---|
| H-D Sportster 883 Iron | 156 |
| H-D Sportster 883 SuperLow | 156 |
| Honda Shadow Aero | 194 |
| Honda Shadow Phantom | 194 |
| Kawasaki Vulcan 900 Classic | 224 |
| Kawasaki Vulcan 900 Custom SE | 224 |
| Suzuki Boulevard C50 | 272 |
| Suzuki Boulevard M50 | 272 |
| Triumph America | 306 |
| Triumph Speedmaster | 306 |
| Yamaha V-Star 950 | 350 |
| Yamaha Bolt | 352 |
| Yamaha Bolt R | 352 |

### Poids léger

| | |
|---|---|
| Suzuki Boulevard S40 | 278 |
| Yamaha V-Star 650 Custom | 356 |
| Yamaha V-Star 650 Classic | 356 |

### Poids plume

| | |
|---|---|
| Yamaha V-Star 250 | 357 |

## 3 ROUES

| | |
|---|---|
| BRP CAN-AM Spyder RT Limited | 116 |
| BRP CAN-AM Spyder RT-S | 116 |
| BRP CAN-AM Spyder RT | 116 |
| BRP CAN-AM Spyder RS-S | 122 |
| BRP CAN-AM Spyder RS | 122 |
| BRP CAN-AM Spyder ST Limited | 118 |
| BRP CAN-AM Spyder ST-S | 118 |
| BRP CAN-AM Spyder ST | 118 |
| H-D Tri Glide Ultra Classic | 140 |

## SCOOTER

| | |
|---|---|
| BMW C650GT | 114 |
| BMW C600 Sport | 114 |
| Suzuki Burgman 650 | 274 |
| Suzuki Burgman 400 | 274 |
| Yamaha Majesty | 359 |
| Yamaha TMAX | 358 |

## HORS-ROUTE

| | |
|---|---|
| Section Hors-Route | 63 |

**APRILIA**

| Model | | Prix |
|---|---|---|
| RSV4 Factory APRC ABS | (-3 000) | 20 295 |
| RSV4 R APRC ABS | (-2 000) | 15 495 |
| Tuono V4 R APRC | (-1 000) | 14 695 |
| Dorsoduro 1200 | (+0) | 12 795 |
| Dorsoduro 750 ABS | NM | 10 595 |
| Mana 850 GT ABS | (+0) | 10 995 |
| Shiver 750 | (+0) | 9 995 |

**BMW**

| Model | | Prix |
|---|---|---|
| K1600GTL | (+400) | 29 900 |
| K1600GT | (+350) | 24 550 |
| R1200RT | (+200) | 20 750 |
| K1300S | (+1 210) | 18 200 |
| S1000RR HP4 | NM | 21 900 |
| S1000RR | (-200) | 17 550 |
| F800GT | (+700) | 13 250 |
| K1300R | (+350) | 17 200 |
| R1200R | (+800) | 15 900 |
| F800R | (+650) | 10 800 |
| R1200GS Adventure | (+900) | 21 500 |
| R1200GS | (+950) | 18 850 |
| F800GS Adventure | NM | 14 950 |
| F800GS | (+700) | 13 450 |
| F700GS | (+800) | 10 650 |
| G650GS Sertão | (+500) | 10 250 |
| G650GS | (+500) | 9 300 |
| C650GT | (+0) | 11 450 |
| C600 Sport | (+0) | 10 990 |

**BRP CAN-AM**

| Model | | Prix |
|---|---|---|
| Spyder RT Limited SE5 | (+1 175) | 34 024 |
| Spyder RT-S | (+275) | 29 624 |
| Spyder RT-S SE5 | | 31 424 |
| Spyder RT | (+575) | 25 824 |
| Spyder RT SE5 | | 27 424 |
| Spyder ST Limited SE5 | NM | 28 024 |
| Spyder ST-S | NM | 23 124 |
| Spyder ST-S SE5 | NM | 24 924 |
| Spyder ST | NM | 21 824 |
| Spyder ST SE5 | NM | 23 424 |
| Spyder RS-S | (+475) | 21 624 |
| Spyder RS-S SE5 | | 23 224 |
| Spyder RS | (+275) | 19 624 |
| Spyder RS SE5 | | 21 224 |

*Note : les prix BRP incluent les frais de transport et de préparation.*

**DUCATI**

| Model | | Prix |
|---|---|---|
| 1199 Panigale R | NM | 31 995 |
| 1199 Panigale S Tricolore | (+0) | 29 995 |
| 1199 Panigale S | (+1 000) | 25 495 |
| 1199 Panigale | (+1 000) | 20 995 |
| 848 EVO Corse SE | (+0) | 16 495 |
| 848 EVO | (+0) | 15 495 |
| Multistrada 1200 S Granturismo | NM | 22 995 |
| Multistrada 1200 S Pikes Peak | (+0) | 22 995 |
| Multistrada 1200 S Touring | (+0) | 20 995 |
| Multistrada 1200 | (+1 000) | 18 495 |
| Diavel Strada | NM | 20 495 |
| Diavel Carbon | (+500) | 21 495 |
| Diavel Cromo | (+0) | 19 995 |
| Diavel | (+1 000) | 19 995 |
| Diavel Dark | NM | 18 995 |
| Streetfighter 848 | (+300) | 14 295 |
| Monster Diesel | (+200) | 15 495 |
| Monster 1100 EVO 20e | NM | 13 995 |
| Monster 1100 EVO | (+0) | 13 995 |
| Monster 796 20e | NM | 12 195 |
| Monster 796 | (+200) | 11 695 |
| Monster 696 20e | NM | 10 495 |
| Monster 696 | (+500) | 9 995 |
| Hyperstrada | NM | 13 995 |
| Hypermotard SP | (-1 800) | 15 695 |
| Hypermotard | (+1 500) | 12 995 |

**HARLEY-DAVIDSON**

| Model | | Prix |
|---|---|---|
| Tri Glide Ultra Classic | (+570) | 36 519 |
| Tri Glide Ultra Classic 110e | NM | 39 359 |
| Electra Glide Ultra Limited | (+450) | 27 479 |
| Electra Glide Ultra Limited 110e | NM | 29 529 |
| Road Glide Ultra | (+340) | 25 889 |
| Ultra Classic Electra Glide | (+340) | 24 759 |
| Electra Glide Classic | (+230) | 22 379 |
| Street Glide | (+340) | 22 489 |
| Road Glide Custom | (+340) | 22 489 |
| Road King Classic | (+340) | 22 379 |
| Road King | (+230) | 20 099 |
| Road King 110e | NM | 23 849 |
| Fat Boy | (+740) | 19 309 |
| Fat Boy Lo | (+180) | 19 079 |
| Fat Boy Lo 110e | NM | 22 149 |
| Heritage Softail Classic | (+290) | 19 989 |
| Heritage Softail Classic 110e | NM | 23 619 |
| Softail Deluxe | (+280) | 19 759 |
| Softail Slim | (+230) | 17 829 |
| Softail Blackline | (+120) | 17 719 |
| Softail Breakout | NM | 20 329 |
| Super Glide Custom | (+230) | 14 989 |
| Super Glide Custom 110e | NM | 18 169 |
| Street Bob | (+0) | 14 759 |
| Wide Glide | (+170) | 17 029 |
| Fat Bob | (+170) | 17 599 |
| Switchback | (+230) | 18 399 |
| V-Rod Muscle | (+170) | 17 209 |
| Night Rod Special | (+170) | 17 549 |
| Sportster 1200 Seventy-Two | (+230) | 12 149 |
| Sportster 1200 Forty-Eight | (+120) | 12 039 |
| Sportster 1200 Custom | (+220) | 11 919 |
| Sportster 1200 Custom 110e | NM | 13 279 |
| Sportster 883 Iron | (+0) | 9 089 |
| Sportster 883 SuperLow | (+110) | 9 199 |
| CVO Ultra Classic Electra Glide | (+400) | 42 699 |
| CVO Ultra Classic Electra Glide 110e | NM | 43 839 |
| CVO Road Glide Custom | (+2 610) | 37 479 |
| CVO Road Glide Custom 110e | NM | 38 619 |
| CVO Road King | NM | 34 069 |
| CVO Breakout | NM | 30 099 |

**HONDA**

| Model | | Prix |
|---|---|---|
| Gold Wing Airbag | (+500) | 31 499 |
| Gold Wing | (+0) | 29 999 |
| Gold Wing F6B | NM | 22 999 |
| ST1300 | (+0) | 18 999 |
| VFR1200F DCT | (+0) | 18 999 |
| VFR1200F | (+0) | 17 499 |
| CBR1000RR ABS | (+0) | 15 999 |
| CBR600RR ABS | (+0) | 13 599 |
| CBR600RR | (+0) | 12 599 |
| CBR500R ABS | NM | 6 799 |
| CBR500R | NM | 6 299 |
| CB500X | NM | 6 799 |
| CB500F | NM | 6 299 |
| CBR250R ABS Repsol | NM | 5 299 |
| CBR250R ABS | (+0) | 4 999 |
| CBR250R | (+0) | 4 499 |
| NC700X | (+0) | 8 999 |
| NC700S | (+0) | 8 799 |
| CTX700T | NM | 8 999 |
| CTX700N | NM | 8 499 |
| CB1000R | (+0) | 13 999 |
| CB1100 | NM | 13 199 |
| Fury ABS | (+0) | 14 499 |
| Stateline ABS | (+0) | 13 499 |
| Shadow Phantom | (+0) | 8 999 |
| Shadow Aero | (+0) | 8 999 |

**INDIAN**

| Model | | Prix |
|---|---|---|
| Chief Vintage | (+0) | 37 999 |
| Chief Dark Horse | (+0) | 29 499 |
| Chief Classic | (+0) | 27 999 |

**KAWASAKI**

| Model | | Prix |
|---|---|---|
| Vulcan 1700 Voyager ABS | (+0) | 21 399 |
| Vulcan 1700 Voyager | (+0) | 20 299 |
| Concours 14 ABS | (+0) | 18 999 |
| Ninja ZX-14R ABS | (+700) | 17 699 |
| Ninja ZX-10R ABS | (+0) | 17 299 |
| Ninja ZX-10R | (+0) | 16 499 |
| Ninja ZX-6R ABS | NM | 13 199 |
| Ninja ZX-6R | (+200) | 12 499 |
| Ninja 1000 ABS | (+0) | 13 999 |
| Z1000 Special Edition | NM | 13 399 |
| Z1000 | (+0) | 13 199 |
| Ninja 650 ABS | NM | 8 799 |
| Ninja 650 | (+0) | 8 299 |
| ER-6n | (+0) | 7 899 |
| Ninja 300 ABS Special Edition | NM | 5 999 |
| Ninja 300 ABS | NM | 5 799 |
| Ninja 300 Special Edition | NM | 5 499 |
| Ninja 300 | (+300) | 5 299 |
| Versys 1000 ABS | (+0) | 13 999 |
| Versys 650 | (+0) | 8 699 |
| Vulcan 1700 Vaquero ABS | (+0) | 20 299 |
| Vulcan 1700 Vaquero SE | NM | 19 599 |
| Vulcan 1700 Vaquero | (+0) | 19 199 |
| Vulcan 1700 Nomad | (+0) | 17 899 |
| Vulcan 1700 Classic | (+0) | 12 999 |
| Vulcan 900 Classic LT | (+0) | 11 399 |
| Vulcan 900 Classic | (+0) | 9 699 |
| Vulcan 900 Custom SE | (+0) | 10 299 |
| KLR650 | (+0) | 6 899 |

**KTM**

| Model | | Prix |
|---|---|---|
| 1190 RC8R | (+0) | 18 999 |
| 990 Supermoto T | (+0) | 15 399 |
| 990 Adventure Baja | NM | 17 199 |
| 690 Duke | NM | 9 999 |

**LITO GREEN MOTION**

| Model | | Prix |
|---|---|---|
| Sora | NM | 46 399 |

**MOTO GUZZI**

| Model | | Prix |
|---|---|---|
| California 1400 Touring | NM | 18 490 |
| California 1400 Custom | NM | 15 490 |
| Norge GT 8V | (+0) | 16 990 |
| Stelvio 1200 NTX | (+0) | 16 190 |
| Griso 8V SE | (+0) | 13 590 |
| V7 Racer | (+100) | 10 290 |
| V7 Special | NM | 9 390 |
| V7 Stone | NM | 8 590 |

**MV AGUSTA**

| Model | | Prix |
|---|---|---|
| F4 RR | (+1 000) | 25 995 |
| F4 | NM | 18 495 |
| Brutale 1090 RR | (-2 000) | 17 995 |
| F3 675 Serie Oro | (+0) | 28 995 |
| F3 675 | (+0) | 14 995 |
| Brutale 675 | (+0) | 11 995 |

**SUZUKI**

| Model | | Prix |
|---|---|---|
| GSX1300R Hayabusa ABS | (+0) | 15 399 |
| GSX-R1000 SE | NM | 15 099 |
| GSX-R1000 | (+0) | 14 999 |
| GSX-R750 | (+0) | 13 199 |
| GSX-R600 | (+0) | 12 299 |
| GSX1250FA SE ABS | (+0) | 12 899 |
| GSX1250FA ABS | (+0) | 11 399 |
| GSX650F ABS | (+0) | 8 199 |
| SV650S ABS | (+0) | 8 399 |
| Gladius ABS | (+0) | 8 299 |
| V-Strom 650 EXP ABS | (+0) | 10 899 |
| V-Strom 650 SE ABS | (+0) | 10 199 |
| V-Strom 650 ABS | (+0) | 9 099 |
| Boulevard M109RZ | (+0) | 16 499 |
| Boulevard M109R | (+0) | 15 999 |
| Boulevard C90T | NM | 13 999 |
| Boulevard M90 | (-2 400) | 11 399 |
| Boulevard C50 T | (+0) | 10 499 |
| Boulevard C50 SE | (+0) | 10 399 |
| Boulevard C50 | (+0) | 8 899 |
| Boulevard M50 | (+0) | 8 999 |
| Boulevard S40 | (+0) | 6 199 |
| TU250X | (+0) | 5 299 |
| Burgman 650 ABS | (+0) | 11 099 |
| Burgman 400 ABS | (+0) | 7 999 |

**TRIUMPH**

| Model | | Prix |
|---|---|---|
| Trophy SE | NM | 19 999 |
| Daytona 675R ABS | (+0) | 14 599 |
| Daytona 675 ABS | (+0) | 12 599 |
| Speed Triple R ABS | (+0) | 17 499 |
| Speed Triple SE ABS | NM | 14 999 |
| Speed Triple ABS | (+0) | 14 395 |
| Street Triple R ABS | (+0) | 11 199 |
| Street Triple ABS | (+0) | 9 999 |
| Thruxton | (+0) | 9 999 |
| Bonneville T100 2 tons | (+0) | 10 299 |
| Bonneville T100 noir | (+0) | 9 699 |
| Bonneville 2 tons | (-700) | 8 999 |
| Bonneville | (+0) | 8 699 |
| Scrambler | (+0) | 9 999 |
| Tiger Exporer XC ABS | NM | 18 999 |
| Tiger Exporer ABS | (+0) | 17 499 |
| Tiger 800 XC ABS | (+0) | 13 399 |
| Tiger 800 ABS | (+0) | 12 299 |
| Rocket III Touring ABS 2 tons | (+0) | 19 499 |
| Rocket III Touring ABS | (+0) | 18 999 |
| Rocket III Roadster ABS | (+0) | 16 799 |
| Thunderbird Storm ABS | (+0) | 16 499 |
| Thunderbird ABS marbre | (+0) | 15 799 |
| Thunderbird ABS 2 tons | (+0) | 15 499 |
| Thunderbird ABS noir | (+0) | 14 999 |
| America 2 tons | (+0) | 9 599 |
| America noir | (+0) | 9 299 |
| Speedmaster 2 tons | (+0) | 9 599 |
| Speedmaster noir | (+0) | 9 299 |

**VICTORY**

| Model | | Prix |
|---|---|---|
| Cross Country Tour | (+0) | 23 999 |
| Cory Ness Cross Country Tour | NM | 31 599 |
| Cross Country | (+0) | 20 699 |
| Zack Ness Cross Country | (-100) | 28 299 |
| Vision Tour | (+0) | 22 899 |
| Arlen Ness Vision | (+100) | 28 349 |
| Hard-Ball | (+0) | 20 699 |
| Cross Roads Classic | (+100) | 19 699 |
| Vegas Jackpot | (+0) | 20 199 |
| Vegas 8-Ball | (-70) | 13 629 |
| Boardwalk | NM | 16 899 |
| Judge | (+0) | 15 299 |
| High-Ball | (+1 100) | 15 699 |
| Hammer 8-Ball | (+0) | 15 799 |

**YAMAHA**

| Model | | Prix |
|---|---|---|
| Royal Star Venture S | (+0) | 19 999 |
| FJR1300 | (+500) | 17 499 |
| YZF-R1 | (+0) | 14 999 |
| YZF-R6 | (+0) | 11 999 |
| FZ1 | (+0) | 11 999 |
| Fazer 8 | (+100) | 10 099 |
| FZ8 | (+100) | 9 599 |
| FZ6R | (+0) | 7 999 |
| Super Ténéré | (+0) | 16 499 |
| VMAX | (+0) | 22 999 |
| Stratoliner S | (+0) | 18 999 |
| Roadliner S | (+0) | 15 999 |
| Raider S | (+0) | 16 499 |
| Raider | (+0) | 15 999 |
| Road Star Silverado S | (+0) | 15 499 |
| Road Star S | (+0) | 13 999 |
| Stryker | (+0) | 12 599 |
| V-Star 1300 Deluxe | NM | 14 499 |
| V-Star 1300 Tourer | (+0) | 13 499 |
| V-Star 1300 | (+0) | 11 999 |
| V-Star 950 Tourer | (+0) | 10 999 |
| V-Star 950 | (+0) | 9 899 |
| Bolt R | NM | 9 199 |
| Bolt | NM | 8 999 |
| V-Star 650 Custom | (-1 100) | 6 999 |
| V-Star 650 Classic | (-1 100) | 7 499 |
| V-Star 650 Silverado | (-900) | 8 999 |
| V-Star 250 | (+0) | 4 499 |
| Majesty | (+0) | 7 499 |
| TMAX | (+0) | 10 499 |

**LÉGENDE**

| | | |
|---|---|---|
| PND | = | prix non déterminé |
| (-100) | = | coûte 100 $ de moins qu'en 2012 |
| (+100) | = | coûte 100 $ de plus qu'en 2012 |
| (+0) | = | aucune variation de prix par rapport à 2012 |
| NM | = | nouveau modèle |

Les prix indiqués sont les prix de base et n'incluent aucune option et aucun frais de transport ou de préparation.

Toutes les données figurant dans les fiches techniques proviennent de la documentation de presse des constructeurs. Elles sont mises à jour avec les modèles courants et changent donc occasionnellement même si la moto n'a pas été modifiée. Les puissances sont toujours mesurées en usine par les constructeurs et représentent donc des chevaux « au moteur » et non à la roue arrière. Les performances représentent des moyennes générées par *Le Guide de la Moto*. Il s'agit d'attributs qui peuvent toutefois être dupliqués par un bon pilote, dans de bonnes conditions. Les vitesses de pointes sont mesurées et non lues sur les instruments de la moto, qui sont habituellement optimistes par une marge de 10 à 15 pour cent. Selon la mention, les poids sont soit donnés à sec, ce qui signifie sans essence, huile, liquide de frein, liquide de batterie, liquide de refroidissement, etc., soit donnés avec tous pleins faits. Enfin, les prix indiqués sont les prix de détail suggérés par les manufacturiers. Les prix en magasin peuvent varier selon la volonté de l'établissement de baisser ou hausser ce montant, ou encore en raison d'une hausse ou d'une baisse dictée par le constructeur.

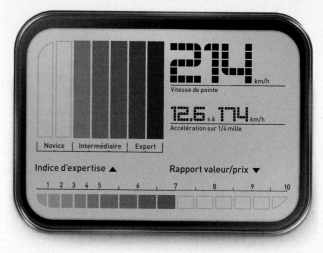

## GÉNÉRAL

| Catégorie | Sport-Tourisme |
|---|---|
| Prix | 20 750 $ |
| Immatriculation 2013 | 557,53 $ |
| Catégorisation SAAQ 2013 | « régulière » |
| Évolution récente | introduite en 1996, revue en 2001, en 2005 et en 2010 |
| Garantie | 3 ans/kilométrage illimité |
| Couleur(s) | magnésium et beige, bleu, gris |
| Concurrence | Honda ST1300, Kawasaki Concours 14 Triumph Trophy, Yamaha FJR1300 |

## DONNÉES SAAQ

Les données concernant les coûts d'immatriculation ainsi que la catégorisation établie par la SAAQ proviennent des renseignements les plus à jour fournis par la SAAQ au moment d'aller sous presse. Lorsqu'un nouveau modèle n'a pas encore été catégorisé par la SAAQ, une mention NC (non catégorisé) apparaît à côté d'une catégorie qui devrait logiquement être celle que la SAAQ finira par adopter si ses propres critères ne changent pas. Il est important de réaliser que la catégorisation de la SAAQ n'est pas fixe et qu'une moto catégorisée « à risque » une année peut devenir « régulière » l'année suivante, et vice versa. Ces situations devraient toutefois être rares, selon la Société. *Le Guide de la Moto* établit sa propre catégorisation et se détache complètement des critères de catégorisation de la SAAQ ainsi que de sa logique de tarification.

## RAPPORT VALEUR/PRIX

Le Rapport Valeur/Prix du Guide de la Moto indique la valeur d'un modèle par rapport à son prix. Une moto peu dispendieuse et très généreuse en caractéristiques se mérite la plus haute note, tandis qu'une moto très dispendieuse qui n'offre que peu de caractéristiques intéressantes mérite une note très basse. Une évaluation de 7 sur 10 représente « la note de passage ». Tout ce qui est au-dessus représente une bonne valeur, et tout ce qui est en dessous une mauvaise valeur, à plusieurs degrés.

La note de **10/10** n'est donnée que très rarement au travers du Guide. Elle représente une valeur imbattable à tous les points de vues. Elle est généralement accordée à des montures affichant un prix budget, mais qui offrent des caractéristiques très généreuses.

La note de **9/10** est donnée à des montures de très haute valeur, soit parce que leur prix est peu élevé pour ce qu'elles ont à offrir, soit parce qu'elles offrent un niveau de technologie très élevé pour un prix normal, comme c'est le cas pour plusieurs sportives, par exemple.

La note de **8/10** est donnée aux montures qui représentent une valeur supérieure à la moyenne. Le prix n'est pas nécessairement bas, mais la qualité et les caractéristiques de ce qu'on achète restent élevées.

La note de **7/10** est donnée aux montures qui affichent un prix plus ou moins équivalent à leur valeur. On paie pour ce qu'on obtient, pas plus, pas moins.

La note de **6/10** est donnée aux modèles qui, sans nécessairement être de mauvaises motos, sont trop chères par rapport à ce qu'elles ont à offrir.

La note de **5/10** est donnée aux modèles dont la valeur est médiocre, soit parce qu'ils sont carrément trop chers, soit parce qu'ils sont simplement désuets. À ce stade, ils ne sont pas recommandés par *Le Guide de la Moto*.

## INDICE D'EXPERTISE

L'indice d'expertise du Guide de la Moto est un indicateur illustrant l'intensité ou la difficulté de pilotage d'un modèle, donc le niveau d'expérience que doit détenir son pilote. D'une manière générale, plus les graduations « allumées » sont élevées et peu nombreuses dans l'échelle, plus il s'agit d'une monture destinée à une clientèle expérimentée, comme une Yamaha YZF-R1. À l'inverse, plus les graduations « allumées » sont peu nombreuses et basses sur l'échelle, plus il s'agit d'une monture destinée à une clientèle novice, comme une Honda CBR250R. Il est à noter qu'il n'existe aucune étude liant directement la puissance ou la cylindrée aux accidents. En raison de leur nature pointue, certaines sportives peuvent toutefois surprendre un pilote peu expérimenté, tandis que le même commentaire est valable pour une monture peu puissante, mais lourde ou haute. De telles caractéristiques ont pour conséquence de repousser l'étendue des graduations « allumées » vers le côté Expert de l'indice. À l'inverse, certaines montures, même puissantes, ont un comportement général relativement docile, comme une Suzuki GSX1250FA. D'autres ont une grosse cylindrée, mais sont faciles à prendre en main, comme une Yamaha V-Star 1300. De telles caractéristiques ont pour conséquence d'élargir l'étendue des graduations « allumées » vers le côté Novice de l'indice, puisqu'il s'agit à la fois de modèles capables de satisfaire un pilote expérimenté, mais dont le comprtement relativement calme et facile d'accès ne devrait pas surprendre un pilote moins expérimenté. Ainsi, chaque graduation vers le haut indique des réactions un peu plus intenses ou un niveau de difficulté de pilotage un peu plus élevé, tandis que chaque graduation vers le bas indique une plus grande facilité de prise en main et une diminution du risque de surprise lié à des réactions inhérentes au poids ou à la performance. L'information donnée par l'indice d'expertise en est donc une qu'on doit apprendre à lire, et qui doit être interprétée selon le modèle.

# ESSAYEZ-EN UNE ET VOUS SEREZ CONQUIS.

## C'EST UNE INVITATION. C'EST UN DÉFI. ÇA VA DE SOI.

FIXEZ UNE DATE POUR EN ESSAYER UNE SUR
**VICTORYMOTORCYCLES.COM**

L'avis du lecteur est très important pour *Le Guide de la Moto*. Nous vous invitons donc à remplir le questionnaire qui suit. Soyez assurés que chaque réponse sera lue avec le plus grand intérêt.

1 Quelle(s) moto(s) possédez-vous présentement?

2 Quelle(s) moto(s) avez-vous déjà possédée?

3 Comment en êtes-vous arrivés à choisir le modèle que vous possédez actuellement?

4 Processus pour arriver à ce choix?

5 Quand vous pensez aux diverses marques de motos, qu'est ce que chacune d'elles représente pour vous et comment la percevez-vous?

6 Comptez-vous acheter une moto neuve ou usagée et si oui, quand et quel genre de moto?

7 Quelles sont les raisons qui vous poussent à vouloir changer de moto?

8 Quel âge avez-vous, quelle est votre occupation et êtes-vous Monsieur ou Madame?

9 Est-ce que les dernières nouveautés vous intéressent ou pas, est-ce qu'elles vous captivent ou pas, et pourquoi?

10 Quelle est votre expérience à moto: êtes-vous débutant, intermédiaire, expert ou de retour à la moto? Depuis combien d'années faites-vous de la moto, ou depuis combien de temps n'en faites-vous plus?

11 Comment connaissez-vous *Le Guide de la Moto*?

12 Quelles éditions du guide vous êtes-vous procurées?

13 Dans quelle région et dans quel type d'établissement avez-vous acheté votre édition du Guide?

14 Depuis quand achetez-vous *Le Guide de la Moto*?

15 Avez-vous eu de la difficulté à vous procurer votre exemplaire?

16 Qu'est-ce qui fait que vous achetez un guide une année et que vous ne l'achetez pas une autre année?

17 Lors de votre prochain achat de moto, le guide vous influencera-t-il? Sinon pourquoi, et si oui, comment?

18 Que pensez-vous de la section Protos?

19 Que pensez-vous de la section Atlas?

20 Que pensez-vous de la section hors-route?

21 Que manque-t-il comme informations dans *Le Guide de la Moto*?

22 Préférez-vous que *Le Guide de la Moto* soit disponible plus rapidement, mais qu'une certaine quantité d'information soit manquante comme des prix, des photos et des essais, ou préférez-vous qu'il ne soit mis en marché que lorsque l'information provenant des constructeurs est complète?

23 Vos trois «Pas mal» et vos trois «Bof» du *Guide de la Moto*.

24 Quelles sont vos autres lectures que le guide, qu'elles soient reliées à la moto ou pas?

25 Qu'aimeriez-vous retrouver sur un site Internet du *Guide de la Moto*?

26 Souhaitez-vous que nous vous communiquions directement par le bias d'une adresse internet des renseignements concernant la date de disponibilité des éditions à venir? Si oui, veuillez inclure cette adresse.

**Retournez ce sondage par Internet en indiquant seulement le numéro des questions avant vos réponses à: info@leguidedelamoto.com**

# PROTOS

## MV AGUSTA RIVALE 800

La Rivale, à qui *Le Guide de la Moto* a consacré sa couverture en 2013, est l'exemple parfait du genre de produit qui justifie pourquoi les constructeurs européens gagnent sans cesse du terrain sur les marques japonaises. Un peu comme l'a fait la Diavel de Ducati (espérons que la presse «spécialisée» ne catégorise pas aussi la Rivale de custom...), la création de MV Agusta se montre extraordinairement audacieuse d'un point de vue stylistique. De plus, la mécanique qui l'anime semble posséder des ingrédients que nous ne cessons de réclamer, soit une puissance plus intéressante que celle d'une cylindrée de 650 cc, mais plus facile à exploiter que celle d'une 1000 sportive, et du vrai caractère. Avec son tricylindre de 800 cc produisant 125 chevaux, ces ingrédients semblent bel et bien présents. La mise en production du modèle est prévue pour la fin de 2013. Aurons-nous la chance de la recevoir sur le marché canadien?

## KTM E-SPEED

Pour le moment, l'E-Speed n'est qu'un – fort joli – concept de scooter électrique. Venant de KTM, une marque surtout spécialisée dans le domaine du hors-route et de la routière aventurière, il s'agit d'une surprise. Cela dit, l'E-Speed semble étonnamment bien réfléchi. Outre le design très particulier de ses suspensions, surtout à l'avant, il se distingue en utilisant la plateforme traditionnelle d'un scooter comme espace pour loger son module batterie au Lithium-Ion de 4,36 kWh fonctionnant à 302,4 V. Le volume disponible apparaît néanmoins suffisant pour pouvoir accepter une bien plus grande capacité énergétique. Sous cette forme, KTM annonce une autonomie de 60 km et une vitesse maximale de 85 km/h. Le moteur refroidi par liquide à prise directe générerait 11 kW, soit près de 15 chevaux, et un couple de 26,5 lb-pi.

**BONNEVILLE SALT FLATS, AOÛT 2012**
Jason DiSalvo et l'équipe Hot Rod Conspiracy/Carpenter
Racing Team établissent un record de vitesse sur
une Triumph Rocket III Roadster à 280,470 km/h.

Roulez votre propre biographie

# TRIUMPH

MOTOS HAUTES PERFORMANCES
DEPUIS 1902

## CONCEPT V-STROM 1000

Officiellement, Suzuki fait référence à cette moto comme un concept de future V-Strom 1000. Sauf que la vieillissante V-Strom 1000 a disparu du catalogue de la marque en 2013 et que lorsqu'on l'examine de près, ce «concept» affiche tous les éléments d'une moto de production. Traduction: ceci *est* la prochaine V-Strom 1000. Peu de données sont disponibles à son sujet, mais nous savons que le V-Twin d'un litre est entièrement revu, que l'ABS et le contrôle de traction (une première chez Suzuki) font partie de l'équipement et que le diamètre des roues est de 17 pouces à l'arrière et de 19 pouces à l'avant. Un trio de valises rigides offertes en accessoires existe déjà, ce qui donne d'autant plus de poids à la théorie voulant qu'il s'agisse bel et bien de la version finale de la V-Strom 1000 2014.

## SPIRIT OF MUNRO

L'an 2014 sera un moment historique pour la marque Indian, puisqu'il s'agira de la première fois depuis la fermeture de la compagnie originale au milieu du siècle dernier qu'une Indian est construite par un vrai manufacturier, soit Polaris, qui a acquis le mythique nom en 2011. Le but de ce « streamliner » est d'abord de souligner cet événement, mais aussi de rendre hommage à l'histoire d'Indian. Nommée Spirit of Munro en l'honneur de la « Monro Special », la moto mise en vedette dans le long métrage World's Fastest Indian, il s'agit d'une monture fabriquée à la main et tout à fait fonctionnelle. La mécanique qui l'anime n'est nulle autre que le tout nouveau V-Twin Thunder Stroke de 111 pouces cubes qui propulsera les Indian 2014. Son entraînement final a été converti d'une courroie à une chaîne pour faciliter l'ajustement de la démultiplication finale si un record de vitesse est tenté.

### INDIAN CHIEF 2014

La toute nouvelle Indian Chief 2014 sera lancée durant le rassemblement de Sturgis vers la fin de l'été 2013. Afin de maximiser l'anticipation, Polaris a choisi de seulement rendre publique une silhouette de la nouveauté et de dévoiler les détails de la mécanique Thunder Stroke qui l'animera. Il s'agit d'un tout nouveau V-Twin n'ayant rien à voir avec les moteurs de la marque Victory. Sa cylindrée de 111 pouces cubes, ou 1811 cc, produirait un impressionnant couple de 116 lb-pi, son refroidissement est par air et huile, l'angle de ses cylindres est de 49 degrés et sa transmission compte six rapports. Visuellement, il s'agit d'une interprétation moderne du moteur de la Chief produite durant les années 40. Les tubes d'échappement pointant vers le bas, les tiges de culbuteurs parallèles et la forme ronde des ailettes de refroidissement sont quelques-uns des éléments de style calqués sur la vieille mécanique. Finalement, une dernière information importante concernant la prochaine Chief a aussi été annoncée : son prix étonnamment raisonnable de 20 999 $.

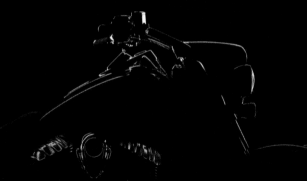

# PARTEZ.

Chez KTM, l'aventure et la performance nous motivent. Depuis toujours. Nos onze victoires consécutives au Dakar parlent d'elles-mêmes et influencent en permanence le développement de nos nouvelles machines. Préparez-vous à partir.

## POLARIS SLINGSHOT

Nous savions depuis quelques années que Polaris travaillait sur un concept de véhicule à trois roues. Comme l'information provenait d'un cadre de la marque américaine qui s'était échappé en privé, par respect, nous n'avons rien publié à ce sujet. Toutefois, le dévoilement de ces dessins de brevets nous permet maintenant de le faire. De toute évidence, il ne s'agit pas d'un trois-roues façon Can Am Spyder, mais plutôt d'un genre de voiture sport à trois roues. La mécanique qui animerait le bolide est d'ailleurs un 4-cylindres GM Ecotec de 2,4 litres. Ce genre de dessin n'indique pas nécessairement qu'un véhicule sera produit, mais dans ce cas, en raison de la précision des croquis et de la quantité de détails présents dans la demande de brevet, nous croyons que la probabilité de voir l'engin arriver à l'étape de la production est élevée.

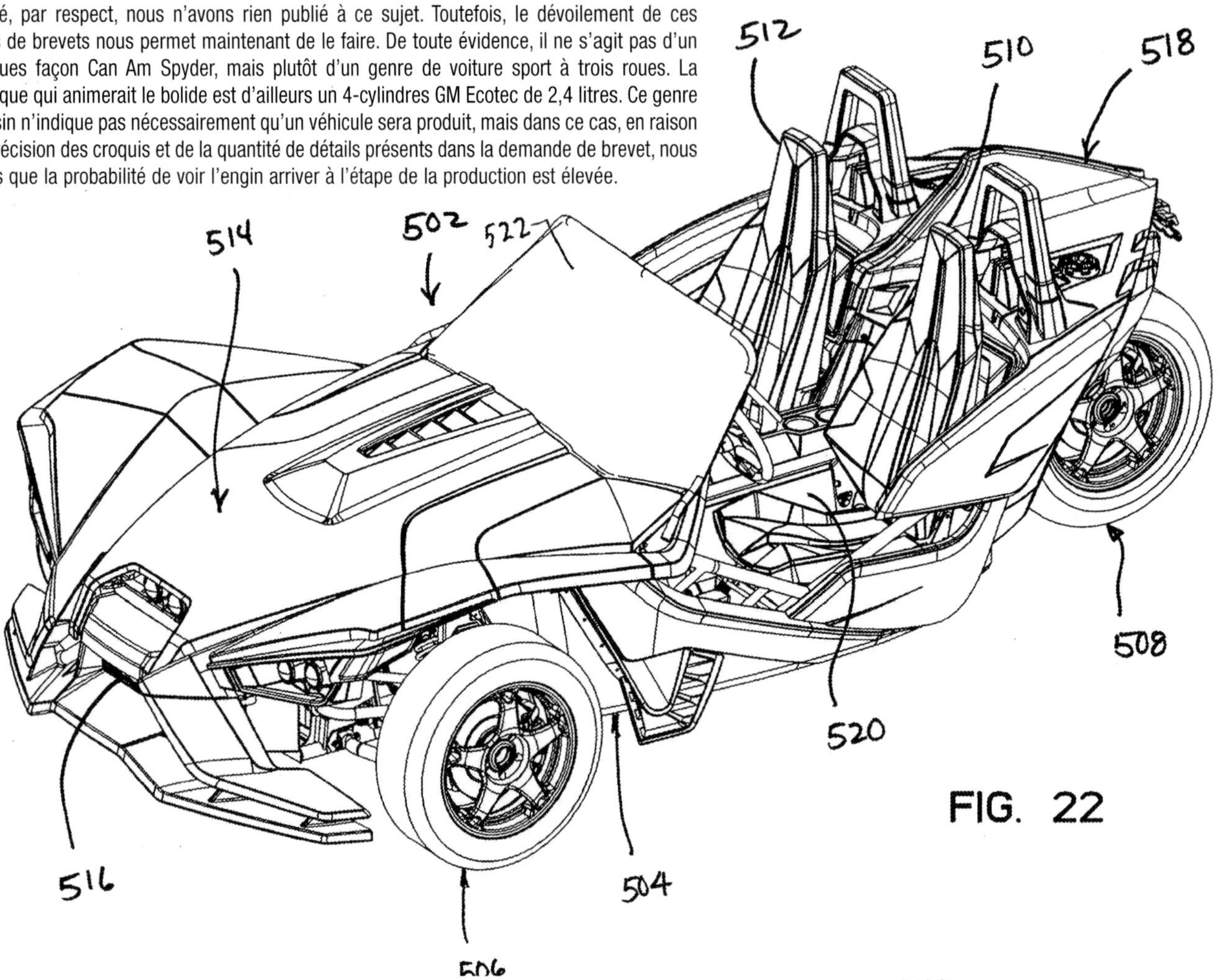

FIG. 22

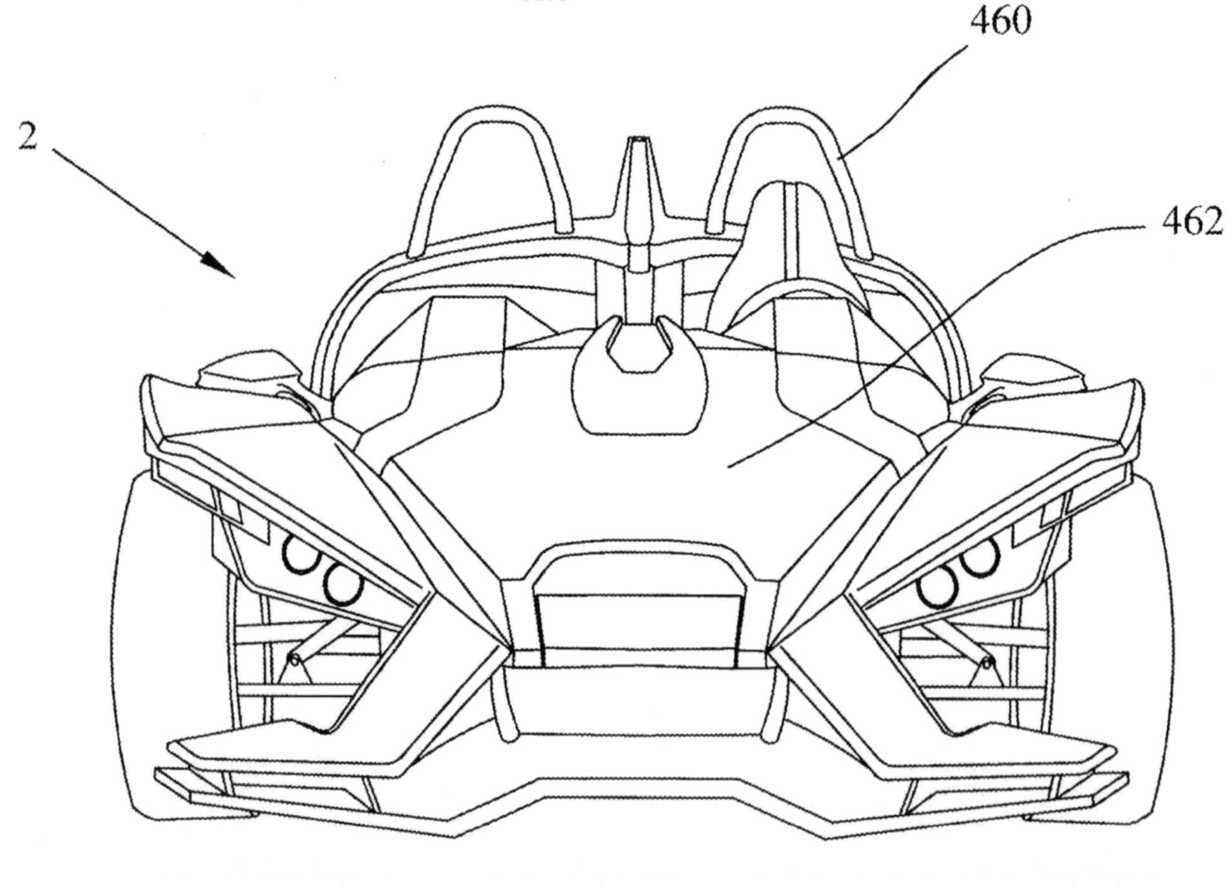

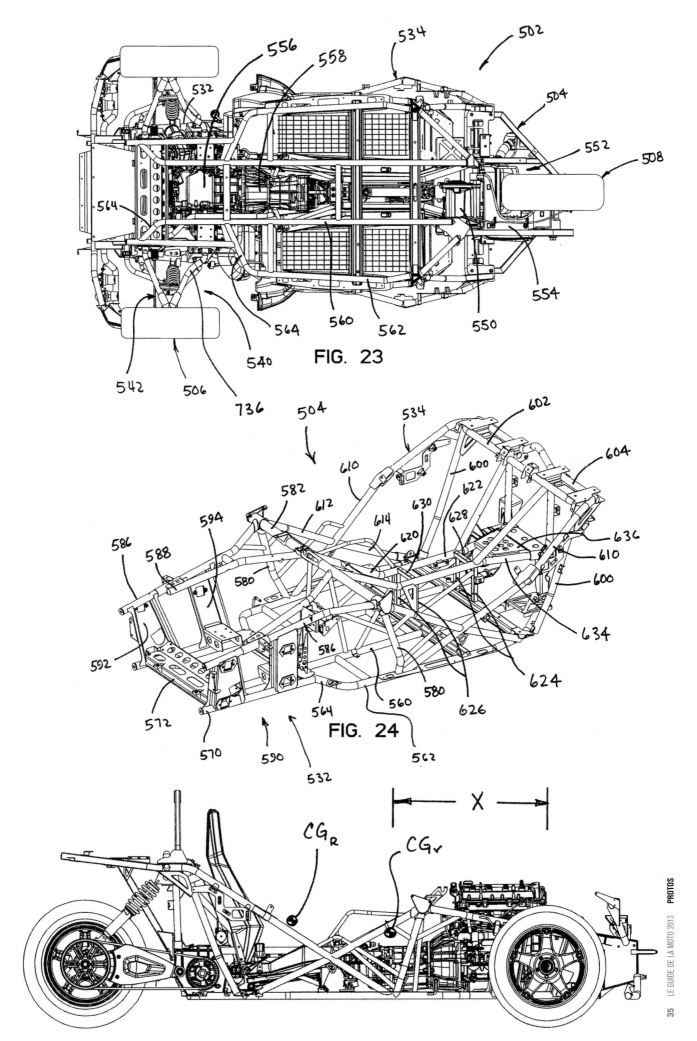

FIG. 23

FIG. 24

## SO-CAL MILER

## CHAMPIONS MOTO

Champions Moto se veut un peu la filiale moto de l'atelier SO-CAL Speed Shop spécialisé depuis les années 60 dans la construction de Hot Rod et dans la restauration de voitures classiques. Ce trio de magnifiques créations imaginées à partir d'une base de Triumph Bonneville sont les toutes premières deux-roues que la compagnie offre au public. Le prix de chacune est de 37 500 $. La série compte deux modèles inspirés par le thème des courses sur terre battue, comme le fut d'ailleurs la défunte Harley-Davidson XR1200R. Il s'agit de la SO-CAL Miler, dont seulement 20 exemplaires seront fabriqués selon Champions Moto, et de la Streetmaster, dont l'utilisation excessive de pièces en titane a incroyablement abaissé le poids à 138 kilos à sec. Finalement, la Brighton affiche une ligne typique des café-racer des années 50 et 60. Toutes les versions ont en commun d'offrir un style d'un goût absolument exquis.

## TRIUMPH BRIGHTON

**STREETMASTER**

37 Championnats du monde depuis son dévoilement en 1945

Ceci est MV Agusta

# LA PUISSANCE DE LA PASSION KAWASAKI
# DEPUIS DES GÉNÉRATIONS

## CENTRE DE LA MOTO VANIER

**Famille Bibeau, dépositaire Kawasaki DEPUIS 40 ans**

En 2013, les sympathiques «frères Bibeau» fêtent les 40 ans de Moto Vanier, l'établissement du boulevard Hamel, à Québec, fondé au printemps 1973 lorsque Jean-Guy et son ami Yvon Duval fondent Motos Bibeau. Pour un loyer de 100 $, le petit atelier de mécanique occupe alors l'arrière du concessionnaire Jawa Herbert Roux. Lorsque Moto Michel, la seule franchise Kawasaki de la région de Québec, fait faillite quelques mois plus tard, Jean-Guy et Yvon saisissent l'occasion. Ils prennent ensuite possession du local entier et de ses modestes 18 pieds de façade sur le boulevard Hamel. Le Centre de la Moto Vanier s'agrandira plusieurs fois, particulièrement après que l'autre «frère Bibeau», Roger, eut acquis les parts d'Yvon en 1976. Avec le temps, une maison voisine et même une épicerie sont annexées au local original, transformant la façade de Moto Vanier en vitrine de 125 pieds.

Le caractère familial de l'entreprise, qui offre les produits Kawasaki depuis maintenant 40 ans, a également grandi au fil des ans. Non seulement leurs fils Martin, Émile et Dave y sont employés, mais les épouses, elles aussi, ont fait le choix de quitter leur emploi pour se charger de la comptabilité du commerce.

«On est des passionnés bien avant d'être des hommes d'affaires. On est là-dedans parce qu'on aime ça. Quand on nous demande si on compte prendre notre retraite, on ne sait même pas quoi répondre. On n'y a même pas pensé. Même quand on est en vacances, on s'arrange pour visiter des shops de motos... On en a vu en Europe, en Afrique, au Japon. En fait, la vérité ces temps-ci, c'est qu'on pense surtout à agrandir!» Jean-Guy Bibeau

776, BOUL. WILFRID-HAMEL, QUÉBEC / 418 527-6907 / 1 888 527-6907
**www.motovanier.ca**

## MOTOSPORT NEWMAN

**Famille Pampena, dépositaire Kawasaki DEPUIS 25 ans**

Motosport Newman est l'un des plus vieux commerces de motos au Québec. L'entreprise a ouvert ses portes en 1960, il y a plus d'un demi-siècle. La famille Pampena en est propriétaire depuis le milieu des années 80, mais ses liens avec l'établissement remontent jusqu'à la fin des années 60 alors que Gino Pampena, un jeune immigrant italien, y est embauché comme mécanicien. Grâce à son travail honnête et honorable, il se porte acquéreur de Motosport Newman en 1985.

Depuis, grâce à l'excellence de son service, à la qualité de ses techniciens et à l'implication des trois fils de Gino, soit Sergio, Franco et Anthony, l'entreprise de LaSalle, sur l'île de Montréal, n'a fait que croître, au point d'être reconnue comme l'une des meilleures dans son domaine par les amateurs de motos. Cette croissance a même permis l'expansion de la franchise avec un second commerce, Motosport Newman Rive-Sud sur le boulevard Taschereau à Greenfield Park, inauguré en 2002, et même un troisième, Motosport Newman Pierrefonds dans la ville du même nom, en affaires depuis 2008.

Fier détaillant Kawasaki depuis maintenant 25 ans, Motosport Newman offre plus que des motos neuves à sa fidèle clientèle, puisqu'il y a toujours un vaste choix de modèles d'occasion et de VTT sur place. Récipiendaire de nombreux prix d'excellence et régulièrement honorée par la communauté, l'entreprise de la famille Pampena possède une réputation d'une force indéniable et représente la meilleure qualité de concessionnaire pour les amateurs de motos.

7308, BOULEVARD NEWMAN, LASALLE / 514 366-4863
3259, BOULEVARD TASCHEREAU, GREENFIELD PARK / 450 656-5006
14 400, BOULEVARD PIERREFONDS, PIERREFONDS / 514 626-1919
**www.motosportnewman.com**

## ROCK MOTO SPORT

**Famille Glaude, dépositaire Kawasaki DEPUIS 4 ans**

Au sein de la grande famille des concessionnaires Kawasaki, il y a les anciens, et il y a la jeune et ambitieuse relève. Rock Moto Sport fait partie de la nouvelle génération de détaillants passionnés par les produits des Verts.

Établie sur la rue Fortier à Sherbrooke, l'entreprise ouvre ses portes à l'été 2003 dans une bâtisse expressément construite par Rock Glaude dans le but d'accueillir les locaux de Rock Moto Sport.

Spécialisée à l'origine dans la vente de scooters et dans l'entretien de véhicules récréatifs, Rock Moto Sport devient un concessionnaire de produits hors-route à peine quelques mois après son ouverture. Une autre marque s'ajoute en 2007 et c'est finalement en 2009 que se croisent les chemins de Kawasaki et de l'entreprise de Sherbrooke, ce dont Rock Glaude et son épouse Danielle, qui y travaille elle aussi, sont particulièrement fiers. Aujourd'hui, Rock Moto est un concessionnaire de moto, de VTT, de scooter et de motoneige où, finalement, toutes les saisons sont à l'honneur.

Selon son propriétaire, qui n'a jamais cessé d'œuvrer dans le domaine depuis son adolescence alors qu'il travaillait déjà comme mécanicien de véhicules récréatifs, les 10 ans qui se sont écoulés depuis l'ouverture de Rock Moto Sport ont filé comme un clin d'œil. «Le temps passe vite lorsqu'on fait un métier qui nous passionne. Et il passe encore plus vite quand on s'entoure d'une riche équipe expérimentée... et de son épouse! On a déjà dû agrandir l'atelier, on vient de rajeunir notre salle de montre, on sert une clientèle et d'autres projets sont en cours. J'aime bien dire qu'en plus d'un service personnalisé, chez Rock Moto Sport, il n'y a pas de pression, juste de la passion. Je trouve que c'est un slogan qui reflète bien l'esprit de notre entreprise et de notre équipe.»

989, RUE FORTIER SUD, SHERBROOKE / 819 564-8008
**www.rockmotosport.com**

## AS MOTO INC.

**Famille Pichette, dépositaire Kawasaki DEPUIS 15 ans**

Établi à quelques kilomètres de la Chute Montmorency, AS Moto est non seulement détaillant Kawasaki depuis 15 ans, mais il a aussi le mérite d'avoir atteint le statut de concessionnaire 5 étoiles pour cette marque à de multiples reprises. Claude Pichette, copropriétaire de l'entreprise familiale avec sa femme Nancy, explique qu'en bon «gars de campagne», la motoneige, les VTT et la moto font partie de sa vie depuis son enfance. Étant l'un des 11 enfants de la famille Pichette, il clarifie toutefois que «Dans le fond, eux se promenaient, pis moi je réparais!».

Devenu mécanicien automobile par obligation, Claude n'a jamais cessé de rêver de posséder sa propre concession de produits récréatifs. Un rêve qu'il réalise finalement à la fin des années 90. En s'inspirant du nom de ses enfants Arianne et Serge, le concessionnaire est nommé AS Moto. Aujourd'hui, l'aventure familiale se porte bien et c'est d'ailleurs à Serge, qui travaille dans le commerce en partenariat avec ses parents depuis le tout début, que reviendra le rôle de la relève.

«Je dirais que nous sommes des conseillers plus que des vendeurs et que notre fierté, c'est vraiment le service que donne toute notre équipe dévouée. Bien sûr, tout le monde prétend avoir le meilleur service, mais il y a une différence quand ce sont les clients qui le disent. D'ailleurs, on est surtout connu grâce au bouche-à-oreille. On essaie de rester simple et sympathique dans notre accueil et de faire sentir à nos clients qu'ils sont chez eux.» Claude Pichette

8940, BOULEVARD SAINTE-ANNE, CHÂTEAU-RICHER, QUÉBEC / 418 824-5585
**www.asmoto.com**

# www.kawasaki.ca

# Kawasaki

LA TOUTE NOUVELLE
**NINJA 300** **2013**

CRF250M

### HONDA CRF250M ET GROM

L'entêtement de Honda à trouver la recette qui convaincra la génération des «texteux» à vivre un autre gendre d'excitation que celle que leur procure leur iPhone est admirable. En fait, aucun autre constructeur sur terre ne fait actuellement preuve d'une telle détermination à faire naître cet hypothétique créneau. Basée sur notre CRF250L, une double-usage animée par le moteur de la CBR250R, la nouvelle CRF250M de style supermoto est exclue du marché canadien pour le moment. L'étonnante et fort sympathique Grom, toutefois, y sera offerte en 2014. Il s'agit d'une toute petite machine roulant sur des roues de 12 pouces et animée par un mono refroidi par air de 125 cc à 4 vitesses. Le prix officiel n'a pas été annoncé, mais il pourrait se situer aux environs de 3 000 $.

Grom

## KTM 1290 SUPER DUKE R

Présentée comme un prototype, la 1290 Super Duke R est en fait un modèle en développement qui devrait fort probablement être annoncé officiellement comme une 2014 durant les salons de l'automne 2013. Il s'agit de la prochaine génération de la 990 Super Duke et d'une moto qui reprendra de toute évidence le caractère hautement délinquant du modèle original, et plus... La mécanique est dérivée du V-Twin de la RC8R et produirait entre 150 et 170 chevaux. On s'attend à ce que toute l'électronique de la prochaine 1190 Adventure fasse partie de l'équipement de série. On parle de modes de puissance, de contrôle de traction, d'anti-wheelie et d'ABS, entre autres.

### KTM 390 DUKE ET 200 DUKE

Compte tenu de l'image extrême que projettent la plupart des machines de KTM, ct cc, que ce soit dans son domaine de prédilection, le hors-route, ou dans le monde des routières où les grosses cylindrées sont les modèles phares du constructeur autrichien, on s'étonne un peu de voir la marque débarquer avec les petites cylindrées que sont ces Duke de 200 et 390. D'un autre côté, il se pourrait fort bien que cette image extrême soit justement l'élément qui permette à KTM de captiver et de séduire les plus jeunes. La 200 Duke et la 390 Duke ne sont pas offertes sur le marché nord-américain pour le moment. Il s'agit pratiquement de modèles jumeaux en termes de partie cycle. Quant au monocylindre refroidi par liquide    de  chacune, sa conception est de manière prévisible          influencée par la technologie présente sur les modèles          hors-route du manufacturier.

### YAMAHA MOTO CAGE-SIX

L'intention et le message exacts de Yamaha avec cette étude de style qu'est la Moto Cage-Six ne sont pas clairs. On peut toutefois se douter que l'engin, basé sur la XJ6 Diversion européenne, aurait la mission d'attirer l'attention de la clientèle jeune qui assiste habituellement aux spectacles de cascades où les motos modifiées de la sorte sont en vedette. Son rôle serait donc, finalement, d'illustrer que Yamaha n'est pas seulement une marque « pour adultes ».

## *KAWASAKI Z800*

On arrive à comprendre pourquoi certaines motos ne sont pas offertes sur le marché nord-américain, mais quelqu'un va devoir travailler fort pour nous convaincre qu'il y a une bonne raison pour que nous ne recevions pas cette superbe toute nouvelle Z800. En Europe, où elle est offerte, son prix est pratiquement le même que celui de la FZ8 de Yamaha, ce qui la positionnerait théoriquement sous les 10 000 $ chez nous. Animée par un 4-cylindres en ligne de 806 cc produisant 111 chevaux, la Z800 est construite autour d'une partie cycle très sérieuse dotée de composantes qui ne seraient pas du tout égarées sur une sportive plus pointue. Verra-t-on la lumière en 2014 chez les Verts ?

# YAMAHA TMAX HYPER MODIFIED

L'atelier californien Roland Sands Design est à l'origine de nombreuses créations allant de customs profondément modifiées aux streamliners en passant par des machines de style «terre battue». Personne n'aurait toutefois pensé en voir un jour sortir un scooter. Et pourtant, cette magnifique interprétation «naked» d'un Yamaha TMAX est totalement digne de la réputation de l'artiste Sands et de son atelier. Celui-ci explique que l'inspiration du projet provient tout simplement de la structure inhabituellement costaude du TMAX qu'il a simplement choisi d'exposer. Selon Sands, le comportement est identique à celui du scooter d'origine, mais la sonorité produite par l'échappement de course, elle, ne l'est pas du tout. Et pourquoi pas un TMAX Naked de série?

## TRIUMPH STREAMLINER

Depuis quelque temps, Triumph souligne ses publicités avec la mention « Motos hautes performances depuis 1902. » Or, à l'exception de la Daytona 675, la gamme actuelle de la marque britannique n'affiche rien qui pourrait vraiment être lié au domaine de la haute performance. La réalisation de ce streamliner, lui aussi surtout utilisé à des fins publicitaires, du moins pour le moment, lance quant à elle un message orienté vers la vitesse pure, mais sans qu'on soit capable de rattacher ce dernier à un modèle en particulier ou à une intention précise de la part du constructeur. Nous savons cependant qu'il y a plusieurs années, Triumph est presque arrivé au stade de production avec une moto à 4-cylindres qui devait rivaliser avec la Kawasaki ZX-14R et la Suzuki Hayabusa. Le projet fut apparemment abandonné lorsqu'il fut décidé que Triumph se concentrerait dorénavant sur des tricylindres et des Twin. Serait-ce ici l'indication que le constructeur entend relancer le projet de machine ultra-rapide sous une autre forme à court ou moyen terme ? Impossible à dire. En ce qui concerne l'aspect mécanique du streamliner, il est animé par une version hautement trafiquée du gros tricylindre de la Rocket III. Le constructeur s'est d'ailleurs servi d'une Rocket III modifiée de la sorte par l'atelier Carpenter Racing pour s'attaquer aux Bonneville Salt Flats, où l'engin a atteint plus de 280 km/h. Sans le moindre carénage... Pour l'anecdote, *Le Guide de la Moto* a pu faire un court essai routier de cette Rocket III, une bête produisant environ 250 chevaux, mais autrement de série. Selon l'auteur du Guide, malgré toute la masse de la grosse Triumph, l'avant ne cessait de s'envoler sur les deux premiers rapports, dans le vacarme indescriptible d'un échappement libre. « C'est ce que devrait être la Rocket III » conclut-il.

# L'ULTIME EXPÉRIENCE ÉLECTRIQUE

# TRICYLINDRE CROSSPLANE DE YAMAHA

L'une des discussions les plus importantes au sein de l'industrie, maintenant que la phase nourrie par les boomers est derrière nous, concerne la façon d'orienter les modèles futurs. Cette «sculpture» signée Yamaha et présentée lors des salons européens indique la position du constructeur. Voici ce qu'elle dit.

*Vers où ensuite ?*

*Inspiré par la livrée de puissance linéaire des mécaniques crossplane des YZR-M1 et YZF-R1, le nouveau tricylindre Yamaha est prêt à amener sur la route des performances provenant de la piste.*

*Avec sa production de couple franche, ce tricylindre avancé, léger, étroit et compact déterminera la forme que prendra la gamme future de motos Yamaha.*

Les messages plus clairs n'existent pas et l'on doit donc s'attendre à ce que plusieurs Yamaha des années à venir soient non seulement animées par un tricylindre, mais aussi carrément construites autour de ce type de mécanique. Compte tenu du caractère exceptionnel qu'ont les tricylindres et du tempérament très particulier du moteur crossplane de la R1, cette direction semble décidément intéressante.

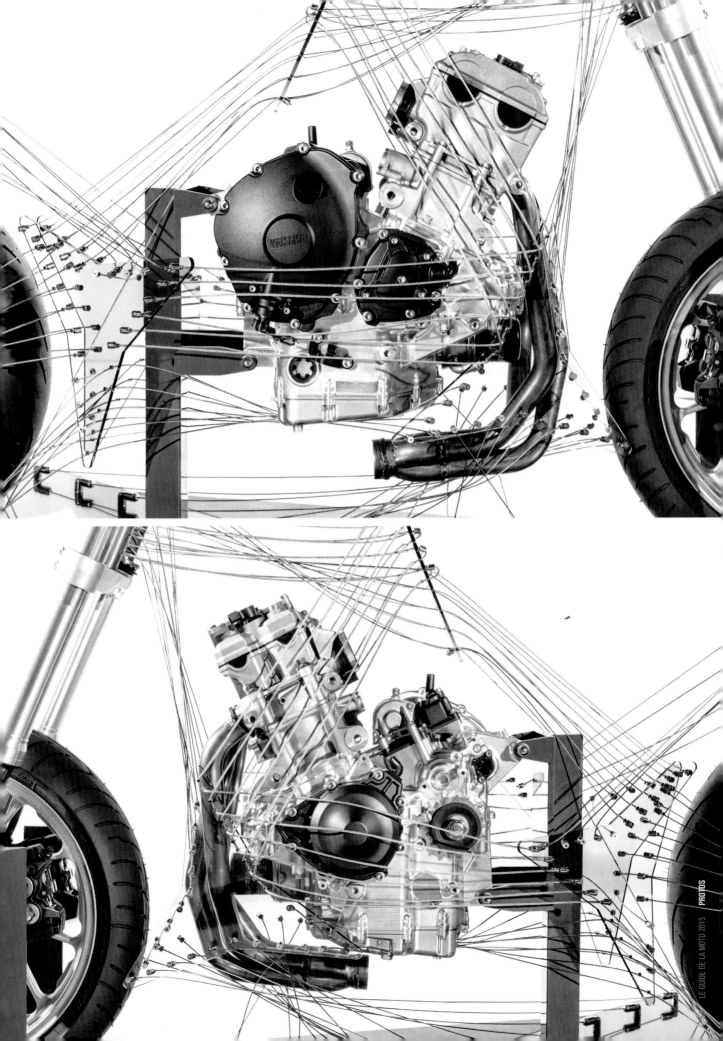

## YZF-R1 SESTO CUSTOM CYCLES

Les sportives modifiées aussi profondément que cette YZF-R1 sont très rares et lorsque nous en croisons une, nous nous devons de la partager avec les lecteurs du Guide. Il s'agirait d'une moto fonctionnelle et non seulement d'une pièce d'exposition. Parmi les caractéristiques qui la rendent particulière, on trouve évidemment ses suspensions complètement démentes, tout spécialement à l'avant. Encore une fois, tout ça serait fonctionnel.

## BRAMMO ET AUTRES...

Dans le micro-univers des motos 100 % électriques de grande production, Brammo s'est établi comme l'un des joueurs principaux, tout comme la marque Zero. Plus près de chez nous, la compagnie Lito Green Motion tente, elle aussi avec sa Sora, d'offrir quelque chose aux amateurs d'électrons, bien que ça ne soit pas du tout dans le même créneau. Il s'agit d'une technologie en plein essor à laquelle nous comptons nous intéresser sérieusement à court terme, surtout maintenant que les produits semblent avoir passé le stade expérimental.

Sur ces images, l'aspect extraordinairement complexe des modules de batteries ainsi que l'équipement propre au développement de ces motos peuvent être observés. Quant aux bornes de recharge (celle-ci se trouve à Los Angeles), elles seront absolument essentielles à l'acceptation de la technologie par le grand public. Sans elles, une moto électrique sera toujours prisonnière de son autonomie limitée. Car contrairement aux voitures, les motos disposent d'un volume restreint pour embarquer leurs batteries. «À moins de traîner une remorque...» explique Jean-Pierre Legris de Lito Green Motion.

Maverick

## CAN AM MAVERICK

Nous sommes parfaitement au courant que le Maverick n'est pas une moto. Mais les amateurs de motos sont aussi très souvent des amateurs de « bébelles à moteur » et le Maverick tombe décidément dans cette catégorie. Après avoir passé quelque temps à en brasser un lors d'un événement BRP, l'auteur du Guide de la Moto confirme d'ailleurs qu'en termes de plaisir de pilotage, on a affaire à du sérieux. L'aspect le plus excitant du Maverick, c'est qu'il ne s'agit pas d'un véhicule utilitaire comme la plupart des côte-à-côte actuellement en vente, mais bien d'une machine capable d'affronter des terrains fortement abîmés à un rythme étonnamment agressif. Par ailleurs, avec sa centaine de chevaux, il s'approche aussi des « 150 » souhaités depuis longtemps par ledit auteur.

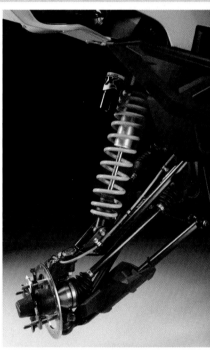

Maverick Max

## AMD WORLD CHAMPIONSHIP

Chaque année, l'AMD World Championship réunit les artistes les plus extravagants de la planète en matière de deux-roues uniques. La créativité dont ces gens font preuve est carrément stupéfiante. Voici les plus beaux exemples de cette imagination fertile et parfois même tordue qu'est la leur.

### TRIBUTE TO HAGAKURE
Construction : France – V-Twin de Buell XB9, pas de suspensions, pas de boîte de vitesses

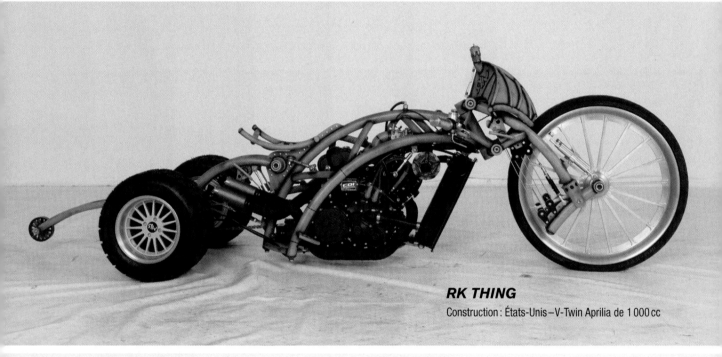

### RK THING
Construction : États-Unis – V-Twin Aprilia de 1 000 cc

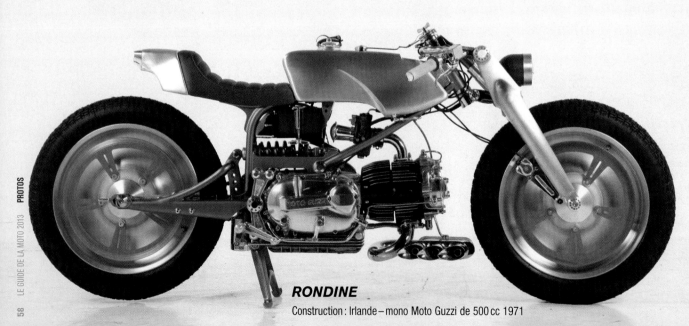

### RONDINE
Construction : Irlande – mono Moto Guzzi de 500 cc 1971

**THE STURGIS SPECIAL**

Construction : États-Unis – V-Twin S&S de 95 pouces cubes

**BIG HUBLESS**

Construction : États-Unis – V-Twin S&S de 107 pouces cubes

**SHADOW ROCKET**

Construction : Taiwan – V-Twin Harley-Davidson de 88 pouces cubes

**18**
Construction : Canada – V-Twin Harley-Davidson de 96 pouces cubes

**MINDY**
Construction : États-Unis – V-Twin Buell de 1 200 cc

**OLD BLACK**
Construction : États-Unis – V-Twin Harley-Davidson Ironhead 900 1976

## PAIN TT LESS

Construction : Allemagne – V-Twin Harley-Davidson de 987 cc

**RAVEN**

Construction : États-Unis – V-Twin «inversé» Moto Guzzi de 750 cc

# HORS-ROUTE
PAR CLAUDE LÉONARD

## À PROPOS DE L'AUTEUR

Pour une septième année consécutive, la section Hors-Route du Guide de la moto est signée par Claude Léonard. La version 2013 de notre homme nous revient inchangée par rapport au modèle de l'an dernier, ce qui est quelque peu décevant puisque la livrée 2012 comportait quelques irritants majeurs qui mériteraient d'être corrigés. À titre d'exemple, les articulations de sa suspension, qui se montrent beaucoup trop raides et affichent leurs limites avant même qu'il n'ait fini d'enfiler son équipement, bénéficieraient nettement d'une cure de rajeunissement. Mais bon, en cette période d'incertitude économique, il faut s'attendre à ce que certains modèles stagnent quelque peu. Malgré son design vieillissant, cet expérimenté journaliste moto au passé de rédacteur en chef de divers magazines et pilote de niveau expert tant en motocross qu'en course sur glace, enduro et enduro-cross demeure actif en compétition, comme le démontre cette photo de lui prise en décembre 2012 lors d'une épreuve du relevé championnat d'enduro-cross FTR en Floride. Léonard menait la classe Golden Master A en fin de course lorsque sa KTM empruntée (en fait la 250XC avec laquelle son fils Loïc a dominé le championnat du Québec 2012 d'enduro-cross) a grillé son allumage « à l'autre maudit bout de la boucle de 12 milles.

Heureusement, les grands serpents noirs ne sont pas dangereux. » Considérant son état physique après une heure et demie de course, les reptiles n'auraient pas eu à travailler fort si Léonard avait dû courir pour sa vie…

## TOUR DE RECONNAISSANCE 2013

L'an de grâce 2013 ne passera pas à l'histoire comme un moment phare de l'évolution de la moto en termes de nouveautés hors-route. Mais on note tout de même de nombreuses évolutions intéressantes, particulièrement dans la catégorie des machines de motocross de 450 cc. Côté nouveautés complètes, Honda mène la charge avec deux nouvelles motos, soit la CRF250L double-usage et la CRF110L récréative. Il s'agit de machines plutôt classiques qui n'ont rien de spectaculaire, mais elles demeurent intéressantes et, surtout, elles traduisent un regain d'intérêt chez Honda pour le domaine hors-route, ce qui est une excellente nouvelle en soi. L'autre tout nouveau modèle nous provient de KTM (on pouvait s'en douter…), sous forme du retour après trois ans d'absence de la 450XC-F hors-route. KTM demeure de loin le fabricant le plus dynamique en 2013 avec une évolution soutenue de ses gammes motocross et hors-route, tant deux-temps que quatre-temps. La firme autrichienne bonifie par ailleurs sa gamme sœur Husaberg en 2013 avec l'ajout d'une nouvelle famille quatre-temps plus étendue, mais très près des KTM d'enduro. Honda, Kawasaki et Suzuki poursuivent activement le développement de leurs machines de motocross quatre-temps. Chez Yamaha, la cuvée 2013 ressemble pas mal à la 2012, mais ça pourrait brasser l'an prochain, en motocross du moins.

Comme c'est le cas depuis l'éclatement de la bulle économique, la timidité des innovations en 2013 s'explique par la faiblesse générale du marché. De 2008 à 2011, le marché de la moto hors-route en Amérique du Nord a connu une baisse constante et a chuté d'environ 50 %, ce qui est énorme. Mais on aperçoit enfin une plaque-phare à l'autre bout du tunnel. Pour la première

KTM 450 XC-F

fois en cinq ans, le marché de la moto hors-route, tant au Canada qu'aux États-Unis, a non seulement freiné sa chute en 2012, mais a aussi connu une légère augmentation des ventes, soit de 2,1 % aux USA et de 9 % chez nous. On n'est pas encore sur le dur, mais le creux du marécage semble passé et on commence à remonter de l'autre bord. Même si l'accélération demeure précaire, en levant le casque, on voit assez nettement le sentier de la relance qui se profile devant. Et ça, c'est toujours un signe encourageant.

## LA NOUVELLE DE L'ANNÉE

Bizarrement, la nouvelle de l'année en hors-route va avoir un effet très limité sur le déroulement de la saison 2013. Mais elle va sans contredit influencer de façon marquée l'évolution future du hors-route, tant au niveau de l'industrie en général que du développement des motos comme tel. Cette nouvelle, qui a pris tout le monde par surprise à l'aube de l'année 2013, est la vente par BMW de la marque Husqvarna (surprise), et le rachat de cette dernière par KTM (grosse surprise).

En fait, c'est un peu plus compliqué que cela. Husqvarna n'a pas été racheté par KTM directement, mais bien par Stefan Pierer, qui est le grand patron de KTM. BMW a, en effet, vendu Husqvarna à Pierer Industrie AG, un holding appartenant à Stefan Pierer. Dès le début, ce dernier a laissé savoir qu'il ne

Honda CRF250L

comptait pas liquider Husqvarna pour éliminer un concurrent, mais bien poursuivre l'évolution de la prestigieuse marque. Cela a immédiatement évoqué la possibilité d'un ménage à trois impliquant KTM, Pierer Industrie (Husqvarna) et Bajaj, un important fabricant indien d'autos et de motos. Bajaj est devenu un actionnaire important (environ 48% des parts) de KTM suite à sa restructuration, il y a environ six ans, et assure déjà la fabrication de quelques modèles KTM dans ses usines en Inde.

Au moment de mettre sous presse cette édition 2013 du Guide de la Moto, l'avenir de Husqvarna était loin d'être clairement défini, mais certains éléments semblaient se dessiner plus nettement. La marque Husqvarna va demeurer sur le marché et va continuer d'évoluer en tant qu'entité séparée. Son évolution va toutefois passer par une symbiose avec KTM sur les plans de la technologie, de l'économie d'échelle et de la distribution. Ça pourrait ressembler à ce qui se passe avec Husaberg, mais avec une différenciation plus forte afin de tirer profit de la riche histoire de Husqvarna.

Ce changement d'allégeance demeure quand même étonnant. Quand BMW a acheté Husqvarna à la fin 2007, puis lancé sa G 450 X en 2008, la firme allemande a affirmé avec conviction qu'elle désirait devenir une force majeure dans le domaine du hors-route et qu'elle voulait s'attaquer directement à KTM, tant sur le marché qu'en compétition. Ça ne s'est pas passé comme prévu (oh que non…), le projet G 450 X en particulier connaissant de sérieux ratés à plusieurs niveaux. Et voilà que soudain, BMW participe en quelque sorte à l'expansion de KTM, qui était il y a peu de temps un rival ciblé et qui demeure un des principaux rivaux sur le marché routier. Parfois, je l'avoue, j'ai un peu de difficulté à suivre.

Pendant ce temps, au Canada, « c'est pas compliqué, c'est ben compliqué ». On se souviendra qu'à la fin 2011, la firme qui assurait depuis plusieurs années la distribution des motos Husqvarna au pays, Barrett Marketing, a déclaré faillite. BMW était alors propriétaire de Husqvarna, et tout le monde s'attendait à ce que la distribution canadienne de la légendaire marque hors-route soit rapidement reprise par BMW Canada. Malheureusement, le processus légal pour tout régler s'est avéré long et ardu et la situation de la distribution en général tout comme le sort des concessionnaires canadiens en particulier sont restés compliqués et nébuleux jusqu'à la fin 2012. Les choses semblèrent alors être rentrées dans l'ordre, BMW annonçant en début d'année le lancement officiel de la gamme Husqvarna 2013. Puis, la nouvelle de la vente de Husky est sortie, BMW Canada a pesé sur le coupe-contact et la distribution des Husqvarna au pays est retombée au point mort, à un moment crucial du cycle annuel des ventes.

Les premières indications suggéraient que la distribution canadienne des Husky 2013 serait prise en charge par Husqvarna US, mais au moment de mettre sous presse, il semble que la distribution américaine sera plutôt assurée directement par KTM North America. Si la distribution des Husky au Canada passe conséquemment sous le giron de KTM Canada, la situation pourrait être rétablie assez rapidement au niveau de l'approvisionnement des concessionnaires. Mais le fait demeure qu'après presque deux ans de flou au niveau de la distribution du produit, la pénétration des Husqvarna dans le marché canadien a pris du plomb dans l'aile. C'est dommage parce que la marque avait fait de solides progrès chez nous au cours des années précédant la faillite du Barrett Marketing Group.

## TECHNOLOGIE : L'AIR DU TEMPS

Sur le plan technique, l'innovation majeure en 2013 c'est l'arrivée d'une fourche pneumatique sur deux motos, soit les Honda CRF450R et Kawasaki KX450F de motocross. Les deux machines utilisent des variantes légèrement différentes de la nouvelle fourche Kayaba PSF (Pneumatic Spring Fork).

Avant d'entrer dans le détail, il est intéressant de rappeler que l'arrivée d'une fourche pneumatique sur une machine de cross de série n'est pas une primeur historique. En 1977, les Yamaha YZ125, 250 et 400 sont arrivées chez les détaillants équipées d'une telle fourche. Certains lecteurs, disons plus expérimentés, se souviennent sans doute de ces fourches surplombées de deux gros réservoirs circulaires qui, de loin, ressemblaient à un indicateur de vitesse et un compte-tours de moto double-usage. Ceux qui, comme moi, ont roulé avec ces fourches se souviennent aussi qu'elles n'étaient pas terribles, ce qui n'est sans doute pas étranger au fait que la fourche à air ait disparu pendant 37 ans.

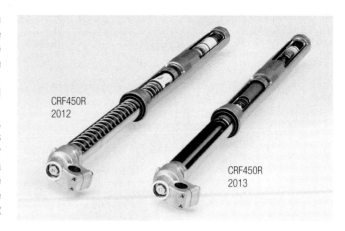

CRF450R
2012

CRF450R
2013

Évidemment, la version 2013 de la suspension pneumatique est considérablement plus sophistiquée, mais le principe de base demeure le même. Dans la fourche Kayaba PSF, les ressorts sont remplacés par de l'air. Mettre les ressorts à la poubelle offre plusieurs avantages, le plus évident étant une réduction de poids de 0,77 kg, ou 1,7 livre. Pour un diamètre de poteau donné, enlever le ressort libère aussi de l'espace dans la fourche, ce qui permet d'augmenter la taille des cartouches et par conséquent de mieux contrôler l'amortissement. Il y a aussi un avantage économique puisqu'une fourche PSF coûte moins cher à manufacturer.

Dans une fourche PSF, l'intérieur du poteau de fourche (le tube du bas qui glisse dans le fourreau supérieur lorsque la fourche s'écrase) devient une chambre fermée et l'air qui remplit ce volume fait office de ressort en se comprimant quand la fourche s'écrase. Les lois de la physique stipulent que la pression d'un gaz dans une chambre fermée est inversement proportionnelle au volume, ce qui veut dire que la pression (donc la résistance) double lorsque le volume diminue de moitié. En terme pratique, ça veut dire que la résistance de la fourche double de son extension complète à sa mi-course. Puis de la mi-course à 75 % du débattement, la pression double encore. La réaction d'une fourche à air qui se comprime est exponentielle. Un « ressort » pneumatique réagit donc comme un ressort à pas progressif plutôt agressif.

Pour éviter que la progression ne soit trop brutale, la Kayaba PSF est munie d'un système d'équilibrage qui durcit la résistance en début de course. Cela règle un problème majeur des anciens systèmes pneumatiques et permet à la fourche PSF d'afficher un comportement moins radical et plus près de celui d'une fourche à ressorts métalliques. L'air pressurisé dans la fourche agit par ailleurs sur les joints de fourche, dont les lèvres se resserrent sur le poteau à mesure que la fourche s'écrase et que la pression augmente. Cela crée de la friction (donc de la résistance) supplémentaire qui contribue à atténuer la réaction exponentielle de l'air.

Cette pression croissante sur les joints améliore par ailleurs l'efficacité de ces derniers, réduisant de beaucoup la possibilité d'une fuite. Une fuite à ce niveau a évidemment des conséquences plus graves sur une fourche pneumatique que sur une fourche traditionnelle. Quand l'air fuit, la fourche s'affaisse. Kayaba assure que les joints sont à la hauteur.

Le gros avantage de l'approche pneumatique c'est qu'elle permet d'ajuster rapidement et gratuitement la résistance mécanique de la fourche sans devoir la démonter et changer les ressorts. La pression de base de la Kayaba PSF (mesurée avec la moto sur une caisse, la roue avant délestée) est de 33 livres par pouce carré (lb/po$^2$) sur la Honda et de 35 lb/po$^2$ sur la Kawa. Une pression plus forte équivaut à un ressort plus dur, et une pression moindre à un ressort plus mou. La fourchette de réglage de la Kayaba PSF va de 30 à 40 lb/po$^2$. Une pompe à air normale peut faire le travail, mais il est recommandé de se procurer une pompe spécialisée, plus efficace et plus précise. La pompe se branche directement sur la Honda, mais sur la Kawa il faut d'abord visser un petit adaptateur, fourni avec la moto.

La pression d'air doit être contrôlée avant chaque utilisation. Il faut aussi noter que la physique stipule que la pression d'air augmente avec la température. La pression dans la fourche augmente donc à mesure que la fourche s'échauffe en roulant, jusqu'à 5 lb/po$^2$ après une sortie typique. Il faut tenir compte de ce facteur en choisissant son réglage.

KX450F
2013

## MX 450 4T

## HONDA CRF450R

Après trois cycles de retouches annuelles visant à corriger le controversé châssis lancé en 2009, la CRF450R repart en neuf en 2013 avec un cadre redessiné et une nouvelle fourche pneumatique Kayaba PSF. Honda a aussi revu le moteur qui a droit à des retouches à sa distribution, au rapport volumétrique et à la cartographie d'injection. Des soupapes d'échappement plus grosses se déversent dans un échappement double. L'embrayage faiblard à quatre ressorts lancé en 2009 est finalement remplacé par un modèle à six ressorts qui se veut plus costaud. Le moteur n'est toujours pas le plus puissant, mais demeure efficace et facile à exploiter. La moto conserve sa sensation de légèreté, mais le comportement général est considérablement amélioré.

| | |
|---|---|
| Moteur-refroidissement | monocylindre 4-temps de 449 cc – liquide |
| Transmission-embrayage | 5 rapports – manuel |
| Cadre-roues avant/arrière | aluminium – 21 pouces / 19 pouces |
| Poids-selle-réservoir | 110 kg – 953 mm – 6,4 litres |
| Prix-garantie | 9 499 $ – aucune |

## MX 450 4T

## KAWASAKI KX450F

L'an dernier, la KX450F a eu droit à un nouveau cadre plus étroit à rigidité révisée qui a sensiblement amélioré l'ergonomie et le comportement de la moto, la rendant à la fois plus svelte, efficace et plaisante à piloter. Pour 2013, Kawasaki ajoute une nouvelle fourche pneumatique Kayaba PSF, un bras oscillant modifié et des freins améliorés. Le moteur jugé trop rageur par certains reçoit un nouvel arbre à cames d'admission qui adoucit les reprises en bas sans étouffer la puissance en haut. Trois petits modules amovibles se branchant derrière la colonne de direction permettent toujours de changer la cartographie électronique selon les conditions. La populaire KX450F demeure une moto agressive, mais elle est plus polie et mieux suspendue en 2013.

| | |
|---|---|
| Moteur-refroidissement | monocylindre 4-temps de 449 cc – liquide |
| Transmission-embrayage | 5 rapports – manuel |
| Cadre-roues avant/arrière | aluminium – 21 pouces / 19 pouces |
| Poids-selle-réservoir | 112,5 kg – 955 mm – 6,2 litres |
| Prix-garantie | 9 499 $ – aucune |

## MX 450 4T

## KTM 450SX-F

L'an dernier, KTM a offert deux 450SX-F : la version de série avec le classique moteur 450 à carburateur et une édition (très) limitée utilisant une version du tout nouveau moteur à injection lancé sur la XC-W d'enduro logé dans un nouveau châssis. Sans surprise, l'édition limitée 2012 devient grosso modo la 450SX-F 2013. Le nouveau moteur est à la fois plus léger et plus puissant que l'ancien à carburateur et s'impose comme le roi des chevaux dans la catégorie 450, rien de moins. Malgré les chevaux, la bande de puissance demeure large et facile à exploiter. Le nouveau châssis est plus précis et offre un excellent compromis entre la stabilité et l'agilité. La suspension, particulièrement la fourche, est un peu sèche de série.

| | |
|---|---|
| Moteur-refroidissement | monocylindre 4-temps de 449 cc – liquide |
| Transmission-embrayage | 5 rapports – manuel |
| Cadre-roues avant/arrière | acier – 21 pouces / 19 pouces |
| Poids-selle-réservoir | 106,9 kg – 992 mm – 7,5 litres |
| Prix-garantie | 9 999 $ – 1 mois |

## MX 450 4T

## SUZUKI RM-Z450

Après avoir pris une pause en 2012, le développement de la RM-Z450 reprend en 2013. Le moteur reçoit un nouveau piston plus léger et un nouvel arbre à cames d'admission. L'échappement et le conduit d'admission ont été légèrement revus, tout comme la gestion électronique (qui conserve les trois modules interchangeables permettant de varier la réponse du moteur). Le résultat est un moteur encore plus fort en couple qui se montre très efficace sur la piste. La transmission a été complètement révisée pour plus de durabilité, mais pas l'embrayage qui demeure un peu faiblard. Une nouvelle fourche Showa SFF à ressort d'un côté et circuit hydraulique de l'autre améliore la suspension. La précision en virage demeure l'atout majeur de la RM-Z.

| | |
|---|---|
| Moteur-refroidissement | monocylindre 4-temps de 449 cc – liquide |
| Transmission-embrayage | 5 rapports – manuel |
| Cadre-roues avant/arrière | aluminium – 21 pouces / 19 pouces |
| Poids-selle-réservoir | 113 kg – 955 mm – 6,2 litres |
| Prix-garantie | 9 099 $ – aucune |

**MX 450 4T**

# YAMAHA YZ450F

Après avoir lancé l'irrésistible vague du moteur 4-temps en motocross il y a près de 10 ans déjà avec sa YZ400F, Yamaha a joué un gros coup en 2010 en lançant une YZ450F radicalement différente de la norme équipée d'un moteur à cylindre inversé de conception inédite. Révolutionnaire sur papier, la moto s'est montrée compétitive sur la piste, mais n'a pas signalé l'aube d'une nouvelle ère comme la première 400F. La réponse plutôt brusque du moteur en bas et la sensation d'instabilité du châssis ont été améliorées en 2012 avec des révisions qui ont amadoué la bête, mais la YZ450F conserve un caractère qui lui est propre. Elle demeure inchangée en 2013, mais la rumeur parle d'une refonte en 2014. Le moteur inversé affiche une excellente fiabilité.

| Moteur-refroidissement | monocylindre 4-temps de 449 cc – liquide |
|---|---|
| Transmission-embrayage | 5 rapports – manuel |
| Cadre-roues avant/arrière | aluminium – 21 pouces / 19 pouces |
| Poids-selle-réservoir | 108,3 kg – 989 mm – 7 litres |
| Prix-garantie | 9 199 $ (9 299 $ en blanc) – aucune |

**MX 450 4T**

# KTM 350SX-F

Quand KTM a lancé sa 350SX-F en 2011, elle fut présentée comme une alternative plus facile à dompter par le commun des mortels qu'une pleine 450. Mais sur la piste, la moto était plus près d'une 250 vitaminée que d'une 450 et plusieurs lui reprochèrent d'avoir le poids d'une 450 sans la puissance. KTM a trouvé quelques chevaux en 2012, refermant quelque peu l'écart, mais en 2013, le concept arrive vraiment à maturité. KTM a fortement revu le moteur, des carters à la culasse, et il pousse maintenant presque aussi fort qu'un gros cube. La bande de puissance privilégie toujours l'attaque à haut régime, mais le moteur est plus plein qu'avant au milieu. Le châssis et la suspension ont aussi été revus pour rendre le concept 350 plus efficace.

| Moteur-refroidissement | monocylindre 4-temps de 349,7 cc – liquide |
|---|---|
| Transmission-embrayage | 5 rapports – manuel |
| Cadre-roues avant/arrière | acier – 21 pouces / 19 pouces |
| Poids-selle-réservoir | 104 kg – 992 mm – 7,5 litres |
| Prix-garantie | 9 749 $ – 1 mois |

**MX 250 4T**

# HONDA CRF250R

En 2010, Honda a complètement revu sa CRF250R selon la même philosophie qui avait animé la révision de la CRF450R l'année précédente. Le résultat fut une machine considérablement différente de l'apprécié modèle 2009, ce qui n'a pas fait l'unanimité. Honda a peaufiné l'approche en 2011 et en 2012 et ajoute pour 2013 de légers changements à la fourche et à la gestion électronique du moteur. Le moulin à simple arbre à cames en tête est compétitif à mi-régime et se montre facile à exploiter, mais il manque d'allonge. La 250 s'est mieux accommodée de la radicalisation de sa géométrie que la 450 (qui a été repensée pour 2013). La sensation de légèreté de la CRF250R la rend agréable à piloter, sensation appuyée par l'excellente ergonomie.

| Moteur-refroidissement | monocylindre 4-temps de 249 cc – liquide |
|---|---|
| Transmission-embrayage | 5 rapports – manuel |
| Cadre-roues avant/arrière | aluminium – 21 pouces / 19 pouces |
| Poids-selle-réservoir | 103 kg – 955 mm – 5,7 litres |
| Prix-garantie | 8 499 $ – aucune |

**MX 250 4T**

# HUSQVARNA TC250R

Lorsque Husqvarna a lancé sa prometteuse nouvelle TC250 en 2010, les attentes étaient élevées. Dotée d'un tout nouveau moteur extrêmement compact, la Husky semblait à la fine pointe de la technologie. Malheureusement, la puissance n'était pas au rendez-vous et malgré une partie cycle relativement réussie, la TC n'était pas compétitive en motocross. L'ajout de l'injection a réduit l'écart en 2011, mais le moteur demeura en retrait. Une nouvelle culasse et un nouveau système d'injection ont enfin porté la puissance à un niveau acceptable en 2012, mais la réputation de la TC était cimentée. Pour 2013, elle se contente de changements très mineurs n'affectant pas ses performances. Elle demeure une curiosité en motocross.

| Moteur-refroidissement | monocylindre 4-temps de 249 cc – liquide |
|---|---|
| Transmission-embrayage | 5 rapports – manuel |
| Cadre-roues avant/arrière | aluminium – 21 pouces / 19 pouces |
| Poids-selle-réservoir | 97 kg – 985 mm – 6,5 litres |
| Prix-garantie | 7 199 $ USD – aucune |

`MX 250 4T`

`MX 250 4T`

## KAWASAKI KX250F

L'an dernier, Kawasaki est devenu le premier fabricant à adapter un système d'alimentation à double injecteur (courant sur les motos sport) sur une 4T de motocross, propulsant le moteur de la KX250F dans une classe à part. Loin de s'asseoir sur ses lauriers en 2013, Kawasaki a poussé le développement du moteur de sa 250 qui gagne en puissance maxi et en coffre. Le cadre a été révisé pour optimiser la rigidité tout en améliorant l'ergonomie. La suspension (fourche et bras oscillant nouveaux, amortisseur recalibré) a aussi été revue et le frein avant a gagné en puissance. Le résultat est une moto améliorée qui continue de se démarquer par le cran et l'efficacité de son moteur rageur. La KX250F n'est pas parfaite, mais elle a du caractère.

| Moteur-refroidissement | monocylindre 4-temps de 249 cc – liquide |
|---|---|
| Transmission-embrayage | 5 rapports – manuel |
| Cadre-roues avant/arrière | aluminium – 21 pouces / 19 pouces |
| Poids-selle-réservoir | 106 kg – 945 mm – 6,1 litres |
| Prix-garantie | 8 699 $ – aucune |

## KTM 250SX-F

_KTM_

En 2011, la 250SX-F a hérité d'une nouvelle partie cycle à suspension arrière à tringlerie et d'un moteur retravaillé pour accepter l'injection. Malheureusement, le passage à l'alimentation électronique a aseptisé le comportement du moteur qui a sérieusement chuté au classement général tant côté coffre que puissance. Pour 2013, KTM rapplique avec un tout nouveau moteur (nouveaux carters, alésage et course, culasse, vilebrequin, échappement, transmission…) qui, grâce à une allonge d'enfer qui chatouille les nuages, s'impose d'office comme le roi de la puissance maxi de la catégorie. Le démarrage est toujours exclusivement électrique. Le châssis de nouvelle génération est précis, mais la suspension WP demeure exigeante à calibrer.

| Moteur-refroidissement | monocylindre 4-temps de 249 cc – liquide |
|---|---|
| Transmission-embrayage | 6 rapports – manuel |
| Cadre-roues avant/arrière | acier – 21 pouces / 19 pouces |
| Poids-selle-réservoir | 99,9 kg – 992 mm – 7,5 litres |
| Prix-garantie | 8 999 $ – 1 mois |

`MX 250 4T`

`MX 250 4T`

## SUZUKI RM-Z250

Fortement remaniée en 2010, puis peaufinée à nouveau en 2011, la RM-Z250 s'est hissée parmi les meneuses de sa catégorie. Malheureusement, Suzuki a décidé d'appuyer sur le bouton pause du développement en 2012, mais pour 2013, la RM a droit à une évolution marquée qui la ramène au cœur de la lutte. Côté moteur, les arbres à cames, piston, bielle et allumage sont nouveaux, tout comme la transmission. Les systèmes de refroidissement, d'échappement et de lubrification ont été revus. Le comportement du moteur n'est pas très différent, mais la fiabilité devrait y gagner. Il y a une nouvelle fourche à fonctions séparées devant et un amortisseur recalibré derrière. L'homogénéité et la précision démoniaque en virage de la RM demeurent inégalées.

| Moteur-refroidissement | monocylindre 4-temps de 249 cc – liquide |
|---|---|
| Transmission-embrayage | 5 rapports – manuel |
| Cadre-roues avant/arrière | aluminium – 21 pouces / 19 pouces |
| Poids-selle-réservoir | 104,5 kg – 955 mm – 6,5 litres |
| Prix-garantie | 8 099 $ – aucune |

## YAMAHA YZ250F

Pratiquement inchangée pour 2013, la YZ250F nous revient avec ses nombreuses qualités et son principal défaut. L'an dernier, Yamaha a complètement repensé le cadre et révisé sa déjà excellente suspension Kayaba SSS, un exercice poussé qui a donné à la moto un comportement stable, précis et prévisible. Affichant en prime le poids le plus bas de la catégorie, la YZ250F est efficace et amusante à piloter sur une piste défoncée. Son moteur, le seul de la catégorie à utiliser un carburateur, est plaisant et facile à exploiter, mais il est de moins en moins dans le coup côté puissance. Le manque de chevaux est un handicap en course, mais pour un débutant ou un amateur de pistes de pratique, la très grande fiabilité du moteur compense amplement.

| Moteur-refroidissement | monocylindre 4-temps de 249 cc – liquide |
|---|---|
| Transmission-embrayage | 5 rapports – manuel |
| Cadre-roues avant/arrière | aluminium – 21 pouces / 19 pouces |
| Poids-selle-réservoir | 102,8 kg – 984 mm – 7 litres |
| Prix-garantie | 7 999 $ (8 099 $ en blanc) – aucune |

MX 250 2T

## KTM 250SX

Depuis le milieu des années 2000, KTM est le seul fabricant majeur qui a continué le développement d'une 250 2T de motocross. L'effort en a valu la peine, car selon nos informations, les 250SX ne restent pas longtemps chez les détaillants. Après avoir reçu le nouveau châssis avec suspension arrière à biellettes l'an dernier, la 250SX continue d'évoluer en 2013 avec une suspension révisée, un tout nouvel habillage et, côté moteur, le nouvel embrayage à diaphragme de KTM et des clapets V-Force 4. La 250SX définit les avantages d'une 250 2T en motocross : puissance abondante et explosive, légèreté et économie d'opération, surtout en cas de bris majeur. Autre avantage : même les 250SX d'occasion sont très recherchées.

| Moteur-refroidissement | monocylindre 2-temps de 249 cc – liquide |
|---|---|
| Transmission-embrayage | 5 rapports – manuel |
| Cadre-roues avant/arrière | acier – 21 pouces / 19 pouces |
| Poids-selle-réservoir | 95,4 kg – 985 mm – 8 litres |
| Prix-garantie | 8 199 $ – 1 mois |

## YAMAHA YZ250

Quand des compagnies d'accessoires offrent des pièces d'habillage et des graphiques nouveau genre visant non pas à rafraîchir, mais bien à moderniser l'allure d'une moto, cette dernière est sans doute due pour une révision. C'est le cas de la YZ250 qui n'a pas beaucoup changé depuis de nombreuses lunes. L'excellente suspension Kayaba SSS date de 2006, le châssis en aluminium de 2005, et le moteur d'avant cela. Comme le confirme son allure de déjà-vu, la 250 2T de Yamaha a décidément du vécu. Toujours très proche de la lointaine version d'origine pour 2013, elle demeure étonnamment dans le coup. Son comportement est homogène, son moteur est un modèle d'efficacité, sa suspension demeure une référence et sa fiabilité est légendaire.

| Moteur-refroidissement | monocylindre 2 temps de 249 cc – liquide |
|---|---|
| Transmission-embrayage | 5 rapports – manuel |
| Cadre-roues avant/arrière | aluminium – 21 pouces / 19 pouces |
| Poids-selle-réservoir | 105 kg – 997 mm – 8 litres |
| Prix-garantie | 7 299 $ – aucune |

MX 150 2T

## HUSQVARNA CR125

Vendue directement comme CR150 il y a deux ans, la petite 2T de Husqvarna est redevenue une CR125 en 2012. Elle nous revient inchangée pour 2013, toujours livrée avec un kit de pièces qui comprend un cylindre et un piston permettant de faire passer la cylindrée à 144 cc comme dans le temps de la CR150. L'acheteur aurait tort de s'en passer, puisque le gain en puissance rend la moto plus efficace et amusante. La version 144 n'a pas l'allonge d'une KTM 150, mais elle a plus de coffre au milieu qu'une Yamaha 125. La petite Husky est une 125 typique côté comportement, ce qui est un compliment. Son prix abordable fut longtemps son atout majeur, mais Yamaha a considérablement réduit l'écart l'an dernier.

| Moteur-refroidissement | monocylindre 2-temps de 124 cc – liquide |
|---|---|
| Transmission-embrayage | 6 rapports – manuel |
| Cadre-roues avant/arrière | acier – 21 pouces / 19 pouces |
| Poids-selle-réservoir | 95 kg – 985 mm – 7 litres |
| Prix-garantie | 6 299 $ USD – 1 mois |

## KTM 150SX / 125SX

Les sœurs jumelles de KTM dominent cette catégorie. Elles sont toutes deux athlétiques, mais la 150 est plus musclée, affichant un avantage de chevaux sur toute la plage de puissance grâce à son moteur à alésage et course supérieurs. La 150 a aussi un embrayage plus costaud et un tirage plus long, mais pour le reste, les jumelles sont identiques. Pour 2013, elles ont droit à un nouvel habillage et à des modifications aux tés de fourche, au bras oscillant, à l'essieu arrière et aux roues. La suspension a aussi été révisée. La 150 s'impose par sa puissance supérieure et est généralement le meilleur choix, mais la 125 n'en constitue pas moins une excellente machine de progression qui a l'avantage de respecter la classification 125 imposée par certaines séries.

| Moteur-refroidissement | monocylindre 2-temps de 143 cc – liquide |
|---|---|
| Transmission-embrayage | 6 rapports – manuel |
| Cadre-roues avant/arrière | acier – 21 pouces / 19 pouces |
| Poids-selle-réservoir | 90,8 kg – 985 mm – 8 litres |
| Prix-garantie | 7 799 $ (7 599 $) – 1 mois |

## MX 150 2T

## YAMAHA YZ125

Tout comme sa grande sœur la YZ250, la 125 2T de Yamaha est pour ainsi dire figée dans le temps depuis sept ans. Seule survivante des explosives machines japonaises qui ont longtemps dominé cette jadis importante catégorie, sa plus grande qualité est sans doute d'être toujours avec nous. Mais elle en a d'autres. La petite Yamaha est une excellente machine de progression, légère, nerveuse et très agréable à piloter. Sa suspension demeure à la fine pointe et absorbe les tracés défoncés de façon exemplaire. Côté comportement, elle est un véritable vélo comparée à une 250 4T. Son moteur se montre vif et efficace, mais il faut être agressif et précis pour l'exploiter. On peut facilement augmenter sa puissance en le réalésant à 150 cc.

| Moteur-refroidissement | monocylindre 2-temps de 124 cc – liquide |
|---|---|
| Transmission-embrayage | 6 rapports – manuel |
| Cadre-roues avant/arrière | aluminium – 21 pouces / 19 pouces |
| Poids-selle-réservoir | 94 kg – 998 mm – 8 litres |
| Prix-garantie | 6 499 $ – aucune |

## MX ÉCOLIERS

## HONDA CRF150RB

L'an dernier, la CRF150R est revenue au catalogue Honda après un an d'absence en affichant les premiers changements considérables depuis son lancement en 2007. Le moteur a alors gagné de la puissance sur toute sa déjà généreuse plage de régimes grâce à une nouvelle culasse, à un nouveau carburateur, à un piston plus léger et à un arbre à cames redessiné. L'amortissement avant et arrière a aussi été revu pour offrir un comportement plus progressif. Inchangée pour 2013, elle demeure offerte uniquement dans sa version à grandes roues (19/16 pouces). Malgré un net avantage côté puissance et allonge face aux 2T, la Honda demeure la seule 4T en piste. Le fort prix à payer à l'achat comme à l'entretien continue de freiner l'élan du 4T dans cette catégorie.

| Moteur-refroidissement | monocylindre 4-temps de 149 cc – liquide |
|---|---|
| Transmission-embrayage | 5 rapports – manuel |
| Cadre-roues avant/arrière | acier – 19 pouces / 16 pouces |
| Poids-selle-réservoir | 85 kg – 866 mm – 4,3 litres |
| Prix-garantie | 5 549 $ – aucune |

## MX ÉCOLIERS

## KAWASAKI KX100

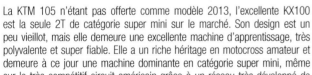

La KTM 105 n'étant pas offerte comme modèle 2013, l'excellente KX100 est la seule 2T de catégorie super mini sur le marché. Son design est un peu vieillot, mais elle demeure une excellente machine d'apprentissage, très polyvalente et super fiable. Elle a un riche héritage en motocross amateur et demeure à ce jour une machine dominante en catégorie super mini, même sur le très compétitif circuit américain grâce à un réseau très développé de préparateurs et d'accessoires. De série, elle offre un moteur à la fois puissant et facile à utiliser et une suspension souple et efficace, ce qui en fait une arme étonnamment efficace en enduro-cross. Son prix abordable, sa grande compétence et sa fiabilité d'enclume en font un excellent achat.

| Moteur-refroidissement | monocylindre 2-temps de 98 cc – liquide |
|---|---|
| Transmission-embrayage | 6 rapports – manuel |
| Cadre-roues avant/arrière | acier – 19 pouces / 16 pouces |
| Poids-selle-réservoir | 68 kg – 870 mm – 5,6 litres |
| Prix-garantie | 4 999 $ – aucune |

## MX ÉCOLIERS

## KAWASAKI KX85

Même si son développement est pour ainsi dire figé dans le temps depuis plusieurs années, la KX85 demeure une machine intéressante. Réputée pour sa fiabilité, elle est performante sans être intimidante, ce qui fera le bonheur d'un jeune pilote qui débute dans cette catégorie. Son moteur à valve d'échappement KIPS se débrouille proprement en bas et prend sérieusement vie à mi-régime, mais demeure assez facile à exploiter. L'ergonomie plutôt ramassée sied particulièrement aux jeunes de petite taille, tout comme la suspension efficace mais relativement souple. Cette dernière se prête par ailleurs très bien à une utilisation variée, incluant du sentier. La KX85 a une riche histoire en course et répond particulièrement bien à diverses modifications.

| Moteur-refroidissement | monocylindre 2-temps de 84 cc – liquide |
|---|---|
| Transmission-embrayage | 6 rapports – manuel |
| Cadre-roues avant/arrière | acier – 17 pouces / 14 pouces |
| Poids-selle-réservoir | 65 kg – 840 mm – 5,6 litres |
| Prix-garantie | 4 699 $ – aucune |

## KTM 85SX

Vous cherchez la 85 cc la plus moderne et la plus évoluée sur le marché pour votre champion en herbe ? Visez orange. Alors que ses rivales demeurent figées dans le temps depuis des années, la KTM connaît une constante évolution. Pour 2013, le fossé se creuse encore plus, puisqu'elle a droit à un cylindre et une valve à l'échappement révisés, à un vilebrequin et une bielle plus légers et durables, à des radiateurs plus efficaces, à une évolution des suspensions, à un nouvel habillage, à un nouveau guidon et à d'autres bricoles. Il y a cependant un prix à payer pour cette supériorité technologique, la SX85 coûtant en effet quelque 1 500 $ de plus que ses rivales japonaises. Plus typée course, elle exige aussi un entretien plus suivi que ces dernières.

| Moteur-refroidissement | monocylindre 2-temps de 84 cc – liquide |
|---|---|
| Transmission-embrayage | 6 rapports – manuel |
| Cadre-roues avant/arrière | acier – 17 pouces / 14 pouces |
| Poids-selle-réservoir | 68 kg – 865 mm – 5 litres |
| Prix-garantie | 5 999 $ – 1 mois |

## SUZUKI RM85

Absente chez les concessionnaires en tant que modèle 2012, mais disponible comme modèle non courant l'an dernier, la RM85 revient officiellement au catalogue en 2013. Pratiquement inchangé depuis plusieurs années, le design de la RM85 montre quelque peu son âge, mais demeure dans le coup grâce à son petit monocylindre à admission dans le carter et valve à l'échappement qui offre une puissance compétitive, s'imposant surtout par la générosité de sa plage d'utilisation. La RM s'extirpe plus facilement d'un virage serré et est plus facile à exploiter à fond que certaines rivales plus pointues. Son moteur plus convivial en fait un excellent choix pour un débutant qui appréciera aussi sa suspension relativement souple et sa sensation de légèreté.

| Moteur-refroidissement | monocylindre 2-temps de 85 cc – liquide |
|---|---|
| Transmission-embrayage | 6 rapports – manuel |
| Cadre-roues avant/arrière | acier – 17 pouces / 14 pouces |
| Poids-selle-réservoir | 73 kg – 850 mm – 5 litres |
| Prix-garantie | 4 299 $ – aucune |

## YAMAHA YZ85

L'an dernier, Yamaha a sabré le prix de sa petite 85 de 800 $. Pour 2013, elle nous revient inchangée, incluant son prix, ce qui en fait toujours l'aubaine de la catégorie. Avec sa suspension assez ferme, son moteur puissant et son ergonomie relativement généreuse, surtout en position debout, la YZ85 est un bon choix pour un jeune pilote de plus grande taille à condition qu'il affiche déjà une bonne expérience de pilotage. La petite Yamaha est en effet quelque peu difficile à dompter pour un débutant. Démuni d'une valve à l'échappement, son moteur 2T se montre plutôt creux en bas, une sensation accentuée par une transition assez brusque quand les chevaux se précipitent en haut. Ce moteur pointu et la suspension dure en font une 85 plutôt intense.

| Moteur-refroidissement | monocylindre 2-temps de 85 cc – liquide |
|---|---|
| Transmission-embrayage | 6 rapports – manuel |
| Cadre-roues avant/arrière | acier – 17 pouces / 14 pouces |
| Poids-selle-réservoir | 71 kg – 864 mm – 5 litres |
| Prix-garantie | 3 999 $ – aucune |

## KAWASAKI KX65

Même si elle n'a à peu près pas changé depuis une dizaine d'années déjà, la petite KX65 demeure un excellent choix pour un jeune pilote prêt à passer d'une mini à embrayage automatique à une vraie machine de motocross à embrayage manuel. Elle offre un moteur performant et des suspensions efficaces tout en demeurant conviviale. De plus, moyennant un entretien normal, elle se montre très robuste et durable, permettant d'accumuler les heures en selle sans faire sauter la banque. La KTM 65SX est plus hot, tant visuellement que côté performances, mais la KX65 se montre moins chère à l'achat et à l'entretien et s'avère une excellente machine d'apprentissage. Pour la plupart des jeunes pilotes, bien apprendre est ce qui compte le plus.

| Moteur-refroidissement | monocylindre 2-temps de 65 cc – liquide |
|---|---|
| Transmission-embrayage | 6 rapports – manuel |
| Cadre-roues avant/arrière | acier – 14 pouces / 12 pouces |
| Poids-selle-réservoir | 57 kg – 760 mm – 3,8 litres |
| Prix-garantie | 4 099 $ – aucune |

## KTM 65SX

Même si elle nous revient pratiquement inchangée derrière son nouveau traitement graphique pour 2013, la 65SX demeure la référence dans son segment. Elle s'est nettement démarquée de la KX65 il y a quatre ans déjà lorsqu'elle a eu droit à une refonte complète et a continué à évoluer au fil des ans. L'année dernière, elle a bénéficié d'une nouvelle fourche WP à poteaux de 35 mm plus performante. De nouveaux réglages de l'amortisseur arrière ont permis au châssis de conserver son équilibre. Un nouvel étrier avant à quatre pistons a rehaussé la performance du freinage, tant côté puissance que sensation. La KTM est plus chère et exige un entretien plus suivi que sa rivale chez Kawasaki, mais elle livre la marchandise sur une piste.

| Moteur-refroidissement | monocylindre 2-temps de 65 cc – liquide |
|---|---|
| Transmission-embrayage | 6 rapports – manuel |
| Cadre-roues avant/arrière | acier – 14 pouces / 12 pouces |
| Poids-selle-réservoir | 55,4 kg – 750 mm – 3,5 litres |
| Prix-garantie | 4 899 $ – 1 mois |

## KTM 50SX / 50SX MINI

Observez une ligne de départ en catégorie mini pour enfants, et vous aurez l'impression que la couleur orange est mandatée par le règlement. Depuis des années, KTM est le seul des grands fabricants à offrir une authentique machine de compétition taillée sur mesure pour un tout jeune pilote. Pour 2013, sa transmission à simple vitesse a droit à un tout nouvel embrayage automatique plus léger et plus facile à ajuster qui améliore à lui seul l'accélération. Le traitement graphique imprégné dans le plastique a été revu pour aligner la 50SX sur le nouveau look des SX pleine grandeur. Dotée d'un moteur puissant et vif et d'une suspension haute et évoluée, la 50SX n'est pas une machine pour débutants. KTM offre la 50SX Mini pour les néophytes.

| Moteur-refroidissement | monocylindre 2-temps de 49 cc – liquide |
|---|---|
| Transmission-embrayage | 1 rapport – automatique |
| Cadre-roues avant/arrière | acier – 12 pouces / 10 pouces |
| Poids-selle-réservoir | 39,8 kg – 684 mm – 2,3 litres |
| Prix-garantie | 3 899 $ (3 699 $) – 1 mois |

**HR 500 4T**

## KTM 500XC-W / 450 XC-W

Toutes nouvelles l'an dernier, les grosses 4T d'enduro de KTM ont relevé la barre dans leur catégorie en inaugurant un moteur de nouvelle génération à SACT qui se distingue par son poids réduit de 2 kg, par sa souplesse améliorée, par sa puissance supérieure et par son inertie réduite lorsque les gaz sont coupés. Le tout est logé dans le plus récent châssis à amortisseur sans tringlerie utilisé jusqu'en 2011 sur les cross 2T. Pour 2013, le décalage des tés de fourche passe de 22 à 20 mm afin d'améliorer la précision de la direction, la fourche gagne en efficacité et l'habillage est rajeuni. La version 500 affiche 510 cc comme les 520, 525 et 530 d'antan et ajoute une bonne dose de couple sur une plage plus linéaire. La 450 est une arme, et la 500 en rajoute.

| Moteur-refroidissement | monocylindre 4-temps de 510 (449) cc – liquide |
|---|---|
| Transmission-embrayage | 6 rapports – manuel |
| Cadre-roues avant/arrière | acier – 21 pouces / 18 pouces |
| Poids-selle-réservoir | 112 (111) kg – 970 mm – 9,5 litres |
| Prix-garantie | 10 399 $ (10 199 $) – 1 mois |

**HR 500 4T**
*NOUVEAUTÉ 2013*

## KTM 450 XC-F

Disparue du catalogue KTM il y a trois ans pour laisser toute la place à la nouvelle 350, la 450XC-F effectue un retour spectaculaire cette année. Elle s'inscrit d'emblée comme la fusée de la catégorie hors-route puisqu'elle utilise le très vitaminé nouveau moteur à injection de la nouvelle 450SX de motocross. La version XC-F du nouveau moteur est pratiquement identique à celle de la SX, incluant le rapport volumétrique, le papillon d'injection de 44 mm, l'embrayage à diaphragme, les rapports de transmission et le tirage final. Dotée du même châssis que la SX, la XC-F se distingue par des réglages de suspension un peu moins costauds, une roue arrière de 18 pouces, un réservoir deux litres plus gros et la présence de protège-mains.

| Moteur-refroidissement | monocylindre 4-temps de 449 cc – liquide |
|---|---|
| Transmission-embrayage | 6 rapports – manuel |
| Cadre-roues avant/arrière | acier – 21 pouces / 18 pouces |
| Poids-selle-réservoir | 112 kg – 970 mm – 9,5 litres |
| Prix-garantie | 10 199 $ – 1 mois |

## HONDA CRF450X

Depuis des années, Honda domine la légendaire course d'endurance Baja 1000 disputée annuellement dans le désert mexicain. Et depuis sa sortie au milieu des années 2000, c'est la CRF450X qui sert de base à la machine victorieuse, s'imposant cette année encore devant ses rivales officielles vertes et orange pourtant basées sur des machines de cross pures et dures. À l'origine une machine de sentier plus corpulente qu'athlétique, la CRF450X a évolué en 2008 quand Honda lui a apporté une série de modifications qui ont radicalisé sa personnalité. La moto est depuis pratiquement inchangée et demeure basée sur l'excellente Honda 450 de motocross de première génération. De série, elle demeure moins typée course que ses rivales orange.

| Moteur-refroidissement | monocylindre 4-temps de 449 cc – liquide |
|---|---|
| Transmission-embrayage | 5 rapports – manuel |
| Cadre-roues avant/arrière | aluminium – 21 pouces / 18 pouces |
| Poids-selle-réservoir | 113 kg – 962 mm – 8,7 litres |
| Prix-garantie | 9 199 $ – aucune |

## YAMAHA WR450F

Yamaha a causé une certaine surprise l'an dernier en lançant une toute nouvelle WR450F au même moment où les Kawasaki KLX450 et Suzuki RMX450Z disparaissaient de leur catalogue respectif, faute de preneurs. La nouvelle moto n'est pas basée sur la révolutionnaire YZ450F de motocross à moteur inversé comme anticipé, mais utilise plutôt une version évoluée d'un moteur d'ancienne génération, modifié pour bénéficier pleinement de l'arrivée de l'injection électronique. La grosse nouveauté est l'adoption d'un châssis plus compact basé de près sur celui de la plus récente YZ250F de cross, mais spécifique à la WR450F. Elle est plus agile et performante que la version précédente, mais elle demeure plus typée sentier que compétition.

| Moteur-refroidissement | monocylindre 4-temps de 449 cc – liquide |
|---|---|
| Transmission-embrayage | 5 rapports – manuel |
| Cadre-roues avant/arrière | aluminium – 21 pouces / 18 pouces |
| Poids-selle-réservoir | 124 kg – 960 mm – 7,5 litres |
| Prix-garantie | 8 999 $ – aucune |

## HUSABERG FE350 / FE250 / FE501

À la suite du rachat de la marque par KTM, le moteur à cylindre à 70 degrés qui typait la Husaberg 4T a été largué. Les nouvelles 'Berg 4T utilisent toutes un moteur issu directement des KTM XCF-W de cylindrée correspondante, sans aucun changement. Le châssis est aussi calqué sur celui des XCF-W, avec quelques modifications notables. La fourche, une toute nouvelle WP 4CS à cartouches séparées comprenant quatre chambres, est considérablement plus évoluée sur le plan technique que le vétuste modèle à cartouche ouverte des XCF-W. Le cadre arrière est par ailleurs réalisé en polyamide renforcé de fibre de verre. Pour le reste, c'est l'habillage bleu et jaune qui se charge de les distinguer de la version orange.

| Moteur-refroidissement | monocylindre 4-temps de 350 (249) (510) cc – liquide |
|---|---|
| Transmission-embrayage | 6 rapports – manuel |
| Cadre-roues avant/arrière | acier – 21 pouces / 18 pouces |
| Poids-selle-réservoir | 109,5 (107,5) (113,5) kg – 970 mm – 8,5 litres |
| Prix-garantie | 10 249 $ (9 549 $) (10 549 $) – 1 mois |

## KTM 350 XC-F / 350XCF-W

Ciblant d'abord le marché du motocross, la novatrice approche 350 de KTM semble encore plus logique et efficace lorsque déclinée dans ses versions hors-route. Lancé il y a deux ans, le modèle cross-country XC a hérité l'an dernier du châssis de motocross à biellettes arrière. Pour 2013, la XC a droit à un châssis amélioré, à un nouvel habillage et à la même évolution de moteur que la 350SX. Si votre cœur balance entre le sentier et les parcs de motocross, elle est faite pour vous. Plus typée enduro, la très efficace version 350XCF-W était toute nouvelle l'an dernier. Elle nous revient avec une direction plus précise, une fourche plus efficace et de nouveaux carters moulés en 2013. Les deux versions offrent de réels avantages comparées aux 250 et 450.

| Moteur-refroidissement | monocylindre 4-temps de 349,7 cc – liquide |
|---|---|
| Transmission-embrayage | 6 rapports – manuel |
| Cadre-roues avant/arrière | acier – 21 pouces / 18 pouces |
| Poids-selle-réservoir | 106 (107) kg – 992 (970) mm – 9,5 litres |
| Prix-garantie | 9 999 $ – 1 mois |

**HR 500 4T**

**HR 300 2T**

## HUSQVARNA TXC310R/TXC250R

Husqvarna

Les versions TE ayant été étiquetées double-usage en 2012 plutôt qu'enduro comme auparavant, la famille TXC à vocation cross-country (plus proche des TC de motocross) mène maintenant la charge Husqvarna dans les catégories hors-route 4T. La TXC511 à moteur ex-BMW G450X disparaît cette année, mais les 310 et 250 reviennent avec des changements considérables. Elles reçoivent toutes deux la nouvelle culasse de couleur rouge baptisée Red Head (d'où le suffixe R dans leur nom) lancée précédemment sur la TC250 de motocross. Un piston plus léger, un nouveau cylindre et une injection plus performante complètent le tout. Lancée en 2012, la TXC310R utilise un moteur 250 réalésé qui, pour la compétition, est plus dans le coup côté puissance.

| Moteur-refroidissement | monocylindre 4-temps de 302 (244) cc – liquide |
|---|---|
| Transmission-embrayage | 6 rapports – manuel |
| Cadre-roues avant/arrière | acier – 21 pouces / 18 pouces |
| Poids-selle-réservoir | 109 kg – 950 mm – 8,5 litres |
| Prix-garantie | 7 999 $ USD (7 599 $ USD) – 1 mois |

## HUSQVARNA WR 300 / WR 250 / WR 125

Husqvarna

Husqvarna avait laissé entendre que sa nouvelle génération de machines 2T à moteur injecté serait disponible en 2013, mais elle se fait attendre. Les WR existantes reviennent donc une fois de plus. Les moteurs Husqvarna sont de la vieille école et sont moins sophistiqués, plus rugueux et un peu moins vifs que ceux de la marque orange, mais ils demeurent efficaces en hors-route. La partie cycle fait un peu vieille Europe mais se montre saine. La 300 est plus attirante que la 250 chez la clientèle visée par ce type de motos. Vendue comme 150 il y a deux ans, la 125 est la moins datée des trois et est livrée avec un kit 144 cc comprenant un cylindre et un piston. Un peu comme chez Ikea, elle exige un peu d'assemblage pour redevenir une 150.

| Moteur-refroidissement | monocylindre 2-temps de 293 (249) (124) cc – liquide |
|---|---|
| Transmission-embrayage | 6 rapports – manuel |
| Cadre-roues avant/arrière | acier – 21 pouces / 18 pouces |
| Poids-selle-réservoir | 103 (103) (96) kg – 975 mm – 9,5 litres |
| Prix-garantie | 7 099 $ USD (6 699 $ USD) (6 299 $ USD) – 1 mois |

**HR 300 2T**

**HR 300 2T**

## HUSABERG TE300 / TE250

HUSABERG

Les modèles 2T de Husaberg étaient déjà calqués sur les KTM XC-W d'enduro, mais l'an dernier encore, ils utilisaient le châssis de génération précédente. Pour 2013, les deux TE progressent considérablement en adoptant la plus récente version du châssis PDS sans tringlerie qui équipait déjà les XC-W en 2012. L'ergonomie et la maniabilité sont du coup améliorées. Les Husaberg en rajoutent en offrant une fourche WP 4CS à cartouches séparées comprenant quatre chambres nettement plus évoluée sur le plan technique que la fourche à cartouches ouverte des XC-W. Le cadre arrière est par ailleurs réalisé en polyamide renforcé de fibre de verre. Tant la 300 que la 250 utilisent le même moteur que les KTM correspondantes.

| Moteur-refroidissement | monocylindre 2-temps de 293 (249) cc – liquide |
|---|---|
| Transmission-embrayage | 5 rapports – manuel |
| Cadre-roues avant/arrière | acier – 21 pouces / 18 pouces |
| Poids-selle-réservoir | 104 kg – 960 mm – 11 litres |
| Prix-garantie | 9 249 $ (9 149 $) – 1 mois |

## KTM 300XC / 250XC

L'an dernier, Loïc Léonard a dominé le championnat du Québec d'enduro-cross sur une 250XC très légèrement modifiée, accumulant une fiche impressionnante de sept victoires et une seconde place. Pour 2013, la 250XC de même que sa version à moteur réalésé 300XC reviennent à la charge avec un nouvel habillage et de légères améliorations au moteur. Ce dernier a droit au nouvel embrayage à diaphragme lancé l'année dernière sur les 4T, à un nouveau clapet d'admission V-Force 4 et à un démarreur électrique amélioré. La suspension des XC est un peu costaude pour les racines (les XC-W absorbent mieux les irrégularités), mais c'est facile à corriger. Légères, performantes et faciles à entretenir, ces polyvalentes XC exemplifient les avantages d'un deux-temps.

| Moteur-refroidissement | monocylindre 2-temps de 293 (249) cc – liquide |
|---|---|
| Transmission-embrayage | 6 rapports – manuel |
| Cadre-roues avant/arrière | acier – 21 pouces / 18 pouces |
| Poids-selle-réservoir | 101 kg – 992 mm – 11,5 litres |
| Prix-garantie | 9 149 $ (9 049 $) – 1 mois |

**HR 300 2T**

**HR 300 2T**

## KTM 300XC-W / 250XCW

Les versions typées enduro XC-W des 250 et 300 2T de KTM sont super efficaces dans des sentiers serrés et accidentés. Leurs suspensions sont moins évoluées techniquement que celles des versions XC, mais demeurent efficaces dans des conditions d'enduro. L'an dernier, elles ont eu droit à une bonne cure de rajeunissement en adoptant le châssis lancé l'année précédente sur les 2T de cross, ce qui a amélioré le comportement et la sensation de stabilité. Pour 2013, elles héritent du nouvel embrayage à diaphragme lancé l'an dernier, de clapets d'admission V-Force 4, d'un démarreur amélioré et de feux avant et arrière. La 250 se montre plus vive et légère tandis que la 300 se distingue par le coffre impressionnant, mais facile à doser de son moteur.

| Moteur-refroidissement | monocylindre 2-temps de 293 (249) cc – liquide |
|---|---|
| Transmission-embrayage | 5 rapports – manuel |
| Cadre-roues avant/arrière | acier – 21 pouces / 18 pouces |
| Poids-selle-réservoir | 102 kg – 960 mm – 10 litres |
| Prix-garantie | 9 149 $ (9 049 $) – 1 mois |

## KTM 200XC-W

Combinant en quelque sorte le poids d'une 125 et le couple d'une 250, la 200 de KTM permet de foncer sans se défoncer, ce qui est une recette gagnante tant pour un jeune en évolution que pour une femme ou un vétéran. La recette est même efficace à haut niveau, comme l'a démontré Loïc Léonard en remportant en 2011 le championnat Pro de la FMSQ sur une 200XC-W de série, pour ainsi dire. Pour 2013, elle gagne en convivialité en accueillant à son tour un démarreur électrique, comme les 250 et 300. Les carters et l'allumage sont modifiés en conséquence et tant qu'à y être, KTM a aussi redessiné la culasse et calibré le carburateur pour adoucir la plage de puissance. La 200 a aussi droit à un phare et un feu arrière de série pour 2013.

| Moteur-refroidissement | monocylindre 2-temps de 193 cc – liquide |
|---|---|
| Transmission-embrayage | 6 rapports – manuel |
| Cadre-roues avant/arrière | acier – 21 pouces / 18 pouces |
| Poids-selle-réservoir | 95 kg – 960 mm –10 litres |
| Prix-garantie | 8 149 $ – 1 mois |

**HR 300 2T**

**HR 250 4T**

## KTM 150XC

Il y a trois ans, KTM a décidé de remplacer sa 200XC, basée sur la 200 d'enduro, par la 150XC, basée sur la 150 de motocross. Cette décision a permis de faire évoluer le châssis sans vraiment reculer côté moteur, puisque la version XC du moteur 200 était pointue et pas très conviviale. La 150XC n'a pas le couple de la 200XC-W, ce qui est souvent un handicap en sentier, mais pour une utilisation sur terrain plus ouvert ou sur une piste de cross, son moteur affiche de belles qualités. Il est puissant et très vivant à haut régime, et s'il demeure relativement efficace en bas, il récompense aussi nettement un pilotage agressif. Comme les grosses XC, la 150 utilise le plus récent châssis cross à suspension arrière à biellettes.

| Moteur-refroidissement | monocylindre 2-temps de 143 cc – liquide |
|---|---|
| Transmission-embrayage | 6 rapports – manuel |
| Cadre-roues avant/arrière | acier – 21 pouces / 18 pouces |
| Poids-selle-réservoir | 94 kg – 992 mm – 11,5 litres |
| Prix-garantie | 8 149 $ – 1 mois |

## HONDA CRF250X

Comme sa grande sœur la CRF450X, la 250X est une version considérablement assouplie côté moteur et suspension d'une CRF250R de motocross d'ancienne génération. Inchangée pour 2013, cette excellente petite randonneuse poursuit sa mission sans faire de bruit, dans tous les sens de l'expression. Sa suspension privilégiant la souplesse avale sans broncher roches et racines alors que son moteur à démarreur électrique livre un couple généreux à bas régime, ce qui le rend étonnamment efficace dans le serré et lorsque l'adhérence est précaire. La CRF250X n'est toutefois pas une machine de grands espaces : son moteur s'essouffle assez rapidement et sa suspension molle devient vite imprécise quand ça brasse trop.

| Moteur-refroidissement | monocylindre 4-temps de 249 cc – liquide |
|---|---|
| Transmission-embrayage | 5 rapports – manuel |
| Cadre-roues avant/arrière | aluminium – 21 pouces / 18 pouces |
| Poids-selle-réservoir | 102 kg – 957 mm – 8,3 litres |
| Prix-garantie | 8 999 $ – aucune |

## HR 250 4T

## HR 250 4T

### KTM 250XC-F / 250XCF-W

La différence entre les deux hors-route 250 4T de KTM devient considérablement plus marquée en 2013. La version XC-F, qui avait eu droit au châssis à suspension arrière à biellettes des KTM de motocross l'an dernier, reçoit cette année le tout nouveau moteur beaucoup plus rageur qui équipe aussi la 250SX-F. Du coup, le fossé qui la séparait déjà de ses rivales côté performances s'est creusé de plusieurs chevaux. La version enduro XCF-W reprend l'ancien moteur et le châssis PDF sans tringlerie, mais demeure un excellent choix pour l'amateur de sentiers serrés où la souplesse de son moteur et des suspensions demeurent un atout appréciable. Pour 2013, la W a droit à une direction plus rapide, à une fourche plus efficace et à un nouvel habillage.

| Moteur-refroidissement | monocylindre 4-temps de 249 cc – liquide |
|---|---|
| Transmission-embrayage | 6 rapports – manuel |
| Cadre-roues avant/arrière | acier – 21 pouces / 18 pouces |
| Poids-selle-réservoir | 104 (106) kg – 992 (970) mm – 9,5 litres |
| Prix-garantie | 9 449 $ – 1 mois |

### YAMAHA WR250F

Dans un marché plus en santé, la WR250F aurait probablement eu droit à une révision comme la WR450F de l'an dernier, mais dans le contexte actuel, il faudra patienter. Complètement remaniée en 2007 et très légèrement retouchée en 2008, la WR250F nous revient une fois de plus inchangée pour 2013. On a donc toujours affaire à une machine axée plus sur l'agrément en sentier que sur la compétition. Sa suspension souple est calibrée pour attaquer confortablement un sentier serré et accidenté, tout en se montrant un peu plus ferme et efficace que celle de la CRF250X à plus haute vitesse. Le moteur à démarreur électrique n'a pas tout à fait le coffre de celui de la rouge en bas, mais il lui est légèrement supérieur à haut régime.

| Moteur-refroidissement | monocylindre 4-temps de 249 cc – liquide |
|---|---|
| Transmission-embrayage | 5 rapports – manuel |
| Cadre-roues avant/arrière | aluminium – 21 pouces / 18 pouces |
| Poids-selle-réservoir | 116 kg – 980 mm – 8 litres |
| Prix-garantie | 8 499 $ – aucune |

## RÉCRÉATIVES

## RÉCRÉATIVES

### HONDA CRF230F

Personne ne s'en doutait à l'époque, mais Honda a fait figure de pionnier, il y a plus de 25 ans, en offrant une gamme hors-route propulsée exclusivement par des moteurs 4T. En 2003, ces légendaires XR ont cédé le pas à une nouvelle génération de machines récréatives baptisées CRF. La CRF230F est le modèle pleine grandeur de la famille, conçu pour accueillir un pilote de taille adulte. Propulsée par un convivial moteur refroidi par air doté d'un démarreur électrique et d'une boîte à six rapports, la version initiale était un peu balourde, mais Honda l'a revue, il y a cinq ans, en lui greffant une selle et un réservoir plus sveltes et bas qui ont amélioré le confort et l'ergonomie tout en réduisant la sensation de lourdeur.

| Moteur-refroidissement | monocylindre 4-temps de 223 cc – air |
|---|---|
| Transmission-embrayage | 6 rapports – manuel |
| Cadre-roues avant/arrière | acier – 21 pouces / 18 pouces |
| Poids-selle-réservoir | 113 kg – 866 mm – 7,2 litres |
| Prix-garantie | 4 599 $ – 6 mois |

### YAMAHA TT-R230

Au tournant du millénaire, les TT-R de Yamaha ont donné un nouveau souffle au segment des machines récréatives. La TT-R230 est la version pour adultes de cette gamme d'initiation de Yamaha. Propulsée par un robuste moteur 4T refroidi par air, elle est dotée d'un pratique démarreur électrique et d'une boîte à six rapports. C'est une machine éprouvée dont l'habillage a été revu en 2008 pour rajeunir son allure tout en rappelant les YZ de motocross. Tant côté prix que fiche technique, elle est très proche de la CRF230F décrite précédemment. La Yamaha est un tantinet plus conviviale tandis que la Honda est très légèrement plus poussée côté suspension et puissance maxi. Mais la différence est mince. Aimez-vous mieux le bleu ou le rouge ?

| Moteur-refroidissement | monocylindre 4-temps de 223 cc – air |
|---|---|
| Transmission-embrayage | 6 rapports – manuel |
| Cadre-roues avant/arrière | acier – 21 pouces / 18 pouces |
| Poids-selle-réservoir | 107 kg – 870 mm – 8 litres |
| Prix-garantie | 3 999 $ – 90 jours |

## HONDA CRF150F

Originalement fabriquée au Brésil comme sa grande sœur la CRF230F avant d'être lancée de façon plus globale en même temps que cette dernière, la CRF150F est un peu plus petite qu'une moto pleine grandeur puisqu'elle est équipée de roues de 19 pouces à l'avant et de 16 pouces derrière. Au premier coup d'œil, elle semble très proche de la CRF100 côté vocation, mais la 150 est plus évoluée et plus performante que la 100, affichant un moteur plus puissant, un frein avant à disque et un débattement de suspension supérieur. Elle est toutefois plus lourde et plus dispendieuse. Tout en demeurant peu intimidant, son moteur est fort en couple pour sa taille, ce qui, avec la suspension relativement ferme, rend la CRF150F plutôt amusante et polyvalente.

| Moteur-refroidissement | monocylindre 4-temps de 149 cc – air |
|---|---|
| Transmission-embrayage | 5 rapports – manuel |
| Cadre-roues avant/arrière | acier – 19 pouces / 16 pouces |
| Poids-selle-réservoir | 101 kg – 825 mm – 8,3 litres |
| Prix-garantie | 4 149 $ – 6 mois |

## KAWASAKI KLX140 (L)

N'ayant pratiquement pas changé depuis sa sortie, la KLX140 entreprend en 2013 sa sixième année sur le marché. Dès le départ, Kawasaki s'est engagé dans le sentier tracé par la Yamaha TT-R125 en offrant sa petite 4T récréative en deux versions afin d'accommoder des pilotes de tailles variées. La KLX140 de base arrive avec des petites roues de 17-14 pouces, tandis que la version L utilise plutôt des grandes roues de 19-16 pouces et un amortisseur arrière plus évolué à réservoir externe. Les deux sont équipées de freins à disque avant et arrière. Doté d'un démarreur électrique, le moteur est très souple, mais ne pousse pas beaucoup plus qu'un 125. Avec sa transmission à cinq rapports un peu longs, il semble même plus vivant sur la version à petites roues.

| Moteur-refroidissement | monocylindre 4-temps de 144 cc – air |
|---|---|
| Transmission-embrayage | 5 rapports – manuel |
| Cadre-roues avant/arrière | acier – 17 (19) pouces / 14 (16) pouces |
| Poids-selle-réservoir | 89 (90) kg – 780 (800) mm – 5,7 litres |
| Prix-garantie | 3 599 $ (3 999 $) – 6 mois |

## SUZUKI DR-Z125 (L)

La DR-Z125 n'est pas très évoluée mécaniquement, son héritage remontant à plusieurs années, mais son allure est contemporaine et sa fiabilité est éprouvée, ce qui en fait une machine d'initiation tout à fait recommandable. Elle est offerte en version de base à petites roues de 17 et 14 pouces (freins à tambour avant et arrière), et en version L à grandes roues de 19 et 16 pouces (frein à disque avant, tambour arrière), ce qui lui permet d'accommoder différents gabarits selon la clientèle cible. La suspension est potable et malgré une paresse relative à bas régime, son petit 4T se montre souple et agréable. La non-disponibilité d'un démarreur électrique peut limiter son attrait pour certains, mais cette absence comporte des avantages côté poids et prix.

| Moteur-refroidissement | monocylindre 4-temps de 124 cc – air |
|---|---|
| Transmission-embrayage | 5 rapports – manuel |
| Cadre-roues avant/arrière | acier – 17 (19) pouces / 14 (16) pouces |
| Poids-selle-réservoir | 79 (81) kg – 775 (805) mm – 6,2 litres |
| Prix-garantie | 3 099 $ (3 499 $) – 6 mois |

## YAMAHA TT-R125 LE / L

Jadis offerte en pas moins de quatre versions selon l'utilisation de «petites roues» ou de «grandes roues» et la présence ou l'absence d'un démarreur électrique, la TT-R125 est maintenant offerte en deux versions à grandes roues seulement. Inchangés pour 2013, les modèles LE (démarrage électrique) et L (démarrage au kick) demeurent identiques mis à part le mode de lancement. La LE est plus facile d'approche et pratique, alors que la L offre l'avantage d'être un peu plus légère et moins dispendieuse. Conviviale, efficace, durable et agréable à piloter, la TT-R125 demeure dans le coup même si sa dernière révision remonte à 2008. Elle a un peu plus de moteur que la 125 de Suzuki, mais un peu moins que les Kawa 140 et surtout la Honda 150.

| Moteur-refroidissement | monocylindre 4-temps de 124 cc – air |
|---|---|
| Transmission-embrayage | 5 rapports – manuel |
| Cadre-roues avant/arrière | acier – 19 pouces / 16 pouces |
| Poids-selle-réservoir | 90 (84) kg – 805 mm – 6 litres |
| Prix-garantie | 3 499 $ (2 999 $) – 90 jours |

## HONDA CRF110F

Toute nouvelle pour 2013, la CRF110F remplace la CRF70F dans la gamme des petites machines récréatives de Honda. Elle conserve les roues de 14 et 12 pouces et affiche des dimensions presque identiques (la selle est seulement 5 mm plus haute), mais offre des caractéristiques plus modernes, à commencer par un démarreur électrique, lui permettant d'affronter plus directement la concurrence. Le moteur est passé de 72 à 109 cc et la transmission à embrayage automatique de trois à quatre vitesses. Le tout est logé dans un nouveau cadre doté d'un bras oscillant, d'une fourche et d'un amortisseur plus costauds. Les deux freins demeurent à tambour. Elle est plus lourde et un peu moins agile que la 70, mais vise une clientèle beaucoup plus large.

| Moteur-refroidissement | monocylindre 4-temps de 109 cc – air |
|---|---|
| Transmission-embrayage | 4 rapports – automatique |
| Cadre-roues avant/arrière | acier – 14 pouces / 12 pouces |
| Poids-selle-réservoir | 74 kg – 667 mm – 5 litres |
| Prix-garantie | 2 399 $ – 6 mois |

## KAWASAKI KLX110 (L)

Avec son moteur de 111 cc, la KLX110 a créé sa propre niche en s'insérant d'office à la limite supérieure de la catégorie des minis motos, tant côté gabarit que puissance. Ses caractéristiques lui ont permis de rapidement recruter une forte clientèle adulte à la recherche d'un nouveau joujou. Il y a trois ans, Kawasaki a officiellement reconnu cette nature schizophrénique de la KLX110 en lançant, en plus du modèle de base pour enfants à embrayage automatique, une nouvelle version L pour adultes qui se distingue essentiellement par une suspension à long débattement et par un embrayage manuel. Les deux versions partagent les mêmes roues de 14 et 12 pouces, le même moteur, une boîte à quatre rapports et un démarreur électrique.

| Moteur-refroidissement | monocylindre 4-temps de 111 cc – air |
|---|---|
| Transmission-embrayage | 4 rapports – automatique (manuel) |
| Cadre-roues avant/arrière | acier – 14 pouces / 12 pouces |
| Poids-selle-réservoir | 64 kg – 650 (730) mm – 3,8 litres |
| Prix-garantie | 2 649 $ (2 799 $) – 6 mois |

## YAMAHA TT-R110E

Lancée sous l'appellation TT-R90 en même temps que sa grande sœur la TT-R125 au début du millénaire, cette petite Yamaha a connu un succès immédiat. Son petit moteur 4T à embrayage automatique avait du caractère tout en demeurant docile et facile à maîtriser. La petite TT-R s'est, dès le départ, imposée comme une machine idéale pour les enfants un peu plus vieux, pour qui les minis de 50 cc sont un peu trop petites. En 2008, Yamaha a fait passer son moteur de 89 à 110 cc, ajouté un quatrième rapport à la boîte et greffé un démarreur électrique, tout en conservant les roues de 14 et 12 pouces. Les changements ont rendu une très bonne petite moto encore meilleure. Efficace et amusante, la TT-R110E a une bonne réputation de fiabilité.

| Moteur-refroidissement | monocylindre 4-temps de 110 cc – air |
|---|---|
| Transmission-embrayage | 4 rapports – automatique |
| Cadre-roues avant/arrière | acier – 14 pouces / 12 pouces |
| Poids-selle-réservoir | 69 kg – 670 mm – 3,8 litres |
| Prix-garantie | 2 499 $ – 90 jours |

## HONDA CRF100F

Les racines de la CRF100F remontent à la lointaine époque où les motos étaient toutes dotées de deux amortisseurs arrière. Après une très longue carrière sous l'appellation XR100, Honda lui a refait une beauté il y a plusieurs années déjà, lui a greffé une suspension plus moderne et l'a rebaptisée CRF. Elle ressemble beaucoup à la CRF150F côté dimensions, mais la 100 est passablement moins évoluée sur le plan technique. Elle n'en bénéficie pas moins de deux avantages non négligeables : elle est plus légère de quelque 25 kg; et elle coûte environ 1 000 $ de moins. Son moteur est loin d'en faire une fusée, mais il a du caractère et, avec un minimum d'entretien, est quasi indestructible. La CRF100F demeure étonnamment bien équilibrée et efficace.

| Moteur-refroidissement | monocylindre 4-temps de 99 cc – air |
|---|---|
| Transmission-embrayage | 5 rapports – manuel |
| Cadre-roues avant/arrière | acier – 19 pouces / 16 pouces |
| Poids-selle-réservoir | 75 kg – 825 mm – 5,7 litres |
| Prix-garantie | 3 099 $ – 6 mois |

## HONDA CRF80F

Lorsque vient le temps d'assurer le passage d'une mini typique à embrayage automatique vers une «vraie» moto (machine à embrayage manuel), la plupart des jeunes (et des parents…) lorgnent du côté des 65 de cross, ou peut-être des 125 récréatives à petites roues. Ce faisant, ils ignorent carrément la CRF80F. C'est dommage, car la petite Honda constitue une excellente machine de progression, tant côté gabarit que convivialité. Très fiable, relativement légère, dotée d'une suspension efficace et propulsée par un petit 4T fort en couple qui facilite l'apprentissage de l'embrayage (même si l'effort au levier est un peu élevé), cette petite machine de sentier très homogène permet de développer efficacement son pilotage.

| Moteur-refroidissement | monocylindre 4-temps de 80 cc – air |
|---|---|
| Transmission-embrayage | 5 rapports – manuel |
| Cadre-roues avant/arrière | acier – 16 pouces / 14 pouces |
| Poids-selle-réservoir | 70 kg – 734 mm – 5,7 litres |
| Prix-garantie | 2 799 $ – 6 mois |

## SUZUKI DR-Z70

Absente du catalogue Suzuki depuis 2011, la DR-Z70 reprend sa place en 2013 sans pour autant offrir de changement notable. Malgré sa cylindrée et son nom qui semblent la confronter à l'ancienne Honda CRF70F, la DR-Z70 s'attaque bel et bien à la petite CRF50F, qu'elle rappelle par l'allure, l'architecture générale et surtout les dimensions. Comme cette dernière, elle est dotée d'un petit monocylindre 4T à cylindre horizontal, d'une transmission à trois rapports, d'un embrayage automatique, d'un bras oscillant arrière triangulé et de roues de 10 pouces de diamètre. La DR-Z ajoute toutefois un démarreur électrique. Son moteur plus gros n'est que légèrement plus puissant, compensant pour le poids supérieur du démarreur.

| Moteur-refroidissement | monocylindre 4-temps de 67 cc – air |
|---|---|
| Transmission-embrayage | 3 rapports – automatique |
| Cadre-roues avant/arrière | acier – 10 pouces / 10 pouces |
| Poids-selle-réservoir | 52,5 kg – 560 mm – 3 litres |
| Prix-garantie | 2 099 $ – 6 mois |

## HONDA CRF50F

Dans les planantes années 1960, Honda a littéralement révolutionné le monde de la moto. Et une des machines les plus marquantes de cette révolution fut sans conteste la légendaire petite Mini Trail. Avec son increvable moteur 4T à cylindre horizontal, son embrayage automatique et ses roues de 10 pouces, la Mini Trail a établi une norme qui persiste à ce jour. Renommée QA50 puis Z50R, la mini est demeurée très proche de ses origines jusqu'en 2000, lorsque Honda lui a donné une suspension arrière à monoamortisseur, une selle plus basse, une allure rajeunie et l'appellation XR50. Rebaptisée CRF50R il y a quelques années, elle nous revient inchangée pour 2013 et demeure tout aussi efficace, enjôleuse et désirable qu'il y a près de 50 ans.

| Moteur-refroidissement | monocylindre 4-temps de 49 cc – air |
|---|---|
| Transmission-embrayage | 3 rapports – automatique |
| Cadre-roues avant/arrière | acier – 10 pouces / 10 pouces |
| Poids-selle-réservoir | 47 kg – 549 mm – 3 litres |
| Prix-garantie | 1 699 $ – 6 mois |

## YAMAHA TT-R50E

Lancée en 2006, la TT-R50E fait beaucoup penser à la Honda CRF50F avec ses roues de 10 pouces, son petit moteur 4T refroidi par air de 49 cc à cylindre horizontal et sa boîte de vitesses à trois rapports avec embrayage automatique. Cette ressemblance n'est pas une coïncidence, puisque la TT-R50 vise directement le marché de la petite Honda. Mais, comme même un moteur à embrayage automatique doit être lancé en début de randonnée et qu'il peut caler à l'occasion, Yamaha a décidé d'équiper sa TT-R50E d'un démarreur électrique dès sa conception. La batterie et le démarreur ajoutent quelque 7 kilos au poids de la Honda. Depuis que Yamaha a réduit son prix de 300 $ en 2012, la TT-R50E se vend moins cher que la CRF50F à démarrage par kick seulement.

| Moteur-refroidissement | monocylindre 4-temps de 49,5 cc – air |
|---|---|
| Transmission-embrayage | 3 rapports – automatique |
| Cadre-roues avant/arrière | acier – 10 pouces / 10 pouces |
| Poids-selle-réservoir | 54 kg – 555 mm – 3,1 litres |
| Prix-garantie | 1 599 $ – 90 jours |

## YAMAHA PW50

À sa sortie sur le marché, il y a plus de 35 ans déjà, la PW50 s'est immédiatement imposée comme la moto d'initiation par excellence pour un(e) jeune débutant(e) d'âge tout juste scolaire. Et son design a à ce point tapé dans le mille qu'elle continue de définir la norme même après toutes ces années. Le fait que la version 2013 soit virtuellement identique à la petite moto anonyme qui a parti le bal ne fait qu'ajouter à sa légende. Avec son poids plume, sa selle super basse, ses contrôles à l'échelle de petites mains, son accélérateur ajustable, son petit moteur 2T à embrayage automatique, son entraînement par arbre (pas de chaîne pouvant happer de petits doigts) et son prix abordable, la quasi indestructible PW50 demeure la reine de l'initiation précoce.

| Moteur-refroidissement | monocylindre 2-temps de 49 cc – air |
|---|---|
| Transmission-embrayage | 1 rapport – automatique |
| Cadre-roues avant/arrière | acier – 10 pouces / 10 pouces |
| Poids-selle-réservoir | 37 kg – 485 mm – 2 litres |
| Prix-garantie | 1 299 $ – 90 jours |

## HONDA XR650L

La vénérable grosse double-usage de Honda est avec nous depuis plus de 20 ans déjà. Et pendant toutes ces années, elle n'a pour ainsi dire pas changé, ce qui demeure étonnant pour une Honda de route. Son allure plutôt «vintage» trahit son âge, mais il faut avouer que cette survivante sait faire le travail. Son moteur refroidi par air tire ses origines de la légendaire XR600R des années 80. Pas jeune, mais il a du caractère et un certain charme. Malgré toutes ces années, la suspension demeure efficace pour ce type de moto et permet de brasser la 650L assez sérieusement en sentier avant que son poids ne prenne le dessus sur l'amortissement. Sa hauteur de selle vertigineuse, son ergonomie vieillotte et son prix assez élevé ne l'empêchent pas de poursuivre sa route.

| Moteur-refroidissement | monocylindre 4-temps de 644 cc – air |
|---|---|
| Transmission-embrayage | 5 rapports – manuel |
| Cadre-roues avant/arrière | acier – 21 pouces / 18 pouces |
| Poids-selle-réservoir | 147 kg – 940 mm – 10,5 litres |
| Prix-garantie | 8 199 $ – 1 an/kilométrage illimité |

## SUZUKI DR650S

Lancée il y a une quinzaine d'années déjà et pratiquement inchangée depuis, la grosse monocylindre double-usage de Suzuki se veut depuis ses débuts une machine relativement conservatrice, conçue pour s'illustrer surtout du côté asphalté de l'équation double-usage. Ce qui ne l'empêche pas d'être suffisamment polyvalente pour s'attaquer au tourisme d'aventure. Plutôt légère pour une routière, la grosse DR se montre agile en ville et amusante à piloter vivement sur une petite route sinueuse, tout en ayant le coffre pour attaquer une autoroute. Son moteur refroidi par air et huile est assez fort en couple et se montre relativement doux pour un gros mono. La hauteur de selle raisonnable est un atout. Son prix est vraiment intéressant pour une moto de ce calibre.

| Moteur-refroidissement | monocylindre 4-temps de 644 cc – air et huile |
|---|---|
| Transmission-embrayage | 5 rapports – manuel |
| Cadre-roues avant/arrière | acier – 21 pouces / 18 pouces |
| Poids-selle-réservoir | 147 kg – 885 mm – 13 litres |
| Prix-garantie | 6 299 $ – 1 an/kilométrage illimité |

## HUSQVARNA TE 511 / 449 / 310

Portant originalement l'étiquette enduro, la gamme TE est identifiée double-usage par Husqvarna depuis l'an dernier. On devine donc qu'il s'agit de motos qui penchent plus vers le sentier que la grande route. Il y a trois modèles basés sur deux motos. Les 511 et 449 utilisent une version améliorée du moteur de l'ex-BMW G450X (réalésé de 3 mm sur la 511) avec un châssis et des radiateurs révisés en 2012. Elles assument mieux une vocation double-usage traditionnelle que la 310 qui demeure très typée hors-route. Cette dernière bénéficie en 2013 de la plus performante culasse Red Head lancée précédemment sur la TC250 de motocross. Un piston plus léger, un nouveau cylindre et une injection plus évoluée complètent les changements apportés.

| Moteur-refroidissement | monocylindre 4-temps de 477 cc – liquide |
|---|---|
| Transmission-embrayage | 6 rapports – manuel |
| Cadre-roues avant/arrière | acier – 21 pouces / 18 pouces |
| Poids-selle-réservoir | 113 kg – 963 mm – 8,5 litres |
| Prix-garantie | 8 999 $ USD (8 599 $ USD) (8 399 $ USD) – nd |

## KTM 500EXC / 350EXC

L'an dernier, le dynamique duo EXC de KTM a une nouvelle fois relevé la barre chez les double-usage à fort penchant pour la poussière. La 500EXC est basée de près sur la 500XC-W d'enduro, incluant le nouveau moteur à SACT plus léger et plus performant et le plus récent châssis à suspension PDS. La 450EXC a disparu en 2012 à la faveur de la nouvelle 350EXC, elle-même basée de près sur la plus récente 350XC-W d'enduro qui utilise une version du moteur 350 de motocross lancé en 2011 logé dans le nouveau châssis enduro. Du coup, choisir entre les deux EXC devient plus facile. La 500 est la reine du couple et l'arme de choix pour les grands espaces. La 350EXC est plus vive, légère et agile dans la forêt.

| Moteur-refroidissement | monocylindre 4 temps de 510 (349) cc   liquide |
|---|---|
| Transmission-embrayage | 6 rapports – manuel |
| Cadre-roues avant/arrière | acier – 21 pouces / 18 pouces |
| Poids-selle-réservoir | 113,5 (109) kg – 970 mm – 9 litres |
| Prix-garantie | 10 999 $ (10 599 $) – 6 mois ou 10 000 km |

## SUZUKI DR-Z400S / DR-Z400SM

Originalement conçue comme pure hors-route à suffixe R, la DR-Z400 a été modifiée en version double-usage S il y a des lunes déjà. Elle demeure, à ce jour, un excellent choix pour celui qui cherche une double-usage de facture classique, à l'aise tant sur l'asphalte qu'en sentier. Elle combine une partie cycle suffisamment légère et maniable pour être amusante et efficace en sentier à un moteur qui se débrouille assez bien sur la route (la version SM supermoto dotée de roues de 17 pouces, de pneus sport, d'un frein avant plus puissant et de réglages de suspension plus fermes est fort appréciée). Plus agile que les 650 et plus puissante que les 250, elle se distingue aussi par sa grande fiabilité. Son prix abaissé de 700 $ en 2012 ne change pas pour 2013.

| Moteur-refroidissement | monocylindre 4-temps de 398 cc – liquide |
|---|---|
| Transmission-embrayage | 5 rapports – manuel |
| Cadre-roues avant/arrière | acier – 21 (17) pouces / 18 (17) pouces |
| Poids-selle-réservoir | 132 (134) kg  – 935 (890) mm – 10 litres |
| Prix-garantie | 7 299 $ (7 699 $) – 1 an/kilométrage illimité |

*NOUVEAUTÉ 2013*

## HONDA CRF250L

Longtemps le leader des petites double-usage à moteur 4T avec sa légendaire gamme XL, Honda a mystérieusement délaissé cette catégorie pendant de nombreuses années avant de revenir timidement à la charge avec la CRF230L de 2008 à 2011. Pour 2013, Honda rapplique avec sa nouvelle CRF250L, une moto entièrement nouvelle qui n'en suit pas moins une approche très classique. Présentée comme machine d'entrée de gamme offerte à prix abordable, la CRF250L utilise une version calibrée pour le couple du moteur injecté et refroidi par liquide de la CBR250R de route, mais coûte le même prix qu'une vieillotte DR200S refroidie par air. Son poids et sa suspension peu évoluée et sans ajustement limitent ses capacités hors-route.

| Moteur-refroidissement | monocylindre 4-temps de 249 cc – liquide |
|---|---|
| Transmission-embrayage | 6 rapports – manuel |
| Cadre-roues avant/arrière | acier – 21 pouces / 18 pouces |
| Poids-selle-réservoir | 145 kg – 875 mm – 7,7 litres |
| Prix-garantie | 4 999 $ – 1 an/kilométrage illimité |

## KAWASAKI KLX250S

Il y a cinq ans déjà, Kawasaki a revu sa KLX250 afin d'en faire une moto mieux adaptée à une utilisation routière que le modèle précédent. Le cadre, la suspension et le freinage ont alors été revus en ce sens afin d'améliorer la stabilité et le comportement tout en réduisant la hauteur de la selle. Confortable et efficace sur la route, la suspension se débrouille correctement en sentier, à condition de ne pas trop pousser l'allure. Le moteur est plaisant, privilégiant le couple à bas et moyen régimes, mais s'essouffle assez vite. La KLX est plus lente que la Suzuki DR-Z400S et moins sophistiquée que la Yamaha WR250R, mais elle coûte quelque 1 000 $ de moins. La nouvelle Honda CRF250L est, par contre, encore moins chère.

| Moteur-refroidissement | monocylindre 4-temps de 249 cc – liquide |
|---|---|
| Transmission-embrayage | 6 rapports – manuel |
| Cadre-roues avant/arrière | acier – 21 pouces / 18 pouces |
| Poids-selle-réservoir | 119 kg – 884 mm – 7,2 litres |
| Prix-garantie | 5 899 $ – 1 an/kilométrage illimité |

## DOUBLE-USAGE

## YAMAHA WR250R

Lancée il y a cinq ans déjà, la WR250R demeure la double-usage japonaise la plus évoluée du marché sur le plan technique. Rappelant la pure hors-route WR250F tant par son allure que par son appellation, la WR250R est une moto complètement différente. Elle est propulsée par un moteur propre à ce modèle qui est logé dans un moderne cadre en alu. L'alimentation est confiée à un système d'injection et l'échappement est doté d'un catalyseur. Le moteur répond bien et se montre enthousiaste, surtout quand il est poussé à haut régime, mais sa petite cylindrée limite malheureusement sa puissance, surtout sur l'asphalte. La suspension à orientation hors-route (comme l'habillage et l'ergonomie) est assez évoluée et fonctionne plutôt bien.

| Moteur-refroidissement | monocylindre 4-temps de 249 cc – liquide |
|---|---|
| Transmission-embrayage | 6 rapports – manuel |
| Cadre-roues avant/arrière | aluminium – 21 pouces / 18 pouces |
| Poids-selle-réservoir | 125 kg – 930 mm – 7,6 litres |
| Prix-garantie | 6 999 $ – 1 an/kilométrage illimité |

## DOUBLE-USAGE

## YAMAHA XT250

Avec son moteur refroidi par air, son réservoir bombé et ses soufflets de fourche, la XT250 fait plus 1990 que 2010. Pourtant, elle a été lancée il y a seulement cinq ans en remplacement de la vénérable XT225, une double-usage tranquille et facile à apprivoiser, mais plutôt fade et qui datait de 1992. Même si son moteur 4T à SACT et deux soupapes est refroidi par air pour des raisons de simplicité et de coût, la XT250 fait appel à une technologie moderne. Son monocylindre fournit une plage de puissance satisfaisante pour une utilisation tranquille, mais on peut se demander pourquoi Yamaha n'a pas opté pour une cylindrée un peu plus forte afin d'amplifier le couple. Son prix, qui avait été réduit de 900 $ en 2012, augmente de 100 $ en 2013.

| Moteur-refroidissement | monocylindre 4-temps de 249 cc – air |
|---|---|
| Transmission-embrayage | 6 rapports – manuel |
| Cadre-roues avant/arrière | acier – 21 pouces / 18 pouces |
| Poids-selle-réservoir | 123 kg – 810 mm – 9,8 litres |
| Prix-garantie | 5 099 $ – 1 an/kilométrage illimité |

## DOUBLE-USAGE

## SUZUKI DR200S

Comme une couronne de cheveux gris, le look de la DR200S ne ment pas : y'a du vécu sous l'coco. Le bon côté, c'est qu'elle est éprouvée. C'est une machine peu évoluée et pas très performante, mais grâce à sa nature conviviale, elle demeure attrayante comme petite machine d'initiation et de promenade tranquille, sur route comme en sentier. Son petit monocylindre 4T refroidi par air est plutôt timide, mais avec son démarreur électrique, il est toujours prêt à poursuivre. Relativement basse, peu intimidante, maniable et plutôt légère, la petite DR peut facilement initier un débutant à la route le matin, puis aux joies du hors-route l'après-midi. L'arrivée de la Honda CRF250L, offerte au même prix, ne facilitera pas la tâche des vendeurs de Suzuki.

| Moteur-refroidissement | monocylindre 4-temps de 199 cc – air |
|---|---|
| Transmission-embrayage | 5 rapports – manuel |
| Cadre-roues avant/arrière | acier – 21 pouces / 18 pouces |
| Poids-selle-réservoir | 113 kg – 810 mm – 13 litres |
| Prix-garantie | 4 999 $ – 1 an/kilométrage illimité |

## DOUBLE-USAGE

## YAMAHA TW200

Le mystère s'intensifie : malgré le recul du marché, la TW200 à gros pneus rappelant vaguement ceux d'un VTT garde non seulement sa place au catalogue, elle se permet d'afficher, en 2013, une augmentation de prix de 300 $ même si elle nous revient inchangée comme d'habitude. Cette énigmatique machine tire ses origines d'une moto hors-route des années 80 équipée de deux gros pneus ballon à basse pression, nommée BW200 qui a connu une carrière brève et anonyme. Envers et contre tous, la version double-usage de ce concept, la TW200 à gros pneus, a trouvé un marché sur la route et refuse de mourir. Basse et facile à apprivoiser avec son démarreur électrique, la TW est une machine d'initiation d'allure rassurante, sans plus.

| Moteur-refroidissement | monocylindre 4-temps de 196 cc – air |
|---|---|
| Transmission-embrayage | 5 rapports – manuel |
| Cadre-roues avant/arrière | acier – 18 pouces / 14 pouces |
| Poids-selle-réservoir | 118 kg – 780 mm – 7 litres |
| Prix-garantie | 4 999 $ – 1 an/kilométrage illimité |

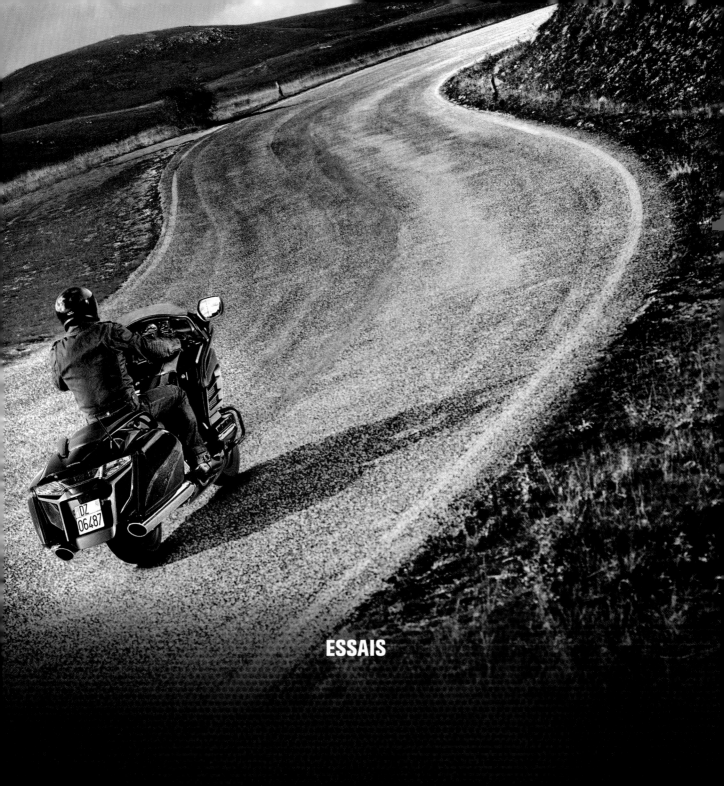

ESSAIS

RSV4 Factory APRC ABS

## DU SÉRIEUX...

La RSV4, c'est la machine championne du monde en Superbike, celle qui a surpassé les meilleurs efforts des japonais, des – autres – italiens et des allemands. Bref, c'est du sérieux. Il s'agit d'une sportive qui se distingue des modèles rivaux non seulement par ses proportions inhabituellement compactes, mais aussi, et surtout, parce qu'elle est la seule propulsée par un V4. En 2013, deux versions sont offertes, la Factory et la R. Quant à la Tuono V4 R APRC, il s'agit de la version standard de la RSV4. Elle est animée par une version un peu moins puissante du 4-cylindres en V de la sportive.

### Analyse Technique

L'une des caractéristiques principales de la RSV4 est un système de gestion du comportement appelé APRC, pour Aprilia Performance Ride Control. Il s'agit d'une technologie qui pousse ce type d'aide électronique probablement plus loin que sur tout autre modèle. Le contrôle de traction pouvant être ajusté à la volée et le contrôle de wheelie variable ne sont que quelques exemples des capacités de l'APRC. Quant à la Tuono, elle a beau être un peu moins puissante que la RSV4, elle demeure quand même l'une des – sinon la – standards les plus extrêmes du marché.

Tuono V4 R APRC

## GÉNÉRAL

| | |
|---|---|
| Catégorie | Sportive/Standard |
| Prix | RSV4 R APRC ABS : 15 495 $ (Factory : 20 295 $)<br>Tuono V4 R APRC : 14 695 $ |
| Immatriculation 2013 | RSV4 APRC : 1 116,90 $; Tuono V4 R APRC : 557,53 $ |
| Catégorisation SAAQ 2013 | RSV4 : « à risque »; Tuono V4 : « régulière » |
| Évolution récente | RSV4 introduite en 2010,<br>Tuono V4 introduite en 2012 |
| Garantie | 2 ans/kilométrage illimité |
| Couleur(s) | RSV4 : noir et rouge (F), jaune, noir (R);<br>Tuono : jaune, noir |
| Concurrence | RSV4 : BMW S1000RR, MV Agusta F4<br>Tuono V4 : Kawasaki Z1000, Triumph Speed Triple |

## MOTEUR

| | |
|---|---|
| Type | bicylindre 4-temps en V à 65 degrés, DACT,<br>4 soupapes par cylindre, refroidissement par liquide |
| Alimentation | injection à 4 corps de 48 mm |
| Rapport volumétrique | 13,0:1 |
| Cylindrée | 999 cc |
| Alésage et course | 78 mm x 52,3 mm |
| Puissance | RSV4 : 180 ch @ 12 250 tr/min<br>Tuono V4 : 167 ch @ 11 500 tr/min |
| Couple | RSV4 : 84,8 lb-pi @ 10 000 tr/min<br>Tuono V4 : 82,3 lb-pi @ 9 500 tr/min |
| Boîte de vitesses | 6 rapports |
| Transmission finale | par chaîne |
| Révolution à 100 km/h | n/d |
| Consommation moyenne | n/d |
| Autonomie moyenne | n/d |

## PARTIE CYCLE

| | |
|---|---|
| Type de cadre | périmétrique, en aluminium |
| Suspension avant | fourche inversée de 43 mm ajustable en<br>précharge, compression et détente |
| Suspension arrière | monoamortisseur ajustable en précharge,<br>compression et détente |
| Freinage avant | 2 disques de 320 mm de Ø avec<br>étriers radiaux à 4 pistons (RSV4 : ABS) |
| Freinage arrière | 1 disque de 220 mm de Ø avec étrier à 2 pistons (ABS) |
| Pneus avant/arrière | 120/70 ZR17 & 200/55 (Tuono V4 :190/55) ZR17 |
| Empattement | RSV4 : 1 420 mm; Tuono V4 : 1 445 mm |
| Hauteur de selle | RSV4 : 845 mm; Tuono V4 : 835 mm |
| Poids à vide | RSV4 : 184 kg (Factory : 181 kg); Tuono V4 : 183 kg |
| Réservoir de carburant | 17 litres |

Dorsoduro 1200

## RARES...

Les Dorsoduro 750 et 1200 sont des montures de type supermoto comme il y en a très peu sur le marché. Chacune est propulsée par un V-Twin ouvert à 90 degrés que le constructeur annonce à 92 et 130 chevaux respectivement, des puissances qui sont plus que respectables dans les deux cas. Un sélecteur offrant le choix entre trois cartographies de puissance fait partie de l'équipement de série sur les deux variantes, mais seule la 750 est munie de l'ABS. En dépit de la différence de cylindrée considérable, la partie cycle des deux modèles est très similaire.

### Analyse Technique

Ce genre de modèle supermoto de forte cylindrée a généré beaucoup d'intérêt il y a quelques années, mais il n'en reste aujourd'hui que quelques-uns, dont ceux-ci. Il s'agit de montures qui sont surtout populaires sur le continent européen et qu'on croise rarement chez nous. Cela dit, leur construction n'est pas pour autant moins rigoureuse, puisque chacune

est assemblée à partir de composantes qui ne seraient pas du tout égarées sur une sportive, tandis chacun des V-Twin est, lui aussi, pratiquement assez puissant pour mériter d'être installé dans une partie cycle sportive.

Dorsoduro 750 ABS

## GÉNÉRAL

| Catégorie | Supermoto |
|---|---|
| Prix | 12 795 $ (750 : 10 595 $) |
| Immatriculation 2013 | 557,53 $ |
| Catégorisation SAAQ 2013 | régulière |
| Évolution récente | 1200 introduite en 2011 |
| Garantie | 2 ans/kilométrage illimité |
| Couleur(s) | rouge |
| Concurrence | Ducati Hypermotard |

## MOTEUR

| Type | bicylindre 4-temps en V à 90 degrés, DACT, 4 soupapes par cylindre, refroidissement par liquide |
|---|---|
| Alimentation | injection à 2 corps |
| Rapport volumétrique | 12,0:1 (11,0:1) |
| Cylindrée | 1 197 cc (749,9 cc) |
| Alésage et course | 106 mm x 67,8 mm (92 mm x 56,4 mm) |
| Puissance | 130 ch @ 8 700 tr/min (92 ch @ 8 750 tr/min) |
| Couple | 84,8 lb-pi @ 7 200 tr/min (60,5 lb-pi @ 4 500 tr/min) |
| Boîte de vitesses | 6 rapports |
| Transmission finale | par chaîne |
| Révolution à 100 km/h | n/d |
| Consommation moyenne | n/d |
| Autonomie moyenne | n/d |

## PARTIE CYCLE

| Type de cadre | treillis en aluminium et en acier |
|---|---|
| Suspension avant | fourche inversée de 43 mm ajustable en précharge, compression et détente (750 : non ajustable) |
| Suspension arrière | monoamortisseur ajustable en précharge et détente |
| Freinage avant | 2 disques de 320 mm de Ø avec étriers radiaux à 4 pistons (750 : ABS) |
| Freinage arrière | 1 disque de 240 mm de Ø avec étrier à 1 piston (ABS) |
| Pneus avant/arrière | 120/70 ZR17 & 180/55 ZR17 |
| Empattement | 1 528 mm (750 : 1 505 mm) |
| Hauteur de selle | 870 mm |
| Poids à vide | n/d |
| Réservoir de carburant | 15 litres (750 : 12 litres) |

## UNE VRAIE AUTOMATIQUE...

La Mana 850 GT est tellement particulière qu'elle n'a pratiquement pas de concurrence directe. D'un côté, il s'agit d'une standard plutôt commune en termes de partie cycle et d'équipements, mais de l'autre, elle se distingue complètement de quoi que ce soit d'autre sur le marché en raison du type de mécanique qui l'anime. En effet, son V-Twin de 839 cc provient d'un gros maxiscooter italien nommé SRV 850. Il s'agit donc d'une moto avec une transmission automatique à variation continue. La Mana 850 GT bénéficie aussi de l'ABS en équipement série.

### Analyse Technique

Le côté unique de la Mana 850 GT, c'est qu'elle approche le concept de la moto automatique comme aucun autre modèle ne le fait. La façon dont Aprilia a abordé le problème n'a cependant rien de complexe, bien au contraire, puisqu'au lieu d'utiliser une technologie nouveau genre, délicate et coûteuse comme celle de la VRF1200F de Honda, la Mana reprend tout

simplement la boîte automatique à variation continue d'un maxiscooter. En fait, c'est la mécanique entière du SRV 850 qui propulse la Mana 850 GT. Un mode «manuel» comme celui du Suzuki Burgman 650 permet de changer les rapports avec des boutons ou un levier, selon l'humeur du pilote.

## GÉNÉRAL

| Catégorie | Standard |
|---|---|
| Prix | 10 995 $ |
| Immatriculation 2013 | 557,53 $ |
| Catégorisation SAAQ 2013 | « régulière » |
| Évolution récente | introduite en 2008, revue en 2010 |
| Garantie | 2 ans/kilométrage illimité |
| Couleur(s) | blanc, noir |
| Concurrence | aucune |

## MOTEUR

| Type | bicylindre 4-temps en V à 90 degrés, DACT, 4 soupapes par cylindre, refroidissement par liquide |
|---|---|
| Alimentation | injection à 2 corps |
| Rapport volumétrique | 10,0:1 |
| Cylindrée | 839 cc |
| Alésage et course | 88 mm x 69 mm |
| Puissance | 76 ch @ 8 000 tr/min |
| Couple | 53,8 lb-pi @ 5 000 tr/min |
| Boîte de vitesses | automatique et semi-automatique avec 7 rapports |
| Transmission finale | par chaîne |
| Révolution à 100 km/h | n/d |
| Consommation moyenne | n/d |
| Autonomie moyenne | n/d |

## PARTIE CYCLE

| Type de cadre | treillis en acier |
|---|---|
| Suspension avant | fourche inversée de 43 mm non ajustable |
| Suspension arrière | monoamortisseur ajustable en précharge et détente |
| Freinage avant | 2 disques de 320 mm de Ø avec étriers radiaux à 4 pistons et système ABS |
| Freinage arrière | 1 disque de 260 mm de Ø avec étrier à 1 piston et système ABS |
| Pneus avant/arrière | 120/70 ZR17 & 180/55 ZR17 |
| Empattement | 1 463 mm |
| Hauteur de selle | 800 mm |
| Poids à vide | n/d |
| Réservoir de carburant | 16 litres |

## CUBAGE IDÉAL...

La Shiver 750 est une standard de dimension moyenne ayant la particularité d'être animée par un V-Twin dont la cylindrée est très intéressante. En effet, à 750 cc, celle-ci positionne le modèle dans une zone juste en haut de celle où se trouvent des motos comme la Kawasaki Ninja 650 et la Suzuki SV650S, des modèles auxquels il manque juste un peu de puissance pour satisfaire des pilotes détenant un bon niveau d'expérience. La Shiver est construite solidement et utilise un cadre combinant des pièces en aluminium coulé et une portion en treillis.

### Analyse Technique

Grâce à sa cylindrée de 750 cc, la Shiver arrive à produire tout près de 100 chevaux, ce qui représente une puissance considérablement plus élevée que celle des traditionnels modèles de 650 cc. Cette particularité lui permet d'offrir un niveau de performances suffisamment élevé pour être adéquat aux yeux de pilotes expérimentés et un tant soit peu

215 km/h
Vitesse de pointe

11.5 s 180 km/h
Accélération sur 1/4 mille

Novice | Intermédiaire | Expert

Performances estimées

Indice d'expertise ▲      Rapport valeur/prix ▼

1  2  3  4  5      6      7      8      9      10

exigeants à ce sujet. Pour le reste, la Shiver est construite avec des composantes solides, comme en témoignent ses suspensions qui consistent en une fourche inversée de 43 mm et en un bras oscillant plutôt massif. Les disques de freins de gros diamètre sont pincés par des étriers radiaux et les roues larges de 17 pouces sont chaussées de pneus sportifs.

### GÉNÉRAL

| | |
|---|---|
| Catégorie | Standard |
| Prix | 9 995 $ |
| Immatriculation 2013 | 557,53 $ |
| Catégorisation SAAQ 2013 | « régulière » |
| Évolution récente | introduite en 2007 |
| Garantie | 2 ans/kilométrage illimité |
| Couleur(s) | noir et rouge, blanc et noir |
| Concurrence | BMW F800R, Kawasaki Ninja 650, Suzuki SV650S |

### MOTEUR

| | |
|---|---|
| Type | bicylindre 4-temps en V à 90 degrés, DACT, 4 soupapes par cylindre, refroidissement par liquide |
| Alimentation | injection à 2 corps |
| Rapport volumétrique | 11,0:1 |
| Cylindrée | 749,9 cc |
| Alésage et course | 92 mm x 56,4 mm |
| Puissance | 95 ch @ 9 000 tr/min |
| Couple | 59,6 lb-pi @ 7 000 tr/min |
| Boîte de vitesses | 6 rapports |
| Transmission finale | par chaîne |
| Révolution à 100 km/h | n/d |
| Consommation moyenne | n/d |
| Autonomie moyenne | n/d |

### PARTIE CYCLE

| | |
|---|---|
| Type de cadre | treillis en aluminium et en acier |
| Suspension avant | fourche inversée de 43 mm non ajustable |
| Suspension arrière | monoamortisseur ajustable en précharge et détente |
| Freinage avant | 2 disques de 320 mm de Ø avec étriers radiaux à 4 pistons |
| Freinage arrière | 1 disque de 240 mm de Ø avec étrier à 1 piston |
| Pneus avant/arrière | 120/70 ZR17 & 180/55 ZR17 |
| Empattement | 1 440 mm |
| Hauteur de selle | 810 mm |
| Poids à vide | 189 kg |
| Réservoir de carburant | 15 litres |

K1600GTL

**TOURISME BAVAROIS...** Lorsque BMW présenta la K1600GTL en 2011, le constructeur n'en était pas à sa première tentative d'incursion dans le créneau du tourisme de luxe. En effet, la marque bavaroise avait déjà fait une tentative à la fin des années 90 avec sa K1200LT. Mais celle-ci n'avait jamais vraiment réussi à s'imposer, notamment en raison de sa mécanique ordinaire, un 4-cylindres en ligne qui, face au 6-cylindres Boxer de la Gold Wing, n'était tout simplement pas de taille. La GTL représente une toute nouvelle approche de la part de BMW. Elle n'est pas une Gold Wing allemande comme l'était la vieille 1200, mais représente plutôt la vision authentique du constructeur de Munich pour une moto de ce type. Quant à sa mécanique, elle n'a plus rien d'ordinaire, puisqu'il s'agit d'un unique 6-cylindres en ligne développé exclusivement pour le duo K1600GT et K1600GTL.

En positionnant la K1600GTL de manière à ce qu'elle ne se retrouve plus nez à nez avec la Honda Gold Wing, BMW a essentiellement créé une machine à laquelle rien d'autre ne peut être directement comparé. La GTL propose tout simplement une façon unique d'envisager le tourisme à moto.

Le côté unique du modèle tient de sa capacité à offrir «sous le même toit» presque tout ce qu'on attend d'un modèle ultra-confortable comme la Honda Gold Wing et la rigueur de comportement d'une monture beaucoup plus sportive comme la Kawasaki Concours 14. D'une certaine façon, la K1600GTL se veut donc la machine de tourisme dont plusieurs ont longtemps rêvé, sans toutefois jamais vraiment espérer la voir exister, soit une touriste à la fois vraiment luxueuse et vraiment sportive.

À peine se trouve-t-on aux commandes de la GTL que déjà ses particularités frappent. Les deux pieds fermement posés au sol, on la soulève de sa béquille en la balançant même entre ses jambes avec une surprenante facilité. Cette impression de légèreté étonne parce qu'elle représente une contradiction avec tout ce qui définit la catégorie du tourisme de luxe, celle-ci étant habituellement identifiée à une masse énorme. Malgré une très longue liste d'équipements, l'impression d'agilité relative de la K1600GTL se manifeste encore plus lorsqu'on relâche l'embrayage. En fait, la direction demande un effort si léger pour amorcer un changement de cap qu'une période d'adaptation est requise de la part du pilote. Il s'agit d'une caractéristique également retrouvée sur la K1600GT, et ce, même si chacun des deux modèles appartient à une catégorie différente.

> **AVEC LA K1600GTL, BMW A ESSENTIELLEMENT CRÉÉ UNE MOTO À LAQUELLE RIEN NE PEUT ÊTRE DIRECTEMENT COMPARÉ.**

Au-delà de leur grande légèreté de direction, les K1600GT/GTL proposent un comportement d'un calibre nettement plus élevé que ce qu'on croirait possible pour des motos de leur classe. Sur une route à la fois sinueuse et serrée, la partie cycle fait non seulement preuve d'une impressionnante précision, mais elle renvoie aussi une étrange sensation de pureté. Incroyablement, quelque chose à propos de la tenue de route des allemandes rappelle le comportement d'une sportive effectuant un tour de piste.

Le 6-cylindres en ligne de 1,6 litre qui les anime est un moteur à la fois unique et fabuleux qui mérite sans l'ombre d'un doute d'être considéré comme l'une des mécaniques les plus réussies de l'histoire du motocyclisme. Sans qu'il soit parfait, puisque le passage des vitesses est un peu rugueux et que le couple à très bas régime, bien que généreux, n'est pas du genre à vous allonger les bras, il se montre ultra-doux et chante littéralement lorsqu'il est sollicité. Amenez-le jusqu'au dernier tiers de sa bande de puissance avec l'accélérateur bien enroulé et il hurlera même comme une mécanique de Ferrari approchant sa zone rouge. Il s'agit d'un délice à tous les points de vue.

En ce qui concerne l'équipement, on peut s'en douter, tout y est, du pare-brise à ajustement électrique jusqu'au système de navigation en passant par le réglage électronique des suspensions, les selles chauffantes, le système audio avec intégration iPod et Bluetooth, le contrôle de vitesse, le freinage avec ABS Semi Integral, l'antipatinage, etc. Évidemment, certains équipements sont optionnels, ce qui peut faire grimper la facture considérablement.

## QUOI DE NEUF EN 2013 ?

+

Aucun changement

K1600GTL coûte 400 $ et K1600GT 350 $ de plus qu'en 2012

## PAS MAL

▲

Des concepts uniques en matière de tourisme de luxe et de tourisme sportif

Une mécanique fabuleuse qui se montre à la fois douce, puissante à souhait et agréablement coupleuse; sa configuration est exclusive à BMW et sa musicalité dans les tours élevés rappelle celle d'une voiture exotique à plein régime

Une quantité d'équipements et une qualité d'intégration impressionnantes

Un comportement routier remarquable, une légèreté de direction extraordinaire et une sérénité presque sportive en courbe

## BOF

▼

Un niveau de confort très élevé, mais qui n'est pas tout à fait celui de « fauteuil » qu'offre la Honda Gold Wing en ce qui concerne la selle plus ferme, par exemple

Une chaîne audio dont la puissance est faible et dont la qualité sonore est décevante

Une transmission qui fonctionne sans accroc, mais dont les passages de vitesses pourraient être un peu plus doux

Des pare-brise qui créent un peu de turbulence à la hauteur du casque, surtout sur la GTL, ce qui étonne compte tenu de l'excellente réputation de BMW à ce chapitre

Une facture assez élevée sur la GT, qui est par contre très bien équipée et propulsée par un moteur unique

## CONCLUSION

N'importe quel motocycliste sait qu'en matière de tourisme de luxe, la Honda Gold Wing a toujours représenté un standard tellement élevé que rares sont les constructeurs ayant osé la défier. L'avenue choisie par BMW pour le faire avec la K1600GTL est intéressante, puisque la grosse allemande ne confronte pas de manière directe la japonaise. La GTL est une K1600GT très équipée. Or, cette dernière se veut une excellente machine de tourisme sportif se distinguant avant tout par cet unique et fabuleux 6-cylindres en ligne et par son comportement remarquablement pur. On comprend donc qu'en l'accessoirisant sans retenue, le résultat qu'est la GTL se montre un peu moins agile qu'un modèle de sport-tourisme, mais aussi moins encombrant qu'une immense machine comme la Honda. Les deux modèles ont finalement en commun qu'ils ne reprennent pas une recette développée par une autre marque, mais qu'ils illustrent plutôt la vision ultime de BMW pour chacun des créneaux.

K1600GT

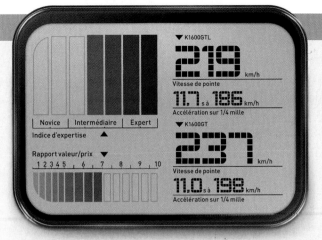

| | ▼ K1600GTL |
|---|---|
| | **219** km/h |
| | Vitesse de pointe |
| | **11.7** s à **186** km/h |
| | Accélération sur 1/4 mille |
| | ▼ K1600GT |
| | **237** km/h |
| | Vitesse de pointe |
| | **11.0** s à **198** km/h |
| | Accélération sur 1/4 mille |

Indice d'expertise — Novice | Intermédiaire | Expert ▲

Rapport valeur/prix ▼ — 1 2 3 4 5 6 7 8 9 10

Voir légende en page 18

## GÉNÉRAL

| | |
|---|---|
| Catégorie | Tourisme de luxe/Sport-Tourisme |
| Prix | K1600GTL : 29 900 $<br>K1600GT : 24 550 $ |
| Immatriculation 2013 | 557,53 $ |
| Catégorisation SAAQ 2013 | « régulière » |
| Évolution récente | introduites en 2011 |
| Garantie | 3 ans/kilométrage illimité |
| Couleur(s) | K1600GTL : bourgogne, graphite<br>K1600GT : bleu, graphite |
| Concurrence | K1600GTL : Honda Gold Wing<br>K1600GT : Honda ST1300, Kawasaki<br>Concours 14, Yamaha FJR1300 |

## MOTEUR

| | |
|---|---|
| Type | 6-cylindres en ligne 4-temps,<br>DACT, 4 soupapes par cylindre,<br>refroidissement par liquide |
| Alimentation | injection à 6 corps de 52 mm |
| Rapport volumétrique | 12,2:1 |
| Cylindrée | 1 649 cc |
| Alésage et course | 72 mm x 67,5 mm |
| Puissance | 160 ch @ 7 750 tr/min |
| Couple | 129 lb-pi @ 5 250 tr/min |
| Boîte de vitesses | 6 rapports |
| Transmission finale | par arbre |
| Révolution à 100 km/h | environ 2 900 tr/min |
| Consommation moyenne | 6,7 l/100 km |
| Autonomie moyenne | GTL : 395 km; GT : 358 km |

## PARTIE CYCLE

| | |
|---|---|
| Type de cadre | périmétrique, en aluminium |
| Suspension avant | fourche Duolever avec monoamortisseur<br>ajustable avec l'ESA II (GT : optionnel) |
| Suspension arrière | GTL : monoamortisseur ajustable avec l'ESA II<br>GT : monoamortisseur ajustable en<br>précharge et détente (ESA II optionnel) |
| Freinage avant | 2 disques de 320 mm de Ø avec étriers<br>à 4 pistons et système ABS Semi Integral |
| Freinage arrière | 1 disque de 320 mm de Ø avec étrier<br>à 2 pistons et système ABS Semi Integral |
| Pneus avant/arrière | 120/70 ZR17 & 190/55 ZR17 |
| Empattement | 1 618 mm |
| Hauteur de selle | GTL : 750 mm; GT : 810/830 mm |
| Poids tous pleins faits | GTL : 348 kg; GT : 319 kg |
| Réservoir de carburant | GTL : 26,5 litres; GT : 24 litres |

***PROCHAINE EN LISTE...*** La R1200RT est l'exception à la règle au sein de la très exclusive classe des « vraies » machines de sport-tourisme, puisqu'il s'agit du seul modèle n'ayant pas recours à une configuration mécanique à trois, quatre ou six cylindres. En effet, la R1200RT ne compte que sur les deux cylindres de son bicylindre Boxer. La dernière évolution du modèle remonte à 2010 alors qu'il recevait, entre autres, la plus récente évolution de ce Twin allemand. La rumeur veut d'ailleurs que ce soit le prochain modèle sur lequel sera installée la toute dernière version de ce moteur qui, pour le moment, ne propulse que la R1200GS 2013. Si cette rumeur s'avère fondée, il pourrait bien s'agir de la dernière fois que nous voyons la R1200RT sous cette forme. L'ABS Semi Integral et les suspensions à ajustement électrique ESA font partie des équipements du modèle.

L'équilibre offert par les modèles de la classe sport-tourisme est probablement l'un des plus délicats et vulnérables de l'univers de la moto. D'un côté, un manque de retenue au niveau de l'équipement résultera en une machine confortable, mais dont la masse pénalisera le côté sportif et l'agilité, tandis que de l'autre, une emphase trop importante sur les performances au détriment de l'équipement nuira à l'agrément sur long trajet.

La R1200RT est la BMW sur laquelle le plus d'efforts ont été déployés afin de raffiner cet équilibre crucial entre sport et confort. En ce sens, le Twin Boxer de la RT représente un élément clé de l'atteinte de ce but, puisque sa légèreté permet, par exemple, l'installation de plus d'équipements que sur pratiquement toute autre machine rivale sans que la masse n'augmente au point d'affecter le comportement.

Le pilote de la RT prend place devant un véritable cockpit lui permettant de gérer le système audio, la hauteur et l'angle du pare-brise, les poignées et les selles chauffantes, le régulateur de vitesse, le système de navigation, les réglages des suspensions, et plus. S'il est important de rappeler que certains de ces accessoires sont des options pouvant considérablement gonfler la facture, la RT est quand même livrée de série avec un équipement généreux qui comprend, entre autres, un complexe et efficace système de freinage ABS semi-combiné et des poignées chauffantes.

Les performances de la R1200RT ne sont pas aussi élevées que celles de la plupart des montures rivales, mais il s'agit ici de l'un des rares cas où cela n'empêche pas le plaisir de conduite de s'avérer supérieur.

Les motocyclistes amateurs de mécanique à caractère sont particulièrement choyés, puisque le Twin Boxer est débordant de vie. Il s'agit d'un moteur très attachant dont la sonorité feutrée et le doux tremblement agrémentent chaque instant de conduite. Également digne de mention est l'exemplaire souplesse de cette unique mécanique. Celle-ci figure d'ailleurs tout en haut de la liste des raisons pour lesquelles on devrait s'intéresser à une R1200RT. L'arrivée en 2010 d'une version de ce moteur empruntée à la HP2 Sport en a encore adouci le fonctionnement en plus d'en améliorer légèrement le couple, la rapidité des montées en régimes et la sonorité, mais elle n'a ni transformé la nature de la R1200RT ni le niveau de performances de cette dernière. D'ailleurs, la transmission se montre encore parfois bruyante et l'agaçant jeu du rouage d'entraînement, qu'on ressent surtout à la fermeture et à l'ouverture des gaz sur les rapports inférieurs, est toujours aussi notable qu'auparavant.

La R1200RT se distingue également du reste de la classe au niveau de sa facilité de prise en main et de son agilité, puisqu'une fois lancée, elle se manie avec plus d'aisance et de précision qu'on le croirait possible pour une machine de ce gabarit. La partie cycle est construite de manière très rigoureuse et propose un comportement solide et stable en toutes circonstances. Si une R1200RT ne peut évidemment pas rivaliser avec l'agilité d'une sportive spécialisée, il reste qu'avec un pilote prêt à explorer les limites remarquables de la partie cycle à ses commandes, le rythme et les inclinaisons peuvent atteindre des niveaux très impressionnants.

> **ELLE EST LE MODÈLE SUR LEQUEL BMW A DÉPLOYÉ LE PLUS D'EFFORTS AFIN DE RAFFINER L'ÉQUILIBRE ENTRE SPORT ET CONFORT.**

## QUOI DE NEUF EN 2013 ?  +

Aucun changement

Coûte 200 $ de plus qu'en 2012

## PAS MAL  ▲

Un niveau d'équipements parmi les plus complets et fonctionnels du marché

Une efficacité aérodynamique extrêmement poussée qui se traduit par un écoulement de l'air exempt de turbulences à toutes les vitesses; la R1200RT possède probablement le meilleur pare-brise de toute l'industrie de la moto

Un moteur dont le caractère est aussi unique que charmant et dont le niveau de performances suffit à divertir un pilote exigeant

Une partie cycle admirablement efficace dans toutes les circonstances, surtout lorsqu'il s'agit de rouler vite et longtemps

Une option très intéressante d'abaissement de selle approuvée par l'usine

## BOF  ▼

Un poids considérable; la R1200RT est assez lourde et demande une bonne attention et une bonne habileté dans les manœuvres lentes et serrées ou à l'arrêt

Une boîte de vitesses qui fonctionne bien lorsqu'il s'agit de passer les rapports en accélération, mais qui se montre parfois bruyante lors d'autres opérations

Un jeu excessif du rouage d'entraînement qui rend la conduite saccadée dans certaines circonstances, surtout en ouvrant et fermant les gaz à basse vitesse

Un système audio dont la qualité sonore est médiocre

## CONCLUSION

À force d'avoir été sans cesse raffinée avec l'arrivée de chacune de ses incarnations, la R1200RT en est aujourd'hui au point où elle représente l'unité de mesure de la catégorie, et ce, même si elle n'a que deux cylindres plutôt que les trois, quatre ou même six des produits rivaux. D'ailleurs, le Twin Boxer qui l'anime garantit un caractère mécanique qui manque cruellement chez plusieurs des modèles concurrents. Il est vrai que les performances maximales ne sont pas les plus élevées de la classe, mais la manière dont le Twin livre ses chevaux, elle, s'avère tellement plaisante et intelligente qu'une fois la RT lancée sur la route, tout déficit en termes de puissance brute s'évapore complètement. Du niveau de confort jusqu'à la rigueur du châssis en passant par l'efficacité aérodynamique, la R1200RT s'avère exceptionnelle.

Voir légende en page 18

## GÉNÉRAL

| | |
|---|---|
| Catégorie | Sport-Tourisme |
| Prix | 20 750 $ |
| Immatriculation 2013 | 557,53 $ |
| Catégorisation SAAQ 2013 | « régulière » |
| Évolution récente | introduite en 1996, revue en 2001, en 2005 et en 2010 |
| Garantie | 3 ans/kilométrage illimité |
| Couleur(s) | magnésium et beige, bleu, gris |
| Concurrence | Honda ST1300, Kawasaki Concours 14 Triumph Trophy,  Yamaha FJR1300 |

## MOTEUR

| | |
|---|---|
| Type | bicylindre 4-temps Boxer, DACT, 4 soupapes par cylindre, refroidissement par air et huile |
| Alimentation | injection à 2 corps de 47 mm |
| Rapport volumétrique | 12,0:1 |
| Cylindrée | 1 170 cc |
| Alésage et course | 101 mm x 73 mm |
| Puissance | 110 ch @ 7750 tr/min |
| Couple | 88,5 lb-pi @ 6 000 tr/min |
| Boîte de vitesses | 6 rapports |
| Transmission finale | par arbre |
| Révolution à 100 km/h | environ 3 200 tr/min |
| Consommation moyenne | 5,9 l/100 km |
| Autonomie moyenne | 423 km |

## PARTIE CYCLE

| | |
|---|---|
| Type de cadre | treillis en acier, moteur porteur |
| Suspension avant | fourche Telelever de 41 mm non ajustable |
| Suspension arrière | monoamortisseur ajustable en précharge et détente |
| Freinage avant | 2 disques de 320 mm de Ø avec étriers à 4 pistons et système ABS Semi Integral |
| Freinage arrière | 1 disque de 265 mm de Ø avec étrier à 2 pistons et système ABS Semi Integral |
| Pneus avant/arrière | 120/70 ZR17 & 180/55 ZR17 |
| Empattement | 1 485 mm |
| Hauteur de selle | 820/840 mm |
| Poids tous pleins faits | 259 kg |
| Réservoir de carburant | 25 litres |

K1300S

**CŒUR TENDRE...** Crachant chacune rien de moins que 175 chevaux, ces deux montures aux styles pourtant bien différents sont construites autour de la seule et même base, et ce, depuis qu'elles furent simultanément révisées en 2009. Animées par un gros 4-cylindres de 1,3 litre dont la puissance les positionne parmi les plus performantes de leur classe, la sportive K1300S et la standard K1300R se veulent avant tout des routières accomplies dont le comportement est digne de l'excellente réputation du constructeur allemand en matière de motos de route. Également dignes de cette réputation en termes de technologie, elles offrent l'ABS Semi Integral, l'antipatinage, l'ajustement électronique des suspensions et la sélection assistée des vitesses, sans parler d'un type de suspension avant qui est unique au sein de l'industrie de la moto tout entière.

Tant la sportive K1300S que sa version standard la K1300R renvoient immédiatement l'impression de machines imposantes. Proportionnées sans retenue, affichant une masse considérable et propulsées par un massif moteur de 1,3 litre, elles se veulent toutes deux des motos dont le gabarit est clairement important, mais dont la nature demeure sportive.

Le moteur qui les anime se distingue par l'angle très incliné des cylindres. Il s'agit d'une interprétation moderne du bon vieux 4-cylindres en ligne de gros cubage qu'on ne voit presque plus sur notre marché. Grâce à ses 175 chevaux, les performances figurent parmi les plus élevées des catégories respectives. Outre des accélérations très fortes, c'est surtout le couple qui étonne tellement il est élevé et accessible à partir de régimes bas, juste comme on l'aime en pilotage quotidien.

S'il existe, chez BMW, des modèles plus avancés et équipés que les K1300S et K1300R, comme la S1000RR et les K1600, il reste qu'au sein de chacune de leur catégorie, plusieurs de leurs caractéristiques demeurent uniques. À titre d'exemple, on retrouve le freinage ABS Semi Integral (l'application du frein arrière n'agit pas sur le frein avant) qui se montre à la fois presque complètement transparent et très performant, les suspensions de conceptions alternatives Duolever à l'avant et Paralever à l'arrière qui restent uniques à BMW et fonctionnent sans le moindre reproche et l'ajustement électronique des suspensions ESA II qui représente probablement le genre de technologie qui sera un jour très répandu tellement il est logique et pratique. Les K1300S/R sont même équipées d'une boîte de vitesses à sélecteur

> **LA COMBINAISON DE TOUTE LA TECHNOLOGIE QU'ELLES OFFRENT ET DE LEUR CÔTÉ AMICAL EST CE QUI REND LES K1300 SI ATTACHANTES.**

assisté électrique permettant de monter les rapports sans l'embrayage. Il faut s'y habituer avant de l'apprécier, mais cette sélection assistée camoufle complètement la rudesse de la transmission des modèles 1200 précédents. La seule exception à l'aspect positif de ce débordement de technologie est un système appelé Automatic Stability Control qui est en fait une combinaison un peu primitive d'antipatinage et d'antiwheelie. Il arrive effectivement à empêcher la roue arrière de déraper sur chaussée glissante, mais la coupure de puissance se fait en revanche de manière beaucoup trop rude lorsqu'un manque de traction, même léger, est détecté. Le système réagit également de façon abrupte lorsque le pneu avant quitte le sol en pleine accélération, ce qui arrive presque inévitablement sur le premier rapport, surtout sur la R dont l'avant est plus léger. L'ASC coupe alors la puissance de façon tellement rude que l'avant est jeté au sol, en pleine accélération. Or, comme la puissance est instantanément rétablie dès que la roue avant touche à nouveau le pavé, celle-ci se soulève, et le cycle recommence. Le système devrait décidément être recalibré.

Outre cette exception, la combinaison de toute cette technologie et du côté puissant, mais amical des K1300 est exactement ce qui fait leur charme. D'une certaine façon, elles sont la réinterprétation moderne des attachantes grosses machines qu'on roulait autrefois, soit des motos confortables, pratiques, animées par un gros moteur et dont les dimensions n'étaient pas obligatoirement compactes. Il s'agit d'un genre presque éteint aujourd'hui, ce qui compte pour une grande partie de l'aspect particulier des modèles et de leur attrait.

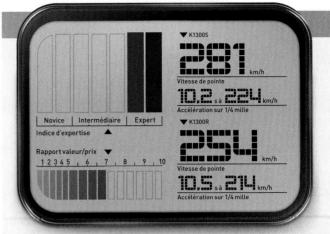

Voir légende en page 18

## QUOI DE NEUF EN 2013 ? +

Aucun changement

K1300S coûte 1 210 $ et K1300R 350 $ de plus qu'en 2012

## PAS MAL ▲

Un moteur extrêmement puissant, mais aussi très coupleux dans les bas régimes utilisés au jour le jour

Une tenue de route solide et précise ainsi qu'une étonnante agilité vu les gabarits

Un sélecteur de vitesses assisté qui fonctionne très bien et qui semble camoufler le problème du passage de vitesses rude des 1200 précédentes

Un niveau de confort qui n'est pas mauvais du tout sur les deux variantes et qui fait de la K1300S une routière étonnamment compétente sur long trajet

## BOF ▼

Un comportement qui se dégrade si l'on exagère en les traitant comme des sportives pures; leur tenue de route est excellente, mais elles restent des motos imposantes

Un système antipatinage ASC à revoir, puisqu'il fonctionne parfois de manière très abrupte, surtout lors de fortes accélérations

Une facture assez élevée dans les deux cas, surtout en ajoutant le prix des options; d'un autre côté, l'ABS Semi Integral et l'ESA sont des technologies retrouvées uniquement sur ces modèles

Une identité un peu confuse dans le cas de la K1300S qui, d'un côté, semble vouloir se mesurer aux modèles de très hautes performances que sont les Hayabusa et ZX-14R et de l'autre, affiche une apparence sobre et un comportement de routière

## CONCLUSION

L'une est la version habillée de l'autre. Voilà l'étendue des différences mécaniques qui distinguent ces K1300. Malgré cela, chacun des modèles possède quand même sa propre personnalité. La S est un monstre de puissance qui se démarque, d'un côté, en ne traînant pas trop loin derrière ses rivales de très hautes performances et, de l'autre, en offrant des qualités de routière qui ne sont pas sans rappeler celles de la VFR1200F, voire meilleures. Quant à la R, qui n'est qu'une S déshabillée, elle propose un ensemble si particulier qu'on ne lui trouve finalement pas d'équivalent direct sur le marché. Il s'agit d'une standard de forte cylindrée dont le niveau de confort élevé rend non seulement la conduite quotidienne très plaisante, mais amène aussi des capacités routières très réelles. Chacune joue à sa façon à la monture extrême, mais toutes deux sont en réalité des machines remarquablement bien maniérées au jour le jour.

K1300R

## GÉNÉRAL

| Catégorie | Routière Sportive/Standard |
|---|---|
| Prix | K1300S : 18 200 $<br>K1300R : 17 200 $ |
| Immatriculation 2013 | K1300S : 1 116,90 $<br>K1300R : 557,53 $ |
| Catégorisation SAAQ 2013 | K1300S : « à risque »<br>K1300R : « régulière » |
| Évolution récente | introduites en 2005, revues en 2009 |
| Garantie | 3 ans/kilométrage illimité |
| Couleur(s) | K1300S : noir, argent et noir<br>K1300R : rouge, noir |
| Concurrence | K1300S : Honda VFR1200F, Kawasaki Ninja ZX-14R, Suzuki GSX1300R Hayabusa<br>K1300R : Kawasaki Z1000 |

## MOTEUR

| Type | 4-cylindres en ligne 4-temps, DACT, 4 soupapes par cylindre, refroidissement par liquide |
|---|---|
| Alimentation | injection à 4 corps de 46 mm |
| Rapport volumétrique | 13,0:1 |
| Cylindrée | 1 293 cc |
| Alésage et course | 80 mm x 64,3 mm |
| Puissance | K1300S : 175 ch @ 9 250 tr/min<br>K1300R : 173 ch @ 9 250 tr/min |
| Couple | 103 lb-pi @ 8 250 tr/min |
| Boîte de vitesses | 6 rapports |
| Transmission finale | par arbre |
| Révolution à 100 km/h | environ 3 800 tr/min |
| Consommation moyenne | 6,7 l/100 km |
| Autonomie moyenne | 283 km |

## PARTIE CYCLE

| Type de cadre | périmétrique, en aluminium |
|---|---|
| Suspension avant | fourche Duolever avec monoamortisseur non ajustable (ajustable avec l'ESA II optionnel) |
| Suspension arrière | monoamortisseur ajustable en précharge et détente (R : en précharge et compression) |
| Freinage avant | 2 disques de 320 mm de Ø avec étriers à 4 pistons et système ABS Semi Integral |
| Freinage arrière | 1 disque de 265 mm de Ø avec étriers à 2 pistons et système ABS Semi Integral |
| Pneus avant/arrière | K1300S : 120/70 ZR17 & 190 /55 ZR17<br>K1300R : 120/70 ZR17 & 180/55 ZR17 |
| Empattement | 1 585 mm |
| Hauteur de selle | 820 mm (790 mm avec selle basse optionnelle) |
| Poids tous pleins faits | K1300S : 254 kg<br>K1300R : 243 kg |
| Réservoir de carburant | 19 litres |

S1000RR

***RESTER DEVANT...*** L'une des raisons pour lesquelles les constructeurs japonais sont demeurés si longtemps les seuls à produire des machines hypersportives, c'est qu'il ne suffit pas d'entrer dans ce créneau pour y participer. Il est également vital de s'engager à constamment faire progresser son modèle. Le fait que BMW était clairement conscient de cette réalité lorsqu'il a lancé la S1000RR en 2010 est démontré non seulement par la façon dont le modèle allemand a dominé la classe, mais aussi par sa constante évolution. En effet, une première révision était présentée l'an dernier, tandis que cette année, une version HP4 encore plus poussée est offerte. Le tout alors que les 1000 rivales des constructeurs japonais sont pratiquement au neutre. Dans le cas de la S1000RR comme dans celui de la HP4, l'ABS et le contrôle de traction sont livrés en équipements de série.

L'un des aspects les plus fascinants de la S1000RR, et ce, depuis que le modèle a été lancé en 2010, c'est à quel point il semble normal d'un point de vue mécanique. BMW nous a habitués à des suspensions de type alternatif, à des entraînements finaux par cardan et, finalement, à des solutions inhabituelles. Mais la S1000RR est tout le contraire. S'installer à ses commandes ou à celles d'une GSX-R1000 ou autres ZX-10R est un peu du pareil au même. Le gros cadre périmétrique en aluminium, le massif bras oscillant, les suspensions réglables et la ligne sportive sont autant d'éléments qui pourraient tout aussi bien être ceux de n'importe laquelle des 1000 japonaises. Cette ressemblance a une excellente raison d'être, puisqu'elle illustre tout simplement que la recette à laquelle sont arrivées les marques nippones est la plus efficace. BMW l'a donc reprise. Cela dit, la normalité de la S1000RR n'explique pas sa dominance et pour comprendre la source de celle-ci, il est essentiel d'avoir roulé toutes les rivales de l'allemande.

Le comportement général de la BMW en piste ressemble beaucoup à celui d'une GSX-R1000 ou d'une CBR1000RR dans le sens où le pilotage est très intuitif et ne demande aucune période d'adaptation. Les choix de lignes sont exécutés de manière exacte, la solidité et la précision en pleine inclinaison sont irréprochables et les manœuvres délicates comme les freinages intenses en entrée de courbe sont accomplies sans tracas. En termes de légèreté, là encore, celle de la BMW n'est pas particulièrement supérieure à celle des modèles rivaux. Il s'agit clairement d'une 1000 et l'effort qu'elle requiert pour être

bousculée à bon rythme autour d'une piste est donc nettement plus élevé que celui demandé par une 600. Bref, la majorité des caractéristiques du modèle ne sortent finalement pas de l'ordinaire. Cela dit, la minorité de caractéristiques qui, elles, se démarquent est ce qui fait toute la différence. En termes de puissance, par exemple, la BMW est dans une ligue à part, puisqu'elle semble carrément avoir un avantage de cylindrée sur, disons, la Honda. Sa puissance n'est pas extraordinaire à bas régime, mais une fois que les tours commencent à grimper et à filer vers la zone rouge, on a affaire à une fusée. Malgré ce niveau de performances, le châssis ne bronche pas et donne l'impression qu'il pourrait encaisser 100 chevaux de plus. Cette capacité qu'a la S1000RR de se montrer totalement à l'aise à gérer toute la puissance qu'elle génère est probablement sa plus grande qualité. À ses commandes, tout se déroule presque comme si de rien n'était sur un tour de piste. À ce sujet, l'électronique joue un rôle crucial, puisqu'elle permet aux très nombreux chevaux produits par le puissant 4-cylindres d'être transférés au sol sans le moindre drame. En sortie de virage, là où ce type de puissance est le plus délicat à gérer, on n'a qu'à ouvrir les gaz et à faire confiance au système de contrôle de traction. La seule indication de son fonctionnement est un témoin lumineux qui s'illumine. Quant aux freinages, ils sont assistés par un système ABS extraordinairement complexe, mais dont le fonctionnement est totalement transparent. Ce que la S1000RR accomplit finalement de plus remarquable, c'est de donner au pilote l'impression que toutes ces manœuvres se réalisent facilement.

**CE QUE LA S1000RR ACCOMPLIT DE PLUS REMARQUABLE, C'EST QU'ELLE DONNE L'IMPRESSION QUE TOUT EST FACILE.**

PREMIER MEMBRE À QUATRE CYLINDRES DE L'EXCLUSIVE FAMILLE HP DE BMW, LA HP4 EST UNE ÉDITION À TIRAGE LIMITÉ QUI SERVIRA DE BASE À LA CAMPAGNE DU CONSTRUCTEUR EN SUPERBIKE MONDIAL.

HP4

## HP POUR HAUTE PERFORMANCE...

La version HP4 de la S1000RR reprend la base de la moto de grande série, mais pousse l'exercice encore plus loin en ajoutant une série de pièces destinées à maximiser les performances du modèle. D'un point de vue esthétique, outre la peinture spéciale du modèle, la HP4 se distingue par une selle solo, par l'absence de repose-pieds de passager, par un bas de carénage allongé et par un pare-brise teinté. L'œil averti notera également de nouvelles roues à 7 branches qui permettent un allégement de près de 2,4 kilos ainsi que des disques de freins avant différents. Le système d'échappement est entièrement réalisé en titane, ce qui permet une baisse additionnelle de poids de l'ordre de 4,5 kilos, tandis qu'une batterie allégée retranche aussi quelques grammes. En termes de performances, la HP4 se distingue du modèle de base à plusieurs niveaux. Tout d'abord, sa puissance de 193 chevaux demeure la même peu importe le mode choisi parmi les options Rain, Sport, Race ou Slick. Par ailleurs, en mode Slick, l'ABS offre un travail plus fin, tandis que le degré d'intervention du contrôle de traction peut être ajusté à la volée, toujours dans le même mode. Une fonction appelée Launch Control est ajoutée dans le but de faciliter les départs en course, ce qui est réalisé en limitant la puissance lorsque la roue avant quitte le sol. L'aspect technique le plus impressionnant de la HP4 est néanmoins ses suspensions adaptatives DDC (Dynamic Damping Control) qui utilisent une valve électrique pour varier en continu les réglages d'amortissement en fonction des données recueillies à partir d'une série de capteurs.

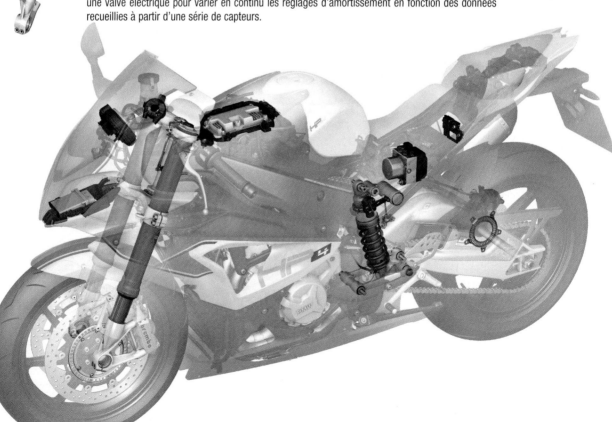

## QUOI DE NEUF EN 2013 ? +

Version HP4 introduite

S1000RR coûte 200 $ de moins qu'en 2012

## PAS MAL ▲

Une réalisation très impressionnante de la part de BMW à qui la S1000RR a instantanément donné une très grande crédibilité en matière de sportives pures

Un comportement exceptionnel en piste; même les pilotes les plus rapides n'ont que de bons mots pour elle dans l'environnement du circuit

Un moteur qui n'est peut-être pas un monstre de couple à bas régime, mais qui s'avère fabuleux entre les mi-régimes et la zone rouge où l'accélération est furieuse

Une garantie de 3 ans sans limite de kilométrage

Une accessibilité de pilotage remarquable en raison des superbes manières du châssis, mais aussi grâce à l'ABS de course et au contrôle de traction

## BOF ▼

Une nervosité de direction occasionnelle lorsque l'avant retombe au sol à très haute vitesse

Un caractère mécanique presque absent, et ce, surtout en pilotage normal alors que le 4-cylindres monte et descend en régime sans aucune sonorité intéressante

Une facture élevée pour la HP4, même si celle-ci est justifiée par la qualité des composantes utilisées

Une puissance surtout disponible à haut régime et des aides électroniques assez complexes et dont il est essentiel de bien comprendre le fonctionnement

## CONCLUSION

BMW impressionne franchement avec le cas S1000RR. Premièrement, il s'est permis de donner une leçon d'humilité aux jadis dominants et indélogeables constructeurs japonais. Et il l'a fait à sa première tentative. Deuxièmement – et c'est probablement ce qui impressionne le plus à propos de toute l'aventure –, sa position de tête demeure encore aujourd'hui chez les 1000 à quatre cylindres, et ce, à la fois parce que les modèles rivaux n'ont pas encore rattrapé l'allemande et parce que BMW a continué de faire progresser la S1000RR depuis sa sortie en 2010. La version HP4 présentée cette année représente d'ailleurs une autre preuve du travail que le constructeur est prêt à faire pour ne pas perdre cette avance. Bourrée d'excellentes aides électroniques au pilotage, immensément puissante et dotée d'un comportement pratiquement irréprochable en piste, la S1000RR reste pour le moment le nec plus ultra en la matière.

HP4 accessoirisée

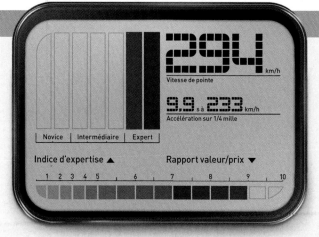

**294** km/h
Vitesse de pointe

**9,9 s à 233** km/h
Accélération sur 1/4 mille

Novice | Intermédiaire | Expert

Indice d'expertise ▲          Rapport valeur/prix ▼

1 2 3 4 5 6 7 8 9 10

Voir légende en page 18

## GÉNÉRAL

| | |
|---|---|
| Catégorie | Sportive |
| Prix | S1000RR : 17 550 $<br>HP4 : 21 900 $ |
| Immatriculation 2013 | 1 116,90 $ |
| Catégorisation SAAQ 2013 | « à risque » |
| Évolution récente | introduite en 2010, revue en 2012<br>HP4 introduite en 2013 |
| Garantie | 3 ans/kilométrage illimité |
| Couleur(s) | noir, gris, rouge, blanc et bleu |
| Concurrence | Aprilia RSV4, Honda CBR1000RR,<br>Kawasaki Ninja ZX-10R, MV Agusta F4<br>Suzuki GSX-R1000, Yamaha YZF-R1 |

## MOTEUR

| | |
|---|---|
| Type | 4-cylindres en ligne 4-temps,<br>DACT, 4 soupapes par cylindre,<br>refroidissement par liquide |
| Alimentation | injection à 4 corps de 48 mm |
| Rapport volumétrique | 13,0:1 |
| Cylindrée | 999 cc |
| Alésage et course | 80 mm x 49,7 mm |
| Puissance | 193 ch @ 13 000 tr/min |
| Couple | 83 lb-pi @ 9 750 tr/min |
| Boîte de vitesses | 6 rapports |
| Transmission finale | par chaîne |
| Révolution à 100 km/h | environ 4 200 tr/min |
| Consommation moyenne | 6,3 l/100 km |
| Autonomie moyenne | 277 km |

## PARTIE CYCLE

| | |
|---|---|
| Type de cadre | périmétrique, en aluminium |
| Suspension avant | fourche inversée de 46 mm ajustable<br>en précharge, compression et détente |
| Suspension arrière | monoamortisseur ajustable en précharge,<br>compression et détente |
| Freinage avant | 2 disques de 320 mm de Ø<br>avec étriers radiaux à 4 pistons<br>et systèmes ABS et DTC |
| Freinage arrière | 1 disque de 220 mm de Ø avec étrier<br>à 1 piston et systèmes ABS et DTC |
| Pneus avant/arrière | 120/70 ZR17 & 190 (HP4 : 200) /55 ZR17 |
| Empattement | 1 422,7 mm |
| Hauteur de selle | 820 mm |
| Poids tous pleins faits | 204,5 kg (HP4 : 199 kg) |
| Réservoir de carburant | 17,5 litres |

**MATURITÉ...** Pour 2013, BMW revoit pour la première fois la F800ST depuis son lancement en 2007 et renomme le modèle F800GT. Le remplacement d'une seule lettre dans le nom d'un modèle peut sembler banal, mais dans ce cas, il sert à indiquer que la mission tout entière de la monture a été réorientée. D'une certaine façon, la nouvelle F800GT incarne la forme que prend le concept de l'ancienne F800ST maintenant qu'il est arrivé à maturité. Alors que la ST n'était guère plus qu'une simple et sympathique routière sportive de 800 cc, la GT se veut plutôt une véritable alternative aux machines beaucoup plus complexes, coûteuses et encombrantes que sont les montures de catégorie sport-tourisme. Il s'agit d'une alternative basée sur le thème de l'accessibilité et dont est avant tout responsable un format nettement plus compact que celui de machines de plus grosse cylindrée.

### Analyse Technique

Pour arriver à trouver la direction qu'il allait donner à la F800GT, BMW n'a eu qu'à examiner l'utilisation que les acheteurs de la F800ST faisaient du modèle. Généralement équipée de valises et souvent utilisée pour le voyage, elle prenait le rôle d'une machine de sport-tourisme de petit format. Pour 2013, c'est exactement la mission que la marque allemande lui donne.

En termes de mécanique, la GT reprend l'essentiel de la base de la ST. Le cadre, la fourche et le moteur sont exactement les mêmes, bien que la puissance maximale grimpe de 5 chevaux. Le superbe bras oscillant monobranche de la ST demeure, mais il est allongé de 50 mm pour favoriser la stabilité. De magnifiques nouvelles roues affichent un design destiné à mettre en avant-plan l'aspect «flottant» de la roue arrière. L'entraînement propre par courroie – le seul du catalogue BMW – est toujours présent.

Le travail effectué autour de cette base définit la nouvelle orientation du modèle. Un carénage pleine grandeur d'allure nettement plus moderne est retenu. Il propose une protection aux éléments considérablement améliorée grâce à un plus grand pare-brise et à des panneaux latéraux écartant davantage l'air des jambes du pilote. En ce qui concerne l'ergonomie, BMW s'est surtout appliqué à rehausser le niveau de confort, ce qui a été accompli en élargissant la selle, en rehaussant le guidon ainsi qu'en abaissant et en avançant les repose-pieds. En réduisant légèrement la course de l'amortisseur arrière, la hauteur de selle a pu être réduite jusqu'à 800 mm. Enfin, malgré toutes ces modifications, le poids de la F800GT s'avère à peine supérieur à celui de la ST.

## QUOI DE NEUF EN 2013 ? +

Nouvelle génération de la F800ST qui est renommée F800GT

ABS livré en équipement de série

Coûte 700 $ de plus qu'en 2012

## PAS MAL ▲

Une tenue de route qui était superbe sur la F800ST; l'agilité, la précision et la facilité de pilotage devraient être presque identiques dans le cas de la nouvelle F800GT, puisqu'elle reprend pratiquement la base du modèle précédent

Un format unique sur le marché pour ce type de routière sportive

Un niveau de confort qui était déjà bon sur la F800ST et qui est amélioré grâce à une meilleure selle et à une protection au vent supérieure

Une foule d'options permettant non seulement d'abaisser la hauteur de selle, mais aussi d'équiper très sérieusement le modèle pour le tourisme

## BOF ▼

Une facture assez élevée qui place le modèle dans une zone de prix permettant d'envisager des routières de bien plus grosse cylindrée, et ce, surtout lorsqu'on tient compte du prix des options

Une puissance capable de générer un niveau de performances amusant, mais qui demeure quand même relativement modeste pour le créneau

Un réservoir d'essence encore plus petit que par le passé, ce qui est une direction un peu étrange pour une monture destinée aux longs parcours

## CONCLUSION

Sur papier, la F800GT semble être la moto qu'aurait dû être la F800ST depuis le départ. Tout d'abord, en termes de mission, puisque la ST a toujours été une machine dont le format unique aurait bénéficié d'un peu plus de sérieux en matière de tourisme. Or, grâce à une série de facteurs comme une position de conduite améliorée, une meilleure selle et une protection aux éléments supérieure – sans parler d'options comme les valises et la suspension à réglage électronique ESA –, la GT semble décidément équipée pour atteindre ce but. Par ailleurs, la ligne un peu fade et sans personnalité de l'ancienne version fait désormais place à un style non seulement plus dynamique, mais aussi nettement mieux identifiable au créneau du tourisme sportif. Toutefois, le gros défaut de la ST précédente demeure. Il s'agit d'un prix plutôt élevé qui donne l'impression que BMW tire avantage du fait que ce qu'offre la F800GT est finalement unique sur le marché.

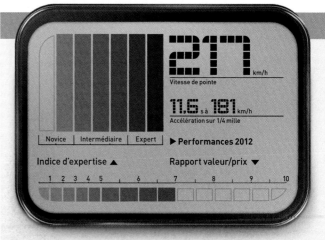

**277** km/h
Vitesse de pointe

**11.6** s à **181** km/h
Accélération sur 1/4 mille

| Novice | Intermédiaire | Expert | ▶ Performances 2012 |

Indice d'expertise ▲          Rapport valeur/prix ▼

1  2  3  4  5  6  7  8  9  10

Voir légende en page 18

## GÉNÉRAL

| | |
|---|---|
| Catégorie | Routière Sportive |
| Prix | 13 250 $ |
| Immatriculation 2013 | 557,53 $ |
| Catégorisation SAAQ 2013 | « régulière » |
| Évolution récente | F800ST introduite en 2007, revue en 2013 et renommée F800GT |
| Garantie | 3 ans/kilométrage illimité |
| Couleur(s) | noir, blanc, orange |
| Concurrence | Yamaha Fazer 8 |

## MOTEUR

| | |
|---|---|
| Type | bicylindre parallèle 4-temps, DACT, 4 soupapes par cylindre, refroidissement par liquide |
| Alimentation | injection à 2 corps de 46 mm |
| Rapport volumétrique | 12,0:1 |
| Cylindrée | 798 cc |
| Alésage et course | 82 mm x 75,6 mm |
| Puissance | 90 ch @ 8 000 tr/min |
| Couple | 63,4 lb-pi @ 5 800 tr/min |
| Boîte de vitesses | 6 rapports |
| Transmission finale | par courroie |
| Révolution à 100 km/h | environ 3 500 tr/min (2012) |
| Consommation moyenne | 5,6 l/100 km (2012) |
| Autonomie moyenne | 285 km (2012) |

## PARTIE CYCLE

| | |
|---|---|
| Type de cadre | périmétrique, en aluminium |
| Suspension avant | fourche conventionnelle de 41 mm non ajustable |
| Suspension arrière | monoamortisseur ajustable en précharge |
| Freinage avant | 2 disques de 320 mm de Ø avec étriers à 4 pistons et système ABS |
| Freinage arrière | 1 disque de 265 mm de Ø avec étrier à 1 piston et système ABS |
| Pneus avant/arrière | 120/70 ZR17 & 180/55 ZR17 |
| Empattement | 1 514 mm |
| Hauteur de selle | 800 mm |
| Poids tous pleins faits | 213 kg |
| Réservoir de carburant | 15 litres |

**ANTI ARTIFICE...** La nature colorée du milieu du motocyclisme est telle que la raison n'est décidément pas toujours l'élément qui dicte les décisions d'achats. En fait, il est même plutôt fréquent de voir des choix faits en fonction d'aspects purement superficiels, comme une vitesse de pointe ou un style. La R1200R incarne, d'une certaine façon, l'opposé exact des motos générant ce type de réflexion. Sa ligne, quoiqu'élégante, affiche une sobriété et une aura classique qui est tout sauf criarde. Mais sous cet air effacé et neutre se cache l'une des deux-roues les plus équilibrées et gratifiantes à piloter du marché. Rien de moins. Entièrement renouvelée en 2007, elle gagnait alors 24 chevaux et perdait 20 kilos par rapport à sa tout aussi sympathique devancière, la R1150R. Le modèle évolua légèrement en 2012 en adoptant la mécanique de la HP2 Sport. Pour 2013, l'ABS est livré de série.

S'il est une vérité liée à l'univers de la moto, c'est que l'émotion y est beaucoup plus commune que la raison. Dans un tel contexte, il n'est donc décidément pas rare de voir des décisions d'achats purement basées sur un style. Par exemple, on devine – dans ces cas avec raison – qu'une sportive pure sera rapide et peu confortable ou qu'une custom sera coupleuse et décontractée. Or, dans le cas d'une moto comme la R1200R, ce sont plutôt des termes comme pratique et équilibrée qui viennent à l'esprit. Et c'est là que dérape cette manière d'identifier la nature des modèles en fonction de leur style.

La R1200R est beaucoup plus qu'une standard simple et efficace. En fait, en l'allégeant et en augmentant sa puissance comme il l'a fait en 2007, BMW l'a même carrément transformée en machine à sensations dont l'un des plus grands attraits se veut le Twin Boxer qui l'anime. Véritable délice mécanique, il gronde juste assez pour rappeler qu'il ne s'agit pas d'un moteur commun et tremble juste ce qu'il faut en pleine accélération pour chatouiller les sens. Puis, il s'adoucit au point d'en devenir velouté à vitesse constante, peu importe que ce soit en ville ou sur l'autoroute.

Exceptionnellement souple, il accepte sans broncher d'accélérer sur tous les rapports supérieurs à partir de régimes aussi bas que 1 500 tr/min. Dans la majorité des situations, le couple qu'il génère entre le ralenti et 4 500 tr/min s'avère plus que suffisant. Mais faites monter les tours jusqu'à la zone rouge de 8 500 tr/min et il accélérera avec assez d'intensité pour soulever l'avant. Sans qu'on puisse qualifier ses accélérations d'époustouflantes, la R1200R reste quand même suffisamment rapide pour franchement amuser un pilote expérimenté. Par ailleurs, la mécanique de la R1200R offre l'une des livrées de couple et de puissance les plus réussies et intelligentes qui soient. L'un des rares défauts de ce moteur se situe au niveau du rouage d'entraînement qui est affligé d'un agaçant jeu malheureusement commun chez les BMW à moteur boxer et surtout ressenti à la fermeture et à l'ouverture des gaz sur les premiers rapports. Le passage au moteur de la HP2 Sport a un peu raffiné la sonorité tout en augmentant légèrement la rapidité des montées en régimes.

La R1200R affiche une stabilité exceptionnelle. Une direction légère, mais pas nerveuse ainsi qu'une agréable impression de solidité et de précision en pleine inclinaison sont autant de qualités qui en font un outil aussi redoutable que plaisant sur une route sinueuse. Les suspensions ont une grande part de responsabilité dans ce beau comportement, puisqu'elles se montrent à la fois assez souples pour offrir un excellent niveau de confort sur une route en mauvais état et capables de supporter un rythme plutôt rapide dans une série de virages. Le puissant freinage ABS assisté se montre toutefois un peu difficile à moduler avec précision.

Bien que le niveau de confort diminue à mesure que la vitesse augmente en raison de l'absence de protection au vent, cet aspect reste tolérable tant qu'on demeure autour des limites légales. Grâce à une position de conduite droite et naturelle ainsi qu'à une selle excellente sur tous les parcours, sauf les plus longs, la R1200R se montre par ailleurs tout à fait capable de prendre le rôle de machine de longues distances.

> **EXCEPTIONNELLEMENT STABLE, LA R1200R EST UN OUTIL AUSSI REDOUTABLE QUE PLAISANT SUR UNE ROUTE SINUEUSE.**

## QUOI DE NEUF EN 2013 ?  +

ABS livré en équipement de série

Coûte 800 $ de plus qu'en 2012

## PAS MAL  ▲

Un Twin Boxer génial qui se montre à la fois doux, coupleux, caractériel et étonnamment rapide; le passage au moteur de la HP2 en 2011 a raffiné le tout d'un autre cran en améliorant légèrement la sonorité et les montées en régime

Une tenue de route exceptionnelle; la R1200R est assez stable, précise et agile pour impressionner les connaisseurs les plus difficiles

Une ligne classique très élégante qui expose de manière très gracieuse les nombreuses particularités techniques du modèle

Un niveau de confort élevé provenant d'une position joliment équilibrée, de suspensions judicieusement calibrées et d'une très bonne selle

## BOF  ▼

Une ligne élégante et classique, mais certes pas spectaculaire; ceux qui choisissent la R1200R ne le font pas pour faire tourner les têtes

Une transmission qui fonctionne correctement, mais qui a une nature bruyante pas très flatteuse lors de certaines opérations

Un tempérament pas toujours amical en pleine accélération sur les premiers rapports où la R1200R se montre occasionnellement nerveuse

Un rouage d'entraînement affligé d'un jeu qui rend la conduite saccadée à basse vitesse sur les rapports inférieurs

Un système de freinage très efficace, mais qui n'est pas le plus communicatif qui soit

## CONCLUSION

Une monture remarquable. Voilà ce que cache l'aspect classique et sobre de la R1200R. Légère, précise, agile, confortable, rapide, coupleuse et merveilleusement caractérielle, elle propose non seulement à son pilote de vivre l'expérience de la conduite d'une moto de manière très pure, mais elle agrémente aussi le tout d'une saveur bien particulière. En effet, l'expérience de pilotage qu'offre la R1200R est intimement liée à la nature et à la présence mécanique unique de l'emblématique Twin Boxer qui l'anime. Ses multiples qualités lui donnent le potentiel de plaire à un grand nombre de motocyclistes, mais ce sont les connaisseurs friands de mécaniques hors normes qui l'apprécieront le plus. Elle fait partie des motos les plus plaisantes et les plus équilibrées du marché, et ce, dans toutes les situations possibles et imaginables en conduite quotidienne.

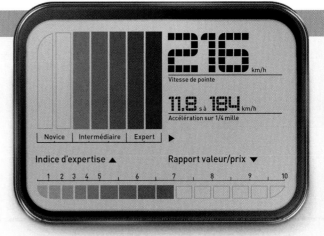

**216** km/h
Vitesse de pointe

**11,8** s à **184** km/h
Accélération sur 1/4 mille

| Novice | Intermédiaire | Expert | ▶ |

Indice d'expertise ▲                Rapport valeur/prix ▼

1  2  3  4  5    6    7    8    9    10

*Voir légende en page 18*

## GÉNÉRAL

| | |
|---|---|
| Catégorie | Standard |
| Prix | 15 900 $ |
| Immatriculation 2013 | 557,53 $ |
| Catégorisation SAAQ 2013 | « régulière » |
| Évolution récente | introduite en 1995, revue en 2001, en 2007 et en 2011 |
| Garantie | 3 ans/kilométrage illimité |
| Couleur(s) | gris, bleu, magnésium |
| Concurrence | Ducati Monster 1100, Triumph Speed Triple |

## MOTEUR

| | |
|---|---|
| Type | bicylindre 4-temps Boxer, DACT, 4 soupapes par cylindre, refroidissement par air et huile |
| Alimentation | injection à 2 corps de 50 mm |
| Rapport volumétrique | 12,0:1 |
| Cylindrée | 1 170 cc |
| Alésage et course | 101 mm x 73 mm |
| Puissance | 110 ch @ 7 750 tr/min |
| Couple | 87,8 lb-pi @ 6 000 tr/min |
| Boîte de vitesses | 6 rapports |
| Transmission finale | par arbre |
| Révolution à 100 km/h | environ 3 400 tr/min |
| Consommation moyenne | 5,7 l/100 km |
| Autonomie moyenne | 316 km |

## PARTIE CYCLE

| | |
|---|---|
| Type de cadre | treillis en acier, moteur porteur |
| Suspension avant | fourche Telelever de 41 mm non ajustable |
| Suspension arrière | monoamortisseur ajustable en précharge et détente |
| Freinage avant | 2 disques de 320 mm de Ø avec étriers à 4 pistons et système ABS Semi Integral |
| Freinage arrière | 1 disque de 265 mm de Ø avec étrier à 2 pistons et système ABS Semi Integral |
| Pneus avant/arrière | 120/70 ZR17 & 180/55 ZR17 |
| Empattement | 1 495 mm |
| Hauteur de selle | 800 mm |
| Poids tous pleins faits | 223 kg |
| Réservoir de carburant | 18 litres |

**ÉTAT SIMPLE...** Introduite en 2010, la F800R est issue de la base lancée en 2007 avec les F800S et ST. La même plateforme fut d'ailleurs utilisée en 2008 pour créer les F650/800GS. Même si chacun de ces modèles évolue en 2013, leur base, elle, reste presque exactement la même. Or, cette base, lorsqu'elle est ramenée à son état le plus simple, c'est la R. Totalement exempte d'artifice et arborant un thème stylistique «naked» tout à fait réussi, la F800R est la version la plus simplement construite de la famille F800 tout entière. Cette simplicité n'en fait toutefois pas une monture moins intéressante à piloter, ce qui est bien démontré par le fait qu'il s'agit du modèle utilisé par BMW pour réaliser des cascades. Une version de 87 chevaux du Twin parallèle fabriqué par Rotax anime le modèle qui est équipé d'une fourche plus costaude et de freins surdimensionnés. Pour 2013, l'ABS est livré de série.

L'un des aspects les plus particuliers de la F800R est son lien avec le milieu des cascades professionnelles à moto. En effet, il s'agit du modèle utilisé par Chris Pfeiffer pour effectuer d'incroyables figures pour le compte de BMW. Une brève recherche sur YouTube suffit pour comprendre l'importance de cette facette du modèle, puisqu'elle constitue la preuve d'un potentiel assez impressionnant, à tout le moins dans les mains appropriées.

La F800R est une petite routière dont l'arrivée en 2010 complétait la famille F800 en lui amenant un membre de classe standard. Il s'agit ainsi de l'équivalent chez les F800 de la K1300R chez les K1300 et de la R1200R chez les R1200.

Comme c'est le cas avec la plupart des autres montures de la série F, la F800R possède relativement peu de concurrence. Mais contrairement à la situation de la F800ST – devenue GT – à laquelle on n'arrive littéralement pas à trouver de rivale, la F800R peut être comparée de manière assez directe avec des modèles comme la Monster 796 de Ducati, la FZ8 de Yamaha et même, à la rigueur, avec la Triumph Street Triple.

Très mince, affichant une hauteur de selle relativement basse et laissant l'impression immédiate d'une machine assez compacte, surtout au niveau des jambes qui sont même suffisamment pliées pour gêner un pilote grand, la F800R rend instantanément à l'aise grâce à son gabarit minimaliste et à sa position de conduite à la fois relevée et dominante.

Sur la route, on met très peu de temps à saisir les raisons pour lesquelles BMW l'a choisie comme base pour une moto destinée à réaliser des cascades

d'une difficulté extrême. La F800R fait partie de ces montures qui donnent l'impression de pouvoir accomplir n'importe quoi et d'arriver à toujours se tirer d'affaire, peu importe la témérité de ce que l'on tente. Son niveau d'agilité est extrêmement élevé, tandis que la partie cycle démontre la solidité de sa construction en encaissant les abus sans broncher, peu importe qu'il s'agisse d'une enfilade de courbes prises à fond de train ou d'une quelconque cascade, pour ceux qui en ont le courage et le talent. Solidité et précision en courbe tout comme puissance et facilité de modulation du freinage sont dans toutes les circonstances excellentes.

Au-delà de son image de cascadeuse, la F800R est surtout une sympathique petite routière. L'exposition au vent sur l'autoroute est évidemment considérable, mais ça reste tolérable, surtout compte tenu du fait que le vent qui frappe le casque est complètement exempt de turbulences. C'est toutefois en ville que la plus petite des BMW de type R semble se retrouver dans son élément, puisque c'est dans ce genre d'environnement que toutes ses qualités ressortent. La très grande agilité permise par le poids faible et la minceur de l'ensemble ainsi que le bon couple généreusement distribué sur la plage de régimes du Twin parallèle se combinent pour en faire une arme urbaine pratiquement idéale. Les disques immenses du frein avant et l'ABS de série sont aussi des atouts dans ce contexte. Le confort s'avère meilleur dans ce genre de conduite réalisée sur des distances relativement courtes que sur de longs trajets, où l'on découvre une selle qui n'est pas la meilleure qui soit.

> **SA GRANDE AGILITÉ ET LA MINCEUR DE L'ENSEMBLE EN FONT UNE MACHINE URBAINE D'UNE REMARQUABLE EFFICACITÉ.**

## QUOI DE NEUF EN 2013 ?  +

ABS livré en équipement de série
Coûte 650 $ de plus qu'en 2012

## PAS MAL  ▲

Un ensemble qui séduit immédiatement par son format léger, mince et compact, et dont l'agilité est telle qu'elle donne l'impression de pouvoir tout faire

Une mécanique qui ne mérite pratiquement que des compliments; sa puissance est intelligemment produite et nettement plus intéressante que celle d'un Twin de 650 cc, puisqu'un pilote expérimenté s'en satisfait, tandis que sa sonorité est agréable

Une valeur intéressante provenant d'un ensemble solide sur lequel rien n'est réalisé de manière économique et d'un niveau de performances très correct

## BOF  ▼

Une puissance suffisante pour satisfaire les pilotes amateurs de machines compactes et légères, mais qui pourrait être juste pour les motards plus gourmands

Un entraînement final par chaîne et un bras oscillant double branche qui auraient pu être remplacés par la courroie sans entretien et le très désirable bras monobranche de la F800GT; d'un autre côté, ces ajouts feraient grimper le prix

Une ergonomie qui pourrait paraître serrée pour les pilotes grands en raison de la courte distance séparant la selle des repose-pieds et qui coince leurs jambes

Une exposition totale au vent dont on doit être conscient à l'achat, puisqu'elle limite le niveau de confort sur l'autoroute

## CONCLUSION

La F800R fait partie d'une catégorie de standards « urbaines » qui sont majoritairement réservées au marché européen et dont seulement quelques-unes se rendent jusqu'à nous. Il s'agit de l'une de ces deux-roues avec lesquelles un lien naturel s'établit dès le moment où l'on en prend les commandes. Son format doit être bien compris par les intéressés, puisqu'il n'a absolument rien à voir avec celui d'une machine comme la grosse K1300R de 173 chevaux, par rapport à laquelle la F800R est un agile et mince poids mouche. Elle s'adresse donc aux motocyclistes qui favorisent avant tout une conduite dans le vent et un format svelte et maniable. Et s'il est vrai que certaines motos semblables de 650 cc, comme une Suzuki Gladius, par exemple, offrent les mêmes qualités dynamiques, il reste que les 800 cc de l'allemande sont plus intéressants.

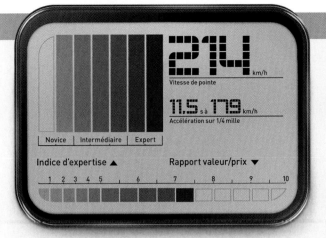

214 km/h
Vitesse de pointe

11.5 s à 179 km/h
Accélération sur 1/4 mille

Novice | Intermédiaire | Expert
Indice d'expertise ▲          Rapport valeur/prix ▼
1  2  3  4  5     6     7     8     9     10

Voir légende en page 18

## GÉNÉRAL

| | |
|---|---|
| Catégorie | Standard |
| Prix | 10 800 $ |
| Immatriculation 2013 | 557,53 $ |
| Catégorisation SAAQ 2013 | « régulière » |
| Évolution récente | introduite en 2010 |
| Garantie | 3 ans/kilométrage illimité |
| Couleur(s) | argent, blanc et bleu, noir |
| Concurrence | Ducati Monster 796, Triumph Street Triple, Yamaha FZ8 |

## MOTEUR

| | |
|---|---|
| Type | bicylindre parallèle 4-temps, DACT, 4 soupapes par cylindre, refroidissement par liquide |
| Alimentation | injection à 2 corps de 46 mm |
| Rapport volumétrique | 12,0:1 |
| Cylindrée | 798 cc |
| Alésage et course | 82 mm x 75,6 mm |
| Puissance | 87 ch @ 8 000 tr/min |
| Couple | 63,4 lb-pi @ 6 000 tr/min |
| Boîte de vitesses | 6 rapports |
| Transmission finale | par chaîne |
| Révolution à 100 km/h | environ 4 000 tr/min |
| Consommation moyenne | 5,8 l/100 km |
| Autonomie moyenne | 276 km |

## PARTIE CYCLE

| | |
|---|---|
| Type de cadre | périmétrique, en aluminium |
| Suspension avant | fourche conventionnelle de 43 mm non ajustable |
| Suspension arrière | monoamortisseur ajustable en précharge et détente |
| Freinage avant | 2 disques de 320 mm de Ø avec étriers à 4 pistons et système ABS |
| Freinage arrière | 1 disque de 265 mm de Ø avec étrier à 1 piston et système ABS |
| Pneus avant/arrière | 120/70 ZR17 & 180/55 ZR17 |
| Empattement | 1 520 mm |
| Hauteur de selle | 800 mm |
| Poids tous pleins faits | 199 kg |
| Réservoir de carburant | 16 litres |

R1200GS

***UN GRAND MOMENT...*** La R1200GS est passée du stade d'excentricité mal comprise à celui de modèle le plus populaire de la marque allemande. Entre les deux s'étalent plus de trois décennies de développement et de fidélité envers un concept bien précis, celui d'une routière qui ne serait pas confinée aux chemins pavés. L'an 2013 représente un grand moment pour la vénérable GS, puisqu'il correspond à la refonte la plus profonde de l'histoire du modèle. Il n'est même pas question ici d'une sérieuse évolution, mais bien de la refonte totale du modèle autour d'une mécanique complètement repensée. La configuration Boxer à deux cylindres demeure, mais c'est tout. Entre autres, la GS abandonne en 2013 son bon vieux refroidissement par air et huile pour adopter un système au liquide. Quant à la version Adventure, elle n'a pas encore évolué et demeure offerte sous son ancienne forme.

Malgré la profondeur de la refonte que subit en 2013 la R1200GS, l'œil peu averti pourrait très facilement confondre la nouveauté avec la version qu'elle remplace. Il s'agit d'une ressemblance parfaitement volontaire de la part de BMW pour qui la GS a atteint un statut d'icône équivalent à celui de la 911 chez Porsche ou de la Fat Boy chez Harley-Davidson. Dans tous les cas, il s'agit de modèles qui doivent tôt ou tard évoluer, mais dont la formule doit absolument demeurer instantanément reconnaissable.

En prenant place aux commandes de cette toute nouvelle GS, là encore, une impression de déjà-vu est ressentie. En ce qui concerne la ressemblance entre l'ergonomie des modèles nouveau et ancien, les similitudes s'expliquent dans ce cas par le fait que sous aucun prétexte l'équilibre atteint par la position de conduite de la version précédente ne devait être touché. Lorsque le tout nouveau moteur prend vie, là aussi, un rassurant et familier vrombissement feutré se manifeste, et même l'effet de couple qui pousse légèrement la moto latéralement lorsqu'un coup d'accélérateur est donné demeure présent.

Dès le premier rapport enfoncé et l'embrayage relâché, néanmoins, il devient clair que quelque chose est nouveau. Tout d'abord, la GS est plus rapide. Pas énormément, mais quand même de manière notable. La production de couple est même assez généreuse à bas régime pour facilement soulever l'avant, du moins lorsque la fonction anti-wheelie est désengagée. Au sujet des fonctions et des modes, la nouvelle GS en offre à profusion et il est nécessaire de bien comprendre le rôle de chacun afin de vraiment bénéficier de cette technologie. Par exemple,

> **DÈS LE PREMIER RAPPORT ENFONCÉ ET L'EMBRAYAGE RELÂCHÉ, IL DEVIENT CLAIR QUE QUELQUE CHOSE EST NOUVEAU.**

en sélectionnant le mode Enduro destiné à une utilisation hors-route, le contrôle de traction laisse la roue arrière patiner jusqu'à un certain point, tandis que l'ABS s'ajuste pour faire face à une surface non pavée. Passez à l'option Enduro Pro et dans ce cas, l'ABS agit seulement sur la roue avant, tandis que la roue arrière peut être bloquée à volonté. Les particularités des aides électroniques de la nouvelle GS ne s'arrêtent pas là, puisque celle-ci est aussi équipée d'un ABS dérivé de celui de la S1000RR dont l'efficacité est remarquable sur une route de terre ou de gravier. Par ailleurs, l'option ESA a recours à des suspensions semi-actives similaires à celles de la S1000RR HP4 et qui s'ajustent automatiquement en temps réel.

La plus grande qualité de la R1200GS a toujours été cette manière presque magique qu'elle a de passer de la route au bitume au voyage ou à la conduite urbaine. Non seulement cette transparence est conservée, mais elle s'étend aussi désormais à l'électronique, puisqu'en dépit de l'extraordinaire complexité de tous ces systèmes, leur fonctionnement, lui, est sans reproches.

L'une des plus grandes améliorations mécaniques dont bénéficie la GS est une transmission qui fonctionne enfin normalement, donc de manière précise et légère. D'ailleurs, tout le travail d'allègement des pièces internes du tout nouveau moteur a également la conséquence de presque annuler l'effort requis pour lancer la GS en courbe. En combinant à cette caractéristique une partie cycle d'une grande précision et d'une stabilité imperturbable sur la route, on obtient une machine qui se montre admirablement à l'aise lorsqu'il s'agit d'attaquer franchement une route sinueuse.

UNE NOUVELLE GS EST UN ÉVÈNEMENT MAJEUR NON SEULEMENT POUR BMW, MAIS AUSSI POUR LA COMMUNAUTÉ TOUT ENTIÈRE DES AMATEURS DE MACHINES D'AVENTURES. DANS CE CAS, LE RÉSULTAT EST INDISCUTABLEMENT RÉUSSI. LA GS EST MAGIQUE.

Le lancement mondial de la R1200GS 2013 fut tenu par BMW dans l'un des pays fétiches du constructeur, l'Afrique du Sud. Pour l'auteur du Guide de la Moto, il s'agissait d'une quatrième présence dans ce magnifique coin du monde qui est effectivement le terrain de jeu parfait pour une machine comme la GS. Malheureusement, l'évènement qui devait rassembler les principales publications du monde et se dérouler sur plusieurs semaines fut annulé après qu'un journaliste eut trouvé la mort à la fin de la première journée, quelques heures à peine après la tenue de cette séance de photos, à quelques kilomètres de la ville de George. Il s'agit de Kevin Ash, un Britannique que nous avons régulièrement croisé lors d'évènements de ce type au fil des ans. Le crédit de la photo revient à Alberto Martinez.

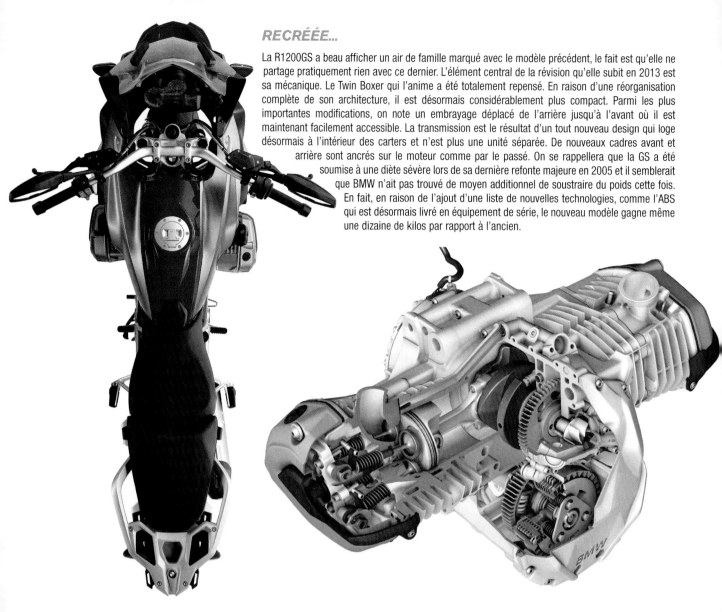

## RECRÉÉE...

La R1200GS a beau afficher un air de famille marqué avec le modèle précédent, le fait est qu'elle ne partage pratiquement rien avec ce dernier. L'élément central de la révision qu'elle subit en 2013 est sa mécanique. Le Twin Boxer qui l'anime a été totalement repensé. En raison d'une réorganisation complète de son architecture, il est désormais considérablement plus compact. Parmi les plus importantes modifications, on note un embrayage déplacé de l'arrière jusqu'à l'avant où il est maintenant facilement accessible. La transmission est le résultat d'un tout nouveau design qui loge désormais à l'intérieur des carters et n'est plus une unité séparée. De nouveaux cadres avant et arrière sont ancrés sur le moteur comme par le passé. On se rappellera que la GS a été soumise à une diète sévère lors de sa dernière refonte majeure en 2005 et il semblerait que BMW n'ait pas trouvé de moyen additionnel de soustraire du poids cette fois. En fait, en raison de l'ajout d'une liste de nouvelles technologies, comme l'ABS qui est désormais livré en équipement de série, le nouveau modèle gagne même une dizaine de kilos par rapport à l'ancien.

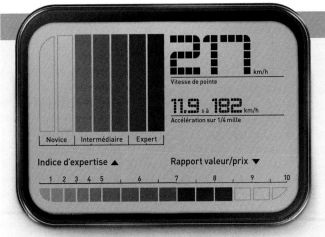

## QUOI DE NEUF EN 2013 ? +

Nouvelle génération de la R1200GS

ABS livré de série sur la R1200GS et sur la R1200GS Adventure

R1200GS coûte 950 $ et R1200GS Adventure 900 $ de plus qu'en 2012

## PAS MAL ▲

Une polyvalence stupéfiante; la R1200GS passe d'un environnement à un autre avec une facilité et une transparence telles que cette qualité est devenue sa carte de visite

Un Twin Boxer qui été complètement repensé, mais dont le caractère est resté intact, puisqu'il tremble et vrombit juste assez pour agrémenter chaque moment de conduite

Un ensemble ergonomique qui frise la perfection; de l'équilibre de la position jusqu'à l'efficacité du pare-brise en passant par l'excellente selle, tous les points d'interaction entre pilote et moto renvoient une impression de raffinement poussé

Un niveau de technologie très poussé, mais aussi très fonctionnel

Un comportement d'une grande compétence tant sur la route qu'en hors-route

## BOF ▼

Une selle qui demeure toujours haute et qui gênera les pilotes qui ne sont pas grands; celle de la version Adventure, qui est plus lourde, est encore plus haute

Une mécanique dont la puissance n'a pas progressé de manière marquée et qui n'est pas dans la ligue de celle d'une Multistrada en termes de performances

Une facture qui grimpe très vite lorsqu'on commence à ajouter les options

Une quantité étourdissante de modes et de fonctions; toute cette technologie fait parfois peur aux explorateurs qui craignent une panne au mauvais endroit

## CONCLUSION

La nouvelle génération de la R1200GS ne représente rien de moins qu'une réussite remarquable. Le travail qui a été nécessaire afin de repenser complètement ce moteur, mais sans en perdre le charme, et afin d'incorporer cette interminable liste de fonctions sans que tous ces gadgets ne deviennent agaçants et gênants, est inimaginable. Conclure que c'est la meilleure GS jamais offerte est d'une évidence telle que le commentaire devient inutile. La nouveauté va bien plus loin que cela. Nous avons souvent considéré la BMW comme l'une des meilleures motos du marché et certainement de la meilleure aventurière, mais là encore, la GS mérite plus. En fait, elle est tellement polyvalente et tellement avancée, mais se montre en même temps tellement facile à piloter que nous allons l'affirmer une fois pour toutes. Cette version repensée de la R1200GS est la meilleure moto de l'univers.

R1200GS Adventure

## GÉNÉRAL

| | |
|---|---|
| Catégorie | Routière Aventurière |
| Prix | R1200GS : 18 850 $<br>R1200GS Adventure : 21 500 $ |
| Immatriculation 2013 | 557,53 $ |
| Catégorisation SAAQ 2013 | « régulière » |
| Évolution récente | introduite en 1994, revue en 2000, en 2005, en 2010 et en 2013; Adventure introduite en 2002, revue en 2006 et en 2010 |
| Garantie | 3 ans/kilométrage illimité |
| Couleur(s) | R1200GS : gris, bleu, blanc, rouge<br>R1200GS Adventure : rouge, blanc |
| Concurrence | KTM 990 Adventure, Triumph Tiger Explorer, Yamaha Super Ténéré |

## MOTEUR

| | |
|---|---|
| Type | bicylindre 4-temps Boxer, DACT, 4 soupapes par cylindre, refroidissement par air et liquide (GSA : huile) |
| Alimentation | injection à 2 corps de 52 mm (GSA : 47 mm) |
| Rapport volumétrique | 12,5:1 (GSA : 12,0:1) |
| Cylindrée | 1 170 cc |
| Alésage et course | 101 mm x 73 mm |
| Puissance | 125 (110) ch @ 7 700 (7 750) tr/min |
| Couple | 92,2 (88,5) lb-pi @ 6 500 (6 000) tr/min |
| Boîte de vitesses | 6 rapports |
| Transmission finale | par arbre |
| Révolution à 100 km/h | environ 3 500 tr/min |
| Consommation moyenne | 5,6 (GSA : 5,8) l/100 km |
| Autonomie moyenne | 357 (GSA : 569) km |

## PARTIE CYCLE

| | |
|---|---|
| Type de cadre | treillis en acier, moteur porteur |
| Suspension avant | fourche Telelever de 37 mm avec monoamortisseur ajustable en précharge (ajustable avec l'Enduro ESA optionnel) |
| Suspension arrière | monoamortisseur ajustable en précharge et détente (ajustable avec l'Enduro ESA optionnel) |
| Freinage avant | 2 disques de 305 mm de Ø avec étriers radiaux à 4 pistons et ABS Semi Integral |
| Freinage arrière | 1 disque de 276 mm de Ø avec étrier à 2 pistons et ABS Semi Integral |
| Pneus avant/arrière | GS : 120/70 R19 & 170/60 R17<br>GSA : 110/80 R19 & 150/70 R17 |
| Empattement | GS : 1 507 mm; Adventure : 1 510 mm |
| Hauteur de selle | GS : 850/870 mm; Adventure : 890/910 mm |
| Poids tous pleins faits | GS : 238 kg; Adventure : 256 kg |
| Réservoir de carburant | GS : 20 litres; Adventure : 33 litres |

F700GS

***JUSTE MILIEU...*** Le lancement des F650/800GS en 2008 a offert une option jusque-là inexistante aux amateurs de routières aventurières. En effet, avant ce moment, ceux-ci devaient obligatoirement choisir entre une petite mono comme la G650GS et un engin pleine grandeur comme la R1200GS. Les 650/800 sont venues s'insérer juste au milieu. Cinq ans plus tard, en 2013, BMW fait subir aux modèles une première révision et introduit enfin la version Adventure qui était tant attendue par les GSistes. Il s'agit d'un modèle qui reprend presque exactement la partie cycle et le moteur de la F800GS, mais qui y ajoute sa propre silhouette et une série d'éléments typiques de la formule Adventure, comme un réservoir d'essence surdimensionné et de multiples barres de protection. Quant à la F650GS, elle reçoit quelques améliorations et se voit renommée F700GS. L'ABS est livré de série en 2013.

Malgré le fait qu'elles sont construites à partir d'une base similaire, la F800GS et l'ex-F650GS qu'est la nouvelle F700GS demeurent des montures très différentes. En effet, alors que la 700 peut être à la fois considérée comme une moto d'initiation, comme une monture de progression ou encore comme une aventurière facile d'accès, la 800 se veut plutôt une aventurière de calibre expert destinée à s'enfoncer en terrain inconnu. C'est d'ailleurs sur cette dernière qu'est basée la nouvelle version Adventure.

Haute, mince et légère, la F800GS offre une agilité dont une R1200GS ne peut qu'être jalouse, et ce, surtout en pilotage hors-route intense. Dans un tel environnement, la 800 se débrouille presque aussi bien qu'une 650 monocylindre double-usage. Elle représente un genre de pont entre la maniabilité d'une 650 et la puissance plus élevée d'une 1200. La facilité de pilotage démontrée par la F800GS en sentier se transporte sur la route où le comportement est dominé par une stabilité sans reproches, par une grande légèreté de direction et par de très invitantes manières en courbe. Une suspension qui plonge de façon notable à l'avant et une selle qui pourrait décidément être plus confortable sur long trajet sont parmi les rares défauts de ce modèle dans l'environnement de la route. En termes de performances, si les 85 chevaux du Twin parallèle permettent des prestations bien moins intéressantes que celles d'une puissante et coupleuse 1200GS, la F800GS se montre par contre beaucoup plus plaisante qu'une mono de 650 cc. Sa mission est vraiment d'offrir un compromis satisfaisant entre puissance et agilité.

Le cas de la F700GS est différent. En dépit de sa mécanique identique à celle de la F800GS – il s'agit d'une 800 cc malgré son nom –, sa puissance est inférieure. Même si BMW a fait passer cette dernière de 71 à 75 chevaux cette année, la 700 reste une moto s'adressant surtout, bien que pas exclusivement, au motocycliste possédant une expérience limitée ou moyenne. Plutôt doux et souple, le Twin ne déborde pas de caractère, mais ses prestations correspondent bien à la vocation d'accessibilité et le prix moins élevé de la 700.

Offerte pour quelques centaines de dollars de plus qu'une G650GS Sertão, mais nettement plus intéressante au quotidien, la F700GS représente une bonne valeur. Souvent catégorisée comme une moto de débutant, elle reste capable de distraire un pilote plus avancé, du moins tant que celui-ci ne s'attend pas à une tonne de chevaux. Considérablement plus basse que la 800GS, mais tout aussi légère et mince, elle offre une agilité et une facilité de prise en main qui impressionnent vraiment. Comme sur la 800, la selle n'est pas extraordinaire sur long trajet, tandis que l'espace restreint entre cette dernière et les repose-pieds est un peu juste pour les pilotes de grande taille. Hormis ces points, ce sont les belles qualités de la tenue de route qu'on remarque. Par ailleurs, même si BMW a conçu la F700GS pour rouler avant tout sur route, les capacités de celles-ci surprennent franchement en sentier, puisqu'elle s'avère capable de passer pratiquement partout et que seuls les obstacles très sérieux la ralentissent. Elle est moins performante que la 800 dans ces conditions, mais elle s'y montre aussi beaucoup plus accessible pour les pilotes moins expérimentés.

**OFFERTE POUR QUELQUES CENTAINES DE DOLLARS DE PLUS QUE LA G650GS SERTÃO, LA F700GS EST UNE VALEUR INTÉRESSANTE.**

## F800GS ADVENTURE

La version Adventure de la F800GS se distingue à première vue par un carénage, un siège et un pare-brise spécifiquement dessinés pour le modèle. La contenance du réservoir logé sous la selle passe de 16 à 24 litres. Un système d'ancrage pour les valises est installé et joue aussi le rôle d'élément protecteur du réservoir en cas de chute. Un protecteur de moteur est aussi livré en équipement de série, tout comme des protège-mains, des repose-pieds larges et un cadre arrière renforcé. Tous ces ajouts font passer le poids de la nouveauté à presque 230 kilos, soit une quinzaine de plus que le poids de la F800GS.

**LES F650/800GS ÉTAIENT UNIQUES LORSQU'ELLES ONT ÉTÉ PRÉSENTÉES EN 2008. L'HISTOIRE SE RÉPÈTE AVEC LA TOUTE NOUVELLE VERSION ADVENTURE DE LA F800GS CETTE ANNÉE, PUISQUE RIEN SUR LE MARCHÉ NE S'Y COMPARE.**

F800/800GS

## F800GS

D'un point de vue technique, la F800GS de base change très peu en 2013. Elle reçoit l'ABS en équipement de série et de nouvelles commandes tandis que des panneaux latéraux avant redessinés, entre autres, rafraîchissent la ligne. Par ailleurs, les suspensions électroniquement ajustables ESA ainsi que le contrôle de traction ASC sont désormais offerts en option.

## QUOI DE NEUF EN 2013 ?  +

Pour les F700GS et F800GS : panneaux latéraux redessinés, commandes à mains de nouveau type, instrumentation rafraîchie, feu arrière et clignotants à lentille grise
De plus, pour la F700GS : nom changé de F650GS à F700GS, puissance et couple légèrement augmentés, disque de frein avant additionnel, pare-brise revu

Introduction d'une version Adventure de la F800GS

ABS livré en équipement de série

F700GS coûte 800 $ et F800GS 700 $ de plus qu'en 2012

## PAS MAL  ▲

Des formats intéressants qui se situent entre celui de la R1200GS et de la G650GS

Une version Adventure de la F800GS que plusieurs attendent depuis longtemps

Un système ABS efficace et désormais livré de série

Une grande capacité à affronter des terrains très abîmés qui fait de la F800GS une exploratrice plus accessible que la R1200GS

Une très grande facilité de prise en main pour la F650GS qui est facilement l'une des meilleures motos pour débuter et continuer à rouler

## BOF  ▼

Un caractère mécanique nettement plus terne que celui de la R1200GS à Twin Boxer

Des selles correctes pour les F700/800GS, mais qu'on souhaiterait meilleures pour mieux affronter les longs trajets dont ces modèles sont parfaitement capables

Une tendance considérable à plonger de l'avant au freinage pour la F800GS

Une position de conduite qui coince les longues jambes sur la F700GS

## CONCLUSION

Dotées d'une partie cycle solide, précise et compétente dans un très large éventail d'environnements, les F700/800GS sont de dignes petites BMW d'aventure. En fait, il s'agit des modèles qui sont à l'origine de la classe aventurière de poids moyen. Elles sont animées par des Twin parallèles qui n'offrent pas le caractère attachant des mécaniques Boxer de BMW, mais qui s'avèrent quand même plaisants et adéquats. L'accessibilité remarquable de la 700 reste son plus bel attrait, tandis que la 800 continue de rendre le concept de la routière aventurière envisageable par le motocycliste moyen, et ce, tant au niveau du prix qu'à celui de la facilité de pilotage en terrain difficile. Quant à la nouvelle version Adventure de la F800GS, elle est une valeur inconnue pour le moment, puisque nous ne l'avons pas encore testée, mais son arrivée était très attendue et, au moins, elle est maintenant là.

F800GS Adventure

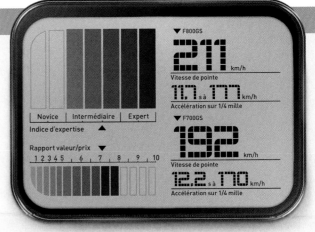

▼ F800GS
**211** km/h
Vitesse de pointe
**11.7** s à **177** km/h
Accélération sur 1/4 mille

▼ F700GS
**192** km/h
Vitesse de pointe
**12.2** s à **170** km/h
Accélération sur 1/4 mille

Novice | Intermédiaire | Expert
Indice d'expertise  ▲
Rapport valeur/prix  ▼
1 2 3 4 5 | 6 | 7 | 8 | 9 | 10

Voir légende en page 18

## GÉNÉRAL

| | |
|---|---|
| Catégorie | Routière Aventurière |
| Prix | F800GS : 13 450 $ (Adventure : 14 950 $)<br>F700GS : 10 650 $ |
| Immatriculation 2013 | 557,53 $ |
| Catégorisation SAAQ 2013 | « régulière » |
| Évolution récente | F650/800GS introduites en 2008; F650GS revue et renomée F700GS en 2013; F800GS Adventure introduite en 2013 |
| Garantie | 3 ans/kilométrage illimité |
| Couleur(s) | F800GS : bleu, blanc, brun<br>F800GSA : rouge, beige<br>F700GS : rouge, argent, gris |
| Concurrence | F800GS/GSA : Triumph Tiger 800XC<br>F650GS : Suzuki V-Strom 650,<br>Triumph Tiger 800 |

## MOTEUR

| | |
|---|---|
| Type | bicylindre parallèle 4-temps, DACT, 4 soupapes par cylindre, refroidissement par liquide |
| Alimentation | injection à 2 corps de 46 mm |
| Rapport volumétrique | 12,0:1 |
| Cylindrée | 798 cc |
| Alésage et course | 82 mm x 75,6 mm |
| Puissance | F800GS/GSA : 85 ch @ 7 500 tr/min<br>F700GS : 75 ch @ 7 300 tr/min |
| Couple | F800GS/GSA : 61,2 lb-pi @ 5 750 tr/min<br>F700GS : 56,8 lb-pi @ 5 300 tr/min |
| Boîte de vitesses | 6 rapports |
| Transmission finale | par chaîne |
| Révolution à 100 km/h | environ 3 500 tr/min |
| Consommation moyenne | 5,7 l/100 km |
| Autonomie moyenne | 280 km |

## PARTIE CYCLE

| | |
|---|---|
| Type de cadre | périmétrique, treillis en acier |
| Suspension avant | F800GS/GSA : fourche inversée de 43 mm non ajustable<br>F700GS : fourche conventionnelle de 41 mm non ajustable |
| Suspension arrière | monoamortisseur ajustable en précharge et détente |
| Freinage avant | 2 disques de 300 mm de Ø avec étriers à 2 pistons et système ABS |
| Freinage arrière | 1 disque de 265 mm de Ø avec étrier à 1 piston et système ABS |
| Pneus avant/arrière | F800GS : 90/90 R21 & 150/70 R17<br>F700GS : 110/80 R19 & 140/80 R17 |
| Empattement | F800GS : 1 578 mm; F700GS : 1 562 mm |
| Hauteur de selle | 800 : 880 (GSA : 890) mm; 700 : 820 mm |
| Poids tous pleins faits | 800 : 214 (GSA : 229) kg; 700 : 209 kg |
| Réservoir de carburant | F700/800GS : 16 litres; F800GSA : 24 litres |

G650GS

***OUBLIÉE...*** En lançant des GS de 800 cc en 2008, BMW présenta les premières routières aventurières poids moyen du marché. Depuis, toutefois, il semble que toute l'attention dirigée vers les F700GS et F800GS du constructeur a presque fait oublier la sympathique petite monocylindre qui les a précédées, la G650GS. Quelques précisions afin d'éviter toute confusion : il est ici question de la F650GS originale, celle qui était animée par un monocylindre, que BMW a renommé G650GS en 2009. Le modèle fut redessiné en 2011 et continue son chemin sous la même forme en 2013. Par ailleurs, une version Sertão mieux équipée pour affronter des conditions hors-route sérieuses fut présentée en 2012. Il s'agit, en gros, d'une G650GS avec des roues à rayons, des suspensions plus hautes et un plus gros pare-brise. En 2013, l'ABS est inclus dans l'équipement de série des deux versions.

Le format de la G650GS – une monocylindre mince, légère et agile – lui vaut d'être souvent catégorisée comme une double-usage. Toutefois, comme BMW s'est toujours assuré que le modèle conserve de belles qualités routières, le modèle est en fait une petite routière aventurière. Le cas de l'allemande ressemble d'ailleurs beaucoup à celui de la Kawasaki KLR650 qui, elle aussi, propose un aspect routier crédible.

Le côté double-usage de la G650GS devient évident dès que l'on se retrouve installé à ses commandes. La position droite et poussée vers le réservoir, les repose-pieds placés juste sous le bassin, un guidon très large et la sensation d'enfourcher une monture d'une grande minceur sont autant de caractéristiques qui se combinent pour laisser au pilote la claire sensation d'être aux commandes d'une véritable machine passe-partout.

D'un autre côté, la G650GS ne se limite pas du tout à offrir la capacité de rouler hors-route. Sa selle, par exemple, bien qu'elle ne soit pas exceptionnellement confortable lorsque les heures de route se multiplient, reste tout à fait décente et n'a rien à voir avec les étroites planches souvent installées sur les motos de ce genre plus spécialisées. Si la position de conduite dégagée contribue également au confort sur la route, on note aussi une protection au vent très correcte et des suspensions qui fonctionnent assez bien pour que le pilote ne soit jamais malmené. Quant au monocylindre, il se montre généralement assez doux, mais les hauts régimes amènent avec eux un certain niveau de vibrations.

**PLAÇANT LE PILOTE DROIT ET LE POUSSANT CONTRE LE RÉSERVOIR, LA G650GS LAISSE L'IMPRESSION D'UNE AGILE MACHINE DE SENTIER.**

Sur la route, l'impression immédiate renvoyée par la G650GS est celle d'une monture un peu haute, mince, très légère, et dont le niveau de performances, à défaut d'être élevé, s'avère extrêmement accessible. Compte tenu des chevaux limités du mono, on ne s'étonne pas vraiment du fait qu'il doit être exploité sans gêne pour maintenir un rythme amusant sur la route. La petite mécanique ne s'en plaint toutefois pas du tout, surtout que la boîte de vitesses ne demande qu'à être sollicitée. La circulation urbaine est suivie et même dépassée sans le moindre problème. Sur l'autoroute, les régimes ne sont pas exagérément élevés, si bien que suivre une circulation, même rapide, reste parfaitement possible.

Si les prestations du petit mono, bien qu'un peu timides, s'avèrent ainsi adéquates sur la route, une fois en sentier, la livrée de puissance devient idéale, surtout s'il s'agit d'un environnement le moindrement serré. Dans ces conditions, le côté amical du moteur, la légèreté et la minceur de la moto deviennent des avantages marqués, surtout pour le pilote ne pouvant être décrit comme un expert en matière de pilotage hors-route.

La très grande légèreté de direction et le poids faible de la G650GS sont également des atouts considérables lorsqu'il est question de changer de direction, et ce, autant sur la route où la stabilité et la précision de la partie cycle sont sans reproches qu'en sentier où tout est aisément accompli. L'ABS, qui est désormais installé de série, peut d'ailleurs être désactivé, une caractéristique non seulement appréciée en sentier, mais aussi indispensable.

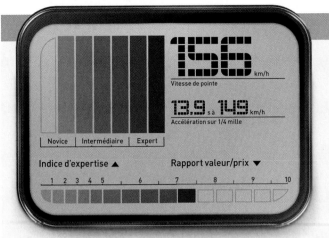

Voir légende en page 18

## QUOI DE NEUF EN 2013 ?     +

ABS livré en équipement de série

Coûtent 500 $ de plus qu'en 2012

## PAS MAL     ▲

Un intéressant concept à mi-chemin entre celui de l'agile double-usage classique et celui de la routière aventurière orientée davantage vers une utilisation routière

Une très grande agilité en sentier comme sur la route grâce à une impressionnante minceur, à une direction très légère, à un châssis solide et à un poids faible

Un niveau de fonctionnalité qu'on ne s'attend pas nécessairement de retrouver sur une moto de ce type; par exemple, la protection au vent n'est pas mauvaise du tout et les poignées chauffantes sont franchement appréciées par temps froid

## BOF     ▼

Une hauteur de selle raisonnable compte tenu de la nature du modèle, mais qui gêne quand même les pilotes qui ne sont pas grands; par contre, la version Sertão est très haute et demande d'être soit très grand soit très expérimenté pour s'y sentir à l'aise

Une mécanique qui se débrouille bien, mais dont la puissance est limitée et qui ne plaira qu'aux motocyclistes appréciant vraiment les capacités hors-route du modèle ou à ceux qu'un tel niveau de puissance ne dérange pas

Un niveau de confort correct sur la route, mais qui est limité par une selle qui ne reste pas confortable après plusieurs heures de route et par un moteur qui vibre un peu à haut régime

## CONCLUSION

Bien que la G650GS actuelle affiche une ligne à saveur hors-route nettement plus agressive que ce n'était le cas sur la bonne vieille F650GS monocylindre originale, les qualités routières du modèle, elles, sont demeurées pratiquement intactes. On a donc à la fois affaire à une légère, sympathique et accessible petite moto dont la puissance limitée s'avère tout de même suffisante au jour le jour, et à une véritable petite machine de brousse capable de franchement s'enfoncer en sentier, et ce, surtout si des pneus appropriés sont installés. La plupart des routières aventurières, et particulièrement les très grosses, ne sont pas vraiment conçues pour les terrains très abîmés. Mais lorsque le format devient aussi léger et agile que celui de ces 650, cette limite ne tient plus vraiment et l'appellation passe-partout devient pleinement méritée.

G650GS Sertão

## GÉNÉRAL

| | |
|---|---|
| Catégorie | Routière Aventurière |
| Prix | G650GS : 9 300 $<br>G650GS Sertão : 10 250 $ |
| Immatriculation 2013 | 557,53 $ |
| Catégorisation SAAQ 2013 | « régulière » |
| Évolution récente | G650GS introduite en 2009, revue en 2011; G650GS Sertão introduite en 2012 |
| Garantie | 3 ans/kilométrage illimité |
| Couleur(s) | G650GS : blanc, jaune<br>G650GS Sertão : blanc et bleu |
| Concurrence | Kawasaki KLR650 |

## MOTEUR

| | |
|---|---|
| Type | monocylindre 4-temps, DACT, 4 soupapes, refroidissement par liquide |
| Alimentation | injection à 1 corps de 43 mm |
| Rapport volumétrique | 11,5:1 |
| Cylindrée | 652 cc |
| Alésage et course | 100 mm x 83 mm |
| Puissance | 48 ch @ 6 500 tr/min |
| Couple | 44,2 lb-pi @ 5 000 tr/min |
| Boîte de vitesses | 5 rapports |
| Transmission finale | par chaîne |
| Révolution à 100 km/h | environ 4 000 tr/min |
| Consommation moyenne | 4,2 l/100 km |
| Autonomie moyenne | 333 km |

## PARTIE CYCLE

| | |
|---|---|
| Type de cadre | périmétrique, en acier |
| Suspension avant | fourche conventionnelle de 41 mm non ajustable |
| Suspension arrière | monoamortisseur ajustable en précharge et détente |
| Freinage avant | 1 disque de 300 mm de Ø avec étrier à 2 pistons et système ABS |
| Freinage arrière | 1 disque de 240 mm de Ø avec étrier à 1 piston et système ABS |
| Pneus avant/arrière | G650GS : 110/80 R19 & 140/80 R17<br>G650GS Sertão : 90/90-19 & 130/80 R17 |
| Empattement | G650GS : 1 477 mm<br>G650GS Sertão : 1 484 mm |
| Hauteur de selle | G650G : 800 mm<br>G650GS Sertão : 860 mm |
| Poids tous pleins faits | G650GS : 192 kg<br>G650GS Sertão : 193 kg |
| Réservoir de carburant | 14 litres |

C650GT

***PRISE DEUX...*** L'arrivée sur le marché en 2012 de cette paire de maxiscooters signés BMW pourrait laisser croire qu'après s'être lancée à l'assaut des créneaux très spécialisés des modèles hyper sportifs avec la S1000RR et des machines de tourisme de luxe avec la K1600GTL, la marque allemande se lance maintenant à l'attaque de la classe des gros scooters. Or, l'on doit se rappeler que BMW n'en est pas à son premier essai en la matière. En effet, c'est plutôt le spectaculaire scooter C1, produit au début des années 2000 et abandonné peu après, qui représentait l'incursion du constructeur dans cette catégorie. La popularité actuelle des maxiscooters, notamment dans les grandes villes européennes où doivent être relevés des défis majeurs en matière de mobilité urbaine, de pollution et de coûts de carburant, explique le retour du constructeur dans cette catégorie avec les C650GT et C600 Sport.

### Analyse Technique

En Amérique du Nord, les maxiscooters ne sont toujours pas arrivés à convaincre le grand public qu'ils représentent une véritable alternative à la voiture. En Europe, toutefois, c'est tout le contraire, puisque ces scooters surdimensionnés font aujourd'hui partie intégrante de la circulation routière, et ce, surtout dans les grandes villes où leur nombre est carrément étourdissant.

BMW a déjà tenté sa chance dans ce créneau avec l'avant-gardiste C1 équipé d'un toit rigide, d'un arceau de sécurité et d'une ceinture de sécurité qui permettaient une conduite sans casque. Les C650GT et C600 Sport représentent des produits bien plus conventionnels et ne tentent d'aucune façon de réinventer leur classe comme l'ont fait dernièrement d'autres deux-roues du constructeur. Néanmoins, les deux maxiscooters allemands proposent tout de même certaines innovations.

Contrairement à ce que leur nom laisse croire, le C600 et le C650 sont propulsés par la même mécanique. D'ailleurs, BMW n'en est pas à son premier épisode de confusion en matière de noms, puisque le cas des C600 Sport et C650GT est similaire à celui de la F650GS – devenue F700GS – à moteur de 800 cc. Ainsi, en dépit de leur nom, ils partagent exactement la même base, et ce, autant en ce qui concerne le moteur que la partie cycle. Cela dit, des différences notables existent quand même entre les modèles au niveau de la ligne qui offre une saveur de tourisme sur le GT et sportive sur le Sport. L'ergonomie et le niveau d'équipements servent aussi à distinguer un modèle de l'autre.

> **LES ROUES DE 15 POUCES CHAUSSÉES DE PNEUS LARGES ET LE SOLIDE CHÂSSIS OFFRIRAIENT UNE CONDUITE DE TYPE MOTO.**

Satisfaisant déjà la stricte norme environnementale Euro 4, le Twin parallèle qui anime les C600 Sport et C650GT se distingue par l'angle prononcé de ses cylindres inclinés à 70 degrés. BMW affirme qu'il s'agit du plus puissant moteur de sa catégorie avec 60 chevaux. La transmission est du type à rapport constamment variable et l'entraînement final est par chaîne dans bain d'huile.

La mécanique agit à titre de membre structurel du châssis qui est composé d'un complexe cadre en acier et d'un support de bras oscillant en aluminium.

Le constructeur affirme qu'en combinant les propriétés du châssis à des suspensions de bonne dimension et à des roues de 15 pouces chaussées de pneus larges, un équilibre a été atteint entre l'agilité traditionnelle des scooters et la stabilité d'une moto. L'ABS est livré de série.

BMW n'a pas lésiné sur la quantité d'équipements qu'offrent les C600 Sport et C650GT. Sur le Sport, par exemple, on retrouve une intéressante innovation appelée FlexCase qui est un compartiment extensible sous la selle permettant d'accueillir deux casques lorsqu'il est ouvert, à l'arrêt, et un seul en marche lorsqu'il est fermé. Plus volumineux, le GT propose un compartiment d'environ 60 litres pouvant accepter 2 casques sous sa selle. Cette dernière est équipée d'un dosseret ajustable pour le pilote. Quant aux poignées et aux selles chauffantes offertes en équipement optionnel, elles ont la particularité de pouvoir être activées automatiquement lorsque la température plonge sous les 8 degrés Celcius. Enfin, les deux modèles ont un pare-brise ajustable, manuellement dans le cas du Sport et électriquement pour le GT.

Voir légende en page 18

## QUOI DE NEUF EN 2013 ? +

Aucun changement

Aucune augmentation

## PAS MAL ▲

Une exécution du concept du maxiscooter qui semble faite selon les règles et qui devrait avoir pour résultat des véhicules techniquement compétitifs

Une nouvelle mécanique développée spécifiquement pour cette utilisation; un peu plus puissante que celle du Suzuki Burgman 650, elle devrait générer des performances intéressantes

Des lignes habiles qui affichent un lien avec le style des modèles de la division moto de BMW, mais sans déranger le côté conservateur du créneau

## BOF ▼

Une certaine «normalité» pas très excitante des modèles; BMW a été très agressif ces dernières années dans plusieurs catégories; or, dans ce cas, il ne semble pas faire beaucoup plus qu'y participer

Des poids assez élevés et des selles qui ne sont pas particulièrement basses; sur papier, les C600 Sport et C650GT n'ont décidément pas un gabarit faible

## CONCLUSION

BMW a attiré beaucoup l'attention ces derniers temps avec des modèles très impressionnants comme les S1000RR et K1600GTL, mais les C600 Sport et C650GT sont manifestement des produits plus sobres. Les besoins et les goûts très particuliers des acheteurs de ce genre de deux-roues expliquent pourquoi rien à leur égard n'est vraiment révolutionnaire. En effet, ils s'adressent à un marché surtout constitué d'utilisateurs vivant dans de grandes villes européennes et pour qui l'aspect pratique de l'utilisation a priorité sur tous les autres. BMW a habilement respecté ces besoins en créant des véhicules construits de manière relativement conservatrice, mais en les habillant de lignes à la fois discrètes et facilement identifiables à la marque. Techniquement bien conçus, les C600 Sport et C650GT semblent outillés pour accomplir leur travail adéquatement.

C600 Sport

## GÉNÉRAL

| | |
|---|---|
| Catégorie | Scooter |
| Prix | C650GT : 11 450 $<br>C600 Sport : 11 990 $ |
| Immatriculation 2013 | 557,53 $ |
| Catégorisation SAAQ 2013 | «régulière» |
| Évolution récente | introduits en 2012 |
| Garantie | 3 ans/kilométrage illimité |
| Couleur(s) | C650GT : noir, bourgogne, argent<br>C600 Sport : noir, bleu, blanc |
| Concurrence | C650GT : Suzuki Burgman 650<br>C600 Sport : Yamaha TMAX |

## MOTEUR

| | |
|---|---|
| Type | bicylindre parallèle 4-temps, DACT, 4 soupapes par cylindre, refroidissement par liquide |
| Alimentation | injection à 2 corps de 38 mm |
| Rapport volumétrique | 11,6:1 |
| Cylindrée | 647 cc |
| Alésage et course | 79 mm x 66 mm |
| Puissance | 60 ch @ 7 500 tr/min |
| Couple | 48,7 lb-pi @ 6 000 tr/min |
| Boîte de vitesses | automatique |
| Transmission finale | par chaîne |
| Révolution à 100 km/h | n/d |
| Consommation moyenne | n/d |
| Autonomie moyenne | n/d |

## PARTIE CYCLE

| | |
|---|---|
| Type de cadre | treillis en acier et support de bras oscillant en aluminium |
| Suspension avant | fourche inversée de 40 mm non ajustable |
| Suspension arrière | monoamortisseur non ajustable |
| Freinage avant | 2 disques de 270 mm de Ø avec étriers à 2 pistons et système ABS |
| Freinage arrière | 1 disque de 270 mm de Ø avec étrier à 2 pistons et système ABS |
| Pneus avant/arrière | 120/70 R15 & 160/60 R15 |
| Empattement | 1 591 mm |
| Hauteur de selle | C650GT : 795 mm<br>C600 Sport : 810 mm |
| Poids tous pleins faits | C650GT : 261 kg<br>C600 Sport : 249 kg |
| Réservoir de carburant | 16 litres |

Spyder RT-S

**DÉLIVRANCE...** Le monde de la moto propose de nombreuses manières de multiplier les kilomètres avec un guidon dans les mains. Toutefois, ceux qui insistent pour le faire aux commandes d'une machine munie de tous les équipements possibles et imaginables comme la Honda Gold Wing doivent également faire face aux complications amenées par des proportions imposantes. Le marché n'offre qu'une seule façon de profiter d'un tel luxe tout en évitant ces complications. Il s'agit du Can Am Spyder RT, un engin se distinguant de tout ce qui se fait d'autre sur le marché par le fait qu'il roule sur trois roues plutôt que deux. Littéralement aussi équipé que la célèbre Honda, ce qui n'est pas peu dire, et offrant un impressionnant volume de rangement de 155 litres, le Spyder RT est proposé en trois variantes : le RT de base, le RT-S mieux équipé et le Limited haut de gamme.

Inauguré en 2008 avec le RS sportif, le concept Spyder de BRP progressait deux ans plus tard avec la présentation de la seconde version du véhicule, le RT. Compte tenu du fait que le RS se voyait régulièrement accessoirisé par les propriétaires, et ce, justement dans le but d'en améliorer le confort et le côté pratique, l'idée d'un RT très équipé était tout à fait sensée. D'ailleurs, le nouveau ST présenté en 2013 représente un autre pas dans la même direction. Il se situe au milieu du RT et du RS en termes d'équipements.

Grâce aux 155 litres de rangement offerts par le trio de valises et le coffre avant, à la luxueuse selle, au généreux pare-brise à ajustement électrique, aux poignées chauffantes, au système audio avec intégrations multiples et à l'impressionnant ordinateur de bord (notons que l'équipement varie selon les versions), le Spyder RT possède décidément l'équipement requis pour répondre aux besoins des amateurs de tourisme de luxe.

Néanmoins, qu'une monture offre une impressionnante liste d'équipements n'amène pas que des avantages, notamment en termes de poids. En effet, la plupart des motos très équipées souffrent justement d'avoir à transporter tout cet équipement, puisque celui-ci les transforme en intimidants mastodontes. C'est précisément à ce niveau que se situe la plus grande force du Spyder RT, puisqu'en raison de sa structure à trois roues, la sensation même de poids n'existe tout simplement plus à ses commandes. Ainsi, le Spyder RT s'avère exactement aussi facile à piloter et à manier qu'on le conduise en solo ou avec un plein de bagage et un passager en selle.

> **GRÂCE À SA STRUCTURE À TROIS ROUES, LA SENSATION DE POIDS N'EXISTE PLUS AUX COMMANDES DU RT.**

L'environnement du RT diffère considérablement de celui du RS et du ST, surtout en raison d'un niveau de confort largement supérieur et d'une ambiance générale beaucoup plus détendue. On note immédiatement, par exemple, un V-Twin dont les pulsations semblent plus isolées ainsi que des performances moins élevées. Toutefois, comme aucun des Spyder ne se prête vraiment à la très haute vitesse, on n'a presque jamais l'impression de manquer de puissance à leurs commandes, même celles du RT. Cela dit, ce dernier reste massif et on ne dirait pas non à une augmentation de couple qui améliorerait les dépassements et les accélérations à partir d'un arrêt. Quant au comportement du RT, il s'avère très accessible, et ce, bien qu'il soit marqué par une direction assistée tellement sensible et légère sur l'autoroute que l'on doit constamment corriger la tenue de cap. Les améliorations apportées au châssis et aux suspensions cette année n'améliorent que très légèrement cette facette.

En matière de confort et de praticité, l'ensemble proposé par le Spyder RT est indéniablement celui d'un véhicule apte au tourisme. La position de conduite, qui est carrément celle d'une moto de tourisme de luxe, garde le dos droit et ne place pas le moindre poids sur les mains, tandis que les selles se montrent exceptionnelles tant pour le pilote que pour le passager. Les équipements fonctionnent tous sans accrocs, ce qui vaut aussi pour la transmission semi-automatique qui fait son travail correctement en plus de simplifier la conduite. Seules une meilleure qualité sonore de la chaîne audio et des selles chauffantes pourraient vraiment améliorer le confort.

## QUOI DE NEUF EN 2013 ?  +

Châssis révisé, suspensions recalibrées, freinage Brembo, disques avant plus grands, ABS amélioré, roues avant passent de 14 à 15 pouces avec pneus à profil plus bas, système audio avec intégration iPod et contrôle indépendant du volume arrière

Retrait de la variante A&C

RT coûte 575 $, RT-S 275 $ et Limited 1 175 $ de plus qu'en 2012

## PAS MAL  ▲

Un concept unique qui permet aux amateurs de moto tourisme de pratiquer l'activité sans avoir à se soucier le moindrement du poids et des proportions de leur monture

Une qualité d'exécution de première classe; le Spyder RT offre une ligne superbe, une finition très soignée et l'intégration transparente d'une longue liste d'équipements

Un accès facilité par l'absence d'une obligation de permis de moto

Un côté pratique impressionnant en raison du grand volume de rangement qui atteint 155 litres; avec la remorque optionnelle de BRP, ce volume passe même à 777 litres

## BOF  ▼

Une direction assistée dont la très grande légèreté facilite les manœuvres serrées, mais dont la trop grande assistance est agaçante sur l'autoroute où le RT devient trop sensible et se dandine à la moindre impulsion dans le guidon

Des proportions considérables; le RT prend la place d'une petite voiture dans un garage

Une chaîne audio dont la qualité sonore n'est que moyenne et l'absence de certains équipements souhaitables comme des selles chauffantes

Une mécanique dont la puissance est adéquate, mais pas impressionnante

## CONCLUSION

Le tourisme de luxe représente l'un des créneaux où le concept Spyder de BRP semble le plus approprié et le plus bénéfique pour la clientèle visée. En effet, il n'est pas rare de voir les propriétaires de motos de tourisme littéralement se battre avec les proportions et le poids de leurs luxueuses machines. Dans un tel contexte, l'architecture à trois roues du Spyder RT est loin d'être insensée, surtout lorsqu'on prend en considération l'âge généralement plus élevé des acheteurs de ce type de montures. Évidemment, choisir de rouler sur trois roues plutôt que sur deux équivaut aussi à abandonner la possibilité de pencher. S'il s'agit d'une décision difficile pour les motards de longue date, pour beaucoup d'autres, le compromis est plutôt accueilli à bras ouverts, puisqu'il représente finalement un soulagement, voire une délivrance de divers malaises et craintes. Bref, un véhicule comme le Spyder RT n'est pas pour tout le monde, mais pour ceux à qui il s'adresse, il représente une solution non seulement unique, mais aussi particulièrement bien exécutée.

Spyder RT-S

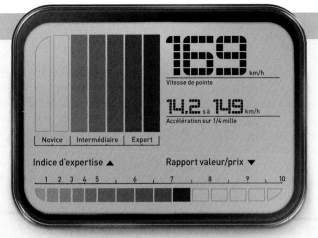

**169** km/h
Vitesse de pointe

**14,2** s à **149** km/h
Accélération sur 1/4 mille

Novice | Intermédiaire | Expert

Indice d'expertise ▲          Rapport valeur/prix ▼

1  2  3  4  5   6   7   8   9   10

Voir légende en page 18

## GÉNÉRAL

| | |
|---|---|
| Catégorie | 3 roues |
| Prix | RT Limited : 34 024 $<br>RT-S : 29 624 $ (SE5 : 31 424 $)<br>RT : 25 824 $ (SE5 : 27 424 $)<br>Note : la préparation et le transport sont inclus dans les prix BRP |
| Immatriculation 2013 | 557,53 $ |
| Catégorisation SAAQ 2013 | « régulière » |
| Évolution récente | introduit en 2010 |
| Garantie | 2 ans/kilométrage illimité |
| Couleur(s) | RT Limited : blanc, brun foncé, bronze<br>RT-S : rouge, bleu, magnésium, jaune<br>RT : magnésium, bleu |
| Concurrence | Harley-Davidson Tri Glide Ultra Classic |

## MOTEUR

| | |
|---|---|
| Type | bicylindre 4-temps en V à 60 degrés, DACT, 4 soupapes par cylindre, refroidissement par liquide |
| Alimentation | injection à 2 corps de 57 mm |
| Rapport volumétrique | n/d |
| Cylindrée | 998 cc |
| Alésage et course | 97 mm x 68 mm |
| Puissance estimée | 100 ch @ 7 500 tr/min |
| Couple | 80 lb-pi @ 5 000 tr/min |
| Boîte de vitesses | 5 rapports (SE5 : semi-automatique avec marche arrière |
| Transmission finale | par courroie |
| Révolution à 100 km/h | environ 4 500 tr/min |
| Consommation moyenne | 7,2 l/100 km |
| Autonomie moyenne | 347 km |

## PARTIE CYCLE

| | |
|---|---|
| Type de cadre | épine dorsale, en acier |
| Suspension avant | bras triangulaires avec amortisseurs et ressorts doubles |
| Suspension arrière | monoamortisseur ajustable pneumatiquement en précharge |
| Freinage avant | 2 disques de 270 mm de Ø avec étriers à 4 pistons et système ABS combiné |
| Freinage arrière | 1 disque de 270 mm de Ø avec étrier à 1 piston et système ABS combiné |
| Pneus avant/arrière | 165/55 R15 & 225/50 R15 |
| Empattement | 1 711 mm |
| Hauteur de selle | 772 mm |
| Poids à sec | 433 kg |
| Réservoir de carburant | 25 litres |

Spyder ST Limited

**PAS UN CHOPPER...** Depuis le dévoilement du premier Spyder en 2008, et surtout depuis l'introduction de la seconde interprétation de ce très particulier véhicule signé BRP, le RT, une question persistait: dans quelle direction le constructeur de Valcourt orienterait-il le prochain Spyder? Question qui a d'ailleurs généré les spéculations les plus farfelues. S'agirait-il d'un modèle double-usage? D'un Spyder chopper? Mais non! Le prochain chapitre de l'aventure Spyder, c'est ce tout nouveau modèle ST, pour Sport Tourisme. Basé sur le RS, mais considérablement mieux équipé pour s'attaquer à de longs trajets, le ST est offert en trois versions: le modèle de base, le ST-S muni de roues noires sport, d'un béquet avant peint et d'un régulateur de vitesse, et enfin le ST Limited dont la longue liste d'équipements comprend une transmission semi-automatique, des valises latérales et un système audio.

L'idée d'offrir un modèle capable de marier le confort d'une machine de tourisme au côté excitant d'une monture de nature sportive ne date certainement pas d'hier chez les motos. Le Spyder ST s'inspire directement de ce concept et a pour mission de faire le pont entre la version de tourisme RT et le sportif RS.

En cachant le capot et les roues avant du Spyder ST vu de face, on jurerait avoir affaire à une moto de la même catégorie que la Yamaha FJR1300 ou la BMW R1200RT. Le large phare double, le pare-brise ajustable (manuellement) avec ses déflecteurs, les grands rétroviseurs avec clignotants intégrés placés juste à l'avant des poignées, la selle de tourisme, les valises latérales détachables, l'ordinateur de bord et la chaîne audio sont autant d'éléments provenant directement de la formule établie par les motos de classe sport-tourisme et qui se retrouvent sur le Spyder ST. Notons que certains de ces équipements ne sont offerts que sur la version Limited. Si cette dernière semble la plus attrayante avec sa chaîne audio, sa finition plus cossue, ses poignées chauffantes et sa transmission semi-automatique de série, entre autres, elle est aussi nettement plus chère, puisque toutes ces options font grimper la facture de plus de 6 000 $ par rapport au prix de détail du modèle de base. C'est non seulement substantiel comme surplus, mais ça place aussi le ST nez à nez avec les RT et RT-S en termes de prix. D'un autre côté, le ST et le RT sont tellement différents, ne serait-ce qu'en termes de style, qu'il est fort probable que chacun des modèles attire sa propre clientèle et que cette proximité de prix ne soit donc pas un facteur dans la décision d'achat.

> **LE ST S'AVÈRE UNE FORT INTÉRESSANTE VARIATION DU CONCEPT SPYDER AINSI QU'UNE ADDITION LOGIQUE À LA GAMME.**

Le ST s'avère non seulement une variation fort intéressante sur le thème du Spyder, mais aussi une addition très logique à la famille. Affichant une ligne à peine moins sportive que celle du RS, il propose en revanche un niveau de confort clairement supérieur grâce à une position gardant le dos presque droit et pliant moins les jambes, en plus d'offrir une très bonne protection au vent grâce à sa plus grande surface avant. En fait, le ST est très probablement le Spyder que beaucoup de propriétaires de RS souhaitaient un jour voir introduit et il n'y aurait rien d'étonnant à ce que bon nombre d'entre eux fassent la transition.

En termes de performances et de comportement, là aussi, le ST se veut beaucoup plus près du sportif RS que du gros RT. La direction assistée n'est pas calibrée exactement de la même façon, puisqu'elle reste un peu plus ferme dans le cas du RS, mais elle n'est pas surassistée non plus, comme celle du RT le paraît parfois. Comme tous les Spyder, le ST est assez sensible à l'état et à la forme de la chaussée et demande de mineures, mais régulières corrections de trajectoires en ligne droite.

Comme tous les Spyper 2013, le ST bénéficie d'un châssis plus rigide et de roues de 15 pouces au lieu de 14 pouces, des améliorations qui, sur la route, donnent l'impression d'avoir affaire à des machines plus posées en virage où l'on ressent un contact plus constant entre les pneus et le bitume ainsi qu'une assiette qui demeure généralement plus plate. De nouveaux freins signés Brembo améliorent le freinage, tandis que les nombreuses aides électroniques des autres modèles demeurent présentes sur le ST et contribuent à sa stabilité.

LES LETTRES ST, ON L'AURA DEVINÉ,
ONT ÉTÉ CHOISIES COMME
ABRÉVIATION POUR SPORT TOURISME.
PRESQUE AUSSI SPORTIF QUE LE RS,
MAIS CONSIDÉRABLEMENT MIEUX
ÉQUIPÉ ET PLUS CONFORTABLE, LE
SPYDER ST LIVRE EFFECTIVEMENT
UNE MARCHANDISE DIGNE DU
CONCEPT DU TOURISME SPORTIF.

Devant la lentille de Tom Riles, quelque part dans l'état de Washington DC où BRP a tenu le lancement du nouveau ST, l'auteur du Guide tente du mieux qu'il peut de communiquer une impression de vitesse en passant de plus en plus vite. Mais le Spyder ST, qui demeure remarquablement plat en virage, ne l'aide pas vraiment à atteindre ce but.

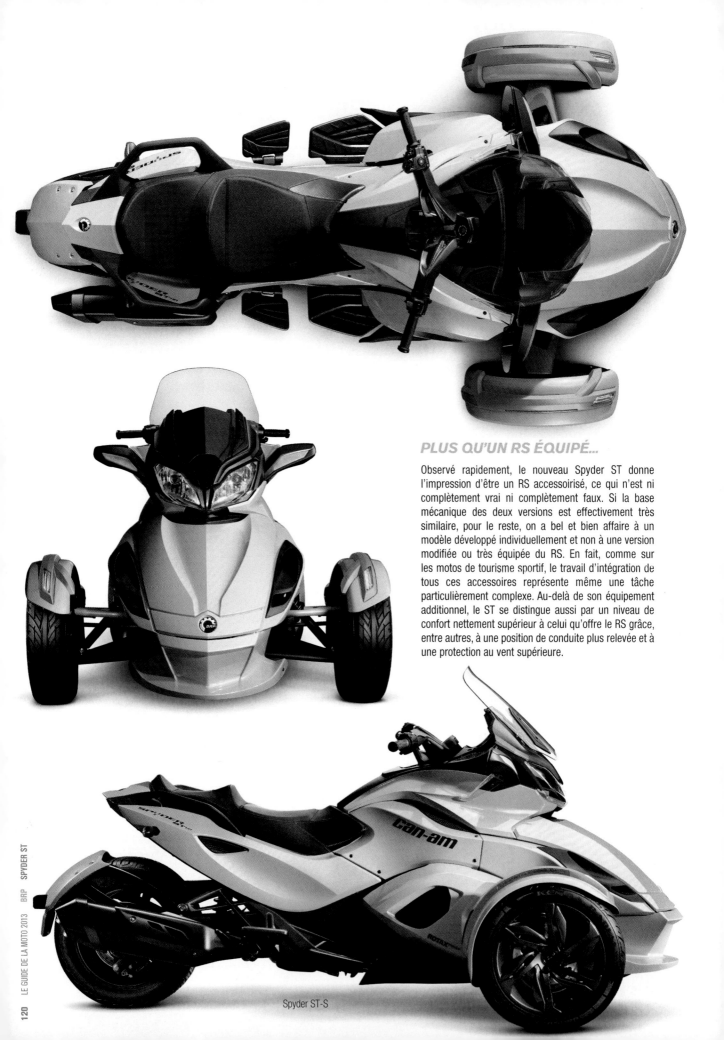

## PLUS QU'UN RS ÉQUIPÉ...

Observé rapidement, le nouveau Spyder ST donne l'impression d'être un RS accessoirisé, ce qui n'est ni complètement vrai ni complètement faux. Si la base mécanique des deux versions est effectivement très similaire, pour le reste, on a bel et bien affaire à un modèle développé individuellement et non à une version modifiée ou très équipée du RS. En fait, comme sur les motos de tourisme sportif, le travail d'intégration de tous ces accessoires représente même une tâche particulièrement complexe. Au-delà de son équipement additionnel, le ST se distingue aussi par un niveau de confort nettement supérieur à celui qu'offre le RS grâce, entre autres, à une position de conduite plus relevée et à une protection au vent supérieure.

Spyder ST-S

Voir légende en page 18

## QUOI DE NEUF EN 2013 ? +

Nouveau modèle

## PAS MAL ▲

Un pont très intéressant entre le sportif RS et le gros RT qui propose un peu des caractéristiques de chacun

Un niveau de confort élevé qui provient d'une excellente selle, d'une protection au vent généreuse et d'un équipement très complet, et ce, surtout sur la version Limited

Un côté pratique indéniable grâce au gros coffre avant qu'offrent tous les Sypder et qui augmente encore plus lorsque les valises sont ajoutées; le tourisme fait bel et bien partie des environnements où le ST est à sa place

Un accès facilité par l'absence d'une obligation d'un permis de moto

## BOF ▼

Une stabilité imparfaite en ligne droite en raison d'une grande sensibilité à l'état de la route; le pilotage implique de mineures, mais constantes rectifications de trajectoire

Un style qui semble très près de celui du RS qui lui-même est vieillissant; le ST aurait probablement mérité une ligne aussi fraîche que celle du RT lorsqu'il fut lancé

Un prix intéressant pour la version de base qui n'est pas beaucoup plus chère qu'un RS, mais qui monte très vite une fois qu'on commence à envisager les autres variantes, et surtout la Limited

## CONCLUSION

L'arrivée du Spyder ST ne constitue en aucune façon la révolution du concept de «moto à trois roues» de BRP, mais correspond plutôt à son raffinement et à une direction très naturelle. D'une certaine manière, ce sont les propriétaires des autres versions qui l'ont conçu en souhaitant quelque chose de plus pratique et de plus confortable que le RS, mais de moins massif et «pépère» que le RT. Doté d'une position de conduite plus relevée que celle du RS et de nettement plus d'équipements que ce dernier, le ST offre des capacités de machine de tourisme, mais sans en avoir l'air. En fait, sa ligne est tellement proche de celle du RS et son niveau pratique tellement plus élevé qu'on se demande un peu si le ST ne cannibalisera pas les ventes du modèle sportif.

Spyder ST Limited

## GÉNÉRAL

| | |
|---|---|
| Catégorie | 3 roues |
| Prix | ST Limited : 28 024 $<br>ST-S : 23 124 $ (SE5 : 24 924 $)<br>ST : 21 824 $ (SE5 : 23 424 $)<br>Note : la préparation et le transport sont inclus dans les prix BRP |
| Immatriculation 2013 | 557,53 $ |
| Catégorisation SAAQ 2013 | «régulière» |
| Évolution récente | introduit en 2013 |
| Garantie | 2 ans/kilométrage illimité |
| Couleur(s) | ST Limited : blanc, maron<br>ST-S : magnésium, jaune<br>ST : magnésium, noir |
| Concurrence | aucune |

## MOTEUR

| | |
|---|---|
| Type | bicylindre 4-temps en V à 60 degrés, DACT, 4 soupapes par cylindre, refroidissement par liquide |
| Alimentation | injection à 2 corps de 57 mm |
| Rapport volumétrique | n/d |
| Cylindrée | 998 cc |
| Alésage et course | 97 mm x 68 mm |
| Puissance estimée | 100 ch @ 7 500 tr/min |
| Couple | 80 lb-pi @ 5 000 tr/min |
| Boîte de vitesses | 5 rapports (SE5 : semi-automatique avec marche arrière) |
| Transmission finale | par courroie |
| Révolution à 100 km/h | environ 4 500 tr/min |
| Consommation moyenne | 6,9 l/100 km |
| Autonomie moyenne | 362 km |

## PARTIE CYCLE

| | |
|---|---|
| Type de cadre | épine dorsale, en acier |
| Suspension avant | bras triangulaires avec amortisseurs et ressorts doubles |
| Suspension arrière | monoamortisseur |
| Freinage avant | 2 disques de 270 mm de Ø avec étriers à 4 pistons et système ABS combiné |
| Freinage arrière | 1 disque de 270 mm de Ø avec étrier à 1 piston et système ABS combiné |
| Pneus avant/arrière | 165/55 R15 & 225/50 R15 |
| Empattement | 1 711 mm |
| Hauteur de selle | 737 mm |
| Poids à sec | 392 kg |
| Réservoir de carburant | 25 litres |

Spyder RS-S

*PILOTAGE FACILITÉ...* Tous les constructeurs cherchent aujourd'hui des moyens d'amener du sang neuf vers l'univers de la moto. Or, pour y arriver, faciliter le pilotage d'une deux-roues est essentiel. Les petites cylindrées et les transmissions automatiques sont, en gros, les moyens qu'ils ont trouvés pour atteindre ce but. Chez BRP, on a plutôt pris l'idée de «faciliter le pilotage» au pied de la lettre en créant un véhicule qui ne penche pas et dont le poids et la hauteur de selle ne sont jamais un problème. Il s'agit d'un concept à trois roues que la marque québécoise appelle un Roadster. La version RS est la plus sportive de la gamme. Deux variantes sont offertes, le RS de base et le RS-S, qui est mieux équipé en termes d'instrumentation et qui est doté d'une peinture deux tons. Les deux modèles peuvent être équipés en option d'une transmission semi-automatique à 5 rapports.

Selon BRP, c'est dans une proportion assez grande que les ventes de Spyder sont faites à des motocyclistes. Il s'agit d'une information initialement difficile à rationaliser pour les amateurs de motos, mais qui devient logique lorsqu'on comprend la motivation des acheteurs de Spyder. L'explication vient simplement du fait que les motocyclistes ne sont pas tous très habiles et très confiants sur deux roues. Peu l'avouent, mais nombreux sont ceux qui ressentent même un profond malaise face à nombre d'aspects inhérents à la conduite d'une moto. Parmi ces derniers, on note les virages et l'incertitude qui les accompagne en termes d'adhérence, les freinages d'urgence qui, à leurs yeux, sont une opération extrêmement intimidante, les selles souvent trop hautes et le poids élevé des modèles. Même la conduite quotidienne devient stressante, puisqu'elle est constamment accompagnée de la peur d'une chute. Dans le cas des motocyclistes aux prises avec toutes ces insécurités, le concept du Spyder prend non seulement la forme d'une solution inespérée, mais aussi d'une réponse à un besoin clair, celui de permettre aux «autres» de faire de la «moto» dans un climat bien plus détendu.

Malgré le fait qu'il tourne sans pencher, mais en demeurant plutôt à plat comme une motoneige ou un VTT, le Spyder RS propose quand même certaines caractéristiques qui rappellent beaucoup le pilotage d'une moto. Par exemple, la position de conduite est pratiquement la même que celle d'une routière sportive. Le vrombissement du puissant et coupleux V-Twin d'un litre, l'angle avec lequel on perçoit la route ainsi que la force du vent sont autant de facteurs responsables

**LES VIRAGES SONT PRIS SANS CRAINTE DE DÉROBADE DE L'AVANT TANDIS QUE LES FREINAGES SONT SIMPLES ET PUISSANTS.**

d'un certain parallèle entre l'expérience de la conduite d'une moto et de celle du Spyder. Mais le côté le plus intéressant du véhicule de BRP, pour les motocyclistes dont les craintes et les malaises ont été décrits plus tôt, c'est que ce parallèle peut être vécu en éliminant presque complètement tous ces inconvénients. En effet, aux commandes d'un Spyder, les virages sont pris sans crainte de dérobade de l'avant, et ce, même sous la pluie, tandis que les freinages sont simples et sûrs, puisqu'on n'a qu'à appuyer sur une pédale unique et laisser l'ABS se charger du reste. Quant à la question de l'équilibre ou du poids élevé, elle n'existe plus, puisqu'aux commandes d'un Spyder, jamais on ne se soucie de ces facteurs. Même une marche arrière est incluse.

Notons que ceux qui souhaiteraient pousser cette simplification de pilotage encore plus loin peuvent choisir la boîte semi-automatique à 5 rapports. Elle élimine l'embrayage et permet soit de changer les vitesses manuellement, soit de laisser les rapports monter et descendre tout seuls.

Au chapitre de tous les aspects du confort, là encore, un parallèle clair peut être établi avec la moto, puisque l'environnement est essentiellement le même que celui d'une routière sportive, du moins avec une selle plus large, plus rembourrée et nettement plus confortable pour le passager en prime. Quant à l'équipement, il est non seulement similaire à celui d'une moto, mais aussi supérieur, puisque l'instrumentation est plus poussée, surtout sur le RS-S, et que le côté pratique est démultiplié par la présence d'un coffre de rangement géant de 44 litres situé dans le nez du véhicule.

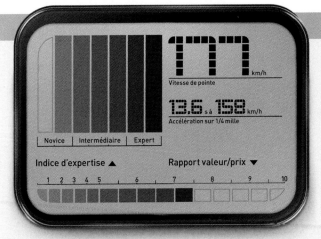

Voir légende en page 18

## QUOI DE NEUF EN 2013 ? +

Châssis révisé, suspensions recalibrées, freinage Brembo, disques avant plus grands, ABS amélioré, commandes aux mains, roues avant de 15 pouces avec pneus à profil plus bas, silencieux redessiné, guidon un pouce plus haut, accélérateur électronique

RS désormais offert en version semi-automatique SE5

RS coûte 275 $ et RS-S 475 $ de plus qu'en 2012

## PAS MAL ▲

Une unique alternative à la moto pour ceux ou celles que le pilotage d'une deux-roues intimide tellement qu'ils n'osent pas tenter l'expérience

De nombreuses aides électroniques au pilotage qui ne sont pas des garanties contre une erreur de pilotage, mais qui se montrent généralement efficaces

Des sensations qui se rapprochent beaucoup de celles vécues à moto en ligne droite; toutefois, dès qu'on tourne, ça devient autre chose

Un coffre géant qui augmente considérablement le côté pratique

Un accès facilité par l'absence d'une obligation d'un permis de moto

## BOF ▼

Une stabilité imparfaite en ligne droite en raison d'une grande sensibilité à l'état de la route; le pilotage implique de mineures, mais constantes rectifications de trajectoire

Un effort plutôt élevé en virage amené par une force centrifuge étonnamment grande

Un modèle «sport», mais des capacités sportives limitées; dans l'absolu, le Spyder RS n'est ni très rapide en ligne droite ni très efficace en courbe; cela dit, on ne ressent pas vraiment le besoin d'accroître les chevaux ou la vitesse en le pilotant

Une ligne vieillissante qui gagnerait à être rafraîchie

## CONCLUSION

Le RS fut le tout premier Spyder mis sur le marché en 2008, celui qui annonça au Monde que quelque chose allait changer dans l'univers de la moto. D'ailleurs, n'en déplaise aux fiers motards qui ne cessent de remettre en question la légitimité de la présence des Spyder dans *leur* univers, le fait est que c'est bel et bien là que le véhicule de BRP est à sa place. Il est absolument vrai que son intérêt est à peu près nul pour les motocyclistes expérimentés pour qui rien ne remplacera jamais deux roues et la capacité de pencher. Mais le Spyder ne s'adresse pas à eux. Il s'adresse à un tout autre type d'amateurs de «vent au visage», comme tous ceux et celles qui rêvent de piloter une moto, mais qui sont intimidés par la conduite d'une deux-roues ou qui n'arrivent tout simplement pas à maîtriser celle-ci. Les motocyclistes qui prennent de l'âge aussi font partie de ceux pour qui rouler sur trois roues s'avère une alternative bienvenue à l'option de ne plus le faire sur deux roues. Quant au choix du RS, il doit être fait si l'on privilégie surtout une image plus sportive et des sensations mécaniques plus franches que sur les autres versions.

Spyder RS-S

## GÉNÉRAL

| | |
|---|---|
| Catégorie | 3 roues |
| Prix | RS-S : 21 624 $ (SE5 : 23 224 $) RS : 19 624 $ (SE5 : 21 224 $) Note : la préparation et le transport sont inclus dans les prix BRP |
| Immatriculation 2013 | 557,53 $ |
| Catégorisation SAAQ 2013 | «régulière» |
| Évolution récente | introduit en 2008 |
| Garantie | 2 ans/kilométrage illimité |
| Couleur(s) | RS-S : orangé et noir, vert et noir, magnésium et noir RS : noir, magnésium |
| Concurrence | aucune |

## MOTEUR

| | |
|---|---|
| Type | bicylindre 4-temps en V à 60 degrés, DACT, 4 soupapes par cylindre, refroidissement par liquide |
| Alimentation | injection à 2 corps de 57 mm |
| Rapport volumétrique | n/d |
| Cylindrée | 998 cc |
| Alésage et course | 97 mm x 68 mm |
| Puissance estimée | 100 ch @ 7 500 tr/min |
| Couple | 80 lb-pi @ 5 000 tr/min |
| Boîte de vitesses | 5 rapports (SE5 : semi-automatique avec marche arrière) |
| Transmission finale | par courroie |
| Révolution à 100 km/h | environ 4 500 tr/min |
| Consommation moyenne | 6,8 l/100 km |
| Autonomie moyenne | 367 km |

## PARTIE CYCLE

| | |
|---|---|
| Type de cadre | épine dorsale, en acier |
| Suspension avant | bras triangulaires avec amortisseurs et ressorts doubles (RS-S : ajustables en précharge) |
| Suspension arrière | monoamortisseur |
| Freinage avant | 2 disques de 270 mm de Ø avec étriers à 4 pistons et système ABS combiné |
| Freinage arrière | 1 disque de 270 mm de Ø avec étrier à 1 piston et système ABS combiné |
| Pneus avant/arrière | 165/55 R15 & 225/50 R15 |
| Empattement | 1 711 mm |
| Hauteur de selle | 737 mm |
| Poids à sec | 362 kg |
| Réservoir de carburant | 25 litres |

1199 Panigale R

**GLORIEUSE...** Construite comme aucune autre sportive sur Terre, puisqu'elle n'a pas vraiment de cadre, propulsée par le plus puissant V-Twin jamais installé sur une moto de production et équipée de toutes les aides électroniques possibles et imaginables, la 1199 Panigale représente la nouvelle génération de la famille Superbike chez Ducati. En fait, compte tenu de l'héritage de la marque italienne et de toute l'importance qu'elle accorde à la compétition, il serait même très juste de dire que la Panigale *est* Ducati. Lancée en 2012 en versions de base et S équipée, entre autres, de suspensions à réglage électronique, la Panigale est aussi offerte en version R pour 2013. Il s'agit d'une édition limitée servant de modèle d'homologation pour le Superbike Mondial où les règles stipulent que certaines pièces, comme les bielles et le vilebrequin, doivent rester d'origine. La version R constitue cette origine.

Dire que la Panigale est belle ne lui rend pas justice. Elle est magnifique, glorieuse. Hypnotique, même. Et pourtant, malgré ces traits à la fois exotiques et simples, l'essence de la 1199 et ce qui donne toute sa crédibilité à cet extraordinaire style, ce sont les performances dont elle est capable.

La Ducati est une machine démente en ligne droite. Le fait qu'un V-Twin de production puisse générer une telle accélération dépasse presque l'entendement. Toutes les versions produisent le même ahurissant chiffre de 195 chevaux, mais la nouvelle variante R, grâce à son vilebrequin allégé, à ses bielles en titane et à sa démultiplication finale plus courte, prend ses tours encore plus rapidement et est incroyablement rapide. On parle d'un genre de poussée qui rivalise avec celle d'un monstre comme la S1000RR à haut régime et qui est accompagnée, d'ailleurs, d'une unique sonorité à la fois sophistiquée, grave et forte. La Panigale ajoute néanmoins un aspect exclusif à cette majestueuse poussée en ce sens qu'elle est précédée par une puissante accélération dès les mi-régimes. Le V-Twin est même suffisamment souple pour tirer franchement à partir de bas régimes. En piste, ce type de livrée de puissance permet de sortir de courbe à la fois sans drame, en utilisant des tours bas, et de manière extrêmement puissante, ce qui représente pour le moment une proposition unique chez les sportives. La manœuvre est d'ailleurs grandement facilitée par un contrôle de traction complètement transparent. En fait, toute l'électronique de la Panigale — les versions S et R sont les plus équipées — fonctionne avec la même efficacité, et ce, qu'il s'agisse des

réglages des suspensions, du sélecteur de vitesse assisté ou de l'ABS. Même l'anti-wheelie est calibré de manière à laisser place à l'amusement et à ne pas entrer en action trop rapidement.

L'un des aspects les plus impressionnants du comportement de la Panigale, c'est la facilité avec laquelle elle se laisse piloter en piste et la rapidité avec laquelle on arrive à augmenter le rythme à ses commandes. Il s'agit d'une caractéristique qui diffère du caractère de l'ancienne génération, puisque dans le cas de celle-ci, le pilote devait s'habituer à la machine avant de pouvoir commencer à pousser. Dans le cas de la Panigale, on peut parler d'un comportement dont l'aspect intuitif rappelle beaucoup celui d'une sportive japonaise de 600 cc. La 1199 n'est pas tout à fait aussi facile à faire changer de direction qu'une 600, mais le simple fait que cette comparaison soit amenée illustre le type de haute maniabilité qu'elle réserve. La précision lors des choix de ligne mérite décidément le cliché de télépathique, mais la Panigale va plus loin en matière de qualité de comportement en piste en se montrant incroyablement à l'aise lors de freinages intenses en entrée de courbe. Cette qualité permet de retarder le freinage littéralement jusqu'à ce que le virage soit amorcé, ce que la plupart des sportives ne tolèrent pas nécessairement avec autant de facilité. Finalement, comme monture de route, la Panigale offre deux qualités principales. La première est évidemment son style qui attire de nombreux compliments, tandis que la seconde est le caractère de son V-Twin, qui rend l'inconfort de la besogne urbaine un peu plus tolérable.

> **LE FAIT QU'UN V-TWIN DE PRODUCTION PUISSE GÉNÉRER UNE TELLE POUSSÉE DÉPASSE PRESQUE L'ENTENDEMENT.**

**LA PANIGALE REPRÉSENTE L'INDISCUTABLE PREUVE QUE DUCATI EST NON SEULEMENT ROI ET MAÎTRE DE L'UNIVERS DES SPORTIVES À MOTEUR V-TWIN, MAIS PEUT-ÊTRE AUSSI DES AUTRES. LA VERSION R EST LA MEILLEURE SPORTIVE QUE NOUS AYONS JAMAIS TESTÉE.**

Complété à la fin de 2012 au coût de 400 millions de dollars, le Circuit Of The Americas est situé à quelques kilomètres d'Austin au Texas. C'est aussi l'endroit que Ducati a choisi pour tenir la présentation mondiale de la nouvelle variante R de la 1199 Panigale. S'étalant sur 5,51 km et se tortillant sur 20 virages, il s'agit de l'un des plus longs circuits du calendrier MotoGP et d'un endroit où l'auteur, ici au travail devant la lentille de Milagro, s'est absolument régalé.

### 848<sup>EVO</sup> CORSE SE

En attendant que Ducati présente une version de plus petite cylindrée de la 1199 Panigale, ce qui devrait logiquement se produire en 2014, la 848<sup>EVO</sup> poursuit son chemin et demeure offerte. Il ne s'agit pas de la 848 originale, qui était une version un peu bon marché et moins puissante de la première 1098, mais plutôt d'une assez sérieuse évolution de cette moto présentée en 2011, d'où le nom 848<sup>EVO</sup>. Grâce à une série d'améliorations et à des composantes nettement plus relevées, le modèle ne renvoie absolument plus l'impression parfois rudimentaire de la version originale. À ses commandes, on sent plutôt qu'on a affaire à une petite sœur parfaitement légitime de l'excellente 1198, qui reste l'une des sportives les plus mémorables que nous avons évaluées. Deux versions demeurent offertes, la 848<sup>EVO</sup> à 15 495 $ et la 848<sup>EVO</sup> Corse SE à 16 495 $.

### 1199 PANIGALE

Si les moyens sont là, il est décidément recommandé d'opter pour l'une des versions S, voire la R, surtout en raison de leurs suspensions Öhlins de très haute qualité et de la facilité du système d'ajustement électronique. Mais sinon, la version de base représente quand même une excellente option qui offre non seulement une économie substantielle à l'achat, mais aussi exactement le même niveau de puissance que toutes les autres versions et la même magnifique ligne.

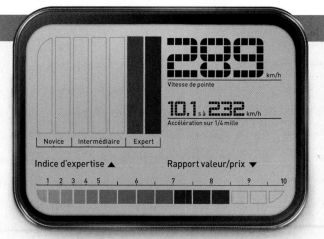

Voir légende en page 18

## QUOI DE NEUF EN 2013 ? +

Version R équipée d'un vilebrequin allégé, de bielles en titane, d'un tirage final plus court, d'une injection recalibrée et de pièces diverses en fibre de carbone

Version de base et S coûtent 1 000 $ de plus qu'en 2012

## PAS MAL ▲

Un V-Twin prodigieux qui possède l'unique capacité de pousser aussi fort que le 4-cylindres d'une 1000 traditionnelle en haut et d'offrir une livrée de couple très généreuse dans les régimes bas et moyens; sa sonorité est aussi exquise

Une tenue de route sans faille en piste, et ce, surtout dans le cas des versions S et R dont le comportement affiche une pureté à peu près impossible à prendre en faute

Une facilité de pilotage sur piste qui impressionne et qui contraste avec le genre de comportement auquel on devait s'habituer sur la génération précédente

Une pièce très impressionnante non seulement en termes de technologie, mais aussi de design, puisqu'il s'agit d'une des plus belles motos de tous les temps

## BOF ▼

Un V-Twin qui prend occasionnellement son temps avant de démarrer, mais qui finit toujours par le faire

Un niveau de performances tellement élevé qu'il est difficile d'en profiter de manière régulière dans un environnement routier; en revanche, le caractère du V-Twin est nettement moins monotone que le murmure des 4-cylindres en ligne en conduite quotidienne normale

Une très grande quantité de technologie et d'ajustements qui doivent être compris

Un niveau de confort typique de celui d'une sportive pure, donc faible

## CONCLUSION

Techniquement prodigieuse, sensoriellement ensorcelante et esthétiquement hypnotique. Voilà comment nous pouvons résumer avec le plus de justesse ce qu'est la Panigale, et ce, surtout s'il est question de la version R que nous ne serions pas étonnés de voir devenir la S à court terme. Le nombre de sportives de très haut calibre qui ont été évaluées par *Le Guide de la Moto* au cours des ans est élevé. Jamais, toutefois, une machine ne nous a laissé une telle impression de sérénité absolue en piste. Animée par un V-Twin extraordinairement puissant et communicatif, dotée d'un comportement irréprochable à rythme de course sur circuit et assistée par une technologie qui ne vient pas s'insérer entre le pilote et l'expérience, la Panigale R représente le Saint Graal des sportives. À la veille de 20 ans de publication, jamais de tels mots n'ont été écrits dans ces pages.

1199 Panigale

## GÉNÉRAL

| | |
|---|---|
| Catégorie | Sportive |
| Prix | 1199 Panigale R : 31 995 $<br>1199 Panigale S Tricolore : 29 995 $<br>1199 Panigale S : 25 495 $<br>1199 Panigale : 20 995 $ |
| Immatriculation 2013 | 1 116,90 $ |
| Catégorisation SAAQ 2013 | « à risque » |
| Évolution récente | 1098 introduite en 2007; 1098R et 848 introduites en 2008; 1198 introduite en 2009; 1198SP et 848EVO introduites en 2011; 1199 Panigale introduite en 2012 |
| Garantie | 2 ans/kilométrage illimité |
| Couleur(s) | Panigale R : rouge et argent<br>Parigale S Tricolore : rouge, blanc et vert<br>Panigale /S : rouge, blanc |
| Concurrence | Aprilia RSV4, BMW S1000RR KTM RC8R, MV Agusta F4RR |

## MOTEUR

| | |
|---|---|
| Type | bicylindres 4-temps en V à 90 degrés, contrôle desmodromique des soupapes, 4 soupapes par cylindre, refroidissement par liquide |
| Alimentation | injection à 2 corps elliptiques |
| Rapport volumétrique | 12,5:1 |
| Cylindrée | 1 198 cc |
| Alésage et course | 112 mm x 60,8 mm |
| Puissance | 195 ch @ 10 750 tr/min |
| Couple | 98,1 lb-pi @ 9 000 tr/min |
| Boîte de vitesses | 6 rapports |
| Transmission finale | par chaîne |
| Révolution à 100 km/h | environ 3 500 tr/min |
| Consommation moyenne | 6,4 l/100 km |
| Autonomie moyenne | 265 km |

## PARTIE CYCLE

| | |
|---|---|
| Type de cadre | monocoque, en aluminium |
| Suspension avant | fourche inversée de 43 mm (1199 : 50 mm) ajustable en précharge, compression et détente |
| Suspension arrière | monoamortisseur ajustable en précharge, compression et détente |
| Freinage avant | 2 disques de 330 mm de Ø avec étriers radiaux à 4 pistons et système ABS |
| Freinage arrière | 1 disque de 245 mm de Ø avec étrier à 2 pistons et système ABS |
| Pneus avant/arrière | 120/70 ZR17 & 200/55 ZR17 |
| Empattement | 1 437 mm |
| Hauteur de selle | 825 mm |
| Poids tous pleins faits | 188 kg (Tricolore : 190,5 kg; R : 189 kg) |
| Réservoir de carburant | 17 litres |

Multistrada S Touring

**BEST-SELLER...** En 2013, seulement trois ans après avoir lancé la seconde génération de sa Multistrada, Ducati la revoit déjà. Non pas parce que quelque chose clochait avec la version 2010-12, mais plutôt, au contraire, parce que celle-ci s'est avérée un succès franc et peut-être même un peu inattendu. Après tout, qui aurait pu croire que cet étrange amalgame de styles et de genres vendu à prix d'or aurait trouvé autant de preneurs ? Aujourd'hui, la Multistrada est la Ducati la plus vendue, et la révision de 2013 doit être perçue comme un geste destiné à garder le modèle aussi désirable que possible. En plus du modèle de base, la Multistrada est proposée en versions S Touring (avec valises), Pikes Peak (pièces de performances) et Granturismo, une nouveauté en 2013 qui se caractérise par son équipement de voyage. Toutes sauf la 1200 reçoivent une suspension semi-active appelée Skyhook.

Quelque part entre les voitures qui carburent à l'eau et les cheeseburgers santé se trouve cette licorne des deux-roues qu'est la mythique moto à tout faire. Pratiquement disparue du marché depuis des décennies au nom de la spécialisation, l'idée tente périodiquement un retour sous diverses formes. La moto de genre crossover représente l'une de ces formes, mais, de manière générale, elle n'a ni tenu promesse ni vraiment obtenu de succès sur le marché. La Multistrada de seconde génération lancée en 2010 et qui est devenue la moto la plus vendue chez Ducati est l'exception.

Comme on ne change pas ce qui fonctionne, la version revue pour 2013 ne se veut pas une refonte complète de la formule, mais plutôt une évolution visant à consolider les forces de cet engin aux multiples personnalités. Avant que d'autres ne se mettent à l'imiter...

La Multistrada 2013 propose ainsi un visage familier, mais aux traits encore plus incisifs, une selle revue, un plus grand pare-brise ajustable (à la volée avec une main), un travail raffiné des systèmes électroniques comme l'ABS et l'antipatinage et un fonctionnement plus doux du puissant fantastique V-Twin. Ce dernier demeure l'un des plus grands attraits du modèle en offrant des performances carrément sportives et une souplesse exemplaire.

Au-delà de ces mineures, mais nombreuses améliorations, se trouve une innovation majeure. Il s'agit de l'une des premières suspensions semi-actives de l'industrie, une technologie développée par le spécialiste du domaine Sachs et que Ducati appelle Skyhook Suspension. La nouvelle S1000RR HP4 offre

d'ailleurs quelque chose du genre. Directement liée aux récents progrès en matière d'électronique, la technologie se sert de valves électroniques situées dans la fourche et l'amortisseur pour varier de manière continuelle la force de l'amortissement. Il s'agit d'une avancée importante en matière de suspension qui fonctionne étonnamment bien en donnant finalement l'impression au pilote que les ajustements sont toujours les bons, donc souples quand il le faut et plus fermes lorsque c'est nécessaire.

Si la véritable moto à *tout* faire demeure un concept fictif, la Multistrada 1200 représente tout de même l'une des plus intéressantes applications du thème qui soient. Elle n'en est pas pour autant parfaite, puisqu'elle demeure assez haute, plutôt chère et pas vraiment conçue pour trop s'écarter des routes pavées. Mais pour ce qui est du reste, en termes de capacités multiples, on trouve difficilement plus polyvalent. Assez confortable et équipée pour agréablement couvrir de longues distances, assez puissante pour sérieusement divertir un pilote exigeant, assez pratique pour servir de mode de déplacement quotidien, assez caractérielle pour satisfaire les sens du motocycliste connaisseur et maintenant assez évoluée sur le plan technologique pour être l'une des deux-roues les plus avancées de l'industrie, elle est l'une des motos les plus particulières et les plus réussies du marché actuel. Le plus grand succès de Ducati, à son sujet, aura été de combiner toutes ces caractéristiques sans en faire un incompréhensible méli-mélo de genres, mais plutôt une machine dont le degré de polyvalence est peut-être bien inégalé chez les deux-roues.

> **DUCATI EN A FAIT UNE MACHINE DONT LE DEGRÉ DE POLYVALENCE EST PEUT-ÊTRE INÉGALÉ CHEZ LES DEUX-ROUES.**

**LA NOUVELLE MULTISTRADA N'EST PAS TRANSFORMÉE. BIEN AU CONTRAIRE, EN FAIT, LE BUT DE DUCATI ÉTANT PLUTÔT DE RAFFINER CE CONCEPT DONT LA POPULARITÉ S'EST AVÉRÉE SI FORTE QU'ELLE EN A FAIT LE MODÈLE LE PLUS VENDU DE LA MARQUE.**

Ducati a présenté sa Multistrada révisée à la presse mondiale à Bilbao en Espagne. Pour l'auteur, vu ici durant une «passe» devant la lentille de Milagro, il s'agissait du dernier arrêt d'une série de voyages consécutifs s'étalant sur une dizaine de jours. D'abord, direction Californie pour la présentation de la Kawasaki Ninja 300, et de là, jusqu'à Washington D.C. pour le lancement du Can Am Spyder ST, puis jusqu'à Munich pour une courte visite chez Audi, à qui appartient maintenant Ducati, pour terminer en Espagne, où a eu lieu l'essai de la Multistrada. Ouf...

## GRANTURISMO

Portant un nom qui parle de lui-même, la Granturismo est une nouvelle version de la Multistrada en 2013. Il s'agit d'une S Touring à laquelle une longue liste d'équipements a été ajoutée dans le but de la rendre plus apte aux voyages. Des valises latérales dont le volume combiné passe de 58 à 73 litres s'ajoutent à un top-case de 48 litres pour donner une capacité de chargement impressionnante. Une selle plus rembourrée, un dossier pour le passager, un guidon 20 mm plus haut et un pare-brise surdimensionné sont autant d'éléments qui améliorent le confort sur long trajet. Le modèle est également muni en équipement de série de barres de protection pour le moteur et de phares DEL auxiliaires. Quant à la nouvelle suspension Ducati Skyhook Suspension System (DSS), le nouvel ABS, le contrôle de traction, les multiples modes de puissance et le V-Twin Testastretta 11° DS de seconde génération avec couple amélioré et fonctionnement adouci, la Granturismo en est équipée au même titre que la Touring et la Pikes Peak.

## PIKES PEAK

Nommée Pikes Peak en raison des multiples victoires qu'a remporté la Multistrada lors de la course annuelle qui porte le même nom — il s'agit de l'ascension d'une montagne du Colorado, Pikes Peak, en le temps le plus court —, le modèle se distingue par ses roues Marchesini de style Panigale, par sa peinture unique, par son pare-brise écourté et par une multitude de pièces en fibre de carbone, dont le silencieux du système d'échappement accessoire Termignoni.

## QUOI DE NEUF EN 2013 ? +

Évolution de la Multistrada : moteur Testastretta 11° DS et système ABS de seconde génération, roues de style Panigale, phare avant DEL, instrumentation, pare-brise plus grand, suspension semi-active Skyhook (sauf 1200)

Variante Sport retirée et introduction d'une variante Granturismo

Multistrada 1200 coûte 1 000 $ de plus qu'en 2012, aucune augmentation pour les autres versions

## PAS MAL ▲

La meilleure exécution à ce jour du concept de la routière crossover; la Multistrada est extraordinairement polyvalente, presque aussi rapide et précise qu'une sportive et parfaitement capable de servir de voyageuse

Un V-Twin très puissant, coupleux et caractériel qui donne des ailes au modèle et sans lequel la Multistrada n'aurait tout simplement pas le même attrait

Une partie cycle construite très sérieusement, qui encaisse sans le moindre problème la fougue du V-Twin et qui est responsable d'une tenue de route très relevée

## BOF ▼

Une quantité d'électronique étourdissante et des menus loin d'être intuitifs

Une hauteur de selle considérable qui gêne plus ou moins tous les pilotes

Un certain flou dans le comportement lors de l'amorce d'une inclinaison

Une capacité hors-route très limitée; la Multistrada n'est pas une aventurière façon GS

Un prix que tous ces gadgets élèvent considérablement et qui met le modèle hors de portée pour bien des motocyclistes; une version moins chère de type Multistrada 820 serait très intéressante

## CONCLUSION

Que la Multistrada soit devenue le modèle le plus populaire de la marque italienne n'a rien de surprenant, puisqu'il s'agit non seulement de l'une des meilleures motos du marché actuel, mais aussi d'un concept unique. Il existe d'autres crossover, comme la Kawasaki Versys 1000, mais aucune d'elles n'arrive à s'approcher de l'aspect naturellement joueur du tempérament de la Multistrada. Le travail exécuté par Ducati sur cette version revue ne la transforme d'aucune façon, mais la raffine plutôt. Le modèle semble avoir été positionné davantage vers le tourisme, un environnement où il excelle particulièrement lorsqu'il est adéquatement équipé, comme c'est le cas de la version Granturismo et même de la Touring. Compte tenu de tout ce succès, nous ne serions pas du tout étonnés de voir apparaître une version de plus petite cylindrée et plus abordable. D'ailleurs, le V-Twin de 821 cc introduit cette année sur la nouvelle Hypermotard se prêterait très bien à ce jeu.

Multistrada S Touring

**229** km/h
Vitesse de pointe

**10.9** s à **203** km/h
Accélération sur 1/4 mille

Novice | Intermédiaire | Expert

Indice d'expertise ▲          Rapport valeur/prix ▼

1  2  3  4  5  6  7  8  9  10

Voir légende en page 18

## GÉNÉRAL

| | |
|---|---|
| Catégorie | Routière Crossover |
| Prix | Multistrada 1200 S Granturismo : 22 995 $<br>Multistrada 1200 S Pikes Peak : 22 995 $<br>Multistrada 1200 S Touring : 20 995 $<br>Multistrada 1200 : 18 495 $ |
| Immatriculation 2013 | 557,53 $ |
| Catégorisation SAAQ 2013 | « régulière » |
| Évolution récente | introduite en 2004, revue en 2010 et en 2013 |
| Garantie | 2 ans/kilométrage illimité |
| Couleur(s) | Granturismo : gris; 1200 / S : rouge, argent Pikes Pcak : rouge et blanc |
| Concurrence | Kawasaki Versys 1000<br>KTM 990 Supermoto T |

## MOTEUR

| | |
|---|---|
| Type | bicylindres 4-temps en V à 90 degrés, contrôle desmodromique des soupapes, 4 soupapes par cylindre, refroidissement par liquide |
| Alimentation | injection à 2 corps elliptiques |
| Rapport volumétrique | 11,5:1 |
| Cylindrée | 1 198,4 cc |
| Alésage et course | 106 mm x 67,9 mm |
| Puissance | 150 ch @ 9 250 tr/min |
| Couple | 91,8 lb-pi @ 7 500 tr/min |
| Boîte de vitesses | 6 rapports |
| Transmission finale | par chaîne |
| Révolution à 100 km/h | environ 3 200 tr/min |
| Consommation moyenne | 5,9 l/100 km |
| Autonomie moyenne | 338 km |

## PARTIE CYCLE

| | |
|---|---|
| Type de cadre | treillis, en acier tubulaire |
| Suspension avant | fourche inversée de 50 mm (1200 : 48 mm) ajustable en précharge, compression et détente |
| Suspension arrière | monoamortisseur ajustable en précharge, compression et détente |
| Freinage avant | 2 disques de 320 mm de Ø avec étriers radiaux à 4 pistons et système ABS |
| Freinage arrière | 1 disque de 245 mm de Ø avec étrier à 2 pistons et système ABS |
| Pneus avant/arrière | 120/70 R17 & 190/55 R17 |
| Empattement | 1 530 mm |
| Hauteur de selle | 850 mm |
| Poids tous pleins faits | GT / PP / T / 1200 : 245 / 222 / 234 / 224 kg |
| Réservoir de carburant | 20 litres |

Diavel Dark

RIDING MODE

***ANDROGYNE...*** Deux ans après son lancement, le tapage monstre qu'a suscité l'audacieuse Diavel s'est considérablement estompé. Tout comme la controverse qui entoure la nature «custom» du modèle, d'ailleurs. En effet, après avoir été nommée «custom de l'année» non pas une, mais bien deux fois par les principales publications américaines, il semblerait que l'opinion générale ait fini par pencher de ce côté. C'est d'ailleurs la raison pour laquelle une version Strada déguisée en custom de tourisme léger – avec plus ou moins de goût – est présentée en 2013. En plus de son pare-brise, de ses sacoches et de son dossier, la Strada est aussi équipée d'un guidon reculé et d'une selle mieux rembourrée. En ce qui nous concerne, la Diavel n'est pas plus une custom aujourd'hui qu'elle ne l'était quand elle a été lancée. Il s'agit plutôt d'un Muscle Bike dont la Yamaha VMAX est la seule vraie rivale.

Il y a deux principales raisons pour lesquelles la Diavel continue d'être considérée par plusieurs comme une custom. La première se résume tout simplement à de la paresse intellectuelle : sans se donner trop la peine de réfléchir, on conclut que, puisqu'il existe un certain lien visuel entre la Ducati et des modèles comme la Harley-Davidson Night Rod Special ou la Yamaha VMAX – elle aussi souvent qualifiée à tort de custom –, alors la Diavel doit être une custom. Or, la réalité, c'est que la Diavel est un Muscle Bike, comme la VMAX, alors que la Harley est plutôt une custom de performances. Et-ce-n'est-pas-la-même-chose.

La seconde raison, c'est qu'énormément d'essayeurs professionnels détestent absolument et passionnément les customs, sans toutefois qu'ils l'avouent ouvertement. Parce que la Diavel est ce à quoi ils aimeraient que ressemble une custom, ils la sacrent «custom de l'année», et tout le monde le répète. Tellement, en fait, que cela a poussé Ducati à présenter cette année une étrange variante de tourisme léger de la Diavel. Toute custom digne de ce nom doit en avoir une, non?

Heureusement, la Diavel a beaucoup plus à offrir qu'une nature controversée. Comme la VMAX le fait à sa façon, la Ducati propose une expérience de pilotage unique. Construite à partir d'éléments retrouvés sur les sportives pures de la marque, elle affiche une masse étonnamment faible. Plutôt longue et affichant une hauteur de selle inhabituellement basse, elle donne un peu l'impression d'être aux commandes d'une moto d'accélération, une image que le large pneu arrière endosse d'ailleurs à merveille. Le thème du «dragster» gagne également

**LA PARESSE INTELLECTUELLE EST L'UNE DES RAISONS POUR LESQUELLES LA DIAVEL EST CONSIDÉRÉE COMME UNE CUSTOM.**

en crédibilité dès que la poignée des gaz est ouverte, puisque sous le capot de la Diavel se trouve rien de moins qu'un furieux V-Twin de 162 chevaux emprunté à la Superbike 1198. La combinaison de toute cette puissance à la nature basse et allongée de la Ducati se traduit par une très impressionnante poussée. La forme creusée de la selle fixe le pilote en place en pleine accélération, un exercice accompagné d'une série de sons carrément exotiques qu'on n'a normalement le plaisir d'écouter qu'aux commandes des pur-sang que sont les sportives du constructeur. Il s'agit aussi d'un exercice qui n'est pas de tout repos, car en dépit de son profil long et bas, la Diavel se soulève assez violemment à pleins gaz sur le premier rapport.

En termes de comportement routier, malgré son immense pneu arrière de 240 mm, la Diavel n'est pas mauvaise du tout. Compte tenu de la qualité de la partie cycle, qui n'est pas très différente de celle d'une Streetfighter, on ne doit pas trop s'en étonner. En fait, à l'exception d'une légère résistance initiale à s'incliner en amorce de courbe, à laquelle on s'habitue d'ailleurs assez vite, la Diavel arrive à négocier une route sinueuse de manière à la fois précise, solide et très amusante. Secondé par des freins très puissants, par une masse très raisonnable et par une foule d'aides électroniques au pilotage, on arrive à atteindre un rythme assez élevé dans un tel environnement. Quant à la position de conduite, elle est presque exactement celle d'une standard, mais la selle plus basse plie les jambes légèrement plus, tandis que les repose-pieds sont placés un peu plus à l'avant que ne le veut la coutume sur une standard.

## QUOI DE NEUF EN 2013 ?                                    +

Variantes Dark et Strada

Diavel coûte 1 000 $ et Diavel Carbon 500 $ de plus qu'en 2012

## PAS MAL                                                    ▲

L'un des styles les plus audacieux des dernières années et l'une des motos attirant le plus d'attention sur son passage que nous avons testée

Une mécanique sublime qui provient directement de la génération précédente de sportives pures du constructeur italien; le V-Twin séduit tant par la sonorité et les bruits très particuliers qui s'en dégagent que par ses très fortes accélérations

Un comportement routier qui n'est pas mauvais du tout, et en dépit de la présence d'un immense pneu arrière, la Diavel se débrouille très bien sur une route sinueuse

## BOF                                                        ▼

Une position de conduite qui n'est pas très naturelle en raison de la position un peu avancée des repose-pieds; les reculer d'un pouce ou deux serait parfait, puisque le pilote est installé exactement comme sur une standard pour ce qui est du reste

Un comportement qui n'est pas trop touché par la largeur du pneu arrière, mais qui souffre quand même de la présence de celui-ci surtout en amorce de courbe lorsque la Diavel résiste légèrement à s'incliner et manque un peu de précision

Une version Strada qui ruine pratiquement la superbe ligne originale dans le but apparent de monnayer le fait que la Diavel est souvent perçue comme une custom

Un côté pratique qui n'est pas celui d'une standard en raison d'un niveau d'agilité limité et d'un confort moyen; la Diavel n'est pas une moto à tout faire comme une Monster, mais plutôt une puissante machine à attirer les regards

## CONCLUSION

Même si quelques années ont passé depuis le lancement de la Diavel et que la poussière est un peu retombée, son unique silhouette d'obus demeure marquante. Bien plus qu'une gueule intéressante, la Diavel embarque autant d'électronique qu'un petit vaisseau spatial et s'avère largement assez performante pour donner pleine crédibilité au thème musclé de sa ligne. Elle est l'une de ces rares motos qui deviennent invariablement un sujet de conversation lorsqu'elle est stationnée. C'est aussi un peu la raison pour laquelle on devrait l'envisager, puisque son côté pratique, lui, n'est pas extraordinaire. Ce qui nous amène à cette nouvelle variante Strada que Ducati a accoutrée comme une custom de tourisme léger en lui greffant un pare-brise, des sacoches latérales et un dossier de passager. Le tout, de toute évidence, pour tenter de tirer profit du fait que plusieurs continuent de voir en la Diavel une custom, ce qu'elle n'est pourtant pas. Vraiment? Une Diavel de tourisme léger?

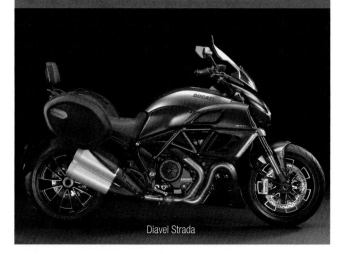

Diavel Strada

248 km/h
Vitesse de pointe

10.3 s à 218 km/h
Accélération sur 1/4 mille

| Novice | Intermédiaire | Expert |

Indice d'expertise ▲          Rapport valeur/prix ▼

1  2  3  4  5    6    7    8    9    10

Voir légende en page 18

## GÉNÉRAL

| | |
|---|---|
| Catégorie | Muscle Bike |
| Prix | Diavel / Dark : 19 995 / 18 995 $<br>Diavel Cromo : 19 995 $<br>Diavel Carbon : 21 495 $<br>Diavel Strada : 20 495 $ |
| Immatriculation 2013 | 557,53 $ |
| Catégorisation SAAQ 2013 | régulière |
| Évolution récente | introduite en 2011 |
| Garantie | 2 ans/kilométrage illimité |
| Couleur(s) | Diavel / Dark : rouge, bleu, noir / noir<br>Cromo : noir et chrome<br>Carbon : noir et rouge<br>Strada : titane |
| Concurrence | Yamaha VMAX |

## MOTEUR

| | |
|---|---|
| Type | bicylindres 4-temps en V à 90 degrés, contrôle desmodromique des soupapes, 4 soupapes par cylindre, refroidissement par liquide |
| Alimentation | injection à 2 corps elliptiques |
| Rapport volumétrique | 11,5:1 |
| Cylindrée | 1 198,4 cc |
| Alésage et course | 106 mm x 67,9 mm |
| Puissance | 162 ch @ 9 500 tr/min |
| Couple | 94 lb-pi @ 8 000 tr/min |
| Boîte de vitesses | 6 rapports |
| Transmission finale | par chaîne |
| Révolution à 100 km/h | environ 3 500 tr/min |
| Consommation moyenne | 6,4 l/100 km |
| Autonomie moyenne | 265 km |

## PARTIE CYCLE

| | |
|---|---|
| Type de cadre | treillis, en acier tubulaire |
| Suspension avant | fourche inversée de 50 mm ajustable en précharge, compression et détente |
| Suspension arrière | monoamortisseur ajustable en précharge, compression et détente |
| Freinage avant | 2 disques de 320 mm de Ø avec étriers radiaux à 4 pistons et système ABS |
| Freinage arrière | 1 disque de 265 mm de Ø avec étrier à 2 pistons et système ABS |
| Pneus avant/arrière | 120/70 ZR17 & 240/45 ZR17 |
| Empattement | 1 590 mm |
| Hauteur de selle | 770 mm |
| Poids tous pleins faits | Diavel / Cromo / Dark : 239 kg<br>Diavel Carbon : 234 kg<br>Diavel Strada : 245 kg |
| Réservoir de carburant | 17 litres |

**DEUXIÈME VIE...** L'ampleur des ressources et du développement que requiert la conception d'une sportive de pointe est ahurissante, et ce, surtout lorsqu'on tient compte de la durée de vie relativement limitée des modèles de ce segment. Or, il existe une manière assez simple de donner une seconde vie à un projet de ce genre en le transformant en moto de type « naked ». Ce genre de recyclage illustre de manière exacte la nature de la Streetfighter 848, puisqu'il s'agit, d'un point de vue mécanique, d'une Superbike 848<sup>EVO</sup> déshabillée, puis revêtue d'une tenue légère. La puissance du modèle sportif a été légèrement abaissée, passant de 140 à 132 chevaux, mais à cette exception près, il s'agit bel et bien d'une 848<sup>EVO</sup> en format standard. Notons que la Streetfighter S de 1 098 cc, le modèle original de cette famille, n'est plus offert en 2013 sur le marché de l'Amérique du Nord.

À la suite de la Grande Crise Économique de 2008 et de l'effondrement des ventes de deux-roues qu'elle a engendré – le marché a pratiquement été coupé en deux –, plusieurs intervenants du milieu de la moto se sont questionnés sur le temps que prendrait la situation à se rétablir. La réponse, c'est qu'elle ne se rétablira pas. Le monde de la moto a changé et continuera de le faire vers quelque chose de différent de ce qu'il était jusque-là. Or, quoi faire quand l'une des catégories les plus durement touchées par ce bouleversement, celle des sportives pures, est aussi l'une des plus coûteuses pour les constructeurs ? L'une des bonnes réponses à cette question, c'est la diversification de la plateforme conçue pour un modèle sportif. La Streetfighter 848 en est le parfait exemple.

Venue rejoindre en 2012 la Streetfighter originale, la S de 1 098 cc, la 848 est une version à « jupe courte » de la sportive pure 848<sup>EVO</sup>, un modèle que Ducati continue d'ailleurs d'offrir aux côtés de la 1199 Panigale. En fait, pour bien comprendre le genre de moto à laquelle on a affaire, rappelons que la 848<sup>EVO</sup> est une version de 849 cc de la 1198 qui a précédé la 1199 Panigale. On parle donc d'une base qui a été conçue non seulement pour tourner vite autour d'une piste, mais aussi pour gagner en compétition de niveau mondial, ce qui a d'ailleurs été accompli. Tout ce pedigree est retrouvé de manière intégrale sur la Streetfighter 848 qui conserve le même châssis en treillis d'acier tubulaire, les mêmes suspensions entièrement réglables, le même magnifique bras oscillant monobranche et les mêmes superbes roues. Les freins sont toutefois d'une qualité légèrement moindre et la puissance baisse de 140 à 132 chevaux.

> **LA STREETFIGHTER 848 EST UNE VERSION DÉSHABILLÉE DE LA 848<sup>EVO</sup>, ELLE-MÊME UNE VERSION DE LA 1198 QUI A PRÉCÉDÉ LA PANIGALE.**

Comme on peut s'en douter, le fait que la conception de la base originale n'a pas été diluée lors du processus de création de la Streetfighter 848 garantit à cette dernière un comportement d'une grande qualité en piste, où elle peut être poussée autant qu'une sportive pure. Dans cet environnement, on doit s'habituer à une position de conduite établie pour la route et non le circuit ainsi qu'à une exposition totale au vent qui devient assez brutale aux très hautes vitesses que le modèle a la capacité d'atteindre. Notons que la Streetfighter 848 n'est pas équipée de l'ABS, mais que le contrôle de traction est par contre installé en équipement de série, ce qui augmente d'autant plus les capacités de pistarde du modèle.

Si le potentiel sur piste est donc indéniable, il reste que c'est avant tout à la route que la Streetfighter 848 est destinée et que c'est dans cet environnement qu'elle est la plus appréciable. La position de conduite est presque parfaite, juste assez sportive, mais pas trop. Grâce au large guidon, la direction est légère et précise, tandis que la tenue de route en générale s'avère exceptionnellement accueillante et jamais nerveuse.

L'un des principaux points d'intérêt de la Streetfighter 848 a trait au type de mécanique qui l'anime, un V-Twin au caractère délicieux. Le niveau de puissance qu'il offre est intéressant, puisqu'il est amplement suffisant pour que même un pilote expérimenté arrive à se faire plaisir en le sollicitant, mais pas au point de devenir impossible à exploiter régulièrement, comme c'est le cas des sportives pures de 1 000 cc. Coupleux partout et tirant agréablement fort jusqu'en haut, il offre une combinaison unique de puissance et de caractère.

## QUOI DE NEUF EN 2013 ? +

Retrait de la Streetfighter à moteur 1098

Streetfighter 848 coûte 300 $ de plus qu'en 2012

## PAS MAL ▲

Un concept dont la seule concession à l'utilisation routière est une position de conduite moins radicale; il s'agit bel et bien d'une 848[EVO] en petite tenue et, donc, d'une machine très intuitive sur route et capable de rouler très fort sur piste

Un niveau de performances élevé qui n'est que marginalement en retrait par rapport à celui de la Superbike 848[EVO]

Un format plus amusant sur la 848 que sur l'ancienne S de 1 098 cc, surtout parce qu'elle est plus facile exploiter pleinement et à manier au jour le jour

## BOF ▼

Un V-Twin qui n'aime pas traîner sur les tours très bas et qui rouspète si l'on tente d'accélérer à partir de ces régimes sur un rapport supérieur; tout redevient normal une fois cette zone passée

Une facture nettement plus invitante que celle de l'ancienne S, mais qui n'est pas particulièrement basse pour autant; d'un autre côté, ce que la Streetfighter 848 offre, soit une standard de cette cylindrée animée par un V-Twin sportif, n'existe tout simplement nulle part ailleurs

Un guidon qui pourrait être un peu plus haut pour améliorer le confort

Une finition qui n'est pas exceptionnelle en ce sens que toute la quincaillerie de la version sportive est pleinement à découvert; les Monster, qui sont conçues pour être totalement exposées, sont plus visuellement propres lorsqu'on regarde de près

## CONCLUSION

Nous ne sommes pas vraiment étonnés que Ducati ait choisi d'éliminer la Streetfighter originale du marché nord-américain. Fantastique en piste où elle était littéralement une 1098 sans carénage, elle se montrait par contre peu naturelle sur la route et pas aussi confortable qu'une moto de ce type aurait dû l'être. En plus d'être très chère. La version 848 lancée l'an dernier est pratiquement venue corriger toutes ces lacunes. En fait, malgré un déficit d'une vingtaine de chevaux par rapport à la S, la 848 est facilement devenue notre favorite des deux, et ce, surtout grâce au côté plus facile à pleinement exploiter de son V-Twin, à son meilleur niveau de confort et à son comportement sur route plus naturel. Avec une facture inférieure à celle d'une GSX-R1000 de seulement quelques centaines de dollars, la Streetfighter 848 n'est toujours pas donnée. Mais si Ducati possède un argument lui permettant de justifier ce qu'il en demande, c'est qu'il n'existe absolument rien d'autre de directement comparable.

Voir légende en page 18

## GÉNÉRAL

| | |
|---|---|
| Catégorie | Standard |
| Prix | 14 295 $ |
| Immatriculation 2013 | 557,53 $ |
| Catégorisation SAAQ 2013 | « régulière » |
| Évolution récente | Streetfighter 1098 introduite en 2009; 848 introduite en 2012 |
| Garantie | 2 ans/kilométrage illimité |
| Couleur(s) | rouge, noir |
| Concurrence | Triumph Street Triple, Yamaha FZ8 |

## MOTEUR

| | |
|---|---|
| Type | bicylindres 4-temps en V à 90 degrés, contrôle desmodromique des soupapes, 4 soupapes par cylindre, refroidissement par liquide |
| Alimentation | injection à 2 corps elliptiques |
| Rapport volumétrique | 13,2:1 |
| Cylindrée | 849,4 cc |
| Alésage et course | 94 mm x 61,2 mm |
| Puissance | 132 ch @ 10 000 tr/min |
| Couple | 69 lb-pi @ 9 500 tr/min |
| Boîte de vitesses | 6 rapports |
| Transmission finale | par chaîne |
| Révolution à 100 km/h | environ 3 800 tr/min |
| Consommation moyenne | 6,4 l/100 km |
| Autonomie moyenne | 257 km |

## PARTIE CYCLE

| | |
|---|---|
| Type de cadre | treillis, en acier tubulaire |
| Suspension avant | fourche inversée de 43 mm ajustable en précharge, compression et détente |
| Suspension arrière | monoamortisseur ajustable en précharge, compression et détente |
| Freinage avant | 2 disques de 320 mm de Ø avec étriers radiaux à 4 pistons |
| Freinage arrière | 1 disque de 245 mm de Ø avec étrier à 2 pistons |
| Pneus avant/arrière | 120/70 ZR17 & 180/60 ZR17 |
| Empattement | 1 475 mm |
| Hauteur de selle | 840 mm |
| Poids tous pleins faits | 199 kg |
| Réservoir de carburant | 16,5 litres |

Monster 1100<sup>EVO</sup>

***VINGT CHANDELLES...*** En 2013, la Monster lancée en 1993 fête deux décennies de production, une occasion que Ducati souligne en offrant des éditions 20ᵉ anniversaire des 696, 796 et 1100<sup>EVO</sup>. Ces dernières se distinguent des modèles de base par une finition particulière qui inclut une peinture rouge et un cadre doré. La version Diesel, qui est strictement une variante stylistique de la 1100<sup>EVO</sup>, reste intacte. Renouvelée une seule fois durant sa carrière en 2009, la plateforme Monster est un exemple de simplicité et de pureté de design. Il s'agit d'un concept sans artifices qui ne cherche aucunement à battre des records, mais dont la mission est plutôt de ramener l'expérience du pilotage d'une deux-roues à son état le plus simple. Comme c'est la coutume chez Ducati, plus les versions montent en cylindrée, plus la facture et la qualité des composantes grimpent aussi.

Nous parlons généralement de Harley-Davidson lorsque nous faisons de telles affirmations, mais le fait est que Ducati emploie certains des plus habiles designers de l'industrie. La direction qu'a prise la famille Monster depuis la première et la seule refonte complète de sa plateforme en 2009 en est le parfait exemple, puisque les modèles actuels sont à la fois fidèles au concept d'origine et agréablement modernes.

Visuellement, la Monster affiche une rare sérénité. L'esprit de la ligne originale demeure clairement perceptible, mais ce qui impressionne, c'est comment le constructeur est arrivé à utiliser les pièces et la mécanique pour créer la silhouette et les éléments de style. Aucune pièce n'est dissimulée. Au contraire, en fait, puisque chacune des composantes principales est plutôt exposée et célébrée. Encore une fois, il s'agit d'un genre d'attention aux détails habituellement retrouvé chez Harley-Davidson et rarement ailleurs.

Ducati offre une gamme de trois Monster. La 696 est destinée aux novices et la 796 vise le motocycliste moyennement expérimenté ou plus exigeant. Quant à la 1100<sup>EVO</sup>, c'est la vraie Monster, celle qu'on devrait vraiment choisir si le prix n'est pas un obstacle. La version Diesel est uniquement une variante stylistique de la 1100<sup>EVO</sup> qui est signée par la marque surtout connue pour ses jeans.

Comme c'est toujours le cas avec le constructeur italien, plus les modèles montent dans la hiérarchie, plus les composantes qui les équipent sont désirables et performantes. Pour cette raison, la 696 laisse une certaine impression de monture bas de gamme. L'ensemble fonctionne très bien et satisfera les motocyclistes moins expérimentés ou moins exigeants, surtout s'ils n'ont rien connu de moderne auparavant en matière de deux-roues. Les autres trouveront le travail des suspensions un peu rudimentaire et les prestations de la mécanique un peu trop justes. Si le petit V-Twin offre des accélérations honnêtes, en revanche, il n'est pas un exemple de souplesse et demande des hauts régimes et des changements de rapports fréquents pour livrer ses meilleures prestations. Pour la clientèle visée, ce niveau de performances s'avère néanmoins suffisant.

La selle étonnamment basse ainsi que la grande légèreté et la maniabilité exceptionnelle de la 696 sont les facteurs principaux derrière sa très grande accessibilité. Toutefois, si le budget le permet, il serait judicieux de viser la 796 qui est nettement plus intéressante à de nombreux chapitres et qui se montre presque aussi facile à piloter.

La génération courante de la Monster corrige l'un des défauts de la version originale en proposant une position de conduite plus équilibrée. La relation entre guidon, repose-pieds et selle est aujourd'hui très similaire à celle qu'une standard moderne propose, c'est-à-dire compacte et naturelle.

Offrant un comportement routier similaire, mais de meilleure qualité que celui de la 696, la Monster 1100<sup>EVO</sup> se détache complètement de la petite cylindrée en matière de mécanique. Ses performances sont beaucoup plus intéressantes en raison de l'excellente souplesse du V-Twin, de ses accélérations nettement plus musclées et, surtout, de la manière absolument charmante qu'il a de vibrer profondément en accélération.

> **COMME C'EST TOUJOURS LE CAS CHEZ DUCATI, PLUS LES MODÈLES MONTENT DANS LA HIÉRARCHIE, PLUS LA QUALITÉ DE FABRICATION AUGMENTE.**

## QUOI DE NEUF EN 2013 ? +

Éditions 20ᵉ anniversaire offertes moyennant un surplus de 500 $

Diesel et 796 coûtent 200 $ et 696 coûte 500 $ de plus qu'en 2012

## PAS MAL ▲

Une ligne dessinée de manière très habile, puisque la Monster est à la fois immédiatement reconnaissable et très jolie

Une partie cycle extrêmement légère et agile qui est responsable d'une grande maniabilité et une tenue de route permettant de rouler assez fort en piste

Une mécanique sublime sur la 1100 qui dégage un caractère tellement fort qu'elle rappelle un peu les regrettées Buell Lightning

Une selle particulièrement basse sur la 696 destinée à une clientèle peu expérimentée

## BOF ▼

Un comportement généralement bon, mais dont la qualité est réduite, sur la 696, par des suspensions dont le travail est rudimentaire; la 1100 est nettement supérieure

Des performances décentes, mais pas impressionnantes pour la 696 qui annonce pourtant une puissance qui devrait se traduire par des prestations plus intéressantes

Une certaine déception découlant du fait que l'économique 696 n'est ni une aubaine ni une moto acceptable pour le motocycliste expérimenté; celui-ci devrait payer plus pour obtenir la 796, voire l'excellente 1100 si le budget est suffisant

## CONCLUSION

Succédant à une version originale produite durant une bonne quinzaine d'années, la seconde génération de la Monster faisait face à de hautes attentes lorsqu'elle fut présentée en 2009. Le résultat est non seulement à la hauteur, mais il constitue en fait une impressionnante progression. Parmi les membres de la famille, la version la plus plaisante est de loin la 1100, dont le coupleux V-Twin est une petite merveille de caractère. Comme c'est la tradition chez la marque italienne, on la sent nettement supérieure aux deux autres, mais surtout à la 696 de base. Celle-ci n'est finalement qu'une moto d'introduction à la marque dont certains aspects sont rudimentaires, mais qui satisfera néanmoins les nouveaux motocyclistes. Si les moyens sont suffisants, la 796 est un meilleur choix.

Monster 696 20ᵉ anniversaire

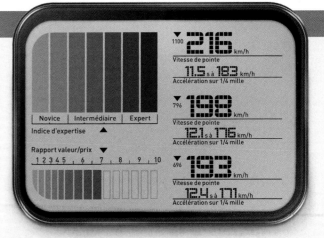

| 1100 | ▼ **216** km/h |
| | Vitesse de pointe |
| | **11.5** s à **183** km/h |
| | Accélération sur 1/4 mille |

| 796 | ▼ **198** km/h |
| | Vitesse de pointe |
| | **12.1** s à **176** km/h |
| | Accélération sur 1/4 mille |

| 696 | ▼ **193** km/h |
| | Vitesse de pointe |
| | **12.4** s à **171** km/h |
| | Accélération sur 1/4 mille |

Novice | Intermédiaire | Expert
Indice d'expertise ▲
Rapport valeur/prix ▼
1 2 3 4 5 , 6 , 7 , 8 , 9 , 10

Voir légende en page 18

## GÉNÉRAL

| | |
|---|---|
| Catégorie | Standard |
| Prix | Monster Diesel : 15 495 $<br>Monster 1100ᴱⱽᴼ : 13 495 $ (20ᵉ : 13 995 $)<br>Monster 796 : 11 695 $ (20ᵉ : 12 195 $)<br>Monster 696 : 9 995 $ (20ᵉ : 10 495 $) |
| Immatriculation 2013 | 557,53 $ |
| Catégorisation SAAQ 2013 | « régulière » |
| Évolution récente | introduite en 1993;<br>696 et 1100 introduites en 2009;<br>796 introduite en 2011 |
| Garantie | 2 ans/kilométrage illimité |
| Couleur(s) | Monster 1100ᴱⱽᴼ : rouge, noir (Diesel : vert)<br>Monster 796 : rouge, noir<br>Monster 696 : rouge, noir, blanc |
| Concurrence | 1100ᴱⱽᴼ : BMW R1200R,<br> Triumph Speed Triple<br>796 : BMW F800R, Triumph Street Triple<br>696 : Kawasaki ER-6n, KTM 690 Duke<br> Suzuki Gladius |

## MOTEUR

| | |
|---|---|
| Type | bicylindre 4-temps en V à 90 degrés,<br>contrôle desmodromique des soupapes,<br>2 soupapes par cylindre,<br>refroidissement par air |
| Alimentation | injection à 2 corps de 45 mm |
| Rapport volumétrique | 11,3:1/11,0:1/10,7:1 |
| Cylindrée | 1 078/803/696 cc |
| Alésage et course | 98/88/88 mm x 71,5/66/57,2 mm |
| Puissance | 100/87/80 ch @ 7 500/8 250/9 000 tr/min |
| Couple | 76/58/50,6 lb-pi @ 6 000/6 250/7 750 tr/min |
| Boîte de vitesses | 6 rapports |
| Transmission finale | par chaîne |
| Révolution à 100 km/h | environ 3 100 tr/min (1 100) |
| Consommation moyenne | 6,0 l/100 km (1 100) |
| Autonomie moyenne | 225 km (1 100) |

## PARTIE CYCLE

| | |
|---|---|
| Type de cadre | treillis, en acier tubulaire |
| Suspension avant | fourche inversée de 43 mm non ajustable<br>(1100 : ajustable en précharge,<br>compression et détente) |
| Suspension arrière | monoamortisseur ajustable en précharge<br>et détente |
| Freinage avant | 2 disques de 320 mm de Ø avec étriers<br>radiaux à 4 pistons (1100 : système ABS) |
| Freinage arrière | 1 disque de 245 mm de Ø avec étrier<br>à 2 pistons (1100 : système ABS) |
| Pneus avant/arrière | 120/70 R17 & 180/55 (696 : 160/60) R17 |
| Empattement | 1 450 mm |
| Hauteur de selle | 810/800/770 mm |
| Poids tous pleins faits | 188/187/185 kg |
| Réservoir de carburant | 15/15/13,5 litres |

Hypermotard SP

***PERSÉVÉRANCE...*** La période où les constructeurs se lançaient les uns après les autres dans cette nouvelle aventure qu'étaient les Supermoto fut finalement bien éphémère. En gros, beaucoup les ont trouvées belles, mais peu en ont acheté. Ducati est l'une d'une poignée de marques qui continuent d'offrir ce type de motos. En fait, le constructeur italien est même presque le seul qui investisse aujourd'hui dans ce créneau. Pour 2013, d'ailleurs, une toute nouvelle génération de la famille Hypermotard est présentée. Il s'agit d'une refonte complète de la plateforme qui est désormais construite autour d'une seule mécanique, un tout nouveau V-Twin de 821 cc refroidi par liquide. L'ancienne génération utilisait plutôt des moteurs refroidis par air de 1 078 cc et 796 cc. Une intéressante variante « plus pratique et confortable » est également offerte pour 2013, l'Hyperstrada.

### Analyse Technique

S'il est clair, avec l'introduction de cette toute nouvelle génération de l'Hypermotard, que Ducati compte persévérer dans ce créneau relativement peu populaire, il reste que la décision n'a pas été prise avec un abandon aveugle. Au lieu d'une famille de modèles diversifiés et, donc, complexes à produire, les trois variantes de l'Hypermotard offertes en 2013 sont construites autour d'une base unique. Un tout nouveau V-Twin de 821 cc dont la puissance est annoncée à 110 chevaux anime toutes les versions. Notons que même si sa cylindrée est inférieure à celle de l'ancienne 1100[EVO], la puissance est supérieure. Celle de cette dernière plafonnait à 95 chevaux. Quant au thème hautes performances de la SP, il est surtout amené par des suspensions plus évoluées, soit une fourche à massifs poteaux de 50 mm et un amortisseur Öhlins, tous deux entièrement réglables. La SP est également plus haute en raison du grand débattement de ses suspensions, tandis qu'elle utilise des roues dont le style est similaire à celui des roues de la Panigale S. Un nouveau cadre en treillis d'acier tubulaire conserve la minceur extrême qui est devenue la marque de commerce des modèles de la génération précédente. L'une des directions les plus intéressantes que prend la famille Hypermotard, c'est la présence d'une nouvelle variante appelée Hyperstrada. Comme strada signifie route en italien, le modèle se veut en gros une Hypermotard mieux adaptée à la réalité d'une utilisation quotidienne et à des sorties plus longues que de simples balades. Elle est équipée de série d'un pare-brise, de sacoches latérales, d'une selle plus confortable, de poignées de maintien, d'une béquille centrale et de prises 12V.

Hyperstrada

## QUOI DE NEUF EN 2013 ?  +

Nouvelle génération de l'Hypermotard

Variante Hyperstrada équipée d'un pare-brise et de valises latérales

Hypermotard de base coûte 1 500 $ de plus que la version 796 en 2012 et Hypermotard SP coûte 1 800 $ de moins que la 1100^EVO SP en 2012

## PAS MAL  ▲

Une ligne originale et un style très réussi qui continuent de figurer parmi les principaux facteurs d'intérêt du modèle

Une construction mince et légère qui est maintenue et qui a toujours été derrière une grande agilité

Une intéressante nouvelle mécanique dont la cylindrée et la puissance représentent généralement une très plaisante combinaison

Un niveau de technologie impressionnant, puisque l'ABS, le contrôle de traction et les modes de puissances sont offerts en équipement de série sur toutes les versions

## BOF  ▼

Une selle qui semble toujours assez étroite, ce qui constituait l'une des principales sources d'inconfort sur la version précédente

Des selles qui sont encore plus hautes que dans le cas des modèles précédents qui étaient déjà hauts

Un concept essentiellement théorique, puisque surtout basé sur une conduite de type extrême qui s'avère pratiquement irréalisable même pour les motocyclistes experts

## CONCLUSION

L'Hypermotard est l'une des rares survivantes de la tendance passagère qu'ont été les montures de type Supermoto. Nous nous demandions depuis quelques années si Ducati allait prendre la même décision que nombre de constructeurs et tout simplement cesser de produire son modèle, mais l'arrivée en 2013 d'une nouvelle génération répond à cette question. Le modèle, qui conserve sa ligne d'ensemble et continue d'être construit avec des pièces de calibre sportif, est néanmoins un peu réorienté en ce sens qu'une seule mécanique est désormais offerte et qu'une version nommée Hyperstrada plus polyvalente dans le quotidien est aussi proposée. Ce qui reste maintenant à déterminer, c'est si l'utilité réelle de ce genre de motos a progressé avec cette nouvelle génération.

Hypermotard SP

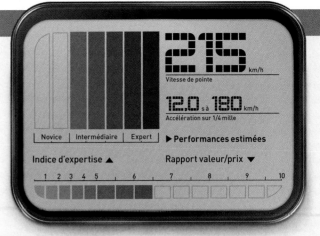

215 km/h
Vitesse de pointe

12.0 / 180 km/h à s
Accélération sur 1/4 mille

| Novice | Intermédiaire | Expert |

▶ Performances estimées

Indice d'expertise ▲          Rapport valeur/prix ▼

| 1 | 2 | 3 | 4 | 5 | 6 | 7 | 8 | 9 | 10 |

Voir légende en page 18

## GÉNÉRAL

| | |
|---|---|
| Catégorie | Supermoto |
| Prix | Hyperstrada : 13 995 $<br>Hypermotard SP : 15 695 $<br>Hypermotard : 12 995 $ |
| Immatriculation 2013 | 557,53 $ |
| Catégorisation SAAQ 2013 | « régulière » |
| Évolution récente | 1100 introduite en 2007 et revue en 2010 (EVO); 796 et 1100^EVO SP introduites en 2010; revues en 2013 |
| Garantie | 2 ans/kilométrage illimité |
| Couleur(s) | Hyperstrada : blanc<br>Hypermotard SP : rouge et blanc<br>Hypermotard : rouge, noir |
| Concurrence | Aprilia Dorsoduro 1200,<br>KTM 990 Supermoto T |

## MOTEUR

| | |
|---|---|
| Type | bicylindres 4-temps en V à 90 degrés, contrôle desmodromique des soupapes, 4 soupapes par cylindre, refroidissement par liquide |
| Alimentation | injection à 2 corps de 50 mm |
| Rapport volumétrique | 12,8:1 |
| Cylindrée | 821 cc |
| Alésage et course | 88 mm x 67,5 mm |
| Puissance | 110 ch @ 9 250 tr/min |
| Couple | 65,8 lb-pi @ 7 750 tr/min |
| Boîte de vitesses | 6 rapports |
| Transmission finale | par chaîne |
| Révolution à 100 km/h | n/d |
| Consommation moyenne | n/d |
| Autonomie moyenne | n/d |

## PARTIE CYCLE

| | |
|---|---|
| Type de cadre | treillis, en acier tubulaire |
| Suspension avant | fourche inversée de 43 mm non ajustable (SP : 50 mm, ajustable en précharge, compression et détente) |
| Suspension arrière | monoamortisseur ajustable en précharge, et détente (SP : ajustable en précharge, compression et détente) |
| Freinage avant | 2 disques de 320 mm de Ø avec étriers radiaux à 4 pistons et système ABS |
| Freinage arrière | 1 disque de 245 mm de Ø avec étrier à 2 pistons et système ABS |
| Pneus avant/arrière | 120/70 ZR17 & 180/55 ZR17 |
| Empattement | HS / HM SP / HM : 1 490 / 1 505 / 1 500 mm |
| Hauteur de selle | HS / HM SP / HM : 850 / 890 / 870 mm |
| Poids tous pleins faits | HS / HM SP / HM : 204 / 194 / 198 kg |
| Réservoir de carburant | 16 litres |

Road King 110ᵉ anniversaire

*IRREMPLAÇABLES...* Il est facile de comprendre pourquoi l'on associerait l'idée de l'ultime moto de voyage à la douceur magique et à la sophistication d'une machine comme la Gold Wing. Et pourtant, il existe d'autres formules non seulement valables, mais aussi extrêmement intéressantes pour rouler longtemps. Celle que propose Harley-Davidson avec les Electra Glide et leurs variantes représente l'une des plus particulières, puisqu'elle se situe complètement à l'opposé de la finesse sacrée de la Honda. Souvent considérées archaïques aux yeux des non-Harleyistes, il s'agit en réalité de motos parfaitement modernes, bien qu'elles le soient à leur propre façon. Animées par un gros V-Twin de 103 pouces cubes, dotées d'une partie cycle aux qualités surprenantes et dessinées de manière intemporelle, elles forment un véritable micro-univers.

La perception de Harley-Davidson qu'ont souvent les motocyclistes, c'est qu'il s'agit d'une marque différente qui évolue dans son propre univers et qui n'obéit qu'à ses propres règles. La série des montures de tourisme du constructeur démontre peut-être mieux que n'importe lequel des autres modèles que cette impression est absolument fondée. En effet, face à des rivales proposant trois fois plus de cylindres et une puissance plus de deux fois supérieure, les Electra Glide demeurent quand même sublimes lorsqu'elles se retrouvent dans l'environnement pour lequel elles existent, celui où les kilomètres s'enfilent et où les paysages défilent. Dans de telles circonstances, la « formule » Harley-Davidson prend non seulement tout son sens, mais elle va même jusqu'à donner une dimension magique à l'expérience. Elles ne s'adressent décidément pas à tous et surtout pas aux motocyclistes qui considèrent l'expérience du voyage à moto meilleure lorsqu'elle est soyeuse et isolée des éléments. Ces derniers seront très bien servis par d'autres modèles. L'Electra Glide et ses variantes font plutôt le choix de ne pas être parfaitement douces, mais de célébrer le doux et profond grondement de leur adorable V-Twin de presque 1 700 cc. Elles font le choix de proposer un environnement moins enveloppant, d'être un peu plus ouvertes, de protéger le pilote des éléments, mais sans l'isoler de la route et de tout ce qui l'accompagne. Tous ces choix se transforment en caractéristiques parfaitement calculées et judicieusement dosées. Par ailleurs, chacun des ingrédients qui se combinent pour donner cette fameuse « formule américaine » n'est ni archaïque ni désuet, mais représente

> **LES ELECTRA GLIDE SONT SUBLIMES LORSQUE LES KILOMÈTRES S'ENFILENT ET QUE LES PAYSAGES DÉFILENT.**

plutôt l'une des nombreuses facettes qui font la particularité de ces machines de route très spéciales. Cela dit, les modèles de la série ne sont pas pour autant parfaits et bénéficieraient, par exemple, d'être tous livrés de série avec des poignées et même des selles chauffantes, avec une meilleure chaîne audio et avec des valises latérales plus volumineuses. L'écoulement de l'air aussi est perfectible et c'est avec impatience que nous attendons le jour où Harley-Davidson trouvera le moyen d'installer des pare-brise ajustables électriquement, puisque ceux qui les équipent de série sont tous fixes.

En raison du grand nombre de variantes, la série de tourisme du constructeur américain peut sembler difficile à suivre, mais on n'a qu'à se rappeler que plus les prix montent, plus le confort et l'équipement sont présents. Tous les modèles possèdent néanmoins trois principaux atouts techniques. Le premier concerne la partie cycle qui, depuis sa révision de 2009, propose un comportement d'une qualité surprenante, et ce, même si le rythme s'intensifie et que les courbes se resserrent. Compte tenu de la masse considérable de toutes les versions, on s'étonne même de leur maniabilité une fois qu'elles sont en mouvement.

Le second de ces atouts est ce fameux V-Twin qui s'avère absolument charmant en raison de sa faculté très particulière de communiquer son vrombissement au pilote tout en se montrant très doux à vitesse d'autoroute.

Enfin, toutes les variantes proposent un niveau de confort agréablement élevé. En raison de leur bonne protection contre les éléments et de leurs énormes selles, les versions haut de gamme sont même de véritables avaleuses de route.

BEAUCOUP DE MOTOCYCLISTES DÉNIGRENT CARRÉMENT LES PRODUITS HARLEY-DAVIDSON. NOUS N'AURIONS PAS DE PROBLÈME À PARIER GROS QU'ILS CHANGERAIENT D'IDÉE S'ILS PASSAIENT QUELQUES JOURS À SILLONNER LA TERRE AUX COMMANDES D'UNE ELECTRA GLIDE.

Electra Glide Limited

## STREET GLIDE

La Street Glide est actuellement la Harley-Davidson la plus populaire. Pouvant être perçue comme une Electra Glide sans valise arrière ou comme une Road King équipée d'un carénage, elle offre une nature à mi-chemin entre les modèles les plus équipés et les plus épurés de la série de tourisme.

## ROAD GLIDE CUSTOM

La Road Glide Custom est la jumelle parfaite de la Street Glide à une exception près. Au lieu du carénage fixé à la fourche de cette dernière, la Road Glide est plutôt équipée d'un carénage fixé au cadre et dont la forme est décrite par Harley-Davidson comme un «nez de requin». Le style du modèle n'a jamais été très populaire, mais Harley-Davidson n'a cessé de le raffiner. Il s'agit de l'une des toutes premières «baggers» du marché.

## ELECTRA GLIDE CLASSIC

La Classic est la plus économique et la moins équipée des Electra Glide. L'Ultra Classic Electra Glide, puis l'Electra Glide Limited la suivent, chacune avec plus d'équipements et une facture plus élevée. La partie cycle et la mécanique demeurent toutefois identiques, peu importe les versions.

## TRI GLIDE ULTRA CLASSIC

Harley-Davidson est le seul grand constructeur qui produise un «Trike» en usine. Le terme fait référence à une moto de production, dans ce cas une Electra Glide, à laquelle un train arrière à deux roues a été fixé. Le but de l'exercice est d'offrir une option aux motocyclistes qui acceptent de sacrifier la possibilité de pencher, entre autres, pour ne plus avoir à gérer le poids d'une moto à l'arrêt.

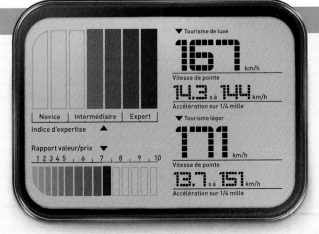

Voir légende en page 18

# QUOI DE NEUF EN 2013 ? +

Versions 110ᵉ anniversaire des variantes Electra Glide Ultra Limited, Tri Glide Ultra Classic et Road King

Coûtent de 230 $ à 570 $ de plus qu'en 2012

## PAS MAL ▲

Des lignes classiques et intemporelles dont la popularité est bien reflétée par le nombre de fois où on les retrouve sur des customs de manufacturiers rivaux

Un V-Twin dont la présence mécanique n'est pas aussi forte que sur les Dyna, mais qui chante de manière fort agréable et génère un niveau de performances que la majorité des acheteurs trouvera tout à fait suffisant, surtout depuis qu'il s'agit du Twin Cam 103 de 1 690 cc

Une facilité de pilotage qui surprend et rend ces motos, qui sont techniquement des poids lourds, accessibles aux moins qu'experts

Un niveau de turbulences désormais acceptable sur la Road Glide Ultra grâce à l'ajout des déflecteurs développés pour la version CVO

Une merveilleuse sérénité et une grande efficacité dans l'environnement du voyage de longue distance pour les modèles très équipés

## BOF ▼

Une suspension arrière correcte sur des routes pas trop abîmées, mais qui devient sèche lorsque l'état de la chaussée se détériore

Un poids élevé pour les modèles très équipés; les manœuvres lentes et serrées demandent toute l'attention du pilote et un bon niveau d'expérience

Des pare-brise qui génèrent tous une turbulence plus ou moins importante au niveau du casque, sur l'autoroute, et une absence totale de possibilité d'ajustement

Un système ABS qui n'est offert de série que sur les versions Ultra

Des chaînes audio dont la qualité sonore est correcte, mais sans plus, et dont la connectivité avec les accessoires de type iPod est rudimentaire; sur des montures de ce prix, on s'attend à mieux

## CONCLUSION

L'une des raisons derrière le magnétisme de la marque Harley-Davidson tient de l'habitude qu'a le constructeur de faire les choses à sa tête et sans jamais se soucier des «autres». L'expérience du voyage à moto que propose la marque de Milwaukee est un excellent exemple de cette philosophie, puisqu'elle n'a rien à voir avec ce que réserve la monture largement considérée comme la norme dans le genre, soit la Honda Gold Wing. Les modèles de tourisme Harley-Davidson proposent plutôt une façon absolument unique de prendre la route, une façon tellement originale et tellement peaufinée avec le temps que le renouvellement n'est ni nécessaire ni souhaité. Elles offrent un ensemble d'ingrédients très particulier qu'on accepte ou pas. D'ailleurs, nombreux sont les motocyclistes pour qui cette formule n'a pas de sens. Mais à ceux que la sophistication à outrance n'interpelle pas, à ceux pour qui voyager signifie aussi prendre plaisir à s'imprégner de la machine que l'on pilote et du décor que l'on traverse, elles sont d'irremplaçables objets.

Tri Glide Ultra Classic 110ᵉ anniversaire

## GÉNÉRAL

| | |
|---|---|
| Catégorie | Tourisme de luxe / Tourisme léger |
| Prix | 20 099 $ à 29 529 $ (Tri Glide : 36 519 $) |
| Immatriculation 2013 | 557,53 $ |
| Catégorisation SAAQ 2013 | « régulière » |
| Évolution récente | plateforme revue en 2009; TC96 introduit en 2007, TC103 en 2010, adopté en 2012; Street Glide introduite en 2006, Tri Glide Ultra Classic en 2009 et Road Glide Ultra en 2011 |
| Garantie | 2 ans/kilométrage illimité |
| Couleur(s) | choix multiples |
| Concurrence | Kawasaki Vulcan 1700 Nomad/Voyager; Victory Vision Tour, Cross Country/Tour, Cross Roads; Yamaha Venture |

## MOTEUR

| | |
|---|---|
| Type | bicylindre 4-temps en V à 45 degrés (Twin Cam 103), culbuté, 2 soupapes par cylindre, refroidissement par air |
| Alimentation | injection séquentielle |
| Rapport volumétrique | 9,6:1 |
| Cylindrée | 1 690 cc |
| Alésage et course | 98,4 mm x 111,3 mm |
| Puissance estimée | 75 ch @ 5 000 tr/min |
| Couple | 100 lb-pi @ 3 250 tr/min |
| Boîte de vitesses | 6 rapports |
| Transmission finale | par courroie |
| Révolution à 100 km/h | environ 2 300 tr/min (Tri Glide : 2 500 tr/min) |
| Consommation moyenne | 6,2 l/100 km |
| Autonomie moyenne | 366 km |

## PARTIE CYCLE

| | |
|---|---|
| Type de cadre | double berceau, en acier |
| Suspension avant | fourche conventionnelle de 41,3 mm non ajustable |
| Suspension arrière | 2 amortisseurs ajustables en précharge par pression d'air |
| Freinage avant | 2 disques de 300 mm de Ø avec étriers à 4 pistons (ABS optionnel selon modèle) |
| Freinage arrière | 1 disque de 300 mm de Ø avec étrier à 4 pistons (ABS optionnel selon modèle) |
| Pneus avant/arrière | EG/RGU/RK: 130/80 B17 & 180/65 B16 SG/RGC: 130/70 B18 & 180/65 B16 RKC: 130/90 B16 & 180/65 B16 |
| Empattement | 1 613 mm (Tri Glide : 1 692 mm) |
| Hauteur de selle | 688 mm à 739 mm (Tri Glide : 734 mm) |
| Poids tous pleins faits | 367 kg à 409 kg (Tri Glide : 540 kg) |
| Réservoir de carburant | 22,7 litres |

Breakout

**FAMILLE FÉTICHE...**  Chez Harley-Davidson, aucune famille de modèles ne reçoit autant d'attention que celle des Softail. Non seulement il s'agit de la famille la plus grande avec pas moins de sept variantes en 2013, mais ces dernières sont également les montures de la gamme américaine qui affichent le plus grand degré de diversité. Une diversité stylistique, bien entendu, puisque sous ces lignes très différentes se trouve une base presque identique constituée d'un cadre qui cache sa suspension arrière et d'un moteur Twin Cam 103B monté de manière rigide. Il s'agit à la fois de la famille d'accueil de célébrités comme la Fat Boy et l'Heritage Softail Classic et de modèles aux lignes bien plus actuelles comme la Blackline et la toute nouvelle Breakout. Celle-ci est d'ailleurs la première Softail depuis la défunte Rocker sur laquelle un gros pneu arrière de 240 mm est installé.

Si les Softail reçoivent autant d'attention de la part de Harley-Davidson, c'est qu'elles représentent les modèles devant plaire à la masse et non seulement aux connaisseurs. Il s'agit d'une réalité qu'on constate dès que le bouton du démarreur est enfoncé, car en dépit d'une cylindrée qui atteint presque 1,7 litre, le très agréable et coupleux V-Twin animant chacun des modèles de la famille se montre particulièrement doux, justement pour plaire au plus large public possible. Presque exempt de vibrations au ralenti et tremblant à peine à vitesse d'autoroute, il gronde par contre de manière assez marquée en pleine accélération. La sonorité profonde et veloutée des silencieux est aisément audible, tandis que les nombreux bruits mécaniques typiques des montures du constructeur font également partie de l'expérience. Le caractère des Softail s'avère toutefois nettement plus réservé que celui des modèles Dyna et de tourisme. Il s'agit d'un niveau de sensations auditives et tactiles volontairement et précisément dosé, et aussi du type de présence mécanique dont les modèles customs des constructeurs rivaux cherchent le plus à se rapprocher. Ainsi, même si l'expérience sensorielle n'est pas tout à fait la même et que les performances ne sont pas nécessairement du même niveau, ce dosage fait en sorte que l'ancien propriétaire d'une custom poids lourd de marque Kawasaki, Honda ou Victory, par exemple, ne se sentira pas du tout égaré sur une Softail et vice versa. En revanche, l'amateur de customs recherchant des sensations mécaniques fortes restera peut-être sur sa faim avec les modèles de cette famille. Dans un tel cas, n'importe laquelle des montures de la famille Dyna serait tout indiquée.

**ELLES REÇOIVENT AUTANT D'ATTENTION PARCE QU'ELLES DOIVENT PLAIRE À LA MASSE ET NON SEULEMENT AUX CONNAISSEURS.**

Toute la notoriété dont jouit la marque Harley-Davidson n'empêche pas ses produits d'être régulièrement la cible de croyances populaires peu flatteuses. Des freins déficients, une fiabilité douteuse, des vibrations qui font tomber les pièces, de l'huile qui fuit, une garde au sol inexistante ou un comportement boiteux en sont autant d'exemples. La réalité, toutefois, c'est qu'il s'agit dans tous les cas de mythes purs et simples, pour ne pas parler de commentaires ignorants. Le fait est qu'en matière de comportement, la plupart des Harley, dont certainement celles-ci, proposent un niveau de fonctionnalité facilement équivalent à celui des produits rivaux japonais ou américains. À l'exception des modèles comme la Blackline ou la nouvelle Breakout dont certaines caractéristiques amènent un comportement auquel on doit s'habituer un peu, toutes les variantes offrent une direction très légère et une masse vraiment habilement déguisée. Une prise en main étonnamment facile ainsi qu'une solidité, une précision et une garde au sol tout à fait satisfaisantes en virage, du moins lorsqu'elles sont pilotées à un rythme modéré, sont d'autres qualités des Softail. Toutes les versions proposent par ailleurs un niveau de confort correct lors de balades de courte ou moyenne durée, et ce, malgré une suspension arrière dont les bonnes manières se dissipent sur mauvais revêtement. Grâce à son gros pare-brise — qui génère toutefois de la turbulence au niveau du casque —, à son dossier de passager et à ses sacoches latérales souples, l'Heritage Softail Classic est la plus appropriée sur de longues distances, même s'il ne s'agit certainement pas d'une véritable routière comme une Road King.

## BREAKOUT

La Breakout est la première Harley-Davidson d'abord présentée comme modèle CVO et ensuite comme modèle de grande production. Elle est aussi la première Softail sur laquelle un large pneu arrière de 240 mm a été installé depuis la Rocker qui a aujourd'hui disparu de la gamme. Une très légère influence de la V-Rod Muscle peut être perçue dans sa ligne.

## BLACKLINE

Il est toujours fascinant de constater comment les stylistes du constructeur arrivent à autant transformer les modèles avec finalement si peu. Entre la Blackline et la Slim, par exemple, la selle, la roue avant et le système d'échappement sont les grandes différences. Par ailleurs, la finition métallique à gros brillants de cette Blackline illustre l'un des aspects que Harley-Davidson va commencer à exploiter beaucoup plus : la peinture.

## SOFTAIL SLIM

Lancée en 2012, la Softail Slim est l'une de ces récentes Harley-Davidson qui, comme la Sportster 1200 Forty-Eight, tentent d'offrir un style à la fois plus « jeune » que celui d'une Softail Deluxe, mais encore représentatif de l'héritage de la marque. La Slim illustre comment les stylistes de Milwaukee jouent depuis quelques années avec les pièces noires, chromées et polies en espérant trouver la combinaison qui attirera cette fameuse clientèle plus jeune que tout le monde tente aujourd'hui de séduire.

## FAT BOY

La Fat Boy est tout simplement la custom la plus imitée de toute l'industrie. Nous avons souvent blagué en affirmant qu'en général la silhouette des customs japonaises peut toujours être décrite comme une variation de celle d'une Fat Boy.

## FAT BOY LO

Ni plus ni moins qu'une Fat Boy abaissée, la Lo expérimente aussi avec la finition sur thème noir que Harley-Davidson appelle Dark Custom. Le but de l'exercice est de soustraire au style l'aspect «chrome mur à mur» que les jeunes adultes associent instinctivement à des «motos de vieux» afin, bien entendu, de les intéresser au modèle.

## SOFTAIL DELUXE

La Deluxe, c'est la «Cadillac '57» des Softail, celle qui se trouve à l'opposé stylistique du mouvement Dark Custom. Techniquement très proche de la Fat Boy, elle ne se refuse aucun ornement ni aucun chrome. Chez un autre constructeur, un tel exercice aurait vite pu tourner en caricature, mais la marque de Milwaukee arrive plutôt à un résultat de très bon goût.

## HERITAGE SOFTAIL CLASSIC

Si la Fat Boy est la custom la plus imitée, alors l'Heritage Softail Classic est la custom de tourisme léger la plus copiée. Son pare-brise, ses sacoches latérales et son dossier de passager sont, en effet, devenus obligatoires pour les variantes de ce type.

**182** km/h
Vitesse de pointe

**13,6** s à **158** km/h
Accélération sur 1/4 mille

| Novice | Intermédiaire | Expert |

Indice d'expertise ▲          Rapport valeur/prix ▼

1  2  3  4  5    6    7    8    9    10

Voir légende en page 18

## QUOI DE NEUF EN 2013 ? ✛

Introduction de la variante Breakout

Versions 110ᵉ anniversaire des variantes Fat Boy Lo et Heritage Softail Classic

Coûtent entre 120 $ et 740 $ de plus qu'en 2012

## PAS MAL ▲

Des lignes soit classiques et intemporelles comme celles de la Fat Boy et de l'Heritage, soit modernes et progressives comme celle de la Breakout; chacune à sa façon est une formidable démonstration du talent stylistique de Harley-Davidson

Un V-Twin qui, sans être le plus communicatif du catalogue américain, chante de manière fort agréable et génère un niveau de performances que la majorité des acheteurs trouvera satisfaisant, surtout maintenant qu'il s'agit du Twin Cam 103B

Une facilité de pilotage qui surprend et rend ces lourdes motos, notamment la Fat Boy Lo, étonnamment accessibles aux moins qu'experts

## BOF ▼

Une suspension arrière dont le comportement sur des routes pas trop abîmées peut être qualifié de correct, mais qui devient sèche quand la chaussée se détériore

Un thème « tourisme léger » qui doit justement être pris à la légère sur l'Heritage qui est une custom de longues balades et non une alternative à une Street Glide

Une certaine légère nervosité de direction sur l'autoroute, pour certains modèles dont la Fat Boy, où le moindre mouvement du pilote se transforme en réaction du châssis

## CONCLUSION

Les critiques dirigées vers Harley-Davidson et qui sont issues de l'habitude qu'a le constructeur de multiplier les modèles à partir d'une plateforme commune ne sont certainement pas rares. Elles viennent habituellement de non-harleyistes qui perçoivent la pratique comme une manière simpliste de créer des nouveautés. Ce que ces derniers peinent à saisir, c'est qu'aux yeux des harleyistes, ces « légères » modifications suffisent amplement pour différencier les modèles. En fait, pour bien comprendre, il suffit simplement de remplacer le mot modèle par tableau. Ainsi, lorsque les amateurs de Harley optent pour une Softail, ils n'ont en réalité choisi que le cadre d'un tableau. Ces fameuses « légères » différences représentent les éléments sur lesquels la décision finale sera basée. Les amateurs des produits de Milwaukee, finalement, achètent plus qu'une moto. Ils achètent aussi — entre bien d'autres choses — un lien avec un « tableau », avec une pièce de mécanique dont les formes leur parlent, ou pas. Heureusement, pour tout ce processus, la base qu'est la plateforme Softail animée par le Twin Cam 103B représente un très bon « cadre ».

Heritage Softail Classic

## GÉNÉRAL

| | |
|---|---|
| Catégorie | Custom / Tourisme léger |
| Prix | FB / FBL / SD : 19 309 / 19 079 / 19 759 $<br>HSC / Slim : 19 989 / 17 829 $<br>BO / BL : 20 329 / 17 719 $<br>HSC¹¹⁰ / FBL¹¹⁰ : 23 619 / 22 149 $ |
| Immatriculation 2013 | 557,53 $ |
| Catégorisation SAAQ 2013 | « régulière » |
| Évolution récente | plateforme revue en 2000; TC96B introduit en 2007 et TC103B en 2012; Deluxe introduite en 2005, Fat Boy Lo en 2010, Blackline en 2011, Slim en 2012 et Breakout en 2013 |
| Garantie | 2 ans/kilométrage illimité |
| Couleur(s) | choix multiples |
| Concurrence | Kawasaki Vulcan 1700 Classic, Victory Kingpin, Yamaha Road Star, Yamaha Road Star Silverado |

## MOTEUR

| | |
|---|---|
| Type | bicylindre 4-temps en V à 45 degrés (Twin Cam 103B), culbuté, 2 soupapes par cylindre, refroidissement par air |
| Alimentation | injection séquentielle |
| Rapport volumétrique | 9,6:1 |
| Cylindrée | 1 690 cc |
| Alésage et course | 98,4 mm x 111,1 mm |
| Puissance estimée | 75 ch @ 5 000 tr/min |
| Couple | 98,7 lb-pi @ 3 000 tr/min |
| Boîte de vitesses | 6 rapports |
| Transmission finale | par courroie |
| Révolution à 100 km/h | environ 2 300 tr/min |
| Consommation moyenne | 5,8 l/100 km |
| Autonomie moyenne | 326 km |

## PARTIE CYCLE

| | |
|---|---|
| Type de cadre | double berceau, en acier |
| Suspension avant | fourche conventionnelle de 41,3 mm non ajustable |
| Suspension arrière | 2 amortisseurs ajustables en précharge |
| Freinage avant | 1 disque de 292 mm de Ø avec étrier à 4 pistons (ABS optionnel) |
| Freinage arrière | 1 disque de 292 mm de Ø avec étrier à 2 pistons (ABS optionnel) |
| Pneus avant/arrière | FB / FBL : 140/75-17 & 200/55-17<br>SD / Slim : MT90 B16 & MU85B16<br>HSC : MT90 B16 & 150/80 B16<br>BL : MH90-21 & MU85B16<br>BO : 130/60 B21 & 240/40 R18 |
| Empattement | 1 638 mm (BL : 1 689 mm; BO : 1 710 mm) |
| Hauteur de selle | FB / FBL / SD / BO : 690 / 669 / 658 / 655 mm<br>HSC / Slim / BL : 688 / 658 / 663 mm |
| Poids tous pleins faits | FB / FBL / SD / BO : 329 / 332 / 329 / 330 kg<br>HSC / Slim / BL : 345 / 317,5 / 310 kg |
| Réservoir de carburant | 18,9 litres |

Street Bob H-D1

**RÉALITÉ...** Posséder une Harley-Davidson représente un rêve pour beaucoup de gens, motocyclistes ou pas. À ceux d'entre eux dont les moyens ne sont pas illimités, mais qui préféreraient ne pas rouler sur une Sportster 1200, la marque de Milwaukee propose cette paire de Dyna « économiques » dans le but d'aider ce rêve à devenir réalité. Tant la Street Bob que la Super Glide Custom sont construites exactement comme les autres membres de la famille Dyna et sont donc animées par une version sans balancier du gros V-Twin américain montée de manière souple. Il s'agit d'une mécanique qui doit absolument être expérimentée pour être appréciée et qui transforme ces motos en machines à sensations absolument uniques. En fait, le seul endroit où ces modèles en offrent moins, c'est au niveau de leur cylindrée de 96 plutôt que de 103 pouces cubes.

Les Street Bob et Super Glide Custom se distinguent du reste la gamme américaine par le fait qu'il s'agit des grosses Harley-Davidson les moins chères. La facture des modèles est même soit similaire, soit inférieure à celle des montures rivales des constructeurs japonais ou autres, ce qui constitue une occasion assez inhabituelle. Malgré cela, ni l'une ni l'autre n'est construite de manière moins attentionnée que le reste des grosses Harley, la seule exception étant la cylindrée du gros V-Twin qui est dans leur cas de 96 plutôt que de 103 pouces cubes. Rappelons que jusqu'en 2011, le moteur Twin Cam 96 animait la majorité des Harley et que le TC 103 a été adopté en 2012 par la gamme entière, sauf ces modèles, et ce, justement dans le but de garder leur prix à ce niveau.

S'il est une facette de ces Dyna qui fasse un peu bon marché, c'est leur ligne un peu prévisible. Harley-Davidson a d'ailleurs légèrement raffiné le style de la Street Bob en 2013, en plus d'en faire le second modèle de la gamme qui puisse être personnalisé sur Internet avec le très intéressant programme H-D1. Quant à la Super Glide Custom, sa finition est exemplaire, mais sa ligne ne semble rien offrir de particulier ou de très désirable, pour ne pas dire qu'elle est finalement anonyme. D'un autre côté, il est possible que certains aiment son côté années 70. Comme tout ce qui sépare la Super Glide — qui est l'un des modèles offerts en édition spéciale 110e anniversaire — d'un niveau de désirabilité supérieur est l'un de ces coups de crayon géniaux que le constructeur applique à de plus en plus de ses montures, nous ne serons pas surpris de la voir soit évoluer, soit disparaître à moyen terme.

Si les particularités stylistiques qui définissent la ligne de la Street Bob et de la Super Glide Custom sont discutables, en termes de désirabilité mécanique, c'est tout le contraire puisqu'elles figurent aisément parmi les customs les plus communicatives et caractérielles du marché. Pour l'amateur de V-Twin custom à forte présence sensorielle, on peut même difficilement trouver plus satisfaisant.

À partir du ralenti jusqu'à environ 2 500 tr/min, une Dyna offre un lien extraordinaire direct entre les mouvements des pistons et les pulsations

**ELLES FIGURENT PARMI LES CUSTOMS LES PLUS COMMUNICATIVES ET CARACTÉRIELLES DU MARCHÉ TOUT ENTIER.**

ressenties par le pilote. Ce profond tremblement s'adoucit comme par magie une fois ce régime passé, le gros V-Twin se contentant alors de doucement gronder à vitesse d'autoroute. Les performances sont d'un niveau satisfaisant grâce à une bonne poussée à bas et moyen régimes.

Compte tenu de ses quelque 300 kilos et de sa cylindrée de près de 1 600 cc, la grande accessibilité de la Super Glide Custom surprend. Une selle et un centre de gravité bas ainsi qu'un guidon large tombant naturellement facilitent sa prise en main. Bien que ses proportions soient identiques, le cas de la Street Bob est différent en raison d'une position de conduite très caractérisée par le haut guidon. L'effet n'a non seulement rien de naturel, mais une bonne attention lors de manœuvres serrées est aussi requise. Dans les deux cas, à cause de la distance réduite entre les selles basses et les repose-pieds qui se trouvent en position centrale, les pilotes aux longues jambes pourraient se sentir coincés ou étrangement installés. Enfin, grâce aux selles correctes et aux suspensions souples, toutes deux offrent un niveau de confort satisfaisant, du moins lorsqu'on s'en tient à la balade.

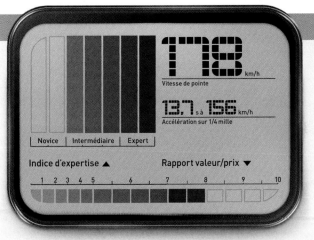

Voir légende en page 18

## QUOI DE NEUF EN 2013 ? +

Style de la Street Bob révisé : finition noire des tés de fourche, du couvercle de batterie et du moteur, console de réservoir avec interrupteur, couvercle de filtre à air rond, support de guidon sur caoutchouc, garde-boue arrière redessiné

Version 110ᵉ ann. de la Super Glide Custom, programme H-D1 offert avec la Street Bob

Super Glide Custom coûte 230 $ de plus qu'en 2012

## PAS MAL ▲

De vraies Harley-Davidson «pleine grandeur» à prix raisonnable

Une mécanique au caractère carrément ensorcelant qui tremble et qui gronde comme aucun autre V-Twin en existence, ainsi qu'un bon niveau de performances

Une accessibilité étonnante pour des customs d'une telle cylindrée et de tels poids

## BOF ▼

Un prix intéressant, mais qui se traduit par une selle solo sur la Street Bob et par l'utilisation du Twin Cam 96 plutôt que le Twin Cam 103 adopté du reste de la gamme

Un style prévisible et facile pour la Super Glide Custom qui mériterait vraiment un peu d'attention; certaines Dyna pourraient être bien plus intéressantes si Harley leur administrait la même médecine stylistique dont profitent les Softail ou les Sportster

Une position de conduite pas très naturelle à cause de la position centrale des repose-pieds; la posture très particulière qu'impose la Street Bob ne plaira pas à tous

Une mécanique dont le caractère est tellement fort que certains motocyclistes n'arrivent pas à s'y faire; il s'agit des clients parfaits pour les Softail dont les sensations mécaniques sont bien plus retenues

## CONCLUSION

Bien que le choix de l'une de ces Dyna implique que l'acheteur devra se «contenter» de la version de 96 pouces cubes du sublime V-Twin américain, la nature extraordinairement communicative de la plateforme Dyna demeure parfaitement présente sur chaque modèle. En termes de style, nous continuons de reprocher à la Super Glide d'avoir l'air un peu trop anonyme, mais la Street Bob n'a pas ce problème, surtout maintenant qu'elle peut être personnalisée à souhait avec H-D1.

Street Bob H-D1

Super Glide Custom 110ᵉ

## GÉNÉRAL

| | |
|---|---|
| Catégorie | Custom |
| Prix | Street Bob : 14 759 $<br>Super Glide Custom : 14 989 $<br>Super Glide Custom 110ᵉ : 18 169 $ |
| Immatriculation 2013 | 557,53 $ |
| Catégorisation SAAQ 2013 | «régulière» |
| Évolution récente | Street Bob introduite en 2007;<br>TC96 introduit en 2007 |
| Garantie | 2 ans/kilométrage illimité |
| Couleur(s) | choix multiples |
| Concurrence | Kawasaki Vulcan 1700 Classic,<br>Victory Vegas, Yamaha Road Star 1700 |

## MOTEUR

| | |
|---|---|
| Type | bicylindre 4-temps en V à 45 degrés (Twin Cam 96), culbuté, 2 soupapes par cylindre, refroidissement par air |
| Alimentation | injection séquentielle |
| Rapport volumétrique | 9,2:1 |
| Cylindrée | 1 584 cc |
| Alésage et course | 95,3 mm x 111,3 mm |
| Puissance estimée | 70 ch @ 5 000 tr/min |
| Couple | 92 lb-pi @ 3 000 tr/min |
| Boîte de vitesses | 6 rapports |
| Transmission finale | par courroie |
| Révolution à 100 km/h | environ 2 400 tr/min |
| Consommation moyenne | 5,6 l/100 km |
| Autonomie moyenne | SB : 317 km; SGC : 337 km |

## PARTIE CYCLE

| | |
|---|---|
| Type de cadre | double berceau, en acier |
| Suspension avant | fourche conventionnelle de 49 mm non ajustable |
| Suspension arrière | 2 amortisseurs ajustables en précharge |
| Freinage avant | 1 disque de 300 mm de Ø avec étrier à 4 pistons |
| Freinage arrière | 1 disque de 292 mm de Ø avec étrier à 2 pistons |
| Pneus avant/arrière | 100/90-19 & 160/70 B17 |
| Empattement | 1 631 mm |
| Hauteur de selle | SB : 678 mm; SGC : 673 mm |
| Poids tous pleins faits | SB : 305 kg; SGC : 308 kg |
| Réservoir de carburant | SB : 17,8 litres; SGC : 18,9 litres |

Wide Glide

***ENFIN EXPLOITÉES...*** Les Dyna ont longtemps été la famille pauvre des Harley de gros cubage. En effet, il semblait que toute l'énergie du constructeur était dirigée vers ses modèles de tourisme et ses Softail. Aujourd'hui, toutefois, après avoir passé quelques années à maximiser chaque élément de son catalogue, Harley-Davidson n'a pratiquement plus de modèles négligés de la sorte. Ces trois intéressantes variantes de la plateforme Dyna illustrent les résultats qu'a générés cette attention. Au-delà des caractéristiques stylistiques, ergonomiques et fonctionnelles qui distinguent chacun des modèles, une plateforme presque identique est utilisée, celle constituée du châssis Dyna et du Twin Cam 103 monté de façon souple. Introduite l'an dernier, la Switchback offre, par ailleurs, la possibilité de changer rapidement d'allure et de fonction grâce à la dépose rapide de ses équipements.

Les motocyclistes « normaux » expriment régulièrement une sorte de mépris à l'égard de Harley-Davidson en raison de l'habitude qu'il a de créer plusieurs modèles à partir d'une même plateforme, parfois en changeant à peine quelques pièces. Et pourtant, il n'y a vraiment rien de mal à cette façon de faire, surtout quand la plateforme en question est aussi plaisante que celle de la famille Dyna et que les modèles sont aussi distincts que ceux de ce trio.

La Switchback lancée en 2012 est le plus récent résultat de ce genre de procédé. Dessinée de manière nettement plus conservatrice que les Fat Bob et Wide Glide, elle est animée par la version de 103 pouces cubes de l'exquise mécanique qu'est le Twin Cam. La présence de ce V-Twin de près de 1 700 cc ne fait d'aucune de ces motos une fusée, mais elle leur donne en revanche un niveau de performances décidément plaisant, notamment en raison de la très généreuse quantité de couple produite à bas et moyen régimes. L'attrait de ce moteur tient aussi de la façon qu'il a de transformer chaque balade en expérience sensorielle. Il n'existe tout simplement rien sur le marché qui tremble de cette façon et on peine même à imaginer un autre constructeur que Harley-Davidson oser offrir une monture dont le caractère mécanique est aussi franc.

Les Wide Glide et Fat Bob sont des motos dont la conception est fortement liée à un thème stylistique, ce qui en affecte le côté pratique. C'est surtout vrai dans le cas de la première, puisqu'elle n'est pas la partenaire idéale des longues distances et qu'on la choisit d'abord et avant tout pour le thème rétro de sa ligne. Même si sa base est très similaire à celle de la Wide Glide, la

Fat Bob est complétée de manière très différente et ne se comporte pas du tout de la même façon. En fait, on s'étonne même de son agilité et de son côté facile à vivre dans un environnement quotidien. Quant à la Switchback, elle diffère des deux autres non seulement en termes de style, mais aussi au niveau fonctionnel, puisqu'il ne s'agit absolument pas d'une de ces customs de courtes randonnées, au contraire. Équipée de série d'un pare-brise de bonne dimension et d'une paire de valises latérales dont le volume est décent, mais pas énorme, la Switchback est une custom de tourisme léger qui partage avec la Sportster 883 SuperLow une conception entièrement basée sur le thème de l'accessibilité. En d'autres mots, la Switchback a pour mission de rendre le tourisme léger plus accessible qu'il ne l'est dans le cas des modèles comme la Road King. Il ne s'agit pas d'un poids plume, mais grâce à un centre de gravité bas et à la nature judicieusement compacte de la position de conduite, on jurerait que la Switchback est beaucoup plus légère que la balance ne l'indique réellement. La clientèle visée par Harley-Davidson comprend les femmes, mais elle compte aussi les hommes dont la stature ou le niveau d'expérience réduit compliquerait l'accès à un lourd modèle de tourisme pleine grandeur. Les avantages de la Switchback ne s'arrêtent pas là, puisqu'il s'agit d'un modèle transformable grâce à un système de dépose rapide du pare-brise et des valises qui permet d'en changer la fonction et l'apparence en quelques instants à peine. Elle est l'incarnation d'un concept que Harley appelle « convertible ».

> **LA SWITCHBACK INCARNE UN CONCEPT QUE HARLEY-DAVIDSON A L'HABITUDE D'APPELER CONVERTIBLE.**

## QUOI DE NEUF EN 2013 ? +

Aucun changement

Fat Bob coûte 170 $, Wide Glide 170 $ et Switchback 230 $ de plus qu'en 2012

## PAS MAL ▲

Des styles très habilement définis dans le cas des Wide Glide et Fat Bob et qu'on associe au premier coup d'œil à Harley-Davidson

Un concept non seulement intéressant dans le cas de la Switchback, mais aussi unique, puisqu'il n'existe rien de directement comparable

Une mécanique coupleuse très agréable à solliciter et qui dégage des sensations uniques en secouant sans gêne pilote et moto à bas régime puis en s'adoucissant complètement à vitesse d'autoroute

Une facilité de pilotage étonnante pour des motos de tels poids qui rend ces modèles accessibles même à des motocyclistes de petite stature ou moins qu'experts

## BOF ▼

Une suspension arrière qui peut se montrer assez sèche sur mauvais revêtement

Un pare-brise causant de la turbulence au niveau du casque sur la Switchback

Une garde au sol plus limitée que la moyenne dans le cas de la Wide Glide dont le système d'échappement frotte facilement en virage

Des styles tellement forts et particuliers qu'ils deviennent polarisants dans le cas de la Wide Glide et de la Fat Bob qu'on aime ou qu'on n'aime pas; en revanche, Harley-Davidson produit d'autres customs aux lignes plus neutres pour les motocyclistes aux goûts plus réservés, dont la Switchback

## CONCLUSION

La Wide Glide et la Street Bob font partie des Harley dont le style suscite les réactions les plus fortes. Au-delà de leur ligne, il s'agit de montures dont le comportement est généralement sain, voire joueur dans le cas de la Fat Bob, et dont la mécanique est l'une des plus caractérielles jamais installées dans un cadre de moto. La Switchback propose une ligne beaucoup plus retenue, mais elle offre en revanche un impressionnant niveau de fonctionnalité. Véritablement capable de rouler loin et longtemps, elle est en plus inhabituellement accessible pour une moto de ce type. La Switchback se veut un genre de petite Road King qui change de fonction en quelques instants.

Fat Bob

Switchback

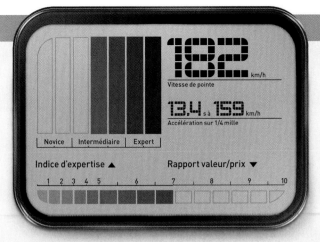

**182** km/h
Vitesse de pointe

**13.4** s à **159** km/h
Accélération sur 1/4 mille

| Novice | Intermédiaire | Expert |

Indice d'expertise ▲          Rapport valeur/prix ▼

1  2  3  4  5    6     7    8    9    10

Voir légende en page 18

## GÉNÉRAL

| | |
|---|---|
| **Catégorie** | Custom/Tourisme léger |
| **Prix** | Switchback : 18 399 $<br>Wide Glide : 17 029 $<br>Fat Bob : 17 599 $ |
| **Immatriculation 2013** | 557,53 $ |
| **Catégorisation SAAQ 2013** | « régulière » |
| **Évolution récente** | Fat Bob introduite en 2008; Wide Glide révisée en 2010; Switchback introduite en 2012; TC103 introduit en 2012 |
| **Garantie** | 2 ans/kilométrage illimité |
| **Couleur(s)** | choix multiples |
| **Concurrence** | Switchback : Yamaha Road Star Silverado<br>Wide Glide : Victory Jackpot<br>Fat Bob : Victory Hammer |

## MOTEUR

| | |
|---|---|
| **Type** | bicylindre 4-temps en V à 45 degrés (Twin Cam 103), culbuté, 2 soupapes par cylindre, refroidissement par air |
| **Alimentation** | injection séquentielle |
| **Rapport volumétrique** | 9,6:1 |
| **Cylindrée** | 1 690 cc |
| **Alésage et course** | 98,4 mm x 111,3 mm |
| **Puissance estimée** | 75 ch @ 5 000 tr/min |
| **Couple** | 100 lb-pi @ 3 500 tr/min |
| **Boîte de vitesses** | 6 rapports |
| **Transmission finale** | par courroie |
| **Révolution à 100 km/h** | environ 2 300 tr/min |
| **Consommation moyenne** | 5,8 l/100 km |
| **Autonomie moyenne** | SB/WG/FB : 307/307/326 km |

## PARTIE CYCLE

| | |
|---|---|
| **Type de cadre** | double berceau, en acier |
| **Suspension avant** | fourche conventionnelle de 49 mm non ajustable |
| **Suspension arrière** | 2 amortisseurs ajustables en précharge |
| **Freinage avant** | 1 (FB : 2) disque de 300 mm de Ø avec étrier(s) à 4 pistons |
| **Freinage arrière** | 1 disque de 292 mm de Ø avec étrier à 2 pistons |
| **Pneus avant/arrière** | SB : 130/70 B18 & 160/70 B17<br>WG : 80/90-21 & 180/60 B17<br>FB : 130/90 B16 & 180/70 B16 |
| **Empattement** | SB/WG/FB : 1 595/1 735/1 618 mm |
| **Hauteur de selle** | SB/WG/FB : 695/678/686 mm |
| **Poids tous pleins faits** | SB/WG/FB : 326/303/320 kg |
| **Réservoir de carburant** | SB/WG/FB : 17,8/17,8/18,9 litres |

Night Rod Special

**PIONNIÈRES...** C'est seulement récemment que la plupart des constructeurs ont commencé à donner une grande importance à la relève de leur clientèle. Quelques-uns l'ont même fait avant la crise économique de 2008. Chez Harley-Davidson, toutefois, le souhait d'attirer une clientèle plus jeune remonte à bien plus loin, puisque c'est en 2002 que cette intention se manifesta pour la première fois avec la présentation de la V-Rod originale. Aujourd'hui, plus de 10 ans plus tard, le rôle des descendantes du modèle est exactement le même. Si l'aspect mécanique des deux variantes offertes en 2013 a très peu changé durant ce temps, Harley-Davidson a par contre beaucoup travaillé le style de ces dernières. Il s'agit toujours des seuls modèles de la gamme américaine dont le refroidissement est effectué par liquide plutôt que par air. En 2013, la V-Rod 10e anniversaire présentée l'an dernier est retirée.

L'idée principale derrière l'exercice de la V-Rod originale était qu'une Harley-Davidson destinée à séduire une clientèle non traditionnelle ne devait pas être traitée de la même manière que les modèles classiques. En effet, aux yeux du grand public, ces derniers représentent des sculptures intemporelles souvent pilotées par des motocyclistes plus âgés. La famille VRSC avait donc et continue d'avoir pour but de briser ce stéréotype en proposant quelque chose de plus moderne et de moins classique. Elle y est arrivée, puisque si une chose est claire au sujet de ces motos, c'est qu'elles ne sont pas des Harley traditionnelles.

Au fil des ans, la famille VRSC a évolué en adoptant un V-Twin de 1 250 cc plutôt que 1 130 cc, puis en recevant un pneu arrière géant à section de 240 mm et, finalement, en introduisant des styles nouveaux, ceux de la Night Rod Special et de la V-Rod Muscle, des modèles très habilement dessinés qui incarnent parfaitement l'esprit musclé de la V-Rod originale.

L'évolution des modèles VRSC se poursuivait en 2012 avec une révision assez profonde de la Night Rod Special. L'une des améliorations les plus importantes apportées au modèle, outre sa ligne raffinée, fut retrouvée au niveau des roues plus légères de trois kilos chacune, ce qui est énorme. La réduction de cette masse en rotation est responsable d'un net allègement de la direction. En combinant à cette amélioration une ergonomie revue par le rapprochement du guidon et des repose-pieds vers le pilote, on obtient une monture dont la position de conduite est non seulement beaucoup moins radicale que par le passé, mais qui donne aussi au pilote plus de contrôle dans toutes les situations. Le résultat net est une amélioration

**LE V-TWIN EST DOUX ET TRÈS PARTICULIER, PUISQU'IL MARIE DE MANIÈRE UNIQUE UN TEMPÉRAMENT CUSTOM À DE HAUTES PERFORMANCES.**

du comportement, une facilité de pilotage accrue, un niveau de confort en progression et une position de conduite presque normale pour une custom.

En termes de mécanique, les deux modèles actuels de la famille VRSC sont essentiellement équivalents, ce qui signifie qu'on a affaire dans chaque cas au niveau de performances le plus élevé de l'univers custom. Du moins, si l'on exclut des machines comme la Ducati Diavel ou la Yamaha V-Max, qui ne sont pas des customs de performances, mais plutôt des Muscle Bike, ce qui est différent. Les deux variantes sont propulsées par un V-Twin doux et vraiment très particulier qui marie de façon unique un tempérament custom à des accélérations réellement impressionnantes. Si les tout premiers régimes ne proposent pas une quantité de couple exceptionnelle, la situation change complètement dès que l'aiguille du tachymètre s'éloigne du ralenti. À partir d'un arrêt ou même d'une vitesse lente, une ouverture des gaz généreuse jumelée à un relâchement abrupt de l'embrayage se traduira par l'enfumage instantané du gros pneu arrière ainsi que par une impressionnante poussée. Contrairement aux Harley traditionnelles sur lesquelles le travail de la transmission est volontairement lourd, sur celles-ci, tout est léger et précis. La clientèle visée n'est pas la même et les sensations ressenties non plus.

Quant à la V-Rod Muscle, elle se distingue de la Night Rod Special en offrant une posture en C de type «pieds et mains loin devant» qui s'avère cool, mais pas confortable. Par ailleurs, le seul prix à payer pour le gros pneu arrière est une petite lourdeur de direction à basse vitesse, ce qui demeure tout à fait acceptable.

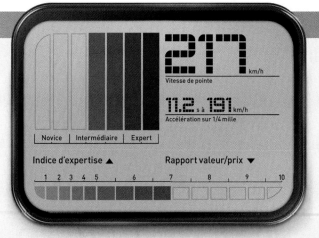

Voir légende en page 18

## QUOI DE NEUF EN 2013 ? +

Variante V-Rod retirée de la gamme

Coûte 170 $ de plus qu'en 2012

## PAS MAL ▲

Un V-Twin fabuleux provenant de la Screamin'Eagle V-Rod; il est doux, souple et accélère avec une force impressionnante

Une ergonomie révisée sur la Night Rod Special qui rend la position moins extrême, allège la direction et rend le comportement plus « normal » que sur la version originale

Des lignes et des proportions extrêmement bien réalisées qui illustrent parfaitement le type de motos tout en muscles auxquelles on a affaire

Un comportement qui n'est pas trop affecté par la présence d'un pneu arrière ultra-large, ce qui n'est pas le cas de toutes les customs équipées de la sorte

## BOF ▼

Une position de conduite non seulement typée dans le cas de la Muscle, mais bien extrême qui place littéralement les pieds aussi loin que les mains et plie le pilote en deux; en revanche, elle immerge celui-ci dans une ambiance très particulière

Une suspension arrière qui n'est pas une merveille de souplesse et dont le rendement moyen est considérablement amplifié par la position qui rend le dos vulnérable

Une certaine lourdeur de direction sur la Muscle et un comportement pas très naturel dans les manœuvres serrées qui découlent de la présence du gros pneu arrière

## CONCLUSION

Le cas de ces deux descendantes de la V-Rod est très intéressant, puisque leur seule et unique raison d'être est de convaincre une clientèle non traditionnelle d'acquérir une Harley-Davidson. Bref, de faire envisager une Harley à des gens qui ne l'auraient pas fait normalement. Elles y sont arrivées, mais seulement jusqu'à un certain point, puisqu'après le grand succès du modèle original en 2002, l'intérêt pour la famille VRSC s'est considérablement estompé. L'ironie de l'épopée V-Rod, c'est que cette fameuse nouvelle clientèle s'intéresse finalement plus aux Harley classiques, du moins lorsque celles-ci sont présentées de manière plus jeune comme la Sportster 1200 Forty-Eight ou les modèles Dark Custom, par exemple. En d'autres mots, les V-Rod Muscle et Night Rod Special ne seraient pas essentielles à la croissance des ventes de Harley-Davidson chez les jeunes adultes. Nous ne croyons pas que le constructeur ira jusqu'à les éliminer, comme il l'a d'ailleurs fait avec la XR1200R, mais s'il en arrivait là, ce serait vraiment dommage, puisqu'il s'agit de customs uniques.

V-Rod Muscle

## GÉNÉRAL

| | |
|---|---|
| Catégorie | Custom |
| Prix | Night Rod Special : 17 549 $<br>V-Rod Muscle : 17 209 $ |
| Immatriculation 2013 | 557,53 $ |
| Catégorisation SAAQ 2013 | « régulière » |
| Évolution récente | V-Rod introduite en 2002, Night Rod Special en 2007 et V-Rod Muscle en 2009; Night Rod Special revue en 2012 |
| Garantie | 2 ans/kilométrage illimité |
| Couleur(s) | Night Rod Special : noir, rouge, noir mat<br>V-Rod Muscle : noir, orange, blanc, noir et blanc |
| Concurrence | Suzuki Boulevard M109R, Yamaha Raider, Victory Hammer |

## MOTEUR

| | |
|---|---|
| Type | bicylindre 4-temps en V à 60 degrés (Revolution), DACT, 4 soupapes par cylindre, refroidissement par liquide |
| Alimentation | injection séquentielle |
| Rapport volumétrique | 11,5:1 |
| Cylindrée | 1 250 cc |
| Alésage et course | 105 mm x 72 mm |
| Puissance | V-Rod Muscle : 122 ch @ 8 250 tr/min<br>Night Rod Special : 125 ch @ 8 250 tr/min |
| Couple | V-Rod Muscle : 86 lb-pi @ 6 500 tr/min<br>Night Rod Special : 85 lb-pi @ 7 000 tr/min |
| Boîte de vitesses | 5 rapports |
| Transmission finale | par courroie |
| Révolution à 100 km/h | environ 4 100 tr/min |
| Consommation moyenne | 6,6 l/100 km |
| Autonomie moyenne | 286 km |

## PARTIE CYCLE

| | |
|---|---|
| Type de cadre | périmétrique à double berceau, en acier |
| Suspension avant | fourche inversée de 43 mm non ajustable |
| Suspension arrière | 2 amortisseurs ajustables en précharge |
| Freinage avant | 2 disques de 300 mm de Ø avec étriers à 4 pistons (ABS optionnel) |
| Freinage arrière | 1 disque de 300 mm de Ø avec étrier à 4 pistons (ABS optionnel) |
| Pneus avant/arrière | 120/70 ZR19 & 240/40 R18 |
| Empattement | 1702 mm |
| Hauteur de selle | 678 mm |
| Poids tous pleins faits | Special : 304 kg; Muscle : 305 kg |
| Réservoir de carburant | 18,9 litres |

Sportster 1200 Forty-Eight

**ARTISTES...** Grâce à un moteur dont les prestations sont nettement plus intéressantes que celles des 883, les Sportster 1200 représentent la véritable porte d'entrée de l'univers Harley-Davidson. De modèles bas de gamme négligés par le constructeur il y a quelques années, elles sont aujourd'hui devenues le canevas où les stylistes milwaukiens prennent le plus de risques. Tant la Seventy-Two que la Forty-Eight exemplifient d'ailleurs parfaitement cette admirable audace stylistique. Quant à la Custom, il s'agit d'un modèle de base lié au programme de personnalisation H-D1 permettant aux acheteurs de construire leur propre moto sur Internet. Toutes les variantes sont construites à partir d'une base identique dont le cœur est le caractériel V-Twin Evolution de 1,2 litre qui est, dans ce cas, monté sur supports caoutchoutés. Pour 2013, la Custom est offerte en version 110e anniversaire.

Le statut actuel des Sportster 1200 est vraiment très différent de ce qu'il a longtemps été par le passé. En effet, on peut aujourd'hui les considérer comme des Harley-Davidson authentiques et désirables, alors qu'elles faisaient jadis partie des rares motos à éviter sur le marché. En termes de mécanique, la transformation est survenue lors de la refonte de 2004, mais en matière de style, les efforts du constructeur sont plus récents. Dans ce cas, non seulement Harley-Davidson a chargé ses stylistes de s'attarder beaucoup plus sérieusement à la famille Sportster, mais il leur a aussi pratiquement donné carte blanche. Le résultat de cette liberté est évident, puisque les Sportster 1200 ne sont plus du tout d'anonymes modèles sans véritable direction stylistique. La Seventy-Two, dont le nom s'inspire de la Route 72 dans le sud de la Californie, en est un parfait exemple. Avec sa grande roue avant de 21 pouces, son guidon haut, son minuscule réservoir d'essence et sa superbe peinture métallisée, elle est l'incarnation même de la scène custom des années 60. Mais ce qui est tout aussi impressionnant que l'habileté de son coup de crayon, c'est qu'il s'agit en fait d'une Forty-Eight, un autre modèle au style magnifiquement réussi, avec un nouveau train avant. Rien de plus. La capacité qu'a Harley-Davidson de créer différents modèles à partir d'une même base est décidément sans égal.

Il est intéressant de noter que tant ces deux variantes que la Custom font partie des modèles qui ont le plus de succès chez les jeunes adultes, et ce, précisément en raison de leur style bien plus audacieux.

Par ailleurs, des trois variantes offertes en 2013, la Custom est la seule liée à l'intéressant programme de personnalisation par Internet H-D1.

Bénéficiant depuis 2004 d'un système de montage souple du moteur, les Sportster 1200 proposent l'expérience mécanique la plus plaisante de leur classe. Les observer tourner au ralenti est même un petit spectacle où chaque mouvement des pistons fait trembler et basculer le moteur et le système d'échappement au point de faire sautiller la roue avant. Au-delà de ses impressionnantes accélérations, c'est surtout par le genre d'expérience sensorielle qu'il fait vivre à son pilote que ce V-Twin se distingue. Les lourdes pulsations qu'il transmet au ralenti se transforment en un plaisant tremblement à chaque montée en régime, tandis que le tout est accompagné d'une sonorité aussi profonde qu'étonnamment présente pour une mécanique custom de série de « seulement » 1,2 litre. L'expérience rappelle d'ailleurs beaucoup celle d'une Dyna, ce qui est un très grand compliment à l'égard des Sportster.

Pour des customs, les Sportster 1200 s'avèrent relativement légères, minces et plutôt agiles en plus d'être très basses. L'un de leurs pires défauts a toujours été des suspensions rudimentaires – surtout à l'arrière – et bien qu'il y ait eu une certaine amélioration à ce chapitre avec les années, le confort n'est certainement pas leur plus grand atout encore aujourd'hui. Toutes les variantes sont équipées de suspensions aux débattements réduits qui ne pardonnent décidément pas grand-chose lorsque l'état de la chaussée se dégrade, ce qu'on apprend d'ailleurs souvent douloureusement au passage du premier trou.

**UN PEU PLUS SOBRE, LA CUSTOM EST PAR CONTRE LA SEULE VARIANTE LIÉE AU PROGRAMME DE PERSONNALISATION H-D1.**

## QUOI DE NEUF EN 2013 ? +

Variante Nightster retirée de la gamme

Version 110ᵉ anniversaire de la Custom

Custom coûte 220 $, Seventy-Two 230 $ et Forty-Eight 120 $ de plus qu'en 2012

## PAS MAL ▲

Un V-Twin qui a longtemps été plutôt désagréable en raison d'un niveau de vibrations trop élevé, mais qui est aujourd'hui devenu le moteur de custom le plus plaisant du marché dans cette classe de cylindrée

Une évolution stylistique très intéressante qui voit des lignes plus « jeunes » prendre la place des silhouettes customs traditionnelles, voire anonymes des vieux modèles

Une bonne valeur pour toutes les variantes dont les prix sont même souvent inférieurs à ceux des modèles japonais de cylindrée semblable

Un comportement simple, stable et exempt de vices importants qui s'avère facile d'accès même pour les motocyclistes ne disposant pas d'une grande expérience

## BOF ▼

Des suspensions dont le travail est rudimentaire, voire carrément rude à l'arrière sur chaussée abîmée en raison d'un débattement très faible

Une position de conduite un peu étrange sur les modèles munis de repose-pieds en position centrale

Une absence totale de système ABS, même en option

Des autonomies très faibles dans le cas de certaines variantes

Un niveau de confort général assez moyen et un côté pratique limité font des Sportster 1200 des motos qui sont surtout à l'aise sur de courtes distances

## CONCLUSION

Malgré leur statut de modèle de bas de gamme, les Sportster 1200 sont parmi les Harley-Davidson les plus intéressantes. Peut-être pas en termes de confort, puisqu'elles ne se prêtent guère plus qu'à de courtes balades, mais plutôt en matière de style et de valeur. Du magnifique minimalisme de la Forty-Eight jusqu'au superbe thème rétro de la nouvelle Seventy-Two, on a carrément affaire à des petits chefs-d'œuvre de design custom. Elles ne sont pas les motos les plus pratiques qui soient, mais toutes sont animées par une mécanique délicieusement caractérielle et toutes sont aussi étonnamment abordables.

Sportster 1200 Custom 110ᵉ

Sportster 1200 Seventy-Two

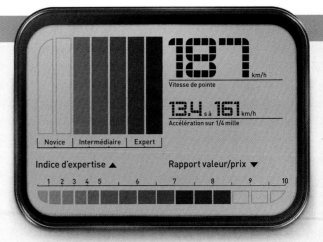

**187** km/h
Vitesse de pointe

**13,4** à **161** km/h
Accélération sur 1/4 mille

| Novice | Intermédiaire | Expert |

Indice d'expertise ▲          Rapport valeur/prix ▼

1  2  3  4  5     6     7     8     9    10

Voir légende en page 18

## GÉNÉRAL

| | |
|---|---|
| Catégorie | Custom |
| Prix | Seventy-Two : 12 149 $<br>Forty-Eight : 12 039 $<br>Custom : 11 919 $ (110ᵉ : 13 279 $) |
| Immatriculation 2013 | 557,53 $ |
| Catégorisation SAAQ 2013 | « régulière » |
| Évolution récente | plateforme entièrement revue en 2004; Nightster introduite en 2007, Forty-Eight en 2010, Custom en 2011 et Seventy-Two en 2012 |
| Garantie | 2 ans/kilométrage illimité |
| Couleur(s) | choix multiples |
| Concurrence | Honda Stateline, Yamaha V-Star 1300 |

## MOTEUR

| | |
|---|---|
| Type | bicylindre 4-temps en V à 45 degrés (Evolution), culbuté, 2 soupapes par cylindre, refroidissement par air |
| Alimentation | injection séquentielle |
| Rapport volumétrique | 9,7:1 |
| Cylindrée | 1 203 cc |
| Alésage et course | 88,9 mm x 96,8 mm |
| Puissance estimée | 65 ch @ 6 000 tr/min |
| Couple | FE/C : 79 lb-pi @ 4 000 tr/min<br>ST : 73 lb-pi @ 3 500 tr/min |
| Boîte de vitesses | 5 rapports |
| Transmission finale | par courroie |
| Révolution à 100 km/h | environ 2 800 tr/min |
| Consommation moyenne | 6,0 l/100 km |
| Autonomie moyenne | ST/FE/C : 132/132/283 km |

## PARTIE CYCLE

| | |
|---|---|
| Type de cadre | double berceau, en acier |
| Suspension avant | fourche conventionnelle de 39 mm non ajustable |
| Suspension arrière | 2 amortisseurs ajustables en précharge |
| Freinage avant | 1 disque de 292 mm de Ø avec étrier à 2 pistons |
| Freinage arrière | 1 disque de 260 mm de Ø avec étrier à 1 piston |
| Pneus avant/arrière | ST : MH90-21 & 150/80 B16<br>FE/C : 130/90 B16 & 150/80 B16 |
| Empattement | ST/FE/C : 1524/1519/1521 mm |
| Hauteur de selle | ST/FE/C : 710/681/724 mm |
| Poids tous pleins faits | ST/FE/C : 257/260/252 kg |
| Réservoir de carburant | ST/FE/C : 7,9/7,9/17 litres |

SuperLow

***ACCÈS FACILE...*** Les Sportster 883 représentent les produits les moins chers et les plus accessibles de la gamme américaine. Il s'agit d'une nature qui ne les a pas toujours servis, puisque l'unique rôle des 883 a très longtemps été d'amener une clientèle fascinée par la marque, mais peu connaisseuse, à laisser quelques dollars dans les coffres du constructeur. Or, ce qu'on obtenait ne valait pas beaucoup plus que le poids du métal... La réalité actuelle des modèles est bien différente, puisqu'il s'agit de vraies petites Harley-Davidson dont la qualité de construction et l'agrément de pilotage sont dignes de ce qu'offrent les modèles haut de gamme. Deux variantes de la Sportster 883 sont offertes. L'Iron propose un style épuré de plus en plus copié par les modèles rivaux, tandis que la SuperLow affiche une ligne plus classique et est expressément conçue pour faciliter l'accès aux pilotes novices.

L'attention poussée que Harley-Davidson porte actuellement à sa Sportster 883 représente un phénomène relativement récent. En fait, le constructeur a même très longtemps carrément traité les variantes de la 883 comme des motos de second rang. La raison était assez simple. Durant les deux décennies très prolifiques qui ont précédé la grande crise financière de 2008, la marque américaine était surtout occupée à vendre à prix fort d'incroyables quantités de modèles de grosse cylindrée. Mais les temps ont changé depuis et le climat économique toujours fragile aux États-Unis, là où la majorité des Harley-Davidson sont vendues, élève aujourd'hui le degré d'importance des modèles les moins chers. Par ailleurs, comme tous les constructeurs cherchent aussi à attirer de nouveaux motocyclistes pour régler un sérieux problème de relève, les modèles d'entrée de gamme deviennent des atouts qu'il est indispensable de maximiser.

Bien que la refonte totale de la plateforme Sportster en 2004 ait fait de la 883 une petite custom tout à fait convenable et même plaisante, le modèle conserva quand même sa réputation de Harley plus ou moins authentique. Cette réputation commença à changer en 2009 avec l'arrivée de la surprenante Iron, une 883 inspirée de la Sportster 1200 Nightster et à laquelle on avait fait subir un traitement Dark Custom très réussi. Encore une fois, grâce au talent de ses stylistes, Harley-Davidson était arrivé à multiplier le niveau de désirabilité d'un modèle. Soudainement, la 883 n'était plus perçue comme une simple moto bas de gamme, mais elle devenait plutôt une vraie petite Harley-Davidson avec un look à elle et une personnalité propre.

Ce même désir d'augmenter l'attrait d'une monture bas de gamme est à la base du concept de la SuperLow qui a remplacé la rudimentaire Low en 2011. Proposant un style beaucoup plus raffiné et une finition nettement plus poussée que la Low, la SuperLow est devenue plus qu'une simple moto d'initiation abordable. Grâce à l'habile travail de stylisme dont elle a bénéficié, on perçoit désormais en la regardant non seulement une authentique Harley-Davidson, mais aussi une jolie custom ne laissant ni l'impression d'être une monture de débutant ni celle d'être un modèle bas de gamme.

En dépit d'une cylindrée de presque 900 cc, les 883 ne sont pas particulièrement rapides et leurs performances satisferont surtout les motocyclistes peu expérimentés ou peu exigeants en matière de chevaux. Le couple décent livré à bas et moyen régimes permet néanmoins de circuler sans aucun problème, surtout si l'esprit est à la promenade. La plus grande qualité du V-Twin de 883 cc reste les sensations aussi franches que plaisantes qu'il communique au pilote sous la forme d'agréables pulsations et d'une sonorité américaine authentique.

Basse, relativement agile et extrêmement stable, la version Iron est très accessible, mais la SuperLow l'est encore plus, puisque sa direction ultra-légère et ses pneus à profil bas lui donnent ce que nous aimons qualifier de maniabilité de bicyclette. La garde au sol de cette dernière est néanmoins très limitée et doit absolument être respectée en virage. Enfin, même si la SuperLow s'avère un peu moins pire au sujet des suspensions, les deux variantes continuent de se comporter de manière assez rude sur revêtement dégradé.

**LONGTEMPS NÉGLIGÉES PAR HARLEY-DAVIDSON, LES 883 BÉNÉFICIENT AUJOURD'HUI DES MEILLEURS EFFORTS DES STYLISTES DE LA MARQUE.**

## QUOI DE NEUF EN 2013 ? +

Aucun changement

SuperLow coûte 110 $ de plus qu'en 2012

## PAS MAL ▲

Une facilité de prise en main intéressante pour les motocyclistes peu expérimentés à qui elles donnent vite confiance, tout particulièrement la SuperLow

Un V-Twin pas très puissant malgré ses 883 cc, mais dont le caractère est authentique, puisque son rythme et sa sonorité représentent un échantillonnage fidèle de ce qu'offrent les grosses Harley-Davidson

Un côté simple et épuré jusqu'au strict essentiel qui s'avère très attachant sur l'Iron

Un traitement visuel vraiment réussi sur la version Iron et très soigné sur la SuperLow

Une valeur incontestable; pour une somme qui ne permet généralement l'acquisition que de customs japonaises d'entrée de gamme, on se paye une Harley-Davidson

## BOF ▼

Un niveau de performances qui n'a rien d'excitant; les novices et les pilotes peu exigeants s'en accommoderont, mais les autres devraient vraiment envisager la 1200

Des suspensions qui ont toujours été et qui sont encore très rudimentaires; le fait que les deux versions soient surbaissées ne les aide pas du tout à ce chapitre

Une garde au sol vraiment très limitée sur la SuperLow qui doit absolument être pilotée en tenant compte de cette particularité

Une absence de système ABS, même en équipement optionnel

Un niveau pratique limité qui en fait surtout des motos de courtes balades

Une position de conduite un peu étrange qui est typique des Sportster

## CONCLUSION

Les Sportster 883 ont très longtemps été les modèles auxquels la marque de Milwaukee accordait le moins d'attention. Il s'agissait de Harley bon marché construites de manière assez rudimentaire, pour rester poli. Un simple coup d'œil à cette paire de 883 suffit pour comprendre que le constructeur leur accorde désormais une importance beaucoup plus grande. En fait, les 883 profitent maintenant du genre de ressources et d'attention habituellement réservées aux Harley haut de gamme. La raison principale derrière ce changement d'attitude, c'est que les Sportster ont la mission d'accueillir chez Harley-Davidson de nouveaux clients, un rôle extrêmement important dans le contexte économique et démographique actuel. Si leur plus gros handicap demeure ces suspensions qui ne sont vraiment acceptables que sur de très belles routes, en revanche, des proportions peu intimidantes, un comportement très accessible, un prix très intéressant et un charmant V-Twin au caractère franc s'avèrent leurs meilleurs atouts.

Iron

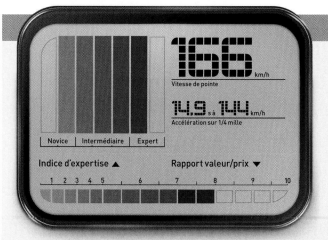

**166** km/h
Vitesse de pointe

**14,9** s à **144** km/h
Accélération sur 1/4 mille

| Novice | Intermédiaire | Expert |

Indice d'expertise ▲        Rapport valeur/prix ▼

1  2  3  4  5      6      7      8      9      10

Voir légende en page 18

## GÉNÉRAL

| | |
|---|---|
| Catégorie | Custom |
| Prix | Iron : 9 089 $<br>SuperLow : 9 199 $ |
| Immatriculation 2013 | 557,53 $ |
| Catégorisation SAAQ 2013 | « régulière » |
| Évolution récente | plateforme entièrement revue en 2004, Iron introduite en 2009, SuperLow introduite en 2011 |
| Garantie | 2 ans/kilométrage illimité |
| Couleur(s) | choix multiples |
| Concurrence | Honda Shadow 750, Kawasaki Vulcan 900, Suzuki Boulevard C50, Yamaha V-Star 950, Triumph Speedmaster et America |

## MOTEUR

| | |
|---|---|
| Type | bicylindre 4-temps en V à 45 degrés (Evolution), culbuté, 2 soupapes par cylindre, refroidissement par air |
| Alimentation | injection séquentielle |
| Rapport volumétrique | 8,9:1 |
| Cylindrée | 883 cc |
| Alésage et course | 76,2 mm x 96,8 mm |
| Puissance estimée | 53 ch @ 6 000 tr/min |
| Couple | 55 lb-pi @ 3 500 tr/min |
| Boîte de vitesses | 5 rapports |
| Transmission finale | par courroie |
| Révolution à 100 km/h | environ 3 100 tr/min |
| Consommation moyenne | 5,8 l/100 km |
| Autonomie moyenne | Iron : 215 km; SuperLow : 293 km |

## PARTIE CYCLE

| | |
|---|---|
| Type de cadre | double berceau, en acier |
| Suspension avant | fourche conventionnelle de 39 mm non ajustable |
| Suspension arrière | 2 amortisseurs ajustables en précharge |
| Freinage avant | 1 disque de 292 mm de Ø avec étrier à 2 pistons |
| Freinage arrière | 1 disque de 260 mm de Ø avec étrier à 1 piston |
| Pneus avant/arrière | Iron : 100/90-19 & 150/80B16<br>SuperLow : 120/70ZR18 & 150/60ZR17 |
| Empattement | Iron : 1 519 mm; SuperLow : 1 506 mm |
| Hauteur de selle | Iron : 683 mm; SuperLow : 681 mm |
| Poids tous pleins faits | Iron : 256 kg; SuperLow : 255 kg |
| Réservoir de carburant | Iron : 12,5 litres; SuperLow : 17 litres |

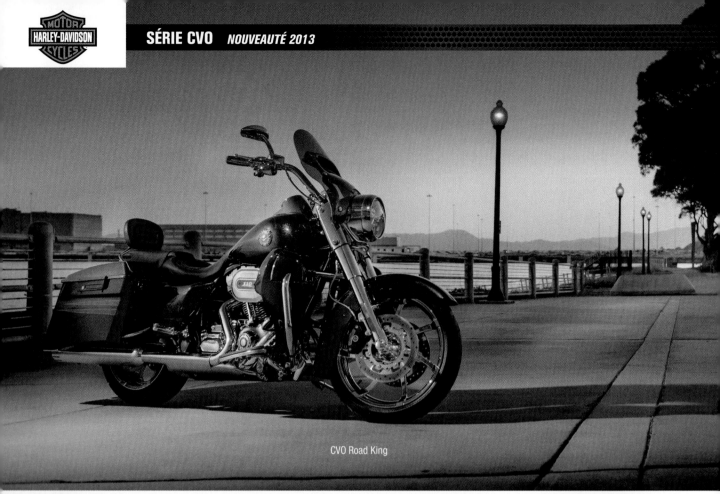

CVO Road King

Vehicle Number
0000/1100

**ORFÈVRERIE...** Chaque année, Harley-Davidson réserve un «cadeau» aux plus férus des amateurs de la marque sous la forme d'une microsérie de modèles exclusifs provenant de la division Custom Vehicule Operations. Propulsés par un V-Twin de 110 pouces cubes que l'on ne retrouve sur aucune autre Harley et accoutrés d'une liste sans fin d'équipements additionnels, les modèles CVO sont, dans le langage du constructeur, les motos de ses Clients Alpha. Véritables «Harley ultimes» numérotées et produites en nombre limité, elles offrent du luxe comme de stupéfiantes peintures réalisées à la main et des chaînes audio dont la puissance rendrait jalouses la majorité des bagnoles. Pour 2013, la CVO Road King fait un retour aux dépens de la CVO Street Glide, tandis que la CVO Softail Convertible est remplacée par une éblouissante nouveauté appelée CVO Breakout.

Il importe finalement peu que la majorité des motocyclistes ne parviennent pas à saisir l'attrait d'une Harley-Davidson accessoirisée «à l'infini» et ensuite offerte pour une petite fortune. L'important, c'est que le besoin comblé par les modèles CVO demeure basé sur une demande bien réelle, celle du désir de la Harley ultime. Il s'agit d'un type de modèles et d'un genre de proposition qui n'existent nulle part ailleurs dans l'univers de la moto de grande production. Et il s'agit aussi d'un phénomène assez particulier lorsqu'on tient compte de la direction accessible et abordable que prend le marché.

L'un des mythes les plus courants en ce qui concerne les montures de la division CVO, c'est qu'elles ne sont que des motos de série bêtement accessoirisées à outrance. S'il est vrai qu'elles sont accessoirisées de manière extrême, il reste qu'elles affichent également une liste d'équipements que les propriétaires de Harley de série envient profondément. En tête de cette liste se trouve le plus gros et le plus puissant V-Twin du constructeur, une gentille brute de 110 pouces cubes ou 1 802 cc débordante de couple et de caractère milwaukien. Viennent ensuite des caractéristiques comme les GPS, les selles et les poignées chauffantes, les systèmes ABS et les régulateurs de vitesse qui représentent soit de coûteuses options sur les versions de base, soit des articles dont ces dernières ne peuvent tout simplement pas être équipées. À ce sujet, les chaînes audio avec haut-parleurs multiples BOOM! se veulent de parfaits exemples. Exclusives aux modèles CVO, elles ajoutent carrément une nouvelle dimension à l'expérience de pilotage en générant jusqu'à 400 watts

crachés au travers de huit haut-parleurs. C'est le cas de la CVO Road Glide Custom, et il faut l'entendre pour le croire. Il s'agit de loin de la meilleure sonorité offerte sur deux roues. Un lecteur iPod logé dans une valise et géré à partir des commandes de la moto est même livré de série. Ces chaînes, comme les selles de tourisme avec effet «hamac» illustrent bien le type de caractéristiques dont on s'ennuie énormément une fois de retour sur les modèles de la gamme de grande production. En fait, piloter l'un de ces derniers après avoir passé quelques kilomètres aux commandes de l'équivalent CVO s'avère même frustrant, puisqu'on passe son temps à souhaiter retrouver les équipements de ces dernières. Un sentiment semblable existe également en ce qui concerne la finition puisque certaines des pièces ornant les modèles CVO sont absolument superbes, comme les roues. S'il est une critique possible en matière de style, dans le cas de la série CVO, elle a trait au choix de peintures et de motifs qui sont parfois un peu clinquants. Le constructeur semble néanmoins faire preuve d'un meilleur goût à ce sujet que par le passé. Mais le rôle des CVO n'est pas d'être sobres, et chacune offre donc des peintures dont les détails sont dignes de machines ayant été confiées à des artistes spécialisés. Et là se situe la plus grande force des modèles. Ajouter à une Harley de série les mêmes accessoires, gonfler son moteur à 110 pouces cubes et lui appliquer une peinture personnalisée est tout à fait possible. Mais l'exercice coûterait bien plus que les sommes demandées pour les éditions CVO et la qualité du résultat serait loin d'être garantie.

> **LA PROPOSITION «CVO» A BEAU SEMBLER BIZARRE, IL RESTE QU'ELLE EST BASÉE SUR UNE DEMANDE BIEN RÉELLE. CHACUNE TROUVE PRENEUR.**

AUX YEUX DE CERTAINS, LES MODÈLES DE LA DIVISION CVO PEUVENT PARFOIS DONNER L'IMPRESSION D'ÊTRE DES CATALOGUES D'ACCESSOIRES ROULANTS. MAIS DANS QUELQUES CAS, LA BEAUTÉ DE L'ART EST INDISCUTABLE. LA NOUVELLE BREAKOUT EST L'ILLUSTRATION PARFAITE D'UN TEL CAS. IL S'AGIT D'UNE PIÈCE MAGNIFIQUE.

CVO Breakout

## CVO ULTRA CLASSIC ELECTRA GLIDE

La version CVO de l'Ultra Classic Electra Glide est une splendide machine. De ses superbes roues jusqu'à son puissant V-Twin de 110 pouces cubes en passant par sa finition extraordinairement soignée, elle représente l'une des manières de voyager les plus agréables qui soient. Malgré cela, on serait en droit de s'attendre à ce que la chaîne audio dont est équipé le modèle le plus cher de la série ne soit pas la moins puissante. Celle de la Road Glide Custom mériterait vraiment de se retrouver sur l'Electra Glide. Par ailleurs, on attend toujours un pare-brise pouvant être ajusté. Parmi les améliorations faites en 2013, on note un embrayage dont l'effort au levier a été réduit et auquel une fonction de limiteur du contre-couple a été intégrée. Une édition 110e anniversaire est aussi offerte.

CVO Ultra Classic Electra Glide

## QUOI DE NEUF EN 2013 ? +

Introduction des CVO Road King et Breakout

Retrait des CVO Street Glide et Softail Convertible

Versions 110ᵉ anniversaire des CVO Ultra Classic Electra Glide et Road Glide Custom

Chaîne audio améliorée et phares avant Daymaker sur la Road Glide Custom; embrayage allégé avec limiteur de contre-couple sur toutes les versions

CVO Ultra Classic Electra Glide coûte 400 $ et CVO Road Glide Custom 2 610 $ de plus qu'en 2012

## PAS MAL ▲

Des valeurs intéressantes malgré les factures élevées, puisqu'il en coûte facilement plus pour créer des Harley-Davidson personnalisées de la sorte, et ce, sans garantie que le résultat sera fonctionnel; les CVO sont souvent plus fonctionnelles que les modèles de base

Une série d'équipements très longue qui agrémente vraiment l'expérience de pilotage; les éléments chauffants, les moteurs puissants et les extraordinaires chaînes audio ne sont que quelques exemples d'options auxquelles on s'attache très vite

Un V-Twin gonflé à 110 pouces cubes qui génère agréablement plus de puissance et de couple que les Twin Cam 96 et 103 qui propulsent le reste de la gamme

Des peintures d'une qualité exceptionnelle et dont le design est nettement moins clinquant et criard que par le passé

## BOF ▼

L'absence de la dimension véritablement « unique » qu'apporte une moto personnalisée; en revanche, les CVO ne courent pas les rues et restent quand même exclusives

Des factures non seulement élevées, mais aussi frustrantes en ce sens que l'écart de prix est énorme avec les modèles de base, ce qui rend ces très attachantes versions CVO tout simplement inaccessibles pour la majorité des motocyclistes

Un V-Twin qui, bien qu'il pousse fort, n'aime pas vraiment tourner très haut où on le sent surmené; la transmission devient aussi capricieuse lors de changements de rapports à haut régime, en pleine accélération, et ce, surtout dans le cas des CVO Softail

Une mécanique tellement mieux adaptée au poids élevé de l'Ultra Classic Electra Glide qu'elle devrait être celle que Harley-Davidson retient pour propulser le modèle de série

## CONCLUSION

Il est normal pour les motocyclistes « normaux » de ne rien comprendre à ces CVO ou aux raisons qui pousseraient quelqu'un à dépenser plus de 40 000 $ pour acquérir une Harley enguirlandée. Mais les modèles CVO ne sont pas destinés aux motocyclistes normaux. Ils s'adressent plutôt à l'amateur pur et dur des produits du constructeur de Milwaukee qui désire obtenir le summum en matière de Harley. Il serait très facile pour une marque comme Harley-Davidson de, justement, enguirlander grossièrement un modèle et d'en vendre quelques-uns juste parce que, sur papier, il est spécial. Mais les montures de la division CVO sont tout le contraire. En fait, elles sont ni plus ni moins que des machines de connaisseurs, du moins de ceux qui ont les moyens de les envisager. Chacune d'elles, et tout particulièrement les modèles de tourisme, devient carrément une meilleure moto. Pas seulement plus équipées, mais mieux équipées, et pas seulement personnalisées, mais personnalisées avec goût, elles sont véritablement et littéralement les Harley ultimes.

CVO Road Glide Custom

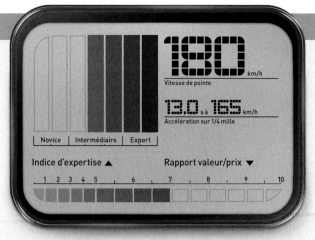

180 km/h
Vitesse de pointe

13.0 s à 165 km/h
Accélération sur 1/4 mille

| Novice | Intermédiaire | Expert |

Indice d'expertise ▲     Rapport valeur/prix ▼

1 2 3 4 5 6 7 8 9 10

Voir légende en page 18

## GÉNÉRAL

| | |
|---|---|
| Catégorie | Tourisme de luxe / Tourisme léger / Custom |
| Prix | CVO UCEG / 110ᵉ : 42 699 $ / 43 839 $<br>CVO Road King : 34 069 $<br>CVO RGC / 110ᵉ : 37 479 $ / 38 619 $<br>CVO Breakout : 30 099 $ |
| Immatriculation 2013 | 557,53 $ |
| Catégorisation SAAQ 2013 | « régulière » |
| Évolution récente | série introduite en 1999;<br>TC110 introduit en 2007 |
| Garantie | 2 ans/kilométrage illimité |
| Couleur(s) | choix multiples |
| Concurrence | Victory série Ness |

## MOTEUR

| | |
|---|---|
| Type | bicylindre 4-temps en V à 45 degrés (Twin Cam 110/B), culbuté, 2 soupapes par cylindre, refroidissement par air |
| Alimentation | injection séquentielle |
| Rapport volumétrique | 9,2:1 |
| Cylindrée | 1 802 cc |
| Alésage et course | 101,6 mm x 111,3 mm |
| Puissance estimée | 90 ch @ 5 000 tr/min |
| Couple | UCEG / RK : 118 lb-pi @ 3 750 tr/min<br>RGC : 122 lb-pi @ 3 750 tr/min<br>BO : 112 lb-pi @ 3 500 tr/min |
| Boîte de vitesses | 6 rapports |
| Transmission finale | par courroie |
| Révolution à 100 km/h | environ 2 300 tr/min |
| Consommation moyenne | 6,3 l/100 km |
| Autonomie moyenne | 360 km (BO : 300 km) |

## PARTIE CYCLE

| | |
|---|---|
| Type de cadre | double berceau, en acier |
| Suspension avant | fourche conventionnelle de 41,3 mm non ajustable |
| Suspension arrière | 2 amortisseurs ajustables en précharge |
| Freinage avant | 2 (BO : 1) disques de 300 (BO : 292) mm de Ø avec étriers à 4 pistons |
| Freinage arrière | 1 disque de 300 (BO : 292) mm de Ø avec étrier à 4 (BO : 2) pistons |
| Pneus avant/arrière | UCEG : 130/80 B17 & 180/65 B16<br>RGC / RK : 130/60 B19 & 180/55 B18<br>BO : 130/60 B21 & 240/40 R18 |
| Empattement | 1 613 mm (RK : 1 625 mm; BO : 1 710 mm) |
| Hauteur de selle | UCEG/RGC/RK/BO : 757/699/696/655 mm |
| Poids tous pleins faits | UCEG/RGC/RK/BO : 421/383/380/330 kg |
| Réservoir de carburant | 22,7 litres (BO : 18,9 litres) |

Gold Wing Airbag

***VOYAGE LOURD OU LÉGER...*** S'il est un modèle qu'on associe instantanément au voyage à moto, c'est la Gold Wing de Honda. Munie de volumineuses valises parfaitement intégrées au design et proposant une liste interminable d'équipements qui comprend un système de navigation, des selles et des poignées chauffantes ainsi qu'une chaîne audio, la Gold Wing propose aussi un niveau de technologie remarquablement poussé avec son unique 6-cylindres Boxer et son massif châssis périmétrique en aluminium. Pour 2013, en plus d'offrir une variante avec un coussin gonflable, Honda lance une très surprenante version F6B (pour Flat-6 Bagger) qui se veut essentiellement une Gold Wing en petite tenue. En la soulageant de sa valise arrière et d'une certaine partie de l'équipement du modèle original, Honda espère la voir rivaliser les customs de tourisme haut de gamme, aussi appelés Baggers.

L'un des aspects absolument essentiels d'une moto véritablement capable de voyage en duo consiste à offrir des selles royales. À ce chapitre, la Gold Wing livre décidément la marchandise, et ce, non seulement pour le pilote, mais aussi pour le passager qui est pratiquement installé sur un trône. On peut trouver un accueil similaire sur une Harley-Davidson Electra Glide ou une Victory Vision, mais à ces exceptions près, on n'arrive tout simplement pas à prendre place plus confortablement sur une moto. Notons que chacune des selles possède son système de chauffage indépendant, tout comme les poignées, d'ailleurs.

En plus de bénéficier d'un confortable et rassurant dossier qui le maintient toujours bien en place, le passager est assis plus haut que le pilote et profite d'une vue périphérique. D'autres caractéristiques, comme l'écoulement de l'air soigné, l'impressionnante qualité de la chaîne audio Panasonic avec intégration iPod, l'absence quasi totale de vibrations de la « turbine » qu'est le moteur Boxer à six cylindres et, enfin, ce qui doit être considéré comme la suspension de moto la plus confortable de l'industrie, contribuent également à rendre la Gold Wing extraordinairement accueillante sur de très longs trajets.

On s'en étonne toujours durant les premiers moments de conduite, mais pour une machine aussi massive, la touriste de Honda offre un plaisir de pilotage tout à fait réel. Particulièrement efficaces depuis l'évolution du modèle en 2012, les suspensions atteignent un degré de raffinement et d'absorption inégalé sur la route. Tout en se montrant admirablement souples, elles arrivent à demeurer

suffisamment fermes pour permettre d'attaquer franchement une route en lacet et de se faire plaisir en le faisant. Dans de telles conditions, le comportement de la Gold Wing surprend franchement par sa solidité et sa précision.

Bien que la masse importante du modèle semble disparaître par magie une fois en mouvement, à basse vitesse ou à l'arrêt, ce facteur requiert toute l'attention du pilote. Dans ces circonstances, la marche arrière électrique représente même une caractéristique fort appréciée. Le freinage ABS combiné se montre toujours à la hauteur et facile à moduler.

En termes d'équipements, la Gold Wing est très généreuse. Système de navigation, suspension ajustée par compresseur embarqué, système audio complet et volume de rangement imposant grâce à un trio de valises verrouillables par télécommande sont autant d'exemples du genre de luxe offert par le modèle. Cela dit, il est toujours incompréhensible qu'un pare-brise à ajustement électrique ne fasse pas partie de la conception de la Honda.

Quant à la nouvelle variante F6B, même si elle est identique à la Gold Wing en termes de mécanique, de partie cycle et de performances générales, son comportement se distingue par une sensation d'agilité étonnamment accrue qui est surtout amenée par l'absence de la valise arrière. La protection au vent est évidemment inférieure en raison du pare-brise court, tandis que plusieurs équipements ont été retirés afin de permettre un prix moins élevé, comme le régulateur de vitesse, la marche arrière et les éléments chauffants. D'autres, comme la chaîne audio, ont plutôt été simplifiés.

**LES SUSPENSIONS ATTEIGNENT UN DEGRÉ DE RAFFINEMENT ADMIRABLE EN SE MONTRANT JUSTE ASSEZ SOUPLES ET FERMES.**

BIEN QUE LA NOUVELLE VARIANTE F6B SOIT ESSENTIELLEMENT UNE GOLD WING SOULAGÉE D'UNE SÉRIE D'ÉQUIPEMENTS, LE TRAITEMENT VISUEL EST TELLEMENT RÉUSSI QU'ON CROIRAIT AVOIR AFFAIRE À UNE AUTRE MOTO. CERTAINS Y VOIENT UNE CUSTOM, D'AUTRES UNE GOLD WING MOINS « PÉPÈRE », DES PERCEPTIONS QUE HONDA ACCEPTE VOLONTIERS.

Gold Wing F6B

## BAGGÉE...

Le terme anglophone « bagger » fait partie du jargon custom et désigne une monture adaptée au tourisme léger de manière « cool ». La Harley-Davidson Street Glide en est un excellent exemple. En écourtant le pare-brise, en éliminant la valise arrière et en donnant à tout l'ensemble un traitement noir inspiré de la tendance Dark Custom, Honda a habilement transformé la Gold Wing en machine qui pourrait passer pour un « bagger ». La réalité, toutefois, c'est que ça reste une Gold Wing. Afin d'abaisser le prix jusqu'à la zone désirée, une liste assez longue d'équipements a été soustraite au modèle. Ainsi, régulateur de vitesse, selles et poignées chauffantes, marche arrière, compresseur, fonction d'annulation des clignotants automatique, système de navigation, coussin gonflable et illumination des commandes disparaissent sur la F6B. Par ailleurs, la selle est nouvelle, des poignées de maintien pour le passager sont ajoutées et des repose-pieds remplacent les plateformes arrière.

## QUOI DE NEUF EN 2013 ?    +

Introduction de la variante F6B

Aucune augmentation pour le modèle de base; modèle Airbag coûte 500 $ de plus qu'en 2012

## PAS MAL    ▲

Un 6-cylindres Boxer qui reste unique sur le marché et qui contribue fortement à l'agrément de pilotage par sa sonorité, sa souplesse et sa puissance

Un niveau de confort exceptionnel sur la Gold Wing grâce à la selle digne d'un fauteuil, à la protection au vent totale, à l'absence de vibrations, à l'excellence des suspensions et à l'interminable liste d'équipements

Un comportement étonnamment solide et précis pour une monture de ce poids et qui permet au pilote de tirer plaisir d'une route sinueuse

## BOF    ▼

Un poids immense qui demande une bonne expérience de pilotage

Une efficacité aérodynamique imparfaite en raison d'une certaine turbulence à la hauteur du casque; la Gold Wing devrait être équipée d'un pare-brise électrique; quant à la FB6, son court pare-brise réduit la protection aux éléments et l'absence de dossier réduit le confort du passager, qui demeure tout de même élevé

Une position de conduite qui n'offre pas beaucoup de flexibilité au pilote, puisque les têtes du moteur l'empêchent d'étendre un peu les jambes

Un raffinement extrême qui peut ne pas plaire aux amateurs de caractère moteur fort

Une transmission correcte, mais un peu rugueuse et pas particulièrement précise

Chaque fois que nous nous retrouvons à ses commandes, la Gold Wing nous rappelle à quel point elle représente un véritable miracle d'ingénierie. On s'attend à ce qu'une moto de ce type soit confortable sur long trajet, mais il semble tout simplement impossible qu'une machine de cette taille et qui embarque une telle quantité d'équipements se montre aussi légère à manier et à ce point à l'aise en pleine inclinaison. Ce qu'elle offre n'est ni plus ni moins que l'expérience du voyage à moto en duo la plus raffinée qui soit. Quant à la F6B, elle propose l'essentiel de cette expérience, mais dans un format aéré, moins encombrant et visuellement plus jeune. Dans les deux cas, les intéressés doivent réaliser qu'ils ont affaire à de véritables tapis magiques, à des instruments mécaniques d'une finesse extraordinaire. Pour les motocyclistes qui recherchent ces caractéristiques, la question du choix de monture ne se pose même pas. Mais pour les amateurs de tourisme qui préfèrent vivre une expérience mécanique plus mouvementée, un modèle animé par un V-Twin serait possiblement plus indiqué.

Gold Wing F6B

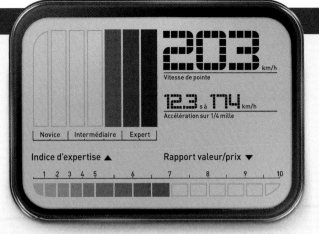

203 km/h
Vitesse de pointe

12,3 à 17,4 km/h
Accélération sur 1/4 mille

| Novice | Intermédiaire | Expert |

Indice d'expertise ▲         Rapport valeur/prix ▼

1  2  3  4  5      6      7      8      9      10

Voir légende en page 18

## GÉNÉRAL

| | |
|---|---|
| Catégorie | Tourisme de luxe |
| Prix | Gold Wing : 29 999 $<br>Gold Wing Airbag : 31 499 $<br>Gold Wing F6B : 22 999 $ |
| Immatriculation 2013 | 557,53 $ |
| Catégorisation SAAQ 2013 | « régulière » |
| Évolution récente | introduite en 1975, revue en 1980,<br>en 1984, en 1988, en 2001 et en 2012;<br>variante F6B introduite en 2013 |
| Garantie | 3 ans/kilométrage illimité |
| Couleur(s) | Gold Wing : blanc<br>Gold Wing Airbag : rouge<br>Gold Wing F6B : noir |
| Concurrence | Gold Wing : BMW K1600GTL<br>Gold Wing F6B : BMW K1600GT,<br>Harley-Davidson Street Glide |

## MOTEUR

| | |
|---|---|
| Type | 6-cylindres 4-temps Boxer,<br>SACT, 2 soupapes par cylindre,<br>refroidissement par liquide |
| Alimentation | injection à 2 corps de 40 mm |
| Rapport volumétrique | 9,8:1 |
| Cylindrée | 1 832 cc |
| Alésage et course | 74 mm x 71 mm |
| Puissance | 118 ch @ 5 500 tr/min |
| Couple | 125 lb-pi @ 4 000 tr/min |
| Boîte de vitesses | 5 rapports avec marche<br>arrière électrique |
| Transmission finale | par arbre |
| Révolution à 100 km/h | environ 2 700 tr/min |
| Consommation moyenne | 7,6 l/100 km |
| Autonomie moyenne | 329 km |

## PARTIE CYCLE

| | |
|---|---|
| Type de cadre | périmétrique, en aluminium |
| Suspension avant | fourche conventionnelle de 45 mm<br>non ajustable |
| Suspension arrière | monoamortisseur ajustable en précharge |
| Freinage avant | 2 disques de 296 mm de Ø avec étriers<br>à 3 pistons et système C-ABS |
| Freinage arrière | 1 disque de 316 mm de Ø avec étrier<br>à 3 pistons et système C-ABS |
| Pneus avant/arrière | 130/70 R18 & 180/60 R16 |
| Empattement | 1 690 mm |
| Hauteur de selle | 740 mm (F6B : 725 mm) |
| Poids tous pleins faits | 417 kg (Airbag : 423 kg; F6B : 385 kg) |
| Réservoir de carburant | 25 litres |

**DERNIER MORCEAU...** Nous n'avons pas toujours été tendres à l'égard de Honda ces dernières années, et ce, surtout en raison du manque de mouvement qui s'est installé dans sa gamme. Depuis deux ou trois ans, toutefois, quelque chose a réveillé le géant et aujourd'hui, la gamme du constructeur est plus attrayante qu'elle ne l'a été depuis un bon moment. Le seul morceau qui reste avant que ce renouvellement ne puisse être qualifié de complet, c'est la ST1300. Descendante de la ST1100, l'une des pionnières du genre sport-tourisme, la 1300 fut introduite en 2003 et n'a pratiquement pas changé depuis. Propulsée par l'unique V4 longitudinal sur le marché, elle est équipée de série de l'ABS, d'un pare-brise à ajustement électrique et de valises rigides, mais trahit le fait qu'il s'agit du plus vieux modèle de sa catégorie par une absence de tout gadget.

Bien qu'elle approche fort probablement de la fin d'une carrière bien remplie s'étendant sur une décennie, la ST1300 ne mérite pas pour autant d'être qualifiée de désuète et propose quand même certaines qualités intéressantes.

Tout au haut de la liste de ces caractéristiques se trouve la mécanique qui anime le modèle, un V4 disposé de façon longitudinale jouant un très important rôle au niveau du plaisir de pilotage. Seul moteur du genre non seulement dans le créneau sport-tourisme, mais aussi sur le marché, il produit une mélodie unique et feutrée qui accompagne et agrémente chaque instant de la conduite. Bien rempli de couple dans les premiers tours, il est assez puissant pour soulever la roue avant sur le premier rapport si les gaz sont ouverts de façon brusque. L'accélération est ensuite linéaire jusqu'à la zone rouge, si bien qu'on a toujours la sensation de disposer d'assez de puissance et qu'on ne pense pratiquement jamais à rétrograder pour rendre les choses plus intéressantes. La boîte de vitesses, qui compte toujours 5 rapports plutôt que les 6 devenus la norme de la classe, est douce, précise et bien étagée. La ST n'est pas ultra-rapide, mais arrive quand même à satisfaire.

En dépit de son âge, la ST1300 offre un bon niveau de confort. La position de conduite est agréablement équilibrée, la selle ne génère presque pas de critiques et les suspensions sont à la fois souples et juste assez fermes. L'un des rares commentaires négatifs concerne l'agaçant retour d'air poussant le pilote dans le dos lorsque le pare-brise à ajustement électrique se trouve en position élevée. Autrement, la protection au vent est assez généreuse.

> **MALGRÉ SON ÂGE, LE COMPORTEMENT ET LE CONFORT OFFERTS PAR LA ST1300 DEMEURENT QUAND MÊME SATISFAISANTS.**

Par ailleurs, bien que l'écoulement de l'air ne soit pas totalement exempt de turbulences, le niveau de ces dernières reste acceptable. Par temps chaud, on note un dégagement important de chaleur, dans des situations lentes comme la conduite urbaine.

Comme sport-tourisme implique aussi sport, la qualité du comportement routier de ces modèles occupe une place importante dans leur évaluation. Encore là, et malgré son âge, la ST1300 se sort d'affaire avec de bonnes notes.

Étonnamment agile et maniable pour une monture de son gabarit, la ST ne demande qu'un effort minime pour s'engager en virage ou se basculer d'un angle à l'autre. Le châssis renvoie une forte impression de solidité et de précision en plein virage. Il fait également preuve d'une grande agilité dans les enfilades de courbes, qui sont un exercice à la fois plaisant et étonnamment accessible à ses commandes. Les très hautes vitesses représentent la seule circonstance où le comportement de la ST1300 peut être pris en défaut, puisqu'à l'approche des 200 km/h, sa stabilité n'est plus aussi grande, et ce, surtout lorsque l'on transporte un passager et que le pare-brise est en position haute. La plupart des modèles rivaux demeurent irréprochables dans de telles conditions. Notons que l'ABS combiné est livré de série.

Le plus grand défaut de la ST1300 demeure finalement son âge, qu'on perçoit dans le manque d'équipement et dans l'aspect vieillot de l'instrumentation. Honda pourrait très bien la garder dans sa gamme, mais il faudrait que son prix soit ajusté afin de refléter cet âge, ce qui n'est pas le cas actuellement.

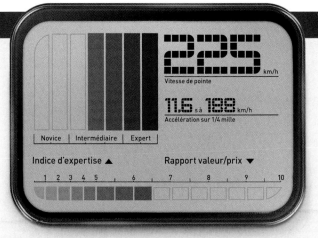

Voir légende en page 18

## QUOI DE NEUF EN 2013 ? +

Aucun changement

Aucune augmentation

## PAS MAL ▲

Un niveau de confort très difficile à prendre en faute; la protection au vent est généreuse, la position de conduite est bien équilibrée, les suspensions sont bien calibrées et la selle est bonne tant pour le pilote que pour son passager

Un caractère facile à vivre dans l'environnement quotidien qui vient s'ajouter aux excellentes qualités du modèle dans les situations comme les longues distances parsemées de routes en lacets

Un plaisir de conduite élevé amené par un niveau de performances satisfaisant et surtout par le caractère très particulier du superbe V4 qui anime le modèle

## BOF ▼

Un pare-brise électrique qui, en position haute à vitesse élevée, crée de la turbulence à la hauteur du casque et génère un retour d'air dans le dos du pilote

Une grande quantité de chaleur dégagée par le moteur lors de journées chaudes, et ce, surtout dans des conditions sans déplacement d'air comme la circulation dense

Un prix trop élevé compte tenu de l'âge du modèle et du niveau d'équipements moins généreux que celui de plusieurs modèles rivaux

Un léger louvoiement à très haute vitesse, surtout lorsque le pare-brise est en position haute; on ne s'en rend toutefois jamais compte à l'intérieur des limites de vitesse

### CONCLUSION

Modèle le plus âgé de sa catégorie, la ST1300 est aussi la monture du genre la plus discrète et la moins équipée. Elle ne s'adresse pas à l'amateur de sensations fortes comme l'ex-propriétaire de machine sportive désirant ralentir un peu, mais plutôt au motocycliste moyen et commun, celui qui ne demande qu'à rouler longtemps et confortablement, avec un minimum de tracas et aux commandes d'une machine éprouvée construite par une marque réputée. L'une des plus attrayantes qualités de la ST1300 vient du charmant caractère du V4 qui l'anime. Il s'agit d'une mécanique unique en son genre au sein de la classe et d'un moteur particulièrement communicatif, à défaut d'être extraordinairement puissant. Mais bien qu'elle possède un côté satisfaisant, la ST1300 reste vieille, un fait que son prix devrait mieux refléter. Clairement, le temps d'une nouvelle ST est arrivé.

Modèle européen

## GÉNÉRAL

| | |
|---|---|
| Catégorie | Sport-Tourisme |
| Prix | 18 999 $ |
| Immatriculation 2013 | 557,53 $ |
| Catégorisation SAAQ 2013 | « régulière » |
| Évolution récente | introduite en 1990, revue en 2003 |
| Garantie | 3 ans/kilométrage illimité |
| Couleur(s) | noir |
| Concurrence | BMW K1600GT, Kawasaki Concours 14, Triumph Trophy, Yamaha FJR1300 |

## MOTEUR

| | |
|---|---|
| Type | 4-cylindres longitudinal 4-temps en V à 90 degrés, DACT, 4 soupapes par cylindre, refroidissement par liquide |
| Alimentation | injection à 4 corps de 36 mm |
| Rapport volumétrique | 10,8:1 |
| Cylindrée | 1 261 cc |
| Alésage et course | 78 mm x 66 mm |
| Puissance | 125 ch @ 8 000 tr/min |
| Couple | 85 lb-pi @ 6 000 tr/min |
| Boîte de vitesses | 5 rapports |
| Transmission finale | par arbre |
| Révolution à 100 km/h | environ 3 400 tr/min |
| Consommation moyenne | 6,5 l/100 km |
| Autonomie moyenne | 446 km |

## PARTIE CYCLE

| | |
|---|---|
| Type de cadre | périmétrique, en aluminium |
| Suspension avant | fourche conventionnelle de 45 mm non ajustable |
| Suspension arrière | monoamortisseur ajustable en précharge |
| Freinage avant | 2 disques de 310 mm de Ø avec étriers à 3 pistons et système C-ABS |
| Freinage arrière | 1 disque de 316 mm de Ø avec étrier à 3 pistons et système C-ABS |
| Pneus avant/arrière | 120/70 ZR18 & 170/60 ZR17 |
| Empattement | 1 491 mm |
| Hauteur de selle | 775/805 mm |
| Poids tous pleins faits | 331 kg |
| Réservoir de carburant | 29 litres |

***PUISSANCE ET CLASSE...*** En Amérique du Nord, la VFR1200F a remplacé la VFR800 dans le catalogue Honda lorsqu'elle fut lancée en 2010. Sur le marché européen, la 800 continue d'être offerte aux côtés de la 1200. Il s'agit d'un modèle important pour le constructeur japonais, puisque son arrivée coïncidait avec l'amorce d'un retour pour ce manufacturier qui s'était fait bien discret depuis le tournant du millénaire. Animée par l'un des très rares V4 sportifs sur le marché, la VFR1200F est probablement le modèle le plus avancé de la gamme Honda tout entière avec son contrôle de traction, son ABS combiné et sa transmission automatique DCT (pour Dual Clutch Transmission) optionnelle. Bien qu'elle puisse être comparée à un modèle comme la ZX-14R de Kawasaki, sa mission se rapproche davantage de celle de la BMW K1300S.

Plusieurs questions sur l'état d'esprit de la division moto de Honda – questions qui demeurent d'ailleurs toujours sans réponses – ont été soulevées durant la première décennie du millénaire. Chaque année, on s'attendait de la part de la marque à un retour en force qui ne s'est jamais manifesté. Compte tenu du rôle emblématique du modèle pour Honda, une VFR800 imparfaite et qui n'évoluait plus représentait l'un des signes les plus évidents que quelque chose était différent. Les attentes étaient donc particulièrement élevées lorsque la VFR1200F fut enfin dévoilée en 2010. Celle-ci ne représente ni plus ni moins que le concept VFR poussé à l'extrême.

Le style du modèle est, d'une certaine façon, trompeur en ce sens qu'il fait paraître les proportions beaucoup plus importantes qu'elles ne le sont réellement. Bien qu'elle soit nettement plus lourde, la 1200 est presque un clone parfait de la VFR800 en matière d'ergonomie. Physiquement, à moins de la bousculer en piste, où son surplus de poids devient évident, on ne la sent pas vraiment plus grosse ni plus longue que la 800. Malgré l'air massif de la partie avant, la protection offerte par le carénage est très proche de celle de la 800, donc bonne. La position de conduite conserve une saveur sportive marquée tant au niveau de l'angle des jambes qu'à celui du poids modéré, mais tout de même notable que doivent supporter les mains. Il ne s'agit clairement pas d'une cousine de la ST1300 et surtout pas de la remplaçante de ce modèle, mais plutôt d'une sorte de suite à moteur V4 de la regrettée CBR1100XX qui associe puissance et classe.

> **SANS QU'ELLE SOIT L'ÉQUIVALENT D'UNE ZX-14R EN LIGNE DROITE, LA VFR1200F DEMEURE EXTRÊMEMENT RAPIDE.**

Tout parallèle avec le modèle de 800 cc s'estompe dès l'instant où les gaz sont ouverts, puisqu'en termes de performances, la 1200 se trouve dans une ligue totalement différente. La VFR1200F n'est pas tout à fait l'équivalent de monstres comme la Hayabusa ou la ZX-14R en ligne droite, mais elle est plus que compétitive face à la rapide K1300S. Bref, même si elle ne bat aucun record, il s'agit d'une machine de gros cubage extrêmement rapide. La puissance à bas régime n'impressionnait pas outre mesure sur les premières versions, mais l'arrivée de l'antipatinage en 2012 a permis à Honda d'accroître la performance du modèle à ce chapitre sans affecter la stabilité. Une fois passés les 5 000 tr/min, le gros V4 s'emballe furieusement jusqu'à sa zone rouge avec un rugissement qui ne peut provenir que de ce type de moteur. À l'exception de quelques vibrations à certains régimes, la mécanique se montre assez douce en utilisation normale. Quant à la sonorité, elle est discrète et laisse un peu le pilote connaisseur sur sa faim. Un 4-cylindres en V de ce calibre devrait littéralement chanter, pas chuchoter.

En dépit de son imposante cylindrée et de sa masse considérable, la VFR1200F étonne en affichant un comportement routier admirablement neutre et léger. Chaque manœuvre se réalise avec facilité, avec précision et de manière très naturelle, sans jamais que la VFR donne l'impression de résister aux intentions du pilote. La partie cycle confère même une sensation de précision et de solidité tellement impressionnantes en virage qu'on a l'impression de chevaucher un bloc inflexible. Quant au freinage, il se montre puissant et facile à moduler.

## QUOI DE NEUF EN 2013 ?  +

Aucun changement

Aucune augmentation

## PAS MAL  ▲

Une proposition mécanique sans pareil, puisque personne n'offre une machine de ce calibre propulsée par un V4, ce qui fait de la VFR1200F une monture unique

Un niveau de performances très impressionnant qui fait de la VFR1200F une rivale légitime des monstres que sont les ZX-14R et Hayabusa, confort en prime

Une boîte automatique qui représente un impressionnant accomplissement technique

Un comportement dont l'équilibre est très impressionnant, puisque malgré sa masse considérable, la VFR1200F se manie avec aisance et légèreté

## BOF  ▼

Une mécanique qu'on aimerait encore plus présente et caractérielle; les V4 sont des moteurs très particuliers et possèdent la capacité de faire vivre une expérience très particulière lorsque la sonorité de l'échappement et de l'admission est optimisée

Un excellent niveau de confort, mais une position de conduite qui affiche une nature un peu trop sportive, surtout au niveau des poignées qui sont trop basses sans raison

Une boîte DCT dont la douceur et le fonctionnement impressionnent, mais qui décide de changer ses rapports à des moments et à des régimes qui ne sont pas toujours ceux que le pilote choisirait instinctivement

Un positionnement qui n'est plus du tout le même que celui de la VFR800, dont la VFR1200F n'est pas la vraie remplaçante

### CONCLUSION

La VFR1200F propose un ensemble exceptionnellement raffiné qui demeure sans concurrence directe sur le présent marché. Il s'agit d'un croisement très particulier entre la finesse et la polyvalence de la regrettée CBR1100XX, le caractère mécanique unique du traditionnel V4 de la VFR800 et la rapidité d'une routière hautes performances moderne comme la K1300S. En termes d'intégration, tous ces éléments forment un ensemble digne des plus belles réalisations de Honda. En mettant le paquet de cette façon, le modèle mérite probablement que l'on conclût que sa mission d'incarner la VFR suprême a été accomplie. Ironiquement, cet aspect ultime est un peu ce que nous reprochons au modèle, puisqu'en ajoutant tout ce qui fait de la 1200 la moto qu'elle est, l'équilibre fin, sacré et fragile qui a toujours été la carte de visite de la VFR800, lui, a disparu. Dans un monde idéal, il y aurait la 1200 *et* un nouveau modèle de 800 ou 900 cc qui ferait renaître la magie légendaire de la VFR.

**269** km/h
Vitesse de pointe

**10.3** s à **215** km/h
Accélération sur 1/4 mille

| Novice | Intermédiaire | Expert |

Indice d'expertise ▲          Rapport valeur/prix ▼

1　2　3　4　5　　6　　7　　8　　9　　10

Voir légende en page 18

## GÉNÉRAL

| | |
|---|---|
| Catégorie | Routière Sportive |
| Prix | 17 499 $ (DCT : 18 999 $) |
| Immatriculation 2013 | 1 116,90 $ |
| Catégorisation SAAQ 2013 | « à risque » |
| Évolution récente | introduite en 1986, revue en 1990, en 1994, en 1998 et en 2002; VFR1200F introduite en 2010 |
| Garantie | 1 an/kilométrage illimité |
| Couleur(s) | rouge |
| Concurrence | BMW K1300S, Kawasaki Ninja ZX-14R, Suzuki GSX1300R Hayabusa |

## MOTEUR

| | |
|---|---|
| Type | 4-cylindres 4-temps en V à 76 degrés, SACT, 4 soupapes par cylindre, refroidissement par liquide |
| Alimentation | injection à 4 corps de 44 mm |
| Rapport volumétrique | 12,0:1 |
| Cylindrée | 1 237 cc |
| Alésage et course | 81 mm x 60 mm |
| Puissance | 172,7 ch @ 10 000 tr/min |
| Couple | 95 lb-pi @ 8 750 tr/min |
| Boîte de vitesses | 6 rapports (DCT : automatique) |
| Transmission finale | par arbre |
| Révolution à 100 km/h | environ 3 500 tr/min |
| Consommation moyenne | 6,3 l/100 km |
| Autonomie moyenne | 301 km |

## PARTIE CYCLE

| | |
|---|---|
| Type de cadre | périmétrique, en aluminium |
| Suspension avant | fourche inversée de 43 mm ajustable en précharge |
| Suspension arrière | monoamortisseur ajustable en précharge et détente |
| Freinage avant | 2 disques de 320 mm de Ø avec étriers à 6 pistons et système C-ABS |
| Freinage arrière | 1 disque de 276 mm de Ø avec étrier à 2 pistons et système C-ABS |
| Pneus avant/arrière | 120/70 ZR17 & 190/55 ZR17 |
| Empattement | 1 545 mm |
| Hauteur de selle | 810 mm |
| Poids tous pleins faits | 268 kg (DCT : 278 kg) |
| Réservoir de carburant | 19 litres |

**ÉVOLUTIVE...** Une proche parente de la génération lancée en 2008, la CBR1000RR actuelle fut introduite l'an dernier. Afin de marquer les 20 ans de la CBR900RR originale, elle recevait alors de nouvelles roues, des suspensions améliorées et un carénage complètement redessiné, entre autres. Animée par un 4-cylindres d'un litre et construite autour d'un massif châssis périmétrique en aluminium, elle suit à la lettre la recette de la sportive pure japonaise de gros cubage. Du moins, à une exception près, puisque la CBR1000RR n'est toujours pas équipée d'un système de contrôle de traction, une situation qu'elle ne partage qu'avec la Suzuki GSX-R1000 dans cette classe. Par contre, Honda l'a munie d'un système ABS combiné et assisté d'une efficacité extraordinaire. Au Canada, seule la version équipée de cette technologie est offerte.

La version courante de la CBR1000RR offerte par Honda est une évolution de la génération inaugurée en 2008. Comme de plus en plus de sportives pures, elle a progressé en conservant la base du modèle antérieur. Il s'agit d'une tendance directement liée à deux facteurs : premièrement, l'effondrement des ventes causé par la crise économique de 2008 et, deuxièmement, ce qui semble être un genre de désintéressement face à l'aspect extrêmement pointu de ce type de motos. La combinaison de ces facteurs a conduit à une baisse marquée des ventes et les constructeurs tentent maintenant d'étirer la vie des bases déjà développées. C'est donc en conservant le cadre et le moteur de la version 2008-2011 et en y attachant une nouvelle fourche Showa BPF (Big Piston Fork), une suspension arrière révisée, de nouvelles roues à 12 branches et un carénage fraîchement dessiné que la version actuelle est née. Du côté de l'électronique, l'injection et le fonctionnement de l'ABS ont été raffinés, mais le contrôle de traction désormais présent sur presque toutes les rivales de la grosse CBR demeure absent.

Comme on peut s'en douter, le comportement de la version courante du modèle ressemble de très près à celui de la version précédente. Il s'agit d'une réalité pouvant être envisagée de deux façons. Pour l'amateur de statistiques extrêmes ou encore pour le pilote expert exigeant de se retrouver aux commandes de la machine la plus rapide et la plus avancée de son créneau, la CBR1000RR ne fera pas nécessairement l'affaire. Elle n'offre ni la fiche technique la plus impressionnante ni les performances les plus fortes de la classe. Mais éloignez la

Honda des comparaisons sur papier et amenez-la plutôt en piste pour une bonne série de tours à rythme fort et vous ne trouverez pas grand-chose à lui reprocher.

Le 4-cylindres en ligne qui anime le modèle affiche une nature axée sur la puissance maximale à haut régime. Sa souplesse n'est pas extraordinaire sous les 5 000 ou 6 000 tr/min, mais il s'éveille ensuite jusqu'à la zone rouge de 13 000 tr/min. Bien que la puissance ne soit pas du même ordre que celle de la BMW S1000RR, qui demeure le monstre de la classe, la CBR1000RR offre quand même des accélérations extrêmement puissantes. L'un des aspects les plus appréciables du modèle est la précision et la constance avec lesquelles ses chevaux sont livrés. Il s'agit d'une qualité qui permet, entre autres, de sortir de courbe de manière agressive sans trop de crainte de dérobade de l'arrière. Il reste toutefois que la présence d'un système de contrôle de traction permettrait d'exploiter la puissance plus facilement.

L'une des plus grandes qualités de cette génération de la CBR1000RR a toujours été un comportement remarquablement léger sur circuit. Grâce à toutes les composantes améliorées dont elle bénéficie, la version courante conserve cette caractéristique et y ajoute un léger degré de raffinement. D'une façon générale, cette facilité de pilotage se traduit par une grande maniabilité et par l'impression de ne jamais se battre avec la moto, même sur une piste serrée. Parler d'une agilité de 600 serait exagéré, mais tentant. Par ailleurs, l'ABS est carrément extraordinaire et probablement le meilleur dans le genre.

> **BIEN QUE SA FICHE NE SOIT PAS LA PLUS SPECTACULAIRE, UNE FOIS EN PISTE À ROULER FORT, ON TROUVE BIEN PEU À REPROCHER À LA CBR1000RR.**

## QUOI DE NEUF EN 2013 ? +

Aucun changement

Aucune augmentation

## PAS MAL ▲

Une qualité de comportement et surtout une facilité de pilotage extraordinaire sur circuit; la CBR1000RR est l'une des montures de ce type les plus accessibles

Des performances d'un calibre très élevé, mais qui sont livrées de manière très civilisée, ce qui facilite grandement le pilotage sur piste

Un système de freinage ABS combiné extrêmement avancé qui permet de profiter pleinement du potentiel de freinage

## BOF ▼

Un niveau de performances tellement élevé qu'il n'est vraiment accessible qu'en piste, ce qui fait paraître la conduite quotidienne presque banale

Des performances qui, même aussi élevées qu'elles le sont, restent en retrait par rapport à celles de modèles comme la S1000RR ou la 1199 Panigale

Une mécanique très avancée, mais dont le caractère est presque inexistant

Un niveau de confort très faible, comme c'est d'ailleurs la norme sur ces motos

Une fiche technique qui laisse un peu sur leur faim les gourmands amateurs de ce type de machine qui s'attendent à plus de chevaux et de gadgets

Une absence de système antipatinage qui tarde à arriver et qui limite les performances en piste face à des machines rivales qui en sont équipées

### CONCLUSION

Le fait qu'une monture du calibre de cette CBR1000RR puisse être considérée comme une pure sportive jolie et au point, mais pas nécessairement au sommet de sa classe est à la fois juste et injuste. C'est juste parce qu'il existe effectivement d'autres modèles qui sont plus puissants et qui possèdent une technologie plus poussée à certains égards, notamment au niveau du contrôle de traction. Mais, d'une certaine façon, c'est injuste parce qu'il s'agit d'une petite merveille de raffinement et de l'une des machines de cette classe les plus faciles et les moins intimidantes à piloter. Évidemment, les mauvaises langues vous diront que c'est le cas parce qu'elle est moins puissante, mais ça serait un peu simpliste comme explication. La CBR1000RR est plutôt construite avec cette agilité comme but premier. Les chevaux présents demeurent amplement suffisants pour en mettre plein les bras à n'importe qui durant une journée de piste. Et l'incroyable efficacité de l'ABS arrive à transformer des pilotes moyens en héros au freinage. C'est quand même pas mal, non?

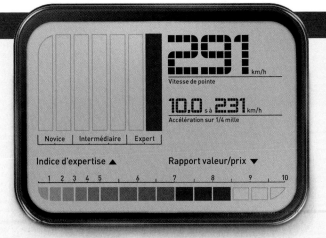

| | |
|---|---|
| **Vitesse de pointe** | 291 km/h |
| **Accélération sur 1/4 mille** | 10,0 s à 231 km/h |

| Novice | Intermédiaire | Expert |
|---|---|---|

Indice d'expertise ▲ | Rapport valeur/prix ▼

1 2 3 4 5 6 7 8 9 10

Voir légende en page 18

## GÉNÉRAL

| | |
|---|---|
| **Catégorie** | Sportive |
| **Prix** | 15 999 $ |
| **Immatriculation 2013** | 1 116,90 $ |
| **Catégorisation SAAQ 2013** | « à risque » |
| **Évolution récente** | introduite en 1992, revue en 1996, en 1998, en 2000, en 2002, en 2004, en 2006, en 2008 et en 2012 |
| **Garantie** | 1 an/kilométrage illimité |
| **Couleur(s)** | Repsol |
| **Concurrence** | Aprilia RSV4, BMW S1000RR, Kawasaki Ninja ZX 10R, MV Agusta F4 Suzuki GSX-R1000, Yamaha YZF-R1 |

## MOTEUR

| | |
|---|---|
| **Type** | 4-cylindres en ligne 4-temps, DACT, 4 soupapes par cylindre, refroidissement par liquide |
| **Alimentation** | injection à 4 corps de 46 mm |
| **Rapport volumétrique** | 12,3:1 |
| **Cylindrée** | 999,8 cc |
| **Alésage et course** | 76 mm x 55,1 mm |
| **Puissance sans Ram Air** | 178,1 ch @ 12 000 tr/min |
| **Couple sans Ram Air** | 82,6 lb-pi @ 8 500 tr/min |
| **Boîte de vitesses** | 6 rapports |
| **Transmission finale** | par chaîne |
| **Révolution à 100 km/h** | environ 4 200 tr/min |
| **Consommation moyenne** | 6,9 l/100 km |
| **Autonomie moyenne** | 256 km |

## PARTIE CYCLE

| | |
|---|---|
| **Type de cadre** | périmétrique, en aluminium |
| **Suspension avant** | fourche inversée de 43 mm ajustable en précharge, compression et détente |
| **Suspension arrière** | monoamortisseur ajustable en précharge, compression et détente |
| **Freinage avant** | 2 disques de 320 mm de Ø avec étriers radiaux à 4 pistons et système C-ABS |
| **Freinage arrière** | 1 disque de 220 mm de Ø avec étrier à 1 piston et système C-ABS |
| **Pneus avant/arrière** | 120/70 ZR17 & 190/50 ZR17 |
| **Empattement** | 1 410 mm |
| **Hauteur de selle** | 820 mm |
| **Poids tous pleins faits** | 211 kg |
| **Réservoir de carburant** | 17,7 litres |

HONDA

CBR600RR ABS

***600 POST-CRISE...*** La grande crise économique de 2008 est derrière nous, mais la poussière, elle, vient à peine de retomber. Chez les 600 – l'une des classes les plus durement touchées en raison des moyens limités des acheteurs plus jeunes –, la réalité post-crise semble maintenant se dessiner assez clairement. Tout comme l'a fait la CBR1000RR l'an dernier, la CBR600RR évolue finalement cette année, mais le produit offert par le constructeur ne représente pas pour autant une nouvelle moto. La situation de la 600 de Honda est également similaire à celle de la Kawasaki ZX-6R 2013 en ce sens qu'il s'agit d'une évolution réalisée avec le minimum d'investissement pour un maximum de retour en « effet nouveauté » et en amélioration de comportement. Ce qui permet d'atteindre ce but a été renouvelé et ce qui ne le permet pas a été laissé intact.

### Analyse Technique

Honda ne nous a pas donné l'occasion d'évaluer cette évolution de la CBR600RR. Toutefois, l'analyse des améliorations qui lui ont été apportées ainsi que le résultat de modifications très similaires faites l'an dernier sur la CBR1000RR laissent croire qu'en termes de comportement général, la version 2013 devrait être assez semblable à la 2012, bien que quand même supérieure. Ça n'a absolument rien d'une mauvaise nouvelle lorsqu'on tient compte du fait que nous éprouvions beaucoup de difficulté à critiquer la version précédente du modèle. Introduite en 2007, celle-ci proposait un moteur à la fois doux, aussi puissant qu'à l'aise à très haut régime et étonnamment souple à bas et moyen régimes, du moins dans le contexte d'une sportive pure de 600 cc. À l'exception d'une nouvelle cartographie d'injection, ce moteur demeure intact en 2013. Par ailleurs, le comportement sur piste de la CBR600RR précédente a toujours mérité les plus hauts éloges de notre part en termes de légèreté, de précision et de stabilité. Bien que l'essentiel de la partie cycle demeure inchangé, quelques améliorations sont quand même faites à ce niveau. La plus importante est l'adoption d'une fourche Showa BPF (Big Piston Fork) réputée pour se montrer souple quand il le faut, comme sur la route, et ferme quand il le faut, comme en plein freinage sur circuit. Des roues à douze branches très similaires à celles qui équipent la CBR1000RR depuis l'an dernier sont également installées. Enfin, le carénage a été complètement redessiné. Honda affirme que tant les parties avant qu'arrière sont inspirées de ses machines actuelles de MotoGP. Selon le constructeur, son coefficient d'aérodynamisme est légèrement amélioré.

## QUOI DE NEUF EN 2013 ?　　　　+

Évolution de la CBR600RR : nouveau carénage, fourche Showa BPF, injection recalibrée, nouvelles roues à 12 branches

Version sans ABS réintégrée au catalogue canadien

Aucune augmentation

## PAS MAL　　　　▲

Une mécanique superbe puisque douce, relativement souple, très puissante et incroyablement à l'aise à haut régime

Une partie cycle tellement réussie qu'elle arrive à transformer les motocyclistes ordinaires en pilotes compétents sur une piste, où la CBR600RR est par ailleurs une véritable merveille de précision et d'agilité

Un système de freinage ABS combiné de nouvelle génération conçu spécifiquement pour les sportives utilisées en piste et dont l'efficacité est extraordinaire

Une nature qui propose à la fois un niveau de performances très élevé et une polyvalence légèrement supérieure à la moyenne sur la route

## BOF　　　　▼

Des accélérations puissantes, mais aussi un tempérament très civilisé, presque linéaire qui affecte un tout petit peu le facteur d'excitation

Un embrayage sans limiteur de contre-couple; il s'agit d'un équipement dont les avantages sont clairs en piste et qu'offrent la plupart des rivales de la CBR

Une évolution visuelle attrayante, mais plutôt limitée d'un point de vue technique

Un niveau de confort inexistant pour le passager, quoique tolérable pour le pilote

### CONCLUSION

Voilà maintenant plusieurs années que nous éprouvons beaucoup de difficulté à trouver quoi que ce soit à reprocher au comportement sur piste des sportives pures de 600 cc et que nous nous questionnons sérieusement quant à la *possibilité* de réellement améliorer ce comportement. Le fait que Honda ait choisi, lors de cette évolution, d'essentiellement se limiter à installer une nouvelle fourche nous laisse croire qu'on vit peut-être effectivement un plafonnement à ce chapitre. Cela dit, l'un des aspects où une 600 de ce type pourrait vraiment être améliorée est celui de l'utilisation quotidienne où un confort légèrement supérieur et une souplesse mécanique accrue ne seraient certes pas de refus. La classe finira peut-être par offrir ces qualités, mais pour le moment, ce qu'elle propose demeure des machines destinées au circuit où leurs capacités sont extraordinaires. La CBR600RR est l'un de ces engins.

259 km/h
Vitesse de pointe

10,8 s à 207 km/h
Accélération sur 1/4 mille

| Novice | Intermédiaire | Expert |

▶ Performances 2012

Indice d'expertise ▲　　　Rapport valeur/prix ▼

1　2　3　4　5　　6　　7　　8　　9　　10

Voir légende en page 18

## GÉNÉRAL

| | |
|---|---|
| Catégorie | Sportive |
| Prix | CBR600RR ABS : 13 599 $<br>CBR600RR : 12 599 $ |
| Immatriculation 2013 | 1 116,90 $ |
| Catégorisation SAAQ 2013 | « à risque » |
| Évolution récente | introduite en 2003, revue en 2005, en 2007 et en 2013 |
| Garantie | 1 an/kilométrage illimité |
| Couleur(s) | CBR600RR ABS : blanc, bleu et rouge<br>CBR600RR : blanc, bleu et rouge, rouge |
| Concurrence | Kawasaki Ninja ZX-6R, MV Agusta F3 Suzuki GSX-R600, Triumph Daytona 675, Yamaha YZF-R6 |

## MOTEUR

| | |
|---|---|
| Type | 4-cylindres en ligne 4-temps, DACT, 4 soupapes par cylindre, refroidissement par liquide |
| Alimentation | injection à 4 corps de 40 mm |
| Rapport volumétrique | 12,2:1 |
| Cylindrée | 599 cc |
| Alésage et course | 67 mm x 42,5 mm |
| Puissance sans Ram Air | 118 ch @ 13 500 tr/min |
| Couple sans Ram air | 48,8 lb-pi @ 11 250 tr/min |
| Boîte de vitesses | 6 rapports |
| Transmission finale | par chaîne |
| Révolution à 100 km/h | environ 5 500 tr/min (2012) |
| Consommation moyenne | 6,6 l/100 km (2012) |
| Autonomie moyenne | 274 km (2012) |

## PARTIE CYCLE

| | |
|---|---|
| Type de cadre | périmétrique, en aluminium |
| Suspension avant | fourche inversée de 41 mm ajustable en précharge, compression et détente |
| Suspension arrière | monoamortisseur ajustable en précharge, compression et détente |
| Freinage avant | 2 disques de 310 mm de Ø avec étriers radiaux à 4 pistons (et système C-ABS) |
| Freinage arrière | 1 disque de 220 mm de Ø avec étrier à 1 piston (et système C-ABS) |
| Pneus avant/arrière | 120/70 ZR17 & 180/55 ZR17 |
| Empattement | 1 370 mm |
| Hauteur de selle | 820 mm |
| Poids tous pleins faits | 186 kg (ABS : 196 kg) |
| Réservoir de carburant | 18 litres |

CBR500R ABS

**RIRA BIEN QUI...** Là où sont vendues des Honda, on n'apprécie pas toujours que nous disions que Kawasaki a joué un tour au constructeur de la CBR250R en produisant une Ninja 300 plus puissante, donc plus intéressante, et ce, pour à peine quelques centaines de dollars de plus. Sauf que dans le cas de cette toute nouvelle série CB500, les rôles sont inversés. En effet, c'est cette fois Honda qui propose des montures de 500 cc, donc nettement plus intéressantes que la 300 de Kawasaki, mais offertes pour une somme supplémentaire suffisamment raisonnable pour que la question se pose décidément, et ce, même si les 500 n'ont pas pour but premier de rivaliser avec la 300. Les trois modèles lancés en 2013 comptent la sportive CBR500R, la crossover CB500X et la standard CB500F. Tous sont construits autour d'une partie cycle et d'un moteur commun.

### Analyse Technique

Continuez de lire avant de rire, mais le fait est qu'il existe un important lien entre cette série de modèles et la gamme Harley-Davidson. En effet, le constructeur américain exploite depuis toujours les avantages innombrables des modèles construits selon le concept de la série, ou de la famille, où une seule et même base est présentée de plusieurs manières afin de s'adresser à une clientèle plus large et de réduire considérablement les coûts de développement et de production. De façon incompréhensible, ce concept n'est presque jamais utilisé par les autres constructeurs, mais dans ce cas, Honda l'a bel et bien exploité. L'un des aspects les plus intéressants des modèles est leur prix. Honda nous a habitués au fil des ans à payer plus cher pour ses produits, mais le constructeur s'est rendu compte que ça n'était plus possible sur le marché actuel. En effet, tant que le consommateur se retrouve devant des choix provenant des marques nippones auxquelles il fait confiance, celui-ci accordera plus d'importance à un bon achat qu'à la marque. L'un des objectifs principaux de la série CB500 fut donc d'arriver à proposer des modèles à la fois bien construits et peu coûteux, ce qui est le cas ici.

Dans le cas des trois modèles offerts, le cadre et le moteur sont exactement les mêmes, tout comme les fourches, les freins, les roues et diverses autres pièces. L'identité de chaque modèle est créée par un habillement individuel, bien entendu, mais aussi par une position de conduite adaptée à chacun des cas.

Honda a par ailleurs trouvé d'autres façons de réduire les coûts en reprenant, par exemple, les roues et les freins développés pour la série 700 et en ayant recours à des trucs comme un disque de frein arrière fabriqué à partir du cœur de la pièce ayant servi pour le disque avant. Malgré cela, les 500 ne sont absolument pas construites de manière bon marché, au contraire. Par exemple, le cadre compte sur des tubes d'acier de 35 mm pour assurer sa rigidité, tandis que toutes les connaissances de Honda en matière de torsion contrôlée ont été utilisées pour sa conception. On note aussi que les roues de 17 pouces sont assez larges pour être chaussées d'un grand choix de pneus modernes à profil bas. L'ABS est même livré de série sur tous les modèles sauf la 500R, où il est optionnel, tandis que chaque variante est équipée d'une fourche dont les poteaux affichent un diamètre de 41 mm, le même que sur les NC700 et nombre d'autres modèles « sérieux ». Seul le monoamortisseur arrière est réglable.

Tant la jolie sportive CBR500R que la crossover CB500X, ou que la standard CB500F sont propulsées par le même bicylindre parallèle de 471 cc. Conçu expressément pour cette tâche, sa puissance a été limitée par Honda à 47 chevaux afin de satisfaire la nouvelle norme européenne A2. À titre de référence, la défunte Ninja 500R (devrait-on s'étonner de la voir maintenant renaître ?) produisait une soixantaine de chevaux et la GS500 refroidie par air de Suzuki, elle aussi disparue, une cinquantaine. Il s'agit bien entendu d'un moteur injecté qui satisfait les plus récentes normes antipollution.

**MALGRÉ DE NOMBREUSES FAÇONS DE RÉDUIRE LES COÛTS DE PRODUCTION, LES CB500 SONT CONSTRUITES TRÈS SÉRIEUSEMENT.**

SI L'ON FAIT EXCEPTION DE LA PEU MÉMORABLE BUEL BLAST, IL FAUT RECULER JUSQU'AUX ANNÉES 80 POUR RETROUVER LES DERNIÈRES PRÉSENTATIONS DE 500. HONDA TENTE DONC CLAIREMENT DE REDÉMARRER QUELQUE CHOSE AVEC CETTE CYLINDRÉE.

CB500X

## CB500X

Affichant une ligne dérivée de manière évidente de celle de la NC700X, la CB500X propose le même genre de mission généraliste. Comme la NC, il ne s'agit pas d'une aventurière capable de s'enfoncer en sentier, mais plutôt d'une routière crossover visant à offrir une position dégagée et un style haut sur patte. La selle du modèle est d'ailleurs plus élevée que dans le cas des autres en raison d'une fourche dont le débattement est de 15 mm plus grand. Sa selle est du type monopièce tandis que son guidon remonte nettement plus haut que celui des CB500F et CBR500R.

## CB500F

Le modèle le plus abordable de la série CB500, la CB500F est une véritable petite aubaine. Offerte avec l'ABS pour seulement 500 $ de plus qu'une Ninja 300 ABS, elle pourrait donner autant de casse-tête à Kawasaki que ce dernier en a donné à Honda et sa CBR250R avec la Ninja 300. Malgré sa facture alléchante, la CB500F est construite à partir de la même base que les CBR500R et CB500X. Elle propose une position de conduite légèrement plus compacte et offre une protection au vent limitée.

CB500F

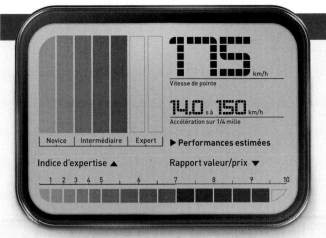

Voir légende en page 18

## QUOI DE NEUF EN 2013 ? +

Nouvelle série de modèles

## PAS MAL ▲

Un prix inhabituellement bas pour des Honda; après avoir lancé des modèles comme les CBR125R, CBR250R et NC700, eux aussi offerts à prix intéressant, le constructeur semble décidément s'être donné la mission de devenir plus accessible

Une construction très sérieuse, et ce, tant au niveau de la technologie du moteur que de celle de la partie cycle; il ne serait pas du tout surprenant de découvrir que ces modèles offrent une excellente tenue de route

Des lignes distinctes malgré une base très similaire; Honda est joliment arrivé à donner une identité propre à chaque modèle

## BOF ▼

Une puissance qui a été limitée afin de satisfaire une norme européenne, mais qui est étrangement plus faible que celles de modèles comme la Ninja 500R et la Suzuki GS500, toutes deux introduites dans les années 80; l'Amérique du Nord aurait aussi pu être considérée; il aurait été simple et pas très coûteux de produire plus de chevaux, puis de restreindre électroniquement la puissance là où c'est nécessaire

Une selle un peu haute sur la CB500X, ce qui pourrait gêner les motocyclistes novices ou moins expérimentés

### CONCLUSION

Il est toujours difficile pour les motocyclistes expérimentés de se montrer très excités par des modèles d'entrée en matière, mais s'ils pouvaient retourner quelques années en arrière, ils comprendraient assez vite l'importance et l'attrait de montures comme celles de cette série. Honda a agi de manière extrêmement intelligente en partageant la même base, puisque les acheteurs n'y verront que du feu et que tout développement indépendant aurait inutilement fait grimper la facture. Or, dans ce cas, le prix constitue l'un des arguments les plus forts de chacune des versions, puisqu'il permet d'acquérir une moto «pour adultes» animée par un moteur de 500 cc, et non un jouet. L'autre aspect très intéressant des modèles c'est qu'il n'existe finalement rien de directement comparable sur le marché, et ce, ni en termes de prix ni en termes de cylindrée.

Série CB500

## GÉNÉRAL

| | |
|---|---|
| Catégorie | Routière Sportive/Crossover/Standard |
| Prix | CBR500R : 6 299 $ (ABS : 6 799 $)<br>CB500X : 6 799 $<br>CB500F : 6 299 $ |
| Immatriculation 2013 | NC - probabilité : 557,53 $ |
| Catégorisation SAAQ 2013 | NC - probabilité : «régulière» |
| Évolution récente | série introduite en 2013 |
| Garantie | 1 an/kilométrage illimité |
| Couleur(s) | CBR500R ABS : rouge, noir, blanc<br>CBR500R : rouge, noir<br>CB500X : rouge, noir<br>CB500F : rouge |
| Concurrence | aucune |

## MOTEUR

| | |
|---|---|
| Type | bicylindre parallèle 4-temps, DACT, 4 soupapes par cylindre, refroidissement par liquide |
| Alimentation | injection à corps de 34 mm |
| Rapport volumétrique | 10,7:1 |
| Cylindrée | 471 cc |
| Alésage et course | 67 mm x 66,8 mm |
| Puissance | 47 ch @ 8 500 tr/min |
| Couple | 31,7 lb-pi @ 7 000 tr/min |
| Boîte de vitesses | 6 rapports |
| Transmission finale | par chaîne |
| Révolution à 100 km/h | n/d |
| Consommation moyenne | n/d |
| Autonomie moyenne | n/d |

## PARTIE CYCLE

| | |
|---|---|
| Type de cadre | diamant , en acier tubulaire |
| Suspension avant | fourche conventionnelle de 41 mm non ajustable |
| Suspension arrière | monoamortisseur ajustable en précharge |
| Freinage avant | 1 disque «à pétales» de 320 mm de Ø avec étrier à 2 pistons et système C-ABS |
| Freinage arrière | 1 disque «à pétales» de 240 mm de Ø avec étrier à 1 piston et système C-ABS |
| Pneus avant/arrière | 120/70 ZR17 & 160/60 ZR17 |
| Empattement | CBR500R : 1 410 mm<br>CB500X : 1 421 mm<br>CB500F : 1 409 mm |
| Hauteur de selle | CBR500R : 785 mm<br>CB500X : 810 mm<br>CB500F : 785 mm |
| Poids tous pleins faits | CBR500R : 196 kg (sans ABS : 194 kg)<br>CB500X : 197 kg<br>CB500F : 193 kg |
| Réservoir de carburant | CBR500R : 15,7 litres<br>CB500X : 17,3 litres<br>CB500F : 15,7 litres |

CBR250R ABS

***NOUVEAU DÉPART...*** Même s'il y a très longtemps que la Ninja 250R existe et qu'elle a toujours été présente dans la gamme Kawasaki, une bonne partie du regain d'intérêt dont jouit la classe des sportives de petite cylindrée est attribuable à la CBR250R. En effet, l'arrivée du modèle sur le marché, il y a deux ans, a eu l'effet de relancer la catégorie. D'abord en créant une situation de concurrence et de rivalité qui n'a pratiquement jamais existé chez ces motos, mais surtout en offrant un ensemble à la fois étonnamment avancé et abordable. Injectée, animée par un petit monocylindre moderne refroidi par liquide et dotée d'une partie cycle très sérieusement construite, la CBR250R n'a rien d'un jouet ou d'un produit bon marché. Il s'agit d'une authentique sportive offerte pour une somme très raisonnable. Une version ABS est proposée pour 500 $ supplémentaires.

Tout le monde ne le réalise pas nécessairement, mais la CBR250R a servi à valider plusieurs concepts depuis son arrivée sur le marché en 2011. Tout d'abord, elle a permis d'établir que la réputation de Honda n'était absolument pas compromise par un produit basé sur la valeur. La marque a longtemps préféré se positionner au-dessus de la concurrence en termes de prix afin de tenter d'illustrer une supposée supériorité. La CBR250R a non seulement changé cette mentalité, elle l'a fait avec succès et a pavé le chemin pour des montures comme celles des séries NC700, CTX700 et CB500 qui sont dans chaque cas des modèles à la fois très sérieusement construits et accompagnés d'une facture attrayante. Cette description décrit d'ailleurs de manière très appropriée la CBR250R et explique pourquoi la clientèle du modèle est constituée d'un groupe dont l'âge et le niveau d'expérience couvrent un large éventail.

Une facture comme celle de la CBR250R limite normalement les modèles envisageables à des machines très rudimentaires dont les caractéristiques correspondent surtout aux besoins des écoles de conduite. Or, la petite Honda représente nettement plus qu'un banal outil d'apprentissage. Capable d'atteindre les 150 kilomètres à l'heure, parfaitement à l'aise sur l'autoroute à vitesse légale, offrant une ergonomie aussi appropriée pour un pilote novice que pour un motocycliste plus expérimenté, assez confortable pour jouer le rôle de routière, impeccablement finie, propulsée par un monocylindre moderne étonnamment doux et suffisamment puissant pour tous les besoins quotidiens et offrant une tenue de route dont la solidité et la précision surprennent franchement, la CBR250R est non seulement une excellente petite moto, mais elle est aussi une vraie Honda offerte à prix d'aubaine. Il ne s'agit pas, comme c'est le cas avec la CBR125R, qui n'est d'ailleurs plus offerte sur notre marché, d'un modèle miniature laissant au pilote l'impression d'être aux commandes d'un genre de jouet, mais plutôt d'une vraie monture avec laquelle tous les types de conduite sont envisageables, de la besogne quotidienne jusqu'à la séance en piste. Ses surprenantes capacités sportives en matière de tenue de route en font par ailleurs un excellent préambule au pilotage d'un modèle plus puissant du même genre. Pour les motocyclistes novices qui insistent pour commencer en bas de l'échelle, elle représente l'un des meilleurs outils qui soient même si, comme pour toutes ces motos, on risque d'en demander davantage et relativement vite. Cet aspect de la CBR250R représente d'ailleurs sont plus grand défaut, ou disons plutôt sa plus grande faiblesse. Personne n'a envie d'acheter une moto neuve, puis d'avoir à la revendre dans un avenir relativement rapproché. En revanche, le prix de la petite CBR est tellement faible que le coût réel de l'achat pourrait bien en valoir la peine pour les novices craintifs. En ce qui concerne non seulement ces derniers, mais aussi tous les autres acheteurs, la présence d'un freinage ABS constitue une option qui devrait être automatiquement choisie. En effet, le maigre surplus de 500 $ qu'elle commande sera remboursé dès la première mauvaise manœuvre, tandis que ce qu'il sauvera dans une situation de panique n'a pas de prix.

> **POUR UN MAIGRE SURPLUS DE 500 $, L'ABS CONSTITUE UNE OPTION QUI DEVRAIT ÊTRE CHOISIE AUTOMATIQUEMENT.**

## QUOI DE NEUF EN 2013 ? +

Livrée Repsol du modèle ABS offerte moyennant un supplément de 300 $

Aucune augmentation

## PAS MAL ▲

Un niveau d'accessibilité exceptionnel qui en fait l'une des meilleures motos d'initiation qu'on puisse acheter; si ce n'était de la fragilité du plein carénage, elle serait même l'outil parfait d'une école de conduite

Une valeur exceptionnelle, et ce, même en incluant l'option de l'ABS combiné que nous recommandons d'ailleurs fortement

Une tenue de route d'un calibre suffisamment bon pour soutenir un rythme très élevé en piste, où la CBR250R se montre même très amusante à pousser

Un soin apporté à la finition et au style qui est tel qu'on a l'impression que les petites cylindrées sont enfin prises au sérieux par les constructeurs

## BOF ▼

Une cylindrée et une puissance qui, malgré le prix alléchant, restent limitées et qui doivent absolument être prises en considération par les acheteurs potentiels; la CBR250R demeure seulement une 250 qu'on voudra relativement vite changer pour une monture plus puissante, du moins dans la majorité des cas

Un prix qui n'est inférieur que par quelques centaines de dollars à celui de la plus puissante Kawasaki Ninja 300

Un monocylindre qui fonctionne de façon tout à fait correcte, mais qui n'est pas du tout aussi performant que le bicylindre parallèle du seul modèle rival de la CBR250R, la Kawasaki Ninja 300

### CONCLUSION

Malgré sa modeste nature de monture d'initiation, la CBR250R est l'une des motos les plus importantes du moment. En entrant sur le marché avec une telle qualité et un prix aussi intéressant, elle annonçait l'arrivée d'une lignée entière de modèles offrant les mêmes valeurs comme ceux des séries NC700 et CB500. Il s'agit d'une excellente petite moto en termes de comportement, construite avec le même souci du détail et finie avec la même attention qu'une sportive de plus grande cylindrée. Pour autant qu'on réalise ce qu'une 250 implique en termes de limites de performances, on ne peut en être déçu.

CBR250R ABS

## GÉNÉRAL

| | |
|---|---|
| Catégorie | Routière Sportive |
| Prix | CBR250R : 4 499 $<br>CBR250R ABS : 4 999 $<br>CBR250R ABS Repsol : 5 299 $ |
| Immatriculation 2013 | 351,25 $ |
| Catégorisation SAAQ 2013 | « régulière » |
| Évolution récente | introduite en 2011 |
| Garantie | 1 an/kilométrage illimité |
| Couleur(s) | CBR250R : rouge<br>CBR250R ABS : blanc, rouge, Repsol |
| Concurrence | Kawasaki Ninja 300 |

## MOTEUR

| | |
|---|---|
| Type | monocylindre 4-temps, DACT,<br>4 soupapes par cylindre,<br>refroidissement par liquide |
| Alimentation | injection à corps de 38 mm |
| Rapport volumétrique | 10,7:1 |
| Cylindrée | 249,4 cc |
| Alésage et course | 76 mm x 55 mm |
| Puissance | 26 ch @ 8 500 tr/min |
| Couple | 16,9 lb-pi @ 7 000 tr/min |
| Boîte de vitesses | 6 rapports |
| Transmission finale | par chaîne |
| Révolution à 100 km/h | environ 5 900 tr/min |
| Consommation moyenne | 4,2 l/100 km |
| Autonomie moyenne | 309 km |

## PARTIE CYCLE

| | |
|---|---|
| Type de cadre | périmétrique, en acier |
| Suspension avant | fourche conventionnelle de 37 mm<br>non ajustable |
| Suspension arrière | monoamortisseur ajustable en précharge |
| Freinage avant | 1 disque de 296 mm de Ø<br>avec étrier à 2 pistons<br>(ABS : à 3 pistons avec système C-ABS) |
| Freinage arrière | 1 disque de 220 mm de Ø<br>avec étrier à 1 piston<br>(ABS : à 1 piston avec système C-ABS) |
| Pneus avant/arrière | 110/70 -17 & 140/70-17 |
| Empattement | 1370 mm |
| Hauteur de selle | 775 mm |
| Poids tous pleins faits | 162 kg (ABS : 166 kg) |
| Réservoir de carburant | 13 litres |

NC700X

***VERS DEMAIN...*** Tous les constructeurs admettent aujourd'hui que l'arrivée d'une relève est essentielle à la survie de l'industrie moto et que les «anciens modèles» ne sont pas nécessairement les outils les plus appropriés pour intéresser de nouveaux arrivants à rouler sur deux roues. Pour le moment, aucune autre marque ne déploie autant d'efforts que Honda afin de créer des machines qui satisferaient ce besoin. Les CBR250R et même les nouvelles CB500 sont des directions prévisibles. Mais dans le cas de la série 700, on se retrouve en terrain inconnu où Honda innove et risque. Deux types de motos sont proposées par cette série, les NC700X crossover et NC700S standard lancées l'an dernier et les CTX700N et CTX700T introduites cette année comme modèles 2014 et qui se veulent d'étranges penchants à saveur custom de cette toute nouvelle base.

Affirmer qu'on souhaite vendre des motos à des gens qui ne faisaient pas de moto se limite à un simple vœu tant que des moyens concrets n'ont pas été pris pour arriver à ce but. Or, la majorité des constructeurs ne semblent pas faire beaucoup plus que souhaiter la réalisation de cet objectif, puisque les produits qu'ils offrent, eux, ne changent pas beaucoup. Même s'il n'a pas été très actif en termes de nouveautés importantes durant la première décennie du millénaire, Honda est actuellement – et de loin – la marque la plus active lorsqu'il s'agit d'introduire des motos d'un nouveau genre expressément conçues pour des besoins autres que ceux des vieux routiers. La série 700 en est un excellent exemple.

Bien que les deux NC700 affichent des styles relativement normaux, surtout la NC700S dont la ligne standard est finalement assez ordinaire, techniquement, les innovations qu'elles proposent sont nombreuses. En fait, les NC (New Concept) ne sont tout simplement pas construites comme la moyenne des motos, ce qui peut également être dit des nouvelles CTX (Confort, Technology, eXperience). Ces dernières partagent la base des NC, mais en y ajoutant une position de conduite à saveur custom.

Le but de Honda avec toutes ces motos étant de créer des machines nettement plus amicales à piloter et nettement plus pratiques en utilisation quotidienne, bien des aspects «normaux» de la conception d'une moto durent être repensés. Le résultat n'a peut-être rien de spectaculaire en termes de chiffres de puissance ou de performances, mais il reste impressionnant en ce sens qu'un constructeur ne s'engage pas tous les jours dans une telle aventure.

> **HONDA EST DE LOIN LA MARQUE LA PLUS ACTIVE EN TERMES DE NOUVEAUX MODÈLES VISANT DE NOUVEAUX MOTOCYCLISTES.**

L'une des caractéristiques les plus particulières des NC se veut leur coffre de rangement de 21 litres. Situé à la place habituelle du réservoir d'essence, lui-même déplacé sous la selle, ce coffre exige des dégagements qui ont requis la conception d'un tout nouveau moteur. Il s'agit d'un bicylindre parallèle de 670 cc dont l'angle d'inclinaison de 62 degrés est inhabituellement prononcé, justement afin de laisser la place nécessaire au volume de rangement. Comme tous ces efforts démontrent l'importance majeure accordée par Honda quant au côté pratique des NC, il est un peu étrange que les modèles CTX ne soient pas munis d'un tel coffre. Notons que seules les NC sont évaluées, puisque les CTX n'avaient pas encore été présentées à la presse au moment de l'impression du Guide 2013. Cela dit, comme les CTX diffèrent surtout des NC par leur position de conduite custom et par leur style, de nombreux parallèles peuvent quand même être établis.

Tellement similaires d'un point de vue technique qu'on pourrait presque parler de jumelles, les NC700X et NC700S sont, sur la route, deux motos au caractère bien distinct.

Ni sportive ni aventurière, mais quand même un peu des deux, la X appartient bel et bien à la classe crossover et devrait être comparée à la Kawasaki Versys 650, dont elle se rapproche à certains égards, bien plus qu'à la Suzuki V-Strom 650. Affichant une selle assez haute, elle positionne son pilote à mi-chemin entre la façon dont le font une standard et une aventurière. Le dos est parfaitement droit, les pieds sont juste en dessous du bassin, les jambes sont pliées de manière sportive, mais pas extrême, et parce que la position est

**VISUELLEMENT INSPIRÉE DE L'ÉTRANGE ET DÉCIDÉMENT PEU POPULAIRE DN-01, LA NOUVELLE CTX700T PROPOSE UN MÉLANGE DE GENRES. DES INGRÉDIENTS DE ROUTIÈRE, DE TOURISTE ET MÊME DE CUSTOM BAGGER FONT PARTIE DE SA RECETTE.**

CTX700N

## VOYONS VOIR...

La nouvelle CTX700N, une 2014, tente ni plus ni moins que l'inconnu. Elle a beau ressembler à la DN-01 et même en être inspirée, ce qu'elle offre n'est pas plus clair. Honda la présente comme une monture de tourisme abordable (elle peut être équipée d'un grand pare-brise et de valises rigides en option), ce qui n'est certainement pas une mauvaise idée. Quant à la position de conduite custom, seule la réponse du marché dira s'il s'agissait d'une bonne décision.

DN-01

plutôt compacte, le haut guidon tombe juste sous les mains. En termes de posture, celle-ci est idéale, puisqu'elle arrive à offrir à la fois confort et contrôle. Si la NC700X a un défaut en matière d'ergonomie, c'est d'avoir une hauteur de selle assez importante, bien que pas démesurée. Ce qui est un peu dommage à ce sujet c'est que les suspensions sont assez fermes et qu'elles n'utilisent donc pas leur débattement additionnel. En d'autres mots, si la X est haute, c'est bien plus pour des raisons de style que par nécessité fonctionnelle. Quant au tout petit pare-brise, il ne semble pas capable d'offrir beaucoup de protection, mais combiné au carénage, il surprend en soulageant le torse d'une bonne partie de la pression du vent sur l'autoroute, même à haute vitesse.

Grâce à une partie cycle admirablement bien maniérée, la NC700X propose une tenue de route exemplaire. Il s'agit d'une dévoreuse de petites routes sinueuses de la plus agréable espèce. En fait, cette qualité est tellement prononcée que même un pilote expert ne pourra que s'en déclarer ravi. Même

en poussant très fort, la X reste merveilleusement neutre en virage, où sa solidité et sa précision ne sont altérées ni par un freinage tardif en entrée de courbe ni par une accélération hâtive et forte en sortie de virage. Le freinage est, quant à lui, excellent, et ce, malgré la présence d'un seul disque à l'avant. D'une façon générale, la NC700X dégage une impression de monture de pilote mature. Elle est toujours stable, se montre agile, mais n'est jamais nerveuse, et si ce n'était d'une selle qui devient inconfortable après quelques heures de route, la X pourrait décidément être qualifiée d'excellente routière.

La NC700S partage évidemment beaucoup de traits avec le modèle X, mais elle reste quand même assez différente. Nettement plus basse, elle profite aussi d'une direction considérablement plus légère, des facteurs qui lui confèrent une agilité impressionnante. Sa position de conduite est très proche de celle de la X, mais on s'y sent installé de manière un peu plus compacte et ramassée. L'agilité et l'accessibilité de la S sont exceptionnelles et donnent l'impression qu'il s'agit

CTX700N

## CUSTOMISÉE...

Personne ne sait trop d'où vient la décision de Honda d'offrir une standard avec une position de conduite custom, ce qu'est la CTX700N, puisqu'elle est basée de près sur la NC700S standard. Il se peut très bien que la taille immense du secteur custom ait joué un rôle dans cette décision, mais il est aussi possible qu'il s'agisse d'une tentative d'ouvrir un créneau inexistant.

d'une monture tout indiquée soit pour une clientèle recherchant une machine dont la maniabilité est extrême, soit pour une clientèle novice ou moyennement expérimentée. La Kawasaki ER-6n serait probablement le modèle le plus proche en matière de comportement.

S'il est une caractéristique qui définit les NC700, c'est le bicylindre que Honda a expressément créé pour cette série. Conçu de manière à livrer autant de couple que possible, il sacrifie complètement les hauts régimes habituels en affichant une zone rouge très basse de 6 500 tr/min. Le but de Honda était de maximiser la livrée de puissance dans les tours le plus souvent utilisés. Ça marche, puisqu'on profite d'un couple abondant du ralenti jusqu'à l'entrée en jeu un peu abrupte du limiteur de régime. Il s'agit d'une philosophie d'utilisation de puissance qui rappelle un peu celle des customs qui priorisent le couple à bas régime avant tout. Mais le Twin des NC700 se distingue en se montrant vraiment utilisable jusqu'aux derniers tours. On se surprend même à le laisser tourner tout près de la zone rouge sans s'en rendre compte et sans que cela semble le surmener comme c'est le cas avec la plupart des mécaniques lorsqu'elles approchent leur régime maximal. Il ne s'agit pas d'un moteur excitant à solliciter et ses performances sont finalement assez modestes, mais la générosité avec laquelle il produit du couple le rend satisfaisant. Sur les NC, le moteur n'est pas une source d'excitation, il devient un outil adapté aux réalités d'une utilisation quotidienne. Sa présence mécanique reste toutefois assez prononcée grâce à un agréable niveau de pulsations à bas régime et en accélération, suivi par une remarquable douceur de fonctionnement à plus haut régime et à vitesse constante sur l'autoroute. Il s'agit d'une des facettes les plus déterminantes des NC700 et quiconque les envisage devra d'abord décider si une livrée de puissance de ce type lui convient.

## QUOI DE NEUF EN 2013 ? +

Introduction des modèles CTX700N et CTX700T qui sont officiellement des 2014

Aucune augmentation pour les NC700S et NC700X

## PAS MAL ▲

Une mécanique unique qui, sans se montrer extraordinairement caractérielle, reste présente grâce à ses agréables pulsations; ces dernières disparaissent à vitesse d'autoroute pour faire place à une douceur de fonctionnement exceptionnelle

Une puissance livrée de manière intelligente et utilisable, puisque tout en couple et jamais à très haut régime, car les très hauts régimes n'existent pas

Une consommation d'essence parmi les plus basses pour une moto

Un système de freinage avec ABS combiné dont l'efficacité est étonnamment élevée

Une tenue de route à la fois très accessible et d'un calibre impressionnant; même un pilote expérimenté et exigeant ne trouvera pratiquement rien à lui reprocher

## BOF ▼

Un moteur dont les performances modestes s'avèrent parfaitement suffisantes pour rouler normalement dans toutes les circonstances vécues au quotidien, mais qui ne possède pas ce qu'il faut pour exciter les sens d'un pilote expérimenté ou exigeant

Des selles qui sont très correctes sur des distances courtes ou moyennes, mais qui deviennent inconfortables lorsqu'on multiplie les heures de route

Un système de freinage dont l'aspect combiné est assez agressif; sur surface glissante, freiner fort de l'arrière fait bloquer la roue avant entre les réactions de l'ABS

Une selle inutilement élevée sur la NC700X qui n'a pas de prétentions hors-routière; de plus, comme les suspensions sont assez fermes, le débattement supplémentaire n'est même pas utilisé

## CONCLUSION

Les modèles de la série 700 sont beaucoup plus que des montures déjà existantes qui auraient été adaptées à une vocation plus utilitaire. Il est vrai qu'elles sont définies par une nature axée davantage sur le côté pratique que sur les performances, mais cette nature est à l'origine même de leur conception, ce qui est très différent. On a affaire, dans le cas des NC, à deux motos qui, bien que distinctes l'une de l'autre en termes de catégorie, affichent une agilité très élevée, un comportement admirablement équilibré et un coffre auquel on s'attache très vite. Elles se différencient de n'importe quoi d'autre sur le marché par leur moteur qui tourne toujours bas et qui priorise très clairement une utilisation réaliste. Les accros d'adrénaline ne lui trouveront rien d'attrayant, mais pour les amateurs de motos qui veulent plutôt simplement circuler sans tracas aux commandes d'une machine polyvalente et accessible, l'une ou l'autre des NC livre décidément la marchandise. Quant aux CTX, nous ne savons pas trop quoi en penser. Existe-t-il vraiment des gens désirant rouler une moto « normale » avec une position de conduite custom?

NC700S

181 km/h
Vitesse de pointe

13.9 s à 152 km/h
Accélération sur 1/4 mille

| Novice | Intermédiaire | Expert |

Indice d'expertise ▲          Rapport valeur/prix ▼

1  2  3  4  5    6    7    8    9    10

Voir légende en page 18

## GÉNÉRAL

| | |
|---|---|
| Catégorie | Routière Crossover/Standard |
| Prix | NC700X: 8 999 $; NC700S: 8 799 $<br>CTX700T: 8 999 $; CTX700N: 8 499 $ |
| Immatriculation 2013 | 557,53 $ |
| Catégorisation SAAQ 2013 | « régulière » |
| Évolution récente | NC introduites en 2012, CTX en 2014 |
| Garantie | 1 an/kilométrage illimité |
| Couleur(s) | NC700X: rouge; NC700S: blanc<br>CTX700T: bourgogne; CTX700N: noir |
| Concurrence | NC700X: Kawasaki Versys 650,<br>Suzuki V-Strom 650<br>NC700S: Ducati Monster 696,<br>Kawasaki ER-6n, Suzuki Gladius<br>CTX700N/T: aucune |

## MOTEUR

| | |
|---|---|
| Type | bicylindre parallèle 4-temps,<br>SACT, 4 soupapes par cylindre,<br>refroidissement par liquide |
| Alimentation | injection à 1 corps de 36 mm |
| Rapport volumétrique | 10,7:1 |
| Cylindrée | 670 cc |
| Alésage et course | 73 mm x 80 mm |
| Puissance | NC700X: 51,8 ch @ 6 250 tr/min<br>NC700S/CTX: 47,6 ch @ 6 250 tr/min |
| Couple | NC700X: 45,7 lb-pi @ 4 750 tr/min<br>NC700S/CTX: 44,2 lb-pi @ 4 750 tr/min |
| Boîte de vitesses | 6 rapports |
| Transmission finale | par chaîne |
| Révolution à 100 km/h | environ 3 200 tr/min (NC) |
| Consommation moyenne | 3,9 l/100 km (NC) |
| Autonomie moyenne | 361 km (NC) |

## PARTIE CYCLE

| | |
|---|---|
| Type de cadre | diamant , en acier tubulaire |
| Suspension avant | fourche conventionnelle de 41 mm<br>non ajustable |
| Suspension arrière | monoamortisseur non ajustable |
| Freinage avant | 1 disque « à pétales » de 320 mm de Ø<br>avec étrier à 3 pistons et système C-ABS |
| Freinage arrière | 1 disque « à pétales » de 240 mm de Ø<br>avec étrier à 1 piston et système C-ABS |
| Pneus avant/arrière | 120/70 ZR17 & 160/60 ZR17 |
| Empattement | NC700X: 1 540 mm; NC700S: 1 525 mm<br>CTX700T: 1 529 mm; CTX700N: 1 529 mm |
| Hauteur de selle | NC700X/S: 830/790 mm; CTX: 719 mm |
| Poids tous pleins faits | NC700X: 218 kg; NC700S: 215 kg<br>CTX700T: n/d; CTX700N: 217 kg |
| Réservoir de carburant | NC: 14,1 litres; CTX: 12 litres |

**LE SPORT À NU...** Animée par un 4-cylindres en ligne provenant de la CBR1000RR 2006-2007, mais que Honda a jugé bon d'amputer d'une cinquantaine de chevaux et dont le couple a été gonflé, la CB1000R fut introduite en 2008. Conçue et dessinée spécifiquement pour le marché européen, elle n'est offerte en Amérique du Nord que depuis 2011. En dépit du lien mécanique qui l'associe à cette génération de la CBR1000RR, le cadre et le reste de la partie cycle n'ont rien à voir avec les composantes du modèle sportif et sont plutôt uniques à la CB1000R. Rivale directe de standards extrêmes comme la Z1000 de Kawasaki, la Brutale de MV Agusta ou la Speed Triple de Triumph, la Honda est livrée de série avec un système ABS combiné. Elle propose l'un des comportements les plus sportifs du créneau.

Il semblerait que la mentalité qui cloue malheureusement ce genre de standards très typées en sol européen soit en train de s'assouplir, puisqu'on commence à en voir quelques exemplaires traverser l'Atlantique. Leur faible popularité sur le marché nord-américain n'a toutefois rien à voir avec le statut de best-seller dont elles jouissent en Europe. C'est d'ailleurs en raison de leurs très fortes ventes qu'une attention aussi poussée leur est accordée. La CB1000R le démontre bien avec son aspect très soigné et sa longue liste de pièces intéressantes. L'instrumentation entièrement numérique, les courbes torturées de l'immanquable système d'échappement, la forme complexe du phare avant, les roues uniques et le magnifique bras oscillant monobranche sont autant d'exemples du type de composantes très désirables avec lesquelles elle est bâtie et qui sont à la base de sa ligne très particulière.

La sensation d'avoir affaire à une monture hors de l'ordinaire ne fait que s'amplifier dès qu'on s'installe à ses commandes. Le terme compacte ne rend pas justice à la position de conduite, puisqu'on a littéralement l'impression d'être assis sur une machine de cylindrée moyenne de laquelle on a retiré tout sauf une selle et un guidon, sans toutefois qu'on s'y sente coincé. Mais la CB1000R n'est pas une cylindrée moyenne, puisque la mécanique qui l'anime et qui produit près de 125 chevaux provient de la génération 2006-2007 de la CBR1000RR. Plutôt doux et générant une sonorité feutrée et discrète, il s'agit d'un moteur dont la souplesse est très bonne, puisqu'il accepte même des reprises à partir de bas régimes sur de

hauts rapports sans jamais rouspéter. En termes de performances brutes, la CB1000R est indéniablement rapide, mais la fluidité des accélérations fait paraître celles-ci moins puissantes qu'elles ne le sont en réalité, un phénomène provenant aussi du fait qu'on sent très bien qu'il s'agit d'un moteur dont le potentiel original est beaucoup plus élevé. Si le châssis affiche le genre de solidité qui pourrait facilement encaisser beaucoup plus de chevaux sans broncher, le comportement légèrement nerveux de la direction, lui, s'agiterait probablement plus avec une puissance plus élevée.

La direction de la CB1000R est exceptionnellement légère, et ce, en partie à cause de la géométrie sportive de la partie cycle et en partie à cause du large guidon plat qui permet une maniabilité très élevée. Le modèle affiche aussi le genre de position de conduite relevée qui donne une grande sensation de confiance, un sentiment qui traduit d'ailleurs très bien l'état d'esprit du pilote en conduite sportive.

La qualité de la tenue de route est celle d'une sportive sérieuse, sensation de compacité extrême en prime. Même si elle est destinée à la route, la CB1000R se débrouille pratiquement aussi bien en piste qu'une sportive de haut calibre à tous les égards. À l'exception d'une direction occasionnellement nerveuse et de repose-pieds qui frottent plus tôt, dans le contexte du pilotage sur circuit, elle s'avère très impressionnante, ce qui indique par ailleurs la qualité élevée du comportement qu'elle offre sur la route. Notons que l'aspect sécuritaire du modèle n'a pas été laissé de côté par Honda, puisque l'ABS combiné est livré de série sur notre marché.

> **LA POSITION DE CONDUITE TRÈS COMPACTE DONNE L'IMPRESSION DE PILOTER UNE 600 SPORTIVE DONT LE CARÉNAGE A ÉTÉ RETIRÉ.**

## QUOI DE NEUF EN 2013 ?  +

Aucun changement

Aucune augmentation

## PAS MAL  ▲

Un style européen très particulier qui est mis en valeur par la présence de pièces superbes comme le massif bras oscillant monobranche, par une grande attention aux détails et par une finition impeccable

Un comportement véritablement sportif qui permet non seulement à la CB1000R de boucler des tours de piste confortablement, mais aussi de le faire à un rythme élevé

Un niveau pratique tout à fait réel en conduite quotidienne grâce à une position de conduite relevée ne taxant pas le corps, à une selle correcte et à des suspensions qui se montrent fermes, mais pas rudes

## BOF  ▼

Une mécanique dont les performances sont assez élevées, mais qui livre ces dernières avec une politesse et une linéarité telles que l'expérience n'est pas la plus excitante qui soit

Une direction très légère qui peut devenir nerveuse en pleine accélération alors que l'avant ne fait qu'effleurer le sol; un amortisseur de direction ne serait pas de refus

Une sensation générale de sportive déshabillée plutôt que de routière dénudée qui plaira probablement aux amateurs ou aux anciens propriétaires de modèles sportifs, mais qui pourrait ne pas représenter ce que recherchent des amateurs de routières

## CONCLUSION

Les Triumph Speed Triple et autres Kawasaki Z1000 qui constituent les rivales de la CB1000R sont toutes des machines proposant une personnalité à la fois forte et propre à chacun des modèles. Alors que le caractère de l'anglaise et de la « verte » est marqué par des moteurs très communicatifs, du côté de la Honda, c'est plutôt une grande politesse mécanique typique de la marque nippone qui attend le pilote. La CB1000R n'est pas aseptisée pour autant, puisque l'expérience qu'elle réserve est celle d'une véritable sportive comme une CBR1000RR qu'on aurait complètement déshabillée, sur laquelle on aurait installé un guidon haut et large de standard, et dont la mécanique aurait été privée d'une bonne cinquantaine de chevaux. Les autres modèles, par contraste, donnent l'impression de piloter une routière dénudée, ce qui n'est pas la même chose. La CB1000R demeure toutefois parfaitement à l'aise au quotidien, ce qui en fait l'une de ces rares motos proposant à la fois des capacités sportives authentiques et un niveau de praticité intéressant.

**239** km/h
Vitesse de pointe

**11.0** s à **199** km/h
Accélération sur 1/4 mille

| Novice | Intermédiaire | Expert |

Indice d'expertise ▲          Rapport valeur/prix ▼

1  2  3  4  5  6  7  8  9  10

Voir légende en page 18

## GÉNÉRAL

| | |
|---|---|
| Catégorie | Standard |
| Prix | 13 999 $ |
| Immatriculation 2013 | 557,53 $ |
| Catégorisation SAAQ 2013 | « régulière » |
| Évolution récente | introduite en 2008 |
| Garantie | 1 an/kilométrage illimité |
| Couleur(s) | blanc |
| Concurrence | Kawasaki Z1000, MV Agusta Brutale, Triumph Speed Triple |

## MOTEUR

| | |
|---|---|
| Type | 4-cylindres en ligne 4-temps, DACT, 4 soupapes par cylindre, refroidissement par liquide |
| Alimentation | injection à 4 corps de 36 mm |
| Rapport volumétrique | 11,2:1 |
| Cylindrée | 998 cc |
| Alésage et course | 75 mm x 56,5 mm |
| Puissance | 123,3 ch @ 10 000 tr/min |
| Couple | 73 lb-pi @ 7 750 tr/min |
| Boîte de vitesses | 6 rapports |
| Transmission finale | par chaîne |
| Révolution à 100 km/h | environ 4 300 tr/min |
| Consommation moyenne | 6,4 l/100 km |
| Autonomie moyenne | 265 km |

## PARTIE CYCLE

| | |
|---|---|
| Type de cadre | épine dorsale, en aluminium |
| Suspension avant | fourche inversée de 43 mm ajustable en précharge, compression et détente |
| Suspension arrière | monoamortisseur ajustable en précharge et détente |
| Freinage avant | 2 disques de 310 mm de Ø avec étriers radiaux à 3 pistons et système C-ABS |
| Freinage arrière | 1 disque de 256 mm de Ø avec étrier à 2 pistons et système C-ABS |
| Pneus avant/arrière | 120/70 ZR17 & 190/50 ZR17 |
| Empattement | 1 445 mm |
| Hauteur de selle | 825 mm |
| Poids tous pleins faits | 222 kg |
| Réservoir de carburant | 17 litres |

**GLORIEUSE...** Il n'est peut-être aucune autre moto qui incarne mieux l'héritage de Honda que cette toute nouvelle CB1100. Vu pour la première fois sous la forme du concept CB1100F durant le Salon de Tokyo de 2007, le modèle est finalement mis en production cette année. Animée par un 4-cylindres refroidi par air – le premier de Honda depuis *très* longtemps – et construite de manière classique à tous les points de vue, la nouveauté représente un retour aux sources non seulement pour la marque, mais aussi pour ces motocyclistes de plus en plus nombreux qui commencent à en avoir un peu marre des machines hyperspécialisées. Un moteur pour avancer, des roues pour rouler, une selle pour s'asseoir et un guidon pour tourner : voilà tout ce qu'ils demandent. Cachée derrière cette façade rétro se trouve néanmoins une technologie tout à fait moderne, dont le freinage ABS combiné.

### Analyse Technique

La rumeur veut que l'approbation du projet CB1100 ne fût pas accordée facilement par Honda. En effet, plusieurs ingénieurs de haut grade se demandaient bien pour quelle raison la réputée marque nippone reculerait d'un point de vue technologique jusqu'à l'époque du refroidissement par air. « Le refroidissement par liquide est beaucoup plus efficace et permet plus de puissance. » Oui, mais... Il lui a fallu de longues années et les belles réactions du public suscitées par le prototype CB1100F de 2007 pour y arriver, mais le concepteur en chef du modèle, Mitsuyoshi Kohama, obtint finalement l'autorisation d'une mise en production.

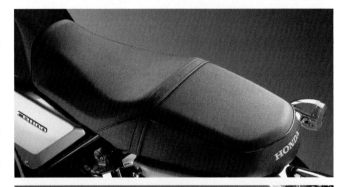

La CB1100 doit être vue pour être appréciée. Étonnamment compacte et mince, elle semble plus qu'une simple réplique de machine des années 70. Une attention très grande a été portée aux détails de littéralement chacune des pièces qui la composent, des roues à la selle en passant par les garde-boue et l'instrumentation. Si le tout renvoie évidemment une impression de moto d'époque, il se dégage aussi du style de la CB1100 un flair moderne dont la source est difficile à cerner. Une chose demeure néanmoins claire, c'est qu'une technologie moderne se trouve autant derrière la conception du cadre d'apparence simple que de celle du gros 4-cylindres en ligne. Dans le cas du moteur, par exemple, Honda explique que de nouvelles méthodes de production ont dû être créées pour sa réalisation. Par ailleurs, le constructeur affirme également qu'une accessibilité immédiate de la puissance représente le but principal de cette mécanique et non pas des chiffres records.

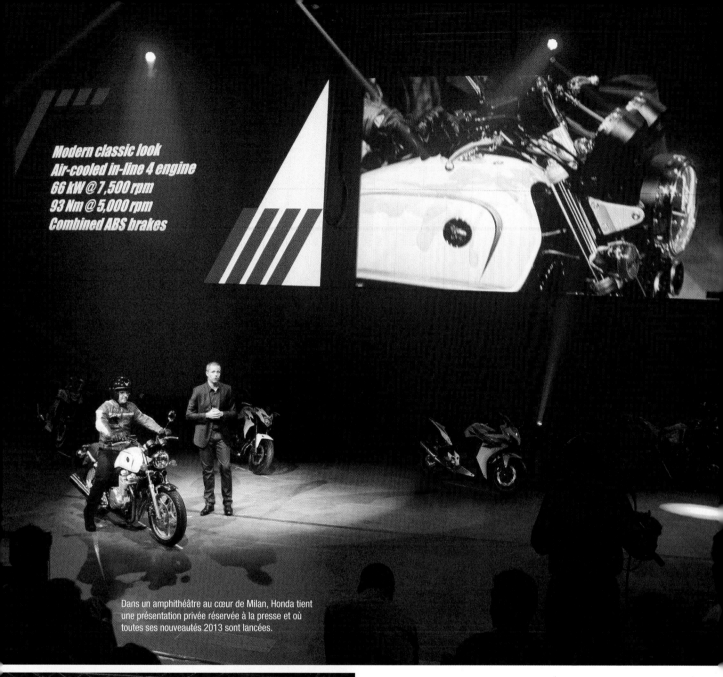

Modern classic look
Air-cooled in-line 4 engine
66 kW @ 7,500 rpm
93 Nm @ 5,000 rpm
Combined ABS brakes

Dans un amphithéâtre au cœur de Milan, Honda tient une présentation privée réservée à la presse et où toutes ses nouveautés 2013 sont lancées.

Un salon du calibre de EICMA pousse les constructeurs à investir énormément dans leur kiosque. Après tout, c'est ce que verra la presse mondiale.

## DANS LES COULISSES DE HONDA

*En quête de réponses à de profondes questions existentielles concernant Honda, l'auteur du Guide de la Moto s'est rendu à Milan en Italie afin de participer à une rare rencontre avec des cadres et employés clés de la marque nippone durant le salon international de EICMA.*

Il y a des gens à qui l'on n'a pratiquement jamais accès. On pourrait presque parler de fantômes. Mais ils existent. Ce sont les décideurs, les orienteurs, les majeurs. Ceux qui disent oui avant que la Machine ne se mette en marche et qu'elle accouche des nouvelles motos qu'on voit chaque année apparaître comme par magie. Les réponses, les vraies, ce sont eux qui les ont.

Il va donc de soi que lorsque Honda proposa un accès non censuré à une poignée d'entre eux, durant le salon de EICMA à Milan, ma réponse fut affirmative. D'abord, en raison de la rareté de l'opportunité, mais aussi et surtout parce qu'en ce qui concerne Honda, les questions importantes auxquelles je n'ai jamais pu associer de réponses sont si nombreuses que j'ai pris l'habitude de parler de « l'énigme Honda » pour faire référence à la situation.

D'une façon générale, ces questions se résument à un grand « pourquoi ». Pourquoi Honda a-t-il tant changé ces dernières années ? Pourquoi s'est-il tant éloigné de la position de leader qu'il a longtemps occupée dans le monde de la moto et pourquoi s'est-il contenté, durant la première dizaine ou douzaine d'années du millénaire, du rôle de simple figurant dans cette industrie ?

Une impressionnante collection de machines de course actuelles et plus vieilles était exposée dans le kiosque Honda de EICMA. Il s'agissait d'une rare chance pour les amateurs de courses de voir ces engins de près.

Il s'agit non seulement de questions profondes et complexes, mais aussi d'une situation dont personne chez Honda n'a même admis l'existence jusqu'à maintenant. Tout est normal, rien n'a changé, passez votre chemin.

Or, la marque a vraiment changé.

On parle, après tout, du constructeur d'une machine aussi déterminante que la CB750, de la marque responsable de l'éternelle Cub, du manufacturier de la révolutionnaire Interceptor, du père du V4, de l'artiste derrière la toujours magnifique RC30, du créateur de l'impossible piston ovale, de l'inventeur du tourisme de luxe

L'auteur en compagnie de Dave Hancock.

– et possiblement du sport-tourisme – et d'un champion du monde de multiples fois.

Pourquoi, donc, a-t-on vu si peu de produits Honda vraiment excitants depuis, disons, le tournant du millénaire ? Il y eut bien la riposte à Ducati que fut la RC51 de 2000 et le spectaculaire prototype de production que fut la Rune de 2003. Mais il est impossible d'ignorer le manque de domination de la marque en matière de sportives pures de production. Ou d'oublier le fait qu'il n'y a guère eu plus que du copiage facile – à l'exception de la Fury et des dernières 1300 – en ce qui concerne les customs. Ou que vraiment très peu a été présenté en termes de machine d'aventure. Ou encore que juste le minimum fut accompli pour demeurer à jour en matière de tourisme.

Pourquoi un tel ralentissement durant cette période ?

L'accès aux gens que je devais rencontrer à Milan allait enfin, je l'espérais, générer des réponses à ces questions. Puis, le moment arriva, et la réalité

frappa : on a beau être libre de poser toutes les questions qu'on veut et même de les reposer d'une autre façon, rien ne garantit que les réponses nous satisferont. Et c'est un peu ce qui se passa. La réalité, c'est que tous les gens avec qui on m'avait promis des entretiens se sont bel et bien rendus disponibles, mais ils l'ont fait avant tout parce que 2013 est une année remplie de nouveautés importantes pour Honda et qui pourrait même être qualifiée de retour en force pour la marque. Bref, ces gens ne s'étaient pas rendus disponibles pour assouvir ma curiosité et donner réponses à mes questionnements. Cela dit, l'accès à ce personnel de Honda allait quand même être un immense privilège. La première rencontre, avec Dave Hancock, fut fascinante.

Chef essayeur de la division moto chez Honda, Hancock a la lourde responsabilité d'approuver chaque pièce et chaque moto avant que le processus de la mise en production ne soit autorisé à commencer. Étonnamment ouvert, il expliqua sans la moindre retenue, entre autres, les raisons derrière le mini scandale de la ST1300 et de ses problèmes initiaux d'instabilité, ainsi que les mesures prises par Honda pour qu'une telle situation ne se produise plus. Mesures dont l'homme lui-même est d'ailleurs aujourd'hui l'élément principal.

Ancien mécanicien de course, Hancock tenta sa chance en compétition, mais sans véritable succès. À l'époque du développement de la ST1300, il travaillait chez Honda comme essayeur. Comme c'est le cas pour beaucoup de projets majeurs, d'un côté, le temps semblait toujours insuffisant pour accomplir tout ce qui était nécessaire et, de l'autre, des dirigeants exigeaient qu'un produit

MOTORCYCLISTS HAVE CHANGED.

EICMA
71ST INTERNATIONAL
MOTORCYCLE
EXHIBITION

MILAN, NOVEMBER
7TH - 10TH 2013

eicma.it

L'affiche du salon de EICMA qui aura lieu en novembre 2013 démontre bien l'intention des constructeurs de motos de tendre la main à une toute nouvelle clientèle.

Le kiosque Honda, construit sur place à l'intérieur du salon, compte deux étages, une terrasse avec bar ainsi que des salles de conférence. La plupart des grands constructeurs sont installés de manière aussi grandiose.

soit rapidement mis sur le marché. Dans ce contexte, Hancock fut horrifié d'apprendre que le lancement officiel de la ST1300 avait été autorisé. « La moto n'est pas prête. Si vous la mettez dans les mains de journalistes, ils vont immédiatement réaliser qu'elle est instable à haute vitesse. Vous devez annuler ce lancement. » Même si d'autres membres de l'équipe partageaient son opinion, il fut le seul essayeur à verbaliser ces inquiétudes. Hancock, qui est britannique, explique que la culture japonaise rend très difficile pour les employés qui se trouvent plus bas dans l'échelle hiérarchique de critiquer le travail de leurs supérieurs.

Lorsque le lancement, qui avait été maintenu, eut lieu, la presse conclut que la ST1300 était instable à haute vitesse, entachant à la fois la réputation du modèle et de Honda. Furieux, les plus hauts échelons de la marque demandèrent évidemment des comptes et lorsqu'ils apprirent que Hancock avait été le seul à oser s'opposer à ses supérieurs, ils le nommèrent immédiatement essayeur en chef. Aujourd'hui, seule son approbation permet d'enclencher la production d'une routière Honda.

Tout visiteur nord-américain mettant pour la première fois les pieds dans un salon européen comme EICMA ne prendra que quelques instants pour constater que les mœurs, là-bas, ne sont pas les mêmes que chez nous. En effet, de très jolies jeunes femmes posent à côté de presque chaque modèle, et ce, dans tous les kiosques du salon. Alors que chez nous, une telle situation génèrerait presque assurément un scandale tournant autour du thème de l'exploitation de la gent féminine, là-bas, ces femmes sont simplement des hôtesses faisant partie intégrante de l'exposition. Le fait qu'elles sont généralement très élégantes et que leur présentation soit particulièrement chic (c'est Milan après tout) aide probablement à rendre leur présence appropriée. Une chose est sûre, c'est que pour les Européens, elles constituent un élément essentiel de tout grand salon.

D'une manière similaire, l'échange avec Teofilo Plaza, un designer à la direction stylistique, fut très enrichissant et révéla, entre autres, comment un sentiment ressenti durant son voyage de noces avait influencé le style de la VFR1200F. Ni Hancock ni Plaza n'avaient toutefois de réponses à mes questions, puisqu'elles sortaient du cadre de leurs compétences.

Ceux qui avaient le plus de chance d'y répondre étaient deux cadres japonais, Tetsuo Suzuki, président de Honda Racing Corporation (HRC), et Masanori Aoki, directeur du projet CB500 dont les trois modèles font partie des plus importantes nouveautés chez Honda en 2013.

Après avoir bien établi ma perception de la situation avec un préambule de quelques minutes, je demandai finalement au premier s'il pouvait m'expliquer pourquoi Honda n'était plus Honda. Nous étions plusieurs personnes dans un minuscule cubicule au deuxième étage du kiosque du

L'auteur en compagnie de Masanori Aoki.

constructeur et la question avait clairement rendu nerveux les employés de la marque. Suzuki me regarda, réfléchit longuement, puis répondit tout simplement et sans l'aide de son interprète « Je suis d'accord avec vous. » Tout le monde éclata nerveusement de rire. Puis, avec l'aide de son interprète, cette fois, il entama un énoncé sur la force du yen et les complications que celle-ci amène à l'échelle mondiale. Un peu plus tard, et malgré mon insistance, Masanori Aoki me servait une réponse très similaire. Celui-ci insista d'ailleurs encore plus sur les problèmes générés par la force du yen et par le défi amené par un produit devant être offert au prix le plus bas possible, ce qui est le cas du trio de CB500 annoncé pour 2013.

Mais en ce qui concerne les raisons exactes du changement d'attitude chez Honda durant les 10 ou 12 premières années du millénaire, je revenais pratiquement bredouille.

Voir légende en page 18

## QUOI DE NEUF EN 2013 ? +

Nouveau modèle

## PAS MAL ▲

Une ligne absolument glorieuse qui respecte de manière parfaite les motos de l'époque à laquelle fait référence la CB1100; l'attention aux détails est extraordinaire et la finition s'avère impeccable

Un moteur dont les données techniques en disent long : la zone rouge n'est située qu'à 8 500 tr/min et le couple maximum est atteint très tôt, soit à 5 000 tr/min; on s'attend à ce que la CB1100 ne soit pas extrêmement rapide, mais qu'elle offre toutefois une puissance immédiatement utilisable

Une partie cycle construite de manière moderne et sérieuse malgré l'apparence rétro de l'ensemble et qui serait censée offrir un comportement léger et neutre; quoi que ce soit d'autre serait surprenant et décevant

## BOF ▼

Une puissance maximale relativement faible qui, bien qu'elle soit appropriée compte tenu du thème du modèle, aurait quand même pu être plus généreuse

Un prix raisonnable, mais qui permet d'envisager une foule de modèles bien plus avancés et puissants; la CB1100 s'adresse donc au connaisseur qui comprend ce qu'elle incarne et le type de conduite que réserve une telle approche

La CB1100 est à Honda ce qu'une Electra Glide est à Harley-Davidson ou qu'une Bonneville est à Triumph. Elle fait revivre une époque où le constructeur commençait à confirmer la notoriété qui allait devenir la sienne durant les décennies à venir. Mais au-delà de ce qu'elle représente en esprit, la CB1100 propose également un aspect tout à fait d'actualité, celui du retour aux sources qu'une portion de plus en plus grande de motocyclistes commence à souhaiter. Elle correspond aussi à un mouvement rétro dont la popularité a grandi ces dernières années. Celui-ci tourne généralement autour de modèles des années 70 et attire, étonnamment, de jeunes adultes plutôt que de vieux routiers. Bref, bien qu'elle puisse sembler étrange aux amateurs de chiffres et de technologie de pointe, tout semble indiquer que pour un autre genre de motocyclistes, la CB1100 pourrait s'avérer être exactement ce qu'ils attendaient.

## GÉNÉRAL

| Catégorie | Standard |
|---|---|
| Prix | 13 199 $ |
| Immatriculation 2013 | NC - probabilité : 557,53 $ |
| Catégorisation SAAQ 2013 | NC - probabilité : « régulière » |
| Évolution récente | introduite en 2013 |
| Garantie | 1 an/kilométrage illimité |
| Couleur(s) | blanc |
| Concurrence | aucune |

## MOTEUR

| Type | 4-cylindres en ligne 4-temps, DACT, 4 soupapes par cylindre, refroidissement par air et huile |
|---|---|
| Alimentation | injection à 4 corps de 32 mm |
| Rapport volumétrique | 9,5:1 |
| Cylindrée | 1 140 cc |
| Alésage et course | 73,5 mm x 67,2 mm |
| Puissance | 88,5 ch @ 7 500 tr/min |
| Couple | 68,6 lb-pi @ 5 000 tr/min |
| Boîte de vitesses | 5 rapports |
| Transmission finale | par chaîne |
| Révolution à 100 km/h | n/d |
| Consommation moyenne | n/d |
| Autonomie moyenne | n/d |

## PARTIE CYCLE

| Type de cadre | double berceau, en acier |
|---|---|
| Suspension avant | fourche conventionnelle de 41 mm ajustable en précharge |
| Suspension arrière | 2 amortisseurs ajustables en précharge |
| Freinage avant | 2 disques de 296 mm de Ø avec étriers à 4 pistons et système C-ABS |
| Freinage arrière | 1 disque de 256 mm de Ø avec étrier à 1 piston et système C-ABS |
| Pneus avant/arrière | 110/80-18 & 140/70-18 |
| Empattement | 1 490 mm |
| Hauteur de selle | 795 mm |
| Poids tous pleins faits | 248 kg |
| Réservoir de carburant | 14,6 litres |

Fury

***OBJECTIF STYLE...*** Le créneau custom traverse présentement une période de transition majeure. Après des années de forte croissance durant lesquelles les produits Harley-Davidson ont servi de moule à pratiquement tous les autres constructeurs, les ventes de customs sont désormais en retrait. Afin de susciter l'intérêt d'un nouveau public et afin de revigorer celui des amateurs de customs de longue date, certaines marques ont senti le besoin d'innover plutôt que de simplement copier. Honda est l'une de ces compagnies, et la Fury et la Stateline de 1 300 cc représentent le fruit de cette nouvelle direction. La première est non seulement un chopper en bonne et due forme, mais elle se veut aussi la moto de ce type la plus audacieuse jamais proposée par un constructeur nippon. Quant à la Stateline, son style est aussi influencé par le mouvement chopper, mais pas de manière aussi extrême.

Si des styles de customs aussi extravagants que celui de la Fury n'ont jamais été proposés avant par un grand constructeur, c'est en partie parce que les géométries de châssis forcées par ces lignes engendrent normalement des défauts de tenue de route inacceptables. Dans ce cas, malgré des angles de direction figurant parmi les plus extrêmes jamais vus sur des motos de production ainsi que de très longs empattements, Honda a trouvé moyen de donner à la Fury et à la Stateline un comportement étonnamment naturel.

Même si leur ergonomie diffère légèrement, on note dans les deux cas un guidon reculé jusqu'à ce qu'il tombe de façon naturelle sous les mains, une selle très basse et un emplacement raisonnable des repose-pieds.

Sur la route, la combinaison d'une position de conduite typée mais équilibrée aux proportions inhabituellement allongées des modèles ne s'avère pas désagréable du tout, puisqu'elle laisse l'impression d'être aux commandes de customs de conception unique. L'environnement de la Stateline se montre même particulièrement attrayant. On ressent de manière prédominante la minceur du modèle au niveau de la selle, du réservoir et de la très longue et très soignée partie avant. Même la forme allongée de la nacelle du phare qui reflète gracieusement le défilement du paysage déformé agrémente l'expérience de conduite. Quant à la Fury, elle propose un comportement légèrement moins naturel que celui de la Stateline, surtout au niveau de la direction qui a tendance à vouloir « tomber » vers l'intérieur du virage dans les situations serrées et lentes. Sinon, le reste demeure très acceptable.

**LA POSITION TYPÉE COMBINÉE AUX PROPORTIONS TRÈS ALLONGÉES LAISSE L'IMPRESSION DE PILOTER DES CUSTOMS UNIQUES.**

Si les Fury et Stateline s'avèrent aussi habilement dessinées que bien maniérées, elles offrent en revanche très peu d'innovations en matière de mécanique ou de sensations moteur. Elles sont propulsées par le même V-Twin de 1,3 litre dérivé de celui de la défunte série des VTX1300. Bénéficiant de l'injection sur ces modèles, ce moteur a été, pour l'occasion, calibré de manière à produire plus de couple à bas régime au détriment de quelques chevaux.

Il s'agit d'un compromis dont la plupart des amateurs de customs ne se plaindront pas, car malgré une cylindrée et une poussée nettement inférieures à celles des divers poids lourds du créneau, chacun des modèles se débrouille quand même assez bien en ligne droite. Si elles n'ont clairement pas été conçues avec l'intention de gagner des courses d'accélération, ces 1300 de Honda procurent tout de même le genre de poussée immédiate et le genre de vrombissement profond qui devraient parfaitement satisfaire l'amateur moyen de ce type de montures. La seule exception à l'aspect technique ordinaire de la Fury et de la Stateline est la présence d'un système de freinage ABS combiné aussi efficace que facile à moduler.

Les selles proposent un niveau de confort correct tant qu'il n'est pas question de randonnées très longues, le travail des suspensions peut généralement être qualifié d'acceptable malgré une occasionnelle rudesse de l'arrière sur chaussée en mauvaise condition et le niveau de vibrations est somme toute bien calibré, ce qui signifie qu'on sent le moteur vrombir de manière plaisante, mais que ce tremblement ne se transforme pas en caractéristique agaçante.

## QUOI DE NEUF EN 2013 ? +

Aucun changement

Aucune augmentation

## PAS MAL ▲

Un style réussi et rafraîchissant, puisqu'il n'est pas directement dérivé de la ligne d'une Harley-Davidson, ce qui est très rare chez les customs métriques

Un comportement sain dont la politesse étonne même franchement dans le cas de la Fury lorsqu'on prend en considération son style extrême et la géométrie de son cadre

Un aspect sécuritaire qui n'a pas été oublié grâce à l'ABS combiné livré de série

Une mécanique peut-être pas vraiment excitante, mais quand même satisfaisante qui sonne bien, qui se montre assez coupleuse et qui ne vibre pas de manière indésirable

## BOF ▼

Un niveau de performances correct, mais qui est quand même limité par la cylindrée et que les amateurs de customs habitués à plus de cubage pourraient trouver assez juste; de plus grosses versions animées par le moteur de la VTX1800 réglerait ce cas

Des lignes à saveur chopper très typées, surtout pour la Fury, qui semblent indiquer la direction stylistique que pourraient adopter certaines customs, mais qui ne sont pas encore complètement acceptées par la clientèle très conservatrice de ce créneau

Un niveau pratique limité, surtout lorsqu'il est question d'amener un passager; il s'agit de motos de balade avant tout et pas vraiment de montures conçues pour les longs trajets

### CONCLUSION

D'un point de vue historique, la Fury et la Stateline représentent facilement les customs les plus audacieuses jamais offertes par Honda. Du moins, si l'on fait exception de la spectaculaire Rune... Au lieu d'afficher une ligne plus ou moins habilement copiée sur la silhouette d'une Harley-Davidson, comme cela a été le cas de presque toutes les customs du constructeur, les modèles proposent une identité visuelle originale et élégante. Bref, pour la première fois, on peut envisager l'achat d'une custom Honda pour des raisons de style plutôt qu'uniquement parce qu'il s'agit d'une Honda. Le risque d'une direction stylistique aussi audacieuse, c'est que celle-ci devienne le facteur principal selon lequel les modèles sont jugés. La vente sera donc uniquement faite si le style correspond aux goûts de l'acheteur. À ce chapitre, la longue et rondelette Stateline semble être la plus facile à accepter pour le grand public, tandis que la Fury et son style extrême représentent le pari le plus grand pour Honda. Il est on ne peut plus clair que le constructeur doit être félicité pour avoir osé faire ce grand pas stylistique, mais la question demeure entière : le Monde est-il prêt pour une telle Honda ?

Stateline

Voir légende en page 18

## GÉNÉRAL

| | |
|---|---|
| Catégorie | Custom |
| Prix | Fury ABS : 14 499 $<br>Stateline ABS : 13 499 $ |
| Immatriculation 2013 | 557,53 $ |
| Catégorisation SAAQ 2013 | « régulière » |
| Évolution récente | VTX1300 introduite en 2002; Fury, Sabre, Stateline et Interstate en 2010 |
| Garantie | 1 an/kilométrage illimité |
| Couleur(s) | Fury : noir, rouge<br>Stateline : noir |
| Concurrence | Harley-Davidson Sportster 1200, Yamaha Stryker et V-Star 1300 |

## MOTEUR

| | |
|---|---|
| Type | bicylindre 4-temps en V à 52 degrés, SACT, 3 soupapes par cylindre, refroidissement par liquide |
| Alimentation | injection à corps de 38 mm |
| Rapport volumétrique | 9,2:1 |
| Cylindrée | 1 312 cc |
| Alésage et course | 89,5 mm x 104,3 mm |
| Puissance | 57,8 ch @ 4 250 tr/min |
| Couple | 79 lb-pi @ 2 250 tr/min |
| Boîte de vitesses | 5 rapports |
| Transmission finale | par arbre |
| Révolution à 100 km/h | n/d |
| Consommation moyenne | 5,3 l/100 km |
| Autonomie moyenne | Fury : 241 km; Stateline : 313 km |

## PARTIE CYCLE

| | |
|---|---|
| Type de cadre | double berceau, en acier |
| Suspension avant | fourche conventionnelle de 45 mm non ajustable (Stateline : 41 mm) |
| Suspension arrière | monoamortisseur ajustable en précharge et détente (Stateline : précharge) |
| Freinage avant | 1 disque de 336 mm de Ø avec étrier à 2 pistons et système C-ABS |
| Freinage arrière | 1 disque de 296 mm de Ø avec étrier à 1 piston et système C-ABS |
| Pneus avant/arrière | Fury : 90/90-21 & 200/50-18<br>Stateline : 140/80-17 & 170/80-15 |
| Empattement | Fury : 1 804 mm; Stateline : 1 780 mm |
| Hauteur de selle | Fury : 678 mm; Stateline : 678 mm |
| Poids tous pleins faits | Fury : 309 kg; Stateline : 312 kg |
| Réservoir de carburant | Fury : 12,8 litres; Stateline : 16,6 litres |

Shadow Phantom

**OBJECTIF CLASSIQUE...** Autant la Fury et la Stateline de 1 300 cc sont stylistiquement audacieuses et prennent des risques, autant les Shadow Phantom et Aero de 750 cc sont l'image de la custom de style classique n'offrant ni plus ni moins que la réinterprétation de la silhouette générale de la Fat Boy. La Phantom le confirme d'ailleurs de manière assez évidente en se voulant non seulement une réinterprétation de la mythique Harley-Davidson, mais aussi une imitation *d'une variante* du modèle, soit la Fat Boy Lo apprêtée à la sauce Dark Custom. Il s'agit dans les deux cas de customs offrant l'une des plus petites cylindrées de leur classe, puisque seule la Yamaha V-Star 650 propose un ensemble de plus petit cubage. Elles s'adressent à une clientèle novice ou peu gourmande en chevaux.

La Shadow 750 n'a évolué que très peu d'un point de vue technique depuis son arrivée sur le marché en 1997. En fait, si le modèle a progressé, c'est surtout par l'introduction de nouvelles variantes stylistiques, dont la Phantom est d'ailleurs la plus récente. Aujourd'hui, sur le marché canadien, seules cette dernière et l'Aero sont offertes. Quant aux Spirit et RS qui ont déjà été en vente ici, elles se retrouvent pour le moment seulement dans le catalogue américain de Honda. En matière d'évolution technique, les améliorations se limitent à l'arrivée de l'injection il y a quelques années ainsi qu'à l'ABS combiné que le constructeur offre sur certaines variantes de manière intermittente.

La Phantom est influencée de façon très évidente par le populaire traitement visuel Dark Custom dont Harley-Davidson est l'instigateur. Son style rond et classique s'inspire de manière assez claire de celui de la célèbre Fat Boy et plus particulièrement de celui de la Fat Boy Lo originale qui arborait le même type de traitement noir. Techniquement, il s'agit tout simplement d'une Spirit à laquelle le train avant de l'Aero, avec sa grosse fourche et son large pneu avant, a été greffé. Quant à l'Aero, elle est la descendante directe de la Shadow ACE 750 originale de 1997.

La mécanique qui anime les modèles est exactement la même. Il s'agit d'un petit V-Twin de 745 cc refroidi par liquide dont le rendement reste plaisant et satisfaisant tant qu'on n'attend pas de miracles de sa part. L'arrivée de l'injection a amélioré son fonctionnement en le régularisant, mais elle n'en a pas transformé les prestations.

**EN UTILISATION NORMALE, LE V-TWIN DE 745 CC VROMBIT DE FAÇON PLAISANTE ET NE VIBRE PAS ASSEZ POUR AGACER.**

Les performances sont décentes. Les Shadow 750 s'élancent d'un arrêt avec assez d'autorité pour laisser loin derrière la majorité des voitures tandis que les vitesses d'autoroute sont aisément atteintes et maintenues. Si le moteur se tire honorablement d'affaire jusque-là, vrombissant de façon plaisante et ne vibrant jamais au point d'agacer, les vitesses plus élevées, elles, sont moins évidentes et voient l'agrément de conduite se dissiper. L'agréable vrombissement du V-Twin se transforme alors en une vibration à haute fréquence qui ne présente plus d'intérêt, tandis que la sonorité perd tout son charme et que l'exposition au vent devient déplaisante.

Le comportement relativement solide, très léger et extrêmement accessible des Shadow 750 est une caractéristique clé des modèles. Leur direction est d'une telle légèreté qu'elle ne semble requérir aucun effort pour amorcer un virage, tandis qu'une fois inclinées, les deux variantes continuent de se comporter très correctement, du moins tant qu'on n'exagère pas. Il s'agit de motos de balade et c'est dans cet état d'esprit qu'elles doivent être pilotées. Quant à la stabilité, tant que l'atmosphère reste détendue, elle n'attire pas de critique.

Bien que rien ne les empêche de parcourir de très longues distances, ni l'Aero ni la Phantom ne sont vraiment destinées au tourisme. La selle de cette dernière, par exemple, ne tarde pas à devenir inconfortable lorsque les sorties sont d'une durée plus que moyenne. Les positions de conduite sont dégagées et naturelles pour des customs, mais la suspension arrière digère mal les routes abîmées, et ce, surtout avec un passager à bord.

## QUOI DE NEUF EN 2013 ?                                             +

Aucun changement

Aucune augmentation

## PAS MAL                                                            ▲

Un petit V-Twin qui s'essouffle un peu vite, mais qui se montre agréablement
coupleux et qui produit une agréable sonorité saccadée

Un pilotage très accessible même pour les motocyclistes peu expérimentés

Des styles sympathiques et un bon niveau de finition à prix raisonnable

## BOF                                                                ▼

Un niveau de performances correct, mais pas très excitant; l'arrivée de l'injection,
il y a quelques années, a amélioré très légèrement les accélérations et les reprises,
mais elles restent des 750 et les motocyclistes le moindrement exigeants à ce sujet
devraient envisager les modèles de plus grosse cylindrée

Une suspension arrière qui devient rude sur mauvaise route

Un frein arrière à tambour qui accomplit son travail, mais qui fait un peu bon marché

Des lignes rondelettes prévisibles et typiques des customs japonaises;
elles sont assez bien finies, mais en termes de style, on est loin de l'audace
des Fury et Stateline

Une selle dont la forme est jolie sur la Phantom, mais qui se montre vite inconfortable

### CONCLUSION

Les Shadow 750 ont déjà figuré parmi les motos les plus
vendues sur le marché. Il s'agit d'un fait qui démontre très bien
le besoin pour une custom d'entrée en matière simple, bien
présentée et produite par un fabricant réputé. Pour le moment,
rien n'indique que Honda suivra la tendance instaurée par
Kawasaki et Yamaha et qu'il gonflera la cylindrée des modèles.
Tant la Phantom que l'Aero continuent ainsi de compter sur un
V-Twin plus petit de 750 cc, ce qui est même logique lorsqu'on
tient compte de l'intérêt actuel manifesté par Honda pour les
motos de petite cylindrée s'adressant à une clientèle moins
expérimentée. Cette dernière décrit d'ailleurs exactement à qui
s'adresse chacune des variantes. Tant que les attentes envers
les modèles ne sont pas plus hautes que ce rôle de customs
d'entrée en matière, cette paire de Shadow 750 demeurera
recommandable.

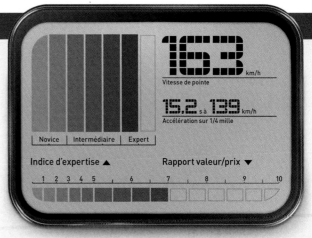

163 km/h
Vitesse de pointe

15,2 s à 139 km/h
Accélération sur 1/4 mille

| Novice | Intermédiaire | Expert |

Indice d'expertise ▲          Rapport valeur/prix ▼

1  2  3  4  5    6    7    8    9    10

Voir légende en page 18

## GÉNÉRAL

| | |
|---|---|
| Catégorie | Custom |
| Prix | Shadow Phantom : 8 999 $<br>Shadow Aero : 8 999 $ |
| Immatriculation 2013 | 545,65 $ |
| Catégorisation SAAQ 2013 | « régulière » |
| Évolution récente | Aero (Ace) introduite en 1997, revue en 2004; Spirit introduite en 2001, revue en 2007; Phantom et RS introduites en 2010 |
| Garantie | 1 an/kilométrage illimité |
| Couleur(s) | Phantom : noir; Aero : blanc et gris |
| Concurrence | Harley-Davidson Sportster 883, Kawasaki Vulcan 900, Suzuki Boulevard C50/M50, Yamaha V-Star 650 |

## MOTEUR

| | |
|---|---|
| Type | bicylindre 4-temps en V à 52 degrés, SACT, 3 soupapes par cylindre, refroidissement par liquide |
| Alimentation | injection à corps de 34 mm |
| Rapport volumétrique | 9,6:1 |
| Cylindrée | 745 cc |
| Alésage et course | 79 mm x 76 mm |
| Puissance | 45,5 ch @ 5 500 tr/min |
| Couple | 48 lb-pi @ 3 500 tr/min |
| Boîte de vitesses | 5 rapports |
| Transmission finale | par arbre |
| Révolution à 100 km/h | n/d |
| Consommation moyenne | 6,1 l/100 km |
| Autonomie moyenne | 239 km |

## PARTIE CYCLE

| | |
|---|---|
| Type de cadre | double berceau, en acier |
| Suspension avant | fourche conventionnelle de 41 mm non ajustable |
| Suspension arrière | 2 amortisseurs ajustables en précharge |
| Freinage avant | 1 disque de 296 mm de Ø avec étrier à 2 pistons |
| Freinage arrière | tambour mécanique de 180 mm de Ø |
| Pneus avant/arrière | 120/90-17 & 160/80-15 |
| Empattement | 1 640 mm |
| Hauteur de selle | Phantom : 655 mm; Aero : 660 mm |
| Poids tous pleins faits | Phantom : 249 kg; Aero : 262 kg |
| Réservoir de carburant | 14 litres |

Shadow Aero

Chief Vintage

**FIN D'UNE ÈRE...** Après avoir été utilisée par des charlatans pour dépouiller des investisseurs éblouis par la riche histoire du nom Indian, et après avoir été ridiculisée par des opportunistes qui n'ont finalement rien fait de plus que coller l'emblème du chef guerrier sur de vulgaires imitations de Harley-Davidson, n'importe quelle marque, peu importe son passé et même celle-là, aurait dû mourir. Mais au lieu de s'éteindre, Indian s'apprête plutôt à renaître grâce à l'acquisition de la marque par le géant américain Polaris en 2011. Les versions 2013 sont les dernières de l'ère pré-Polaris. Il s'agit des modèles revus et corrigés par la compagnie Stellican, propriétaire d'Indian de 2004 à 2011, puis peaufinés par Polaris en attendant l'introduction d'une toute nouvelle base pour 2014. Trois variantes de la Chief sont offertes, la Vintage de tourisme léger, la Dark Horse à finition noire et la Classic de base.

### Analyse Technique

Chacune des trois variantes de la Chief offertes en 2013 est élaborée à partir d'une base identique et ne se distingue que par son équipement et sa finition. Il s'agit de la plateforme dont Polaris a hérité de la compagnie Stellican lorsqu'il a acquis Indian en 2011. Cette plateforme représente le produit de trois périodes différentes de la marque Indian. Durant la première, les Indian n'étaient ni plus ni moins que des imitations de Harley-Davidson, donc des motos largement assemblées à partir de pièces disponibles sur le marché de l'accessoire et sur lesquelles un emblème Indian était apposé. Dans le but de donner un peu plus de crédibilité à ces engins qui n'en avaient finalement aucune, un « nouveau » V-Twin nommé PowerPlus fut « développé ». En réalité, il ne s'agissait toutefois que d'une version déguisée d'un V-Twin S&S. Il était pratiquement inévitable qu'Indian échoue sous cette formule et c'est ce qui mena à son rachat par Stellican en 2004, une compagnie spécialisée dans la restructuration de constructeurs à la dérive. Stellican effectua un travail plus sérieux que celui des anciens propriétaires et tenta de transformer la plateforme Chief en monture décente. Bien qu'un investissement considérable ait été fait dans ce but, le résultat continua d'avoir l'allure d'une caricature et ne gagna pratiquement rien en termes de crédibilité sur le marché. Les modèles actuels sont les descendants directs de ces motos. À la suite de son propre achat d'Indian en 2011, Polaris se mit à son tour à fignoler et à corriger la plateforme. Dans ce cas, toutefois, c'était uniquement avec l'intention de garder la marque sur le marché en attendant l'arrivée d'une toute nouvelle génération de la Chief. Celle-ci sera présentée pour 2014.

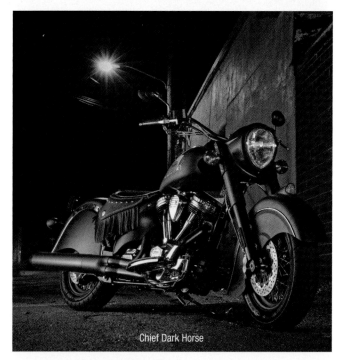

Chief Dark Horse

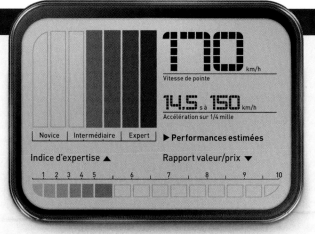

Voir légende en page 18

## QUOI DE NEUF EN 2013 ? +

Aucun changement

Aucune augmentation

## PAS MAL ▲

Un nom mythique que les pires abus n'ont pas réussi à faire mourir

Une ligne relativement fidèle au style associé à la marque qui semble plaire

Une occasion en or pour Polaris et pour le milieu du motocyclisme tout entier, mais seulement si le nouveau propriétaire met sur le marché des motos de qualité qui respectent l'héritage de la marque, ce qu'on saura en 2014

Une compagnie de très haut calibre, soit Polaris, qui est maintenant propriétaire de la marque, ce qui devrait considérablement hausser le niveau de qualité du produit

## BOF ▼

Une authenticité qui s'est beaucoup effritée avec les années et qui, on l'espère, sera rétablie par le rachat de la marque par Polaris

Un style dont la fidélité envers les véritables Indian d'antan est presque caricaturale; les modèles actuels sont une évolution des imitations de Harley-Davidson qu'étaient les premières Indian « modernes » vendues au tournant du millénaire

Des prix beaucoup trop élevés et l'arrivée imminente de modèles entièrement conçus par Polaris — qui seront offerts pour nettement moins cher — rendent ces pseudo-Indian absolument impossibles à recommander

## CONCLUSION

La mythique marque Indian semblait vouée à tomber dans l'oubli après une longue et humiliante fin de vie aux mains de vulgaires opportunistes, mais son rachat par le géant Polaris est en voie de lui ramener une certaine dignité et, presque assurément, un comportement moderne. Comme l'arrivée de cette toute nouvelle Chief est imminente — le modèle 2014 sera dévoilé à la fin de la saison 2013 —, on se demande franchement pourquoi on achèterait l'une de ces 2013. Non seulement la nouveauté proposera un niveau de technologie largement supérieur à celui des modèles actuels, mais son prix sera également considérablement inférieur. Notre recommandation est simple : ne touchez pas aux 2013, peu importe le prix, et attendez les 2014.

Chief Classic

## GÉNÉRAL

| | |
|---|---|
| Catégorie | Custom / Tourisme léger |
| Prix | Chief Vintage : 37 999 $<br>Chief Dark Horse : 29 499 $<br>Chief Classic : 27 999 $ |
| Immatriculation 2013 | 557,53 $ |
| Catégorisation SAAQ 2013 | « régulière » |
| Évolution récente | acquisition d'Indian par Polaris en 2011 |
| Garantie | 2 ans/kilométrage illimité |
| Couleur(s) | choix multiples |
| Concurrence | Harley-Davidson Softail, Dyna et tourisme |

## MOTEUR

| | |
|---|---|
| Type | bicylindre 4-temps en V à 45 degrés, culbuté, 2 soupapes par cylindre, refroidissement par air |
| Alimentation | injection séquentielle |
| Rapport volumétrique | 9,0:1 |
| Cylindrée | 1 721 cc |
| Alésage et course | 100,7 mm x 108 mm |
| Puissance | n/d |
| Couple | n/d |
| Boîte de vitesses | 6 rapports |
| Transmission finale | par courroie |
| Révolution à 100 km/h | n/d |
| Consommation moyenne | n/d |
| Autonomie moyenne | n/d |

## PARTIE CYCLE

| | |
|---|---|
| Type de cadre | berceau semi-double, en acier |
| Suspension avant | fourche conventionnelle de 41 mm non ajustable |
| Suspension arrière | monoamortisseur non ajustable |
| Freinage avant | 2 disques de 292 mm de Ø avec étriers à 4 pistons |
| Freinage arrière | 1 disque de 292 mm de Ø avec étrier à 2 pistons |
| Pneus avant/arrière | 130/90 16 & 150/80 16 |
| Empattement | 1 737 mm |
| Hauteur de selle | 692 mm |
| Poids à vide | Chief Vintage : 341 kg<br>Chief Dark Horse : 338 kg<br>Chief Classic : 330 kg |
| Réservoir de carburant | 20,8 litres |

Vulcan 1700 Voyager ABS

***ELECTRA VULCAN...*** Pour le motocycliste moyen, l'idée de voyager aux commandes d'une grosse custom enguirlandée d'accessoires a longtemps fait sourire. Une autre de ces excentricités d'amateurs de Harley, ricanait-il. Puis, les ventes de ces fameuses Harley ont augmenté, et augmenté. Au point où le concept ne pouvait plus être considéré comme une façon marginale d'envisager le voyage. Lancée en 2009 en ressuscitant le nom d'un vieux modèle de tourisme du catalogue Kawasaki, la Voyager fut la première tentative nippone à offrir les ingrédients d'une vraie custom de tourisme. Gros V-Twin – évidemment –, style rétro, position détendue et équipement généreux : tout y est. Aussi proposée en version ABS, elle partage sa plateforme avec la série Vulcan 1700, mais s'en distingue par un moteur calibré pour les exigences de la longue route.

Pour une raison que nous n'avons jamais tout à fait saisie, la presse spécialisée semble aborder avec beaucoup de timidité le fait que toute custom est essentiellement une copie de Harley-Davidson. Ou, à tout le moins, un modèle fortement inspiré d'une moto produite par la marque de Milwaukee.

La Vulcan 1700 Voyager représente l'un des plus beaux exemples de cette évidente réalité, la Kawasaki n'étant ni plus ni moins que la réinterprétation d'une Electra Glide. Fait intéressant, il s'agit de la première monture nippone du genre qui fut mise en marché. Par ailleurs, et même si le ralentissement récent du créneau custom rend toute prédiction très risquée, l'on ne devrait pas trop s'étonner de voir Yamaha emboîter le pas avec la prochaine génération de sa très vieille Venture.

La principale question, lorsqu'il s'agit de tels modèles, est toujours d'établir à quel point le résultat arrive à recréer l'ambiance très particulière offerte par les Harley.

Une bonne randonnée aux commandes de la Voyager démontre clairement qu'on a passé beaucoup de temps à examiner et à rouler des Electra Glide, chez Kawasaki, puisque cette fameuse ambiance est très bien reproduite.

La présence simultanée d'une série de caractéristiques est requise pour arriver à un tel résultat. Un V-Twin d'une imposante cylindrée ainsi qu'une généreuse liste d'équipements représentent des caractéristiques évidemment importantes, mais la Voyager peut également être considérée comme une custom de tourisme réussie en raison de sa capacité à générer les bons sons et les bonnes sensations tout en cajolant le pilote et son passager.

**LA VOYAGER N'EST NI PLUS NI MOINS QUE LA RÉINTERPRÉTATION D'UNE HARLEY-DAVIDSON ELECTRA GLIDE.**

Installés selon une posture qui rappelle beaucoup celle que dicte une custom classique, mais sans la moindre exagération dans la position, profitant de selles de tourisme larges et moelleuses et protégés des éléments par un généreux carénage fixé au châssis, pilote et passager accumulent paisiblement les kilomètres. À l'exception d'une chaîne audio dont la qualité sonore n'est pas terrible et d'un pare-brise fixe causant de la turbulence au niveau du casque sur l'autoroute, les critiques sont rares. Même la masse considérable de l'ensemble qui rend la Voyager encombrante à basse vitesse ou à l'arrêt ne gêne plus la conduite dès qu'on se met en mouvement, grâce surtout à l'étroitesse de la moto sous le pilote et à la nature saine, équilibrée et invitante de la partie cycle. Le comportement routier est celui d'une grosse custom, avec en prime de très bonnes suspensions et un freinage combiné étonnamment efficace sur la version ABS, que nous recommandons d'ailleurs malgré le surplus. D'une façon générale, tout se passe bien tant qu'on conserve un rythme de balade.

L'atteinte de cette fameuse ambiance passe immanquablement par le caractère de la mécanique. Grâce à l'indéniable agrément livré par son gros bicylindre de 1,7 litre, la Voyager mérite de hautes notes à ce niveau. Assez puissant pour pousser toute cette masse avec autorité, assez coupleux pour ravir le pilote friand d'accélérations fortes dès les premiers régimes, il s'agit d'un V-Twin de haut calibre dont les qualités sensorielles sont exquises, puisqu'il gronde de manière presque thérapeutique, surtout une fois la moto lancée sur l'autoroute, en acheminant jusqu'au pilote un fort plaisant tremblement.

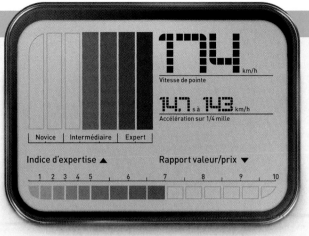
## QUOI DE NEUF EN 2013 ?  +

Aucun changement

Aucune augmentation

## PAS MAL  ▲

Une monture véritablement capable de tourisme grâce à un niveau de confort très élevé, à un volume de chargement considérable et à une aisance particulièrement agréable sur long trajet

Un châssis très sain, du moins à rythme approprié, puisque solide, précis et offrant une maniabilité étonnante compte tenu du poids élevé

Une mécanique exquise qui séduit autant par le niveau de performances très correct qu'elle offre que par le doux grondement qu'elle émet

Une version ABS dont le système de freinage est extraordinairement avancé et efficace pour une monture de nature custom

## BOF  ▼

Une facilité de pilotage relative, puisque si les pilotes expérimentés s'habituent assez vite au poids élevé et à la selle un peu haute, les autres éprouvent plus de difficultés

Des 5e et 6e rapports surmultipliés qui ont l'avantage de beaucoup abaisser les tours sur l'autoroute, mais qui ne sont pas appropriés pour des reprises franches

Un pare-brise impossible à ajuster qui génère des turbulences au niveau du casque à des vitesses légèrement supérieures aux limites d'autoroute

Un système audio capable de contrôler un iPod, mais dont la qualité sonore est très moyenne, ainsi que des selles et des poignées chauffantes inexistantes

## CONCLUSION

Le grand public associe instinctivement la notion de voyage à moto avec des machines ultra-spécialisées comme la Honda Gold Wing et la BMW K1600GTL. La réalité, toutefois, c'est qu'il existe plusieurs autres façons de confortablement couvrir de longues distances sur deux roues. Et dans le cas où l'on préfère prendre son temps tout en se faisant secouer les sens au rythme d'un caractériel V-Twin, la grosse custom de tourisme devient le choix tout indiqué. Comme c'est presque toujours le cas dans ce créneau, la formule a été inventée, raffinée et popularisée par Harley-Davidson, dans ce cas avec ses délicieuses Electra Glide. Il s'agit d'une formule que la Voyager de Kawasaki reprend à la lettre. Pour l'instant, d'ailleurs, à l'exception de Victory, aucun autre constructeur ne propose ce genre de motos. Quant à savoir si la Voyager représente une bonne ou une mauvaise imitation de l'expérience de pilotage offerte par les Harley, la réponse est simple : une bonne.

Vulcan 1700 Voyager

## GÉNÉRAL

| Catégorie | Tourisme de luxe |
|---|---|
| Prix | 20 299 $ (ABS : 21 399 $) |
| Immatriculation 2013 | 557,53 $ |
| Catégorisation SAAQ 2013 | « régulière » |
| Évolution récente | introduite en 2009 |
| Garantie | 3 ans/kilométrage illimité |
| Couleur(s) | bleu et noir, blanc et gris |
| Concurrence | Harley-Davidson Electra Glide, Victory Vision Tour et Cross Country Tour Yamaha Royal Star Venture |

## MOTEUR

| Type | bicylindre 4-temps en V à 52 degrés, SACT, 4 soupapes par cylindre, refroidissement par liquide |
|---|---|
| Alimentation | injection à 2 corps de 42 mm |
| Rapport volumétrique | 9,5:1 |
| Cylindrée | 1700 cc |
| Alésage et course | 102 mm x 104 mm |
| Puissance | 82 ch @ 5 000 tr/min |
| Couple | 107,8 lb-pi @ 2 750 tr/min |
| Boîte de vitesses | 6 rapports |
| Transmission finale | par courroie |
| Révolution à 100 km/h | environ 2 200 tr/min |
| Consommation moyenne | 6,7 l/100 km |
| Autonomie moyenne | 298 km |

## PARTIE CYCLE

| Type de cadre | double berceau, en acier |
|---|---|
| Suspension avant | fourche conventionnelle de 45 mm non ajustable |
| Suspension arrière | 2 amortisseurs ajustables en précharge et détente |
| Freinage avant | 2 disques de 300 mm de Ø avec étriers à 4 pistons (et système ABS K-ACT) |
| Freinage arrière | 1 disque de 300 mm de Ø avec étrier à 2 pistons (et système ABS K-ACT) |
| Pneus avant/arrière | 130/90 B16 & 170/70 B16 |
| Empattement | 1 665 mm |
| Hauteur de selle | 730 mm |
| Poids tous pleins faits | 402 kg (ABS : 406 kg) |
| Réservoir de carburant | 20 litres |

**DU SÉRIEUX...** Lancée en 2008, puis revue et améliorée à peine deux ans plus tard en 2010, la Concours 14 ramenait Kawasaki dans une classe où il n'était jusque-là présent que de manière spirituelle, avec une machine datant des années 80. Développée parallèlement à la Ninja ZX-14 originale, la Concours 14 partage son unique cadre monocoque en aluminium avec sa cousine sportive, mais a recours à une mécanique calibrée spécifiquement pour ses besoins. La partie cycle est la plus sportive de la classe, mais demeure quand même adaptée aux exigences et aux rigueurs du tourisme sportif. Un entraînement final par arbre, un impressionnant système de freinage ABS combiné et assisté, un système antipatinage ainsi qu'une longue liste d'équipements témoignent d'ailleurs de l'approche très sérieuse de Kawasaki.

Les sportives pures sont régulièrement perçues comme les modèles les plus avancés sur le marché, mais les derniers modèles de sport-tourisme ne donnent décidément pas leur place en termes de complexité. La Concours 14 démontre ce fait avec une longue liste des caractéristiques : système de contrôle de traction K-TRC désactivable sur demande; complexe ABS assisté K-ACT géré par ordinateur avec choix de deux niveaux de freinage combiné; pare-brise électrique à 4 positions préréglées; aide visuelle à l'économie d'essence intégrée à l'écran et cartographie secondaire limitant légèrement la puissance, mais réduisant la consommation et maximisant l'autonomie; système KIPASS permettant de laisser la clé de contact sur la moto... Une impressionnante mécanique à la fois douce, puissante et souple installée dans un unique châssis monocoque en aluminium ne fait qu'appuyer davantage ce point.

L'un des aspects les plus impressionnants de la Concours 14 n'est pas la quantité d'équipements et d'électronique qu'elle embarque, mais plutôt la qualité de l'intégration de toutes ces technologies. Cela dit, la Kawasaki n'est pas sans défauts. L'utilité réelle du KIPASS, par exemple, demeure douteuse, et nous l'échangerions volontiers pour une selle chauffante livrée en équipement de série. Un pare-brise ne générant vraiment plus de turbulences ne serait certes pas de refus non plus. Il reste qu'à l'exception de ces quelques reproches, la Concours représente indéniablement l'une des sport-tourisme les plus réussies sur le marché. Il s'agit d'un modèle qui n'aurait pas besoin de beaucoup d'ajustements pour devenir une référence.

**RAPIDE ET AGILE, LA CONCOURS 14 N'AURAIT PAS BESOIN DE BEAUCOUP D'AJUSTEMENTS POUR DEVENIR UNE RÉFÉRENCE.**

La Concours 14 a toujours été particulièrement douée au chapitre de la tenue de route, mais elle l'est encore plus depuis son évolution de 2010 en raison de nouveaux pneus et de révisions aux suspensions. Une route sinueuse est d'ailleurs tout ce dont a besoin la Kawasaki pour faire la preuve de l'aisance naturelle et de la grande précision dont elle est capable dans ce type d'environnement. Pour le moment, il s'agit clairement de la GT des amoureux de pilotage sportif, exactement ceux à qui Kawasaki l'a destinée. Elle n'a de réelle concurrence à ce sujet que la BMW K1600GT dont l'agilité, la précision et le plaisir de pilotage en courbe sont admirables pour une monture d'un tel gabarit.

En matière de confort, la Concours 14 propose une longue et fort attrayante liste de qualités : belle position, excellente protection aux éléments, suspensions judicieusement calibrées, bonne selle, poignées chauffantes, nombreuses caractéristiques destinées à éloigner la chaleur du pilote par temps chaud, etc. Un régulateur de vitesse manque néanmoins à l'appel.

Quant à toute l'électronique embarquée, sauf exception, elle se traduit par de réels avantages au niveau de la conduite. Par exemple, le système K-ACT de contrôle de traction fonctionne sans reproche sur chaussée glissante tandis que l'ABS offre la possibilité de choisir deux niveaux de combinaison des freins avant et arrière, l'un offrant un effet combiné plus fort, et l'autre moins. Le seul handicap, qui provient de l'assistance hydraulique du freinage, est un certain détachement au niveau de la sensation de précision au levier. La sécurité accrue en situation d'urgence est toutefois indéniable.

Voir légende en page 18

## QUOI DE NEUF EN 2013 ?    +

Aucun changement

Aucune augmentation

## PAS MAL    ▲

Un niveau de performances suffisamment élevé pour combler l'amateur de vitesse ou, à tout le moins, le satisfaire, en plus d'une excellente quantité de couple livrée à bas et moyen régimes facilitant et agrémentant l'usage quotidien

Des systèmes ABS, d'antipatinage et de freinage combiné aussi sophistiqués qu'efficaces qui se montrent généralement très transparents

Un excellent niveau de confort à tous les égards

Un comportement routier qui doit être considéré comme l'un des meilleurs de la catégorie en raison de sa pureté en pilotage sportif, du moins tant qu'on porte une sérieuse attention aux ajustements des suspensions

## BOF    ▼

Une assistance du système de freinage ABS qui altère la sensation au levier en lui enlevant un degré de précision par rapport à un système classique sans assistance; à ce chapitre, d'autres font mieux et Kawasaki pourrait s'améliorer

Un pare-brise qui génère un peu de turbulence en position haute

Un régulateur de vitesse qui est toujours absent de la liste d'équipements

Des selles qui ne sont pas chauffantes, ce qu'on serait en droit d'attendre, à tout le moins en option, d'une monture de ce calibre et de ce prix

## CONCLUSION

Le choix d'une monture de sport-tourisme amène régulièrement les acheteurs à un stade d'indécision qui approche l'agonie. La situation ne fait d'ailleurs que se compliquer davantage en 2013 avec l'arrivée d'une FJR1300 rajeunie et d'une toute nouvelle Triumph Trophy. Au sein de ce groupe de machines réellement toutes excellentes, la Kawasaki s'est mérité la réputation du modèle le plus sportif, et ce, surtout en raison du lien de famille existant entre sa base et celle de la Ninja ZX-14. Toutefois, l'image de la «ZX-14 à valises» n'est pas tout à fait réaliste, puisque les performances de la Concours 14, bien que très bonnes, ne sont absolument pas du même niveau. La Kawasaki se veut plutôt une monture de tourisme sportif en bonne et due forme en termes de format et de compétence, mais qui se distingue de ses rivales par un comportement dont la pureté en pilotage sportif est remarquable. Elle n'est pas la mieux équipée, mais il n'en faudrait pas beaucoup pour qu'elle s'approche des meneuses de la classe à ce chapitre.

## GÉNÉRAL

| | |
|---|---|
| Catégorie | Sport-Tourisme |
| Prix | 18 999 $ |
| Immatriculation 2013 | 557,53 $ |
| Catégorisation SAAQ 2013 | «régulière» |
| Évolution récente | introduite en 2008, revue en 2010 |
| Garantie | 3 ans/kilométrage illimité |
| Couleur(s) | noir, anthracite |
| Concurrence | BMW K1600GT, Honda ST1300 Triumph Trophy, Yamaha FJR1300 |

## MOTEUR

| | |
|---|---|
| Type | 4-cylindres en ligne 4-temps, DACT, 4 soupapes par cylindre, refroidissement par liquide |
| Alimentation | injection à 4 corps de 40 mm |
| Rapport volumétrique | 10,7:1 |
| Cylindrée | 1 352 cc |
| Alésage et course | 84 mm x 61 mm |
| Puissance sans Ram Air | 156 ch @ 8 800 tr/min |
| Puissance avec Ram Air | 161 ch @ 8 800 tr/min |
| Couple | 102,5 lb-pi @ 6 200 tr/min |
| Boîte de vitesses | 6 rapports |
| Transmission finale | par arbre |
| Révolution à 100 km/h | environ 2 900 tr/min |
| Consommation moyenne | 7,1 l/100 km |
| Autonomie moyenne | 310 km |

## PARTIE CYCLE

| | |
|---|---|
| Type de cadre | monocoque, en aluminium |
| Suspension avant | fourche inversée de 43 mm ajustable en précharge et détente |
| Suspension arrière | monoamortisseur ajustable en précharge et détente |
| Freinage avant | 2 disques «à pétales» de 310 mm de Ø avec étriers radiaux à 4 pistons et ABS |
| Freinage arrière | 1 disque «à pétales» de 270 mm de Ø avec étrier à 2 pistons et ABS |
| Pneus avant/arrière | 120/70 ZR17 & 190/50 ZR17 |
| Empattement | 1 520 mm |
| Hauteur de selle | 815 mm |
| Poids tous pleins faits | 312 kg |
| Réservoir de carburant | 22 litres |

***ENGIN DE VITESSE...*** La Ninja ZX-14 a commencé sa carrière en 2006 lorsqu'elle défia la GSX1300R Hayabusa de Suzuki dans l'arène de la vitesse pure. Et jusqu'à l'an dernier, elle offrit une opposition très crédible à la Busa. Mais depuis 2012, l'on ne peut tout simplement plus parler d'équivalence, puisqu'après avoir été sérieusement revue, la plus grosse des Ninja s'est complètement détachée de quoi que ce soit d'autre en matière de deux-roues. Rebaptisée ZX-14R pour l'occasion, la grosse Ninja a vu son moteur gonflé à 1 441 cc en plus de recevoir nombre d'aides électroniques, dont l'un des systèmes de contrôle de traction et de wheelie les plus avancés du marché. Le résultat est non seulement un engin dont la capacité à générer de la vitesse est ahurissante, mais aussi l'une des motos les plus sophistiquées qu'on puisse acheter. Pour 2013, l'ABS est livré de série.

Parler de performances est toujours relatif à un contexte. Une monture performante il y a 20 ans, par exemple, ne correspond pas à une monture performante aujourd'hui. Lorsque nous affirmons que la capacité à générer de la vitesse démontrée par la ZX-14R est ahurissante, l'on doit ainsi comprendre qu'il s'agit d'une affirmation faite en fonction du contexte actuel. Bref, même dans un marché où la performance extrême est devenue monnaie courante, la grosse Ninja représente une incroyable force de la nature. Kawasaki annonce officiellement un peu moins de 200 chevaux, soit une demi-douzaine de plus que la version précédente, mais une seule accélération suffit pour comprendre que la réalité est bien différente. La ZX-14R produit nettement plus. Assez pour permettre à tout bon pilote de plonger sous les 10 secondes assez facilement sur un quart de mille, et à un coureur de calibre expert de presque toucher aux 8 secondes, ce qui est au bas mot extraordinaire. Mais la capacité du modèle à accélérer ne raconte pas toute son histoire, puisque l'expérience offerte par la Ninja est aussi hautement caractérisée par l'effet de ses aides électroniques.

Sur papier, le fait que la ZX-14R soit équipée du contrôle de traction ressemble à une caractéristique anodine. En effet, on compte aujourd'hui de nombreux modèles, sportifs ou pas, équipés de cette technologie. Et pourtant, sur le terrain, ce système à mi-chemin entre ceux de la Concours 14 et de la ZX-10R change tout. En arrivant avec une efficacité phénoménale à éliminer non seulement le patinage de l'arrière en pleine accélération, mais aussi à garder l'avant au sol grâce à sa fonction antiwheelie, le système de contrôle de traction de la ZX-14R

> **L'EXPÉRIENCE DE PILOTAGE OFFERTE PAR LA ZX-14R EST HAUTEMENT CARACTÉRISÉE PAR SES AIDES ÉLECTRONIQUES.**

rend la plus forte accélération de l'univers de la moto étrangement accessible. En adoptant le second des trois modes, la puissance totale est conservée, mais l'électronique empêche tout dérapage et tout wheelie. Tout ce qui est requis du pilote est de bien s'accrocher et de pointer vers une longue ligne droite comme une piste d'accélération. À pleins gaz, la combinaison de l'immense puissance et de l'absence totale de réaction nerveuse de la part de la moto semble même étrange, puisque le tout paraît presque trop facile. Toutefois, désengagez l'électronique et la bête qu'est la ZX-14R est démasquée. L'avant se met soudainement à s'envoler à des vitesses inimaginables et on découvre alors une monture décidément destinée à des mains expertes.

Les bienfaits de l'électronique au niveau de la stabilité, de l'accessibilité et de la sécurité étant incontestables, nous avons été très surpris que l'ABS ne fasse pas partie de l'équipement de la ZX-14R 2012. La version 2013 corrige heureusement la situation en étant livrée avec un excellent système.

Bien que le point d'intérêt principal de la ZX-14R tourne évidemment autour de ses performances, le modèle possède nombre d'autres qualités, dont la plus attrayante est le côté admirablement raffiné de l'ensemble. Rarement ressent-on, aux commandes d'une sportive, une impression de sophistication et de finesse mécanique aussi présente. Il s'agit donc aussi d'une moto qui s'avère étonnamment appropriée au jour le jour, dont le niveau de confort n'est décidément pas mauvais et dont le comportement stable et précis n'est absolument pas affecté par le niveau extraordinaire des performances.

## QUOI DE NEUF EN 2013 ?  +

Version équipée de l'ABS devient la seule offerte au Canada

Coûte 700 $ de plus qu'en 2012

## PAS MAL  ▲

Un niveau de performances qui, incroyablement, fait presque paraître le modèle prédécesseur timide; la ZX-14R est, et par une marge très confortable, la deux-roues de production la plus rapide du globe

Des aides électroniques au pilotage qui incluent l'ABS et dont l'efficacité est stupéfiante, puisqu'elles permettent littéralement à des pilotes de n'importe quel niveau d'expérience de vivre toute la furie de la ZX-14R dans un calme relatif

Une partie cycle qui encaisse toute la furie du gros 4-cylindres comme si de rien n'était et qui se montre par ailleurs étonnamment agile et légère compte tenu du poids et des dimensions considérables du modèle

Un côté raffiné qui impressionne franchement; la ZX-14R est la définition même de la mythique « gentlemen's Express »

Une ligne très agressive qui correspond parfaitement à la nature du modèle

## BOF  ▼

Une capacité de vitesse carrément extraordinaire, mais où et comment en profiter sans entrer dans une zone d'illégalité inconcevable ?

Un niveau de confort qui augmenterait considérablement avec des poignées plus hautes

Une direction qui se montre très stable dans la majorité des situations, mais qui peut occasionnellement s'agiter; un amortisseur de direction manque toujours à la ZX-14R

## CONCLUSION

La ZX-14R est à la vitesse pure ce que la VMAX est au muscle brut : elle incarne ce qui se fait de mieux. L'un des aspects incontournables du modèle concerne évidemment ses performances. Clarifions tout de suite que la valeur officielle de puissance offerte par Kawasaki est, disons, modeste. La réalité est plus élevée d'au moins une quinzaine de chevaux. La conséquence est qu'on peut difficilement imaginer le genre d'accélération que réserve la grosse Kawasaki. On parle d'une expérience presque surréaliste qui demande absolument de se trouver dans un environnement approprié pour être vécue. Le paradoxe de cette expérience, c'est qu'avec toutes les aides électroniques dont elle est munie, la ZX-14R a la capacité de faire vivre les plus féroces accélérations du monde du motocyclisme à des pilotes plus ou moins expérimentés, et ce, dans un calme relatif. Incroyable. Nous ne nous sommes pas gênés l'an dernier pour critiquer l'inexcusable absence d'ABS sur une machine aussi performante et avancée, surtout que l'option était offerte sur d'autres marchés. L'ABS est livré de série en 2013, ce qui laisse bien peu de matière à critique. Dans le genre, on a affaire à un phénomène, un point c'est tout.

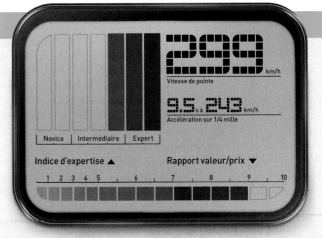

km/h
**Vitesse de pointe**

**9,5 s à 243** km/h
Accélération sur 1/4 mille

| Novice | Intermédiaire | Expert |

Indice d'expertise ▲          Rapport valeur/prix ▼

1  2  3  4  5      6      7      8      9  10

Voir légende en page 18

## GÉNÉRAL

| | |
|---|---|
| Catégorie | Sportive |
| Prix | 17 699 $ (noir : 17 999 $) |
| Immatriculation 2013 | 1 116,90 $ |
| Catégorisation SAAQ 2013 | « à risque » |
| Évolution récente | introduite en 2006, revue en 2012 |
| Garantie | 1 an/kilométrage illimité |
| Couleur(s) | rouge, noir |
| Concurrence | BMW K1300S, Honda VFR1200F, Suzuki GSX1300R Hayabusa |

## MOTEUR

| | |
|---|---|
| Type | 4-cylindres en ligne 4-temps, DACT, 4 soupapes par cylindre, refroidissement par liquide |
| Alimentation | injection à 4 corps de 44 mm |
| Rapport volumétrique | 12,3:1 |
| Cylindrée | 1 441 cc |
| Alésage et course | 84 mm x 65 mm |
| Puissance sans Ram Air | 198 ch @ 10 000 tr/min |
| Puissance avec Ram Air | 208 ch @ 10 000 tr/min |
| Couple | 119,9 lb-pi @ 7 500 tr/min |
| Boîte de vitesses | 6 rapports |
| Transmission finale | par chaîne |
| Révolution à 100 km/h | environ 3 500 tr/min |
| Consommation moyenne | 6,0 l/100 km |
| Autonomie moyenne | 366 km |

## PARTIE CYCLE

| | |
|---|---|
| Type de cadre | monocoque, en aluminium |
| Suspension avant | fourche inversée de 43 mm ajustable en précharge, compression et détente |
| Suspension arrière | monoamortisseur ajustable en précharge, compression et détente |
| Freinage avant | 2 disques « à pétales » de 310 mm de Ø avec étriers radiaux à 4 pistons et ABS |
| Freinage arrière | 1 disque « à pétales » de 250 mm de Ø avec étrier à 2 pistons et ABS |
| Pneus avant/arrière | 120/70 ZR17 & 190/50 ZR17 |
| Empattement | 1 480 mm |
| Hauteur de selle | 800 mm |
| Poids tous pleins faits | 265 kg |
| Réservoir de carburant | 22 litres |

Ninja ZX-10R

**COPILOTAGE...** L'histoire se rappellera que la S1000RR de BMW inaugura en 2010 l'ère de l'électronique et des aides au pilotage sur les motos de grande production. S'il est une monture japonaise de ce créneau qui soit en position de rivaliser, voire devancer l'allemande à ce chapitre, il s'agit de cette quatrième génération de la Ninja ZX-10R. Ayant recours à une technologie développée par Kawasaki pour ses dernières montures de MotoGP, la ZX-10R va au-delà de la «simple» gestion de la traction au pneu arrière en sortie de virage puisqu'elle est carrément équipée d'un système «intelligent» capable d'assister le comportement. Les deux versions offertes sont équipées de cette technologie, tandis que la ZX-10R ABS est livrée de série avec un système ABS assisté spécifiquement conçu pour supporter une utilisation en piste.

L'aventure de Kawasaki en MotoGP n'a malheureusement jamais permis à la marque d'Akashi de se distinguer, et encore moins de dominer. La crise économique de 2008 fut l'élément qui, finalement, tua le programme. Mais celui-ci ne fut pas sans bénéfices, puisque les connaissances acquises en matière d'aides électroniques au pilotage furent recyclées et adaptées à la génération actuelle de la ZX-10R qui fut lancée en 2011. Les ingénieurs du programme ont d'ailleurs eux-mêmes contribué au développement du modèle.

Les systèmes de contrôle de traction et de gestion de comportement de la ZX-10R fonctionnent à partir de données recueillies de capteurs multiples 200 fois par seconde. Kawasaki prétend même que cette capacité d'analyse permet non seulement à la ZX-10R de « prévoir » la perte de traction avant qu'elle ne survienne, mais aussi, d'une certaine manière, de lire les intentions du pilote en scrutant continuellement le mouvement de l'accélérateur.

Par exemple, en observant si les gaz ont soudainement été ouverts pour avaler la ligne droite d'une piste, ou si les gaz sont plutôt constants en plein virage, ou encore s'ils viennent d'être refermés pour ramener la roue avant au sol, le système reconnaît des scénarios programmés dans sa mémoire et sélectionne la plus appropriée d'une liste presque infinie de cartographies de gestion de puissance. Au rythme de 200 fois par seconde, ces décisions sont analysées de nouveau et modifiées au besoin. La conséquence, c'est que le comportement de la ZX-10R est directement lié à celui du pilote, et plus précisément aux mouvements exacts qu'il induit dans la poignée droite. Il en résulte un niveau

**200 FOIS PAR SECONDE, LES DÉCISIONS DU SYSTÈME SONT ANALYSÉES ET MODIFIÉES AU BESOIN SELON DES CRITÈRES PROGRAMMÉS.**

d'interactivité unique entre un pilote et une moto, pour ne pas carrément parler d'intervention de la part de la moto.

À titre d'exemple, la ZX-10R et son système S-KTRC sont programmés pour intervenir lors des wheelies en limitant la puissance lorsque l'avant se soulève plus qu'à un certain angle dans le but de maximiser l'accélération et d'éviter d'avoir à momentanément fermer les gaz. Or, dans certaines conditions, comme un circuit avec des dénivellations, la 10R ne réagit pas toujours de la même façon, ce qui peut s'avérer déroutant pour le pilote qui doit s'ajuster à cette caractéristique. Sur une piste plus normale, le contrôle de traction travaille de manière très efficace et complètement transparente. Trois niveaux de puissance peuvent être mariés à trois niveaux de contrôle de traction et le tout peut être désactivé si le pilote le souhaite.

Avec ou sans ses aides électroniques, la ZX-10R se montre très difficile à prendre en défaut en piste, puisque son comportement est admirable à tous les points de vue. Plus légère d'une dizaine de kilos que la version précédente, elle est l'un des modèles les plus maniables et faciles à apprivoiser de la classe.

Même si sa puissance n'est pas tout à fait équivalente à celle de la toujours dominante S1000RR, la ZX-10R est une véritable fusée en ligne droite. Son moteur n'est pas particulièrement souple à très bas régime, une caractéristique que Kawasaki semble avoir volontairement programmée dans la courbe de puissance, mais une fois les mi-régimes passés et en route vers la zone rouge, la poussée générée par la Ninja d'un litre est fabuleuse et sans répit.

## QUOI DE NEUF EN 2013 ? +

Amortisseur de direction Öhlins-Kawasaki s'ajustant électroniquement en fonction de la vitesse, de l'accélération et de la décélération

Aucune augmentation

## PAS MAL ▲

Une véritable démonstration technologique; la ZX-10R est l'une des motos de production les plus avancées du marché et propose des solutions électroniques qui sont directement empruntées au programme de MotoGP de Kawasaki

Un comportement pratiquement irréprochable sur circuit; même à un rythme de course, la ZX-10R se montre légère, d'une précision extrême et étonnamment facile à pousser sur un tour de piste

Des performances ahurissantes, mais livrées de manière très civilisée

## BOF ▼

Un côté occasionnellement agaçant des assistances électroniques, surtout au niveau du contrôle de wheelie, qui provient d'une certaine irrégularité dans la manière avec laquelle le système intervient

Un niveau de confort évidemment faible pour le pilote et pire pour le passager

Une puissance à bas régime que Kawasaki a volontairement limitée pour ne pas bousculer les réactions de la moto dans les situations serrées, mais qui semble un peu faible en selle, surtout par rapport à la furie des hauts régimes

Des performances extraordinaires, mais qui ne peuvent être pleinement expérimentées que sur une piste; sur la route, à l'intérieur des limites légales, on trouve facilement plus amusant ou plus pratique

## CONCLUSION

Après avoir été développés sur les formidables prototypes que sont les machines de MotoGP, et après avoir progressivement fait leur entrée dans le monde de la moto de production, les aides au pilotage sont aujourd'hui en voie de devenir monnaie courante, surtout chez les sportives pures. Même dans un tel contexte, la ZX-10R se démarque de ses rivales grâce à ce qu'on pourrait presque qualifier de cerveau électronique. Capable de s'interposer entre pilote et moto lorsqu'il le juge nécessaire en prenant des « décisions » basées sur des lignes de codes écrites par des programmeurs, le système s'avère à la fois efficace, impressionnant et occasionnellement intrusif. Au-delà de cette technologie, la ZX-10R offre un ensemble digne de ce qui se fait de mieux en termes de performances et de tenue de route sur circuit. Nous continuons de croire que les interventions de son « cerveau » pourraient parfois être un peu plus subtiles, mais à cette exception près, l'on ne peut conclure qu'une chose à propos de la ZX-10R : elle est remarquable.

Ninja ZX-10R ABS

**296** km/h
Vitesse de pointe

**9,9** s à **234** km/h
Accélération sur 1/4 mille

| Novice | Intermédiaire | Expert |

Indice d'expertise ▲          Rapport valeur/prix ▼

1  2  3  4  5    6    7    8    9    10

Voir légende en page 18

## GÉNÉRAL

| | |
|---|---|
| Catégorie | Sportive |
| Prix | 16 499 $ (ABS : 17 299 $) |
| Immatriculation 2013 | 1 116,90 $ |
| Catégorisation SAAQ 2013 | « à risque » |
| Évolution récente | introduite en 2004, revue en 2006, en 2008 et en 2011 |
| Garantie | 1 an/kilométrage illimité |
| Couleur(s) | vert et noir, blanc et noir (ABS : vert et noir) |
| Concurrence | Aprilia RSV4, BMW S1000RR, Honda CBR1000RR, MV Agusta F4, Suzuki GSX-R1000, Yamaha YZF-R1 |

## MOTEUR

| | |
|---|---|
| Type | 4-cylindres en ligne 4-temps, DACT, 4 soupapes par cylindre, refroidissement par liquide |
| Alimentation | injection à 4 corps de 47 mm |
| Rapport volumétrique | 13,0:1 |
| Cylindrée | 998 cc |
| Alésage et course | 76 mm x 55 mm |
| Puissance sans Ram Air | 179,1 ch @ 11 000 tr/min |
| Puissance avec Ram Air | 188 ch @ 11 000 tr/min |
| Couple | 82,6 lb-pi @ 11 000 tr/min |
| Boîte de vitesses | 6 rapports |
| Transmission finale | par chaîne |
| Révolution à 100 km/h | environ 4 200 tr/min |
| Consommation moyenne | 6,8 l/100 km |
| Autonomie moyenne | 250 km |

## PARTIE CYCLE

| | |
|---|---|
| Type de cadre | périmétrique, en aluminium |
| Suspension avant | fourche inversée de 43 mm ajustable en précharge, compression et détente |
| Suspension arrière | monoamortisseur ajustable en précharge, en haute et basse vitesses de compression, et en détente |
| Freinage avant | 2 disques « à pétales » de 310 mm de Ø avec étriers radiaux à 4 pistons (et ABS) |
| Freinage arrière | 1 disque à « pétales » de 220 mm de Ø avec étrier à 1 piston (et ABS) |
| Pneus avant/arrière | 120/70 ZR17 & 190/55 ZR17 |
| Empattement | 1 425 mm |
| Hauteur de selle | 813 mm |
| Poids tous pleins faits | 198 kg (ABS : 201 kg) |
| Réservoir de carburant | 17 litres |

Ninja 1000 ABS

***SPORT DE RUE...*** Le monde du motocyclisme est témoin depuis si longtemps de la spécialisation des montures de genre sportif qu'il a presque été oublié qu'avant de devenir des machines destinées à établir des records sur piste, ces mêmes sportives offraient une étonnante polyvalence. L'approche retenue par Kawasaki pour développer son duo Ninja 1000/Z1000 n'est donc, en fait, rien d'autre qu'un retour en arrière, puisque toutes deux, bien qu'elles demeurent des motos de hautes performances, se veulent d'abord et avant tout construites pour la route. Bref, elles prônent le sport, mais jamais au point de devenir biaisées envers la piste. Il s'agit d'un concept qui peut être comparé à celui qu'offre la FZ1 de Yamaha, mais l'engagement routier des Kawasaki est plus poussé. L'édition spéciale de la Z1000 proposée en 2013 ne diffère de la version de base que par sa finition.

Les motocyclistes d'un certain âge, disons dans la quarantaine, se souviendront que le genre de motos que prétendent être les Ninja 1000 et Z1000 n'est pas vraiment nouveau. En effet, en reculant de plusieurs dizaines d'années jusqu'aux années 80, l'on retrouve des modèles comme les Ninja 900R et 1000R, deux Kawasaki correspondant à la description de sportives rapides conçues pour la route et non la piste. D'autres constructeurs, comme Honda et Yamaha, proposaient aussi des sportives de ce type avec leur Hurricane 600 et FZ750, pour ne nommer que celles-là.

La Ninja 1000 et la Z1000 n'appartiennent donc pas à une nouvelle classe de motos, elles en font plutôt revivre une qu'on avait presque oubliée. Si l'on cherchait à les catégoriser de manière exacte, on devrait ainsi parler non pas de routières sportives, mais bien de sportives routières.

Les différences entre une sportive conçue pour la route et une sportive conçue pour la piste sont majeures. Le but du duo Ninja 1000/Z1000 est d'offrir du plaisir sur la route, dans autant de circonstances possibles, ce qui est très différent de la mission d'une moto comme la ZX-10R, par exemple. Il y a d'ailleurs longtemps que nous reprochons aux modèles très pointus que sont les sportives pures de ne pas être particulièrement intéressants à piloter sur la route.

La manière dont Kawasaki s'y est pris pour rendre ces deux 1000 amusantes est assez simple : un moteur d'un litre admirablement coupleux et étonnamment caractériel, un châssis solide et précis mais pas nerveux, des suspensions fermes mais pas rudes, une protection au vent décente bénéficiant même d'un petit pare-brise ajustable manuellement dans le cas de la Ninja, une bonne selle (du moins pour le pilote) et, enfin, une position qui plie les jambes modérément, ne met pas le moindre poids sur les mains et garde le dos parfaitement droit. Notons que quelques millimètres à peine distinguent la position de conduite de la Ninja 1000 de celle de la Z1000. En fait, à l'exception d'une poignée de détails techniques très mineurs, la Ninja 1000 se veut essentiellement une Z1000 carénée, et cette dernière une Ninja 1000 déshabillée.

La plus grande qualité offerte tant par la Ninja 1000 que par la Z1000 est l'équilibre entre performance et amusement qu'elles atteignent à presque tous les niveaux. Agiles sans être nerveuses, stables sans être lourdes de direction, rapides sans jamais se montrer incontrôlables, elles font sentir à leur pilote qu'il travaille au lieu de lui donner l'impression que tout se fait tout seul. À leurs commandes, le plaisir vient du caractère joueur de l'ensemble plutôt que de vitesses folles autour d'une piste. Et à ce chapitre, il n'est probablement pas de facteur plus important que le 4-cylindres que Kawasaki a expressément développé pour ces modèles. Gavé de couple dès les premiers tours et poussant très fort des mi-régimes jusqu'à la zone rouge, il est en plus particulièrement plaisant à entendre rugir en raison du travail acoustique effectué par les ingénieurs du constructeur au niveau de l'admission d'air. Ses accélérations sont aussi immédiates que puissantes à tous les régimes et sur tous les rapports, tandis que sa plus belle caractéristique est sans aucun doute le fait qu'il permet de s'amuser dans l'environnement de la route.

**SI ELLES DEVAIENT ÊTRE CATÉGORISÉES DE MANIÈRE EXACTE, ON PARLERAIT DANS LES DEUX CAS DE SPORTIVES ROUTIÈRES.**

## QUOI DE NEUF EN 2013 ?  +

Finition spéciale de la Z1000 offerte (SE) moyennant un surplus de 200$

Aucune augmentation

## PAS MAL  ▲

Un équilibre très intéressant entre performance et contrôle, entre agilité et accessibilité; toutes deux font partie des très rares motos de performances avant tout conçues pour la route

Un moteur fabuleux qui tire fort immédiatement et tout le temps et qui chatouille l'ouïe comme peut-être aucun 4-cylindres en ligne de série n'est arrivé à le faire jusque-là

Un niveau de confort très appréciable grâce à une bonne selle, à une position relevée et à des suspensions judicieusement calibrées; même la protection au vent est meilleure qu'on pourrait le croire sur la Z1000, et très correcte sur la Ninja

Une selle plus basse que ce à quoi on s'attendait

Des styles très intéressants; la Z1000 est moins dénudée et nettement moins discrète que les standards traditionnelles, tandis que la Ninja ne passe pas inaperçue

## BOF  ▼

Un moteur qui vibre beaucoup moins que celui des versions précédentes de la Z1000, surtout la première, mais qu'on sent néanmoins toujours à certains régimes

Une impression de sensation vague dans la tenue de route, dans certaines circonstances, comme les changements rapides de direction

Un niveau de confort qu'on souhaiterait meilleur pour le passager

Une exposition au vent qui devient fatigante lors de longs trajets rapides sur la Z1000

## CONCLUSION

La spécialisation à outrance des sportives semble carrément nous l'avoir fait oublier, mais la route et la piste constituent deux environnements complètement différents, et ce qui rend une moto plaisante en piste n'a donc pas nécessairement le même résultat sur la route. Et pourtant, presque toutes les sportives actuelles demeurent construites avec l'unique mission de boucler des tours rapides sur circuit. La Ninja 1000 et sa version dénudée, la Z1000, sont différentes, puisqu'elles ont d'abord et avant tout été conçues pour la route. Il s'agit toujours de montures non seulement capables d'un comportement sportif, mais qui raviront aussi tout pilote habitué à la rigueur de comportement offerte par une sportive pure. Cela dit, et là se trouve l'essence de leur argument, elles y arrivent en privilégiant les valeurs du pilotage au jour le jour, soit le confort et la stabilité.

Z1000 Special Edition

---

▼ NINJA 1000

## 253 km/h
Vitesse de pointe

**10,7,s à,208** km/h
Accélération sur 1/4 mille

▼ Z1000

## 246 km/h
Vitesse de pointe

**10,8,s à,205** km/h
Accélération sur 1/4 mille

| Novice | Intermédiaire | Expert |

Indice d'expertise ▲

Rapport valeur/prix ▼
1 2 3 4 5   6   7   8   9   10

Voir légende en page 18

## GÉNÉRAL

| | |
|---|---|
| Catégorie | Routière Sportive/Standard |
| Prix | Ninja 1000 ABS : 13 999$<br>Z1000 : 13 199$ (SE : 13 399$) |
| Immatriculation 2013 | 557,53$ |
| Catégorisation SAAQ 2013 | « régulière » |
| Évolution récente | Z1000 introduite en 2003, revue en 2007 et en 2009<br>Ninja 1000 introduite en 2011 |
| Garantie | 1 an/kilométrage illimité |
| Couleur(s) | Ninja 1000 : vert, blanc<br>Z1000 : vert (SE : noir et argent) |
| Concurrence | Ninja 1000 : Yamaha FZ1<br>Z1000 : Aprilia Tuono V4, Ducati Streetfighter 848, Honda CB1000R, MV Agusta Brutale, Triumph Speed Triple |

## MOTEUR

| | |
|---|---|
| Type | 4-cylindres en ligne 4-temps, DACT, 4 soupapes par cylindre, refroidissement par liquide |
| Alimentation | injection à 4 corps de 38 mm |
| Rapport volumétrique | 11,8:1 |
| Cylindrée | 1 043 cc |
| Alésage et course | 77 mm x 56 mm |
| Puissance sans Ram Air | 138 ch @ 9 600 tr/min |
| Couple | 81,1 lb-pi @ 7 800 tr/min |
| Boîte de vitesses | 6 rapports |
| Transmission finale | par chaîne |
| Révolution à 100 km/h | environ 4 200 tr/min |
| Consommation moyenne | 6,2 l/100 km |
| Autonomie moyenne | 250 km |

## PARTIE CYCLE

| | |
|---|---|
| Type de cadre | périmétrique, en aluminium |
| Suspension avant | fourche inversée de 41 mm ajustable en précharge, compression et détente |
| Suspension arrière | monoamortisseur ajustable en précharge et en détente |
| Freinage avant | 2 disques « à pétales » de 300 mm de Ø avec étriers radiaux à 4 pistons (Ninja 1000 : ABS) |
| Freinage arrière | 1 disque « à pétales » de 250 mm de Ø avec étrier à 1 piston (Ninja 1000 : ABS) |
| Pneus avant/arrière | 120/70 ZR17 & 190/50 ZR17 |
| Empattement | Ninja 1000 : 1 445 mm; Z1000 : 1 440 mm |
| Hauteur de selle | Ninja 1000 : 820 mm; Z1000 : 815 mm |
| Poids tous pleins faits | Ninja 1000 : 228 kg; Z1000 : 218 kg |
| Réservoir de carburant | Ninja 1000 : 19 litres; Z1000 : 15,5 litres |

**SIGNE...** Sous leur forme actuelle, les sportives pures de 600 cc n'ont jamais d'autres intentions que de briller en piste. Au point où toute mention, si mineure fut-elle été, d'un compromis visant à améliorer leur prestation routière était même vue comme une faiblesse. Mais les temps changent. Les 600 ne se vendent plus du tout aussi bien et tout semble indiquer que les rendre encore plus pointues n'aide pas vraiment la situation. Comment donc les faire évoluer ? Chez Kawasaki, la direction donnée à cette nouvelle génération de la ZX-6R pourrait bien être un signe indicateur de l'orientation que prendra le créneau. Tout d'abord, le modèle n'est pas entièrement repensé, mais plutôt sérieusement revu. Ensuite, la cylindrée a été ramenée aux 636 cc qu'elle affichait jadis. Finalement, les aides électroniques comme le contrôle de traction, les modes de puissance et l'ABS sont présentes.

L'analyse des choix faits par Kawasaki pour réaliser cette nouvelle génération de la ZX-6R révèle plusieurs changements de position de la part du constructeur. Tout d'abord, en optant pour une unique cylindrée supérieure à 600 cc, le modèle n'est pas admissible en compétition. Il s'agit d'un revirement considérable lorsqu'on tient compte de l'importance qu'a déjà eue la course chez ces motos. On gagnait et on vendait, disait le dicton. Le problème, c'est que les motocyclistes actuels n'accordent plus une grande importance à la compétition. À quoi bon, donc, se limiter à 600 cc ?

Une autre direction nouvelle est évoquée par la mention plutôt généreuse de « la route » dans le langage du constructeur qui ne se gêne pas pour affirmer qu'avec son cubage supplémentaire et le couple additionnel qu'il amène, la ZX-6R est une meilleure routière. Ce qui est d'ailleurs vrai. La réalité, c'est que ces montures passent l'essentiel de leur vie sur la route et il s'agit ici de l'un des très rares cas où un manufacturier n'ignore pas totalement ce fait.

Par ailleurs, en observant comment l'évolution du modèle a été réalisée, on constate que certaines grosses pièces, comme le cadre, le bras oscillant ou l'architecture du moteur sont soit identiques, soit très proches des composantes qu'ils remplacent. L'explication est simple. D'un côté, comme le marché a ralenti, les moyens de développement sont réduits. Et de l'autre, certaines pièces ont été tellement raffinées au cours des ans que les avantages réels de les repenser complètement, s'ils existent, deviennent trop faibles pour justifier l'investissement.

Kawasaki peut parler – avec raison – d'avantages routiers autant qu'il le voudra, le fait est que la ZX-6R incarne plus que jamais un incroyable instrument de piste. Dotée d'une tenue de route absolument phénoménale, sur circuit, la 6R se laisse diriger par son pilote de manière littéralement instinctive. Les lignes sont maintenues sans effort, les trajectoires sont exécutées avec légèreté et précision. Malgré le côté extrême d'une séance rapide en piste, la moto tout entière renvoie une incroyable sensation de sérénité et d'aisance, et ce, tout simplement parce que cet environnement extrême est encore et toujours celui où la ZX-6R respire le mieux, celui pour lequel elle est conçue.

**AVANTAGE ROUTIER OU PAS, LA ZX-6R INCARNE PLUS QUE JAMAIS L'INSTRUMENT DE PISTE DONT L'EFFICACITÉ EST MAGIQUE.**

La cylindrée supplémentaire peut sembler banale, mais elle ne l'est pas et ses bénéfices peuvent être ressentis durant chaque accélération et à chaque ouverture des gaz à bas et moyen régimes, et ce, autant en piste que sur la route. Grâce à une injection sans failles et à une grande aisance à tourner très haut, la mécanique de la ZX-6R est un joyau dans le genre. Quant au contrôle de traction faisant son apparition cette année, il travaille de façon absolument transparente et permet de pousser à l'extrême l'exercice de l'accélération en sortie de courbe sans le moindre drame. Outre la fonction anti-wheelie ramenant électroniquement la roue avant au sol peu après qu'elle se fut envolée, on ne sent même pas le système travailler bien que son action soit bel et bien réelle. En ce qui concerne l'ABS ou les modes de puissance, les deux technologies accomplissent leur tâche exactement comme on s'y attend et toujours de manière très transparente.

Devant la lentille de Kevin Wing, l'auteur s'engage dans l'un des virages du circuit californien Thunderhill Raceway Park lors du lancement de la Ninja ZX-6R 2013.

LA ZX-6R DOIT ABSOLUMENT ÊTRE AMENÉE EN PISTE POUR FAIRE LA DÉMONSTRATION DE SES EXTRAORDINAIRES CAPACITÉS. PLUS PUISSANTE ET COUPLEUSE QUE LA MOYENNE DES 600 GRÂCE À SA CYLINDRÉE SUPPLÉMENTAIRE, ADMIRABLEMENT FINE ET POSÉE DANS SON COMPORTEMENT, ELLE FRÔLE LA PERFECTION EN MATIÈRE DE 600.

## ÉLECTRONIFICATION

Il était logique que les sportives pures de 1000 cc et leur immense puissance soient les premières à recevoir des technologies comme le contrôle de traction et les modes de puissance. Mais le temps est aujourd'hui venu pour les 600 de recevoir ce type d'assistance. Sur la ZX-6R 2013, la première 600 japonaise à être équipée du contrôle de traction, trois niveaux d'intervention du système KTRC et deux niveaux de puissance sont offerts. Le KTRC pouvant être désengagé, le pilote dispose de 8 façons de gérer la livrée de puissance de la ZX-6R.

## MINI SUPERBIKE

En termes d'équipement de performances, la seule chose qui manque à la ZX-6R est un sélecteur de vitesses électronique. Fourche Showa SFF-BP dernier cri, embrayage avec assistance en accélération et limiteur de contre-couple en décélération, étriers radiaux Nissin monobloc et disques avant plus grands de 310 mm, entres autres, s'ajoutent à l'ensemble déjà impressionnant du modèle précédent ayant servi de base à la version 2013.

## 37 CC POUR LA ROUTE...

Kawasaki affirme que la nouvelle ZX-6R est une meilleure routière grâce à sa cylindrée supérieure de 636 cc. C'est tout à fait vrai, puisque les reprises à bas et moyen régimes sont moins laborieuses qu'avec 599 cc et que la quantité de changements de rapports est aussi moins grande que sur la moyenne des 600. Cela dit, la ZX-6R demeure une bête de piste et il serait faux de croire qu'elle est devenue une monture faisant quelque concession que ce soit à la route. À moins qu'il ne s'agisse d'une route comme celle-ci...

Devant être créditée à Kevin Wing, la photo montre l'auteur aux commandes de la ZX-6R 2013 sur une route sublimement tortueuse et déserte située à quelques kilomètres de la piste du Thunderhill Raceway Park et de la ville de Chico, dans le nord de la Californie.

Voir légende en page 18

## QUOI DE NEUF EN 2013 ? +

Nouvelle génération du modèle

Version ABS désormais offerte

Coûte 200 $ de plus qu'en 2012

## PAS MAL ▲

Un moteur dont la cylindrée supplémentaire se traduit en performances légèrement supérieures, mais non moins appréciées, et ce, autant sur la piste que sur la route

Une tenue de route d'une qualité extraordinaire; poussée fort en piste, la ZX-6R donne l'impression d'être au repos et de tranquillement circuler dans l'environnement pour lequel elle a été conçue

Des systèmes électroniques dont le travail est impeccable, particulièrement le contrôle de traction qui est à la fois extrêmement efficace et complètement transparent en sortie de virage agressive sur piste

## BOF ▼

Une direction « routière » qui se résume à un moteur moins creux que la moyenne chez les 600; la ZX-6R demeure pointue et inconfortable au jour le jour, et presque intolérable pour un passager

Un côté pratique presque inexistant en dehors du circuit; il s'agit de motos dont les propriétaires sont très fiers, mais qui sont loin d'être plaisantes au quotidien

Un comportement tellement fin et exact en piste qu'on souhaiterait voir ce côté poussé encore plus loin avec un sélecteur de vitesse électronique qui n'est malheureusement même pas offert en équipement optionnel

## CONCLUSION

Il est clair que Kawasaki commence à changer son fusil d'épaule en vantant les avantages routiers amenés par le surplus de cylindrée de cette version de 636 cc. Le but de l'exercice est d'élargir la clientèle qui pourrait envisager le modèle, ce qui est tout à fait compréhensible. Et s'il voulait vraiment atteindre ce but, le constructeur n'aurait qu'à pousser le cubage jusqu'à 675 cc, à relever légèrement les poignées et à offrir de vraies selles, surtout dans le cas du passager. Toutefois, sous sa forme actuelle, la ZX-6R est surtout un formidable outil de piste. La puissance supplémentaire amenée par le surplus de 37 cc est parfaitement ressentie sur circuit et ajoute réellement à l'expérience de pilotage, tout comme les fantastiques manières du châssis et le travail sans failles de toute l'électronique faisant son arrivée cette année. Bref, même si la ZX-6R est possiblement l'une des routières « les moins pires » de sa classe, la piste reste l'endroit où elle brille. Dans cet environnement, on a carrément affaire à une machine magique.

## GÉNÉRAL

| | |
|---|---|
| Catégorie | Sportive |
| Prix | 12 499 $ (ABS : 13 199 $) |
| Immatriculation 2013 | 1 116,90 $ |
| Catégorisation SAAQ 2013 | « à risque » |
| Évolution récente | introduite en 1995, revue en 1998, en 2000, en 2003, en 2005, en 2007, en 2009 et en 2013 |
| Garantie | 1 an/kilométrage illimité |
| Couleur(s) | vert et noir, blanc et noir |
| Concurrence | Honda CBR600RR, MV Agusta F3, Suzuki GSX-R600, Triumph Daytona 675, Yamaha YZF-R6 |

## MOTEUR

| | |
|---|---|
| Type | 4-cylindres en ligne 4-temps, DACT, 4 soupapes par cylindre, refroidissement par liquide |
| Alimentation | injection à 4 corps de 38 mm |
| Rapport volumétrique | 13,3:1 |
| Cylindrée | 599 cc |
| Alésage et course | 67 mm x 42,5 mm |
| Puissance sans Ram Air | 129,2 ch @ 13 500 tr/min |
| Puissance avec Ram Air | 135,1 ch @ 13 500 tr/min |
| Couple | 52,3 lb-pi @ 11 500 tr/min |
| Boîte de vitesses | 6 rapports |
| Transmission finale | par chaîne |
| Révolution à 100 km/h | environ 5 600 tr/min |
| Consommation moyenne | 5,9 l/100 km |
| Autonomie moyenne | 288 km |

## PARTIE CYCLE

| | |
|---|---|
| Type de cadre | périmétrique, en aluminium |
| Suspension avant | fourche inversée de 41 mm ajustable en précharge, compression et détente |
| Suspension arrière | monoamortisseur ajustable en précharge, compression et détente |
| Freinage avant | 2 disques « à pétales » de 310 mm de Ø avec étriers radiaux à 4 pistons (et ABS) |
| Freinage arrière | 1 disque « à pétales » de 220 mm de Ø avec étrier à 1 piston (et ABS) |
| Pneus avant/arrière | 120/70 ZR17 & 180/55 ZR17 |
| Empattement | 1 395 mm |
| Hauteur de selle | 830 mm |
| Poids tous pleins faits | 192 kg (ABS : 194 kg) |
| Réservoir de carburant | 17 litres |

Ninja 650

**ÉTONNANTES PETITES 650...** La mission que se sont dernièrement donnée nombre de constructeurs, celle d'attirer une nouvelle clientèle avec des montures moins extrêmes, est à la base de la refonte complète qu'ont subie en 2012 la Ninja 650 et sa variante standard, la ER-6n. Bien que la mécanique n'a été que légèrement travaillée, un magnifique ensemble cadre-bras oscillant «double tube» fut adopté. L'air timide de l'ancien carénage de la Ninja fit place à une ligne effilée très attrayante, tandis que l'allure dénudée de la ER-6n mettait en valeur l'étonnante beauté des pièces qui la composent. Dans les deux cas, on constate une attention aux détails étonnamment poussée et une finition de qualité surprenante pour des montures de ce prix et de ce créneau. Notons que la ER-6n n'est toujours offerte qu'au Canada en Amérique du Nord et qu'une version ABS de la Ninja fait son arrivée en 2013.

Peu importe leurs caractéristiques, des 650 comme ces Kawasaki sont la définition de montures destinées aux novices lorsqu'elles sont perçues par des motards très expérimentés. Mais aux yeux de nouveaux motocyclistes, ces mêmes modèles ont le potentiel d'être perçus comme d'authentiques et désirables sportives, à une condition : qu'elles soient conçues avec une grande attention et non comme des produits bon marché «pour débutants». Cette condition, Kawasaki l'a méticuleusement respectée en revoyant l'an dernier le duo Ninja 650/ER-6n, et ce, pour la simple et bonne raison que l'industrie s'attend à ce que la prochaine génération de motocyclistes se dirige vers ce type de motos bien avant d'envisager une puissante 1000, une lourde custom de gros cubage ou la facture qu'elles amènent.

Le travail effectué par Kawasaki pour faire évoluer ces 650 mérite les plus hauts éloges. La Ninja 650 et la ER-6n incarnent désormais carrément ce que peut devenir une moto d'initiation ou de progression lorsqu'un constructeur lui consacre autant d'importance et de ressources qu'il l'aurait fait pour une sportive pure ou une grosse custom. Fait intéressant, du côté de Honda, on semble rechercher le même résultat avec des machines toutes neuves, soit la série CB500, tandis que chez Kawasaki, on a préféré repenser une base existante.

L'élévation du statut de la Ninja 650 et de la ER-6n est évidente. Le style est passé d'ordinaire à sexy, certaines composantes comme le cadre et le bras oscillant sont presque exotiques et le degré de finition est passé de moyen à pratiquement irréprochable. Pour un tel prix, tout ça impressionne beaucoup.

> **ON CROIT QUE LA PROCHAINE GÉNÉRATION DE MOTARDS VA SE DIRIGER VERS CE TYPE DE MOTOS, D'OÙ LES EFFORTS DONT ELLES FONT L'OBJET.**

Toutes ces caractéristiques seraient toutefois insignifiantes si elles ne formaient pas un ensemble méritant les mêmes compliments. Or, dans ce cas aussi, des félicitations envers le constructeur sont de mise.

Le Twin parallèle de 650 cc n'est peut-être pas aussi caractériel qu'un V-Twin, mais sa souplesse demeure remarquable compte tenu de sa cylindrée, tandis que ses vibrations ne sont jamais dérangeantes, au contraire. Comme sur les anciennes versions, la souplesse offerte par la petite mécanique s'avère remarquable, celle-ci offrant en plus le genre d'accessibilité requise pour mettre à l'aise un pilote novice et la poussée nécessaire à distraire celui-ci jusqu'à plusieurs années après la période d'apprentissage.

Si les performances n'ont pas vraiment progressé lors de la récente refonte des modèles, la tenue de route, elle, a été considérablement améliorée en termes de pureté et de plaisir de conduite. Grâce au nouveau châssis, mais aussi à de nouveaux pneus, les étroites et légères 650 s'inscrivent en courbe sans la moindre résistance et se montrent admirablement solides et précises en pleine inclinaison. Leur comportement sur route sinueuse est carrément exceptionnel et même un pilote expert s'en déclarera ravi. Il s'agit d'une caractéristique qui, par ailleurs, fait de la Ninja 650 et de la ER-6n d'excellents préambules à une sportive plus sérieuse qui pourrait être l'achat suivant.

En termes de confort, là encore, les notes sont très bonnes. La position de conduite est sportive, mais ne met aucun poids sur les mains, les suspensions accomplissent un travail satisfaisant et la protection au vent est très correcte.

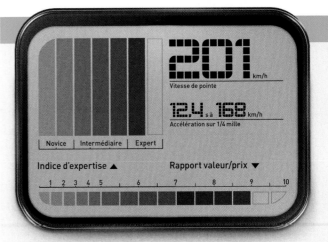

**201** km/h
Vitesse de pointe

**12,4** s à **168** km/h
Accélération sur 1/4 mille

| Novice | Intermédiaire | Expert |

Indice d'expertise ▲          Rapport valeur/prix ▼

1  2  3  4  5        6        7        8        9       10

## QUOI DE NEUF EN 2013 ? +

Ninja 650 offerte en version ABS

Aucune augmentation

## PAS MAL ▲

Une sympathique mécanique qui impressionne par son étonnante souplesse, par sa grande douceur et par son niveau de performances relativement amusant; ce niveau permet à la fois aux novices de s'initier sans surprise et de progresser, faisant de ces 650 d'excellentes premières motos

Une partie cycle agile, précise et stable qui fait de la conduite sur route sinueuse une véritable joie, et ce, même pour un pilote de calibre expert; il s'agit par ailleurs d'un comportement très indicatif de celui qu'offre une sportive plus pointue

Une accessibilité exceptionnelle amenée par une selle assez basse, par une grande légèreté et par une position de conduite très naturelle

De jolies lignes et une attention aux détails poussée pour une moto de ce prix

## BOF ▼

Des performances trop justes pour les motocyclistes «gourmands» en chevaux; à quand une version de 750 cc et de 85 chevaux qui pourrait à la fois satisfaire un pilote expérimenté et initier un novice avec un mode de puissance réduite?

Une injection abrupte à la remise des gaz, ce qui se traduit par des à-coups

Une selle qui se montre assez confortable sur de courtes ou moyennes distances, mais qui devient ensuite moins accueillante

## CONCLUSION

Nous avons régulièrement eu de bons mots à l'égard de ce duo, mais depuis la refonte de l'an dernier, nous éprouvons de sérieuses difficultés à trouver autre chose que ces bons mots. Tant qu'on ne fait pas partie de ces nouveaux motocyclistes un peu craintifs pour lesquels une très petite cylindrée et un poids de vélo représentent la seule façon de s'initier, il est très difficile de trouver plus accessible et amusant que ces 650 comme moto pour débuter ou progresser. En fait, elles pourraient bien incarner la première monture idéale. Celle dont la ligne sexy vous attire, mais dont la facture ne vous décourage pas, celle qui vous dorlote durant vos premiers tours de roues, mais qui continue aussi de vous divertir longtemps ensuite, celle qui vous introduit doucement dans l'univers sportif tout en vous préparant adéquatement pour la suite, et ce, qu'elle soit sportive ou pas.

ER-6n

## GÉNÉRAL

| | |
|---|---|
| Catégorie | Routière Sportive/Standard |
| Prix | Ninja 650 : 8 299 $<br>Ninja 650 ABS : 8 799 $<br>ER-6n : 7 899 $ |
| Immatriculation 2013 | 557,53 $ |
| Catégorisation SAAQ 2013 | « régulière » |
| Évolution récente | Ninja 650R introduite en 2006; revue en 2012 et devient Ninja 650<br>ER-6n introduite en 2009, revue en 2012 |
| Garantie | 1 an/kilométrage illimité |
| Couleur(s) | Ninja 650 : noir, vert, blanc<br>ER-6n : vert, rouge |
| Concurrence | Ninja 650 : Honda CBR500R, Suzuki SV650S et GSX650F, Yamaha FZ6R<br>ER-6n : Aprilia Shiver 750, BMW F800R, Honda NC700S, Suzuki Gladius |

## MOTEUR

| | |
|---|---|
| Type | bicylindre parallèle 4-temps, DACT, 4 soupapes par cylindre, refroidissement par liquide |
| Alimentation | injection à 2 corps de 38 mm |
| Rapport volumétrique | 10,8:1 |
| Cylindrée | 649 cc |
| Alésage et course | 83 mm x 60 mm |
| Puissance | 71 ch @ 8 500 tr/min |
| Couple | 47,2 lb-pi @ 7 000 tr/min |
| Boîte de vitesses | 6 rapports |
| Transmission finale | par chaîne |
| Révolution à 100 km/h | environ 4 500 tr/min |
| Consommation moyenne | 5,2 l/100 km |
| Autonomie moyenne | 307 km |

## PARTIE CYCLE

| | |
|---|---|
| Type de cadre | périmétrique, en acier tubulaire |
| Suspension avant | fourche conventionnelle de 41 mm non ajustable |
| Suspension arrière | monoamortisseur ajustable en précharge |
| Freinage avant | 2 disques «à pétales» de 300 mm de Ø avec étriers à 2 pistons (Ninja : ABS opt.) |
| Freinage arrière | 1 disque «à pétales» de 220 mm de Ø avec étrier à 1 piston (Ninja : ABS opt.) |
| Pneus avant/arrière | 120/70 ZR17 & 160/60 ZR17 |
| Empattement | 1 410 mm |
| Hauteur de selle | 805 mm |
| Poids tous pleins faits | Ninja 650 : 209 kg (ABS : 211 kg)<br>ER-6n : 204 kg |
| Réservoir de carburant | 16 litres |

Ninja 300 Special Edition ABS

**COMME UNE GRANDE...** Jamais, dans l'histoire récente du monde du motocyclisme, une monture de petite cylindrée n'a été traitée de manière aussi généreuse par son constructeur. Prenant la place dans le catalogue Kawasaki de la Ninja 250R – et de la Ninja 400R qui disparaît en 2013 –, la toute nouvelle Ninja 300 pourrait facilement passer pour une monture ayant deux ou même trois fois sa cylindrée. L'on se plaignait depuis maintenant quelque temps du côté vieillot de la Ninja 250R qui, avec sa vieille instrumentation analogue, ses carburateurs et sa ligne un peu timide, faisait presque bon marché. Non seulement la nouvelle 300 remplace tout ça par du moderne, mais elle fait aussi grimper la cylindrée de 47 cc et, du coup, bouleverse l'univers de ces petites montures. Ajoutez à cela une finition d'une surprenante qualité et l'ABS optionnel, et vous obtenez un coup de circuit.

De plus en plus de modèles accessibles ou de bas de gamme profitent désormais de toutes les ressources de leur constructeur plutôt que de se voir traités comme des montures appartenant à une sous-classe. Un bref coup d'œil suffit pour réaliser que c'est décidément le cas de la nouvelle Ninja 300. Affichant une ligne inspirée des agressives silhouettes des ZX-6R et ZX-10R de la famille Ninja et offrant un niveau de finition très difficile à prendre en faute, la Ninja 300 va beaucoup plus loin en bousculant la norme de cylindrée chez ces motos qui a presque toujours été établie à 250 cc.

Le surplus de cubage représente l'un des aspects les plus intéressants du modèle, puisqu'il améliore les performances de manière considérable. Combiné à une alimentation par injection et à un bicylindre retravaillé, ce surplus arrive à générer une puissance approchant les 40 chevaux, ce qui est considérablement plus que les 26 chevaux de la seule rivale directe de la Ninja, soit la Honda CBR250R.

Les avantages de cette puissance sont non seulement évidents dès le relâchement de l'embrayage, mais aussi durant chaque moment en selle. En fait, par rapport à la Ninja 250R précédente, la Ninja 300 renvoie l'impression d'être une monture nettement plus moderne, désirable et sophistiquée. L'injection permet un démarrage instantané et un roulement régulier, la douceur de fonctionnement du moteur est remarquable, l'instrumentation avec écran numérique et gros compte-tours est contemporaine et facile à consulter, tandis que tout ce qu'on touche et qu'on voit semble de haute qualité. En termes de finition, la petite Ninja a même très peu à envier à ses grandes sœurs.

> **LE SURPLUS DE CUBAGE REPRÉSENTE L'UN DES ASPECTS LES PLUS INTÉRESSANTS DE LA NOUVELLE NINJA 300.**

La puissance produite par le Twin parallèle de la Ninja 300 s'avère plus que suffisante pour suivre une circulation automobile sans le moindre problème. On s'étonne même d'arriver à circuler normalement sans avoir recours à des tours très hauts et en se limitant aux régimes bas et moyens, ce qui est assez surprenant pour une aussi petite cylindrée. Non seulement les vitesses d'autoroutes sont atteintes et maintenues très facilement, mais les dépassements sont aussi accomplis sans trop d'efforts. Avec un peu de patience, la Ninja mettra même dans l'illégalité un pilote bien caché derrière le pare-brise en passant les 160 km/h.

La qualité de la tenue de route de la plus petite des Ninja constitue une autre de ses caractéristiques les plus intéressantes. Très légère de direction, solidement construite, donc stable et précise en virage, la 300 est un petit délice à lancer en courbe et propose un comportement très représentatif de celui qu'offrent les modèles de plus grosse cylindrée. Un excellent système ABS est livré en option et nous le recommandons fortement.

L'un des plus importants aspects de ces motos est évidemment leur accessibilité et à ce chapitre, la petite Kawasaki est irréprochable. La masse faible, le centre de gravité bas et la selle basse permettent à la moto d'être facilement soulevée de sa béquille par n'importe quel novice. L'arrivée très docile de la puissance, les freins pas trop abrupts, la transmission fonctionnant parfaitement, le très faible effort à l'embrayage et la position de conduite relevée sont autant de caractéristiques qui se combinent pour faire du modèle l'un des meilleurs outils d'apprentissage qui soient.

**AUCUNE AUTRE SPORTIVE DE PETITE CYLINDRÉE NE TROMPE L'ŒIL AUSSI BIEN QUE LA NINJA 300 LORSQU'IL S'AGIT DE JOUER LES « GRANDES », ET CE, AUTANT EN TERMES DE PROPORTIONS QUE DE STYLE AGRESSIF.**

Durant le lancement de presse de la nouvelle Ninja 300, l'auteur se faufile sur l'une des magnifiques routes de la région de Healdsburg, en Californie, en route vers le lac Sonoma. Le crédit photo revient à Kevin Wing.

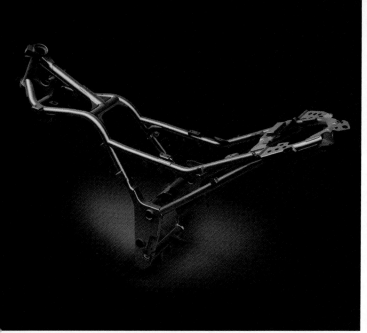

## Embrayage avec engagement assisté et limiteur de contre-couple

**Fonction d'assistance
d'engagement**

**Fonction de limiteur
de contre-couple**

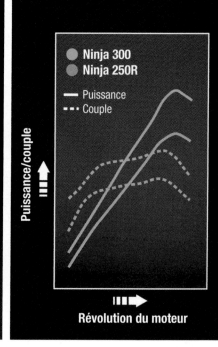

Ninja 300
Ninja 250R

— Puissance
---- Couple

**Puissance/couple**

**Révolution du moteur**

KAWASAKI NINJA 300

## SIMILAIRE, MAIS...

Bien qu'il ressemble au cadre de la version précédente, celui de la Ninja 300 est plus gros et résiste mieux à la torsion. Il accueille le nouveau Twin parallèle de 296 cc avec des supports souples à l'avant afin de réduire les vibrations. Le moteur n'est plus alimenté par carburateurs, mais plutôt par un système d'injection. La présence d'un enrichisseur n'est donc plus nécessaire. Il produit une puissance et un couple dont les valeurs surpassent aisément celles de la 250R précédente. L'un des aspects mécaniques les plus intéressants de la Ninja 300 est son embrayage à double action. Grâce à des dents coupées selon un biseau bien précis, son engagement s'affaiblit en décélération, mais se voit renforcé en accélération. Le résultat est une action très similaire à celle d'un embrayage avec limiteur de contre-couple en décélération, puisque le blocage de la roue arrière est prévenu lors de freinages intenses. D'un autre côté, lorsque les gaz sont ouverts, les plaquettes de l'embrayage sont davantage compressées entre elles, offrant un engagement franc lorsque le levier est relâché. Au niveau de la partie cycle, la roue arrière gagne suffisamment en largeur pour pouvoir accepter un pneu de 140 mm au lieu de 130 mm. En plus de contribuer à la qualité de la tenue de route, il s'agit d'une caractéristique qui permet un choix de pneus de remplacement plus large. Enfin, le système ABS est l'un des plus compacts et légers sur le marché.

## QUOI DE NEUF EN 2013 ? +

Nouveau modèle

Coûte 300 $ de plus que la Ninja 250R 2012

## PAS MAL ▲

Un niveau d'accessibilité extraordinaire qui fait de la petite Ninja un outil d'apprentissage à la fois particulièrement approprié et amusant

Un comportement routier dont l'authenticité sportive est évidente; la Ninja 300 propose un véritable avant-goût de la tenue de route d'une sportive plus puissante

Un surplus de cylindrée d'environ 50 cc qui constitue l'un des plus forts arguments du modèle, les autres étant sa très jolie ligne et la grande valeur de l'ensemble

## BOF ▼

Un niveau de performances amusant et approprié compte tenu de la mission d'initiation du modèle, mais que même un débutant exploitera pleinement presque tout de suite; même avec les meilleures prestations de cette version de 300 cc, on doit toujours rester conscient de ce fait, surtout si l'on n'achète pas le modèle pour s'initier au monde sportif, mais plutôt juste parce qu'il est économique

Un problème récurrent chez toutes ces petites cylindrées qui n'arrivent souvent à distraire les acheteurs que sur une période relativement courte; la revente et le rachat d'un autre modèle arrivent donc parfois plus vite qu'on l'anticipe, mais il s'agit du prix à payer pour une entrée progressive dans le monde des sportives

Heu...

## CONCLUSION

Les modèles de ce genre rendent la critique très difficile. À peine plus chère que la version précédente qui était déjà fort populaire, mais armée d'un agrément de conduite nettement plus élevé grâce à cette mécanique plus grosse, retravaillée et maintenant injectée, la petite Ninja ne fait en réalité aucun faux pas. Sa finition est impeccable, ses performances ont suffisamment progressé pour permettre à un pilote novice de la garder un peu plus longtemps avant de s'en lasser et sa partie cycle est assez solide et précise pour forcer un motocycliste expérimenté à avouer qu'il s'est franchement amusé à ses commandes. En plus, un excellent système ABS est désormais offert pour une somme raisonnable. En fait, soyons francs, nous n'avons rien du tout à reprocher à cette petite Ninja.

Ninja 300

---

**171** km/h
Vitesse de pointe

**14,4** s à **143** km/h
Accélération sur 1/4 mille

| Novice | Intermédiaire | Expert |

Indice d'expertise ▲          Rapport valeur/prix ▼

1  2  3  4  5      6      7      8      9      10

Voir légende en page 18

## GÉNÉRAL

| | |
|---|---|
| Catégorie | Routière Sportive |
| Prix | Ninja 300 : 5 299 $ (ABS : 5 799 $)<br>Ninja 300 SE : 5 499 $ (ABS : 5 999 $) |
| Immatriculation 2013 | 351,25 $ |
| Catégorisation SAAQ 2013 | « régulière » |
| Évolution récente | introduite en 1987, revue en 1988, en 2000, en 2008 et en 2013 |
| Garantie | 1 an/kilométrage illimité |
| Couleur(s) | Ninja 300 : rouge, noir (ABS : noir)<br>Ninja 300 SE : vert (ABS : noir et gris) |
| Concurrence | Honda CBR250R |

## MOTEUR

| | |
|---|---|
| Type | bicylindre parallèle 4-temps, DACT, 4 soupapes par cylindre, refroidissement par liquide |
| Alimentation | injection à 2 corps de 32 mm |
| Rapport volumétrique | 10,6:1 |
| Cylindrée | 296 cc |
| Alésage et course | 62 mm x 49 mm |
| Puissance | 38,5 ch @ 11 000 tr/min |
| Couple | 19,9 lb-pi @ 10 000 tr/min |
| Boîte de vitesses | 6 rapports |
| Transmission finale | par chaîne |
| Révolution à 100 km/h | environ 7 000 tr/min |
| Consommation moyenne | 4,3 l/100 km |
| Autonomie moyenne | 395 km |

## PARTIE CYCLE

| | |
|---|---|
| Type de cadre | épine dorsale, en acier |
| Suspension avant | fourche conventionnelle de 37 mm non ajustable |
| Suspension arrière | monoamortisseur ajustable en précharge |
| Freinage avant | 1 disque « à pétales » de 290 mm de Ø avec étrier à 2 pistons (et ABS) |
| Freinage arrière | 1 disque « à pétales » de 220 mm de Ø avec étrier à 2 pistons (et ABS) |
| Pneus avant/arrière | 110/70-17 & 140/70-17 |
| Empattement | 1 405 mm |
| Hauteur de selle | 785 mm |
| Poids tous pleins faits | 172 kg (ABS : 174 kg) |
| Réservoir de carburant | 17 litres |

*MÉLANGÉE...* L'une des plus fortes tendances pouvant être observées actuellement chez les nouveautés est reliée à des montures moins extrêmes, mais plus utiles et pratiques. Au cœur de ce mouvement se trouve une catégorie toute jeune que nous avons baptisée crossover et à laquelle la Versys 1000 appartient, tout comme les Ducati Multistrada et KTM Supermoto T. Lancée l'an dernier, la Versys 1000 se veut en principe la grande sœur de la Versys 650, mais dans les faits, les deux modèles ne partagent rien de plus qu'un lien de famille esthétique et une philosophie multi-usage similaire. Étonnamment bien équipée en termes d'aides électroniques au pilotage avec son super ABS, son contrôle de traction à trois niveaux et ses deux modes de puissance, la grosse Versys est animée par le seul 4-cylindres de la catégorie. Celui-ci est dérivé de la mécanique du duo Ninja 1000/Z1000.

En observant l'air un peu étrange du carénage de la Versys 1000, en constatant à quel point elle est haute, en réalisant que la plupart des autres montures de ce type sont animées par un V-Twin et non par un large 4-cylindres en ligne, puis en remarquant les selles presque surdimensionnées réservées au pilote comme au passager, une seule question vient à l'esprit : mais à quoi sert cette chose ? Question à laquelle même un essai ne répond pas entièrement...

Compte tenu de la catégorie à laquelle elle appartient, il serait injuste de se montrer très étonné de l'identité floue que renvoie la Versys 1000. En effet, le but même de la classe crossover étant de mélanger les genres, il est finalement normal que des caractéristiques provenant de diverses catégories soient constatées à ses commandes.

En termes de proportions, la Versys n'a rien de chétif. Offrant une hauteur de selle qui fera pointer des pieds même des pilotes assez grands, nettement plus large entre les jambes qu'une machine semblable propulsée par un étroit V-Twin et assez lourde et haute pour demander une attention particulière à l'arrêt, on pourrait presque la qualifier d'imposante. Toutefois, après l'avoir enjambée et s'être mis en mouvement, la Kawasaki se transforme en un charmant exemple de polyvalence. L'on y est assis bien droit sans jamais se sentir coincé et selon une posture située quelque part entre celle d'une aventurière comme la R1200GS et celle d'une standard comme la Z1000. Comme l'on se sent installé de manière très naturelle, que la selle est excellente tant pour le pilote que le passage, que la protection au vent est très correcte et que les suspensions font

preuve d'une belle souplesse sur chaussée dégradée, on ne tarde pas à comprendre que la Versys 1000 est une compagne particulièrement appropriée en mode longue distance ou tourisme. Des valises rigides sont d'ailleurs offertes en équipement optionnel.

Le fait que la partie cycle est basée de près sur celle du duo Ninja 1000/Z1000 devient évident dès que la Versys est lancée en courbe. La tenue de route est même excellente. Doté d'une direction légère et précise, agréablement solide en virage et toujours très stable, le modèle se montre particulièrement plaisant sur un tracé sinueux où il danse sans effort au rythme des courbes et sans jamais se plaindre si le pilote augmente la cadence. À ce chapitre, les suspensions sont impressionnantes, puisqu'elles arrivent à la fois à offrir confort et contrôle. Toutefois, leur grand débattement ne sert à rien, car la Versys 1000 est une pure routière sans aucune prétention hors-route.

> **MÊME APRÈS L'AVOIR ROULÉE, L'ON CONTINUE DE SE POSER LA MÊME QUESTION À PROPOS DE LA VERSYS 1000 : À QUOI SERT-ELLE ?**

Tout comme c'est le cas avec la partie cycle, le 4-cylindres provient aussi des Ninja 1000/Z1000. Les performances ne sont toutefois pas du même ordre, la Versys produisant une bonne vingtaine de chevaux en moins. Cela dit, en selle, on ne se plaint de rien, si ce n'est de vibrations parfois un peu trop présentes. Le couple à bas et moyen régimes est généreux et l'accélération s'intensifie ensuite jusqu'à un amusant punch à l'approche de la zone rouge. La puissance est suffisante pour envoyer l'avant en l'air sur les premier et second rapports, ce qui n'a rien de banal. Le système anti-wheelie ramène éventuellement le tout au sol, mais pas de façon abrupte ou trop hâtive.

Voir légende en page 18

## QUOI DE NEUF EN 2013 ?  +

Aucun changement

Aucune augmentation

## PAS MAL  ▲

Une polyvalence impressionnante permettant à la Versys 1000 de passer de routière à touriste à sportive sans préavis et avec une grande crédibilité dans chaque cas

Une mécanique amplement puissante pour s'amuser en plus d'être agréablement coupleuse et mariée à des aides électroniques transparentes et efficaces

Une tenue de route remarquable, peu importe l'état de la chaussée, qui fait un peu de la Versys 1000 une Ninja 1000 « toutes routes et toutes conditions »

Un excellent niveau de confort amené par une position naturelle et dégagée, par de bonnes selles, par une bonne protection au vent et par des suspensions souples

## BOF  ▼

Une mission exacte difficile à définir et qui pourrait être l'un des obstacles principaux pour les intéressés; la ligne un peu étrange et le mélange de pièces de diverses origines n'aident en rien cet aspect du modèle

Un moteur qui vibre un peu trop, bien que pas excessivement; par ailleurs, pourquoi ne pas avoir gardé toute la puissance de la Ninja 1000 ?

Un niveau finition qui mériterait d'être plus élevée à certains égards et quelques matériaux qui pourraient être mieux choisis

Une hauteur de selle considérable qui fait pointer des pieds même des pilotes grands et qui n'est pas vraiment justifiée, puisque le modèle n'a aucune prétention hors-route

## CONCLUSION

La Versys 1000 offre une liste de caractéristiques franchement impressionnante allant d'une excellente mécanique à un superbe comportement en passant par un niveau de confort élevé, sans oublier des aides électroniques au pilotage efficaces et transparentes livrées en équipement de série, dont l'ABS. Mais la mission exacte et la véritable identité du modèle, elles, restent floues. On dirait que Kawasaki s'est assuré de lui donner chacune de ces qualités en se disant que le résultat serait ce qu'il serait, avec le résultat qu'on se demande si elle est un mélange, ou juste mélangée... Pour être comprise de la part d'acheteurs éventuels, la Versys 1000 doit être considérée comme une moto à tout faire dont la base mécanique et les manières sont surtout celles d'une routière. Assis bien droit, installé confortablement, le gros 4-cylindres en ligne sifflant sous le réservoir, on se sent aux commandes d'une moto destinée d'abord à la route, mais quand même pratique au jour le jour qui peut se montrer amusante si on le lui demande. Le tout précisément dans cet ordre.

## GÉNÉRAL

| | |
|---|---|
| Catégorie | Routière Crossover |
| Prix | 13 999 $ |
| Immatriculation 2013 | 557,53 $ |
| Catégorisation SAAQ 2013 | « régulière » |
| Évolution récente | introduite en 2012 |
| Garantie | 1 an/kilométrage illimité |
| Couleur(s) | orange et noir |
| Concurrence | Ducati Multistrada, KTM 990 Supermoto T, Suzuki V-Strom 1000 |

## MOTEUR

| | |
|---|---|
| Type | 4-cylindres en ligne 4-temps, DACT, 4 soupapes par cylindre, refroidissement par liquide |
| Alimentation | injection à 4 corps de 38 mm |
| Rapport volumétrique | 10,3:1 |
| Cylindrée | 1 043 cc |
| Alésage et course | 77 mm x 56 mm |
| Puissance | 116 ch @ 9 000 tr/min |
| Couple | 75,2 lb-pi @ 7 700 tr/min |
| Boîte de vitesses | 6 rapports |
| Transmission finale | par chaîne |
| Révolution à 100 km/h | environ 3 800 tr/min |
| Consommation moyenne | 5,8 l/100 km |
| Autonomie moyenne | 362 km |

## PARTIE CYCLE

| | |
|---|---|
| Type de cadre | périmétrique, en aluminium |
| Suspension avant | fourche inversée de 43 mm ajustable en précharge et détente |
| Suspension arrière | monoamortisseur ajustable en précharge et détente |
| Freinage avant | 2 disques « à pétales » de 300 mm de Ø avec étriers à 4 pistons et ABS |
| Freinage arrière | 1 disque « à pétales » de 250 mm de Ø avec étrier à 1 piston et ABS |
| Pneus avant/arrière | 120/70 ZR17 & 180/55 ZR17 |
| Empattement | 1 520 mm |
| Hauteur de selle | 845 mm |
| Poids tous pleins faits | 239 kg |
| Réservoir de carburant | 21 litres |

**À CONTRE-COURANT...** Ce modèle dont le nom proviendrait de l'abréviation des termes Versatile et System représente un genre de réplique à la spécialisation aiguë qui façonne le monde de la moto depuis maintenant plusieurs décennies. Présentée en 2007, puis légèrement revue en 2010, elle répondait à une question que personne n'avait posée en ce sens que nul n'avait encore demandé, à cette époque, que la moto se « déspécialise ». Or, aujourd'hui, cette déspécialisation, cette démocratisation de la moto représentent une direction que presque tous les constructeurs envisagent très sérieusement dans le but de renouveler leur vieillissante clientèle. Genre de collage des meilleurs éléments de plusieurs types de motos, la Versys est construite autour d'un cadre et d'un moteur dérivés de ceux de la Ninja 650R 2011. Il ne s'agit pas d'une aventurière, mais d'une crossover.

Associée au style aventure en raison de sa position de conduite relevée d'inspiration hors-route, offrant une protection au vent similaire à celle d'une sportive semi-carénée, faisant appel à des suspensions à long débattement et retenant une partie cycle de nature décidément sportive, la Versys représente bel et bien un mélange de genres multiples. Elle pourrait, de façon tout à fait justifiée, être considérée comme une routière sportive munie des suspensions d'une aventurière ou encore comme une aventurière équipée de roues, de pneus et de freins provenant d'une routière sportive.

En raison de sa hauteur de selle relativement importante, la Versys 650 perche son pilote assez haut au-dessus du sol, tandis que sa position de conduite est un mélange des postures dictées par une sportive pour le bas du corps et par une routière aventurière pour le haut du corps. Si, à ses commandes, la première impression ressentie en est une de confusion légère, on s'habitue en revanche assez vite et sans problème à cette façon d'être installé aux commandes d'une moto. Il est néanmoins plus difficile de s'adapter à la selle qui s'avère décente pour des sorties de courte ou moyenne durée, mais qui devient inconfortable sur long trajet. Il s'agit d'une caractéristique du modèle qui est difficile à comprendre, puisque l'un des buts premiers d'une moto ainsi conçue devrait justement être d'offrir un niveau de confort suffisant pour envisager de longues distances.

Dans le même ordre d'idées, contrairement à ce que laissent présager les longs débattements des suspensions, celles-ci sont ajustées plutôt fermement,

comme elles le seraient sur une sportive. Il s'agit d'une caractéristique qui, lorsqu'elle est combinée avec l'excellente partie cycle, permet à la Versys d'offrir une tenue de route d'un calibre étonnement élevé. L'effort requis pour la placer en angle est presque nul en raison du large guidon et la moto encaisse sans broncher un rythme soutenu sur une route sinueuse. Mais cette grande légèreté de direction est aussi à l'origine d'une occasionnelle instabilité découlant des moindres mouvements du pilote. Un réglage plus souple des suspensions semblerait plus approprié pour la Versys, puisqu'il favoriserait le confort sur mauvais revêtement sans enlever quoi que ce soit à la qualité de la tenue de route. Un tel compromis au niveau des suspensions est tout à fait réalisable, puisqu'il est déjà offert par nombre de motos, bien qu'il soit vrai qu'on le retrouve généralement sur des modèles nettement plus coûteux que celui-ci. Quant à l'ABS, il manque encore et toujours à l'appel.

Très similaire à l'excellent petit Twin parallèle qui animait la Ninja 650R 2011, mais ajusté pour produire plus de couple, plus tôt dans sa plage de régimes, le moteur de la Versys est un petit bijou. Sa souplesse est exemplaire compte tenu de sa cylindrée relativement faible – il accélère proprement en sixième dès 2 000 tr/min – et ses performances sont étonnamment satisfaisantes même si elles ne sont bien évidemment pas très élevées. Il vibrait un peu trop sur la version 2007-2009, mais depuis 2010, Kawasaki a ajouté des supports-moteur en caoutchouc et a modifié les repose-pieds pour justement réduire l'importance de ces vibrations et améliorer le confort.

> **L'EFFORT REQUIS POUR LA PLACER EN ANGLE EST QUASI NUL ET ELLE ENCAISSE SANS BRONCHER UN RYTHME FORT SUR UNE ROUTE SINUEUSE.**

Voir légende en page 18

## QUOI DE NEUF EN 2013 ? +

Aucun changement

Aucune augmentation

## PAS MAL ▲

Une partie cycle dont la précision et la grande légèreté de direction permettent à la Versys d'offrir un comportement routier décidément relevé; elle aime se retrouver inclinée et ne craint pas un rythme carrément sportif

Un charmant petit Twin parallèle qui semble plus souple qu'un moteur de cette cylindrée ne devrait normalement pouvoir l'être

Une position de conduite un peu particulière, mais à laquelle on s'habitue vite et qui donne un grand niveau de contrôle sur la moto

## BOF ▼

Une selle non seulement haute, mais aussi inconfortable sur long trajet en raison de sa forme peu naturelle

Des suspensions qui devraient bénéficier de leur long débattement afin d'être souples, mais qui sont plutôt ajustées de manière assez ferme; cela enlève l'avantage d'avoir de tels débattements et fait simplement de la Versys une moto haute

Une direction qui est légère au point d'être nerveuse si le pilote ne porte pas une attention particulière aux impulsions qu'il envoie dans le guidon par ses mouvements

Un système ABS qui n'est toujours pas offert

Un concept prometteur, mais qui ne semble pas tout à fait arrivé à maturité

## CONCLUSION

L'une des toutes premières motos catégorisées de routière crossover par *Le Guide de la Moto* fut la Versys 650. Le modèle se veut un genre de réinterprétation moderne de la moto à tout faire dans lequel l'influence de la catégorie aventurière est prédominante, sans toutefois qu'il s'agisse d'une aventurière. Nous sommes depuis longtemps d'avis que ce type de motos a le potentiel d'être révolutionnaire. D'ailleurs, de plus en plus de constructeurs misent actuellement sur ce créneau, notamment Honda avec sa NC700X – qui demeure la seule rivale directe de la Versys – et Ducati avec sa Multistrada, sans parler d'une autre Kawasaki, la Versys 1000. Malgré tout son potentiel, il semble néanmoins que la Versys ne soit pas encore tout à fait arrivée à maturité. Il ne lui faudrait cependant que quelques ajustements ici et là pour que la formidable machine à usages multiples qui dort en elle soit libérée.

## GÉNÉRAL

| | |
|---|---|
| Catégorie | Routière Crossover |
| Prix | 8 699 $ |
| Immatriculation 2013 | 557,53 $ |
| Catégorisation SAAQ 2013 | « régulière » |
| Évolution récente | introduite en 2007, revue en 2010 |
| Garantie | 1 an/kilométrage illimité |
| Couleur(s) | magnésium |
| Concurrence | Honda NC700X |

## MOTEUR

| | |
|---|---|
| Type | bicylindre parallèle 4-temps, DACT, 4 soupapes par cylindre, refroidissement par liquide |
| Alimentation | injection à 2 corps de 38 mm |
| Rapport volumétrique | 10,6:1 |
| Cylindrée | 649 cc |
| Alésage et course | 83 mm x 60 mm |
| Puissance | 64 ch @ 8 000 tr/min |
| Couple | 45 lb-pi @ 6 800 tr/min |
| Boîte de vitesses | 6 rapports |
| Transmission finale | par chaîne |
| Révolution à 100 km/h | environ 4 500 tr/min |
| Consommation moyenne | 4,9 l/100 km |
| Autonomie moyenne | 387 km |

## PARTIE CYCLE

| | |
|---|---|
| Type de cadre | treillis tubulaire, en acier |
| Suspension avant | fourche inversée de 41 mm ajustable en précharge et détente |
| Suspension arrière | monoamortisseur ajustable en précharge et détente |
| Freinage avant | 2 disques « à pétales » de 300 mm de Ø avec étriers à 2 pistons |
| Freinage arrière | 1 disque « à pétales » de 220 mm de Ø avec étrier à 1 piston |
| Pneus avant/arrière | 120/70 ZR17 & 160/60 ZR17 |
| Empattement | 1 415 mm |
| Hauteur de selle | 845 mm |
| Poids tous pleins faits | 206 kg |
| Réservoir de carburant | 19 litres |

Vulcan 1700 Vaquero SE

***ÉPOQUE DORÉE...*** Les customs de gros cubage, celles qui sont à la fois les plus désirables et les plus chères, n'ont pas souvent évolué. Chez Kawasaki, la plus importante de ces évolutions est assez récente, puisqu'elle remonte à 2009 lorsque la base tout entière de la plateforme fut repensée. Trois modèles dérivés de cette base sont offerts. La Classic incarne la custom de style traditionnel, c'est-à-dire façon H-D Fat Boy ou Softail Deluxe, tandis que la Nomad prend le rôle non moins classique de la monture de tourisme léger à la Road King. Quant à la Vaquero, elle pousse le thème du tourisme un peu plus loin, comme le fait la Street Glide dans le catalogue de Milwaukee. Seule cette dernière est offerte avec le système de freinage ABS K-ACT de la Voyager. Notons que le V-Twin de la Nomad et de la Vaquero est calibré de manière légèrement différente de celui de la Classic.

La notion d'évolution chez les custom n'est pas évidente, puisque les styles changent peu et que les acheteurs n'exigent pas que l'aspect mécanique soit extraordinairement poussé. Il devient donc difficile, pour le consommateur, de distinguer les produits récents et avancés de ceux qui sont moins intéressants.

Dans le cas de ces modèles Kawasaki, on a affaire à des customs haut de gamme dont la conception a non seulement été récemment complètement repensée, mais dont le degré de technologie est aussi impressionnant, des critères qui les placent parmi les machines les plus désirables en leur genre.

Bien que la plateforme des modèles ait été élaborée selon une approche très classique du genre custom, elle offre tout ce à quoi l'on s'attend de ce genre de moto. Visuellement, chaque pièce est modelée dans le but de former un ensemble cohérent et élégant qui est d'ailleurs nettement réussi en termes d'image générale et d'attention aux détails. Stylistiquement, les Vulcan 1700 Classic et Nomad n'amènent aucune révolution, pour ne pas dire qu'elles sont carrément prévisibles, mais elles restent quand même très jolies. Quant au thème « bolide des années 60 » de la Vaquero, il est certes original, mais l'effet général n'a pas l'élégance classique d'une Street Glide.

Une fois en selle, on se retrouve dans tous les cas en terrain connu. Les dimensions sont imposantes, mais sans qu'elles soient exagérées, comme sur la défunte et éléphantesque Vulcan 2000. En fait, la masse considérable et les proportions généreuses sont même plutôt agréables.

> **IL S'AGIT DE CUSTOMS HAUT DE GAMME DE CONCEPTION RÉCENTE ET DONT LE DEGRÉ DE TECHNOLOGIE EST AGRÉABLEMENT AVANCÉ.**

Comme on s'y attend aujourd'hui sur une custom bien conçue, toute cette masse disparaît aussitôt que les roues sont en mouvement. Même la direction se montre très légère, et ce, qu'on exécute une manœuvre dans un stationnement ou qu'on défile le long d'une route qui serpente doucement. Les Vulcan 1700 ne sont évidemment pas des machines de circuit, mais la solidité et la précision qui caractérisent leur comportement sont décidément invitantes. Malgré leur souplesse étonnante et plaisante, les suspensions demeurent tout à fait posées lorsque la route n'est plus droite. Les freins travaillent exactement comme on s'y attend sur ce genre de motos en permettant des ralentissements sûrs et faciles à maîtriser. Quant au système K-TRC ABS qui équipe en option la Vaquero, on aimerait non seulement le retrouver sur les autres modèles, mais aussi que son coût soit moins élevé.

Émettant une sonorité peut-être pas exactement Harleyesque, mais non moins plaisante, puisque profonde et feutrée, le gros V-Twin qui anime les Vulcan 1700 est une pure joie à solliciter. Il vrombit juste assez pour que l'on n'oublie jamais sa présence et sa nature. Gorgé de couple dès le ralenti, il se montre amplement puissant pour propulser pilote, moto et, le cas échéant, passager et bagages avec suffisamment de force pour qu'on ne se plaigne jamais de manquer de quoi que ce soit. Une fois la vitesse de croisière sur l'autoroute atteinte, la sixième vitesse fait tomber les tours jusqu'à un régime si bas qu'on se sent tout entier traversé d'un doux mais puissant tremblement. En matière de custom poids lourd, on trouve peu de mécaniques plus caractérielles et satisfaisantes que celles-là.

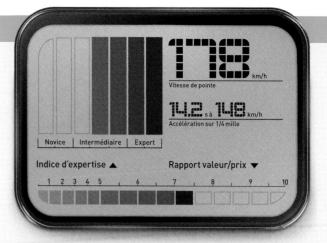

**178** km/h
Vitesse de pointe

**14,2** à **148** km/h
Accélération sur 1/4 mille

| Novice | Intermédiaire | Expert |
|---|---|---|

Indice d'expertise ▲          Rapport valeur/prix ▼

1  2  3  4  5      6      7      8      9      10

Voir légende en page 18

## QUOI DE NEUF EN 2013 ? +

Finition spéciale de la Vaquero (SE) offerte moyennant un surplus de 400 $

Aucune augmentation

## PAS MAL ▲

Un gros V-Twin franchement réussi; il est très coupleux, gronde d'une belle façon et se montre doux quand il le faut, et présent quand il le faut

Une partie cycle très sérieusement bâtie qui est responsable d'un comportement très invitant sur la route, puisque solide, précis et léger

Un prix presque inespéré pour la Classic qui est une aubaine

Des lignes classiques aussi élégantes que soignées

## BOF ▼

Une masse importante dans tous les cas; les intéressés devront posséder un minimum d'expérience pour arriver à gérer les situations serrées et lentes

Un pare-brise (Nomad) et un carénage (Vaquero) qui remplissent bien leur rôle en ce qui a trait à procurer une protection face aux éléments, mais qui génèrent encore et toujours une certaine turbulence au niveau du casque, à vitesse d'autoroute

Des différences de prix illogiques : l'écart entre la Classic et les autres devrait être bien moins grand

Un système ABS cher et uniquement offert sur la Vaquero

Un côté esthétique tantôt prévisible, dans le cas des tout de même élégantes Nomad et Classic, et tantôt quelque peu étrange, dans le cas de la Vaquero et de son thème « bolide des années 60 »

## CONCLUSION

Après de nombreuses années à rouler ce type de motos, la clientèle traditionnelle du créneau custom est aujourd'hui mature, exigeante et connaissante. Et elle est aussi moins grande qu'il y a quelques années. Les constructeurs souhaitant continuer d'avoir du succès avec ce genre de montures se doivent donc d'offrir des produits plus raffinés et plus attrayants que jamais, une description qui définit très bien chacune de ces Vulcan 1700. En fait, leur comportement est si invitant et le rendement de leur mécanique si raffiné qu'elles doivent être considérées comme des customs haut de gamme. Leur facture assez élevée le reflète d'ailleurs, du moins à l'exception de celle de la Classic qui est une aubaine.

Vulcan 1700 Nomad

Vulcan 1700 Classic

## GÉNÉRAL

| | |
|---|---|
| Catégorie | Custom/Tourisme léger |
| Prix | Vulcan 1700 Classic : 12 999 $<br>Vulcan 1700 Nomad : 17 899 $<br>Vulcan 1700 Vaquero : 19 199 $<br>Vulcan 1700 Vaquero SE : 19 599 $<br>Vulcan 1700 Vaquero ABS : 20 299 $ |
| Immatriculation 2013 | 557,53 $ |
| Catégorisation SAAQ 2013 | « régulière » |
| Évolution récente | Vulcan 1500 introduite en 1996, 1600 en 2003, 1700 Classic et Nomad en 2009, Vaquero en 2011 |
| Garantie | C : 1 an; N : 2 ans; V : 3 ans/kilom. illimité |
| Couleur(s) | C : gris; N : titane; V : noir; V-SE : orange |
| Concurrence | C : H-D Fat Boy, Victory Boardwalk, Yamaha Road Star<br>N : H-D Road King, Victory Cross Roads, Yamaha Road Star Silverado<br>V : H-D Street Glide, Victory Cross Country |

## MOTEUR

| | |
|---|---|
| Type | bicylindre 4-temps en V à 52 degrés, SACT, 4 soupapes par cylindre, refroidissement par liquide |
| Alimentation | injection à 2 corps de 42 mm |
| Rapport volumétrique | 9,5:1 |
| Cylindrée | 1 699,6 cc |
| Alésage et course | 102 mm x 104 mm |
| Puissance | C : 79 ch @ 4 500 tr/min<br>N, V : 82 ch @ 5 000 tr/min |
| Couple | C : 108,4 lb-pi @ 2 250 tr/min<br>N, V : 107,7 lb-pi @ 2 750 tr/min |
| Boîte de vitesses | 6 rapports |
| Transmission finale | par courroie |
| Révolution à 100 km/h | environ 2 200 tr/min |
| Consommation moyenne | 6,6 l/100 km |
| Autonomie moyenne | 303 km |

## PARTIE CYCLE

| | |
|---|---|
| Type de cadre | double berceau, en acier |
| Suspension avant | fourche conventionnelle de 43 mm (Vaquero : 45 mm) non ajustable |
| Suspension arrière | 2 amortisseurs ajustables en précharge et détente |
| Freinage avant | 2 disques de 300 mm de Ø avec étriers à 4 pistons (V : ABS opt.) |
| Freinage arrière | 1 disque de 300 mm de Ø avec étrier à 2 pistons (V : ABS opt.) |
| Pneus avant/arrière | 130/90 B16 & 170/70 B16 |
| Empattement | 1 665 mm |
| Hauteur de selle | C : 720 mm; N : 750 mm; V : 730 mm |
| Poids tous pleins faits | C : 345 kg; N : 373 kg; V : 379 kg |
| Réservoir de carburant | 20 litres |

Vulcan 900 Custom SE

***BONNE MOYENNE...*** La classe des customs métriques de format moyen a traditionnellement été peuplée de modèles de 650, 750 ou 800 cc, du moins jusqu'à ce que Kawasaki bouleverse l'ordre des choses en 2006 en remplaçant sa Vulcan 800 par une 900. Lorsque Yamaha emboîta le pas peu après avec sa V-Star de 950 cc, il devint clair que la catégorie avait définitivement changé. L'un des aspects les plus intéressants de ces «grosses moyennes cylindrées» est que l'avantage de cubage qu'elles offrent ne fait pas trop grimper la facture. Proposant une finition particulièrement soignée, la famille des Vulcan 900 est composée de trois variantes. La Classic se veut la custom aux lignes traditionnelles, tandis la variante LT en est la version de tourisme léger équipée des habituels pare-brise, sacoches et dossier. Quant à la Custom, elle affiche un style plus jeune d'inspiration Dark Custom.

La raison d'être des customs de cylindrée moyenne a toujours été d'offrir aux amateurs de ce type de motos un équivalent moins onéreux des convoités modèles de fort cubage. Par ailleurs, leur côté accessible, notamment amené par une masse considérablement plus faible, a toujours fait partie de leurs caractéristiques les plus intéressantes, tout comme leurs bas prix. Mais ces bas prix étaient aussi responsables de l'aspect le moins appréciable des modèles, soit des mécaniques aux performances restreintes, une finition moyenne et des pièces bon marché. Tout cela changea dès l'instant où Kawasaki lança sa Vulcan 900 Classic en 2006. Soudainement, pour un déboursé similaire à celui des modèles traditionnels, on obtenait plus de cubage, une finition plus soignée, des composantes plus désirables et, finalement, une moto de meilleure qualité et plus intéressante à piloter.

Parce que la Vulcan 900 possède une mécanique plus grosse que celle de modèles rivaux de 750 ou 800 cc, on pense parfois que ses performances sont largement supérieures. Cela ne reflète pas nécessairement la réalité, puisque les accélérations du V-Twin de 903 cc ne peuvent pas vraiment être qualifiées d'excitantes. Elles s'avèrent toutefois satisfaisantes et décidément plus intéressantes que celles des cylindrées plus faibles. Cette différence de performance peut ne pas paraître très importante, mais dans cette classe où l'agrément de conduite est toujours restreint par la cylindrée, le cubage supérieur des Vulcan 900 est l'un de leurs plus grands atouts. Elles se montrent ainsi plus puissantes à tous les régimes, à toutes les vitesses et dans

toutes les situations que les plus petits modèles. Les accélérations sont plus plaisantes, les dépassements plus francs et le maintien d'une vitesse de croisière raisonnable sur l'autoroute plus aisé.

La transmission n'attire aucune critique, pas plus que l'injection ou l'entraînement final par courroie, d'ailleurs. En fait, mécaniquement, tout semble léger et précis, du relâchement de l'embrayage jusqu'au changement des vitesses en passant par le travail des freins qui se montrent toujours à la hauteur de la situation. L'ABS n'est malheureusement pas offert.

Les proportions de ces Vulcan sont plus généreuses que celles des plus petites cylindrées de même catégorie et se rapprochent beaucoup de celles des modèles de cylindrée supérieure, soit ceux de la classe des 1300.

Grâce à une répartition judicieuse de leur masse et à une hauteur de selle faible, elles démontrent une bonne facilité de prise en main, ce qui les rend parfaitement envisageables pour une clientèle novice ou moyennement expérimentée.

Malgré leur poids considérable, elles s'allègent dès qu'elles sont en mouvement, se montrent agréablement légères en amorce de virage et plutôt solides lorsqu'elles s'inclinent. Le pilote bénéficie d'une position de conduite dégagée et équilibrée, mais la selle ne reste confortable que sur des distances moyennes. La suspension arrière peut se montrer sèche à l'occasion si l'état de la route se dégrade, une caractéristique qui n'est d'ailleurs pas rare chez les customs. Enfin, la version LT est un peu plus pratique, mais son grand pare-brise crée de la turbulence au niveau du casque.

**LES PROPORTIONS SONT ASSEZ PROCHES DE CELLES DES MODÈLES DE 1 300 CC, MAIS L'ACCESSIBILITÉ EST SUPÉRIEURE.**

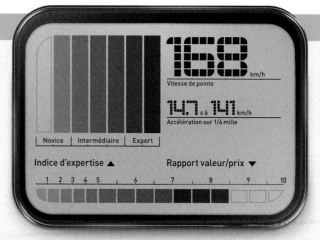

Voir légende en page 18

## QUOI DE NEUF EN 2013 ?                                    +

Version Custom de base n'est plus offerte

Aucune augmentation

## PAS MAL                                                   ▲

Une mécanique douce et relativement puissante qui exploite très bien l'avantage de cylindrée qu'elle offre par rapport aux 750 et 800 rivales; seule la Yamaha V-Star 950 fait aussi bien à ce chapitre

Un châssis sain et une facilité de prise en main étonnante pour une moto d'un poids et d'un gabarit tout de même imposants

Une très bonne valeur résultant de l'une des plus grosses cylindrées de la classe, mais aussi d'un niveau de finition élevé, de l'attention accordée aux détails, de l'injection, de l'entraînement par courroie, etc.

## BOF                                                       ▼

Une selle acceptable sur de courtes ou moyennes distances, mais dont le confort est limité sur de longs trajets

Une suspension arrière occasionnellement sèche lorsque la qualité du revêtement se dégrade

Une absence de système ABS sur tous les modèles

Un pare-brise qui génère d'agaçantes turbulences au niveau du casque, à des vitesses d'autoroute, sur la version LT, comme c'est d'ailleurs le cas pour la majorité des customs ainsi équipées, malheureusement

## CONCLUSION

Le but des Vulcan 900 se résume à offrir à la fois un prix intéressant, une cylindrée attrayante et un bon niveau d'accessibilité, et elles y arrivent. La facture des diverses variantes n'est pas beaucoup plus élevée que celle des modèles rivaux dont la cylindrée est plus faible. Pourtant, elles offrent un moteur plus gros et l'agrément de conduite supérieur qui l'accompagne. Elles impressionnent aussi par la générosité de leurs caractéristiques, comme en témoigne la présence d'une alimentation par injection, d'un entraînement par courroie et d'un freinage arrière par disque en équipement de base. Même la finition s'avère soignée. Peu importe de quelle variante il s'agit, chacune livre une généreuse marchandise.

Vulcan 900 Classic LT

Vulcan 900 Classic

## GÉNÉRAL

| | |
|---|---|
| Catégorie | Custom / Tourisme léger |
| Prix | Vulcan 900 Classic : 9 699 $<br>Vulcan 900 Classic LT : 11 399 $<br>Vulcan 900 Custom SE : 10 299 $ |
| Immatriculation 2013 | 557,53 $ |
| Catégorisation SAAQ 2013 | « régulière » |
| Évolution récente | Classic introduite en 2006,<br>Custom introduite en 2007 |
| Garantie | 1 an (LT : 2 ans)/km illimité |
| Couleur(s) | Classic : bleu; Classic LT : bleu, noir<br>Custom SE : blanc, gris |
| Concurrence | Harley-Davidson Sportster 883,<br>Honda Shadow 750,<br>Suzuki Boulevard C50,<br>Yamaha V-Star 950 |

## MOTEUR

| | |
|---|---|
| Type | bicylindre 4-temps en V à 55 degrés,<br>SACT, 4 soupapes par cylindre,<br>refroidissement par liquide |
| Alimentation | injection à 2 corps de 34 mm |
| Rapport volumétrique | 9,5:1 |
| Cylindrée | 903 cc |
| Alésage et course | 88 mm x 74,2 mm |
| Puissance | 54 ch @ 6 000 tr/min |
| Couple | 60,6 lb-pi @ 3 500 tr/min |
| Boîte de vitesses | 5 rapports |
| Transmission finale | par courroie |
| Révolution à 100 km/h | n/d |
| Consommation moyenne | 5,8 l/100 km |
| Autonomie moyenne | 344 km |

## PARTIE CYCLE

| | |
|---|---|
| Type de cadre | double berceau, en acier |
| Suspension avant | fourche conventionnelle de 41 mm<br>non ajustable |
| Suspension arrière | monoamortisseur ajustable en précharge |
| Freinage avant | 1 disque de 300 mm de Ø<br>avec étrier à 2 pistons |
| Freinage arrière | 1 disque de 270 mm de Ø<br>avec étrier à 2 pistons |
| Pneus avant/arrière | Classic : 130/90-16 & 180/70-15<br>Custom : 80/90-21 & 180/70-15 |
| Empattement | 1 645 mm |
| Hauteur de selle | Classic : 685 mm; Custom : 685 mm |
| Poids tous pleins faits | Classic : 281 kg; Custom LT : 298 kg<br>Custom : 277 kg |
| Réservoir de carburant | 20 litres |

***ABORDABLE COUTEAU SUISSE...*** Malgré une fiche technique non seulement modeste, mais presque vieillotte et derrière une discrète silhouette utilitaire, la KLR650 cache l'une des montures les plus vénérables du monde des deux-roues. Lancée en 1987, puis littéralement intouchée durant plus d'une vingtaine d'années, l'abordable et populaire double-usage de Kawasaki reçut sa première et sa seule révision en 2008. Bien qu'il était impératif pour le constructeur de conserver l'essence du modèle et que seules les améliorations les plus souhaitées par les propriétaires furent retenues, l'exercice fut quand même poussé assez loin pour transformer la mono double-usage des Verts en abordable petite routière aventurière. Il s'agit d'une monture robuste et extraordinairement polyvalente qui n'a pas véritablement d'équivalent direct sur le marché.

La KLR650 est la démonstration roulante qu'un niveau technologique simple et économique peut arriver à produire une monture à la fois peu coûteuse et désirable. Il suffit d'effectuer des choix judicieux, et c'est exactement ce qu'a fait Kawasaki en 2008 lorsqu'il présenta la première nouvelle KLR en plus de 20 ans. Gardant ce qui fonctionnait, surtout les composantes complexes et coûteuses comme le moteur et le châssis, le constructeur repensa seulement ce qui était devenu désuet, surtout s'il s'agissait de pièces facilement remplaçables et peu coûteuses comme le carénage, les suspensions, les freins ou le siège.

Le résultat a de quoi surprendre, puisqu'en dépit de cette approche conservatrice, la KLR650 de seconde génération se veut une monture nettement supérieure au modèle qu'elle remplace, pour ne pas dire qu'elle a été transformée. En selle, les différences entre la version originale et le modèle actuel sont majeures et immédiatement perceptibles. On remarque d'abord qu'il est plus facile de prendre place aux commandes de la KLR650 en raison d'une hauteur de selle réduite grâce à l'abaissement des suspensions. Un bras oscillant plus solide, une plus grosse fourche et des ajustements de suspensions moins mous que ceux de la KLR originale permettent non seulement à la KLR de plonger beaucoup moins au freinage, mais aussi de se comporter étonnamment bien dans une enfilade de virages, même pris à un rythme élevé. En fait, plus on roule avec, plus on s'étonne de l'étendue de sa nature polyvalente tellement elle accepte volontiers de se retrouver dans tous genres de situations.

La KLR brille particulièrement sur les routes serrées qui se tortillent sans fin et dont le revêtement est soit dégradé, soit inexistant. Grâce à une direction aussi légère que précise, à une agréable position de conduite haute et dégagée et à des suspensions qui avalent tout ce qui se trouve devant elles, les manières du modèle s'avèrent même tellement bonnes qu'elles nous ont amenés à qualifier « routes de KLR » ce genre de tracés. Dans ce type d'environnement reculé, la Kawasaki représente un outil pratiquement irremplaçable qui permet au pilote de couvrir de longues distances dans un confort relatif et, grâce au généreux réservoir d'essence, sans stress relié à l'autonomie, le tout en offrant une agilité exceptionnelle par rapport à des aventurières poids lourds comme les BMW R-GS ou KTM Adventure.

Comme si le fait qu'elle mérite aussi clairement sa réputation de passe-partout n'était pas suffisant, la KLR réserve la surprise d'également offrir des aptitudes routières tout aussi impressionnantes. Une protection au vent d'une étonnante qualité, une selle confortable et une mécanique relativement douce sont autant de qualités qui en font une monture dont la capacité à jouer les routières surprend de manière très agréable.

L'aspect vieillot de la mécanique ne dérangera que les motocyclistes exigeants en termes de performances, puisque celles-ci n'ont rien d'extraordinaire. Par ailleurs, les grands amateurs de pilotage hors-route auront tôt fait de découvrir que les panneaux de plastique peuvent s'abîmer assez facilement lorsqu'on s'enfonce en sentier.

> **MÉRITANT PLEINEMENT SA RÉPUTATION DE PASSE-PARTOUT, LA KLR POSSÈDE AUSSI DE GRANDES QUALITÉS DE ROUTIÈRES.**

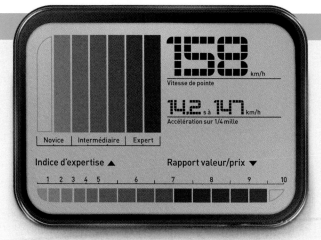

Voir légende en page 18

## QUOI DE NEUF EN 2013 ? +

Aucun changement

Aucune augmentation

## PAS MAL ▲

Une mécanique simple, assez douce, robuste et suffisamment coupleuse pour se charger sans problème de la besogne quotidienne comme des longs voyages

Une partie cycle étonnamment solide et précise qui permet à la KLR de se transformer en machine à disséquer les routes serrées et sinueuses, surtout si elles ne sont pas dans un parfait état, et peu importe qu'elles soient pavées ou non

Une valeur très intéressante, puisqu'on achète plus qu'une économique double-usage; la KLR est aussi une surprenante et polyvalente routière dont les manières sont plus polies qu'on ne pourrait le croire

## BOF ▼

Un niveau de performances qui n'est qu'adéquat; la KLR se tire parfaitement bien d'affaire en ville et ne peine pas le moindrement sur l'autoroute, mais elle ne produit pas du tout un genre de livrée de puissance qu'on peut qualifier d'excitant

Une conception un peu moins robuste que par le passé en raison du large carénage et des panneaux de plastique plus nombreux et plus exposés

Une hauteur de selle qui gêne les pilotes courts sur pattes

Une alimentation par injection ne serait pas de refus

Un comportement hors-route qui n'est pas mauvais du tout, mais qui est limité par les pneus d'origine qui sont adéquats sur des routes de terre ou de gravier, mais qui deviennent glissants lorsqu'on leur en demande plus

## CONCLUSION

Les rivales les plus proches de la KLR sont soit considérablement plus chères, comme la BMW G650GS, soit nettement moins pratiques, comme la Suzuki DR650S, qui est une double-usage plus qu'une routière aventurière. Kawasaki arrive à l'offrir à un tel prix parce que la technologie qu'elle utilise n'est pas vraiment moderne. Elle est encore alimentée par carburateur et à quelques détails près, son moteur n'a pas changé depuis le milieu des années 80. La surprise que réserve la KLR, c'est que tout cela ne l'empêche absolument pas de fonctionner suffisamment bien pour qu'une fois en selle, l'on oublie complètement son âge technique. Véritable couteau suisse, elle arrive à prendre tour à tour la personnalité d'un agile passe-partout, d'une machine urbaine et même celle d'une aventurière capable de voyage et ne reculant devant rien.

## GÉNÉRAL

| | |
|---|---|
| Catégorie | Routière Aventurière |
| Prix | 6 899 $ |
| Immatriculation 2013 | 557,53 $ |
| Catégorisation SAAQ 2013 | « régulière » |
| Évolution récente | introduite en 1987, revue en 2008 |
| Garantie | 1 an/kilométrage illimité |
| Couleur(s) | vert, orangé |
| Concurrence | BMW G650GS, Honda XR650L, Suzuki DR650SE |

## MOTEUR

| | |
|---|---|
| Type | monocylindre 4-temps, DACT, 4 soupapes, refroidissement par liquide |
| Alimentation | 1 carburateur à corps de 40 mm |
| Rapport volumétrique | 9,8:1 |
| Cylindrée | 651 cc |
| Alésage et course | 100 mm x 83 mm |
| Puissance | 44 ch @ 6 500 tr/min |
| Couple | 37 lb-pi @ 5 500 tr/min |
| Boîte de vitesses | 5 rapports |
| Transmission finale | par chaîne |
| Révolution à 100 km/h | environ 3 900 tr/min |
| Consommation moyenne | 4,6 l/100 km |
| Autonomie moyenne | 502 km |

## PARTIE CYCLE

| | |
|---|---|
| Type de cadre | berceau semi-double, en acier |
| Suspension avant | fourche conventionnelle de 41 mm non ajustable |
| Suspension arrière | monoamortisseur ajustable en précharge et détente |
| Freinage avant | 1 disque de 280 mm de Ø avec étrier à 2 piston |
| Freinage arrière | 1 disque de 240 mm de Ø avec étrier à 2 pistons |
| Pneus avant/arrière | 90/90-21 & 130/80-17 |
| Empattement | 1 480 mm |
| Hauteur de selle | 890 mm |
| Poids tous pleins faits | 196 kg |
| Réservoir de carburant | 22 litres |

RC8R accessoirisée

***QUAND ON N'AVANCE PAS...*** L'expression dit que lorsqu'on n'avance pas, on recule. Aucune autre classe ne la rend plus appropriée que celle des sportives pures. Considérez maintenant la micro classe des modèles à gros V-Twin où seulement deux joueurs se disputent le marché, et cette expression devient une implacable réalité. KTM fait d'ailleurs actuellement face à cette dernière avec sa RC8R dont la seule rivale directe, la 1199 Panigale de Ducati, a élevé le niveau de la catégorie de manière marquée l'an dernier. La RC8R a, elle aussi, considérablement progressé durant sa courte carrière entamée en 2008, et ce, surtout avec l'introduction d'une version R en 2009. Celle-ci a non seulement fait passer la puissance de 155 à 173 chevaux, mais elle a aussi reçu des améliorations importantes au niveau de la partie cycle. Aujourd'hui, seule la RC8R est offerte.

Le concept de la sportive moderne propulsée par un gros V-Twin a été développé et poussé jusqu'à un niveau extraordinaire par Ducati. Le succès de la formule en compétition a valu à la marque italienne d'être rejointe par nombre de manufacturiers, dont Suzuki avec sa TL1000R, Honda avec sa RC51, Buell avec sa 1125 et finalement KTM avec sa RC8. En raison de la difficulté à demeurer compétitifs face au furieux rythme de développement imposé par Ducati, tous ces modèles ont disparu du marché de la grande production sauf un, la RC8. Soulignons qu'après la fermeture de Buell, Erik Buell Racing a continué d'offrir une version hautement trafiquée de la 1125, mais qu'il le fait en tant que constructeur boutique et au compte-gouttes.

La RC8R est beaucoup plus qu'une version plus puissante de la RC8. Elle renvoie l'impression d'être la génération suivante du modèle original, et ce, même si elle n'est arrivée qu'un an après la RC8. Dotée d'une partie cycle considérablement plus solide et communicative que celle de la RC8 et animée par une mécanique dont les 173 chevaux génèrent une livrée de puissance impressionnante, la RC8R se veut une authentique machine de piste dont la pureté du comportement dans l'environnement du circuit est remarquable. Notons que dans le contexte actuel, où Ducati a encore une fois élevé le calibre de la classe avec la 1199 Panigale, la RC8R devrait plutôt être comparée à la génération précédente de la sportive italienne, soit la 1198.

Malgré l'accélération supérieure des modèles sportifs à quatre cylindres dont la puissance est plus grande, il reste que l'expérience de pilotage que fait vivre

un V-Twin aussi avancé que celui de la RC8R s'avère totalement différente. Quiconque envisage la machine autrichienne doit absolument le faire dans le but de vivre une telle expérience.

Produisant une quantité de chevaux qui aurait été impensable pour un V-Twin il y a quelques années, la RC8R propose des accélérations très puissantes qui sont caractérisées par une plage de régimes utilisables étonnamment large. Cela dit, et l'on n'insistera jamais assez sur ce point, le plaisir de pilotage à ses commandes ne vient pas que de la force de l'accélération, mais aussi des sensations et des sons communiqués par le gros V-Twin de 1,2 litre, et ce, surtout lorsque les régimes sont gardés hauts, comme en piste.

**QUICONQUE ENVISAGE LA RC8R DOIT ABSOLUMENT LE FAIRE DANS LE BUT DE VIVRE L'EXPÉRIENCE UNIQUE DU GROS V-TWIN SPORTIF.**

La tenue de route est très difficile à prendre en faute lorsque la partie cycle a été bien ajustée, ce qui peut par contre demander un certain travail. La RC8R s'avère alors agréablement légère à lancer en courbe tout en se montrant extrêmement précise et en affichant une stabilité inébranlable à haute vitesse. À tous les niveaux du pilotage sur circuit, la RC8R se comporte considérablement mieux que le modèle original. Par rapport à celui-ci, qui n'est par ailleurs plus offert, la RC8R donne l'impression d'être une machine de circuit sérieuse destinée à la compétition et non une simple sportive capable de circuler en piste.

Au-delà de ses belles capacités de pistarde, la RC8R possède aussi une qualité insoupçonnée pour ce type de moto, puisqu'elle se montre étonnamment tolérable sur la route, un fait surtout dû à des poignées un peu moins basses et à des repose-pieds un peu moins hauts que ce n'est habituellement le cas.

| | |
|---|---|
| **273** km/h | Vitesse de pointe |
| **10.3** s à **224** km/h | Accélération sur 1/4 mille |

Novice | Intermédiaire | Expert

Indice d'expertise ▲        Rapport valeur/prix ▼

1  2  3  4  5  6  7  8  9  10

Voir légende en page 18

## QUOI DE NEUF EN 2013 ?        +

Embrayage avec limiteur de contre-couple

Aucune augmentation

## PAS MAL        ▲

Une mécanique qui impressionne autant par les performances élevées qu'elle livre que par la personnalité forte du V-Twin; malgré sa position face à la Ducati, la RC8R demeure l'une des très rares machines capables d'offrir ce type d'expérience

Un châssis dont les manières sur pistes sont excellentes à tous les niveaux, du moins lorsqu'il est ajusté adéquatement

Un confort étonnant sur la route en raison d'une position de conduite moins extrême

Une ligne qui vieillit, mais qui demeure quand même très particulière

## BOF        ▼

Une garde au sol qui n'est pas illimitée en piste et qui demande de tirer avantage des nombreux réglages possibles afin qu'elle ne devienne pas un problème

Un châssis ajustable « à l'infini » qui exige un travail de réglage sérieux de la part du pilote avant de livrer ses meilleures performances

Un prix qui, afin d'être logique et réaliste dans le contexte où se retrouve la RC8R, devrait être réduit non seulement afin de refléter le recul en termes de puissance face à la Panigale, mais aussi de manière à justifier l'absence totale d'aides électroniques au pilotage comme le contrôle de traction et l'ABS, entre autres

Un niveau de performances tout à fait respectable, mais qui accuse un recul important par rapport à celui de la 1199 Panigale, la seule rivale directe du modèle

### CONCLUSION

Dans le contexte actuel, le cas RC8R peut être vu sous plusieurs angles. On peut d'abord regarder les chiffres, la juger dépassée face à la Panigale, sa seule réelle rivale, et immédiatement l'éliminer de ses intentions d'achat. Dans le créneau sportif, le raisonnement n'aurait d'ailleurs rien d'inhabituel. Ensuite, on peut simplement préférer l'orange au rouge et accepter que ce qu'offre la RC8R ne représente pas le meilleur de la classe, mais se dire que ça sera quand même suffisant pour se faire amplement peur. Dans ce cas, on achèterait une excellente sportive. Finalement, on peut prendre quelques pas de recul et réaliser qu'aucune autre grande compagnie sur Terre ne produit de sportives pures à moteur V-Twin que Ducati et KTM. La RC8R a donc beau clairement être seconde derrière la stupéfiante Panigale, il reste que le type d'expérience de pilotage qu'offrent son puissant gros V-Twin de 173 chevaux et son excellent châssis est extrêmement rare dans l'univers de deux-roues.

## GÉNÉRAL

| | |
|---|---|
| Catégorie | Sportive |
| Prix | 18 999 $ |
| Immatriculation 2013 | 1 116,90 $ |
| Catégorisation SAAQ 2013 | « à risque » |
| Évolution récente | introduite en 2008, version R introduite en 2009 |
| Garantie | 1 an/20 000 km |
| Couleur(s) | blanc, orange et noir |
| Concurrence | Ducati 1199 Panigale |

## MOTEUR

| | |
|---|---|
| Type | bicylindre 4-temps en V à 75 degrés, DACT, 4 soupapes par cylindre, refroidissement par liquide |
| Alimentation | injection à 2 corps de 52 mm |
| Rapport volumétrique | 13,5:1 |
| Cylindrée | 1 195 cc |
| Alésage et course | 105 mm x 69 mm |
| Puissance | 173 ch @ 10 250 tr/min |
| Couple | 93,7 lb-pi @ 8 000 tr/min |
| Boîte de vitesses | 6 rapports |
| Transmission finale | par chaîne |
| Révolution à 100 km/h | environ 3 500 tr/min |
| Consommation moyenne | 6,7 l/100 km |
| Autonomie moyenne | 246 km |

## PARTIE CYCLE

| | |
|---|---|
| Type de cadre | treillis, en acier |
| Suspension avant | fourche inversée de 43 mm ajustable en précharge, compression et détente |
| Suspension arrière | monoamortisseur ajustable en précharge, en haute et basse vitesses de compression et détente, et en hauteur |
| Freinage avant | 2 disques de 320 mm de Ø avec étriers radiaux à 4 pistons |
| Freinage arrière | 1 disque de 220 mm de Ø avec étrier à 2 pistons |
| Pneus avant/arrière | 120/70 ZR17 & 190/55 ZR17 |
| Empattement | 1 425 mm |
| Hauteur de selle | 805 / 825 mm |
| Poids tous pleins faits | 184 kg (sans essence) |
| Réservoir de carburant | 16,5 litres |

**SUJET LIBRE...** Les montures de type crossover comme cette KTM 990 Supermoto T incarnent d'une certaine manière le retour du pendule après une période de spécialisation aiguë durant laquelle la majorité des motos ont été développées pour faire très bien une seule chose. Comme la Multistrada 1200 de Ducati et la Versys 1000 de Kawasaki, la KTM propose un méli-mélo de genres et de composantes dont la mission exacte est tout sauf claire. Si son nom, son style haut sur pattes et ses composantes sportives indiquent un certain lien avec la classe supermoto, quoi penser, alors, du gros V-Twin, des valises latérales amovibles et du T de Touring ? Est-ce une grosse supermoto de tourisme ? Et si oui, mais qu'est-ce qu'une telle chose ? En réalité, seul un essai peut vraiment expliquer ce que réserve la SMT qui, finalement, semble être le résultat d'un projet appelé « sujet libre ».

La mission d'une nouvelle sportive plus rapide, d'une custom dont le style a été raffiné ou d'une machine de tourisme dont la quantité d'équipement a été augmentée se déduit instinctivement. Mais la mission d'une moto de type crossover comme la 990 Supermoto T est bien plus difficile à cerner pour la simple et bonne raison que la nature même de la classe n'est toujours pas vraiment définie aujourd'hui. On sait que les crossover essaient quelque chose de nouveau et qu'elles tentent de marier plusieurs genres, mais ces indications ne servent finalement pas à cerner davantage cette nature.

À moins que la mission des modèles de ce genre soit justement de ne pas avoir de nature claire ? Serait-ce donc dire que la proposition de KTM s'avère l'une des meilleures ou des plus intéressantes justement parce que ses intentions ne sont pas du tout claires ? Pas clair, tout ça.

Tous ces questionnements expliquent pourquoi *Le Guide de la Moto* en est aujourd'hui arrivé à ne rien attendre de précis de ces motos et à garder l'esprit ouvert à leur sujet. Outillé de telles balises, on constate d'ailleurs dès les premiers instants passés aux commandes de la 990 SMT qu'il s'agit d'un engin surprenant et inhabituel.

La meilleure manière de percevoir la 990 Supermoto T, c'est de l'imaginer comme un cocktail de genres. Sa position rappelle un peu celle d'une 990 Adventure, mais quelques légères variations donnent à la posture une saveur standard, voire sportive. Alors que la selle haute et les suspensions à grand débattement sont d'autres éléments typiques des aventurières, la dimension des roues et la taille des pneus, elles, sont plutôt liées à la catégorie

sportive, voire supermoto. Et puis, il y a ce V-Twin d'un litre – il s'agit d'un moteur très similaire à celui qui propulse les 990 Adventure et 990 Duke – qui donne à l'ensemble une atmosphère de machine délinquante grâce à sa production de couple tellement forte à bas régime qu'elle soulève constamment l'avant sur les premiers rapports, et ce, sans effort de la part du pilote.

La 990 Supermoto T fait un peu penser à une expérience qui, par accident, aurait mené à une découverte inattendue, mais intéressante. Perché assez haut, guidon large en main, on se sent envahi d'une envie de tout faire. De partir pour une courte balade, d'attaquer sans pitié une route en lacet, de peut-être faire un tour en piste, d'avaler du sérieux kilométrage, même d'enfiler les rapports avec la roue avant pointant le ciel. La 990 SMT n'est pas qu'un mélange de genres de motos, elle est plusieurs genres de motos. Elle se montre assez confortable et pratique pour faire tout ce qu'une standard peut accomplir. Elle est assez mince, agile et précise pour chauffer les fesses d'une sportive. Elle est assez coupleuse et puissante pour non seulement distraire un pilote expérimenté, mais aussi pour le divertir avec autant de folies qu'il le désirera. Mais la plus grande qualité du modèle et le plus bel accomplissement de KTM ne sont toutefois pas d'offrir une telle largeur d'utilisation. Le véritable exploit dans ce cas est d'être arrivé à proposer un tel amalgame de catégories de motos dans un ensemble qui ne semble d'aucune façon dérangé par cette mission étrange et hautement inhabituelle. Au contraire, la 990 SMT passe de l'une à l'autre de ses personnalités multiples d'une manière on ne peut plus naturelle.

> **IMAGINER LA 990 SMT COMME UN COCKTAIL DE GENRES EST UNE BONNE FAÇON DE COMMENCER À CERNER SA NATURE.**

Voir légende en page 18

## QUOI DE NEUF EN 2013 ?  +

Aucun changement

Aucune augmentation

## PAS MAL  ▲

Un comportement qui peut être associé à plusieurs types de motos, ce qui s'avère à la fois un peu déroutant et amusant et qui confirme la nature crossover du modèle

Un moteur qui incite au vice, et ce, non seulement en raison de son caractère très fort et de ses vives montées en régimes, mais aussi à cause de son couple instantané qui soulève l'avant sans cesse et sans effort sur les premiers rapports

Un niveau de confort tout de même élevé grâce à une excellente position de conduite, à une bonne protection au vent, à un moteur dont les pulsations ne sont jamais dérangeantes, à des suspensions plutôt souples et à une selle très correcte

## BOF  ▼

Une hauteur de selle assez importante pour mettre mal à l'aise les pilotes courts

Un comportement qui peut prendre par surprise les pilotes peu expérimentés, particulièrement en ce qui concerne la facilité avec laquelle l'avant se soulève à l'accélération

Une appellation Supermoto qui porte à confusion, puisqu'il s'agit d'une routière multidisciplinaire et non pas d'une moto qui a un quelconque lien avec la discipline que sont les épreuves de supermoto

Une ligne qui n'a jamais fait l'unanimité, surtout avec les petites valises latérales en place; par ailleurs, la SMT n'est pas la seule dans cette situation; la Kawasaki Versys 1000, par exemple, affiche aussi un look « personnalités multiples » un peu étrange

## CONCLUSION

**Les motos de type crossover comme la 990 Supermoto T forment une catégorie relativement jeune où les règles ne sont absolument pas encore définies. En fait, s'il est un dénominateur commun à toutes ces motos, c'est qu'elles ne suivent pas les règles et qu'elles tentent plutôt de mélanger des genres autrefois exclusifs. Si la machine proposée par KTM s'avère décidément plaisante à piloter, sa nature, elle, se veut le miroir du contexte un peu flou de la classe en ce sens qu'on ne sait pas trop si l'on se trouve aux commandes d'une sportive, d'une routière, d'une standard ou d'une machine à cascades. Ou de toutes en même temps. Quant à l'appellation Supermoto, elle n'aide en rien à clarifier les choses, puisqu'elle est bien trop pointue pour décrire de manière juste le large éventail des personnalités du modèle.**

**Vitesse de pointe** 227 km/h

**Accélération sur 1/4 mille** 11,7 s à 189 km/h

| Indice d'expertise ▲ | Rapport valeur/prix ▼ |
|---|---|
| Novice  Intermédiaire  Expert | |

1 2 3 4 5 6 7 8 9 10

## GÉNÉRAL

| | |
|---|---|
| Catégorie | Routière Crossover |
| Prix | 15 399 $ |
| Immatriculation 2013 | 557,53 $ |
| Catégorisation SAAQ 2013 | « régulière » |
| Évolution récente | introduite en 2009 |
| Garantie | 2 ans/40 000 km |
| Couleur(s) | noir |
| Concurrence | Ducati Multistrada 1200 Kawasaki Versys 1000 |

## MOTEUR

| | |
|---|---|
| Type | bicylindre 4-temps en V à 75 degrés, DACT, 4 soupapes par cylindre, refroidissement par liquide |
| Alimentation | injection à 2 corps de 48 mm |
| Rapport volumétrique | 11,5:1 |
| Cylindrée | 999 cc |
| Alésage et course | 101 mm x 62,4 mm |
| Puissance | 115,6 ch @ 9 000 tr/min |
| Couple | 71,5 lb-pi @ 7 000 tr/min |
| Boîte de vitesses | 6 rapports |
| Transmission finale | par chaîne |
| Révolution à 100 km/h | environ 3 900 tr/min |
| Consommation moyenne | 6,4 l/100 km |
| Autonomie moyenne | 297 km |

## PARTIE CYCLE

| | |
|---|---|
| Type de cadre | treillis, en acier |
| Suspension avant | fourche inversée de 48 mm ajustable en compression et détente |
| Suspension arrière | monoamortisseur ajustable en précharge, compression et détente |
| Freinage avant | 2 disques de 305 mm de Ø avec étriers radiaux à 4 pistons et système ABS |
| Freinage arrière | 1 disque de 240 mm de Ø avec étrier à 2 pistons et système ABS |
| Pneus avant/arrière | 120/70 ZR17 & 180/55 ZR17 |
| Empattement | 1 505 mm |
| Hauteur de selle | 855 mm |
| Poids tous pleins faits | 197 kg (sans essence) |
| Réservoir de carburant | 19 litres |

***EN ATTENDANT...*** Après une décennie à représenter KTM dans ce créneau un peu étrange, mais de plus en plus populaire qu'est celui des modèles de la classe routière aventurière, la 990 Adventure s'apprête à laisser sa place à la toute nouvelle 1190 Adventure. Cette dernière roule déjà en Europe, mais ce n'est qu'en 2014 qu'elle sera offerte sur le marché nord-américain. En attendant, la 990 continue d'être offerte, mais seulement en édition Baja accessoirisée de manière à être encore plus apte à une utilisation hors-route. Contrairement à la majorité des modèles de cette catégorie qui sont des routières avant tout, la 990 a toujours préféré afficher une nature biaisée vers le côté poussiéreux de l'équation aventure. Elle est animée par un V-Twin d'un litre au caractère très particulier et offre au pilote l'impression immédiate de se retrouver aux commandes d'une grosse double-usage.

S'il est un domaine pour lequel KTM est reconnu dans le monde de la moto, c'est celui du hors-route. Compte tenu de cette spécialité, il est donc tout à fait normal que l'une des premières impressions renvoyées par la 990 Adventure soit profondément imprégnée de cette expertise. Avec son guidon large et plat et sa selle longue et étroite dont la hauteur fait pointer des pieds la plupart des pilotes à l'arrêt, la 990 Adventure propose une position assise et avancée rappelant clairement celle d'une moto de sentier. Par rapport à la BMW R1200GS à laquelle l'autrichienne est souvent comparée, la saveur hors-route de cette position est aussi marquée et évidente que l'est le penchant routier qu'offrent la position et la nature de l'allemande. Loin d'être un handicap, cette posture dégagée laisse plutôt au pilote une impression de contrôle très marquée, et ce, autant en pilotage hors-route que sur le bitume.

Les capacités tout terrain de la 990 ne sont évidemment pas illimitées, fort gabarit oblige, mais elles restent impressionnantes pour une machine de telles dimensions. Sur une route non pavée, peu importe qu'elle soit recouverte de gravier ou de terre, l'Adventure maintient facilement des vitesses élevées et passe sa puissance considérable au sol avec beaucoup de glissades, mais sans drame. Dans ces conditions, de bons pneus font toute la différence.

Pousser l'exploration jusqu'à s'engager carrément en sentier sur des revêtements plus glissants révèle néanmoins que tout l'héritage de KTM ne suffit pas à transformer une haute routière de 200 kilos en agile machine de sous-bois. Cela dit, bien qu'elle semble devenir plus haute et plus lourde au fur

et à mesure que les conditions deviennent plus serrées, la 990 possède quand même de remarquables capacités de passe-partout, du moins tant qu'on a assez d'expérience pour en profiter et, encore une fois, quand elle est munie de pneus appropriés pour ce genre d'utilisation.

Les talents de l'Adventure dépassent l'environnement de la poussière et se retrouvent aussi sur la route où elle affiche même quelques étonnantes qualités. La 990 est en effet capable d'enfiler une succession de virages avec un aplomb surprenant. Haute sur pattes, dotée de suspensions souples et chaussée de pneus double-usage à gomme tendre, elle se dandine un peu lorsqu'on attaque, mais pas au point de réduire le rythme, ou même le plaisir. Malgré son guidon plat et large qui allège la direction, il faut pousser énergiquement sur celui-ci pour l'incliner en amorce de virage ou pour passer d'un angle à l'autre, un phénomène attribuable à la longueur de l'arc traversé par la moto.

**SUR DES ROUTES NON PAVÉES, LA KTM PASSE SA PUISSANCE AU SOL AVEC BEAUCOUP DE GLISSADES, MAIS SANS DRAME.**

Le V-Twin d'un litre de l'Adventure bénéficia d'une augmentation de puissance appréciable en 2009 lorsque la version de base gagna 7 chevaux et la version R 17 chevaux. Aujourd'hui, seul le moteur de la R est utilisé. Annoncé à 113 chevaux, le V-Twin autrichien se veut l'une des mécaniques les plus particulières du monde de la moto, puisqu'il s'agit d'un moteur qui semble demander au pilote qu'il le fasse souffrir sur la route et qui remercie celui-ci par un plaisir de pilotage qu'on ne soupçonnerait jamais d'une moto de cette catégorie. Il séduit autant par la vivacité avec laquelle il grimpe en régimes qu'avec la sonorité rauque de sa pétarade de Twin en V.

**BARDÉE DE HAUTES TECHNOLOGIES AVEC SES SUSPENSIONS ÉLECTRONIQUES, SON ABS DE NOUVELLE GÉNÉRATION À MODES MULTIPLES, SON CONTRÔLE DE TRACTION ET SES DIFFÉRENTES CARTOGRAPHIES DE PUISSANCE, LA TOUTE NOUVELLE 1190 ADVENTURE EST, DE L'AVEU DU CONSTRUCTEUR, LE PLUS GROS PROJET JAMAIS ENTREPRIS PAR KTM. DÉJÀ VENDUE EN EUROPE, ELLE PRENDRA LA PLACE DE LA 990 EN 2014 EN AMÉRIQUE DU NORD.**

1190 Adventure

## LA PROCHAINE GÉNÉRATION

Lancée en 2003, il y a donc maintenant 10 ans, la 990 Adventure a bien servi KTM, et si elle disparaît complètement avec l'arrivée de la nouvelle 1190 Adventure, ce qui est fort possible, la niche qui constitue sa clientèle s'ennuiera assurément de l'authenticité de sa personnalité hors-routière. Cela dit, cette même clientèle pourrait très bien l'oublier plus vite qu'on pense si la nouvelle génération du modèle se montre à la hauteur de son impressionnante fiche technique. Selon KTM, la 1190 est le plus gros projet jamais entrepris par la compagnie autrichienne. L'une des raisons derrière cette affirmation, c'est la grande quantité d'aides électroniques au pilotage dont le modèle est équipé. L'instrumentation de la 1190 est d'ailleurs dominée par des écrans à cristaux liquides servant à afficher toute l'information liée à ces aides, tandis qu'une commande expressément conçue pour naviguer dans les menus a été jointe à la poignée gauche. L'un des aspects les plus impressionnants de la 1190 se situe au niveau de sa mécanique, puisque celle-ci se veut une adaptation du V-Twin de 1190 cc qui anime la RC8R. Sa puissance de 150 chevaux est de loin la plus élevée de la classe aventurière et fait carrément de la 1190 une machine de classe aventure avec une puissance de sportive. Comme c'était le cas avec la 990 Adventure, une version R mieux équipée pour le pilotage hors-route sera offerte. Elle se distingue surtout du modèle de base par ses suspensions avec 30 mm de débattement supplémentaire et ses roues plus grandes et minces chaussées de pneus 90/90 ZR21-150/70 ZR18 au lieu de 120/70 ZR19-170/60 ZR17. Des barres de protection et un pare-brise écourté, entre autres, la différencient également du modèle de base.

1190 Adventure R

Voir légende en page 18

## QUOI DE NEUF EN 2013 ?  +

Un seul modèle offert : version Baja livrée avec des accessoires comme des barres protectrices et des pneus Dunlop 908RR destinés à une utilisation hors-route plus rigoureuse, entre autres

Aucune augmentation par rapport au prix de la version R 2012

## PAS MAL  ▲

Un V-Twin aussi caractériel que vif et puissant qui monte très rapidement en régime et qui rugit d'une manière particulièrement plaisante

Des suspensions souples à long débattement qui gomment les pires défauts de la route et se débrouillent très bien sur les chemins non pavés où l'Adventure roule comme s'il s'agissait d'asphalte

Une capacité à affronter des situations nettement plus difficiles que la moyenne des aventurières ; l'héritage poussiéreux de KTM est clairement ressenti à ses commandes

Un comportement routier étonnamment solide et précis qui permet un amusement réel en pilotage sportif

## BOF  ▼

Une selle correcte, mais qui n'est pas un standard en matière de confort

Une hauteur de selle considérable qui fait pointer des pieds la plupart des pilotes et qui gêne ceux qui sont courts sur pattes, surtout sur la version R

Un niveau de technologie qui accuse maintenant beaucoup de retard

Une allure torturée aux lignes angulaires qui dégage une certaine authenticité, puisqu'elle est tirée de la silhouette des machines de rallye du constructeur, mais qui n'a jamais vraiment fait l'unanimité et qui commence à vieillir

### CONCLUSION

Le thème Aventure, lorsqu'il est pris au pied de la lettre, implique une utilisation de la monture dans des paysages désertiques et des pays en voie de développement. Or, très peu de motos sur le marché possèdent vraiment les outils pour s'éloigner d'une telle façon des sentiers battus, et ce, tout particulièrement lorsqu'il est question des aventurières de grosse cylindrée. Littéralement construite comme une grosse machine double-usage et non comme une routière capable de rouler en sentier, la 990 Adventure est probablement le modèle le plus apte à rouler dans de telles conditions. Il s'agit d'ailleurs à la fois de sa plus grande force et de sa plus grande faiblesse, puisque le marché est surtout friand de routières aventurières. Pour ceux qui préfèrent une aventurière de route, elle est unique.

## GÉNÉRAL

| | |
|---|---|
| Catégorie | Routière Aventurière |
| Prix | 17 199 $ |
| Immatriculation 2013 | 557,53 $ |
| Catégorisation SAAQ 2013 | « régulière » |
| Évolution récente | introduite en 2003 |
| Garantie | 2 ans/40 000 km |
| Couleur(s) | blanc |
| Concurrence | BMW R1200GS, Triumph Explorer Yamaha Super Ténéré |

## MOTEUR

| | |
|---|---|
| Type | bicylindre 4-temps en V à 75 degrés, DACT, 4 soupapes par cylindre, refroidissement par liquide |
| Alimentation | injection à 2 corps de 48 mm |
| Rapport volumétrique | 11,5:1 |
| Cylindrée | 999 cc |
| Alésage et course | 101 mm x 62,4 mm |
| Puissance | 113 ch @ 8 750 tr/min |
| Couple | 73,7 lb-pi @ 6 750 tr/min |
| Boîte de vitesses | 6 rapports |
| Transmission finale | par chaîne |
| Révolution à 100 km/h | environ 3 900 tr/min |
| Consommation moyenne | 6,2 l/100 km |
| Autonomie moyenne | 314 km |

## PARTIE CYCLE

| | |
|---|---|
| Type de cadre | treillis, en acier |
| Suspension avant | fourche inversée de 48 mm ajustable en précharge, compression et détente |
| Suspension arrière | monoamortisseur ajustable en précharge, compression et détente |
| Freinage avant | 2 disques de 300 mm de Ø avec étriers à 2 pistons |
| Freinage arrière | 1 disque de 240 mm de Ø avec étrier à 2 pistons |
| Pneus avant/arrière | 90/90-21 & 150/70 R18 |
| Empattement | 1570 mm |
| Hauteur de selle | 860 mm |
| Poids tous pleins faits | 209,5 kg (sans essence) |
| Réservoir de carburant | 20 litres |

**RÉORIENTÉE...** La marque autrichienne KTM construit également des versions 125, 200, 390 et 990 de la Duke pour d'autres marchés, mais la 690 est la seule cylindrée du modèle offerte chez nous. Elle a non seulement été sérieusement revue en 2012, mais elle a aussi été l'objet d'une réorientation à ce moment. Jusque-là une machine un peu étrange surtout destinée aux plus férus des amateurs de monocylindres, elle est devenue une porte d'entrée nettement plus accueillante dans la gamme du constructeur. Cette accessibilité provient d'abord d'une facture allégée sous la barre des 10 000 $, mais aussi d'une ligne nettement plus sympathique que la silhouette un peu insolite de la version précédente. Le modèle est animé par l'un des monocylindres les plus avancés du marché et propose l'ABS en équipement de série.

### Analyse Technique

La Duke a été l'une des toutes premières routières que KTM a produites. Au moment de son introduction, le domaine d'expertise de la marque autrichienne se situait strictement au niveau de montures hors-route. L'idée d'entrer dans l'univers routier avec une moto animée d'un gros monocylindre dérivé d'un moteur de modèle hors-route était donc logique. Même si elle a évolué plusieurs fois depuis, la version à gros mono de la Duke a toujours gardé la même mission, celle d'incarner un genre de machine poids plume extrême animée par un puissant mono. La génération actuelle du modèle est la première qui puisse réellement être qualifiée de monture destinée au grand public. Il s'agit d'un choix tout à fait conscient de la part de KTM qui semble désormais vouloir utiliser le modèle comme une porte d'entrée dans sa gamme plutôt que comme une machine de niche destinée à une clientèle très ciblée et très faible en nombre. La génération courante de la 690 Duke a été présentée en 2012. Afin de réduire la facture du modèle, certaines coupures ont été faites, notamment au niveau des suspensions qui étaient auparavant entièrement réglables, mais qui le sont maintenant de façon minimale. Le style inhabituel et étrange que la Duke a toujours affiché a été remplacé par une silhouette toujours identifiable à KTM, mais plus appropriée pour une moto d'entrée de gamme. En termes de mécanique, toutefois, aucune coupure n'a été faite, puisque la 690 est toujours animée par l'un des monocylindres les plus avancés du marché. Annoncé à 67 chevaux, il offre un niveau de puissance rivalisant aisément avec celui des modèles rivaux qui sont tous propulsés par des bicylindres.

## QUOI DE NEUF EN 2013 ?  +

Retour du modèle dans la gamme canadienne

## PAS MAL  ▲

Une porte d'entrée dans l'univers KTM dont le repositionnement est habile, puisque la 690 Duke est maintenant accompagnée d'une facture logique et est désormais dessinée de manière moins étrange

Une construction qui semble sérieuse, puisque le traditionnel cadre en treillis est là, que les composantes des suspensions sont respectables et que les dimensions des roues et des pneus correspondent à ce qui est nécessaire pour un bon comportement

Un système ABS livré en équipement de série

## BOF  ▼

Une hauteur de selle qui semble haute compte tenu de la clientèle relativement peu expérimentée à laquelle s'adresse généralement une moto d'entrée de gamme

Une facture qui, bien que plus raisonnable que par le passé, permet d'envisager des modèles très intéressants animés non pas par un mono, mais plutôt par un Twin

Un niveau de confort qui se montrait très limité sur la génération précédente du modèle; en revanche, des efforts semblent avoir été faits à ce sujet par KTM sur cette version du modèle, notamment au chapitre de la selle et de la position

## CONCLUSION

Plus que jamais ces temps-ci, une moto d'entrée de gamme accompagnée d'une facture abordable, disons sous les 10 000 $, représente une nécessité pour tout constructeur désirant attirer une clientèle plus large. C'est exactement la mission que KTM a donnée à cette nouvelle génération de la 690 Duke, mission qui lui va d'ailleurs mieux que celle de mono extrême à la sauce supermoto un peu difficile à comprendre du modèle précédent.

## GÉNÉRAL

| | |
|---|---|
| Catégorie | Standard |
| Prix | 9 999 $ |
| Immatriculation 2013 | 557,53 $ |
| Catégorisation SAAQ 2013 | « régulière » |
| Évolution récente | introduite en 2008, revue en 2012 |
| Garantie | 2 ans/40 000 km |
| Couleur(s) | blanc, noir |
| Concurrence | Ducati Monster 696, Kawasaki ER-6n Suzuki Gladius |

## MOTEUR

| | |
|---|---|
| Type | monocylindre 4-temps, SACT, 4 soupapes, refroidissement par liquide |
| Alimentation | injection à corps de 46 mm |
| Rapport volumétrique | 12,6:1 |
| Cylindrée | 690 cc |
| Alésage et course | 102 mm x 85,4 mm |
| Puissance | 67 ch @ 7 500 tr/min |
| Couple | 51,6 lb-pi @ 5 500 tr/min |
| Boîte de vitesses | 6 rapports |
| Transmission finale | par chaîne |
| Révolution à 100 km/h | n/d |
| Consommation moyenne | n/d |
| Autonomie moyenne | n/d |

## PARTIE CYCLE

| | |
|---|---|
| Type de cadre | treillis, en acier |
| Suspension avant | fourche inversée de 43 mm non ajustable |
| Suspension arrière | monoamortisseur ajustable en précharge |
| Freinage avant | 1 disque de 320 mm de Ø avec étrier radial à 4 pistons et système ABS |
| Freinage arrière | 1 disque de 240 mm de Ø avec étrier à 1 piston et système ABS |
| Pneus avant/arrière | 120/70 R17 & 160/60 R17 |
| Empattement | 1 466 mm |
| Hauteur de selle | 835 mm |
| Poids tous pleins faits | 149,5 kg (sans essence) |
| Réservoir de carburant | 14 litres |

***SILENCE, ON ROULE...*** Ne cherchez pas d'échappement, vous n'en trouverez pas, car la Sora n'est pas animée par une mécanique de 800, de 1000 ou de 1 200 cc, mais plutôt par un moteur électrique triphasé refroidi par liquide et alimenté par un module de batteries Lithium-Ion de 12 kWh. La Sora, vous l'aurez compris, est une moto électrique. Quant à la jeune marque Lito Green Motion, elle n'est ni scandinave ni britannique, mais plutôt québécoise. La Sora, dont la facture dépasse les 46 000 $, est le seul modèle actuellement produit par la compagnie et représente le fruit d'un très ambitieux projet privé dont le but pourrait simplement se résumer à offrir l'ultime moto électrique. L'instigateur de l'aventure, un ingénieur du nom de Jean-Pierre Legris, dont le passé comprend des postes au sein des divisions automobiles de Honda et Peugeot Citroën, n'a reculé devant rien pour y arriver.

Compte tenu de son prix, de sa ligne inusitée, de sa provenance et de ses prétentions techniques, la Sora de Lito Green Motion n'est pas passée inaperçue sur la scène québécoise – comme partout où elle a été présentée, d'ailleurs –, où elle a néanmoins suscité plus de questions, voire de scepticisme, que de réponses. C'est que jusqu'à tout récemment, la Sora se voulait un projet en développement. Allait-elle vraiment être terminée et fonctionner ? Pourquoi une telle facture ? Une équipe québécoise privée pouvait-elle vraiment disposer des moyens et des connaissances nécessaires pour mener une telle aventure à terme ? Existe-t-il réellement un marché pour une telle machine ? Voilà quelques-unes des questions auxquelles *Le Guide de la Moto* tente ici de répondre après avoir évalué le modèle, il faut le dire, à un stade de fin de développement.

Tout d'abord, il est indéniable que les efforts déployés par la petite équipe derrière le projet sont remarquables. La voie « facile » aurait été de recycler un modèle existant et de le transformer en moto électrique, mais l'idée de départ du fondateur, Jean-Pierre Legris, a toujours été de créer un concept totalement original, et c'est exactement ce qu'est la Sora. La liste des ressources ayant contribué au développement de la moto est d'ailleurs impressionnante. On parle, entre autres, d'Alcoa Innovation (étude numérique des cas de chargement et résistance des matériaux), de l'Institut de transport avancé du Québec (support électrique et test), du Centre de microélectronique du Québec (support électronique et test et application du logiciel) et du Centre de géomatique du Québec (support développement GPS et

application logicielle), sans parler de l'élément le plus en vue de la Sora, un design signé Martin Aubé. En ce qui concerne la construction même de la moto, les seules composantes déjà existantes qui l'équipent se résument à une fourche et des freins de Kawasaki ZX-14R choisis, entre autres, en raison des similitudes en termes de masse et de dimensions entre la Sora et la Kawasaki. L'une des pièces les plus impressionnantes du modèle se veut son cadre périmétrique en aluminium, puisqu'il s'agit du genre de composantes traditionnellement réservées aux constructeurs de grandes séries. D'ailleurs, jamais nous n'avons vu un tel châssis sur autre chose qu'une monture de grande production. Des roues larges de 17 pouces chaussées de pneus sportifs, un bras oscillant taillé dans la masse et un amortisseur Elka complètent la partie cycle finalement assez habituelle en matière de conception.

C'est toutefois là que s'arrête l'aspect normal de la Sora, dont le style souligne d'ailleurs très bien qu'il ne s'agit justement pas d'une moto habituelle. Non seulement il n'y a aucun système d'échappement, mais l'enveloppe très particulière (en fibre de carbone) du bloc de batteries, la selle solo « flottante » dont la hauteur s'ajuste électriquement, le couvercle de la transmission à rapport constamment variable (CVT) et la roue arrière complètement exposée sont autant d'éléments indiquant qu'on a affaire à « autre chose ». D'ailleurs, sur la route, la quantité de regards et la grande attention qu'attire la Sora sont franchement étonnantes, alors qu'elle génère un flot constant de questions relatives à sa nature, à sa provenance et à ses performances. Tout ça, avant même que les intéressés réalisent qu'elle est

**QUAND ON S'Y HABITUE, LE SILENCE DE ROULEMENT PREND LA FORME D'UN CARACTÈRE « MÉCANIQUE » ÉTONNAMMENT PLAISANT.**

LA SORA NE RESSEMBLE À RIEN D'AUTRE SUR LE MARCHÉ ET NE ROULE COMME RIEN D'AUTRE SUR LE MARCHÉ. IL S'AGIT D'UNE MOTO 100 % ÉLECTRIQUE DE CONSTRUCTION QUÉBÉCOISE.

Devant la lentille de Jérôme Bolla, debout dans un Jeep pour les besoins de la cause, l'auteur du Guide de la Moto circule à Miami aux commandes de la Sora, une moto électrique entièrement conçue par Lito Green Motion.

électrique. Ensuite, vous en avez pour quelques minutes. Le fait que très peu de motos que nous avons évaluées ont généré un tel degré d'intérêt peut paraître anodin comme constatation, mais nous croyons plutôt qu'il s'agit d'un aspect de la Sora qui jouera un rôle crucial chez le genre d'acheteurs potentiels du modèle. Après tout, la logique veut qu'on n'achète pas une moto à plus de 46 000 $ pour économiser de l'essence, mais plutôt parce qu'on désire posséder — et afficher — une machine exclusive et spéciale, et c'est l'impression que la moto créée par Lito a clairement semblé donner au public. Cela dit, il est évident qu'on achète une moto de ce prix avec bien plus d'attentes que celle de faire tourner les têtes.

L'évaluation de la Sora correspond au premier test officiel d'une routière électrique effectué par *Le Guide de la Moto*. Nous avons eu l'occasion de rouler autre chose avant l'essai de la machine québécoise, mais nous avons préféré réserver notre virginité électrique pour ce modèle, et ce, tout simplement parce que la vaste majorité des motocyclistes n'a, elle non plus, jamais touché à quoi que ce soit d'électrique. Bref, nous voulions la découvrir exactement comme l'aurait fait le motocycliste moyen.

Physiquement, les proportions de la Sora sont plus ou moins celles d'une standard comme la Kawasaki Z1000. La masse de 260 kilos est toutefois plus

importante et on sent le poids concentré à un niveau plus bas sur la moto, ce qui reflète d'ailleurs la réalité. En effet, le lourd et massif bloc de batteries de 12 kWh ainsi que le moteur de 42,5 kW (56 chevaux) sont logés très bas dans le châssis, alors que plus haut, le « réservoir » n'est en fait qu'un couvercle abritant la plupart des légers éléments de gestion du système électrique. C'est aussi à cet endroit que se trouve le chargeur de 1 kW — capable de recharger la batterie vide en neuf heures — et le mécanisme permettant à la selle de monter et de descendre électriquement entre 750 et 850 mm à l'aide d'un bouton sur la commande de la main gauche.

Cette selle à hauteur variable représente, comme le prétend Lito, une caractéristique unique dans le domaine de la moto. Toutsfois, bien qu'elle soit indéniablement impressionnante à voir fonctionner et qu'elle résolve un problème récurrent sur les motos, il s'agit aussi d'un ajustement avec lequel on finit par ne plus vraiment jouer une fois qu'une position adéquate a été déterminée.

L'ergonomie de la Sora, lorsqu'elle est équipée d'un guidon tubulaire, est presque normale. Quand la selle est réglée, le triangle siège-guidon-repose-pieds est pratiquement celui d'une standard comme une Z1000 ou une Speed Triple. Avec les poignées plus basses que Lito testait sur une seconde moto lors de notre essai, la position était transformée en posture de café racer

possiblement plus cool, mais moins confortable. Le seul aspect inhabituel de l'équation ergonomique de la Sora vient des repose-pieds plus écartés que sur la moyenne des motos, un facteur causé par la largeur de la transmission CVT logée exactement à la hauteur du pied gauche.

Contrairement au côté « gadget seulement utile occasionnellement » de la selle, la marche arrière électrique de la Sora représente une technologie dont un grand nombre de motos « normales » bénéficieraient, puisqu'il y a décidément quelque chose de pratique à pouvoir reculer en tournant simplement l'accélérateur. Il faut dire que *ne pas* équiper la Sora d'une marche arrière électrique aurait presque été du gaspillage, puisqu'une simple inversion de la rotation du moteur électrique est tout ce qui est requis pour obtenir cette fonction.

Toujours dans but d'utiliser l'électricité des batteries à des tâches diverses, une prise USB est logée dans le petit compartiment de rangement afin de permettre la recharge d'un téléphone. D'ailleurs, tant qu'à exploiter le thème, nous avons suggéré, un peu à la blague, l'idée d'une béquille électrique, centrale ou autre. Étrangement, la suggestion n'a pas été prise en dérision, et ce, justement parce que toutes les façons d'exploiter l'aspect électrique de la Sora font partie du concept. Par exemple, l'ordinateur de bord a la capacité d'utiliser le GPS embarqué pour déterminer l'énergie requise afin de se rendre à une destination. On entre cette dernière directement sur l'écran tactile se trouvant à même le « réservoir » et la puissance est automatiquement limitée de manière à permettre l'autonomie requise. L'envoi d'un message au propriétaire lorsque la moto est chargée est une autre des caractéristiques de ce type dont est équipée la Sora. Soulignons que ces fonctions n'étaient pas activées sur la version en fin de développement que nous avons testée.

Le « démarrage » de la Sora, qui requiert une petite procédure, ne résulte en… rien. Il n'y a pas de ralenti. Pas de son non plus. Pour se mettre en mouvement, on ne fait qu'enrouler doucement l'accélérateur, moment où la moto cesse d'être complètement silencieuse et se met plutôt à émettre un sifflement électrique provenant du moteur. On entend d'ailleurs clairement ce dernier monter en régime lorsqu'il accélère. Il s'agit d'une sonorité n'ayant rien à voir avec celle d'une mécanique à combustion, bien entendu. Ironiquement, une fois que le pilote s'y est habitué, ce silence presque total ainsi que l'absence de tout passage de vitesses prend la forme d'un « caractère mécanique » étonnamment plaisant. La satisfaction, dans ce cas, ne provient pas du grondement d'un V-Twin ou du hurlement d'un 6-cylindres, mais plutôt de l'association d'un ensemble de facteurs inhabituels. L'absence de bruits mécaniques qui fait place au sifflement électrique du moteur ainsi que la prise de conscience qu'on roule sans pétrole et en se servant plutôt d'électricité emmagasinée se combinent pour donner au pilote une forte impression d'être aux commandes de quelque chose de non seulement très différent, mais qui représente aussi, peut-être, la manière dont on circulera demain. L'électrification d'un véhicule à deux ou quatre roues est probablement très loin d'être arrivée à maturité, mais notre temps aux commandes de la Sora a suffi pour nous démontrer que le concept a non seulement du mérite, mais qu'il est aussi agréable, et ce, même si le plaisir ne provient pas des mêmes sources que sur un véhicule à combustion.

L'une des blagues faciles, lorsqu'on entre dans la mentalité électrique, c'est de commencer à se moquer des stations-service lorsqu'on en croise. Il s'agit néanmoins d'humour très mal placé, puisque ces stations-service représentent exactement ce qui manque cruellement à tout concept électrique, soit la capacité de « continuer de rouler ». La Sora, comme n'importe quelle autre moto ou voiture électrique, est absolument prisonnière de son autonomie. Dans ce cas, on parle en gros d'un peu plus de 100 km à vitesse d'autoroute et d'environ 200 km en ville. Ce qu'on ne réalise pas nécessairement avec ces données, c'est qu'en réalité, elles doivent être coupées en deux. Autrement dit, une balade de 100 km correspond vraiment à un aller de 50 km et à un retour de 50 km, ce qui revient à dire qu'on dispose d'un rayon d'action d'une cinquantaine de

kilomètres au maximum avant de devoir rebrousser chemin. Une balade incluant des routes secondaires moins rapides étirera ces capacités, puisque l'autonomie croît lorsque la vitesse est réduite. Cette réalité, qui, encore une fois, est celle de tout véhicule électrique et non seulement celle de la Sora – dont l'autonomie est en fait fort respectable dans l'univers 100 % électrique –, représente LE talon d'Achille de cette technologie. En fait, en se retrouvant aux commandes de la Sora à circuler silencieusement et proprement au milieu de tous ces véhicules brûleurs d'essence, on peine vraiment à comprendre comment une solution aussi logique que celle d'un mode de transport à batteries peut également être aussi handicapée. On se met à souhaiter non seulement des batteries de plus grande capacité, mais aussi un système de recharge rapide et des bornes de recharge aussi nombreuse que des pompes à essence. Des éléments qui demeurent inexistants pour le moment.

La batterie au Lithium-Ion de la Sora est actuellement la plus avancée du marché et est extrêmement coûteuse. Le bloc de 12 kWh de la machine de Lito compte d'ailleurs pour une bonne partie de son prix d'achat. Il est possible de recharger rapidement la batterie, puisqu'un chargeur fixe de 6 kW qu'installerait chez lui un propriétaire pourrait, selon Lito, faire « le plein » en une heure et demie. Reste que sur la route, c'est d'un plein en 5 minutes dont on a besoin…

En termes de performances, notre essai de la Sora a permis de faire la lumière sur certains mythes relatifs aux véhicules électriques. L'un d'eux, c'est celui de ce fameux couple puissant et instantané dont est apparemment capable tout véhicule de ce type. Aux commandes de la Sora, à partir d'un arrêt, nous avons plutôt constaté une accélération douce sur les premiers mètres, le temps que la CVT s'engage adéquatement, puis plus puissante et absolument régulière et linéaire jusqu'à la vitesse de pointe d'environ 175 km/h. La livrée de puissance – elle ressemble à celle que procure une machine à essence automatique de cylindrée moyenne, quelque part entre les prestations d'un Suzuki Burgman 650 et d'une Aprilia Mana 850 – est particulière en ce sens qu'elle semble constante peu importe la vitesse. Autrement dit, la poussée de 80 à 100 km/h, semble presque exactement la même qu'entre 110 et 130 km/h, et ainsi de suite. Un autre aspect intéressant de la livrée de puissance de la Sora a trait à la transmission CVT à laquelle elle a recours. Il faut dire que le bon type de transmission n'est pas encore établi chez les motos électriques. La plupart des modèles n'en utilisent pas et n'ont finalement qu'une seule vitesse en prise directe, tandis que dans d'autres cas, on commence à voir des transmissions traditionnelles à six rapports avec embrayage. Le cas de la Sora serait unique. Durant notre essai, il s'est avéré impossible de détecter les variations de rapports de la transmission durant les accélérations et nous dirions même qu'en matière de boîte automatique, celle-ci est facilement parmi les plus douces et transparentes que nous ayons testées.

Compte tenu de la nature extrêmement complexe de la partie cycle des motos modernes, avec leur flexibilité contrôlée et leur conception assistée par ordinateur, l'un des aspects de la Sora qui nous intriguait le plus était lié à son comportement routier. Le résultat est satisfaisant, puisqu'on se sent aux commandes d'une moto solide et stable dont la garde au sol est décente et dont les manières en courbes sont précises et sans surprises. On peut néanmoins reprocher à la partie cycle un angle de braquage limité ainsi que des suspensions dont le travail a besoin d'être raffiné. Selon Lito, les réglages finaux des suspensions, qui sont complètement ajustables en avant comme en arrière, n'avaient pas encore été établis au moment de l'essai. D'ailleurs, quelques autres aspects demeuraient encore à raffiner sur ces modèles en fin de développement, comme la force idéale du freinage régénératif qui recharge la batterie en décélération, ou le refroidissement du système électrique dont la surchauffe réduit la puissance lors d'accélérations maximales répétées. Selon le constructeur, tous ces détails seront finalisés lorsque le modèle, qui est homologué par Transports Canada, sera mis en vente au mois d'août 2013.

## QUOI DE NEUF EN 2013 ?  +

Nouveau modèle

## PAS MAL  ▲

Un style audacieux et très original qui attire autant, sinon plus l'attention que toute autre moto que nous avons évaluée

Une transmission automatique dont la douceur et la transparence de fonctionnement sont remarquables

Une conception privée, certes, mais pas artisanale et qui s'appuie sur l'expertise de divers organismes très spécialisés

Un plaisir de conduite étrangement lié à l'ambiance sereine amenée par l'absence totale de bruits mécaniques durant le pilotage et à la sensation d'être aux commandes d'une des formes que pourrait prendre la moto de demain

## BOF  ▼

Un prix qui est peut-être justifié, jusqu'à un certain point, par le degré de technologie embarquée et par la puissance du bloc de batterie au Lithium-Ion, mais qui demeure prohibitif pour la moyenne des motocyclistes

Une autonomie qui peut être considérée comme bonne dans le milieu des véhicules électriques, mais qui limite l'utilisation normale d'une moto utilisée pour la balade

Des suspensions dont le comportement s'est montré un peu rudimentaire ainsi que plusieurs détails à raffiner sur notre modèle d'essai en fin de développement

Un design indéniablement accrocheur, mais qui force une utilisation solo, puisqu'aucun moyen n'est prévu pour ajouter une selle de passager

## CONCLUSION

La Sora représente un concept tellement particulier qu'il est difficile de le rationaliser. Son prix semble exorbitant, mais la combinaison de la technologie unique, du gros et coûteux bloc de batteries ainsi que du design accrocheur du modèle arrive presque à faire comprendre comment une telle facture peut être justifiée. De toute façon, ironiquement, pour le type d'acheteur qui aura les moyens de s'y intéresser, ce prix risque de n'être qu'un détail. L'important, pour ce dernier, sera plutôt l'exclusivité de la Sora et l'attention qu'elle attire vers elle. Par ailleurs, un tour d'horizon rapide du côté électrique de l'univers des motos de route révèle que Lito a opté pour une direction que personne d'autre n'a empruntée. En effet, la plupart des rares joueurs dans ce domaine vendent surtout l'idée de l'économie liée à l'élimination de l'achat de carburant. La Sora vend quelque chose de très différent qui pourrait être décrit comme de la haute couture électrique.

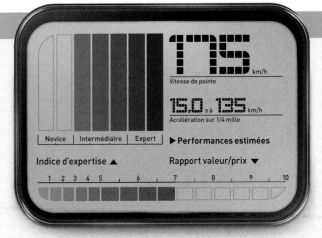

175 km/h
Vitesse de pointe

15,0 à 135 km/h
Accélération sur 1/4 mille

▶ Performances estimées

Indice d'expertise ▲          Rapport valeur/prix ▼

Novice | Intermédiaire | Expert

1  2  3  4  5     6     7     8     9     10

Voir légende en page 18

## GÉNÉRAL

| | |
|---|---|
| Catégorie | Standard |
| Prix | 46 399 $ |
| Immatriculation 2013 | NC - probabilité : 557,53 $ |
| Catégorisation SAAQ 2013 | NC - probabilité : « régulière » |
| Évolution récente | Introduite en 2013 |
| Garantie | 2 ans/kilométrage illimité |
| Couleur(s) | noir, rouge |
| Concurrence | aucune |

## MOTEUR

| | |
|---|---|
| Type | électrique, triphasé, sans balais, à aimants permanents |
| Voltage nominal du module batterie | 100 v |
| Batterie | Lithium-Ion, 12 kWh |
| Temps de recharge | 9 heures avec chargeur embarqué de 1kW 1,5 heure avec chargeur fixe de 6kW |
| Puissance | 42,5 kW (57 chevaux) |
| Couple | 90 Nm (66,37 lb-pi) |
| Boîte de vitesses | automatique à variation continue (CVT) |
| Transmission finale | par courroie |
| Révolution à 100 km/h | environ 6 000 tr/min |
| Consommation moyenne | 12 kWh à 100 km/h, 3 kWh à 50 km/h |
| Autonomie moyenne | 100 km à 100 km/h, 200 km à 50 km/h |

## PARTIE CYCLE

| | |
|---|---|
| Type de cadre | périmétrique, en aluminium |
| Suspension avant | fourche inversée de 43 mm ajustable en précharge, compression et détente |
| Suspension arrière | monoamortisseur ajustable en précharge, compression et détente |
| Freinage avant | 2 disques « à pétales » de 310 mm de Ø avec étriers radiaux à 4 pistons |
| Freinage arrière | 1 disque « à pétales » de 250 mm de Ø avec étrier à 2 pistons |
| Pneus avant/arrière | 120/70 ZR17 & 180/50 ZR17 |
| Empattement | 1 500 mm |
| Hauteur de selle | 750 à 850 mm, ajustable électriquement |
| Poids | 260 kg |

Stelvio 1200 NTX

## TRADITIONNELLE...

S'il est une tradition qui définit la marque italienne Moto Guzzi depuis toujours, c'est cette unique configuration mécanique qu'est le V-Twin transversal. Ce type de moteur est même tellement associé à la marque qu'il en est littéralement devenu la signature mécanique et visuelle. Les Norge GT 8V et Stelvio 1200 NTX représentent le haut de la gamme routière du constructeur et sont animées par la plus récente évolution du V-Twin italien refroidi par air et ouvert à 90 degrés. La première est une sport-tourisme tandis que la seconde est une aventurière façon GS et Ténéré.

### Analyse Technique

Même si elles appartiennent à des classes complètement distinctes, la Norge GT 8V et la Stelvio 1200 NTX demeurent relativement similaires d'un point de vue mécanique. Toutes deux utilisent le même V-Twin transversal marié à une boîte de vitesses à 6 rapports et utilisant un entraînement final par arbre. Les deux sont également construites autour

d'un cadre en acier à double poutre tubulaire. L'ABS est livré de série dans les deux cas, tandis que la Stelvio est en plus équipée d'un système antipatinage.

Norge GT 8V

## GÉNÉRAL

| | |
|---|---|
| Catégorie | Sport-Tourisme / Routière Aventurière |
| Prix | Norge GT 8V : 16 990 $<br>Stelvio 1200 NTX : 16 190 $ |
| Immatriculation 2013 | 557,53 $ |
| Catégorisation SAAQ 2013 | « régulière » |
| Évolution récente | Norge introduite en 2006, 8V en 2011<br>Stelvio introduite en 2008, 8V en 2009 |
| Garantie | 2 ans/kilométrage illimité |
| Couleur(s) | Norge : blanc; Stelvio : anthracite |
| Concurrence | Norge : BMW R1200RT<br>Stelvio : BMW R1200GS |

## MOTEUR

| | |
|---|---|
| Type | bicylindre 4-temps en V à 90 degrés, SACT,<br>4 soupapes par cylindre, refroidissement par air |
| Alimentation | injection à 2 corps de 50 mm |
| Rapport volumétrique | 11,0:1 |
| Cylindrée | 1151 cc |
| Alésage et course | 95 mm x 81,2 mm |
| Puissance | Norge : 102 ch @ 7 000 tr/min<br>Stelvio : 105 ch @ 7 250 tr/min |
| Couple | Norge : 76,7 lb-pi @ 5 500 tr/min<br>Stelvio : 83,3 lb-pi @ 5 800 tr/min |
| Boîte de vitesses | 6 rapports |
| Transmission finale | par arbre |
| Révolution à 100 km/h | n/d |
| Consommation moyenne | n/d |
| Autonomie moyenne | n/d |

## PARTIE CYCLE

| | |
|---|---|
| Type de cadre | double poutre tubulaire, en acier |
| Suspension avant | Norge : fourche conventionnelle de 45 mm ajustable en précharge; Stelvio : fourche inversée de 50 mm ajustable en précharge, compression et détente |
| Suspension arrière | monoamortisseur ajustable en précharge et détente |
| Freinage avant | 2 disques de 320 mm de Ø avec étriers (Stelvio : radiaux) à 4 pistons et système ABS |
| Freinage arrière | 1 disque de 282 mm de Ø avec étrier à 2 pistons et système ABS |
| Pneus avant/arrière | Norge : 120/70 ZR17 & 180/55 ZR17<br>Stelvio : 110/90 R19 & 150/70 R17 |
| Empattement | Norge : 1 530 mm; Stelvio : 1 535 mm |
| Hauteur de selle | Norge : 810 mm; Stelvio : 820 / 840 mm |
| Poids tous pleins faits | Norge : 287 kg; Stelvio : 272 kg |
| Réservoir de carburant | Norge : 23 litres; Stelvio : 32 litres |

MOTO GUZZI

Griso 8V SE

California 1400 Custom

## AIR DE FAMILLE...

Moto Guzzi offre plusieurs modèles affichant un air de famille, mais qui sont en réalité complètement différents. La Griso 8V SE, par exemple, est si proche des modèles Norge et Stelvio en termes de mécanique et de partie cycle qu'elle peut être considérée comme leur variante standard. Animée par un V-Twin transversal de 744 cc, la V7 est nettement moins imposante et pourrait être facilement envisagée comme monture d'initiation. Enfin, la California 1400 Custom est une nouveauté en 2013. Il s'agit de la custom poids lourd selon Moto Guzzi. Elle est aussi offerte en version Touring.

### Analyse Technique

Les California 1400, Griso et V7 offrent toutes une ligne immédiatement identifiable à la vieille marque italienne Moto Guzzi, mais chacune appartient à son propre créneau. Bien que les prix varient beaucoup, chaque modèle est intéressant à sa façon. La California, par exemple, est une custom décidément originale, et ce, autant en raison de sa construction que de sa ligne. La Griso se veut plutôt une standard haut de gamme assez massive propulsée par la version la plus puissante du V-Twin transversal italien. Enfin, la V7 est une sympathique et accessible standard dont le style rétro est tout à fait réussi.

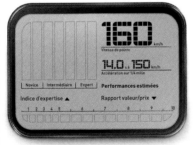

160 km/h
Vitesse de pointe

14,0 s 150 km/h
Accélération sur 1/4 mille

Novice | Intermédiaire | Expert
Indice d'expertise ▲

Performances estimées
Rapport valeur/prix ▼

1 2 3 4 5 6 7 8 9 10

V7 Stone

## GÉNÉRAL

| | |
|---|---|
| Catégorie | Standard /Custom |
| Prix | Griso : 13 590 $; V7 Stone : 8 590 $; V7 Racer : 10 290 $; V7 Special : 9 390 $; California 1400 Custom : 15 490 $; California 1400 Touring : 18 490 $ |
| Immatriculation 2013 | 557,53 $ |
| Catégorisation SAAQ 2013 | « régulière » |
| Évolution récente | Griso 1200 introduite en 2008, V7 en 2008 |
| Garantie | 2 ans/kilométrage illimité |
| Couleur(s) | Griso, 1400 : noir; V7 Stone : noir, blanc; V7 Racer : chrome; V7 Special : jaune et noir, rouge et blanc |
| Concurrence | Griso : BMW R1200R; V7 : Triumph Bonneville |

## MOTEUR

| | |
|---|---|
| Type | bicylindre 4-temps en V à 90 degrés, SACT (culbuté), 4 (2) soupapes par cylindre, refroidissement par air |
| Alimentation | injection à 2 (1) corps de 52/50 (38) mm |
| Rapport volumétrique | 10,5:1/11,0:1 (9,6:1) |
| Cylindrée | 1 380/1 151 (744) cc |
| Alésage et course | 104/95 (80) mm x 81,2 (74) mm |
| Puissance | California/Griso : 96/110 ch @ 6 500/7 500 tr/min V7 : 51 ch @ 6 200 tr/min |
| Couple | California/Griso : 87/79,7 lb-pi @ 2 750/6 400 tr/min V7 : 42,8 lb-pi @ 5 000 tr/min |
| Boîte de vitesses | 6 (5) rapports |
| Transmission finale | par arbre |

## PARTIE CYCLE

| | |
|---|---|
| Type de cadre | California/Griso : double poutre tubulaire, en acier V7 : double berceau, en acier |
| Suspension avant | California/Griso : fourche conv. de 46 mm/inversée de 43 mm ajustable en précharge, compr. et détente V7 : fourche conventionnelle de 40 mm non ajustable |
| Suspension arrière | California/Griso : monoamortisseur ajustable en précharge et détente /et compression V7 : 2 amortisseurs ajustables en précharge |
| Freinage avant | California/Griso : 2 disques de 320 mm de Ø avec étriers radiaux à 4 pistons V7 : 1 disque de 320 mm de Ø avec étrier à 4 pistons |
| Freinage arrière | 1 disque de 282 (260) mm de Ø avec étrier à 2 pistons |
| Pneus avant/arrière | California : 130/70 R18 & 200/60 R16 Griso : 120/70 ZR17 & 180/55 ZR17 V7 : 100/90 18 & 130/80 17 |
| Empattement | California : 1 685 mm; Griso : 1 554 mm; V7 : 1 447 mm |
| Hauteur de selle | California : 740 mm; Griso : 800 mm; V7 : 805 mm |
| Poids à vide | California : 322 kg; Griso : 222 kg; V7 : 179 kg |
| Réservoir de carburant | California : 20,5 litres; Griso : 16,7 litres; V7 : 22 litres |

F3

**L'AMBITIEUSE F3...** La nouvelle F3 675 constitue l'une des pièces d'un plan d'affaires parmi les plus ambitieux du monde du motocyclisme, celui de MV Agusta qui entend ni plus ni moins que défier les plus grandes marques dans l'un des créneaux les plus farouchement disputés, celui des sportives pures. D'un point de vue technique, force est d'admettre que la F3 675 vise haut et prend des risques. Animée par un rare tricylindre doté d'un vilebrequin tournant dans le sens opposé de celui des produits rivaux et embarquant décidément plus d'électronique que n'importe quelle autre machine de cette classe – on parle de bien plus que le contrôle de traction –, la F3 semble en effet ne reculer devant rien pour tenter de faire sa place. Affichant une ligne inspirée par celle de la spectaculaire F4, la « 600 » de MV Agusta est aussi équipée du seul bras oscillant monobranche de la classe.

Petite sœur de la F4, la F3 675 mise sur un air de famille évident ainsi que sur une facture plus abordable pour attirer non seulement les regards, mais aussi, cette fois, les bourses. Car en dépit de sa ligne éblouissante, la F4 d'un litre n'a jamais été particulièrement populaire. En offrant une version de 675 cc accompagnée d'une facture considérablement plus basse, la marque de Varèse espère nettement augmenter le volume de ses ventes dans ce segment.

La classe des sportives pures de 600 cc dans laquelle entre la F3 675 représente l'une des plus chaudement disputées du marché de la moto. La petite marque italienne possède-t-elle vraiment les ressources pour créer une légitime « 600 » et celle-ci offre-t-elle une quelconque plus-value en termes de performances ? Si la réponse n'est ni un oui ni un non catégorique, elle penche davantage vers le oui.

Prenez place aux commandes de la F3 et l'impression de compacité est immédiate. Plus que tout, c'est la minceur de la monture qui impressionne. En optant pour une configuration à trois cylindres plutôt que quatre et en amenant quelques ingénieuses solutions afin de réduire au maximum les dimensions du moteur, la largeur de la moto tout entière a pu être réduite.

En piste, la F3 675 ne tarde pas à faire belle impression, et ce, justement grâce à cet aspect physique compact, mince et léger, puisque celui-ci contribue à une mise en confiance presque instantanée du pilote. Même dans une classe définie par des comportements exceptionnellement légers et intuitifs, la F3 impressionne en se laissant placer avec une exactitude absolue, en n'interférant

jamais avec les intentions du pilote et en permettant les corrections de trajectoires les plus fines. Selon MV Agusta, cette nature télépathique serait attribuable à un vilebrequin tournant dans le sens opposé à celui des roues, réduisant la force gyroscopique de ces dernières et améliorant la maniabilité.

Peut-être encore plus remarquable que la qualité de la tenue de route est la puissance du tricylindre. Comme celui de la Daytona 675 de Triumph, il « triche » un peu en proposant une cylindrée de 675 cc, mais qui s'en plaindra ? Outre une fort respectable poussée à l'approche de la zone rouge de 15 000 tr/min, ce qui étonne le plus, c'est la force de l'accélération aux alentours des 10 000 tr/min, un régime où certains 4-cylindres n'ont même pas encore commencé à s'éveiller. Et puis, il y a ce son divin provenant de l'admission et qui envahit l'ouïe du pilote à l'accélération. Un délice !

Mais la F3 n'est pas sans reproche et si elle a un talon d'Achille, c'est la quantité de systèmes électroniques qu'elle embarque. L'une des rares motos de cette cylindrée à offrir le contrôle de traction, elle offre une panoplie d'ajustements allant du choix de cartes d'allumage à la sensibilité de l'accélérateur en passant par la possibilité de varier la force du frein moteur et le passage des vitesses assisté. Durant notre essai, tous ces systèmes n'ont pas parfaitement fonctionné, tandis que dans d'autres cas, leurs effets furent plutôt une source de confusion. Il s'agit d'une tentative courageuse de la part du petit constructeur, mais qui prendra vraisemblablement un peu plus de temps à être fignolée. D'ailleurs, des mises à jour – dont nous n'avons toutefois pas vérifié l'effet – de toute cette électronique auraient déjà été faites.

> **LA NATURE TÉLÉPATHIQUE DE LA F3 675 SERAIT DUE À UN VILEBREQUIN TOURNANT DANS LE SENS OPPOSÉ DE CELUI DES ROUES.**

REMARQUABLEMENT LÉGÈRE ET PRÉCISE, LA F3 675 S'ANNONCE COMME UNE PARTICIPANTE TOUT À FAIT LÉGITIME DE LA CLASSE DES « 600 ». EN BONUS, SON COUPLEUX TRICYLINDRE CHANTE PARTICULIÈREMENT BIEN.

La MV Agusta F3 675 fut présentée à la presse nord-américaine sur le circuit Thunderbolt du New Jersey Motorsports Park, dans le New Jersey. Le crédit de la photo revient à Riles & Nelson.

## BRUTALE 675

La Brutale 675, qui n'a pas été testée, se veut la version standard de la F3 675. Elle reprend la majorité des éléments principaux de la sportive, mais avec des différences importantes. Parmi ces dernières, on note la puissance du tricylindre qui a été ramenée à 110 chevaux, des roues différentes et des suspensions offrant des possibilités d'ajustements beaucoup plus limitées. Même si la ligne est complètement différente, bien entendu, un air de famille est conservé grâce, entre autres, à des éléments communs bien en vue comme le cadre, le système d'échappement et le bras oscillant monobranche. Par ailleurs, en raison de l'absence complète de carénage, la Brutale est plus légère que la F3.

Voir légende en page 18

## QUOI DE NEUF EN 2013 ?  +

Nouveaux modèles

### PAS MAL  ▲

Une tenue de route d'un calibre très élevé qui se compare sans le moindre problème aux capacités des meilleures 600 japonaises

Une direction extraordinairement légère que MV Agusta attribue à son vilebrequin à rotation opposée; la géométrie de châssis très agressive joue aussi un rôle à ce sujet

Un moteur impressionnant qui tire non seulement fort dans l'absolu, mais qui se montre aussi étonnamment puissant à partir des mi-régimes; son hurlement en pleine accélération est également digne de mention

Une ligne spectaculaire qui rappelle celle de la F4 et qui plaît généralement beaucoup

### BOF  ▼

Une direction qui s'agite occasionnellement en pleine accélération; la présence d'un amortisseur de direction serait probablement appropriée

Une injection dont la précision se montre irrégulière et perfectible par moments; MV Agusta affirme avoir remédié à la situation avec une nouvelle programmation

Une finition très correcte, sauf à quelques exceptions

Une quantité étourdissante de possibilités de réglages électroniques; MV Agusta semble clairement voir ce point comme un avantage et certains le verront aussi du même œil, mais d'autres trouveront le tout, justement, étourdissant

### CONCLUSION

Comme première tentative dans un créneau dont le calibre est aussi élevé que celui-ci, la F3 impressionne en se montrant aisément de taille à faire face à n'importe laquelle de ses rivales. La plus probable de ces dernières est évidemment la Triumph Daytona 675 que la F3 vise d'ailleurs directement avec une formule identique. Toutefois, justement, comme beaucoup des qualités offertes par la MV sont déjà proposées par la Triumph, l'acheteur éventuel moyen serait parfaitement en droit de se questionner sur la logique d'opter pour un produit *presque* à point provenant d'une marque ne faisant que commencer à s'établir chez nous et dans ce créneau. Mais la F3 ne s'adresse probablement pas à l'acheteur moyen. Elle vise plutôt l'amateur de machines exclusives pour qui la ligne et la rareté de l'italienne seront irrésistibles et finalement plus lourdes dans la balance que les soi-disant risques rattachés à ce choix.

F3

## GÉNÉRAL

| | |
|---|---|
| Catégorie | Sportive / Standard |
| Prix | F3 675 : 14 995 $<br>Brutale 675 : 11 995 $ |
| Immatriculation 2013 | F3 675 : 1 116,90 $<br>Brutale 675 : 557,53 $ |
| Catégorisation SAAQ 2013 | F3 675 : «à risque»<br>Brutale 675 : «régulière» |
| Évolution récente | introduites en 2012 |
| Garantie | 2 ans/kilométrage illimité |
| Couleur(s) | F3 675 : blanc, rouge et argent, noir<br>Brutale 675 : blanc, rouge, gris |
| Concurrence | F3 : Honda CBR600RR, Kawasaki Ninja ZX-6R, Suzuki GSX-R600, Triumph Daytona 675, Yamaha YZF-R6, Brutale : Ducati Streetfighter 848, Triumph Street Triple |

## MOTEUR

| | |
|---|---|
| Type | 3-cylindres en ligne 4-temps, DACT, 4 soupapes par cylindre, refroidissement par liquide |
| Alimentation | injection à 3 corps 50 mm |
| Rapport volumétrique | 13,0:1 (Brutale 675 : 12,3:1) |
| Cylindrée | 675 cc |
| Alésage et course | 79 mm x 45,9 mm |
| Puissance | 126 (110) ch @ 14 400 (12 500) tr/min |
| Couple | 52,4 (48) lb-pi @ 10 600 (12 000) tr/min |
| Boîte de vitesses | 6 rapports |
| Transmission finale | par chaîne |
| Révolution à 100 km/h | environ 5 200 tr/min (F3) |
| Consommation moyenne | 6,1 l/100 km (F3) |
| Autonomie moyenne | 262 km (F3) |

## PARTIE CYCLE

| | |
|---|---|
| Type de cadre | treillis périmétrique en acier avec section arrière en aluminium |
| Suspension avant | F3 : fourche inversée de 43 mm ajustable en précharge, compression et détente<br>Brutale 675 : non ajustable |
| Suspension arrière | monoamortisseur ajustable en précharge, détente et en haute et basse vitesses de compression<br>Brutale 675 : ajustable en précharge |
| Freinage avant | 2 disques de 320 mm de Ø avec étriers radiaux à 4 pistons |
| Freinage arrière | 1 disque de 220 mm de Ø avec étrier à 2 pistons |
| Pneus avant/arrière | 120/70 ZR17 & 180/55 ZR17 |
| Empattement | 1 380 mm |
| Hauteur de selle | F3 675 : 805 mm; Brutale 675 : 810 mm |
| Poids à sec | F3 675 : 173 kg; Brutale 675 : 167 kg |
| Réservoir de carburant | F3 675 : 16 litres; Brutale 675 : 16,6 litres |

F4RR

## MATIÈRE À «POSTER»...

La F4 se trouve tout en haut de la gamme sportive de MV Agusta. La combinaison de sa ligne spectaculaire et de certains détails mécaniques, comme de magnifiques roues et un bras oscillant monobranche, a souvent valu au modèle d'être qualifié de l'une des plus belles sportives au monde. En 2013, même si ce n'est pas apparent au premier coup d'œil, la F4 subit une révision. La version RR est propulsée par un 4-cylindres dont la puissance est annoncée à 201 chevaux, soit 6 de plus que la F4 de base. Toutes deux sont offertes sur le marché canadien.

### Analyse Technique

Le but de la marque italienne, en ce qui a trait à la révision de la F4, se voulait d'en faire la sportive la plus technologiquement avancée du marché. Le modèle se voit ainsi équipé d'une quantité record d'aides électroniques au pilotage, dont la plupart sont aussi individuellement ajustables. La mécanique de la version RR peut tourner 500 tr/min plus haut

grâce à des bielles en titane, tandis que ce modèle bénéficie également de suspensions plus poussées pouvant être réglées électroniquement.

## GÉNÉRAL

| Catégorie | Sportive |
|---|---|
| Prix | 18 495 $ (RR : 25 995 $) |
| Immatriculation 2013 | 1 116,90 $ |
| Catégorisation SAAQ 2013 | « à risque » |
| Évolution récente | introduite en 1998 |
| Garantie | 2 ans/kilométrage illimité |
| Couleur(s) | rouge et argent, blanc (RR : noir et blanc, rouge et blanc) |
| Concurrence | Aprilia RSV4, BMW S1000RR |

## MOTEUR

| Type | 4-cylindres en ligne 4-temps, DACT, 4 soupapes par cylindre, refroidissement par liquide |
|---|---|
| Alimentation | injection à 4 corps de 50 mm |
| Rapport volumétrique | 13,4:1 |
| Cylindrée | 998 cc |
| Alésage et course | 79 mm x 50,9 mm |
| Puissance | 195 (201) ch @ 13 400 (13 600) tr/min |
| Couple | 81,7 (81,9) lb-pi @ 9 600 tr/min |
| Boîte de vitesses | 6 rapports |
| Transmission finale | par chaîne |
| Révolution à 100 km/h | n/d |
| Consommation moyenne | n/d |
| Autonomie moyenne | n/d |

## PARTIE CYCLE

| Type de cadre | treillis périmétrique en acier avec section arrière en aluminium |
|---|---|
| Suspension avant | fourche inversée de 50 mm (RR : 43) ajustable en précharge, compression et détente |
| Suspension arrière | monoamortisseur ajustable en précharge, compression et détente |
| Freinage avant | 2 disques de 320 mm de Ø avec étriers radiaux à 4 pistons |
| Freinage arrière | 1 disque de 210 mm de Ø avec étrier à 4 pistons |
| Pneus avant/arrière | 120/70 ZR17 & 200/55 ZR17 |
| Empattement | 1 430 mm |
| Hauteur de selle | 830 mm |
| Poids à vide | 191 (190) kg |
| Réservoir de carburant | 17 litres |

F4

## BELLA...

Comme sa cousine carénée la F4, la Brutale 1090 RR est dessinée de main de maître et se voit très souvent considérée comme l'une des plus belles motos de sa classe. Il s'agit d'une standard dont la construction se rapproche assez de celle de la F4, mais pas au point d'être exactement une F4 dénudée. Elle est légèrement revue en 2013, surtout au niveau de certains détails esthétiques comme les phares avant et arrière et la forme des silencieux, entre autres. De superbes nouvelles roues font également partie de la révision. Sur le marché canadien, une seule version est offerte, la RR haut de gamme.

### Analyse Technique

La Brutale 1090 RR de MV Agusta fait partie des standards les plus techniquement avancées du marché en termes de puissance et de caractéristiques techniques. En plus d'être animée par un puissant 4-cylindres de 156 chevaux, la Brutale RR exhibe une série de pièces aussi désirables qu'habilement agencées dont un massif bras oscillant monobranche, un cadre très particulier et des roues magnifiques. Le freinage est signé Brembo tandis que la fourche inversée affiche de massifs poteaux de 50 mm.

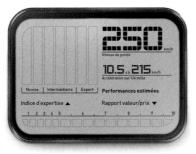

250 km/h
Vitesse de pointe

10.5 .. 215 km/h
Accélération sur 1/4 mille

| Novice | Intermédiaire | Expert | Performances estimées |

Indice d'expertise ▲    Rapport valeur/prix ▼

1 2 3 4 5 6 7 8 9 10

## GÉNÉRAL

| | |
|---|---|
| Catégorie | Standard |
| Prix | 17 995 $ |
| Immatriculation 2013 | 557,53 $ |
| Catégorisation SAAQ 2013 | « régulière » |
| Évolution récente | introduite en 2001 |
| Garantie | 2 ans/kilométrage illimité |
| Couleur(s) | rouge et argent, bleu et blanc, blanc et doré |
| Concurrence | Kawasaki Z1000, Triumph Speed Triple |

## MOTEUR

| | |
|---|---|
| Type | 4-cylindres en ligne 4-temps, DACT, 4 soupapes par cylindre, refroidissement par liquide |
| Alimentation | injection à 4 corps de 50 mm |
| Rapport volumétrique | 13,0:1 |
| Cylindrée | 1 078 cc |
| Alésage et course | 79 mm x 55 mm |
| Puissance | 156 ch @ 11 900 tr/min |
| Couple | 73,8 lb-pi @ 10 100 tr/min |
| Boîte de vitesses | 6 rapports |
| Transmission finale | par chaîne |
| Révolution à 100 km/h | n/d |
| Consommation moyenne | n/d |
| Autonomie moyenne | n/d |

## PARTIE CYCLE

| | |
|---|---|
| Type de cadre | treillis périmétrique en acier avec section arrière en aluminium |
| Suspension avant | fourche inversée de 50 mm ajustable en précharge, compression et détente |
| Suspension arrière | monoamortisseur ajustable en précharge, compression et détente |
| Freinage avant | 2 disques de 320 mm de Ø avec étriers radiaux à 4 pistons |
| Freinage arrière | 1 disque de 210 mm de Ø avec étrier à 4 pistons |
| Pneus avant/arrière | 120/70 ZR17 & 190/55 ZR17 |
| Empattement | 1 438 mm |
| Hauteur de selle | 830 mm |
| Poids à vide | 183 kg |
| Réservoir de carburant | 23 litres |

**GT NUCLÉAIRE...** La Hayabusa fait partie de ces modèles qui ont amené quelque chose de suffisamment unique au milieu du motocyclisme pour le marquer à tout jamais. Son lancement en 1999 allait proposer aux amateurs de vitesse une bête comme ils n'en avaient jamais vu. Portant le nom d'un faucon capable d'atteindre les 300 km/h en plongée – comme par hasard – et dessinée avec un Boeing 747 comme inspiration, elle allait fracasser tous les records du moment et entrer instantanément dans le groupe exclusif des motos pouvant véritablement être qualifiées de légendaires. Aujourd'hui surpassée par une Kawasaki plus puissante et plus avancée, la ZX-14R, la GSX1300R n'en demeure pas moins désirable, et ce, surtout grâce à sa refonte de 2008 qui a encore plus exagéré les lignes organiques de la première génération. Pour 2013, l'ABS fait son arrivée.

Même si la Hayabusa fait partie de l'univers des machines de genre sportif, elle se distingue de façon très claire des montures comme la GSX-R1000 dont la seule mission est de tourner rapidement autour d'une piste. Alors que ces dernières doivent traditionnellement être le sujet d'évolutions profondes et fréquentes pour garder l'intérêt des acheteurs, la GSX1300R Hayabusa, elle, n'a évolué qu'une seule fois et de manière relativement conservatrice en 2008. Cela n'empêche d'aucune façon la grosse Busa de demeurer tout à fait désirable sur le marché actuel, principalement parce qu'il n'existe qu'une seule autre moto qui puisse légitimement lui être comparée, soit la Kawasaki Ninja ZX-14R.

En termes de chiffres absolus, le niveau de performances qu'offre la GSX1300R ressemble vaguement à celui des ultra-rapides sportives pures d'un litre. Cela dit, un facteur majeur distingue la Suzuki de ces dernières, puisqu'aucune d'elles ne possède la capacité de générer des performances aussi élevées d'une façon aussi posée. Encore une fois, seule la Kawasaki ZX-14R est comparable à la Hayabusa à ce chapitre. Comme le font les meilleures supervoitures, cette dernière transforme littéralement l'acte d'atteindre des vitesses extrêmes en un jeu d'enfant. Bien installé derrière un vrai pare-brise et un carénage extraordinairement aérodynamique, le pilote n'a qu'à enrouler l'accélérateur pour transformer sa vision périphérique en une image floue et confuse. Quelques maigres secondes suffisent pour tout faire disparaître sauf ce qui se trouve droit devant. En fait, en pleine accélération, la vitesse augmente à un rythme tellement élevé qu'on peine à s'y habituer et qu'on

**ELLE TRANSFORME L'ACTE D'ATTEINDRE DES VITESSES EXTRÊMES EN JEU D'ENFANT, EXACTEMENT COMME LE FAIT UNE SUPERVOITURE.**

finit par éprouver une certaine difficulté à évaluer précisément les distances. Il s'agit d'un phénomène normal pour deux raisons. D'abord, parce qu'on ne se retrouve décidément pas de façon courante dans ce genre de situation, mais aussi parce que la sensation de vitesse devient beaucoup plus intense au-delà, disons, des 250 km/h. Or, la Hayabusa, elle, passe cette vitesse en accélérant encore furieusement et ne se «calme» qu'une fois les 299 km/h atteints, lorsque son limiteur électronique entrera en action. La plupart des grandes marques ont programmé cette même limite dans leurs sportives.

Si la stabilité de la Hayabusa durant ce genre d'exercice – qui est évidemment réservé à la piste – demeure absolument imperturbable, il reste que le modèle a bien plus à offrir que les fantastiques performances qui font sa réputation. Il s'agit d'une moto fiable, étonnamment bien maniérée et dont le niveau de confort s'avère raisonnable dans le contexte du créneau sportif. Des poignées un peu plus hautes suffiraient même à en faire une surprenante routière. La tenue de route s'avère très respectable, puisqu'il s'agit d'une sportive en bonne et due forme dont les seuls réels handicaps en pilotage sur piste sont une masse et des dimensions clairement supérieures à la norme chez les machines construites pour tourner autour d'un circuit. Sur la route, la Hayabusa compense son recul en matière de finesse sportive par une stabilité exemplaire et par un comportement nettement moins nerveux que celui des sportives plus pointues. Elle est rapide, mais elle n'a pas tendance à surprendre son pilote, un fait surtout dû à ses proportions considérables.

## QUOI DE NEUF EN 2013 ?  +

Système ABS livré en équipement de série

Étriers du frein avant Brembo Monobloc

Aucune augmentation

## PAS MAL  ▲

Des performances ahurissantes, mais aussi étonnamment accessibles, car malgré les vitesses et les accélérations extraordinaires dont elle est capable, la Hayabusa reste relativement calme et posée lorsqu'elle livre son plein potentiel

Un châssis long et un poids plutôt élevé qui garantissent une stabilité exceptionnelle malgré le niveau très élevé de performances; la Busa se montre aussi étonnamment agile et plaisante sur une route sinueuse

Un système ABS qui fait enfin son arrivée et qui est, en plus, livré sans supplément en équipement de série

Une ligne qui semble être une exagération de celle du modèle original et qui colle très bien à l'identité du modèle; rien d'autre sur deux roues ne lui ressemble

## BOF  ▼

Une deuxième génération qui ne propose que quelques améliorations techniques

Un 4-cylindres qui vibre moins que sur le modèle original, mais qui n'est pas aussi doux et qu'on ne sent pas aussi sophistiqué que celui de la ZX-14R

Un niveau de performances tellement élevé qu'il devient non seulement difficile, voire presque impossible d'en profiter de manière régulière

Une certaine ZX-14R à cause de laquelle, en termes de performances pures, la Busa n'est plus l'une des deux, mais plutôt la numéro deux

## CONCLUSION

Souvent attaquée pour ses performances très élevées, la Hayabusa est devenue un genre de cible pour des autorités pas nécessairement bien informées – il existe nettement plus vicieux en termes de comportement –, et ce, un peu partout dans le monde. Contrairement à la réputation « d'engin fou » qu'on lui prête régulièrement, la grosse Busa propose plutôt un comportement remarquablement posé compte tenu de ses capacités et s'avère être une routière tout à fait docile dans le quotidien. On parle, après tout, d'une machine capable d'un quart de mille sous les dix secondes et d'une bête qui passerait allègrement les 300 kilomètres à l'heure si elle n'était pas limitée électroniquement à ce chiffre. L'un des aspects les plus intéressants du modèle demeure néanmoins cette aura « extrême » qui l'entoure et qui découle directement du côté extraordinaire de ses performances et de sa ligne unique. Pour une catégorie de motocyclistes bien particuliers, cette aura est carrément magnétique.

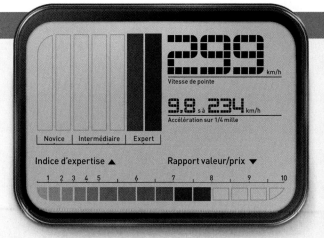

**299** km/h
Vitesse de pointe

**9.8** s à **234** km/h
Accélération sur 1/4 mille

| Novice | Intermédiaire | Expert |

Indice d'expertise ▲          Rapport valeur/prix ▼

1  2  3  4  5  6  7  8  9  10

Voir légende en page 18

## GÉNÉRAL

| | |
|---|---|
| Catégorie | Sportive |
| Prix | 15 399 $ |
| Immatriculation 2013 | 1 116,90 $ |
| Catégorisation SAAQ 2013 | « à risque » |
| Évolution récente | introduite en 1999, revue en 2008 |
| Garantie | 1 an/kilométrage illimité |
| Couleur(s) | noir et gris, jaune et noir |
| Concurrence | BMW K1300S, Honda VFR1200F, Kawasaki Ninja ZX-14R |

## MOTEUR

| | |
|---|---|
| Type | 4-cylindres en ligne 4-temps, DACT, 4 soupapes par cylindre, refroidissement par liquide |
| Alimentation | injection à 4 corps de 44 mm |
| Rapport volumétrique | 12,5:1 |
| Cylindrée | 1 340 cc |
| Alésage et course | 81 mm x 65 mm |
| Puissance | 194 ch @ 9 700 tr/min |
| Couple | 114 lb-pi @ 7 100 tr/min |
| Boîte de vitesses | 6 rapports |
| Transmission finale | par chaîne |
| Révolution à 100 km/h | environ 3 400 tr/min |
| Consommation moyenne | 7,3 l/100 km |
| Autonomie moyenne | 287 km |

## PARTIE CYCLE

| | |
|---|---|
| Type de cadre | périmétrique, en aluminium |
| Suspension avant | fourche inversée de 43 mm ajustable en précharge, compression et détente |
| Suspension arrière | monoamortisseur ajustable en précharge, compression et détente |
| Freinage avant | 2 disques de 310 mm de Ø avec étriers radiaux à 4 pistons et ABS |
| Freinage arrière | 1 disque de 260 mm de Ø avec étrier à 1 piston et ABS |
| Pneus avant/arrière | 120/70 ZR17 & 190/50 ZR17 |
| Empattement | 1 480 mm |
| Hauteur de selle | 805 mm |
| Poids tous pleins faits | 262 kg |
| Réservoir de carburant | 21 litres |

GSX-R1000 SE « 1 million »

***AU NATUREL...*** La tendance chez les sportives est très claire, puisque les unes après les autres, elles passent à l'ère du contrôle de traction, de l'antiwheelie et du freinage antibloquant combiné et assisté. Pour le moment, Suzuki n'a pas encore équipé ses GSX-R de telles technologies. Afin de faire patienter l'exigeante clientèle qui achète ces motos, la marque proposait néanmoins l'an dernier une version raffinée de la GSX-R1000. La ligne et le châssis sont demeurés les mêmes, mais la mécanique recevait des améliorations, des étriers avant Brembo Monobloc étaient adoptés et le système d'échappement passait de deux à un seul silencieux, abaissant la masse de quelques kilos. Pour 2013, une édition numérotée à peinture spéciale est offerte. Elle est limitée à 1985 exemplaires pour commémorer l'année de naissance de la GSX-R ainsi que des ventes ayant franchi le cap du million.

Ces jours-ci, chez les sportives, on n'entend parler que d'aides électroniques au pilotage, et ce, surtout chez les très puissantes 1000. Toutefois, même s'il a fait subir une évolution à la GSX-R1000 en 2012, Suzuki a choisi de ne pas équiper le modèle de telles aides. Les amateurs de « techno » pourraient donc vite tirer la conclusion qu'il s'agit d'une sportive à éviter, mais la GSX-R1000 mérite d'être défendue sur ce point, puisque ça n'est pas du tout le cas.

Il est indéniable que sans le contrôle de traction, la responsabilité du délicat dosage de l'accélérateur en sortie de courbe revient exclusivement au pilote. La GSX-R1000 serait-elle capable, sur circuit, de réaliser des temps au tour plus bas avec de telles aides ? Presque assurément. Mais personne n'a jamais dit que le plaisir de pilotage était directement lié aux chronos, et c'est justement ce que démontre la GSX-R1000 en se montrant particulièrement agréable à pousser en piste. En fait, une fois sur un tour lancé, on se rend compte qu'on ne s'ennuie pas vraiment de tous ces systèmes. Au contraire, puisque sentir l'arrière d'une 1000 se dandiner légèrement lorsque les gaz sont ouverts en sortie de courbe n'a rien de désagréable. C'est du pilotage. Et piloter de cette façon a même un côté rafraîchissant, car la réalité de ces divers systèmes d'aide au pilotage, c'est que même s'ils sont généralement extrêmement efficaces, ils laissent parfois l'impression d'être envahissants. Telle qu'elle est, la GSX-R1000 propose de manière très pure – probablement pour l'une des dernières fois – aux amateurs de pilotage sportif l'expérience d'une 1000 à la fois très puissante et très raffinée.

> **UNE FOIS SUR UN TOUR LANCÉ, ON NE S'ENNUIE PAS VRAIMENT DE TOUS LES SYSTÈMES ÉLECTRONIQUES. PAS DU TOUT, MÊME.**

La GSX-R1000 possède cette faculté de mettre immédiatement son pilote à l'aise. On se sent si vite en terrain connu à ses commandes qu'il n'y a presque pas de période d'acclimatation. Elle se laisse piloter sans interférer, comme si elle retirait tout caprice de l'équation et qu'elle acceptait humblement le rôle d'outil de piste. Cette pureté de comportement est d'ailleurs la raison principale pour laquelle on ne s'ennuie pas vraiment d'aides électroniques en la pilotant. Contrôler la traction en sortie de courbe devient un défi amusant et non une corvée terrifiante. L'énorme puissance permet de s'amuser à faire des wheelies monstres sans jamais craindre qu'un système antiwheelie ne vienne soudainement écraser l'avant au sol. Pousser la GSX-R1000 autour d'une piste ne correspond donc pas à un exercice parfaitement supervisé par ordinateur, mais plutôt à du pilotage pur.

C'est uniquement parce qu'elle représente un ensemble tellement cohérent que la GSX-R1000 peut être poussée de cette manière sans terrifier son pilote. La stabilité est sans faute dans toutes les circonstances, tandis que la précision avec laquelle on arrive à la placer là où l'on veut la rend très facile à piloter de manière précise autour d'une piste.

En ce qui concerne les améliorations faites au modèle en 2012, elles ne le transforment pas, mais raffinent plutôt l'expérience de pilotage. Une mécanique qui grimpe en régimes avec un peu plus d'empressement que par le passé et un frein avant nettement plus puissant, mais quand même facile à doser constituent les deux améliorations les plus évidentes.

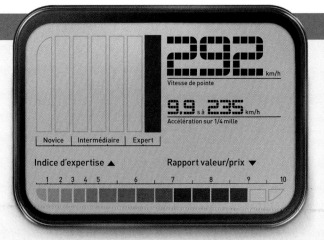

## QUOI DE NEUF EN 2013 ?  +

Édition spéciale «1 million» commémorant la millionième GSX-R fabriquée par Suzuki et offerte moyennant un supplément de 100 $

Aucune augmentation

## PAS MAL  ▲

Un niveau de performances non seulement parmi les plus élevés du marché, mais qui est aussi livré de manière précise et prévisible

Une partie cycle extrêmement bien équilibrée et dont les caractéristiques en pilotage sur piste sont exceptionnelles; des manœuvres les plus exigeantes jusqu'aux ajustements de trajectoire ou de freinage les plus fins, la GSX-R1000 se montre brillante

Un ensemble dont la facilité de pilotage impressionne vraiment compte tenu de la puissance générée; la GSX-R1000 donne immédiatement l'impression à son pilote qu'il s'agit de sa monture personnelle de longue date

## BOF  ▼

Une arrivée marquée de la puissance après les mi-régimes qui rend parfois les accélérations maximales en sortie de virage délicates à gérer; le sélecteur de mode S-DMS ne représente pas la solution à cette caractéristique, mais le contrôle de traction dont la GSX-R1000 n'est pas équipée, oui

Un niveau de performances tellement élevé qu'on ne peut vraiment l'exploiter qu'en piste; d'un autre côté, la GSX-R1000 semble maintenant manquer un peu de puissance par rapport à certains modèles rivaux...

Une absence de toute aide électronique au pilotage, comme le contrôle de traction et l'ABS; le retard de Suzuki à ce chapitre devient de plus en plus évident

## CONCLUSION

La mentalité des acheteurs de sportives de pointe est telle que certains d'entre eux lèvent automatiquement le nez sur des modèles comme cette GSX-R1000 ou comme la CBR1000RR de Honda parce que celles-ci ne sont pas équipées de toutes les aides électroniques au pilotage dont sont munies de plus en plus de motos du genre. Pour un motocycliste capable de voir un peu plus loin et surtout pour un amateur de pilotage pur, la GSX-R représente toutefois une arme de piste puissante, posée et extrêmement gratifiante à pousser. Il est vrai que toutes les montures actuellement équipées de contrôle de traction et d'antiwheelie permettent au pilote de désactiver ces systèmes s'il désire se rendre responsable des conséquences. Mais ce n'est pas tout à fait la même chose. La différence principale entre ces modèles et des motos «au naturel» comme la GSX-R ou la CBR, c'est qu'en l'absence de ces assistances électroniques, ces dernières se doivent d'offrir un comportement extrêmement sain et raffiné de manière, justement, naturelle. C'est bien le cas ici.

GSX-R1000

## GÉNÉRAL

| | |
|---|---|
| Catégorie | Sportive |
| Prix | 14 999 $ (SE : 15 099 $) |
| Immatriculation 2013 | 1 116,90 $ |
| Catégorisation SAAQ 2013 | «à risque» |
| Évolution récente | introduite en 2001, revue en 2003, 2005, 2007, 2009 et 2012 |
| Garantie | 1 an/kilométrage illimité |
| Couleur(s) | noir (SE : bleu et blanc) |
| Concurrence | Aprilia RSV4, BMW S1000RR, Honda CBR1000RR, Kawasaki Ninja ZX-10R, MV Agusta F4, Yamaha YZF-R1 |

## MOTEUR

| | |
|---|---|
| Type | 4-cylindres en ligne 4-temps, DACT, 4 soupapes par cylindre, refroidissement par liquide |
| Alimentation | injection à 4 corps de 44 mm |
| Rapport volumétrique | 12,9:1 |
| Cylindrée | 999 cc |
| Alésage et course | 74,5 mm x 57,3 mm |
| Puissance | 182,5 ch @ 11 500 tr/min |
| Couple | 86,3 lb-pi @ 10 000 tr/min |
| Boîte de vitesses | 6 rapports |
| Transmission finale | par chaîne |
| Révolution à 100 km/h | environ 4 200 tr/min |
| Consommation moyenne | 6,2 l/100 km |
| Autonomie moyenne | 282 km |

## PARTIE CYCLE

| | |
|---|---|
| Type de cadre | périmétrique, en aluminium |
| Suspension avant | fourche inversée de 43 mm ajustable en précharge, compression, et détente |
| Suspension arrière | monoamortisseur ajustable en précharge, en haute et en basse vitesses de compression et détente |
| Freinage avant | 2 disques de 310 mm de Ø avec étriers radiaux à 4 pistons |
| Freinage arrière | 1 disque de 220 mm de Ø avec étrier à 1 piston |
| Pneus avant/arrière | 120/70 ZR17 & 190/50 ZR17 |
| Empattement | 1 405 mm |
| Hauteur de selle | 810 mm |
| Poids tous pleins faits | 203 kg |
| Réservoir de carburant | 17,5 litres |

GSX-R600

***675 C'EST BIEN, 750 C'EST MIEUX...*** L'idée d'une 600 gonflée semble aujourd'hui devenir de plus en plus populaire. Après Kawasaki et sa 636, Triumph a lancé une 650, puis une 675. MV Agusta a rejoint la parade dernièrement avec une 675 et Yamaha semble clairement indiquer que c'est dans cette même direction qu'il se dirige. Mais toutes ces montures ne peuvent que rêver du genre de puissance que propose la GSX-R750 qui n'est ni plus ni moins qu'une GSX-R600 gonflée à 749 cc. Descendante de la vénérable et légendaire GSX-R750 de 1985, elle est aujourd'hui la seule survivante d'une classe qui a malheureusement complètement disparu du créneau sportif. Malgré leur base identique, les GSX-R600 et GSX-R750 – dont la dernière révision remonte à 2011 – proposent des comportements très différents en piste ou sur la route.

Il n'est pas une seule sportive pure de 600 cc actuellement sur le marché qui ne soit pas une machine absolument extraordinaire. La GSX-R600 représente l'exemple parfait de cette affirmation, et ce, surtout depuis la diète sévère à l'origine de la version renouvelée en 2011. La même année, son 4-cylindres fut également passé au peigne fin dans le but de minimiser les pertes mécaniques. Le résultat est admirable, car même si le châssis n'a pas été complètement repensé, la perte de poids semble avoir raffiné encore plus chacune des facettes du comportement. Si l'amélioration n'est pas vraiment perceptible sur la route, en piste, le progrès est évident et c'est dans cet environnement que la GSX-R600 brille.

L'on pourrait assez facilement décrire la manière dont elle se comporte en réunissant tous les clichés qui font d'une sportive une machine de circuit exceptionnelle. La stabilité est non seulement imperturbable à des vitesses extrêmes, mais aussi durant toutes les transitions. En amorce de virage alors que le freinage est encore presque maximal, tout le long d'une courbe en pleine inclinaison et durant la sortie de courbe alors que la mécanique livre toute sa puissance et met un stress immense sur toute la partie cycle, la GSX-R600 paraît parfaitement sereine. Les suspensions, qui sont expressément conçues pour ce genre d'exercice, semblent complètement indifférentes à la situation et ce sont finalement les pneus qui lâchent les premiers. L'un des points les plus améliorés sur la génération présente sont les freins dont les étriers Brembo mordent de manière tellement féroce qu'un certain doigté est préférable lorsqu'on les sollicite. L'ABS demeure néanmoins absent.

> **MALGRÉ LEURS NOMBREUSES SIMILITUDES TECHNIQUES, SUR LE TERRAIN, LA 600 ET LA 750 SONT DES MOTOS TRÈS DIFFÉRENTES.**

En matière de performances, la GSX-R600 est assez difficile à critiquer. La poussée maximale est excitante, probablement équivalente ou très proche de celles des modèles les plus rapides de la classe. Mais ce qui impressionne, c'est de constater à quel point la puissance à très haut régime – la zone rouge est établie au-delà de 15 000 tr/min – n'a pas été générée au détriment de la souplesse à bas et moyen régimes. Ça reste une 600, évidemment, mais personne ne devrait se plaindre d'un tempérament creux dans les tours utilisés en conduite normale. On note d'ailleurs une position de pilotage sévère, mais tout de même pas extrême.

Malgré les similitudes techniques qui existent entre la 600 et la 750, elles sont très différentes une fois sur le terrain. Dès la première ouverture des gaz et dès le premier virage, il devient très vite évident que la 750 possède un tempérament bien à elle. Le surplus de puissance qu'elle génère est tel qu'il en fait une sorte de 600 diabolique. Sa puissance n'est pas celle d'une 1000, bien entendu, mais en selle, cela n'a pas la moindre importance. Tout ce qui compte, c'est qu'elle se comporte presque comme la 600 – toutes les manœuvres demandent un peu plus d'efforts en raison des forces gyroscopiques supérieures du plus gros moteur –, mais qu'elle étire les bras comme aucune 600 ou 675 ne peut même rêver de le faire. Sa cylindrée est 25 pour cent plus grande et ça se sent. Chaque montée en régime est accompagnée d'un sifflement strident provenant de la mécanique, tandis que le rugissement de l'admission en pleine accélération est carrément musical. Chez les sportives, la GSX-R750 est dans une classe à part.

## QUOI DE NEUF EN 2013 ?  +

Aucun changement

Aucune augmentation

## PAS MAL  ▲

Une paire de mécaniques géniales; la 600 parce qu'elle offre une distribution de puissance étonnamment large, la 750 parce que ses performances sont d'un tout autre ordre et toutes les deux en raison de leur enivrante musicalité à pleins gaz

Un comportement en piste tellement fin et précis dans toutes les circonstances qu'il devient pratiquement impossible à critiquer

Une cylindrée et un format unique pour la GSX-R750 qui est littéralement une « 600 de 750 cc », une formule carrément magique que Suzuki conserve heureusement

## BOF  ▼

Un côté pratique presque inexistant, que ce soit en raison de l'inconfort sur des distances le moindrement longues ou de l'accueil symbolique offert au passager; lorsqu'on dit qu'il s'agit de motos de piste, c'est exactement ce qu'elles sont

Un système S-DMS permettant de choisir diverses cartographies d'injection et qui modifie effectivement la livrée de puissance, mais qui n'est finalement pas très utile

Une certaine lourdeur lors de changements de cap rapides chez la 750 par rapport à la 600; elle n'est toutefois évidente que lorsque la 750 est directement comparée à la 600 en piste

Une absence totale du type d'aides électroniques qu'on commence à voir chez d'autres constructeurs, comme le contrôle de traction et les freins ABS

## CONCLUSION

Il est aujourd'hui clair qu'on ne peut plus espérer voir les sportives pures être entièrement renouvelées ou même évoluer tous les deux ou trois ans. Leurs ventes ne sont tout simplement plus assez élevées pour justifier de tels investissements de la part des constructeurs. Cela dit, il reste que les modèles courants représentent l'aboutissement de la période de développement folle qui s'est abruptement terminée avec la crise économique. Peu importe la marque, et surtout chez les japonais, on est donc en droit de s'attendre à des machines extraordinairement performantes et raffinées, ce qui est exactement le cas des GSX-R600 et GSX-R750. En termes de livrée de puissance, de tenue de route et de performances générales sur circuit, elles sont toutes deux magnifiques. Cela dit, la 750 est un cas très particulier, puisqu'il s'agit littéralement de la 600 avec 25 pour cent plus de cubage. Le résultat est une machine divine.

GSX-R750

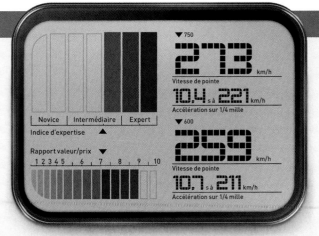

Voir légende en page 18

## GÉNÉRAL

| | |
|---|---|
| Catégorie | Sportive |
| Prix | GSX-R600 : 12 299 $<br>GSX-R750 : 13 199 $ |
| Immatriculation 2013 | 1 116,90 $ |
| Catégorisation SAAQ 2013 | « à risque » |
| Évolution récente | 750 introduite en 1985, revue en 1988, 1992, 1996, 2000, 2004, 2006, 2008 et 2011; 600 introduite en 1997, revue en 2001, 2004, 2006 et 2008 et 2011 |
| Garantie | 1 an/kilométrage illimité |
| Couleur(s) | GSX-R600 : bleu et blanc, rouge et blanc, blanc et noir<br>GSXR-750 : bleu et blanc, gris et noir |
| Concurrence | GSX-R600 : Honda CBR600RR, Kawasaki Ninja ZX-6R, MV Agusta F3, Triumph Daytona 675, Yamaha YZF-R6<br>GSX-R750 : Ducati 848 EVO |

## MOTEUR

| | |
|---|---|
| Type | 4-cylindres en ligne 4-temps, DACT, 4 soupapes par cylindre, refroidissement par liquide |
| Alimentation | injection à 4 corps de 40 (42) mm |
| Rapport volumétrique | 12,9:1 (12,5:1) |
| Cylindrée | 599 (749) cc |
| Alésage et course | 67 (70) mm x 42,5 (48,7) mm |
| Puissance | 600 : 126 ch @ 13 500 tr/min<br>750 : 152 ch @ 13 200 tr/min |
| Couple | 600 : 51,4 lb-pi @ 11 500 tr/min<br>750 : 65,7 lb-pi @ 11 000 tr/min |
| Boîte de vitesses | 6 rapports |
| Transmission finale | par chaîne |
| Révolution à 100 km/h | environ 5 200 (4 500) tr/min |
| Consommation moyenne | 6,2 (6,5) l/100 km |
| Autonomie moyenne | 274 (261) km |

## PARTIE CYCLE

| | |
|---|---|
| Type de cadre | périmétrique, en aluminium |
| Suspension avant | fourche inversée de 41 mm ajustable en précharge, compression et détente |
| Suspension arrière | monoamortisseur ajustable en précharge, compression, détente et hauteur de l'assiette |
| Freinage avant | 2 disques de 310 mm de Ø avec étriers radiaux à 4 pistons |
| Freinage arrière | 1 disque de 220 mm de Ø avec étrier à 1 piston |
| Pneus avant/arrière | 120/70 ZR17 & 180/55 ZR17 |
| Empattement | 1 385 mm (1 390 mm) |
| Hauteur de selle | 810 mm |
| Poids tous pleins faits | 187 kg (190 kg) |
| Réservoir de carburant | 17 litres |

GSX1250FA

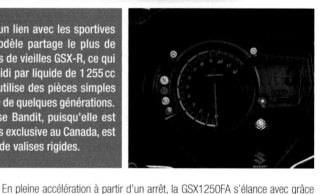

***ÂME DE BANDIT...*** Bien que le nom GSX1250FA tente de créer un lien avec les sportives pures de Suzuki, c'est plutôt avec la Bandit 1200S originale que ce modèle partage le plus de caractéristiques. En effet, la Bandit a toujours été construite avec des pièces de vieilles GSX-R, ce qui est un peu le cas de la GSX1250FA. Propulsée par un gros 4-cylindres refroidi par liquide de 1 255 cc dont l'architecture s'inspire de celle des mécaniques des GSX-R, la 1250 utilise des pièces simples mais solides qui auraient tout à fait semblé à leur place sur une sportive âgée de quelques générations. La GSX1250FA représente ainsi l'évolution ultime du concept de la grosse Bandit, puisqu'elle est techniquement à jour, mais toujours abordable. La version SE, qui est toujours exclusive au Canada, est un modèle de base accessoirisé pour le tourisme avec, entre autres, un trio de valises rigides.

Sur le marché européen, l'aspect simple et économique de la Bandit en a fait l'un des modèles les plus vendus, et ce, sur une très longue période. Pour les motocyclistes nord-américains, toutefois, une grosse Suzuki Bandit n'a toujours été qu'une routière vendue à bon prix, mais pas vraiment désirable. En se basant sur les goûts particuliers de l'Amérique du Nord pour rectifier la situation, Suzuki décida en 2010 d'équiper la Bandit 1250S d'un carénage complet et de la renommer GSX1250FA.

Contrairement aux Bandit originales qui ont toujours eu recours à une mécanique assez simple dérivée de celles des premières GSX-R, la GSX1250FA est propulsée par un 4-cylindres moderne qui lui est exclusif et qui renvoie une fort plaisante impression de finesse. L'aspect le plus intéressant et probablement le plus important de cette mécanique, c'est qu'il s'agit d'un moteur conçu à la base pour satisfaire exclusivement les besoins d'une utilisation routière. Il n'est donc absolument pas question ici d'une mécanique d'abord conçue pour une hypersportive et ensuite adaptée à une routière. Calibrée afin de produire autant de couple que possible dès les premiers tours, sa puissance maximale relativement modeste et ses montées en régimes linéaires n'en font toutefois pas un moteur particulièrement excitant. Cela dit, à l'exception des inconditionnels de hautes performances, qui seraient d'ailleurs bien mieux servis avec un modèle comme la Ninja 1000 de Kawasaki ou la FZ1 de Yamaha, la plupart des motocyclistes intéressés par ce type de routières sportives devraient se déclarer satisfaits de ce genre de rendement.

En pleine accélération à partir d'un arrêt, la GSX1250FA s'élance avec grâce et puissance, son pneu avant restant sagement collé au sol et la stabilité demeurant sans reproches. Le moteur se montre utilisable dès le ralenti et offre une poussée musclée et plaisante à partir de régimes aussi bas que 2 000 tr/min. On peut même faire descendre les tours jusqu'à 1 500 tr/min en sixième, puis ouvrir complètement l'accélérateur sans que le moteur rouspète le moindrement, ce qui représente une très belle démonstration de souplesse. L'injection se montre toutefois abrupte à l'ouverture des gaz, ce qui peut provoquer une conduite saccadée surtout sur les premiers rapports et avec un passager. Elle fonctionne bien le reste du temps, tout comme l'embrayage et la transmission.

Compte tenu de sa masse tout de même considérable, de ses bonnes dimensions et de sa cylindrée importante, la GSX1250FA fait preuve d'une bonne agilité et d'une étonnante accessibilité dans son comportement. Elle se débrouille de manière honorable sur une route sinueuse, mais sa conduite est surtout caractérisée par une absence de toute réaction nerveuse.

Le niveau de confort s'avère suffisamment bon pour qu'elle soit envisagée pour de longs trajets, et ce, malgré une selle assez bonne, mais pas exceptionnelle et des suspensions un peu plus fermes qu'elles n'ont besoin de l'être compte tenu de l'utilisation routière modérée qui définit la vocation du modèle. Notons enfin que les freins se montrent parfaitement à la hauteur des performances et qu'ils bénéficient en équipement de série d'un système ABS, ce qui ajoute encore plus à la valeur du modèle.

**CAPABLE DE REPRISES EN SIXIÈME À PARTIR D'AUSSI BAS QUE 1 500 TR/MIN, LE MOTEUR FAIT PREUVE D'UNE SOUPLESSE REMARQUABLE.**

## QUOI DE NEUF EN 2013 ?    +

Aucun changement

Aucune augmentation

## PAS MAL    ▲

Une très intéressante valeur; la facture de la GSX1250FA n'est plus aussi basse que celle de la bonne vieille Bandit 1200 refroidie par huile, mais le produit est nettement plus moderne et offre même l'ABS de série

Un 4-cylindres conçu avec une seule et unique mission, celle de produire beaucoup de couple aussi tôt que possible en régime, ce qu'il fait très bien

Un genre de routière sportive raisonnable et confortable qui est malheureusement tellement rare qu'on ne trouve à peu près rien de directement comparable

Un niveau d'accessibilité élevé, puisque malgré la forte cylindrée, elle peut être envisagée sans problème par des motocyclistes sans une grande expérience

## BOF    ▼

Une selle qui se montre assez confortable lors de déplacements de courte et moyenne durée, mais qui n'est pas exceptionnelle sur très longue route

Une injection qui se comporte parfaitement dans toutes les situations, mais qui se montre abrupte lors de l'ouverture des gaz

Un comportement de routière avant tout; la GSX1250FA permet de s'amuser sur une route sinueuse, mais sa tenue de route n'est pas particulièrement instinctive

Des suspensions qui se sont raffermies lors de la dernière révision et qui sont maintenant un peu plus fermes qu'elles n'ont besoin de l'être sur une telle moto

## CONCLUSION

Nous avons toujours trouvé dommage que Suzuki ait laissé de côté le nom Bandit lorsqu'il présenta en 2010 cette version entièrement carénée de la Bandit 1250S 2007-2009. Pas seulement parce que l'appellation GSX1250FA est longue et pas vraiment accrocheuse, mais surtout parce que ce sont les valeurs de la bonne vieille Bandit qui définissent le modèle actuel. La nommer simplement Bandit 1250F aurait très bien pu faire l'affaire. Quoi qu'il en soit, l'important reste qu'avec des caractéristiques comme une mécanique moderne généreuse en couple, un châssis simple, mais solide et efficace, un freinage ABS de série, un carénage plein et une instrumentation soignée, entre autres, la 1250 est un achat très intéressant, puisque son prix, lui, est resté très raisonnable. Il s'agit d'une routière sportive «pour adultes matures» dont la mission première est d'être polyvalente et qui s'adresse aux motocyclistes désirant combiner sportivité et confort, mais sans aller jusqu'à envisager une véritable et bien plus coûteuse machine de tourisme sportif.

GSX1250FA SE

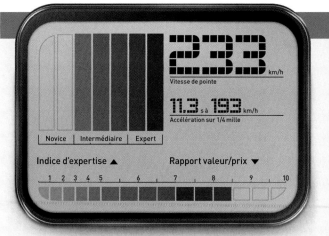

233 km/h
Vitesse de pointe

11,3 s à 193 km/h
Accélération sur 1/4 mille

| Novice | Intermédiaire | Expert |

Indice d'expertise ▲    Rapport valeur/prix ▼

1  2  3  4  5  6  7  8  9  10

Voir légende en page 18

## GÉNÉRAL

| | |
|---|---|
| Catégorie | Routière Sportive |
| Prix | 11 399 $ (SE : 12 899 $) |
| Immatriculation 2013 | 557,53 $ |
| Catégorisation SAAQ 2013 | «régulière» |
| Évolution récente | introduite en 1996, revue en 2001, 2006, 2007 et 2010 |
| Garantie | 1 an/kilométrage illimité |
| Couleur(s) | noir, bleu, blanc |
| Concurrence | Kawasaki Ninja 1000, Yamaha FZ1 |

## MOTEUR

| | |
|---|---|
| Type | 4-cylindres en ligne 4-temps, DACT, 4 soupapes par cylindre, refroidissement par liquide |
| Alimentation | injection à 4 corps de 36 mm |
| Rapport volumétrique | 10,5:1 |
| Cylindrée | 1 255 cc |
| Alésage et course | 79 mm x 64 mm |
| Puissance | 98 ch @ 7 500 tr/min |
| Couple | 79,6 lb-pi @ 3 700 tr/min |
| Boîte de vitesses | 6 rapports |
| Transmission finale | par chaîne |
| Révolution à 100 km/h | environ 3 200 tr/min |
| Consommation moyenne | 6,1 l/100 km |
| Autonomie moyenne | 311 km |

## PARTIE CYCLE

| | |
|---|---|
| Type de cadre | double berceau, en acier |
| Suspension avant | fourche conventionnelle de 43 mm ajustable en précharge |
| Suspension arrière | monoamortisseur ajustable en précharge et détente |
| Freinage avant | 2 disques de 310 mm de Ø avec étriers à 4 pistons et système ABS |
| Freinage arrière | 1 disque de 240 mm de Ø avec étrier à 1 piston et système ABS |
| Pneus avant/arrière | 120/70 ZR17 & 180/55 ZR17 |
| Empattement | 1 485 mm |
| Hauteur de selle | 805/825 mm |
| Poids tous pleins faits | 257 kg |
| Réservoir de carburant | 19 litres |

***BOUCLE BOUCLÉE...*** Les deux dernières décennies ont été témoin d'une véritable course à l'armement chez les sportives. Pour cette raison, toute monture raisonnable était pratiquement vouée à l'échec durant cette période. La Bandit 600S, puis la Bandit 650S qui l'a remplacée et finalement cette GSX650F – qui n'est rien d'autre qu'une 650S munie d'un carénage complet – font toutes partie de ce groupe de motos pratiques, mais pas vraiment populaires. Depuis quelques années, toutefois, la poussée des sportives extrêmes s'est considérablement estompée, tandis que l'intérêt pour les petites motos bien construites et polyvalentes, lui, s'est mis à grandir. Dans ce nouveau contexte, la GSX650F devient soudainement plus désirable, et ce, même si elle n'a absolument pas changé depuis son lancement en 2008. Il s'agit d'un modèle uniquement offert au Canada en Amérique du Nord.

Il y aura toujours des motocyclistes amateurs de sportives pour qui seule une machine offrant des performances extrêmes est digne d'être envisagée, et ce, peu importe qu'ils exploitent ou pas ces performances. La GSX650F ne s'adresse pas à eux, mais plutôt à un tout autre groupe pour lequel un comportement accessible, un bon niveau de confort et un côté pratique élevé constituent les caractéristiques prioritaires. Malheureusement, les motos affichant une ligne sportive et qui correspondent à ces critères sont encore très peu nombreuses, bien que leur nombre soit actuellement en croissance. La petite Suzuki fait non seulement partie de ce type de motos, mais elle offre aussi ces caractéristiques dans un ensemble assez particulier, celui de la classique routière japonaise à quatre cylindres.

La GSX650F est, d'une certaine manière, une «fausse sportive», puisque sous son carénage vaguement inspiré des lignes et des couleurs des GSX-R se trouve la Bandit 650S européenne, soit l'exemple parfait de la routière sportive amicale de cylindrée moyenne. Étonnamment légère de direction, elle se distingue dès les premiers tours de roues par une très agréable agilité dont est surtout responsable un centre de gravité bas qui masque son poids. La selle exceptionnellement basse pour une machine de style sportif contribue également à mettre rapidement le pilote en confiance, puisque ce dernier, pour une rare fois, touche confortablement le sol même s'il n'est que de taille moyenne. Comme cette selle est également confortable, comme la position de conduite de type assise est naturelle et équilibrée et comme la protection au

**TOUJOURS STABLE, LÉGÈRE À LANCER EN COURBE ET SOLIDE UNE FOIS INCLINÉE, ELLE PERMET DE BIEN S'AMUSER SUR UNE ROUTE SINUEUSE.**

vent est très bonne, les longs trajets de même que les courtes promenades peuvent être entrepris sans crainte d'inconfort prématuré. Il s'agit d'une combinaison de caractéristiques qui fait de la GSX650F plus qu'une simple bonne première moto, mais qui transforme aussi le modèle en légitime version poids moyen de la très respectable GSX1250FA. La distinction est importante, puisqu'elle élargit considérablement l'éventail de motocyclistes qui pourraient s'en déclarer satisfaits.

Les 85 chevaux de la GSX650F ne suffisent pas à battre des records, mais pour se déplacer confortablement dans toutes les situations et même pour s'amuser, surtout si l'on n'a pas une très grande expérience, c'est absolument parfait comme niveau de performances. L'une des plus belles qualités du 4-cylindres est une souplesse qui surprend franchement compte tenu de la cylindrée. Le moteur accepte sans rouspéter de reprendre à partir de 2 000 tr/min sur le sixième rapport, ce qui n'est pas du tout commun pour une 650.

Malgré le fait qu'elle n'est pas conçue pour gagner des courses, la GSX650F se débrouille quand même très bien au chapitre de la tenue de route. Stable en toutes circonstances même en pleine accélération, légère en entrée de courbe et solide une fois inclinée, elle dispose d'une réelle capacité de rouler vite et précisément sur une route sinueuse. À ce sujet, on pourrait d'ailleurs lui reprocher ses réglages de suspensions un peu trop fermes. Compte tenu de la nature routière du modèle, une plus grande souplesse à ce niveau serait probablement plus appropriée. L'ABS est livré de série.

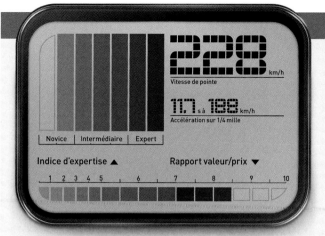

Voir légende en page 18

## QUOI DE NEUF EN 2013 ? +

Aucun changement

Aucune augmentation

## PAS MAL ▲

Une ligne sympathique vaguement inspirée de celle des GSX-R et qui fait de la GSX650F l'une des rares motos sur le marché qui offrent à la fois une grande accessibilité, des capacités de routières et une allure sportive

Un comportement routier qui n'est pas du tout aussi vif et pointu que celui d'une GSX-R, mais qui reste d'une excellente qualité et qui se montre très invitant

Un très bon niveau de confort amené par une protection au vent correcte, par une bonne selle, par une position de conduite relevée et dégagée, et par une mécanique douce, du moins à bas et moyen régimes

Une bonne valeur, surtout compte tenu de l'ABS livré de série

## BOF ▼

Un niveau de performances moyen qui la rend peu recommandable pour les amateurs de sensations fortes; les motocyclistes moins gourmands en chevaux que ces derniers se déclareront néanmoins satisfaits du genre d'accélérations qu'elle offre

Des suspensions qui, sans être rudes, sont calibrées avec une certaine fermeté dans le but de maximiser le potentiel de la tenue de route; si nous avions le choix, compte tenu de la vocation routière du modèle, nous les souhaiterions un peu plus souples

Une injection qui travaille bien dans la plupart des situations, mais qui n'est pas tout à fait douce à la remise des gaz; le système donne l'impression d'être une version satisfaisante, mais économique des alimentations de modèles plus poussés

## CONCLUSION

Des CBR-RR aux ZX-R en passant par les GSX-R et les YZF-R, pour ne nommer que celles-là, le marché offre l'embarras du choix aux motocyclistes qui souhaitent rouler une machine capable de performances extrêmes. Mais pour les autres, ceux qui n'ont ni besoin ni envie du comportement nerveux d'une moto de ce type, pour ceux qui recherchent plutôt une monture dont le style est sportif, mais dont le comportement est amical et dont le degré de polyvalence est élevé, les options sont nettement moins nombreuses. La GSX650F est l'une d'elles. Elle propose un intéressant mélange de sportivité et de facilité de pilotage dans un ensemble qui favorise avant tout le côté routier de l'utilisation. Offerte pour une somme très raisonnable et équipée de série de l'ABS, elle incarne la routière sportive de cylindrée moyenne idéale. Comme première moto ou comme modèle de progression, elle fait facilement partie de ce que le marché propose de mieux.

## GÉNÉRAL

| | |
|---|---|
| Catégorie | Routière Sportive |
| Prix | 8 199 $ |
| Immatriculation 2013 | 557,53 $ |
| Catégorisation SAAQ 2013 | « régulière » |
| Évolution récente | introduite en 2008 |
| Garantie | 1 an/kilométrage illimité |
| Couleur(s) | blanc et bleu, noir |
| Concurrence | Kawasaki Ninja 650, Yamaha FZ6R |

## MOTEUR

| | |
|---|---|
| Type | 4-cylindres en ligne 4-temps, DACT, 4 soupapes par cylindre, refroidissement par liquide |
| Alimentation | injection à 4 corps de 36 mm |
| Rapport volumétrique | 11,5:1 |
| Cylindrée | 656 cc |
| Alésage et course | 65,5 mm x 48,7 mm |
| Puissance | 85 ch @ 10 500 tr/min |
| Couple | 45,6 lb-pi @ 8 900 tr/min |
| Boîte de vitesses | 6 rapports |
| Transmission finale | par chaîne |
| Révolution à 100 km/h | environ 5 200 tr/min |
| Consommation moyenne | 5,4 l/100 km |
| Autonomie moyenne | 351 km |

## PARTIE CYCLE

| | |
|---|---|
| Type de cadre | double berceau, en acier |
| Suspension avant | fourche conventionnelle de 41 mm ajustable en précharge |
| Suspension arrière | monoamortisseur ajustable en précharge et détente |
| Freinage avant | 2 disques de 310 mm de Ø avec étriers à 4 pistons et système ABS |
| Freinage arrière | 1 disque de 240 mm de Ø avec étrier à 1 piston et système ABS |
| Pneus avant/arrière | 120/70 ZR17 & 160/60 ZR17 |
| Empattement | 1 470 mm |
| Hauteur de selle | 770 mm |
| Poids tous pleins faits | 245 kg |
| Réservoir de carburant | 19 litres |

Gladius

**PRÉMONITION...** Dans la foulée de la course à l'extrême qui a poussé tous les constructeurs à lancer des sportives plus puissantes, des customs plus grosses et des machines de tourisme plus équipées et massives, on a complètement oublié de développer des montures destinées aux nouveaux motocyclistes. Entre la majorité des modèles du marché actuel et les besoins de ces nouveaux arrivants – dont l'industrie a d'ailleurs grandement besoin aujourd'hui –, un profond fossé s'est ainsi creusé. Dérivée de l'excellente petite sportive qu'est la SV650S, la Gladius fut introduite en 2009 justement dans le but d'offrir une option accessible à d'éventuels nouveaux motards. Elle fut même l'une des toutes premières motos à avoir une mission de ce genre. Toutes deux sont propulsées par un excellent petit V-Twin et bénéficient de freins ABS en équipement de série.

Il est essentiel, pour bien saisir la nature de la Gladius, de bien comprendre le problème de relève que l'industrie de la moto tente actuellement de régler. L'un des plus grands freins à l'arrivée potentielle de cette relève, c'est l'absence, ou à tout le moins, le faible nombre de modèles lui étant directement destinés. Le rôle de la Gladius et la raison pour laquelle elle a été développée est, d'un côté, d'arriver à attirer l'attention de cette nouvelle clientèle et, de l'autre, de bien la servir une fois qu'elle en aura fait l'achat. Elle y arrive joliment dans les deux cas, tout d'abord en proposant un style invitant et peu intimidant et, par la suite, en réservant à son pilote l'un des comportements les plus amicaux qui soient pour une moto de cette cylindrée.

C'est avant tout au niveau mécanique que la Gladius se montre brillante, un constat qui n'a rien d'étonnant, puisqu'il s'agit d'une proche parente de l'excellente SV650S. Elle propose une combinaison de caractéristiques très habilement choisies afin de rendre son pilotage le plus aisé et plaisant possible. On s'en rend compte dès le tout premier contact, puisqu'il s'agit d'une monture particulièrement légère. Qu'on ait à la soulever de sa béquille ou à la déplacer lorsque le moteur est à l'arrêt, l'opération requiert un effort minimum. Une fois en route, cette impression de légèreté prend encore plus d'importance en se manifestant par l'une des directions les plus légères qui soient. La poussée nécessaire sur le guidon pour la faire changer de cap est même tellement faible que cette qualité peut se transformer en une sorte d'instabilité si le pilote ne fait pas attention aux impulsions qu'il transmet involontairement

dans les poignées, au passage de bosses, par exemple. L'un des autres attraits prédominants de la Gladius est l'adorable V-Twin de 645 cc qui l'anime. Par rapport aux prestations qu'il propose sur la SV650S, Suzuki affirme avoir amélioré le couple à bas régime sans pour autant avoir réduit la puissance à haut régime, et c'est exactement ce qu'on constate. Les accélérations sont immédiates et ne font que s'intensifier à mesure que les tours grimpent. Aucun besoin, donc, d'amener le moteur jusqu'à la toute fin de sa plage de régimes pour s'amuser. Les performances absolues ne sont pas extraordinaires, comme c'est le cas pour la SV650S, d'ailleurs, mais dans le contexte qui est celui de ces deux modèles, elles sont décidément appropriées, puisqu'elles en mettront plein les bras à la clientèle visée. Compte tenu de l'expérience de conduite limitée de celle-ci, la présence de l'ABS de série est un grand avantage.

La position compacte, mais relevée de la Gladius s'avère aussi naturelle que reposante, tandis que sa selle est relativement basse. Quant à la SV650S, il s'agit de la même sportive très compétente qu'on connaît depuis si longtemps. Son comportement n'est peut-être pas aussi fin que celui d'une 600 plus pointue, mais elle reste tout de même capable d'effectuer des tours de piste à un rythme très élevé. La SV650S s'est toujours distinguée par sa très rare capacité à divertir son pilote sans le placer dans une fâcheuse position ou lui faire trop enfreindre la loi. L'un de ses rares défauts est une position de conduite un peu trop agressive pour son positionnement avant tout routier.

> **LA GLADIUS EST APPROPRIÉE POUR UN NOUVEAU MOTOCYCLISTE AUTANT GRÂCE À SON STYLE QU'À SON EXCELLENT V-TWIN.**

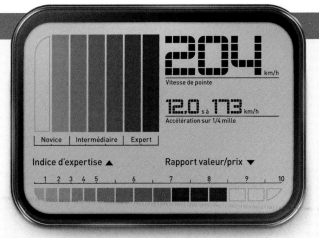

**204** km/h
Vitesse de pointe

**12.0** s à **173** km/h
Accélération sur 1/4 mille

| Novice | Intermédiaire | Expert |

Indice d'expertise ▲          Rapport valeur/prix ▼

1  2  3  4  5    6    7    8    9    10

Voir légende en page 18

## QUOI DE NEUF EN 2013 ?   +

Aucun changement

Aucune augmentation

## PAS MAL   ▲

Un charmant petit V-Twin plein de caractère dont la puissance est assez élevée pour permettre à un large éventail de pilotes de s'amuser sans pour autant trop enfreindre la loi

Une tenue de route sportive facile à exploiter; tant la SV que la Gladius représentent des outils parfaits pour s'initier à la conduite sur piste ou pour préparer le passage vers un modèle de type sportif supérieur

Un style très intéressant pour la Gladius qui troque l'aspect sportif de la SV pour un style haute couture beaucoup plus urbain et peut-être aussi moins intimidant

De bonnes valeurs, puisque les prix sont intéressants et que les produits s'avèrent excellents, surtout maintenant que l'ABS est livré en équipement de série

## BOF   ▼

Un niveau de performances qui pourrait être plus excitant, du moins pour les pilotes expérimentés et exigeants; nous continuons de rêver à un V-Twin de 750 ou 800 cc

Une position de conduite qui taxe les poignets et qui est inutilement radicale sur la SV, puisque le positionnement du modèle n'a jamais été celui d'une sportive pure destinée à la piste, mais plutôt celui d'une sportive modérée destinée à la route

Une direction tellement légère sur la Gladius qu'elle peut devenir nerveuse si le pilote ne prête pas une attention aux impulsions qu'il renvoie dans le guidon, lors du passage de bosses par exemple; un amortisseur de direction ne serait pas superflu

## CONCLUSION

Même si elle est arrivée sur le marché avant que la quête de nouveaux motocyclistes ne devienne la direction principale prise par plusieurs constructeurs, la Gladius correspond aujourd'hui très exactement à ce type de motos. C'est le cas grâce à une agilité exceptionnelle et à la présence d'une merveilleuse petite mécanique, mais aussi en raison d'une nature extraordinairement accessible et intéressante. En offrant l'ABS de série, un style européen et une position invitante, et en ne lésinant pas sur la finition en dépit du bas prix, Suzuki offre aussi une excellente valeur. Quant à la bonne vieille SV650S, disons simplement que si la Gladius est aussi intéressante et réussie, c'est surtout parce que la SV lui sert de base. Le fait qu'elle vieillit ne change pas qu'il s'agit toujours d'une proposition unique pour quiconque recherche une bonne sportive dans un format moyen offrant à la fois les sensations bien particulières d'un V-Twin et un niveau d'accessibilité élevé. Nous ne cesserons de lui reprocher sa position de conduite inutilement sévère, mais à cette exception près, elle reste parfaitement recommandable.

SV650S

## GÉNÉRAL

| | |
|---|---|
| Catégorie | Routière Sportive/Standard |
| Prix | SV650S : 8 399 $<br>Gladius : 8 299 $ |
| Immatriculation 2013 | 557,53 $ |
| Catégorisation SAAQ 2013 | « régulière » |
| Évolution récente | SV650S introduite en 1999, revue en 2003; Gladius introduite en 2009 |
| Garantie | 1 an/kilométrage illimité |
| Couleur(s) | SV650S : blanc, noir<br>Gladius : noir, gris et noir |
| Concurrence | SV650S : Kawasaki Ninja 650, Suzuki GSX650F, Yamaha FZ6R<br>Gladius : Aprilia Shiver 750, Ducati Monster 696, Honda NC700S, Kawasaki ER-6n |

## MOTEUR

| | |
|---|---|
| Type | bicylindre 4-temps en V à 90 degrés, DACT, 4 soupapes par cylindre, refroidissement par liquide |
| Alimentation | injection à 2 corps de 39 mm |
| Rapport volumétrique | 11,5:1 |
| Cylindrée | 645 cc |
| Alésage et course | 81 mm x 62,6 mm |
| Puissance | SV650S : 74 ch @ 9 000 tr/min<br>Gladius : 72 ch @ 8 400 tr/min |
| Couple | SV650S : 45 lb-pi @ 7 400 tr/min<br>Gladius : 46,3 lb-pi @ 6 400 tr/min |
| Boîte de vitesses | 6 rapports |
| Transmission finale | par chaîne |
| Révolution à 100 km/h | environ 4 700 tr/min |
| Consommation moyenne | 6,0 l/100 km |
| Autonomie moyenne | SV650S : 283 km; Gladius : 241 km |

## PARTIE CYCLE

| | |
|---|---|
| Type de cadre | SV650S : treillis périmétrique, aluminium<br>Gladius : treillis périmétrique, en acier |
| Suspension avant | fourche conventionnelle de 41 mm ajustable en précharge |
| Suspension arrière | monoamortisseur ajustable en précharge |
| Freinage avant | 2 disques de 290 mm de Ø avec étriers à 2 pistons et système ABS |
| Freinage arrière | 1 disque de 220 mm (G : 240mm) de Ø avec étrier à 1 piston et système ABS |
| Pneus avant/arrière | 120/60 ZR17 & 160/60 ZR17 |
| Empattement | SV650S : 1 430 mm; Gladius : 1 445 mm |
| Hauteur de selle | SV650S : 800 mm; Gladius : 785 mm |
| Poids tous pleins faits | SV650S : 203 kg; Gladius : 202 kg |
| Réservoir de carburant | SV650S : 17 litres; Gladius : 14,5 litres |

V-Strom 650

**HISTOIRE D'AMOUR...** Lancée en 2004, la V-Strom 650 évoluait pour la première fois en 2012. Suzuki conserva alors certains aspects du modèle intacts comme le cadre, les roues, les freins et les suspensions, mais s'attarda à raffiner le fonctionnement du V-Twin de 645 cc, une mécanique développée à l'origine pour la SV650S. Un carénage complètement redessiné, une nouvelle selle et une nouvelle instrumentation faisaient partie des améliorations. Le résultat est assez surprenant, puisque l'agrément de pilotage du modèle, que Le Guide recommande d'ailleurs chaudement depuis toujours, est plus important qu'on ne pourrait le croire. En plus de la version de base, deux variantes sont offertes. Le modèle SE est livré avec, entre autres, un trio de valises en plastique, tandis que dans le cas de la version EXP, ces valises sont plutôt en aluminium. Chacune est équipée de l'ABS.

Choyés par des nouveautés toujours « plus », les motocyclistes sont devenus gourmands et lorsqu'arrive le temps d'une révision, ils s'attendent donc à ce que tout soit revu. Mais comment faire évoluer un ensemble tellement réussi qu'il en devient difficile à critiquer ? C'est la question à laquelle Suzuki a dû répondre l'an dernier lorsqu'il présenta la seconde génération de l'excellente V-Strom 650.

La réponse du constructeur a tout simplement été de résister à l'envie de tout changer, puisque ça n'était pas nécessaire, et de plutôt raffiner et fignoler là où une différence pourrait être sentie. C'était la bonne.

La V-Strom 650 est encore la V-Strom 650. Le format de la petite routière aventurière de cylindrée moyenne, la silhouette haute sur patte et le sympathique petit V-Twin, tous ces éléments demeurent les mêmes et forment un ensemble qui accomplit en gros les mêmes choses. Mais malgré ces similitudes générales, il reste que la V-Strom 650 « Prise 2 » représente une progression claire par rapport à la première version, et ce, non pas grâce à des caractéristiques qui auraient été améliorées de manière évidente, mais plutôt en raison d'une impression de raffinement qui n'existait pas sur la version précédente.

S'il est un élément d'où provient le plus cette impression, c'est le moteur. Le genre de travail que Suzuki a effectué sur le V-Twin — allègements de certaines pièces, reprogrammation de l'injection, etc. — est généralement difficile à percevoir en selle. Mais dans ce cas, l'amélioration est indiscutable. D'une petite mécanique très compétente, le V-Twin a été transformé en un exemple de finesse japonaise. Extrêmement doux, parfaitement injecté et émettant un

> **LA V-STROM 650 N'EST PAS MEILLEURE À CAUSE D'UN SEUL FACTEUR, MAIS PLUTÔT GRÂCE À UNE IMPRESSION DE RAFFINEMENT PRONONCÉ.**

discret, mais très plaisant vrombissement feutré, il est le grand responsable de cette impression de qualité et de sophistication que renvoie le modèle tout entier. Ses performances n'ont pas vraiment progressé, mais l'étendue de sa livrée de puissance et sa capacité à rendre chacun des chevaux utilisable le rendent remarquablement plaisant à solliciter. Même un pilote expérimenté et habitué à une puissance supérieure ne pourra qu'avoir des compliments à son égard, ce qui est très rare pour une mécanique de cette cylindrée.

La partie cycle dans laquelle ce V-Twin est logé n'a presque pas changé, mais une fois en selle, on ne trouve carrément rien à lui reprocher. Offrant une direction d'une légèreté telle qu'elle permet d'accomplir toutes les manœuvres de manière complètement intuitive et dotée d'un châssis admirablement à l'aise en virage ainsi que d'une stabilité sans reproches, la V-Strom 650 est un délice à manier sur une route sinueuse. Comme cela a toujours été le cas avec le modèle, l'état de la chaussée importe peu, puisque les suspensions avalent tout sans broncher. D'ailleurs, même si elle n'est pas décrite par Suzuki comme une machine hors-route, la V-Strom possède bel et bien la capacité de rouler sur tout type de routes non pavées. Quant à l'ABS, il s'agit d'un système efficace et transparent qui fait partie de l'équipement de série.

Enfin, grâce à une position de conduite admirablement naturelle et équilibrée, à une bonne selle pour le pilote comme pour le passager, à des suspensions souples, à une mécanique douce et à une bonne protection au vent, la V-Strom se veut également une excellente compagne sur de longs trajets.

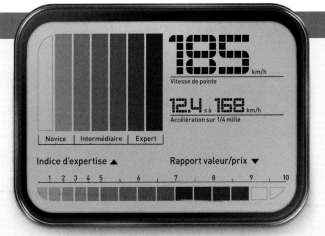

185 km/h
Vitesse de pointe

12,4 s à 168 km/h
Accélération sur 1/4 mille

| Novice | Intermédiaire | Expert |

Indice d'expertise ▲          Rapport valeur/prix ▼

1  2  3  4  5    6    7    8    9    10

Voir légende en page 18

## QUOI DE NEUF EN 2013 ?    +

Aucun changement

Aucune augmentation

## PAS MAL    ▲

Un petit V-Twin absolument charmant qui propulse le modèle avec entrain malgré sa cylindrée moyenne et dont le fonctionnement est merveilleusement raffiné

Un comportement routier précis et intuitif véritablement impressionnant ainsi que des suspensions offrant la caractéristique exceptionnelle d'un rendement qui ne se détériore pas sur mauvais revêtement

Un niveau de confort élevé grâce, entre autres, à une position de conduite équilibrée et naturelle qui, en plus, met le pilote en confiance

Un système ABS livré de série qui contribue à faire du modèle une très bonne valeur

## BOF    ▼

Un niveau de performances qui arrive à satisfaire, mais qui serait nettement plus intéressant pour les motocyclistes expérimentés si la cylindrée était un peu plus élevée, disons 750 ou 800 cc

Une lourdeur de maniement à l'arrêt ou à très basse vitesse sur les versions équipées d'un trio de valises; ces dernières sont par contre très pratiques

Une hauteur de selle qui n'est pas extrême, mais qui reste suffisamment importante pour gêner les pilotes courts sur pattes

## CONCLUSION

On entend souvent dire qu'il n'y a plus de mauvaises motos, et l'affirmation n'est pas fausse. Malgré cela, pour diverses raisons, certains modèles se démarquent. D'autres, plus rares, méritent carrément le statut d'exceptionnels. La V-Strom 650 est l'un de ceux-là. La transparence et l'aisance avec lesquelles elle accomplit une foule de tâches sont stupéfiantes. Des déplacements quotidiens aux balades sportives en passant par le voyage, absolument rien n'est à son épreuve. Mais ce qui nous enchante le plus à son égard, c'est cet extraordinaire raffinement dont elle fait désormais preuve à chaque instant de conduite. Ajoutez le fait qu'elle soit proposée pour une somme raisonnable et qu'elle soit équipée de série de l'ABS et vous obtenez tout simplement l'une des meilleures motos au monde.

V-Strom 650

## GÉNÉRAL

| | |
|---|---|
| Catégorie | Routière Aventurière |
| Prix | V-Strom 650 : 9 099 $<br>V-Strom 650 SE : 10 199 $<br>V-Strom 650 EXP : 10 899 $ |
| Immatriculation 2013 | 557,53 $ |
| Catégorisation SAAQ 2013 | « régulière » |
| Évolution récente | introduite en 2004, revue en 2012<br>SE introduite en 2009 |
| Garantie | 1 an/kilométrage illimité |
| Couleur(s) | blanc, gris, bleu |
| Concurrence | BMW F700GS, Triumph Tiger 800 |

## MOTEUR

| | |
|---|---|
| Type | bicylindre 4-temps en V à 90 degrés, DACT, 4 soupapes par cylindre, refroidissement par liquide |
| Alimentation | injection à 2 corps de 39 mm |
| Rapport volumétrique | 11,2:1 |
| Cylindrée | 645 cc |
| Alésage et course | 81 mm x 62,6 mm |
| Puissance | 69 ch @ 8 800 tr/min |
| Couple | 44 lb-pi @ 6 400 tr/min |
| Boîte de vitesses | 6 rapports |
| Transmission finale | par chaîne |
| Révolution à 100 km/h | environ 4 600 tr/min |
| Consommation moyenne | 5,4 l/100 km |
| Autonomie moyenne | 370 km |

## PARTIE CYCLE

| | |
|---|---|
| Type de cadre | treillis périmétrique, en aluminium |
| Suspension avant | fourche conventionnelle de 43 mm ajustable en précharge |
| Suspension arrière | monoamortisseur ajustable en précharge et détente |
| Freinage avant | 2 disques de 310 mm de Ø avec étriers à 2 pistons et système ABS |
| Freinage arrière | 1 disque de 260 mm de Ø avec étrier à 1 piston et système ABS |
| Pneus avant/arrière | 110/80 R19 & 150/70 R17 |
| Empattement | 1 560 mm |
| Hauteur de selle | 835 mm |
| Poids tous pleins faits | 214 kg |
| Réservoir de carburant | 20 litres |

M109R Limited Edition

**INNOCENTE...** Il est possible que l'on n'apprécie pas particulièrement cette opinion chez Suzuki, mais allons-y quand même. Nous croyons que la marque n'a jamais tout à fait « compris » les customs et que les modèles de ce genre qu'elle a présentés – dont certains ont eu un intéressant succès – n'ont pas souvent été beaucoup plus que la version économique d'une Harley-Davidson. Cela dit, s'il est une chose que Suzuki comprend, ce sont les sportives. La M109R est le fruit du croisement entre cette innocence en matière de custom et de ces connaissances profondes en termes de sportives. Il s'agit d'une sorte de résultat un peu accidentel ou imprévu, mais qui, finalement, s'avère génial. Lancée en 2006 et n'ayant jamais été modifiée depuis, elle est animée par l'un des V-Twin de customs les plus puissants et caractériels jamais développés et propose un style absolument unique.

Si la philosophie custom n'est pas nécessairement celle qui illustre le mieux les valeurs de la marque Suzuki, le concept de la haute performance à bon prix, lui, définit clairement la nature traditionnelle des modèles de la marque. Lorsque la tendance, chez les customs, a pris la direction de la performance au début des années 2000, le constructeur n'a décidément pas raté la chance de montrer au monde sa vision du croisement des concepts « custom » et « performance ».

En limitant la cylindrée de la M109R à 1 800 cc à une époque où tout le monde semblait viser plus de 2 litres et en optant pour un style « caréné » aussi audacieux que surprenant, Suzuki empruntait une avenue particulièrement originale.

La présence visuelle de la M109R ne peut être vraiment appréciée que lorsqu'on se trouve devant elle. Longue, basse et très massive, elle paraît immense et renvoie immédiatement une impression de largeur extrême dont sont surtout responsables le réservoir surdimensionné et toute la partie arrière qui est construite de manière à contourner le pneu massif de 240 mm. Certaines motos imposantes semblent disparaître une fois qu'on y prend place, mais ce n'est pas du tout le cas de la M109R dont le côté massif demeure toujours présent. Cela n'a d'ailleurs rien de désagréable, au contraire, et se veut même un attrait pour les amateurs de machines costaudes.

Si la M109R ne semble pas tellement lourde à l'arrêt en raison de son centre de gravité bas, sa position de conduite très typée peut en revanche gêner les pilotes aux jambes courtes, puisqu'elle demande d'étendre les pieds assez loin pour atteindre les repose-pieds. L'emplacement tout aussi avancé du guidon bas et plat crée une posture en C très accentuée. Étonnamment, le niveau de confort n'est, malgré cela, pas mauvais du tout, en partie grâce à la selle large et bien rembourrée et en partie grâce à la surprenante protection au vent apportée par l'avant de la moto. Celle-ci permet de maintenir tolérablement des vitesses d'autoroute qui seraient inconfortables sur une custom classique, un avantage considérable en utilisation quotidienne. Si la suspension avant n'attire pas de critiques, l'amortisseur arrière est sec sur tout ce qui est plus que moyennement abîmé.

Bien qu'il soit très possible que le style de la M109R constitue son premier facteur d'intérêt, une fois en route, c'est le gros V-Twin qui l'anime qui devient immédiatement le centre d'attention. Il s'agit d'un moteur absolument fabuleux qu'on entend carrément renifler et souffler au ralenti. Il génère non seulement l'une des accélérations les plus puissantes de l'univers custom, mais aussi l'une des plus particulières, puisqu'il continue d'étirer les bras du pilote jusqu'aux tout derniers tours et n'est donc pas seulement coupleux à bas régime. L'intense tremblement et la profonde sonorité qui s'en échappent à tous les régimes ajoutent également beaucoup à l'agrément de conduite.

Le comportement routier de la M109R est caractérisé par une stabilité de tous les instants, par un bon freinage et par une direction qui demande un effort légèrement supérieur à la moyenne en amorce et en milieu de virage à cause du large pneu arrière. La présence de celui-ci touche par ailleurs tous les autres aspects de la tenue de route, sans pour autant que cela soit vraiment dérangeant. Quant à l'ABS, il n'a encore jamais été offert sur le modèle.

> **SUZUKI N'A PAS RATÉ SA CHANCE DE MONTRER AU MONDE SA VISION DU CONCEPT D'UNE CUSTOM DE PERFORMANCES.**

## QUOI DE NEUF EN 2013 ?  +

Aucun changement

Aucune augmentation

## PAS MAL  ▲

Un moteur qui a une manière presque bestiale de renifler et de souffler au ralenti et dont le niveau de performances est vraiment impressionnant

Une partie cycle qui encaisse sans broncher toute la furie du gros V-Twin et dont le large pneu arrière ne sabote pas trop les bonnes manières dont elle fait preuve dans la plupart des situations

Un coût raisonnable, puisque comparable à celui de customs poids lourds classiques de plus faible cylindrée et moins performantes

Une ligne qui, même si elle n'a jamais fait l'unanimité, demeure un design audacieux et original; elle représente la signature stylistique de Suzuki dans ce créneau

## BOF  ▼

Une injection qui se montre abrupte à la réouverture des gaz et un frein moteur inhabituellement fort qui se combinent pour rendre la conduite saccadée sur les rapports inférieurs, à basse vitesse

Un rouage d'entraînement dont on perçoit le sifflement à presque chaque instant en selle et qui compte parmi les raisons pour lesquelles nous disons qu'il ne s'agit pas de la grosse custom la plus raffinée qui soit

Une suspension arrière qui digère mal les routes très abîmées et dont la capacité d'absorption semble se limiter aux revêtements peu endommagés

## CONCLUSION

On entend régulièrement parler de customs de performances par les constructeurs, mais le concept semble être assez élastique dans leur esprit, puisqu'il n'y a parfois rien de performant dans les modèles qu'ils identifient de la sorte. Dans de rares cas, toutefois, l'aspect performances est indéniable. La M109R de Suzuki est l'un d'eux, tout comme le sont les V-Rod de Harley-Davidson, d'ailleurs. En ligne droite, la grosse Suzuki fait carrément honte aux modèles ayant faussement affiché cette étiquette. Le gros V-Twin qui l'anime est un véritable monstre cracheur de feu dont le rendement est brutalement plaisant. Il s'agit d'une mécanique extrêmement coupleuse et puissante qui affiche un caractère bien plus cru et bestial que raffiné, mais qui le fait de manière étonnamment attachante. Ce moteur constitue d'ailleurs l'une des principales raisons pour lesquelles on devrait envisager une M109R, l'autre étant, bien entendu, le style audacieux et très original du modèle. Il s'agit d'une des très rares customs affichant un design authentique qui ne copie pas sans gêne ce qui se fait chez Harley-Davidson.

M109R

**208** km/h
Vitesse de pointe

**12,1** s à **178** km/h
Accélération sur 1/4 mille

| Novice | Intermédiaire | Expert |

Indice d'expertise ▲          Rapport valeur/prix ▼

1  2  3  4  5     6     7     8     9     10

Voir légende en page 18

## GÉNÉRAL

| | |
|---|---|
| Catégorie | Custom |
| Prix | M109R : 15 999 $<br>M109R Limited Edition : 16 499 $ |
| Immatriculation 2013 | 557,53 $ |
| Catégorisation SAAQ 2013 | « régulière » |
| Évolution récente | introduite en 2006 |
| Garantie | 1 an/kilométrage illimité |
| Couleur(s) | M109R : noir<br>M109R LE : rouge |
| Concurrence | Harley-Davidson Night Rod Special,<br>V-Rod Muscle, Victory Hammer |

## MOTEUR

| | |
|---|---|
| Type | bicylindre 4-temps en V à 54 degrés,<br>DACT, 4 soupapes par cylindre,<br>refroidissement par liquide |
| Alimentation | injection à 2 corps de 56 mm |
| Rapport volumétrique | 10,5:1 |
| Cylindrée | 1 783 cc |
| Alésage et course | 112 mm x 90,5 mm |
| Puissance | 127 ch @ 6 200 tr/min |
| Couple | 118,6 lb-pi @ 3 200 tr/min |
| Boîte de vitesses | 5 rapports |
| Transmission finale | par arbre |
| Révolution à 100 km/h | environ 2 900 tr/min |
| Consommation moyenne | 7,8 l/100 km |
| Autonomie moyenne | 250 km |

## PARTIE CYCLE

| | |
|---|---|
| Type de cadre | double berceau, en acier |
| Suspension avant | fourche inversée de 46 mm<br>non ajustable |
| Suspension arrière | monoamortisseur ajustable en précharge |
| Freinage avant | 2 disques de 310 mm de Ø<br>avec étriers radiaux à 4 pistons |
| Freinage arrière | 1 disque de 275 mm de Ø<br>avec étrier à 2 pistons |
| Pneus avant/arrière | 130/70 R18 & 240/40 R18 |
| Empattement | 1 710 mm |
| Hauteur de selle | 705 mm |
| Poids tous pleins faits | 347 kg |
| Réservoir de carburant | 19,5 litres |

***TERRAIN CONNU...*** Suzuki a une longue histoire avec les customs de 1 500 cc. Sa bonne vieille Intruder 1500 LC a d'ailleurs fait le bonheur de fort nombreux motocyclistes intéressés à rouler sur une grosse custom – oui, 1 500 cc a déjà été «gros»... –, mais que les factures très élevées des modèles les plus convoités, notamment celles du catalogue Harley-Davidson, laissaient froids. L'arrivée de la nouvelle Boulevard C90T en 2013 représente donc un genre de retour aux sources pour le constructeur, puisqu'elle ramène cette cylindrée à la gamme Suzuki après quelques années d'absence. Équipée de valises rigides recouvertes de cuir et d'un gros pare-brise, elle est basée sur la M90 lancée en 2009 dont elle partage le cadre et le moteur. Notons qu'un modèle de base existe, la C90, mais que Suzuki ne l'offre pas sur notre continent.

L'un des aspects les plus intéressants de la Boulevard C90T, outre sa très intéressante facture, c'est sa cylindrée de 1 500 cc qui était jadis la norme chez les customs poids lourd, mais qui est aujourd'hui pratiquement disparue.

La C90T illustre de manière assez convaincante que les avantages de ce cubage sont non seulement nombreux, mais qu'ils correspondent probablement plus que jamais aux besoins du marché actuel. En effet, les amateurs de customs font maintenant face à des modèles techniquement très désirables, mais dont le prix est également assez élevé, et ce, surtout s'il est question de montures de tourisme léger équipées comme la C90T. L'option des 1300 existe, mais pour un amateur de gros couple, le genre de poussée qu'offre cette cylindrée pourrait être juste.

Pour un prix très similaire à celui des 1300 – la 1500 de Suzuki est même *moins* chère que la Yamaha V-Star 1300 Deluxe, qui offre en revanche plus d'équipements –, la C90T propose une mécanique dont les performances sont nettement plus intéressantes. En fait, la force des accélérations et la souplesse du moteur de la C90T sont suffisantes pour satisfaire n'importe quel amateur de grosse custom, du moins si l'on exclut les inconditionnels de très gros V-Twin pour qui seules de très grosses cylindrées font l'affaire. En d'autres mots, on n'a jamais l'impression, avec les 1 500 cc de la C90T, de faire un compromis en termes de puissance, ce qui est un avantage marqué par rapport aux 1300. Quant à la distribution des chevaux, elle est remarquablement large. Si le modèle continue de tirer à haut régime, les tours élevés ne sont absolument pas

nécessaires pour générer des accélérations plaisantes. Par ailleurs, en matière de caractère, il s'agit décidément d'un des plus agréables V-Twin du constructeur, puisque ses pulsations sont franches et qu'il tremble comme peu de mécaniques non milwaukiennes arrivent à le faire, ce qui est un grand compliment. Surtout présent à l'accélération, ce tremblement se transforme en doux vrombissement aux alentours des 100 km/h – qui sont promptement atteints –, puis s'adoucit complètement vers les 120 km/h. Si la sonorité du V-Twin n'est pas la plus mélodieuse du marché, elle reste quand même agréable. Tant l'injection que l'embrayage ou la transmission n'attirent aucune critique et fonctionnent très bien.

La mission de tourisme léger de la C90T est assez bien accomplie. Le volume des valises n'est pas énorme, mais il reste utilisable. Ces dernières offrent l'avantage de ne pas être des accessoires, mais bien un équipement faisant partie de la conception du modèle. Elles sont d'ailleurs très joliment intégrées à la ligne de la C90T dont le côté classique prévisible ne la rend pas moins élégante. Grâce à une position dégagée aussi bien équilibrée qu'on peut le souhaiter pour une custom, à des suspensions qui travaillent généralement bien, à un bon pare-brise et à une selle dont le confort est honnête, les longs trajets font décidément partie des capacités de la C90T. Quant à son comportement, il est caractérisé par une stabilité imperturbable en ligne droite, par une grande légèreté de direction et par des manières rassurantes et solides en virage, du moins tant qu'on n'exagère pas en augmentant le rythme jusqu'à un niveau inapproprié pour ce type de motos.

**EN MATIÈRE DE CARACTÈRE, LE V-TWIN DE LA C90T EST L'UN DES PLUS PLAISANTS JAMAIS PRODUITS PAR SUZUKI.**

DESSINÉE AVEC ÉLÉGANCE, ÉQUIPÉE ET FINIE CORRECTEMENT, BIEN MANIÉRÉE, ANIMÉE PAR UN V-TWIN NON SEULEMENT PUISSANT, MAIS ÉGALEMENT PLAISANT POUR LES SENS ET ACCOMPAGNÉE D'UNE FACTURE TRÈS RAISONNABLE, LA C90T MARQUE BEAUCOUP DE BONS POINTS.

## SOUS LES COURBES...

Malgré les lignes classiques de sa silhouette, la C90T est une custom tout ce qu'il y a de plus moderne. La base sur laquelle elle est construite n'est pas tout à fait nouvelle, puisque les composantes principales du modèle, comme le cadre et le moteur, proviennent de la M90 lancée en 2009. La majorité du reste est toutefois exclusif à la C90T. Notons qu'une Boulevard C90 – une custom sans les accessoires de tourisme léger de la C90T – existe sur d'autres marchés, mais qu'elle n'est pas offerte en Amérique du Nord pour le moment. La C90T 2013 ne partage aucune pièce avec la C90T précédente qui était en fait une évolution de l'Intruder 1500 LC lancée par Suzuki en 1998. Au lieu du V-Twin à 45 degrés refroidi par air et huile de cette dernière, la C90T actuelle est animée par un V-Twin ouvert à 54 degrés et alimenté par un système d'injection à double papillon inspiré de celui des GSX-R. Son refroidissement se fait par liquide et sa puissance frôle les 80 chevaux, ce qui est très respectable pour le créneau. La transmission compte 5 rapports plutôt que 6, comme c'est de plus en plus le cas sur les customs de grosse cylindrée, ce que la C90T est presque avec ses 1 462 cc. Les autres différences techniques par rapport à la M90 se situent au niveau d'une fourche conventionnelle plutôt qu'inversée, de roues de dimensions différentes et d'un freinage à disque simple plutôt que double à l'avant. Quant à l'équipement de base, il comprend un gros pare-brise et des valises en plastique recouvertes de cuir. Celles-ci s'ouvrent par le haut et offrent un volume de rangement de 26 litres à gauche et 24,5 litres à droite.

Voir légende en page 18

## QUOI DE NEUF EN 2013 ? +

Nouvelle génération de la Boulevard C90T

## PAS MAL ▲

Un format très intéressant, puisqu'il propose une facture comparable à celle de modèles de 1 300 cc similairement équipés, mais une mécanique de 1 500 cc dont le côté satisfaisant est nettement supérieur

Un V-Twin plutôt puissant et coupleux dont le caractère est étonnament fort, puisqu'il tremble de manière franche et plaisante en accélération, avant de s'adoucir à vitesse d'autoroute

Une ligne classique qui est prévisible, mais qui est aussi bien exécutée, comme au niveau de la belle intégration des valises dans l'image d'ensemble

Une stabilité sans reproches en ligne droite et un comportement sain en virage grâce à un châssis solide et à des suspensions qui travaillent généralement correctement

## BOF ▼

Une finition généralement bonne et tout à fait acceptable, mais qui n'affiche pas le degré d'attention au détail très élevé des modèles Yamaha, par exemple

Un pare-brise qui génère un peu de turbulence au niveau du casque à haute vitesse, mais qui se montre autrement d'assez bonne qualité, ce qui est rare chez ces motos

Une absence de système ABS, ce qui est dommage compte tenu du fait que le modèle vient tout juste d'être conçu

Une suspension arrière qui peut devenir ferme, voire rude sur mauvais revêtement

Un comportement dont les bonnes manières se dissipent peu à peu lorsque le rythme grimpe en virage

## CONCLUSION

La C90T joue très bien le «jeu» des cylindrées. Peut-être pas tout à fait aussi bien finie que d'autres, elle propose en revanche une mécanique nettement plus intéressante que celle des modèles de 1 300 cc qui représentent sa concurrence la plus logique. Et comme le cubage correspond généralement à la plus grande source de plaisir de pilotage chez les customs, le surplus de centimètres cubes offert par la C90T équivaut à un immense avantage pour le modèle. Premièrement parce qu'en situant la facture au niveau de celle d'une 1300, Suzuki ne fait essentiellement pas payer ce surplus aux acheteurs, et deuxièmement, parce que cette cylindrée fait de la C90T un produit finalement unique sur le marché. Évidemment, toutes ces réflexions ne peuvent être valables que si, en fin de compte, le modèle se comporte correctement et non comme une machine bon marché. Elles le sont.

## GÉNÉRAL

| | |
|---|---|
| Catégorie | Tourisme léger |
| Prix | 13 999 $ |
| Immatriculation 2013 | 557,53 $ |
| Catégorisation SAAQ 2013 | «régulière» |
| Évolution récente | Intruder 1500 LC introduite en 1998, revue et renomée Boulevard C90 en 2005, retirée en 2010, revue en 2013 |
| Garantie | 1 an/kilométrage illimité |
| Couleur(s) | noir, blanc et argent, rouge et noir |
| Concurrence | Yamaha V-Star 1300 Deluxe |

## MOTEUR

| | |
|---|---|
| Type | bicylindre 4-temps en V à 54 degrés, SACT, 4 soupapes par cylindre, refroidissement par liquide |
| Alimentation | injection à 2 corps de 42 mm |
| Rapport volumétrique | 9,5:1 |
| Cylindrée | 1 462 cc |
| Alésage et course | 96 mm x 101 mm |
| Puissance | 77,8 ch @ 4 800 tr/min |
| Couple | 96,6 lb-pi @ 2 600 tr/min |
| Boîte de vitesses | 5 rapports |
| Transmission finale | par arbre |
| Révolution à 100 km/h | n/d |
| Consommation moyenne | 6,2 l/100 km |
| Autonomie moyenne | 290 km |

## PARTIE CYCLE

| | |
|---|---|
| Type de cadre | double berceau, en acier |
| Suspension avant | fourche conventionnelle de 45 mm non ajustable |
| Suspension arrière | monoamortisseur non ajustable |
| Freinage avant | 1 disques de 330 mm de Ø avec étrier à 2 pistons |
| Freinage arrière | 1 disque de 275 mm de Ø avec étrier à 2 pistons |
| Pneus avant/arrière | 130/80-17 & 200/60-16 |
| Empattement | 1 675 mm |
| Hauteur de selle | 720 mm |
| Poids tous pleins faits | 363 kg |
| Réservoir de carburant | 18 litres |

**MINI 109...** La M90 n'est pas une nouveauté en 2013. Il s'agit plutôt d'un modèle lancé en 2009 par Suzuki et dont le rôle était double. D'abord, elle devait proposer aux amateurs de customs une version plus abordable de la M109R qui avait beaucoup attiré l'attention lorsqu'elle fut présentée en 2006. Puis, elle avait aussi le rôle d'inaugurer la prochaine génération de customs de 1 500 cc du constructeur. Même si sa cylindrée de 1 462 cc est la même que celle de l'ancienne C90 (alias Intruder 1500 LC), la Boulevard M90 est une moto entièrement différente construite autour d'une nouvelle partie cycle et animée par un V-Twin refroidi par liquide et non par air et huile. La nouvelle C90T présentée cette année par Suzuki est d'ailleurs construite autour de la base de la M90. Par ailleurs, cette dernière est désormais offerte à un prix nettement réduit en 2013.

L'influence de la M109R au niveau de la ligne de la M90 est évidente et témoigne du succès et de l'attention que Suzuki a obtenus avec ce modèle. Le petit carénage avant et la partie arrière affichent une ressemblance très prononcée avec les composantes de la M109R, mais on note que le traitement esthétique entourant le radiateur est absent sur la M90, probablement par souci d'économie. Cela dit, cette dernière se montre quand même étonnamment généreuse compte tenu de la fort intéressante facture qui l'accompagne. Massives roues coulées, freins à trois disques (sans ABS, toutefois), fourche inversée, entraînement final par cardan et l'injection d'essence à double papillon, instrumentation stylisée et système d'échappement imposant sont autant d'exemples de la générosité technique du modèle.

Comme la M109R, la M90 constitue un excellent exemple de la tradition qu'a Suzuki de présenter des modèles performants, attrayants et abordables. Il s'agit d'une custom bien maniérée, dotée d'une très bonne mécanique et originalement présentée. Sa facture d'un peu plus de 11 000 $ est même un peu surprenante, puisque les rivales les plus proches de la M90 de 1 500 cc sont des 1300 et qu'elles coûtent plus cher, ce qui fait de la Suzuki une valeur particulièrement forte.

Les intéressés doivent réaliser que la M90 ne se veut pas une custom dont le V-Twin tente de dupliquer le mieux possible le chant d'une mécanique de Harley-Davidson. La sonorité, qui n'est pas désagréable du tout pour autant, est simplement celle d'un bicylindre en V. Le style du modèle est d'ailleurs assez

appropriée à ce sujet, puisqu'il indique effectivement aux observateurs qu'ils n'ont pas affaire à une monture de ce type tout à fait traditionnelle.

La cylindrée de la M90 est intéressante, puisqu'elle n'existe presque plus sur le marché actuel. Pas aussi puissante que les plus gros modèles, mais plus coupleuse que les customs de 1,3 litre, la M90 s'arrache d'un arrêt avec une surprenante poussée. Sans que sa mission soit de déloger les plus rapides spécimens du créneau, elle propose quand même un niveau de performances qu'un pilote expérimenté trouvera satisfaisant et amusant. Son V-Twin prend ses tours avec empressement plutôt que de façon nonchalante, comme c'est la coutume chez ces motos, et semble clairement avoir été conçu pour générer une poussée franche et immédiate plutôt que pour imiter le rythme saccadé des moteurs de Milwaukee. Il tremble de manière abondante et plaisante en pleine accélération si bien qu'il est toujours bien ressenti par le pilote.

**LA CYLINDRÉE DE 1,5 LITRE EST INTÉRESSANTE, PUISQU'ELLE A PRESQUE DISPARU DU CRÉNEAU CUSTOM AUJOURD'HUI.**

En termes de comportement routier, la M90 n'étonne pas vraiment, mais elle fait quand même preuve de manières qui restent saines tant qu'on n'élève pas le rythme de pilotage jusqu'à un niveau inapproprié pour une custom. À une cadence plus ou moins légale, grâce aux solides pièces qui la composent, la M90 offre une agréable solidité en virage et une stabilité sans fautes. L'un de ses rares véritables défauts à ce chapitre est une suspension arrière assez sèche pour vous maltraiter le dos au passage de certaines irrégularités. La position de conduite, qui s'avère autrement plaisante, n'aide pas à ce chapitre puisqu'elle place le pilote en position vulnérable.

## QUOI DE NEUF EN 2013 ? +

Retour du modèle M90 qui était absent de la gamme en 2011 et en 2012

Coûte 2 400 $ de moins qu'en 2010

## PAS MAL ▲

Une ligne différente qui est inspirée d'une signature stylistique propre à Suzuki et n'est pas qu'une simple imitation de la silhouette d'une quelconque Harley-Davidson

Un V-Twin qui surprend par sa présence mécanique inhabituellement forte et par le très bon niveau de performances qu'il offre compte tenu de la cylindrée

Une position de conduite assez typée pour mettre le pilote dans la bonne ambiance, mais pas au point de devenir extrême

Une valeur très intéressante compte tenu de la cylindrée quand même considérable et des bonnes performances

Un comportement routier qui se montre généralement solide et sain sans qu'il affiche toutefois de qualités exceptionnelles

## BOF ▼

Une tenue de route qui se dégrade si on s'éloigne un peu trop d'un rythme de balade

Une mécanique qui tremble beaucoup en pleine accélération, ce que pourraient ne pas aimer certains motocyclistes; en revanche, ceux qui aiment les V-Twin au caractère fort apprécieront beaucoup ce trait

Une suspension arrière qui digère très mal les imperfections prononcées de la chaussée et qui fera clairement comprendre au pilote – et encore plus au passager – qu'il est préférable pour lui de les éviter

## CONCLUSION

Les liens qui existent entre la M90 et la grosse M109R vont plus loin qu'une simple ressemblance stylistique. Comme c'est le cas pour la machine de 1 800 cc, la Boulevard M90 ne propose ni une construction ni une conception de custom traditionnelle, à commencer par sa mécanique. Il s'agit d'un V-Twin qui n'affiche pas le tempérament un peu paresseux et avant tout axé sur le couple à bas régime des modèles habituels, mais plutôt d'une mécanique puissante sur la totalité de sa bande de régimes. Quant au style, qui est évidemment inspiré de la ligne de la M109R, il est aujourd'hui devenu une signature visuelle pour Suzuki et a le mérite de se distancer des directions prévisibles qu'empruntent la majorité des modèles du créneau. Mais la plus belle qualité de la M90 est probablement sa facture, puisqu'elle la met à la portée de bourses qui n'auraient pas nécessairement pu se payer une custom au moteur réellement intéressant.

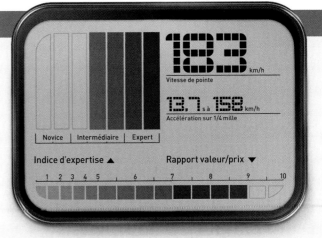

183 km/h
Vitesse de pointe

13,7 s à 158 km/h
Accélération sur 1/4 mille

| Novice | Intermédiaire | Expert |

Indice d'expertise ▲          Rapport valeur/prix ▼

| 1 | 2 | 3 | 4 | 5 | 6 | 7 | 8 | 9 | 10 |

Voir légende en page 18

## GÉNÉRAL

| | |
|---|---|
| Catégorie | Custom |
| Prix | 11 399 $ |
| Immatriculation 2013 | 557,53 $ |
| Catégorisation SAAQ 2013 | « régulière » |
| Évolution récente | introduite en 2009 |
| Garantie | 1 an/kilométrage illimité |
| Couleur(s) | noir, gris |
| Concurrence | Harley-Davidson Sportster 1200, Honda Stateline, Yamaha Stryker |

## MOTEUR

| | |
|---|---|
| Type | bicylindre 4-temps en V à 54 degrés, SACT, 4 soupapes par cylindre, refroidissement par liquide |
| Alimentation | injection à 2 corps de 42 mm |
| Rapport volumétrique | 9,5:1 |
| Cylindrée | 1 462 cc |
| Alésage et course | 96 mm x 101 mm |
| Puissance | 80 ch @ 4 800 tr/min |
| Couple | 90,4 lb-pi @ 2 700 tr/min |
| Boîte de vitesses | 5 rapports |
| Transmission finale | par arbre |
| Révolution à 100 km/h | n/d |
| Consommation moyenne | 6,4 l/100 km |
| Autonomie moyenne | 281 km |

## PARTIE CYCLE

| | |
|---|---|
| Type de cadre | double berceau, en acier |
| Suspension avant | fourche inversée de 43 mm non ajustable |
| Suspension arrière | monoamortisseur non ajustable |
| Freinage avant | 2 disques de 290 mm de Ø avec étriers à 2 pistons |
| Freinage arrière | 1 disque de 275 mm de Ø avec étrier à 2 pistons |
| Pneus avant/arrière | 120/70 ZR18 & 200/50 ZR17 |
| Empattement | 1 690 mm |
| Hauteur de selle | 716 mm |
| Poids tous pleins faits | 328 kg |
| Réservoir de carburant | 18 litres |

Boulevard C50T

*STATU QUO...* Du côté de marques comme Kawasaki et Yamaha, des investissements considérables ont été faits dans cette classe. Plutôt que de se limiter à améliorer la qualité des composantes de leurs modèles, ces compagnies ont poussé les choses jusqu'à carrément créer des moteurs plus gros de 900 et 950 cc pour attirer les acheteurs chez eux. Chez Suzuki, toutefois, où la cylindrée est un respectable 800 cc, on résiste toujours à cette tendance vers le haut et on continue plutôt sagement d'offrir des produits honnêtes à prix corrects. En plus de la C50 de base, qui est une accessible custom poids moyen de style classique, un trio de variantes est offert. Équipées des traditionnels gros pare-brise, sacoches en cuir et dossier de passager, les C50T et C50SE sont les versions de tourisme léger. Quant à la M50, elle arbore une ligne inspirée du style de la M109R.

Les motocyclistes qui envisagent une custom de cette classe devraient comprendre que toutes les caractéristiques des modèles de plus gros cubage, qui sont aussi bien plus chers, ne peuvent pas être présentes sur des montures dont les factures sont aussi abordables. Néanmoins, les acheteurs de customs poids moyen n'acceptent pas cette logique, et comme ils ont déjà été assez nombreux pour faire de ces modèles les plus vendus de leur gamme, les constructeurs plient et multiplient les caractéristiques en tentant de garder les prix aussi bas que possible.

Dans un tel contexte, les C50 et la M50 représentent le produit de milieu de gamme qui offre presque tous les critères recherchés. Une alimentation par injection, une ligne classique réussie dans le cas des variantes de la C50, des proportions juste assez généreuses, une finition soignée et un entraînement final propre par arbre sont autant de critères exigés par les acheteurs de modèles de cette classe. Par contre, toutes les 800 de Suzuki se montrent avares au niveau du frein arrière qui est toujours du type à tambour. Quant à la cylindrée de 800 cc qui a longtemps été la norme de la classe, elle est aujourd'hui surpassée par des modèles qui approchent le litre. Pour le moment, malgré une certaine pression amenée par les modèles rivaux plus gros, Suzuki semble préférer se distinguer en offrant plusieurs versions de sa custom poids moyen. L'arrivée en 2010 d'une M50 redessinée dont la ligne imite la signature stylistique de la convoitée M109R représente un pas de plus dans cette direction.

> **AU LIEU D'OFFRIR DE PLUS GROSSES CYLINDRÉES, LES MODÈLES SUZUKI SE DISTINGUENT EN PROPOSANT PLUSIEURS VERSIONS.**

Les C50 et M50 se veulent des choix moyens dans leur catégorie en se situant, en termes de performances, entre les 900 et 950 de Kawasaki et de Yamaha et les Shadow 750 de Honda. Toutes les variantes sont animées par le même V-Twin de 805 cc, un moteur qui accomplit correctement son travail sans toutefois montrer beaucoup de caractère. Il est doux, tremble et gronde gentiment, et procure des accélérations et des reprises satisfaisantes. L'injection fonctionne sans accroc tandis que les performances, sans s'avérer excitantes, peuvent être qualifiées d'honnêtes et de tout à fait suffisantes lorsque l'esprit reste à la balade. Un effort léger au levier d'embrayage et une transmission plutôt douce et précise sont d'autres points qui rendent ces motos amicales au quotidien. En raison du poids modéré, de la selle basse et de la position de conduite décontractée, la prise en main se montre très aisée, même pour un pilote peu expérimenté. Les manœuvres lentes et serrées souvent délicates sur les customs de plus grosse cylindrée s'accomplissent ici sans complication, tandis qu'une fois en mouvement, elles se montrent faciles à mettre en angle tout en demeurant neutres et saines le long des virages. Les plateformes finissent par frotter, mais pas trop prématurément pour la classe. Si la stabilité reste généralement bonne quand la vitesse grimpe, la sensation de mollesse du levier et la puissance limitée du frein avant sont responsables d'un freinage qui n'est que moyen. De meilleures composantes et un frein à disque à l'arrière seraient bienvenus, sans parler de l'ABS qui, lui non plus, ne serait pas de refus.

## QUOI DE NEUF EN 2013 ?  +

Aucun changement

Aucune augmentation

## PAS MAL  ▲

De bonnes customs de cylindrée moyenne affichant une finition soignée et une ligne classique pour les C50, et un style inspiré de celui de la M109R pour la M50 qui va bien mieux au modèle que l'étrange silhouette de la version précédente

Une tenue de route relativement solide et équilibrée ainsi qu'un comportement général facile d'accès

Un V-Twin qui fonctionne en douceur et dont les performances sont dans la moyenne pour la catégorie

## BOF  ▼

Un moteur qui n'est pas très caractériel sans toutefois que cela en fasse une mécanique désagréable; en termes de performances, bien qu'il soit plus puissant que le V-Twin des Shadow 750, il n'est pas aussi intéressant que les moteurs des Yamaha V-Star 950 et Kawasaki Vulcan 900

Une suspension arrière qui ne digère pas toujours avec élégance les routes abîmées

Un freinage qui n'impressionne pas, surtout à cause du frein avant peu puissant et spongieux; l'ABS n'est toujours pas offert

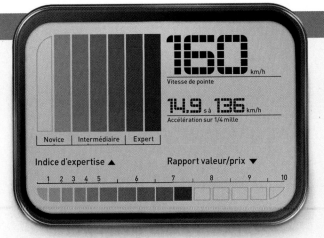

**160** km/h
Vitesse de pointe

**14.9** s à **136** km/h
Accélération sur 1/4 mille

| Novice | Intermédiaire | Expert |

Indice d'expertise ▲          Rapport valeur/prix ▼

1  2  3  4  5     6     7     8     9     10

Voir légende en page 18

## CONCLUSION

Les modèles de cette catégorie figurent parmi les plus complexes pour les constructeurs. En effet, pour une facture qui doit absolument demeurer basse, les acheteurs font preuve d'une gourmandise sans fond en exigeant le plus de caractéristiques possible. Le résultat est une concurrence tellement forte qu'elle a poussé certaines marques jusqu'à augmenter les cylindrées pour se démarquer, ce qui est d'une certaine façon l'amélioration ultime. Dans cet environnement, les diverses variantes de la C50 ainsi que la M50 représentent des ensembles dont les manières sont bonnes, dont les performances sont honnêtes et dont le prix est correct. Leur ligne est classique et soignée, leur mécanique s'avère amicale et leur comportement se montre accessible. Les versions de tourisme léger offrent une liste d'équipements de série qui coûterait plus cher à acheter et à faire installer séparément. Toutes les variantes peuvent être considérées comme des produits équivalents en ce qui concerne le comportement ou la valeur, et toutes représentent des achats satisfaisants et recommandables.

Boulevard M50

## GÉNÉRAL

| | |
|---|---|
| Catégorie | Custom / Tourisme léger |
| Prix | C50 : 8 899 $<br>C50 SE : 10 399 $<br>C50T : 10 499 $<br>M50 : 8 999 $ |
| Immatriculation 2013 | 557,53 $ |
| Catégorisation SAAQ 2013 | « régulière » |
| Évolution récente | introduites en 2001, M50 revue en 2010 |
| Garantie | 1 an/kilométrage illimité |
| Couleur(s) | C50 : noir<br>C50 SE : noir<br>C50T : blanc et argent, rouge et noir<br>M50 : noir, argent |
| Concurrence | Harley-Davidson Sportster 883, Honda Shadow 750, Kawasaki Vulcan 900, Yamaha V-Star 950 |

## MOTEUR

| | |
|---|---|
| Type | bicylindre 4-temps en V à 45 degrés, SACT, 4 soupapes par cylindre, refroidissement par liquide |
| Alimentation | injection à 2 corps de 34 mm |
| Rapport volumétrique | 9,4:1 |
| Cylindrée | 805 cc |
| Alésage et course | 83 mm x 74,4 mm |
| Puissance | 51 ch @ 6 000 tr/min |
| Couple | 51 lb-pi @ 3 500 tr/min |
| Boîte de vitesses | 5 rapports |
| Transmission finale | par arbre |
| Révolution à 100 km/h | environ 3 800 tr/min |
| Consommation moyenne | 5,2 l/100 km |
| Autonomie moyenne | 298 km |

## PARTIE CYCLE

| | |
|---|---|
| Type de cadre | double berceau, en acier |
| Suspension avant | fourche conventionnelle (M50 : inversée) de 41 mm non ajustable |
| Suspension arrière | monoamortisseur ajustable en précharge |
| Freinage avant | 1 disque de 300 mm de Ø avec étrier à 2 pistons |
| Freinage arrière | tambour mécanique de 180 mm de Ø |
| Pneus avant/arrière | 130/90 H16 & 170/80 H15 |
| Empattement | 1 655 mm |
| Hauteur de selle | 700 mm |
| Poids tous pleins faits | C50 : 277 kg<br>C50SE/T : 295 kg<br>M50 : 269 kg |
| Réservoir de carburant | 15,5 litres |

Burgman 650

***ROULER À L'EURO...*** En Amérique du Nord, le nom Burgman est probablement celui qui est le plus souvent associé de manière instinctive aux maxiscooters, et ce, tout simplement parce que le 650 fut le premier du genre à débarquer de ce côté-ci de l'Atlantique en 2002. En 2013, le modèle reçoit la première évolution de sa carrière et gagne une toute nouvelle ligne, une instrumentation repensée et une mécanique raffinée. Il demeure néanmoins propulsé par le même bicylindre parallèle de 638 cc qu'avant et conserve la même partie cycle. Quant à sa version de 400 cc, elle n'a pas changé depuis sa refonte de 2007. Il s'agit d'une plateforme totalement différente qui est plutôt animée par un monocylindre et dont les éléments de la partie cycle sont un peu moins avancés que ceux du 650. Dans les 2 cas, le freinage assisté par ABS fait partie de l'équipement de série.

### Analyse Technique

La seconde génération du Burgman 650 correspond décidément à une évolution plutôt qu'à une refonte. Dans ce genre de cas, les constructeurs laissent généralement de côté les éléments qui fonctionnaient bien et s'attardent à améliorer les détails. C'est exactement le cas ici. En ce qui concerne la mécanique, par exemple, l'essentiel du bicylindre parallèle de 638 cc demeure inchangé. Cela dit, Suzuki s'est quand même attardé à réduire les pertes internes. À titre d'exemple, le nouvel embrayage de la transmission automatique afficherait une friction diminuée de 35 pour cent. En réalisant d'autres réductions de pertes mécaniques et en adoptant une nouvelle programmation de l'injection d'essence, Suzuki annonce un abaissement de la consommation de carburant de l'ordre de 15 pour cent. Au niveau de la partie cycle, les éléments principaux demeurent les mêmes que par le passé, mais la portion arrière du cadre est plus étroite afin de permettre à la partie arrière du carénage d'être légèrement amincie. Un nouveau système ABS est allégé de 55 pour cent, tandis que les disques du frein avant sont désormais de type flottant. En termes d'équipements, Suzuki a complètement repensé l'instrumentation, qui est maintenant de type automobile et beaucoup plus moderne. Un écran central sert à afficher une multitude d'informations. Comme cela a toujours été le cas avec le Burgman 650, les volumes de chargement sont particulièrement généreux. Un immense coffre de 50 litres situé sous la selle permet d'accepter une paire de casques intégraux, tandis que trois espaces de rangement se trouvent tout juste à l'avant du pilote, dans des boîtes à gants. Une prise 12V s'y trouve.

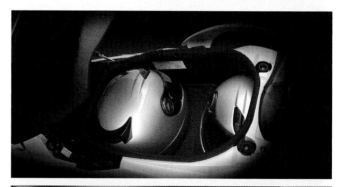

LE VÉNÉRABLE BURGMAN 650 SE REFAIT UNE BEAUTÉ EN 2013. PLUS EFFILÉE, PLUS MODERNE ET PLUS RAFFINÉE, LA NOUVELLE LIGNE CACHE UN ASPECT MÉCANIQUE QUI DEMEURE TRÈS PROCHE DE CELUI DU MODÈLE ORIGINAL, BIEN QUE TOUT DE MÊME AMÉLIORÉ ICI ET LÀ.

Le cockpit du Burgman 650 a été entièrement repensé en 2013 et affiche un nouveau design plus facile à consulter. Les commandes opèrent les mêmes fonctions que par le passé, celle de gauche, donc de la main « libre » étant la plus complexe. Toutes les fonctions de la transmission sont actionnées à partir de ses boutons, tandis que l'ajustement électrique du pare-brise est effectué à partir de la poignée droite.

## UN PEU MOINS MAXI...

L'introduction de la génération actuelle du Burgman 400 remonte à 2007. Il s'agit d'une version de moindre cylindrée et considérablement plus légère et facile d'accès du modèle de 650 cc portant le même nom. Grâce à une facture inférieure à celle du 650 de plusieurs milliers de dollars, il représente aussi une manière nettement plus économique de rouler en maxiscooter. Malgré cela, l'ABS fait partie de l'équipement de série, tout comme le très pratique gros coffre sous la selle. Les scooters surdimensionnés comme le Burgman 400 s'avèrent non seulement étonnamment amusants à piloter, mais ils font aussi preuve d'un côté pratique insoupçonnable, proposent une très grande facilité d'utilisation et offrent des performances suffisantes pour rouler aux côtés de la circulation automobile sans le moindre problème. Le monocylindre injecté permet de rouler largement au-dessus des vitesses légales, puisqu'il passe rapidement le cap des 100 km/h et ne commence à s'essouffler qu'une fois les 140 km/h atteints. Le Burgman 400 se distingue de n'importe quelle moto grâce à l'immense coffre d'une soixantaine de litres situé sous sa selle, un volume suffisant pour loger deux casques intégraux ou une foule de choses qui sont un casse-tête à transporter sur une moto sans valises. Le petit Burgman n'est pas un véhicule de tourisme, mais il n'y a aucune raison pour qu'il ne puisse être utilisé à cette fin. La position de conduite assise est reposante, les jambes ont une grande latitude de mouvements, la selle est bonne pour le pilote comme pour le passager, qui profite d'ailleurs d'un agréable dossier, et la protection au vent est excellente en plus d'être agréablement exempte de turbulences. Les suspensions ne sont pas des merveilles de raffinement, mais elles restent assez souples pour adéquatement filtrer la plupart des irrégularités de la route. À l'exception de freins qui font leur travail, mais qu'on sent spongieux aux leviers, le comportement routier est sain. La stabilité est bonne, la direction est ultra-légère sans être nerveuse et la tenue de route en courbe, tant qu'on n'exagère pas, reste posée et relativement précise.

Le bicylindre parallèle qui anime le Burgman 650 reçoit plusieurs améliorations en 2013. Produisant toujours 55 chevaux, il a été spécifiquement conçu pour le gros scooter et ne se retrouve dans aucun autre modèle Suzuki.

Burgman 400

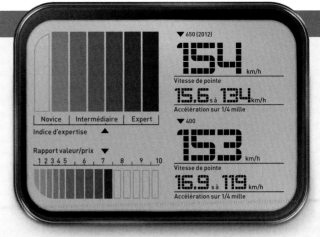

Voir légende en page 18

## QUOI DE NEUF EN 2013 ?   +

Nouvelle génération du Burgman 650

Aucun changement pour le Burgman 400

Aucune augmentation

## PAS MAL   ▲

Des performances qui ne sont pas éblouissantes, mais qui suffisent toujours à la tâche dans le cas du 400, et qui commencent à être amusantes dans celui du 650

Un excellent niveau de confort dû aux positions dégagées, aux bonnes selles et à la très généreuse protection au vent; le 650 se montre toutefois supérieur au 400

Un côté pratique qui fait partie intégrante de l'agrément d'utilisation des deux modèles en raison des volumes de rangement et de la facilité d'opération

## BOF   ▼

Une selle large et haute qui peut gêner les pilotes de courte taille sur le 650, surtout lorsqu'on tient compte de la masse considérable du modèle

Des suspensions qui accomplissent un travail correct, mais qui n'ont pas l'efficacité de suspensions de moto et qui peuvent se montrer rudimentaires, surtout sur le 400

Des freins qui ne sont pas endurants et dont la sensation aux leviers est spongieuse et imprécise pour le 400

## CONCLUSION

Même si le concept du maxiscooter a débarqué chez nous au tournant du millénaire–avec le Burgman 650, d'ailleurs–, notre intérêt pour ces engins continue d'être marginal. Mais marchez dans à peu près n'importe quelle ville européenne et vous en verrez une quantité étourdissante, avec des gens de tous les milieux à leurs commandes. Pour être comprise, cette différence de culture ne demande qu'une chose : prendre place sur l'un d'eux et s'en servir quelque temps. Tout à coup, circuler à deux roues se met à servir à autre chose que seulement l'amusement ou la balade. Tout à coup, on découvre un côté pratique et une facilité d'opération inconnus sur une moto. Et on comprend. Le choix du 650 ou du 400 revient finalement à une question de budget et de besoins, puisque le travail qu'accomplissent les deux modèles est identique. Cela dit, le 400 demeure clairement la version économique du plus puissant et plus désirable 650.

Burgman 650

## GÉNÉRAL

| | |
|---|---|
| Catégorie | Scooter |
| Prix | Burgman 650 : 11 099 $<br>Burgman 400 : 7 999 $ |
| Immatriculation 2013 | Burgman 650 : 557,53 $<br>Burgman 400 : 351,25 $ |
| Catégorisation SAAQ 2013 | « régulière » |
| Évolution récente | 650 : introduit en 2002, revu en 2013<br>400 : introduit en 2004, revu en 2007 |
| Garantie | 1 an/kilométrage illimité |
| Couleur(s) | Burgman 650 : noir, gris<br>Burgman 400 : noir |
| Concurrence | BMW C600 Sport et C650GT,<br>Yamaha TMAX et Majesty |

## MOTEUR

| | |
|---|---|
| Type | bicylindre parallèle (moncylindre)<br>4-temps, DACT, 4 soupapes par cylindre,<br>refroidissement par liquide |
| Alimentation | injection à 2 (1) corps de 32 mm |
| Rapport volumétrique | 11,2:1 |
| Cylindrée | 638 (400) cc |
| Alésage et course | 75,5 (81) mm x 71,3 (77,6) mm |
| Puissance | 55 (34) ch @ 7 700 (7 500) tr/min |
| Couple | 46 (26,8) lb-pi @ 6 400 (6 000) tr/min |
| Boîte de vitesses | auto/séquentielle à 5 rapports (auto) |
| Transmission finale | par courroie |
| Révolution à 100 km/h | environ 4 500 (5 700) tr/min (650 : 2012) |
| Consommation moyenne | 5,8 (4,9) l/100 km (650 : 2012) |
| Autonomie moyenne | 258 (275) km (650 : 2012) |

## PARTIE CYCLE

| | |
|---|---|
| Type de cadre | tubulaire, en acier |
| Suspension avant | fourche conventionnelle de 41 mm<br>non préchargé |
| Suspension arrière | 2 (1) amortisseurs ajustables<br>en précharge |
| Freinage avant | 2 disques de 260 mm de Ø avec<br>étriers à 2 pistons et système ABS |
| Freinage arrière | 1 disque de 250 (210) mm de Ø avec<br>étrier à 2 pistons et système ABS |
| Pneus avant/arrière | 650 : 120/70 R15 & 160/60 R14<br>400 : 120/80-14 & 150/70-13 |
| Empattement | 1 595 (1585) mm |
| Hauteur de selle | 750 (710) mm |
| Poids tous pleins faits | 277 (222) kg |
| Réservoir de carburant | 15 (13,5) litres |

## FOSSILE...

*FOSSILE...* Animée non pas par un traditionnel V-Twin, mais plutôt par un gros monocylindre bien vertical, la Boulevard S40 de 650 cc est probablement la custom la plus étrange du marché actuel. Cela s'explique en grande partie par le fait qu'elle ne provient pas du marché actuel. En effet, l'introduction du modèle remonte à 1986 alors qu'elle s'appelait Savage 650, ce qui en fait l'une des plus vieilles motos de l'industrie tout entière. La S40 est d'ailleurs l'une des rares motos encore alimentées par carburateur. Malgré tout ce temps en production, le modèle n'a guère changé, si ce n'est de l'installation d'un guidon de plat en 2005.

La S40, alias Savage 650, n'a jamais vraiment évolué durant sa carrière qui s'étend maintenant sur plus d'un quart de siècle. La meilleure manière de comprendre le modèle est de le considérer comme un outil d'initiation. Le rôle de la S40 n'est donc pas d'exciter les sens, d'être performante ou de faire tourner les têtes, mais plutôt de permettre à une catégorie de motocyclistes bien précise de s'initier au pilotage d'une moto dans les conditions les plus simples et les plus amicales possible. Ces derniers la trouvent en général immédiatement basse et légère, ce qui augmente leur niveau de confiance. Bien qu'elles n'aient rien de très excitant, même pour un novice, les performances que propose la S40 sont quand même beaucoup plus intéressantes que celles des petites 250 d'initiation. La sonorité agricole du monocylindre n'a toutefois rien de vraiment agréable. Il n'y a généralement pas de problème à suivre la circulation automobile, bien que cela devienne un peu plus ardu avec un passager ou s'il faut dépasser rapidement. Comme la mécanique se débrouille bien à bas régime, on peut généralement éviter les tours élevés et leurs vibrations. Le prix peut sembler bas pour une moto neuve, mais la S40 est techniquement vétuste. Par ailleurs, compte tenu de l'arrivée de nouveaux modèles d'initiation à prix similaires, la facture du modèle devrait être nettement plus basse. La S40 est en fin de compte une moto qui ne devrait être envisagée que si et seulement si le seul but de l'exercice est d'acquérir une monture de style custom qui permettra une période d'apprentissage aussi amicale que possible.

150 km/h
Vitesse de pointe

16.0 . 130 km/h
Accélération sur 1/4 mille

| Novice | Intermédiaire | Expert |

Indice d'expertise ▲          Rapport valeur/prix ▼

1  2  3  4  5  6  7  8  9  10

## GÉNÉRAL

| | |
|---|---|
| Catégorie | Custom |
| Prix | 6 199 $ |
| Immatriculation 2013 | 557,53 $ |
| Catégorisation SAAQ 2013 | « régulière » |
| Évolution récente | introduite en 1986 |
| Garantie | 1 an/kilométrage illimité |
| Couleur(s) | orange et noir, blanc et gris |
| Concurrence | aucune |

## MOTEUR

| | |
|---|---|
| Type | monocylindre 4-temps, SACT, 4 soupapes, refroidissement par air |
| Alimentation | 1 carburateur à corps de 40 mm |
| Rapport volumétrique | 8,5:1 |
| Cylindrée | 652 cc |
| Alésage et course | 94 mm x 94 mm |
| Puissance | 31 ch @ 5 400 tr/min |
| Couple | 37 lb-pi @ 3 000 tr/min |
| Boîte de vitesses | 5 rapports |
| Transmission finale | par courroie |
| Révolution à 100 km/h | n/d |
| Consommation moyenne | 5,1 l/100 km |
| Autonomie moyenne | 206 km |

## PARTIE CYCLE

| | |
|---|---|
| Type de cadre | berceau semi-double, en acier |
| Suspension avant | fourche conventionnelle de 36 mm non ajustable |
| Suspension arrière | 2 amortisseurs ajustables en précharge |
| Freinage avant | 1 disque de 260 mm de Ø avec étrier à 2 pistons |
| Freinage arrière | tambour mécanique |
| Pneus avant/arrière | 110/90-19 & 140/80-15 |
| Empattement | 1 480 mm |
| Hauteur de selle | 700 mm |
| Poids tous pleins faits | 173 kg |
| Réservoir de carburant | 10,5 litres |

***BRANCHÉE PETIT FORMAT...*** La toute petite TU250X est présentée par Suzuki comme étant une économique machine urbaine de style rétro. Son introduction dans la gamme du constructeur remonte à 2009. Elle est propulsée par un très simple monocylindre d'un quart de litre refroidi par air qui, étonnamment, bénéficie de l'injection. Il s'agit d'une moto dont la mission n'est pas clairement définie, puisqu'elle peut tout aussi bien jouer le rôle de modèle d'initiation que celui de mode de transport ou encore celui de deux-roues rétro pour citadin branché.

## GÉNÉRAL

| | |
|---|---|
| Catégorie | Standard |
| Prix | 5 299 $ |
| Immatriculation 2013 | 351,25 $ |
| Catégorisation SAAQ 2013 | « régulière » |
| Évolution récente | introduite en 2009 |
| Garantie | 1 an/kilométrage illimité |
| Couleur(s) | gris |
| Concurrence | aucune |

## MOTEUR

| | |
|---|---|
| Type | monocylindre 4-temps, SACT, 2 soupapes, refroidissement par air |
| Alimentation | injection à 1 corps de 32 mm |
| Rapport volumétrique | 9,2:1 |
| Cylindrée | 249 cc |
| Alésage et course | 72 mm x 61,2 mm |
| Puissance | 20 ch (estimation GM) |
| Couple | 15 lb-pi (estimation GM) |
| Boîte de vitesses | 5 rapports |
| Transmission finale | par chaîne |
| Révolution à 100 km/h | n/d |
| Consommation moyenne | 4,8 l/100 km |
| Autonomie moyenne | 250 km |

On pourrait chercher longtemps avant de trouver un véhicule motorisé techniquement plus simple que cette fort sympathique TU250X. Si elle semble toute désignée pour satisfaire les besoins d'une école de conduite, on découvre en elle un outil urbain étonnamment efficace. La petite mécanique n'est évidemment pas très généreuse en sensations fortes — on est très loin des prestations d'une

CBR250R ou d'une Ninja 300 —, mais grâce à une bonne livrée de puissance dès les premiers tours et au bon étagement des rapports, on arrive à se déplacer sans le moindre problème. Si les vitesses légales d'autoroute sont maintenues facilement, une circulation rapide peut en revanche demander de la pousser dans ses derniers retranchements. Cela dit, tant que la TU est gardée dans un environnement où la très haute vitesse n'est pas régulièrement requise, elle se débrouille correctement. Le même commentaire peut être appliqué au comportement routier qui, compte tenu de la ligne vieillotte, surprend par sa solidité. Aucun record ne sera battu à ses commandes, mais tout est accompli de manière tout à fait satisfaisante. La maniabilité est exceptionnelle en raison d'un poids très faible, d'une direction très légère et d'une position de conduite naturelle qui met immédiatement en confiance.

La TU250X est une très bonne petite moto, mais il est incompréhensible que son prix soit aussi près de celui de modèles comme la CBR250R et la Ninja 300. Si Suzuki gardait toutefois cette facture et ce look et qu'il coinçait dans la TU le mono de la S40, le constructeur aurait, par contre, quelque chose de très attirant.

## PARTIE CYCLE

| | |
|---|---|
| Type de cadre | épine dorsale, en acier |
| Suspension avant | fourche conventionnelle de 37 mm non ajustable |
| Suspension arrière | 2 amortisseurs non ajustable |
| Freinage avant | 1 disque de 275 mm de Ø avec étrier à 2 pistons |
| Freinage arrière | tambour mécanique |
| Pneus avant/arrière | 90/90-18 & 100/90-18 |
| Empattement | 1 375 mm |
| Hauteur de selle | 770 mm |
| Poids tous pleins faits | 148 kg |
| Réservoir de carburant | 12 litres |

**DE RETOUR...** La croyance populaire veut que les motos les plus complexes à construire soient les sportives pures, mais en réalité, les modèles appartenant à la classe sport-tourisme sont considérablement plus laborieux à développer. Il a d'ailleurs fallu six longues années à Triumph pour accoucher de cette toute nouvelle génération de la Trophy, soit le double du temps de développement moyen chez les motos. De retour dans la gamme anglaise après avoir disparu depuis 2004, la Trophy présentée en 2013 est une toute nouvelle moto. Elle est animée par une version du tricylindre de la Tiger Explorer et construite autour d'un cadre en aluminium qui lui est exclusif. En Amérique du Nord, seule la variante SE entièrement équipée est offerte. Parmi les caractéristiques du modèle se trouvent l'ABS combiné, des suspensions à réglage électronique et un système audio Bluetooth.

L'énergie déployée par la marque britannique pour produire la nouvelle Trophy n'a pas été vaine et avec son arrivée, le modèle ajoute même une option fort intéressante à la classe.

En termes de positionnement au sein de la catégorie, la nouveauté joue un peu les politiciennes, puisqu'elle tente de plaire à tout le monde en reprenant les éléments les plus prisés de ses rivales. Son allure sobre, sérieuse et sans artifice rappelle celle de la BMW R1200RT. La nature caractérielle de son tricylindre en ligne rivalise avec le genre de sensations offertes par le Twin Boxer de la RT, par le 6-cylindres en ligne de la GT ou encore par le V4 de la Honda ST. Son impressionnante liste d'équipements n'est surpassée que par celle de la K1600GT qui est, par contre, considérablement plus chère. Et ses 132 chevaux la placent dans la moyenne acceptable de la classe en termes de performances. Clairement, l'intention de Triumph n'était pas de réinventer la moto de tourisme sportif, mais plutôt de participer à la catégorie de manière prudente et réfléchie.

À bon rythme sur des routes tortueuses, la Trophy commet peu de fautes et tire très bien son épingle du jeu à tous les niveaux. Grâce à une très bonne selle, à une position équilibrée et à un écoulement remarquablement soigné du vent autour du pilote, elle offre un excellent niveau de confort sur un long trajet. En matière d'équipements, elle en propose une quantité aussi impressionnante que bien intégrée allant de l'obligatoire pare-brise à ajustement électrique jusqu'à l'ABS combiné et à l'antipatinage en passant le système audio avec fonction

Bluetooth et intégration iPod, sans oublier les poignées et les selles chauffantes, l'ordinateur de bord, la suspension à ajustement électronique, le contrôle de vitesse, l'entraînement final par cardan et, bien entendu, les volumineuses valises rigides latérales.

La Trophy marque également des points grâce à la mécanique qui l'anime, un gros tricylindre de 1215 cc suffisamment puissant, coupleux et caractériel pour satisfaire un pilote exigeant, et ce, même si ce moteur gagnerait à être un peu plus communicatif. En effet, la « vocalité » de cette version du tricylindre anglais a été volontairement réduite par Triumph, si bien que pour vraiment entendre le moteur, des accélérations pleins gaz et de hauts régimes sont nécessaires. Nous aurions clairement préféré une sonorité plus franche de la part de ce gros 3-cylindres.

En termes de comportement, le modèle se démarque grâce à une partie cycle solide, précise et admirablement légère de direction dont les limites sont tellement élevées qu'elles deviennent difficiles à cerner sur la route. Cela dit, lorsque la Trophy est poussée dans ses derniers retranchements, sa tenue de route se dégrade légèrement, un fait surtout dû au poids considérable de l'ensemble que le châssis tente de garder sous contrôle et de camoufler.

L'une des plus belles qualités de la Trophy c'est finalement d'arriver à offrir une quantité impressionnante de caractéristiques de manière parfaitement intégrée et sans jamais que l'on sente que le sport a empiété sur le territoire du confort ou vice-versa.

> **SEULE LA BMW K1600GT OFFRE UNE LISTE D'ÉQUIPEMENTS COMPARABLE À CELLE DE LA TROPHY SE, L'UNIQUE MODÈLE OFFERT.**

APRÈS AVOIR ÉTÉ ABSENT DU CRÉNEAU SPORT-TOURISME DEPUIS PRESQUE UNE DÉCENNIE, TRIUMPH Y EST DE NOUVEAU PRÉSENT AVEC UNE TROPHY EXTRÊMEMENT SÉRIEUSE. ÉQUIPÉE DE MANIÈRE IMPRESSIONNANTE ET CAPABLE DE RIVALISER AVEC LES MEILLEURS EXEMPLES DE LA CLASSE SUR UN LONG TRAJET, ELLE REPRÉSENTE UNE OPTION DE PLUS POUR LES AMATEURS DE CE TYPE DE MOTOS.

Les montagnes basses de la région de St-Andrews, en Écosse, et les routes qui les traversent ont offert à Triumph le terrain parfait pour présenter sa toute nouvelle Trophy à la presse mondiale. Il s'agit d'un endroit logique pour le constructeur établi à Hinckley, en Angleterre, donc pas trop loin. Le crédit de cette photo de l'auteur traversant une scène typique de la région revient à Alessio Barbanti et Stefano Gadda.

## TOUTE ÉQUIPÉE...

À l'exception de la BMW K1600GT, aucune sport-tourisme ne propose un cockpit aussi dense que celui de la nouvelle Trophy. Non seulement les poignées sont entourées d'une multitude de boutons servant à actionner le pare-brise à ajustement électrique ou les éléments chauffants, mais certains de ces boutons permettent aussi de naviguer dans des menus s'affichant sur l'écran de l'ordinateur de bord. Toutes les fonctions du système audio avec radio et connectivité iPod, le réglage des suspensions à ajustement électronique ainsi que le choix des caractéristiques affichées ne sont que quelques exemples des tâches pouvant être effectuées à partir de ces menus. S'y retrouver n'est franchement pas très simple, mais on finit par s'y habituer à la longue.

## QUOI DE NEUF EN 2013 ?   +

Nouveau modèle

## PAS MAL   ▲

Un niveau de confort suffisamment élevé pour permettre de longues journées en selle,

Une quantité d'équipements franchement impressionnante, puisque seule la BMW K1600GT en offre autant, mais à un tout autre prix

Une mécanique douce, coupleuse et amplement puissante pour déplacer toute cette masse de manière autoritaire, voire amusante

Un comportement routier généralement solide et précis qui est surtout caractérisé par une très grande légèreté de direction qui semble faire mentir la balance

## BOF   ▼

Une masse considérable qui demande toute l'attention du pilote durant les manœuvres lentes et serrées ou encore, lorsqu'on la bouge à l'arrêt; à ce sujet, comme Triumph entamait un projet avec une feuille bien blanche, il est un peu dommage qu'il n'ait pas tenté de créer une sport-tourisme vraiment légère

Un comportement qui n'est pas toujours parfaitement naturel, puisqu'on sent occasionnellement un genre d'imprécision, et ce, autant à basse vitesse durant des manœuvres normales que lorsqu'on la pousse dans ses derniers retranchements; la combinaison du poids élevé et de la direction très légère pourrait en être la cause

Une sonorité moyenne de la chaîne audio dont la puissance est faible

Des menus auxquels on doit s'habituer pour contrôler les équipements électriques et électroniques et dont la navigation est loin d'être intuitive

## CONCLUSION

La toute nouvelle Trophy représente un effort louable de la part de Triumph. Comme la Daytona 675 l'a fait chez les 600 et comme la Tiger Explorer l'a aussi fait chez les grosses aventurières, elle représente un autre de ces gestes délibérés de la marque visant à la positionner à un niveau équivalent à celui des plus grands constructeurs. Elle y est arrivée une fois de plus en produisant, cette fois, une machine de sport-tourisme de classe mondiale. Il serait très difficile de la sacrer meilleure de sa classe en ce qui concerne un aspect en particulier, puisqu'elle n'est ni la plus performante ni la mieux maniérée ni la plus confortable. Cela dit, la Trophy impressionne quand même en se montrant agréablement compétente au niveau de chacune des caractéristiques qui définissent une vraie monture de tourisme sportif. Comme retour à la classe, ce n'est pas mal du tout.

Voir légende en page 18

## GÉNÉRAL

| | |
|---|---|
| Catégorie | Sport-Tourisme |
| Prix | 19 999 $ |
| Immatriculation 2013 | NC - probabilité : 557,53 $ |
| Catégorisation SAAQ 2013 | NC - probabilité : « régulière » |
| Évolution récente | introduite en 1996 et produite jusqu'en 2003; réintroduite en 2013 |
| Garantie | 2 ans/kilométrage illimité |
| Couleur(s) | bleu, argent |
| Concurrence | BMW K1600GT, Honda ST1300 Kawasaki Concours 14, Yamaha FJR1300 |

## MOTEUR

| | |
|---|---|
| Type | 3-cylindres en ligne 4-temps, DACT, 4 soupapes par cylindre, refroidissement par liquide |
| Alimentation | injection à 3 corps |
| Rapport volumétrique | 12,0:1 |
| Cylindrée | 1 215 cc |
| Alésage et course | 85 mm x 71,4 mm |
| Puissance | 132 ch @ 8 900 tr/min |
| Couple | 89 lb-pi @ 6 450 tr/min |
| Boîte de vitesses | 6 rapports |
| Transmission finale | par arbre |
| Révolution à 100 km/h | environ 3 200 tr/min |
| Consommation moyenne | 6,1 l/100 km |
| Autonomie moyenne | 426 km |

## PARTIE CYCLE

| | |
|---|---|
| Type de cadre | périmétrique, en aluminium |
| Suspension avant | fourche inversée de 43 mm ajustable en détente électroniquement |
| Suspension arrière | monoamortisseur ajustable en précharge et détente électroniquement |
| Freinage avant | 2 disques de 320 mm de Ø avec étriers à 4 pistons et système ABS combiné |
| Freinage arrière | 1 disque de 282 mm de Ø avec étrier à 2 pistons et système ABS combiné |
| Pneus avant/arrière | 120/70 ZR17 & 190/55 ZR17 |
| Empattement | 1 542 mm |
| Hauteur de selle | 770/790 mm |
| Poids tous pleins faits | 301 kg |
| Réservoir de carburant | 26 litres |

Daytona 675

***CONTRE LE GRAIN...*** En cette période de progression très lente chez les 600 traditionnelles à 4 cylindres, Triumph va une fois de plus contre le grain en présentant une Daytona 675 complètement repensée en 2013. Le constructeur britannique aurait très bien pu suivre la direction empruntée par la plupart des modèles rivaux et se contenter d'offrir une évolution de la base existante, mais il a plutôt choisi de revoir le modèle dans sa totalité. La Daytona conserve toutefois ses caractéristiques principales, comme un cadre en aluminium au design bien particulier et une ligne effilée dont le lien de parenté avec la version précédente est assez clair. L'élément principal du modèle, un tricylindre de 675 cc, est également conservé, mais sa conception est toute nouvelle. Comme l'an dernier, une version R équipée de suspensions Öhlins, entre autres, est également offerte.

### Analyse Technique

Quiconque a déjà fait l'essai d'une Daytona 675 sait fort bien que l'âme du modèle est ce fameux tricylindre de 675 cc qui contraste tant avec les traditionnels 4-cylindres de 600 cc du segment. La mécanique qui anime la version 2013 de la sportive anglaise n'est pas une évolution de l'ancien moteur, mais bien un tout nouveau design. La cylindrée est la même, mais les valeurs d'alésage et de course passent de 74 mm et 52,3 mm à 76 mm et 49,6 mm. La réduction de la course permet à la zone rouge de grimper de 500 tr/min jusqu'à 14 400 tr/min. En raccourcissant légèrement le tirage final, Triumph a pu utiliser ces tours supplémentaires pour maximiser l'accélération sans réduire la vitesse de pointe. L'injection est complètement revue, des soupapes en titanes sont adoptées, l'arrivée d'air du système Ram Air est optimisé et un nouvel embrayage avec limiteur de contre-couple est installé. Quant au système d'échappement, il quitte sa position sous la selle pour aller se loger sous le moteur afin de centraliser les masses. Le résultat net de toutes ces modifications en termes de puissance est un gain de 2 chevaux et 2 lb-pi de couple. Le poids du modèle est par ailleurs abaissé de 1,5 kilo, et ce, même si l'ABS est désormais livré en équipement de série. Il s'agit d'un système compact et léger qui offre une option de configuration « piste » retardant l'intervention sur le frein arrière afin de laisser le pneu arrière glisser en entrée de courbe. Comme par le passé, la version R est livrée de série avec des suspensions Öhlins, soit une fourche NIX30 et un monoamortisseur TTX36. Le modèle est également muni d'un système de freinage plus évolué avec étriers avant Brembo Monobloc.

**LA DAYTONA 675 EST LA SEULE MONTURE DE SA CLASSE COMPLÈTEMENT REVUE EN 2013. TOUTES LES AUTRES DEMEURENT INTACTES OU REPRÉSENTENT UNE ÉVOLUTION DU MODÈLE PRÉCÉDENT.**

Daytona 675R

## DU NEUF...

Un regard plus ou moins éduqué pourrait facilement conclure que la Daytona 675 2013 est techniquement proche du modèle 2012. En effet, les cadres se ressemblent beaucoup, la ligne est similaire et les éléments qui distinguent les versions de base et R demeurent pratiquement les mêmes. La réalité, toutefois, c'est que la 2013 ne partage rien avec la 2012. Sous le tout nouveau carénage, se cache non seulement un moteur complètement revu, mais aussi un cadre en aluminium coulé fabriqué à partir de moins de pièces, un bras oscillant construit avec le même procédé et offrant un nouveau design et un sous-cadre arrière complètement différent. La géométrie du cadre est, elle aussi, nouvelle. L'empattement déjà court a été réduit d'une vingtaine de millimètres tandis que l'angle de direction a été ramené jusqu'à 23 degrés, l'une des valeurs les plus agressives du segment sportif. Par ailleurs, les roues offrent également un nouveau dessin et une masse réduite, tandis que le diamètre des disques avant grandit légèrement. En ce qui concerne les différences d'équipements entre les versions de base et R, cette dernière continue de profiter des suspensions de très haute qualité de marque Öhlins, d'un freinage plus puissant et d'un sélecteur de vitesse avec assistance électrique.

257 km/h
Vitesse de pointe

10.8 s à 207 km/h
Accélération sur 1/4 mille

| Novice | Intermédiaire | Expert | ▶ **Performances 2012** |

Indice d'expertise ▲          Rapport valeur/prix ▼

1  2  3  4  5      6      7      8      9      10

Voir légende en page 18

## QUOI DE NEUF EN 2013 ?                    +

Nouvelle génération du modèle

Aucune augmentation

## PAS MAL                                   ▲

Un moteur à 3 cylindres qui s'est toujours montré beaucoup plus coupleux à bas et moyen régimes et beaucoup plus agréable à l'oreille qu'un 4-cylindre de 600 cc; rien ne nous porte à croire que ces qualités ne sont pas conservées sur la nouveauté

Un comportement sur circuit qui s'est toujours montré équivalent à celui d'une 600 japonaises de pointe, voire supérieur dans le cas de la 675R dont les suspensions Öhlins sont des pièces de très haut calibre

Un concept qui a énormément de mérite puisqu'il résout le problème de couple absent et de caractère fade typique chez les 600 à 4 cylindres; Yamaha, entre autres, a même indiqué que la prochaine R6 pourrait bien être propulsée par un tricylindre

## BOF                                       ▼

Un niveau de confort général faible sur la route en raison d'une position de conduite très agressive qui met beaucoup de poids sur les poignets, entre autres

Une nouvelle puissance annoncée qui n'a que peu progressé malgré une refonte complète du moteur; en revanche, le prix n'a pas été augmenté et l'ABS est livré en équipement de série

Un contrôle de traction qui tarde à arriver

Un surplus monétaire substantiel pour la version R dont le prix approche celui d'une Suzuki GSX-R1000; d'un autre côté, les suspensions Öhlins dont elle est équipée sont des composantes chères dont le coût serait supérieur si achetées séparément

## CONCLUSION

Depuis son arrivée sur le marché en 2006, la Daytona 675 représente l'une des formules alternatives les plus intéressantes et intelligentes du créneau sportif de cylindrée moyenne. Au cœur de cette nature particulière a toujours été un seul élément, soit une envoûtante mécanique à trois cylindres à la fois puissante, souple et merveilleusement mélodieuse. La combinaison mécanique et sensorielle proposée par la 675 n'a jamais laissé quiconque indifférent, bien au contraire, et la nouvelle version présentée en 2013 suit donc à la lettre la recette du modèle original. Bref, chacun des ingrédients demeure présent, mais chacun est aussi amélioré, et ce, sans exception. On s'attend donc à avoir affaire à une meilleure Daytona 675 sur tous les plans, ce qui représente décidément une proposition invitante.

## GÉNÉRAL

| | |
|---|---|
| Catégorie | Sportive |
| Prix | Daytona 675 : 12 599 $<br>Daytona 675R : 14 599 $ |
| Immatriculation 2013 | 1 116,90 $ |
| Catégorisation SAAQ 2013 | « à risque » |
| Évolution récente | 675 introduite en 2006, revue en 2009; 675R introduite en 2011; revues en 2013 |
| Garantie | 2 ans/kilométrage illimité |
| Couleur(s) | Daytona 675 : bleu et blanc, rouge et noir, noir et graphite<br>Daytona 675R : blanc |
| Concurrence | Honda CBR600RR, Kawasaki Ninja ZX-6R, MV Agusta F3, Suzuki GSX-R600, Yamaha YZF-R6 |

## MOTEUR

| | |
|---|---|
| Type | 3-cylindres en ligne 4-temps, DACT, 4 soupapes par cylindre, refroidissement par liquide |
| Alimentation | injection à 3 corps 44 mm |
| Rapport volumétrique | 13,1:1 |
| Cylindrée | 675 cc |
| Alésage et course | 76 mm x 49,6 mm |
| Puissance | 126 ch @ 12 500 tr/min |
| Couple | 55 lb-pi @ 11 900 tr/min |
| Boîte de vitesses | 6 rapports |
| Transmission finale | par chaîne |
| Révolution à 100 km/h | environ 5 100 tr/min (2012) |
| Consommation moyenne | 6,4 l/100 km (2012) |
| Autonomie moyenne | 272 km (2012) |

## PARTIE CYCLE

| | |
|---|---|
| Type de cadre | périmétrique, en aluminium |
| Suspension avant | fourche inversée de 41 mm (R : 43 mm) ajustable en précharge, en détente et en (675 : haute et basse vitesses de) compression |
| Suspension arrière | monoamortisseur ajustable en précharge, en détente et en (675 : haute et basse vitesses de) compression |
| Freinage avant | 2 disques de 310 mm de Ø avec étriers radiaux à 4 pistons et système ABS |
| Freinage arrière | 1 disque de 220 mm de Ø avec étrier à 1 piston et système ABS |
| Pneus avant/arrière | 120/70 ZR17 & 180/55 ZR17 |
| Empattement | 1 375 mm |
| Hauteur de selle | 820 mm |
| Poids tous pleins faits | 184 kg |
| Réservoir de carburant | 17,4 litres |

Speed Triple R

**MYTHIQUE...** Grâce à son traditionnel air dénudé et à sa réputation de machine un peu délinquante, la Speed Triple est devenue l'une des motos les plus connues du marché. Mais on oublie parfois que derrière cette façade d'engin trouble-fête se cache l'une des standards les plus équilibrées au monde. Lorsque vint le temps de la faire sérieusement évoluer en 2011, un avertissement fut donc explicitement donné à l'équipe de développement par John Bloor, l'entrepreneur grâce à qui Triumph a été ramené à la vie durant les années 90. « Don't screw it up. » ou « Ne me la bousillez pas. » Le résultat est une monture animée par une version légèrement plus puissante de l'excellent tricylindre en ligne de l'ancienne Speed Triple, mais qui est installée dans une partie cycle toute neuve et, pour la première fois de l'histoire du modèle, exclusive à celui-ci. Une version R est aussi proposée.

Peu importe le modèle et peu importe le calibre général qu'il a atteint, le temps de progresser arrive tôt ou tard. Or, les plus récentes versions de la Speed Triple avaient atteint un équilibre tellement fin que la simple idée d'y toucher rendait les amateurs du modèle nerveux. Heureusement, Triumph sait très bien d'où provient cette qualité et comment la conserver. Pour cette raison, l'une des toutes premières impressions ressenties aux commandes de cette génération de la Speed Triple, c'est celle d'être aux commandes d'une Speed Triple. Sur n'importe quelle autre machine, une telle constatation équivaudrait à une absence de progrès, mais pas dans ce cas, puisque cette sensation signifie simplement que malgré tous les changements, l'équilibre sacré qui définit le modèle est demeuré intact.

La position de conduite proposée par la Speed Triple est semblable, mais plus compacte que par le passé, sans que jamais on ne s'y sente coincé. Ce qui marque, c'est à quel point cette position est polyvalente. Elle s'avère à la fois naturelle, détendue et sportive sur la route, mais sans se montrer gênante lorsqu'on se retrouve en train de boucler des tours de piste, ce que la Speed Triple accomplit d'ailleurs sans se faire prier et avec beaucoup d'efficacité.

Si, en termes de performances, les gains de la version courante sont finalement mineurs, il reste que la Speed Triple demeure une machine rapide qui arrive à satisfaire tous les amateurs de chevaux, sauf les plus gourmands d'entre eux. Sa grande force reste néanmoins cette capacité unique et tellement intelligente de rouler sur le couple du ralenti jusqu'à la zone rouge. En fait, la

**LA SPEED TRIPLE EST PLUTÔT UNE ROUTIÈRE QUI OFFRE PRESQUE UNE TENUE DE ROUTE DE SPORTIVE PURE.**

manière dont la Speed Triple livre ses performances est tellement plaisante et sereine qu'on souhaiterait parfois que ça tire encore plus. Les 1 215 cc du tricylindre des Explorer et Trophy pourraient être une façon de réaliser ce souhait, mais nous savons aussi que l'équilibre d'une machine comme la Speed Triple est fragile et jamais nous n'accepterions plus de puissance si cette qualité devait en souffrir. Surtout que tel qu'il est, le mélodieux tricylindre du modèle reste l'une des plus attachantes mécaniques qui soient.

Une moto « équilibrée » atteint avant tout cette qualité grâce à son comportement et c'est justement en ce qui concerne la tenue de route que cette génération de la Speed Triple brille. Créer une standard qui tient la route n'est pas difficile, puisqu'on n'a qu'à déshabiller une sportive pour instantanément y arriver. Mais on aura toujours l'impression de piloter une sportive pure. La Speed Triple est plutôt une monture routière qui offre une tenue de route presque équivalente à celle d'une sportive pure, ce qui est bien plus rare et bien plus difficile à accomplir. Elle y parvient en faisant preuve d'une capacité à passer de manière complètement transparente d'un environnement routier, où elle prend la forme d'une standard confortable, joueuse, agile et merveilleusement motorisée, à l'environnement de la piste, où l'on découvre en elle un outil étonnamment efficace. Sur circuit, on sent nettement le penchant routier du modèle, autant par la position relevée que par la mécanique qui ne tourne qu'à 10 000 tr/min, mais sans que rien dans ce penchant ne représente une entrave au plaisir de pilotage, et ce, surtout sur l'excellente version R.

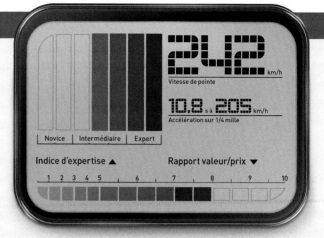

242 km/h
Vitesse de pointe

10.8 s à 205 km/h
Accélération sur 1/4 mille

| Novice | Intermédiaire | Expert |

Indice d'expertise ▲          Rapport valeur/prix ▼

1  2  3  4  5      6      7      8      9      10

Voir légende en page 18

## QUOI DE NEUF EN 2013 ? ＋

Version sans ABS n'est plus offerte

Version SE équipée d'un saut-vent, d'un sabot moteur et d'un couvre-siège arrière

Aucune augmentation

## PAS MAL ▲

Un tricylindre absolument brillant dont la sonorité est envoûtante et dont la façon de livrer un couple gras à tous les régimes est aussi unique que plaisante

Un équilibre très particulier entre une position à la fois confortable et sportive, entre un comportement à la fois agile et stable et entre une nature à la fois routière et pistarde qui explique pourquoi on parle du modèle d'une façon si spéciale

Une partie cycle d'un calibre très élevé qui n'offre pas qu'un comportement solide et précis sur la route, mais qui permet aussi de boucler des tours de piste à un rythme très surprenant

## BOF ▼

Un manque de protection contre les éléments qui, s'il est inhérent au style standard, devient inconfortable lorsqu'on tente d'exploiter toutes les performances du modèle

Une version R techniquement très intéressante, mais qui fait aussi considérablement grimper la facture; cela dit, les suspensions Öhlins sont effectivement très chères et les capacités du modèle sur circuit sont remarquables

Un niveau de performances plus que suffisant, mais nous ne dirions pas non à quelques centaines de centimètres cubes de plus; bien que les 1 215 cc de la Tiger Explorer et de la Trophy pourraient sûrement satisfaire cette gloutonnerie, il reste que jamais nous n'accepterions de sacrifier l'équilibre de la Speed Triple si c'était le prix à payer pour plus de chevaux

## CONCLUSION

La notion d'équilibre est souvent utilisée pour faire référence à telle ou telle caractéristique du comportement d'une moto, mais il est très rare qu'un modèle lui-même mérite vraiment être qualifié d'exemple d'équilibre. C'est pourtant décidément le cas de cette génération de la Speed Triple. Sa plus grande qualité tient de l'harmonieuse façon dont elle arrive à marier sport, confort et praticité. La Speed Triple est à la fois une standard capable de bousculer de vraies sportives autour d'une piste, une routière aux qualités exceptionnelles, une agile machine urbaine à la mécanique géniale et une machine magnifiquement dessinée et proportionnée. Elle est aussi l'une de ces montures qui nous font nous gratter la tête lorsqu'il s'agit d'identifier un défaut majeur. John Bloor, le propriétaire de Triumph, avait donné un sérieux avertissement à ses troupes lorsque vint le temps de repenser le modèle en 2011. « Gare à vous si vous bousillez ma Speed Triple. » En fait, c'est plutôt à un niveau presque mythique d'équilibre et de plaisir de conduite que le modèle a été élevé.

Speed Triple

## GÉNÉRAL

| Catégorie | Standard |
|---|---|
| Prix | Speed Triple : 14 395 $ (SE : 14 999 $) Speed Triple R : 17 499 $ |
| Immatriculation 2013 | 557,53 $ |
| Catégorisation SAAQ 2013 | « régulière » |
| Évolution récente | introduite en 1994, revue en 1997, 2002, 2005 et en 2011, version R introduite en 2012 |
| Garantie | 2 ans/kilométrage illimité |
| Couleur(s) | Speed Triple : blanc, jaune, noir Speed Triple SE : graphite mat Speed Triple R : noir, blanc |
| Concurrence | Aprilia Tuono V4, Ducati Streetfighter, Honda CB1000R, Kawasaki Z1000, MV Agusta Brutale |

## MOTEUR

| Type | 3-cylindres en ligne 4-temps, DACT, 4 soupapes par cylindre, refroidissement par liquide |
|---|---|
| Alimentation | injection à 3 corps |
| Rapport volumétrique | 12,0:1 |
| Cylindrée | 1 050 cc |
| Alésage et course | 79 mm x 71,4 mm |
| Puissance | 133 ch @ 9 400 tr/min |
| Couple | 82 lb-pi @ 7 750 tr/min |
| Boîte de vitesses | 6 rapports |
| Transmission finale | par chaîne |
| Révolution à 100 km/h | environ 3 900 tr/min |
| Consommation moyenne | 5,9 l/100 km |
| Autonomie moyenne | 296 km |

## PARTIE CYCLE

| Type de cadre | périmétrique, en aluminium tubulaire |
|---|---|
| Suspension avant | fourche inversée de 43 mm ajustable en précharge, compression et détente |
| Suspension arrière | monoamortisseur ajustable en précharge, compression et détente |
| Freinage avant | 2 disques de 320 mm de Ø avec étriers radiaux à 4 pistons et système ABS |
| Freinage arrière | 1 disque de 220 mm de Ø avec étrier à 2 pistons et système ABS |
| Pneus avant/arrière | 120/70 ZR17 & 190/55 ZR17 |
| Empattement | 1 435 mm |
| Hauteur de selle | 825 mm |
| Poids tous pleins faits | 214 kg (R : 212 kg) |
| Réservoir de carburant | 17,5 litres |

Street Triple R

**FORMAT POPULAIRE...**  La Street Triple n'a techniquement rien à voir avec la mythique Speed Triple. En principe, d'un point de vue mécanique, la Street devrait même être clairement moins désirable que la Speed, notamment en raison de son tricylindre moins puissant. Et pourtant, la Street Triple est le modèle le plus populaire de la gamme Triumph. La raison derrière ce succès est toute simple, puisqu'à environ 10 000$, la Street représente la version abordable de la convoitée Speed. Alors qu'il est possible d'associer ce côté abordable à un aspect économique dans le cas de la version de base aux freins moins performants et aux suspensions non ajustables, la version R, elle, n'a absolument rien de bon marché. Pour 2013, Triumph présente une toute nouvelle génération du modèle dont les principales composantes sont partagées avec la nouvelle Daytona 675.

Des recherches profondes ne sont pas nécessaires afin de saisir les raisons du succès de la Street Triple. Bien entendu, le fait qu'il s'agisse d'un genre de version abordable de la Speed Triple joue un rôle dans la popularité du modèle. La réalité, toutefois, c'est que la Street Triple est un modèle à part entière avec son propre caractère et ses propres points d'intérêts. En fait, s'il est une moto à laquelle la Street est liée, c'est plutôt la Daytona 675, puisque la standard est essentiellement une version déshabillée de la sportive. Essentiellement, mais pas exactement. En effet, bien que les deux modèles partagent un nouveau châssis presque identique, ils diffèrent en termes de mécanique, la Daytona étant animée par un tout nouveau tricylindre alors que la Street continue d'utiliser le moteur de l'ancienne génération. Celui-ci reçoit toutefois une injection reprogrammée en 2013 ainsi qu'un premier rapport plus long. Ces changements pourraient paraître mineurs, mais leurs conséquences sont quand même notables. Dans le cas de l'alimentation, seule une agaçante réaction abrupte qui rend la conduite saccadée à basse vitesse, à la remise des gaz, est reprochable. Quant au premier rapport, il est maintenant tellement long qu'il n'est pas difficile de faire caler le moteur en quittant un arrêt. Par ailleurs, ce long rapport adoucit le comportement de la Street Triple en gardant désormais l'avant au sol en pleine accélération. Dans les mêmes conditions, l'ancien modèle se soulevait de manière assez étonnante compte tenu de la cylindrée.

Même s'il n'est pas parfait, le tricylindre de la Street Triple demeure malgré tout génial. Il s'agit d'une mécanique carrément exceptionnelle à de nombreux

> **LE TRICYLINDRE ÉMET UN RÂLEMENT UNIQUE À BAS ET MOYEN RÉGIMES, PUIS UN CRI AIGU LORSQUE LES TOURS GRIMPENT.**

de niveaux, à commencer par la livrée de puissance. Le qualificatif coupleux n'a généralement pas sa place dans la description d'une moto de cette cylindrée, mais la Street Triple le mérite pleinement. Une puissance utilisable est disponible dès le ralenti. La poussée devient rapidement amusante, puis généreuse vers les mi-régimes et finalement carrément excitante à l'approche de la zone rouge d'environ 13 000 tr/min. Il s'agit de performances livrées de manière à la fois assez docile pour ne pas trop surprendre un nouveau motocycliste et assez stimulante pour satisfaire un pilote plus expérimenté.

L'autre aspect particulièrement attachant du tricylindre est son adorable sonorité. Émettant un râlement unique à bas et moyen régimes qui se transforme en cri aigu lorsque les tours grimpent, il est nettement plus gratifiant à solliciter que les 4-cylindres de cylindrée semblable. Son fonctionnement est généralement plutôt doux.

Le comportement routier de la Street Triple varie légèrement, mais quand même clairement selon qu'on choisit la version de base ou la R. La première offre la même excellente maniabilité et la même très grande précision de direction, mais renvoie occasionnellement l'impression d'être équipée de suspensions un peu rudimentaires. Ses freins — avec ABS — sont satisfaisants, mais demeurent ordinaires. La qualité supérieure des suspensions de la R et le mordant féroce de son frein avant nettement plus avancé et performant en font clairement le choix des acheteurs expérimentés. En termes de tenue de route, toutes deux ont la capacité de rouler assez fort en piste, mais surtout la R.

## QUOI DE NEUF EN 2013 ?

Nouvelle génération du modèle

Aucune augmentation

## PAS MAL

Un tricylindre absolument génial qui propose non seulement des performances tout à fait satisfaisantes, mais qui agrémente aussi la conduite en générant une quantité de couple totalement inattendue pour cette cylindrée; son unique sonorité rauque ajoute également beaucoup au plaisir de pilotage

Une tenue de route très proche de celle d'une sportive de 600 cc, surtout dans le cas de la version R; après tout, il s'agit en gros d'une Daytona 675 dénudée

Un système de freinage ABS livré en équipement de série

Une selle offrant un confort décent et dont la hauteur est fort raisonnable sur la version de base; la R est un peu plus haute

Une valeur élevée et une proposition pratiquement unique, puisqu'on ne trouve rien d'autre sur le marché d'aussi excitant, dans cette gamme de cylindrée ou à ces prix

## BOF

Une injection qui se montre abrupte à la remise des gaz et qui rend la conduite saccadée à basse vitesse, sur les premiers rapports

Un premier rapport allongé afin de calmer le comportement, mais qui semble un peu trop long en conduite urbaine et qui rend le calage facile en quittant un arrêt

Une version de base plus économique, mais dont les freins sont ordinaires et dont les suspensions accomplissent un travail correct, mais un peu rudimentaire

## CONCLUSION

Le fait qu'il n'y ait rien d'illogique à considérer la Street Triple comme une petite version de la Speed Triple constitue un immense compliment pour la standard de 675 cc. Techniquement, toutefois, c'est plutôt à la Daytona 675 que la Street est liée, puisqu'elle est essentiellement une version dénudée et moins avancée de la sportive pure. Si cette description illustre un peu ce qu'on ressent aux commandes de la version de base, dans le cas de la R, l'impression de piloter une moto assemblée de manière économique est absente. Plusieurs se questionneront sur la valeur du surplus exigé pour la R, mais pas nous. Il vaut clairement le coup, surtout si l'on possède déjà une certaine expérience de la moto. Malgré la facture raisonnable qui accompagne chacune des versions, la Street Triple se veut finalement une moto tellement particulière qu'elle en devient presque exotique, une caractéristique surtout due au génial tricylindre qui l'anime.

Street Triple

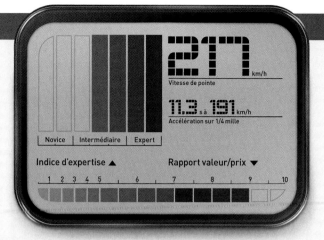

**27** km/h
Vitesse de pointe

**11.3** s à **191** km/h
Accélération sur 1/4 mille

| Novice | Intermédiaire | Expert |

Indice d'expertise ▲          Rapport valeur/prix ▼

1  2  3  4  5     6     7     8     9     10

Voir légende en page 18

## GÉNÉRAL

| | |
|---|---|
| Catégorie | Standard |
| Prix | Street Triple : 9 999 $<br>Street Triple R : 11 199 $ |
| Immatriculation 2013 | 557,53 $ |
| Catégorisation SAAQ 2013 | « régulière » |
| Évolution récente | introduite en 2008, revue en 2013 |
| Garantie | 2 ans/kilométrage illimité |
| Couleur(s) | Street Triple : bleu, noir, bleu et blanc<br>Street Triple R : blanc, noir, graphite |
| Concurrence | BMW F800R, Ducati Monster 796,<br>Yamaha FZ8 |

## MOTEUR

| | |
|---|---|
| Type | 3-cylindres en ligne 4-temps,<br>DACT, 4 soupapes par cylindre,<br>refroidissement par liquide |
| Alimentation | injection à 3 corps |
| Rapport volumétrique | 12,7:1 |
| Cylindrée | 675 cc |
| Alésage et course | 74 mm x 52,3 mm |
| Puissance | 105 ch @ 11 850 tr/min |
| Couple | 50 lb-pi @ 9 750 tr/min |
| Boîte de vitesses | 6 rapports |
| Transmission finale | par chaîne |
| Révolution à 100 km/h | environ 5 100 tr/min |
| Consommation moyenne | 5,2 l/100 km |
| Autonomie moyenne | 334 km |

## PARTIE CYCLE

| | |
|---|---|
| Type de cadre | périmétrique, en aluminium |
| Suspension avant | fourche inversée de 41 mm<br>non ajustable (R : ajustable en<br>précharge, compression et détente) |
| Suspension arrière | monoamortisseur non ajustable<br>(R : ajustable en précharge et détente) |
| Freinage avant | 2 disques de 310 mm de Ø avec étriers<br>à 2 pistons et système ABS<br>(R : radiaux à 4 pistons et système ABS) |
| Freinage arrière | 1 disque de 220 mm de Ø avec étrier<br>à 1 piston et système ABS |
| Pneus avant/arrière | 120/70 ZR17 & 180/55 ZR17 |
| Empattement | 1 410 mm |
| Hauteur de selle | 800 mm (R : 820 mm) |
| Poids tous pleins faits | 183 kg |
| Réservoir de carburant | 17,4 litres |

**COMME DANS LE TEMPS...** La Thruxton fait partie des modèles classiques de Triumph, ceux dont la mission se résume à faire revivre aux nostalgiques la façon dont on roulait à moto il y a un demi-siècle. Incarnant le type de machines qui a fait de la marque anglaise l'un des constructeurs les plus en vue du globe à une certaine époque, le modèle est basé sur la plateforme de la Bonneville, avec laquelle il partage son cadre et son Twin parallèle refroidi par air. La Thruxton se distingue par un style soigné et particulièrement fidèle à celui des modèles sportifs produits par la marque de Hinckley durant les années 60. Une position de conduite basculée vers l'avant, des rétroviseurs en bout de poignées et des roues à rayons ne sont que quelques-uns des détails qui lui permettent d'atteindre une très attrayante authenticité visuelle. Le modèle fut introduit en 2004 et n'a jamais évolué depuis.

La très particulière Thruxton s'adresse soit aux motocyclistes pour qui les années 60 riment avec souvenirs de jeunesse, soit à ceux que cette époque fascine. L'unique mission du modèle est de faire revivre l'atmosphère de cette période et de ses Café Racer.

Dessinée avec une grande élégance et un respect remarquable pour l'époque à laquelle elle fait référence, la Thruxton ne s'adresse évidemment pas au grand public. Mais ceux qu'elle touche, elle touche profondément. À ce chapitre, elle est d'ailleurs très similaire à ses sœurs, les Bonneville et Scrambler, puisque toutes figurent parmi les machines rétro les plus réussies et crédibles sur le marché.

En suivant méticuleusement le thème de la sportive d'antan, Triumph a créé une monture unique, ce que l'on remarque dès l'instant où on l'enfourche. L'étonnante fidélité avec laquelle la Thruxton respecte les proportions qui étaient courantes il y a un demi-siècle – mais considérées minuscules aujourd'hui – captive autant le pilote qui en prend les commandes que les passants qui l'observent. La selle est basse, étroite et mince, tandis que la moto ne semble pas plus large que son pneu avant lorsqu'on y est installé, ce qui n'est d'ailleurs pas très loin de la réalité.

La position de conduite surprend elle aussi. Le torse penché vers l'avant, les poignets supportant tout le poids du corps basculé sur le guidon et les jambes repliées à l'excès, le pilote se sent décidément à l'étroit. Bien qu'on finisse par s'y habituer après un moment, il s'agit d'une posture peu commune. Malgré ses respectables 865 cc, le bicylindre vertical s'est toujours montré peu énergique et

ses performances n'ont jamais impressionné, pas plus que son caractère d'ailleurs. Délivrant sa puissance de façon très linéaire, il génère des accélérations modestes à bas régime, décentes au milieu et qui finissent par s'intensifier à mesure que les tours grimpent. Doux jusqu'à 5000 tr/min, il s'agite par la suite jusqu'à devenir considérablement vibreux à l'approche de la zone rouge de 7500 tr/min. Il est donc préférable de ne pas étirer les rapports à l'excès et de maintenir les révolutions au milieu de la bande de puissance. La Thruxton n'est pas lente, mais elle n'a décidément rien d'intéressant à proposer aux accros de puissance et de sensations fortes. L'arrivée de l'injection il y a quelques années a permis d'éveiller un peu les accélérations, mais elle ne les a certainement pas transformées.

> **EN DÉPIT DE SON AIR SPORTIF, LA THRUXTON N'A RIEN POUR INTÉRESSER LES ACCROS DE CHEVAUX ET DE SENSATIONS FORTES.**

Le faible effet de levier généré par le guidon étroit nuit à la maniabilité. Il faut pousser fort sur les poignées pour amorcer un virage et travailler aussi fort pour la faire passer rapidement d'un angle à l'autre. La sensation n'est pas désagréable, puisqu'elle donne au pilote l'impression d'avoir à travailler un peu pour manier la moto, ce qui représente un net contraste par rapport au comportement presque télépathique de la majorité des modèles du marché actuel. Neutre et solide en courbe, la Thruxton fait toujours preuve d'une grande stabilité.

Le confort n'est pas le point fort de la petite sportive rétro d'Hinckley. La suspension arrière est simpliste et se montre rude sur une route en mauvais état, un fait que la dureté de la selle ne fait que mettre en évidence. C'est donc durant de courtes balades plutôt que de longues sorties qu'on l'apprécie le plus.

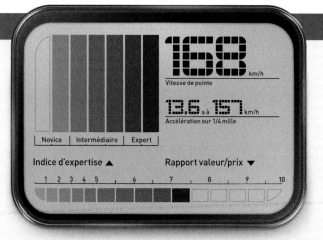

168 km/h
Vitesse de pointe

13.6 s à 157 km/h
Accélération sur 1/4 mille

Novice | Intermédiaire | Expert

Indice d'expertise ▲          Rapport valeur/prix ▼

1  2  3  4  5  6  7  8  9  10

Voir légende en page 18

## QUOI DE NEUF EN 2013 ?  +

Aucun changement

Aucune augmentation

## PAS MAL  ▲

Un style sport rétro admirablement bien rendu grâce à des proportions très habiles et équilibrées; la Thruxton joue joliment et de façon crédible la carte de la nostalgie

Une tenue de route moderne; ni la stabilité en ligne droite ni le comportement en courbe n'attirent de critiques, du moins tant qu'on se met dans la bonne ambiance et qu'on ne tente pas de jouer aux «vraies» sportives

Une expérience de conduite «sportive» différente, puisqu'elle n'est pas axée que sur les performances brutes et qu'elle demande un grand degré d'implication du pilote

## BOF  ▼

Un niveau de confort à l'ancienne; les poignées basses mettent du poids sur les mains, la selle étroite ne tarde pas à devenir douloureuse, la mécanique vibre à haut régime et les suspensions ne sont pas particulièrement souples, surtout à l'arrière

Des performances peu impressionnantes; la Thruxton n'arrive à satisfaire que les pilotes qui la comprennent et qui ne s'attendent pas à une avalanche de chevaux, ce que le Twin anglais est loin de générer

Un système de freinage avec ABS qui demeure toujours absent

Une mécanique qui manque de caractère surtout en raison du système d'échappement étouffé qui semble être commun à tous les modèles dérivés de la Bonneville

## CONCLUSION

Le choix d'une monture moderne est parfois dicté par un désir de performances ou d'équipements particuliers. Dans le cas de la Thruxton, toutefois, c'est plutôt l'émotion que transmet l'image tout entière qui devient le facteur principal d'intérêt. Bref, ceux qui la choisissent le font parce qu'en termes d'authenticité stylistique et mécanique, l'anglaise les a complètement fait craquer. Les intéressés doivent néanmoins réaliser qu'au-delà de son attrayante silhouette de sportive d'époque, la jolie Thruxton affiche un certain nombre de caprices avec lesquels il faut accepter de vivre. Vibreuse, lourde de direction, assez inconfortable et décidément pas une fusée en ligne droite, elle offre finalement peu au motocycliste moyen. Le modèle ne s'adresse toutefois pas à ce dernier, mais est plutôt destiné aux nostalgiques, aux puristes et aux romantiques attirés par l'idée de rouler comme on le faisait il y a un demi-siècle aux commandes des mythiques Café Racer.

## GÉNÉRAL

| | |
|---|---|
| Catégorie | Standard |
| Prix | 9 999 $ |
| Immatriculation 2013 | 557,53 $ |
| Catégorisation SAAQ 2013 | «régulière» |
| Évolution récente | introduite en 2004 |
| Garantie | 2 ans/kilométrage illimité |
| Couleur(s) | noir, vert |
| Concurrence | Harley-Davidson Sportster 883, Moto Guzzi V7 |

## MOTEUR

| | |
|---|---|
| Type | bicylindre parallèle 4-temps, DACT, 4 soupapes par cylindre, refroidissement par air |
| Alimentation | injection à 2 corps |
| Rapport volumétrique | 9,2:1 |
| Cylindrée | 865 cc |
| Alésage et course | 90 mm x 68 mm |
| Puissance | 68 ch @ 7 400 tr/min |
| Couple | 51 lb-pi @ 5 800 tr/min |
| Boîte de vitesses | 5 rapports |
| Transmission finale | par chaîne |
| Révolution à 100 km/h | environ 3 900 tr/min |
| Consommation moyenne | 5,5 l/100 km |
| Autonomie moyenne | 291 km |

## PARTIE CYCLE

| | |
|---|---|
| Type de cadre | double berceau, en acier |
| Suspension avant | fourche conventionnelle de 41 mm ajustable en précharge |
| Suspension arrière | 2 amortisseurs ajustables en précharge |
| Freinage avant | 1 disque de 320 mm de Ø avec étrier à 2 pistons |
| Freinage arrière | 1 disque de 255 mm de Ø avec étrier à 2 pistons |
| Pneus avant/arrière | 100/90 R18 & 130/80 R17 |
| Empattement | 1 490 mm |
| Hauteur de selle | 820 mm |
| Poids tous pleins faits | 230 kg |
| Réservoir de carburant | 16 litres |

Bonneville T100

*SACRÉE...* Parmi les travaux stylistiques, les plus complexes et délicats sont ceux qui consistent à faire évoluer la ligne d'une monture construite autour d'un thème rétro, puisque cette ligne est justement censée être intemporelle. Cet exercice, Triumph s'y est prêté en 2009 avec la Bonneville. Exercice d'autant plus délicat que la Bonneville est LE modèle symbolisant l'essence du constructeur anglais. Afin de ne pas manquer de respect à son passé, Triumph a limité l'intervention à l'installation de roues coulées à la place des roues à rayons, au remplacement des silencieux de type « tire-pois » par ceux de la Thruxton et par l'adoption de garde-boue redessinés. Le modèle T100 a, quant à lui, été laissé tel quel et continue donc d'afficher une ressemblance stupéfiante aux toutes premières Bonneville fabriquées par ce constructeur qui fêtait en 2012 son 110e anniversaire.

Lorsqu'il est question de motocyclistes ayant un lien personnel avec la scène des années 60, il faut chercher loin pour en trouver qui arrivent à résister au charme de la Bonneville. Plusieurs constructeurs jouent la carte de la nostalgie, surtout avec des customs, mais Triumph se distingue en proposant non seulement des produits dont l'authenticité visuelle est frappante, mais dont la crédibilité est aussi inattaquable. En effet, pour arriver à un tel résultat, Triumph a essentiellement calqué SA version d'époque. En plus de proportions très fidèlement reproduites, une foule de détails allant de la forme des couvercles du moteur à celle des silencieux en passant par le respect des emblèmes d'époque se combinent pour donner à l'ensemble un style antique que seul un regard éduqué arrive à distinguer de la vraie chose. Il n'y a donc rien d'étonnant à ce que les curieux confondent très souvent la Bonneville avec une moto restaurée. Deux versions sont offertes : la Bonneville de base inspirée des années 70 – celle que Triumph a fait évoluer en 2009 – et la T100 arborant une ligne des années 60. Dans les deux cas, il s'agit de montures construites avec des technologies parfaitement contemporaines, et ce, tant au niveau du moteur que du châssis.

Générant une puissance relativement modeste de 67 chevaux, le Twin parallèle du modèle, qu'on surnomme Bonnie depuis toujours, accomplit honnêtement son travail, mais sans en faire une moto vraiment excitante en ligne droite. Très silencieux et n'émettant qu'une sourde sonorité métallique, ce moteur se montre très doux à bas régime et ne se met à vibrer que lorsqu'on étire les rapports jusqu'à s'approcher de la zone rouge. Certains motocyclistes apprécieront une

**POUR CRÉER LA BONNEVILLE, TRIUMPH S'EST APPLIQUÉ À CALQUER DE MANIÈRE TRÈS PRÉCISE SON PROPRE MODÈLE D'ÉPOQUE.**

telle tranquillité, mais nous trouvons plutôt que la Bonneville manque de caractère.

La partie cycle a été construite de manière à ne pas entrer en conflit avec le style d'époque recherché par Triumph, mais elle reste quand même solide et moderne. Les composantes des suspensions sont plutôt rudimentaires et offrent un comportement moyen sur chaussée dégradée, mais l'ensemble reste assez bien conçu pour offrir un comportement routier sûr et précis. À moins de la pousser dans ses derniers retranchements, la Bonneville reste solide en courbe.

La version T100, qui n'est pourtant pas lourde de direction, demande nettement plus d'effort à faire changer de cap que la Bonneville, qui offre véritablement une agilité de bicyclette. Il s'agit de la principale différence de comportement entre les deux versions et d'une caractéristique découlant des différentes roues et des différents pneus dont elles sont chacune équipées. Basses, minces et légères, toutes deux sont des motos très faciles d'accès qui démontrent une grande maniabilité dans un contexte urbain et qui permettent même de s'amuser franchement sur une route sinueuse. En termes d'agilité pure, la Bonneville se montre néanmoins supérieure à la T100 dans toutes les circonstances.

La position de pilotage, qui est tout simplement du type assise, offre amplement de dégagement pour les jambes, laisse le dos droit et dépose les mains de manière naturelle sur un large guidon. La Bonneville n'offre décidément pas le confort d'une moto spécialisée pour le voyage, mais comme les selles ne sont pas mauvaises et que les suspensions accomplissent décemment leur travail, le confort reste très acceptable durant la majorité des sorties.

## QUOI DE NEUF EN 2013 ? +

Version SE équipée d'un protège-moteur, d'un nouveau phare et d'une nouvelle selle
Bonneville 2 tons coûte 700$ de moins qu'en 2012

## PAS MAL ▲

Un style rétro tellement fidèle à celui des Bonneville d'antan que les passants la confondent souvent avec une moto restaurée, et ce, surtout dans le cas de la T100

Un comportement routier satisfaisant, puisque solide et exempt de défauts majeurs

Des versions à roues coulées exceptionnellement maniables et accessibles

Un niveau pratique étonnamment élevé qu'on ne soupçonne pas toujours en raison de toute l'attention portée au style et au côté historique du modèle

## BOF ▼

Un niveau de performances bien plus intéressant que celui des premiers modèles de 790 cc, surtout depuis l'arrivée de l'injection, mais qui reste quand même modeste; le Twin est plaisant, mais pas excitant et on ne dirait pas non à plus de 1 000 cc

Un moteur au caractère fade qui ne possède pas du tout la personnalité forte des tricylindres de la marque; ses pulsations sont presque imperceptibles sur la route en utilisation normale et ses silencieux souffrent d'un étouffement profond

Un freinage auquel il manque un système ABS

Un niveau de confort très correct pour la besogne quotidienne et les balades de moyennes durées, mais la selle plate ne reste pas confortable sur de longues distances et les suspensions ne sont pas très sophistiquées

## CONCLUSION

La Bonneville chez Triumph, c'est un peu la fondation de la marque anglaise. Affichant une sympathique ligne qui ressemble à s'y méprendre à celle d'une Bonneville qui serait sortie des usines de Hinckley durant les années 60, la Bonnie se veut un symbole roulant et vivant de la richesse de l'histoire du constructeur. Comme c'est le cas pour la Thruxton et la Scrambler, elle doit être comprise avant de pouvoir être appréciée. Le but premier du modèle est d'éveiller une émotion bien précise chez son propriétaire, ce qu'elle accomplit non seulement avec son style d'époque, mais aussi grâce à un côté mécanique très authentique. Il s'agit d'une authenticité retrouvée au niveau du type de moteur, bien sûr, mais qui est aussi rendue grâce à des proportions et à une ergonomie bien particulières et qui n'ont pas beaucoup en commun avec ce qu'offre la moyenne des motos du marché actuel.

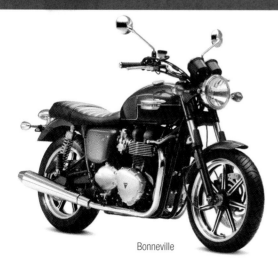

Bonneville

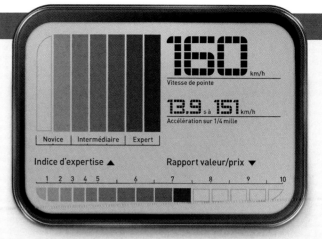

**160** km/h
Vitesse de pointe

**13.9** s à **151** km/h
Accélération sur 1/4 mille

| Novice | Intermédiaire | Expert |

Indice d'expertise ▲          Rapport valeur/prix ▼

1  2  3  4  5      6      7      8      9      10

Voir légende en page 18

## GÉNÉRAL

| | |
|---|---|
| Catégorie | Standard |
| Prix | Bonneville T100 : 10 299 $ (noir : 9 699 $) Bonneville : 8 699 $ (2 tons, SE : 8 999 $) |
| Immatriculation 2013 | 557,53 $ |
| Catégorisation SAAQ 2013 | « régulière » |
| Évolution récente | introduite en 2001, revue en 2009 |
| Garantie | 2 ans/kilométrage illimité |
| Couleur(s) | Bonneville T100 : rouge et blanc, noir et gris, noir Bonneville : noir, or, blanc, mauve et blanc, orange et noir (SE rouge et noir) |
| Concurrence | Harley-Davidson Sportster 883, Moto Guzzi V7 |

## MOTEUR

| | |
|---|---|
| Type | bicylindre parallèle 4-temps, DACT, 4 soupapes par cylindre, refroidissement par air |
| Alimentation | injection à 2 corps |
| Rapport volumétrique | 9,2:1 |
| Cylindrée | 865 cc |
| Alésage et course | 90 mm x 68 mm |
| Puissance | 67 ch @ 7 500 tr/min |
| Couple | 50 lb-pi @ 5 800 tr/min |
| Boîte de vitesses | 5 rapports |
| Transmission finale | par chaîne |
| Révolution à 100 km/h | environ 3 700 tr/min |
| Consommation moyenne | 5,0 l/100 km |
| Autonomie moyenne | 320 km |

## PARTIE CYCLE

| | |
|---|---|
| Type de cadre | double berceau, en acier |
| Suspension avant | fourche conventionnelle de 41 mm non ajustable |
| Suspension arrière | 2 amortisseurs ajustables en précharge |
| Freinage avant | 1 disque de 310 mm de Ø avec étrier à 2 pistons |
| Freinage arrière | 1 disque de 255 mm de Ø avec étrier à 2 pistons |
| Pneus avant/arrière | T100 : 100/90 R19 & 130/80 R17 Bonneville : 110/70 R17 & 130/80 R17 |
| Empattement | 1 490 mm (T100 : 1 500 mm) |
| Hauteur de selle | 740 mm (T100 : 775 mm) |
| Poids tous pleins faits | 225 kg (T100 : 230 kg) |
| Réservoir de carburant | 16 litres |

**DEUX ROUES, UN GUIDON...** On oublie parfois que l'histoire de Triumph est aussi longue que celle de Harley-Davidson. L'an 2012 marquait d'ailleurs le 110e anniversaire de la marque britannique. Afin de rappeler et de célébrer ce vécu, le constructeur propose une série de modèles classiques dont fait partie la Scrambler. Durant les années 50 et 60, avant l'arrivée de machines hors-route plus spécialisées, on installait des échappements hauts et un guidon large sur une moto de série qu'on allégeait autant que possible afin de pouvoir s'aventurer au-delà des routes asphaltées. Le résultat était appelé une « scrambler ». Techniquement, il s'agit d'un modèle dérivé de la Bonneville, exactement comme l'est la Thruxton. Triumph l'a lancée en 2006, et à l'exception de l'arrivée de l'injection, rien de majeur n'a changé.

L'une des raisons pour lesquelles les produits signés Harley-Davidson ont un tel succès tient de la capacité des stylistes de la marque à créer des « tableaux » qui sont plus que des machines. Triumph fait partie des très rares constructeurs capables d'un tel côté artistique avec leur design, et la Scrambler constitue décidément un exemple de ce talent. Talent d'autant plus évident qu'il s'agit d'un modèle conçu autour de la même base que la Bonneville et la Thruxton, donc avec plusieurs restrictions mécaniques.

Les réactions générées par la Scrambler sont surprenantes, d'abord parce qu'elles sont étonnamment nombreuses, et ensuite parce que le modèle n'a aucune difficulté à passer pour la vraie chose, donc pour une vieille moto restaurée, du moins aux yeux du grand public. L'alimentation par injection représente un exemple particulièrement approprié à ce sujet, puisque Triumph a installé les composantes du système à l'intérieur de boîtiers imitant la forme de carburateurs justement dans le but de protéger l'authenticité historique de la ligne. On croirait parler de Harley... Malgré leur aspect antique, toutes les autres pièces de la moto sont à jour et parfaitement fonctionnelles, si bien que sous sa silhouette rétro très réussie, la Scrambler possède un niveau de technologie tout à fait actuel.

Le fait que la Scrambler cache une moto moderne est non seulement important parce qu'il garantit à l'acheteur un produit de haute qualité, mais aussi parce qu'il est responsable des fort belles manières dont fait preuve le modèle sur la route. Démontrant une surprenante facilité de prise en main, la

**AUX COMMANDES DE LA SCRAMBLER, IL N'Y A NI ORDINATEUR NI GADGETS, JUSTE DEUX ROUES ET UN GUIDON POUR ROULER.**

Scrambler propose un comportement d'une grande efficacité sur la route. Dotée d'une selle un peu haute, affichant un poids plutôt faible, agréablement étroite et très légère de direction, elle est propulsée par un Twin parallèle dont les performances sont livrées de manière on ne peut plus amicale. À ses commandes, rien n'intimide, si bien que même un débutant s'y sentirait à l'aise. Cela dit, elle saura satisfaire les pilotes plus expérimentés par des performances raisonnables et surtout par une capacité à transformer la moindre balade en petit plaisir. Qu'il s'agisse d'une sortie imprévue de quelques kilomètres, d'une escapade de quelques heures ou d'une promenade sans but, la Scrambler s'adapte aisément à toutes les situations et constitue un agréable retour à l'essentiel et à la simplicité.

En ces temps de spécialisation aiguë où tout semble finement calculé et déterminé par un niveau d'électronique toujours grandissant, la position de conduite de cette ancêtre des double-usage est tellement simple et logique qu'on se demande à quoi sert tout le reste. On est tout bonnement assis sur une selle plate avec un large guidon entre les mains. La posture est simplement celle que le corps demande. Toutes les commandes fonctionnent de manière fluide et naturelle. La puissance n'est pas énorme, mais le bicylindre est suffisamment coupleux pour qu'on ne manque jamais de rien en conduite urbaine comme sur l'autoroute. Il n'y a pas de protection contre le vent ni de suspensions très sophistiquées. Pas d'ordinateur de bord, pas d'instrumentation numérique et pas le moindre gadget en vue non plus. Il y a deux roues, un moteur et un guidon.

166 km/h
Vitesse de pointe

13.6 s à 157 km/h
Accélération sur 1/4 mille

| Novice | Intermédiaire | Expert |

Indice d'expertise ▲          Rapport valeur/prix ▼

1  2  3  4  5      6      7      8      9      10

Voir légende en page 18

## QUOI DE NEUF EN 2013 ?  +

Aucun changement

Aucune augmentation

## PAS MAL  ▲

Une autre de ces classiques Triumph rétro dérivées de la plateforme Bonneville et dont le style parfaitement réussi démontre très bien que Harley n'est pas seul à maîtriser l'art de multiplier les modèles à partir d'une base commune

Une facilité de pilotage tellement grande qu'elle fait de la Scrambler non seulement un modèle que les motocyclistes expérimentés apprécient pour son thème, mais qui peut aussi très bien jouer le rôle de moto d'initiation

Une base mécanique moderne qui offre une tenue de route d'une qualité surprenante

Une proposition unique qui n'a pas vraiment d'équivalent direct sur le marché actuel

## BOF  ▼

Une capacité hors-route limitée malgré le look tout-terrain à l'ancienne; s'aventurer à l'occasion sur une route de gravier demeure possible, mais pas beaucoup plus

Une selle plate qui est parfaite pour les sorties quotidiennes, mais qui n'est pas vraiment dessinée pour être confortable sur de longues distances

Un freinage par ABS qui demeure absent

Un moteur dont le niveau de performances est correct lorsque l'on a l'esprit à la balade, mais qui n'offre rien de vraiment excitant puisque doux et silencieux au point d'en être timide; une sérieuse augmentation de cylindrée et de caractère transformerait le modèle en machine très désirable

## CONCLUSION

Elle a beau afficher une irrésistible silhouette de machine des années 60, la Scrambler demeure une moto parfaitement moderne. Cela dit, même si elle se comporte avec solidité et précision en courbe, même si elle offre un freinage précis et endurant – mais malheureusement toujours sans ABS – et même si elle permet de s'aventurer occasionnellement en sentier, la Scrambler ne s'adresse pas au motocycliste moyen, qui ne s'y intéressera pas plus qu'il ne la comprendra. Elle est plutôt destinée à une poignée de nostalgiques jeunes et moins jeunes qui sont avant tout séduits par la profonde simplicité tant stylistique que mécanique du modèle. La Scrambler est une moto qu'on enfourche purement pour le plaisir de rouler et sans se préoccuper le moindrement de statistiques ou de performances.

## GÉNÉRAL

| | |
|---|---|
| Catégorie | Standard |
| Prix | 9 999 $ |
| Immatriculation 2013 | 557,53 $ |
| Catégorisation SAAQ 2013 | « régulière » |
| Évolution récente | introduite en 2006 |
| Garantie | 2 ans/kilométrage illimité |
| Couleur(s) | gris, noir |
| Concurrence | aucune |

## MOTEUR

| | |
|---|---|
| Type | bicylindre parallèle 4-temps, DACT, 4 soupapes par cylindre, refroidissement par air |
| Alimentation | injection à 2 corps |
| Rapport volumétrique | 9,2:1 |
| Cylindrée | 865 cc |
| Alésage et course | 90 mm x 68 mm |
| Puissance | 58 ch @ 6 800 tr/min |
| Couple | 50 lb-pi @ 4 750 tr/min |
| Boîte de vitesses | 5 rapports |
| Transmission finale | par chaîne |
| Révolution à 100 km/h | environ 3 500 tr/min |
| Consommation moyenne | 5,5 l/100 km |
| Autonomie moyenne | 291 km |

## PARTIE CYCLE

| | |
|---|---|
| Type de cadre | double berceau, en acier |
| Suspension avant | fourche conventionnelle de 41 mm non ajustable |
| Suspension arrière | 2 amortisseurs ajustables en précharge |
| Freinage avant | 1 disque de 310 mm de Ø avec étrier à 2 pistons |
| Freinage arrière | 1 disque de 255 mm de Ø avec étrier à 2 pistons |
| Pneus avant/arrière | 100/90 R19 & 130/80 R17 |
| Empattement | 1 500 mm |
| Hauteur de selle | 825 mm |
| Poids tous pleins faits | 230 kg |
| Réservoir de carburant | 16 litres |

Tiger Explorer XC

**FINALEMENT...** Beaucoup de constructeurs tentent aujourd'hui leur chance dans le nouveau créneau des machines un peu étranges que sont les routières aventurières grand format. Tous le font dans le seul et même but, celui de piquer quelques ventes à la dominante BMW R1200GS. De toutes ces marques, aucune ne s'affaire à percer cette classe depuis aussi longtemps que Triumph. Après avoir offert, sans trop de succès d'ailleurs, de multiples générations de sa Tiger depuis l'introduction du modèle en 1994, le manufacturier britannique lançait en 2012 la Tiger Explorer qui allait finalement lui permettre de se mesurer directement à la vénérable GS. Animée par la plus récente génération de gros tricylindres du constructeur et équipée des dernières aides électroniques, l'Explorer est rejointe en 2013 par une version XC accessoirisée pour faire face à des conditions hors-route plus difficiles.

Honda. KTM. Yamaha. Suzuki. Et même Ducati et Moto Guzzi. Voilà autant de marques ayant tenté de dupliquer ce gros passe-partout qu'est la BMW R1200GS. Pas toujours avec succès, toutefois. Car si l'idée d'une bécane de cette taille pouvant passer de manière transparente du bitume à la poussière semble relativement simple, son exécution, elle, ne l'est décidément pas. Triumph en sait quelque chose, ayant tenté depuis des années, lui aussi, de produire une rivale légitime du vénérable modèle allemand. Qui, en passant, se veut la BMW la plus vendue.

La Tiger Explorer représente facilement l'offre la plus sérieuse à ce jour du constructeur de Hinckley dans ce créneau. On constate d'ailleurs au premier coup d'œil un lien très clair entre le style établi et adopté par l'allemande et celui de l'anglaise. Mais l'Explorer étant une Triumph, elle se distingue de quoi que ce soit d'autre de semblable par la présence d'un tricylindre en ligne, la configuration mécanique fétiche de la marque. Outre ce fait, Triumph s'est abstenu d'originalité, préférant s'en tenir à la formule fignolée depuis plus de trois décennies par BMW et sa GS.

Le style convaincant de la Tiger Explorer ne garantit évidemment pas que la formidable polyvalence du modèle allemand soit dupliquée. Dans le cas de la Triumph comme pour n'importe quelle autre rivale de la BMW, l'une des premières réactions est donc de se questionner sur la façon dont le comportement se compare à celui de la GS. Tel est le statut de la BMW. Dans ce cas, la réponse est : étonnamment bien.

L'un des aspects les plus importants de ces motos a trait à l'ergonomie. Alors que certains modèles vont jusqu'à donner l'impression d'être aux commandes d'un gros motocross, d'autres sont si conservateurs qu'on croirait rouler une routière haute sur patte. Dans ce contexte, l'équilibre atteint par l'ergonomie de la Triumph est superbe, puisqu'il donne instantanément au pilote l'impression d'être aux commandes d'une machine capable d'affronter l'inconnu et l'inhabité, mais tout en ne s'écartant pas trop d'une position adaptée aux longs trajets ou à la conduite urbaine. Cela dit, comme pour à peu près toutes les motos de ce type, l'Explorer est haute. Et elle est de plus assez lourde. Si sa masse ne gêne pas trop sur la route, où les manières sont exemplaires autant en termes de tenue de route que de confort, une fois en sentier, les kilos de trop commencent à se faire sentir. La Tiger n'en est pas moins capable pour autant, puisqu'elle passera partout où une GS osera s'aventurer. Les routes de terre battue ou de gravier sont avalées comme si de rien n'était, tandis que les sentiers plus étroits ou accidentés sont également négociés sans trop de drame. Le pilote n'a qu'à posséder l'expérience nécessaire et à adopter le rythme approprié, et même s'il s'agit de pistes très accidentées où seuls des VTT se seraient normalement retrouvés, la Tiger arrivera à passer. La masse de l'Explorer ne disparaît néanmoins jamais dans de telles circonstances et commande toute l'attention du pilote, surtout lorsque la surface n'est pas solide, comme du sable ou, pire, de la boue. Des pneus à crampons plus agressifs constituent un énorme avantage pour ce genre de conduite.

> **L'ERGONOMIE DE LA TIGER EST SUPERBE ET DONNE L'IMPRESSION AU PILOTE QU'IL PEUT AFFRONTER L'INCONNU ET L'INHABITÉ.**

## QUOI DE NEUF EN 2013 ? +

Version XC équipée de roues à rayons et d'éléments protecteurs

Aucune augmentation

## PAS MAL ▲

Un niveau de confort très bon en raison d'une belle position naturelle, d'une bonne protection au vent et de suspensions qui travaillent bien; au-delà de ses capacités hors-route, la Tiger Explorer représente une excellente routière

Des performances solides de la part d'une mécanique qui tire fort sur la totalité de sa plage de régime et qui se montre agréablement coupleuse en bas et au milieu

Une quantité intéressante d'équipements de série qui comprend l'ABS, le contrôle de traction et un régulateur de vitesse; par contre, les menus qu'il faut naviguer pour contrôler le tout sont loin d'être intuitifs

## BOF ▼

Une selle haute et une masse considérable qui compliquent certaines manœuvres à basse vitesse ou dans des sentiers serrés; toute l'attention et l'expérience du pilote sont requises dans ces circonstances

Une mécanique puissante et coupleuse, mais dont la sonorité n'est pas du tout aussi mélodieuse que dans le cas d'autres tricylindres comme celui de la Speed Triple ou de la Street Triple; il s'agit d'une décision volontaire de Triumph—et avec laquelle nous ne sommes pas d'accord—qui vise une clientèle «mature» avec ce modèle

Une capacité de passe-partout réelle, mais une transparence qui n'atteint pas le niveau offert par la BMW lorsqu'il s'agit de changer d'environnement

## CONCLUSION

Animée par l'un de ces fameux tricylindres qui font le charme et la réputation des Triumph et dessinée de manière aussi crédible que la BMW qu'elle a dans sa mire, la Tiger Explorer représente l'une des rares véritables alternatives à la R1200GS. Cela signifie, bien entendu, qu'elle possède cette étrange faculté qui permet à son propriétaire de quitter la route pour s'aventurer là où seuls des véhicules tout-terrains devraient pouvoir se rendre. Mais d'affirmer qu'une aventurière est une alternative à la vénérable BMW implique beaucoup plus, car la marque de commerce de l'allemande est une transparence presque magique lorsque l'environnement change de la route aux sentiers ou du tourisme au sport. L'Explorer ne possède pas cette transparence, mais elle n'en est pas loin. Ce qui constitue déjà un immense compliment à son égard.

Tiger Explorer accessoirisée

**212** km/h
Vitesse de pointe

**11.4** s à **189** km/h
Accélération sur 1/4 mille

| Novice | Intermédiaire | Expert |

Indice d'expertise ▲          Rapport valeur/prix ▼

1  2  3  4  5     6     7     8     9     10

Voir légende en page 18

## GÉNÉRAL

| | |
|---|---|
| Catégorie | Routière Aventurière |
| Prix | Explorer : 17 499 $<br>Explorer XC : 18 999 $ |
| Immatriculation 2013 | 557,53 $ |
| Catégorisation SAAQ 2013 | « régulière » |
| Évolution récente | introduite en 1994, revue en 1999 et en 2007, Explorer introduite en 2012 |
| Garantie | 2 ans/kilométrage illimité |
| Couleur(s) | bleu, noir, gris (XC : vert) |
| Concurrence | BMW R1200GS, Yamaha Super Ténéré |

## MOTEUR

| | |
|---|---|
| Type | 3-cylindres en ligne 4-temps, DACT, 4 soupapes par cylindre, refroidissement par liquide |
| Alimentation | injection à 3 corps de 46 mm |
| Rapport volumétrique | 11,0:1 |
| Cylindrée | 1 215 cc |
| Alésage et course | 85 mm x 71,4 mm |
| Puissance | 135 ch @ 9 300 tr/min |
| Couple | 89 lb-pi @ 6 400 tr/min |
| Boîte de vitesses | 6 rapports |
| Transmission finale | par arbre |
| Révolution à 100 km/h | environ 3 500 tr/min |
| Consommation moyenne | 6,2 l/100 km |
| Autonomie moyenne | 322 km |

## PARTIE CYCLE

| | |
|---|---|
| Type de cadre | treillis, en acier tubulaire |
| Suspension avant | fourche inversée de 46 mm non ajustable |
| Suspension arrière | monoamortisseur ajustable en précharge et détente |
| Freinage avant | 2 disques de 305 mm de Ø avec étriers à 4 pistons et système ABS |
| Freinage arrière | 1 disque de 282 mm de Ø avec étrier à 2 pistons et système ABS |
| Pneus avant/arrière | 110/80 R19 & 150/70 R17 |
| Empattement | 1 530 mm |
| Hauteur de selle | 837/857 mm |
| Poids tous pleins faits | 259 kg (XC : 267 kg) |
| Réservoir de carburant | 20 litres |

Tiger 800

**LES AUTRES...** Le créneau des routières aventurières a non seulement été inventé par BMW, mais il a aussi été fortement dominé par la marque allemande. Depuis quelques années, toutefois, Munich est assiégée de tous les côtés par des constructeurs désirant eux aussi leur part de ce gâteau. Si les modèles de grosse cylindrée se multiplient afin de faire face à la R1200GS, dans le créneau des aventurières de format moyen, les F700/800GS seraient finalement seules si ce n'était de cette paire de Triumph Tiger. Lancées en 2011 et animées par un tricylindre en ligne de 799 cc expressément conçu pour les modèles, les Tiger 800 ont été construites dans le seul but de venir jouer dans ce segment. Alors que la 800 XC se veut une véritable aventurière passe-partout, la 800 est une machine destinée davantage à la route et à une clientèle légèrement moins expérimentée.

Par rapport à ce qu'il était et à ce qu'il produisait il y a à peine une décennie, Triumph est aujourd'hui un constructeur transformé. Les Tiger 800 sont de parfaits exemples du genre de modèles provenant aujourd'hui de chez ce « petit » manufacturier et dont le calibre est indiscutablement mondial. D'ailleurs, face à leurs rivales directes que sont les BMW F700GS et F800GS, les Tiger 800 et Tiger 800 XC représentent des valeurs tout à fait comparables.

Alors que la version de base propose une direction un peu plus urbaine, la variante XC, elle, se veut une aventurière en bonne et due forme capable de franchir de sérieux obstacles et de passer comme si de rien n'était de routes asphaltées à des chemins non pavés. Il s'agit aussi d'une routière accomplie capable d'affronter de longs trajets en offrant un très bon niveau de confort, tandis que sa tenue de route est suffisamment relevée pour satisfaire pleinement un pilote exigeant et expérimenté en conduite sportive.

Les Tiger 800 offrent une facilité d'utilisation extraordinaire et font partie de ces motos sur lesquelles on se sent immédiatement à l'aise et en contrôle. À leurs commandes, toutes les manœuvres et toutes les opérations semblent intuitives et transparentes. En fait, les Triumph proposent un ensemble de qualités qui rappellent beaucoup celles qu'offrent non pas les F700/800GS, mais plutôt la R1200GS, ce qui est tout un compliment. Jamais elles ne donnent l'impression d'être des modèles de second rang comme le font à certains égards les BMW F700/800GS. Elles renvoient même plutôt une forte sensation de produit unique et désirable dont est grandement responsable leur moteur.

Il aurait été relativement simple pour Triumph de reprendre ou de modifier l'excellent tricylindre en ligne de 675 cc de la Street Triple pour animer les Tiger 800, mais il a plutôt choisi de concevoir un tout nouveau moteur de 800 cc dont les propriétés devaient parfaitement servir les besoins d'une routière aventurière de poids moyen. Le résultat est admirable, puisqu'on croirait littéralement solliciter une petite version du moteur de 1 050 cc de la Speed Triple, qui est carrément l'une des meilleures mécaniques du monde du motocyclisme. L'embrayage est léger, les rapports s'engagent sans effort et le couple disponible dès les premiers tours permet à la moto d'accélérer de façon instantanée et autoritaire. Presque toujours très doux, ce moteur offre une répartition de puissance tellement généreuse à tous les régimes qu'il semble ne jamais y avoir de tours ou de rapports inappropriés. Aussi confortable à haut régime en pleine accélération qu'à rouler sur le couple à bas régime, il se montre tout aussi à l'aise dans un environnement routier qu'en sentier. Comme la plupart des triples anglais, il est aussi particulièrement plaisant à écouter. La réduction poussée du jeu du rouage d'entraînement et le calibrage sans faute de l'injection sont d'autres facteurs qui permettent à la mécanique de se montrer très satisfaisante.

Une selle confortable, bien que plutôt haute dans le cas de la 800 XC, une bonne protection au vent, des suspensions judicieusement calibrées et d'excellents freins font également partie de l'ensemble proposé par ces Tiger 800. Notons que l'ABS, qui est livré de série, peut être désengagé.

> **LA QUALITÉ GÉNÉRALE DE L'EXPÉRIENCE RAPPELLE CE QU'OFFRE LA R1200GS, CE QUI CONSTITUE UN IMMENSE COMPLIMENT.**

## QUOI DE NEUF EN 2013 ? +

Aucun changement

Aucune augmentation

## PAS MAL ▲

Un ensemble impressionnant et une belle réussite pour Triumph; les Tiger 800 font partie de ces motos qui sont un charme à presque tous les niveaux

Un moteur superbe qui reprend toutes les caractéristiques du renommé tricylindre Triumph de 1 050 cc dans un format un peu plus petit, mais sans que l'agrément de conduite n'en souffre : ça tire bien, c'est coupleux à souhait et ça sonne bien

Une vraie nature aventurière pour la 800 XC qui possède la capacité d'affronter tout genre de terrains et qui offre une légèreté permettant une bonne agilité hors-route

Un comportement solide et précis marqué par une très grande facilité de pilotage

## BOF ▼

Une selle haute particulièrement gênante en pilotage hors-route dans le cas de la 800 XC; la hauteur de selle devrait être nettement plus basse dans le cas de la 800 dont le rôle est d'être plus accessible et urbaine

Une mécanique dont la sonorité devient «métallique» à certains régimes

Des poignées chauffantes qui sont absentes en équipement de série

Un cadre arrière soudé plutôt que vissé au cadre, et des supports de repose-pieds soudés plutôt que vissés au cadre arrière; une petite chute pourrait coûter cher

Une protection au vent qui n'est pas mauvaise, mais qu'un pare-brise un peu plus grand améliorerait beaucoup, surtout s'il était ajustable

## CONCLUSION

Le ralentissement du marché de la moto depuis la grande crise économique est très bien documenté. Mais pour certains « petits » constructeurs, comme Triumph, cette crise fut l'occasion rêvée de prendre de l'avance pendant que les grands soignaient leurs plaies. Si les Tiger 800 font partie des fruits de cette offensive, il ne s'agit aucunement de montures conçues à la hâte. Au contraire, puisqu'elles ne sont pas dérivées d'une base existante, mais qu'elles ont plutôt été développées de manière très spécifique pour cette classe. Les BMW F700/800GS sont d'ailleurs les cibles bien précises des Tiger. Merveilleusement équilibrées en ce qui a trait à chaque aspect du pilotage, joliment polyvalentes et propulsées par un tricylindre plus intéressant que le Twin parallèle des allemandes, les Tiger 800 sont des choix très difficiles à ignorer pour le motocycliste à la recherche d'une aventurière de format moyen.

Tiger 800 XC

---

**219** km/h
Vitesse de pointe

**11.5** s à **179** km/h
Accélération sur 1/4 mille

Novice | Intermédiaire | Expert

Indice d'expertise ▲          Rapport valeur/prix ▼

1  2  3  4  5      6      7      8      9      10

Voir légende en page 18

## GÉNÉRAL

| | |
|---|---|
| Catégorie | Routière Aventurière |
| Prix | Tiger 800 XC : 13 399 $ <br> Tiger 800 : 12 299 $ |
| Immatriculation 2013 | 557,53 $ |
| Catégorisation SAAQ 2013 | « régulière » |
| Évolution récente | introduites en 2011 |
| Garantie | 2 ans/kilométrage illimité |
| Couleur(s) | Tiger 800 XC : noir, blanc, vert <br> Tiger 800 : noir, blanc, bleu |
| Concurrence | Tiger 800 XC : BMW F800GS <br> Tiger 800 : BMW F700GS, <br> Suzuki V-Strom 650 |

## MOTEUR

| | |
|---|---|
| Type | 3-cylindres en ligne 4-temps, DACT, 4 soupapes par cylindre, refroidissement par liquide |
| Alimentation | injection à 3 corps |
| Rapport volumétrique | 12,0:1 |
| Cylindrée | 799 cc |
| Alésage et course | 74 mm x 61,9 mm |
| Puissance | 94 ch @ 9 300 tr/min |
| Couple | 58 lb-pi @ 7 850 tr/min |
| Boîte de vitesses | 6 rapports |
| Transmission finale | par chaîne |
| Révolution à 100 km/h | environ 4 200 tr/min |
| Consommation moyenne | 6,0 l/100 km |
| Autonomie moyenne | 316 km |

## PARTIE CYCLE

| | |
|---|---|
| Type de cadre | treillis, en acier tubulaire |
| Suspension avant | fourche inversée de 43 mm ajustable en précharge, compression et détente |
| Suspension arrière | monoamortisseur ajustable en précharge et détente |
| Freinage avant | 2 disques de 308 mm de Ø avec étriers à 4 pistons avec système ABS |
| Freinage arrière | 1 disque de 255 mm de Ø avec étrier à 2 pistons avec système ABS |
| Pneus avant/arrière | Tiger 800 XC : 90/90 ZR21 & 150/70 ZR17 <br> Tiger 800 : 110/80 ZR19 & 150/70 ZR17 |
| Empattement | 800 XC : 1 545 mm; 800 : 1 530 mm |
| Hauteur de selle | 800 XC : 845/865 mm; 800 : 810/830 mm |
| Poids tous pleins faits | 800 XC : 215 kg; 800 : 210 kg |
| Réservoir de carburant | 19 litres |

Rocket III Touring

**TIENS-TOI...** Dévoilée il y a déjà presque une décennie, la Rocket III se veut le vestige d'une compétition de bombage de torse à laquelle ont jadis pris part la majorité des grands constructeurs. Les uns après les autres, chacun présenta la custom qui devait être la plus grosse d'entre toutes. La mise de Honda fut de 1 800 cc, tout comme celle de Suzuki, d'ailleurs. Yamaha poussa l'exercice jusqu'à 1 900 cc, et Kawasaki alla même jusqu'à produire une gigantesque custom avec deux pistons de 1 000 cc chacun. Mais personne n'a pu toucher à la Rocket III et ses 2 300 cc. Triumph avait gagné. Quoi ? On ne sait pas trop, mais il avait quand même gagné. Aujourd'hui, Triumph a recyclé le modèle original en proposant deux versions, une custom appelée Rocket III Roadster et une variante de tourisme léger appelée Rocket III Touring.

Il existe bien peu de motos qui méritent véritablement d'être qualifiées d'uniques et d'inimitables, mais la Rocket III est indiscutablement l'une d'elles. Dans l'univers des modèles de grande production, il s'agit de la deux-roues propulsée par le plus gros moteur au monde et, très franchement, il est difficile d'imaginer une autre marque, quelle qu'elle soit, s'engager aujourd'hui dans un projet visant à surpasser sa cylindrée. Surtout que l'intérêt des motocyclistes pour ce genre de caractéristique n'est plus du tout suffisant pour justifier les investissements requis pour mener une telle aventure à terme. Triumph l'a fait en 2004 pour prouver qu'il pouvait bousculer les grands. Aujourd'hui, rentabiliser cette aventure est devenu son seul souci.

Des deux versions de la Rocket III, la Touring est de loin la plus « normale ». Sa cylindrée est la même que celle de la Roadster, mais sa puissance est nettement inférieure, puisqu'elle lui concède une quarantaine de chevaux. Étrangement, même le couple est moins élevé. Ces caractéristiques s'expliquent possiblement par le vœu de Triumph de rendre la Touring plus accessible à un plus grand nombre. Le résultat est une monture de tourisme léger assez intéressante dans l'environnement normal pour ce genre de moto, c'est-à-dire les longues balades. Le côté pratique des valises est alors mis en évidence, tout comme le très bon niveau de confort offert par la selle. Il s'agit par ailleurs d'une des rares customs qui prennent vraiment soin du passager. Celui-ci profite non seulement d'une très bonne selle, mais aussi de plateformes et d'un dossier à détache rapide. La position de conduite à saveur typiquement custom est très

dégagée et ne cause aucun inconfort sur de longs trajets. La Touring, qui rappelle un peu la regrettée Valkyrie de Honda, n'est toutefois pas parfaite en mode tourisme, puisque sa suspension arrière se montre occasionnellement sèche et que son pare-brise génère d'agaçantes turbulences au niveau du casque à vitesse d'autoroute. Le comportement routier sûr et solide est marqué par une direction vraiment légère résultant d'un guidon très large. La stabilité est impossible à prendre en faute dans des circonstances normales, mais l'énorme masse de l'ensemble devient problématique à basse vitesse, lors de manœuvres serrées où toute l'attention et toute l'expérience du pilote sont requises.

En termes de performances, la différence entre les versions est majeure. Alors que la Touring n'a rien d'une fusée et préfère clairement tourner à bas régime où elle se montre très souple et assez douce, la Roadster corrompt son pilote au premier tour d'accélérateur. Il s'agit d'une moto dotée d'une très grande puissance et capable de performances élevées pour une custom, mais elle a aussi la particularité de livrer toute cette cavalerie de manière étonnamment civilisée. Les accélérations plein gaz s'avèrent très amusantes, voire impressionnantes, mais la réalité est qu'elles n'ont rien à voir avec la violence explosive dont est capable une VMAX, un modèle auquel la Roadster est souvent comparée, faute d'autres choix. Chaque instant de conduite est accompagné d'un profond bourdonnement provenant du gros tricylindre. Si l'on ne peut vraiment qualifier celui-ci de musical, il demeure décidément unique et donne une couleur très particulière à l'expérience de conduite.

> **IL EST DIFFICILE D'IMAGINER UN CONSTRUCTEUR QUI SE LANCERAIT AUJOURD'HUI DANS L'AVENTURE DE SURPASSER LA ROCKET III.**

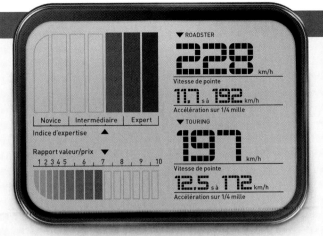

Voir légende en page 18

## QUOI DE NEUF EN 2013 ? +

Aucun changement

Aucune augmentation

## PAS MAL ▲

Un tricylindre unique autant par son concept que par les sensations qu'il fait vivre à chaque ouverture des gaz; il s'agit d'une des rares configurations mécaniques qui n'existent que chez un seul manufacturier

Un niveau de confort très correct sur la Roadster dont la position à saveur custom est dégagée et relaxe, et très bon sur la Touring en raison de sa position encore plus spacieuse et de son excellente selle

Un comportement étonnamment décent pour des machines de telles proportions

Des performances livrées de manière assez impressionnante dans le cas de la Roadster, puisqu'elle est à la fois très puissante et totalement docile

## BOF ▼

Une ligne polarisante qui continue d'être controversée dans les 2 cas; d'un autre côté, il semble que les acheteurs soient justement attirés par ce style étrange mais unique

Une masse élevée et des proportions immenses qui demandent toute l'attention du pilote à basse vitesse et dans les situations serrées

Une selle qui n'est pas particulièrement basse dans le cas de la Roadster, ce qui ne fait qu'amplifier le problème du poids élevé

Un concept intéressant qui mériterait peut-être d'être poussé encore plus loin, comme une Rocket III transformée en standard extrême ou en musclebike de 200 chevaux

## CONCLUSION

Pas besoin d'être un fin observateur du milieu du motocyclisme pour comprendre qu'une Rocket III de 2 300 cc animée par le seul tricylindre longitudinal du marché et dessinée de manière, disons, unique, ne s'adresse pas à tout le monde. Ceux que les Rocket intéressent, toutefois, devraient s'estimer chanceux qu'un constructeur ait décidé d'emprunter une telle direction. Car si ce n'était du besoin qu'a un jour ressenti Triumph de prouver qu'il «pouvait», jamais de telles créations ne seraient aujourd'hui en production. Par ailleurs, le côté très particulier des modèles a tendance à le faire oublier, mais le fait est que les Rocket se veulent des motos au comportement étonnamment civilisé, et ce, que l'on fasse référence à la manière «gentille» dont tous les chevaux de la Roadster sont livrés ou aux capacités de routières tout à fait réelles de la Touring. Des machines spéciales pour motocyclistes aux goûts spéciaux.

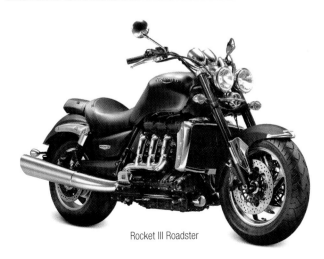

Rocket III Roadster

## GÉNÉRAL

| | |
|---|---|
| Catégorie | Tourisme léger / Custom |
| Prix | Rocket III Touring : 19 499 $ (noir : 18 999 $)<br>Rocket III Roadster : 16 799 $ |
| Immatriculation 2013 | 557,53 $ |
| Catégorisation SAAQ 2013 | « régulière » |
| Évolution récente | Rocket III introduite en 2004,<br>Touring introduite en 2008,<br>Roadster introduite en 2010 |
| Garantie | 2 ans/kilométrage illimité |
| Couleur(s) | Rocket III Touring : rouge et noir, noir<br>Rocket III Roadster : noir |
| Concurrence | Rocket III Touring : H-D Road King,<br>Kawasaki Vulcan 1700 Nomad,<br>Victory Cross Roads<br>Rocket III Roadster : Suzuki M109R,<br>Yamaha VMAX |

## MOTEUR

| | |
|---|---|
| Type | 3-cylindres en ligne 4-temps,<br>DACT, 4 soupapes par cylindre,<br>refroidissement par liquide |
| Alimentation | injection à 3 corps de 56 mm |
| Rapport volumétrique | 8,7:1 |
| Cylindrée | 2 294 cc |
| Alésage et course | 101,6 mm x 94,3 mm |
| Puissance | Touring : 105 ch @ 6 000 tr/min<br>Roadster : 146 ch @ 5 750 tr/min |
| Couple | Touring : 150 lb-pi @ 2 500 tr/min<br>Roadster : 163 lb-pi @ 2 750 tr/min |
| Boîte de vitesses | 5 rapports |
| Transmission finale | par arbre |
| Révolution à 100 km/h | environ 2 400 tr/min |
| Consommation moyenne | 7,2 l/100 km |
| Autonomie moyenne | Touring : 310 km; Roadster : 333 km |

## PARTIE CYCLE

| | |
|---|---|
| Type de cadre | double épine dorsale, en acier |
| Suspension avant | fourche inversée de 43 mm<br>non ajustable (Touring : conventionnelle) |
| Suspension arrière | 2 amortisseurs ajustables en précharge |
| Freinage avant | 2 disques de 320 mm de Ø avec étriers<br>à 4 pistons et système ABS |
| Freinage arrière | 1 disque de 316 mm de Ø avec étrier<br>à 2 pistons et système ABS |
| Pneus avant/arrière | Touring : 150/80 R16 & 180/70 R16<br>Roadster : 150/80 R17 & 240/50 R16 |
| Empattement | Touring : 1 705 mm; Roadster : 1 695 mm |
| Hauteur de selle | Touring : 730 mm; Roadster : 750 mm |
| Poids tous pleins faits | Touring : 395 kg; Roadster : 367 kg |
| Réservoir de carburant | Touring : 22,3 litres; Roadster : 24 litres |

Thunderbird Storm

**PAS DE V...** Après avoir été relancé avec des 4-cylindres, Triumph s'est engagé à maintenir une fidélité stricte envers sa culture mécanique de Twins parallèles et de triples en ligne. La promesse aurait dû s'avérer problématique en matière de customs, celles-ci devant par définition être animées par un sacro-saint V-Twin. Mais Triumph a tenu parole et la Thunderbird exhibe plutôt un massif Twin parallèle bien vertical juste là où devrait se trouver un V-Twin. Le constructeur de Hinckley poussa la « Triumphisation » de sa custom encore plus loin en créant en 2011 une version Storm affichant le fameux phare double de la marque et en gonflant la cylindrée à 1 700 cc, soit 100 cc de plus que le modèle de base. Les deux variantes sont équipées d'un système de freinage ABS.

Compte tenu de la fossilisation imminente de la clientèle traditionnelle du créneau custom, il est devenu impératif pour toutes les marques offrant ce type de motos dans leur catalogue de trouver le moyen d'intéresser de nouveaux motocyclistes à rouler « les pieds devant ». Mais comment faire ? Alors que les « génies » du marketing des « autres » marques se penchaient sur cette énigme, Harley-Davidson, de son côté, se mettait, il y a quelques années, à peindre certaines pièces en noir. La ligne Dark Custom était née et, comme par magie, de jeunes adultes plutôt que des Boomers commencèrent à s'intéresser aux customs du constructeur. Si la Thunderbird Storm lancée en 2011 s'inspire sans gêne de cette tendance, elle a au moins le mérite de pousser le stylisme un peu plus loin en affichant une paire d'yeux typiques des Triumph. La marque anglaise a également choisi de rehausser d'un bon cran les performances du modèle en installant de série le kit de 1 700 cc offert en option sur la Thunderbird de base qui, elle, a plutôt une cylindrée de 1 600 cc. Produisant tout près d'une centaine de chevaux, soit une bonne douzaine de plus que la Thunderbird, la Storm est l'une des customs poids lourd les plus rapides du marché. Par rapport à la 1600 de base, la différence de performances en ligne droite n'est pas majeure, mais quand même notable. D'ailleurs, il n'y aurait rien d'étonnant si Triumph décidait éventuellement d'animer toutes les versions de la Thunderbird avec le gros Twin parallèle de 1 700 cc. À l'exception de l'accélération et du couple supérieurs de la Storm, les deux versions se comportent de façon identique.

> **EN SELLE, ON JURERAIT PILOTER UNE CUSTOM ANIMÉE PAR UN BON V-TWIN, ET CE, TANT AU NIVEAU DU SON QUE DES PULSATIONS.**

Bien qu'elle paraisse très différente en raison de sa configuration mécanique, l'expérience de conduite qu'offre la Thunderbird se rapproche énormément de celle que propose la moyenne des grosses customs. À plusieurs égards, la Triumph est toutefois nettement supérieure à cette moyenne. Par exemple, elle fait preuve d'une précision et d'une rigueur très surprenantes en virage, deux qualités attribuables à une construction particulièrement rigide du cadre, aux solides composantes de suspensions et aux roues larges chaussées de pneus presque sportifs. Des suspensions qui fonctionnent, ce qui est loin d'être la norme chez les customs, ainsi que de très bons freins assistés d'un système ABS efficace servent également d'explication à la bonne qualité du comportement routier des modèles.

D'une façon assez inattendue, les sensations renvoyées par le Twin parallèle ressemblent à s'y méprendre à l'expérience offerte par un V-Twin de cylindrée semblable, et ce, autant à un niveau sonore que tactile. En selle, on jurerait même carrément piloter une moto non seulement animée par un V-Twin, mais aussi par un V-Twin fort plaisant générant un profond grondement et tremblant au rythme saccadé des gros pistons. Le moteur se montre particulièrement doux à gaz constants et ne s'anime en pulsant de manière plaisante qu'en pleine accélération. Le niveau de confort du modèle n'attire aucune véritable critique, puisque l'ergonomie, qui est très semblable sur les deux versions, est dictée par une position de conduite agréable, tandis que la selle bien formée et bien rembourrée ne cause pas d'inconfort prématuré.

## QUOI DE NEUF EN 2013 ? +

Version sans ABS n'est plus offerte

Aucune augmentation

## PAS MAL ▲

Un Twin parallèle dont la sonorité et la cadence ressemblent à s'y méprendre aux sensations renvoyées non seulement par un V-Twin, mais bien par un bon V-Twin

Un niveau de performances très intéressant, puisque le couple à bas régime est excellent et que les accélérations sont plus puissantes qu'on s'y attendrait sur une custom de cette cylindrée

Un style très particulier pour la version Storm qui est littéralement une «custom Triumph» qui porte toutes les signatures mécaniques et visuelles de la marque

Un comportement routier qui doit être qualifié d'exemplaires, ce qui s'explique par le fait que la partie cycle est construite avec une rigueur presque sportive

## BOF ▼

Une ligne élégante dans le cas de la Thunderbird de base, mais aussi assez prévisible; Triumph n'a pas voulu bousculer davantage la clientèle conservatrice à laquelle il demande déjà d'accepter un Twin parallèle au lieu d'un V-Twin

Une image générale définie par la présence d'un Twin parallèle là où devrait normalement se trouver un V-Twin; on aime ou on n'aime pas

Un silencieux double plus ou moins réussi qui semble ne pas correspondre à l'image haut de gamme du produit et qui rappelle même la Kawasaki Vulcan 500 LTD...

## CONCLUSION

S'il est un type de customs dont le marché regorge, c'est celui des copies de Harley-Davidson plus ou moins réussies. Même si la ligne assez prévisible de la Thunderbird et le traitement «Dark Custom» de la variante Storm font décidément penser aux produits de Milwaukee, les grosses customs Triumph possèdent quand même une identité propre. Il est évident qu'en termes de ligne générale, l'inspiration provient des produits américains, mais cela dit, le constructeur britannique a quand même pris un risque considérable dans le but de distinguer ses modèles. Ce risque, Triumph l'a pris en choisissant de créer un massif Twin parallèle au lieu d'un V-Twin, ce qui n'a rien de banal dans cet univers où le V-Twin est carrément sacré. La Thunderbird se distingue aussi par la solidité inhabituelle de sa partie cycle et, dans le cas de la Storm, par un visage immanquablement identifiable à la marque. Il s'agit d'un rare cas où un constructeur a choisi de transformer la formule custom à son image.

Thunderbird

**193** km/h
Vitesse de pointe

**12.8** s à **168** km/h
Accélération sur 1/4 mille

| Novice | Intermédiaire | Expert |

Indice d'expertise ▲      Rapport valeur/prix ▼

1 2 3 4 5 6 7 8 9 10

Voir légende en page 18

## GÉNÉRAL

| | |
|---|---|
| Catégorie | Custom |
| Prix | T-Bird : 15 499 $ (T-Bird marbré : 15 799 $; noir : 14 999 $) T-Bird Storm : 16 499 $ |
| Immatriculation 2013 | 557,53 $ |
| Catégorisation SAAQ 2013 | «régulière» |
| Évolution récente | Thunderbird introduite en 2010 Thunderbird Storm introduite en 2011 |
| Garantie | 2 ans/kilométrage illimité |
| Couleur(s) | T-Bird : noir, bleu et noir, rouge et noir, bleu marbré, rouge marbré T-Bird Storm : noir, noir mat |
| Concurrence | Harley-Davidson Super Glide Custom et Fat Bob, Kawasaki Vulcan 1700 Classic, Victory Hammer, Yamaha Road Star |

## MOTEUR

| | |
|---|---|
| Type | bicylindre parallèle 4-temps, DACT, 4 soupapes par cylindre, refroidissement par liquide |
| Alimentation | injection à 2 corps de 42 mm |
| Rapport volumétrique | 9,7:1 |
| Cylindrée | T-Bird : 1 597 cc T-Bird Storm : 1 699 cc |
| Alésage et course | T-Bird : 103,8 mm x 94,3 mm T-Bird Storm : 107,1 mm x 94,3 mm |
| Puissance | T-Bird : 85 ch @ 4 850 tr/min T-Bird Storm : 97 ch @ 5 200 tr/min |
| Couple | T-Bird : 108 lb-pi @ 2 750 tr/min T-Bird Storm : 115 lb-pi @ 2 950 tr/min |
| Boîte de vitesses | 6 rapports |
| Transmission finale | par courroie |
| Révolution à 100 km/h | environ 2 300 tr/min |
| Consommation moyenne | 6,7 l/100 km |
| Autonomie moyenne | 328 km |

## PARTIE CYCLE

| | |
|---|---|
| Type de cadre | double épine dorsale, en acier |
| Suspension avant | fourche conventionnelle de 47 mm non ajustable |
| Suspension arrière | 2 amortisseurs ajustables en précharge |
| Freinage avant | 2 disques de 310 mm de Ø avec étriers à 4 pistons et système ABS |
| Freinage arrière | 1 disque de 310 mm de Ø avec étrier à 2 pistons et système ABS |
| Pneus avant/arrière | 120/70 R19 & 200/50 R17 |
| Empattement | 1 615 mm |
| Hauteur de selle | 700 mm |
| Poids tous pleins faits | 339 kg |
| Réservoir de carburant | 22 litres |

America

**RÉINVENTÉES...** L'arrivée dans la gamme Triumph de l'America en 2002, puis de la Speedmaster un an plus tard, ne découlait absolument pas de la passion du constructeur anglais pour les customs, mais plutôt de son désir de bénéficier de l'engouement dont profitaient ces motos à l'époque. Malgré sa configuration «inappropriée», le Twin parallèle de la Bonneville fut retenu et une nouvelle partie cycle fut habillée de pièces avec des formes «comme sur les Harley». En 2011, près d'une décennie après l'introduction de l'America, Triumph revoyait le positionnement des modèles en les adaptant aux besoins du jour. L'America affiche depuis une ergonomie revue dans le but précis de plaire à des motocyclistes de calibre novice ou de petite stature, comme les femmes. La Speedmaster propose une position de conduite nettement plus dégagée, mais sa mission d'accessibilité demeure très similaire.

La crédibilité stylistique des Speedmaster et America n'a jamais été très forte. Tout d'abord en raison d'une ligne bien trop facile et prévisible, particulièrement dans le cas de l'America, et ensuite, à cause de ce Twin parallèle qui, encore aujourd'hui, jure dans cet univers de V-Twin. La marque britannique leur fit probablement la plus grande des faveurs en lançant la grosse Thunderbird 1600, elle aussi une custom propulsée non pas par un V-Twin, mais bien par un Twin parallèle. Le cas Thunderbird a servi à démontrer que finalement, Triumph préfère ce type de moteur, et ce, pour la simple et bonne raison qu'il est intimement lié à sa longue histoire. Depuis, l'aspect «customs un peu trop faciles» de l'America et de la Speedmaster s'est considérablement estompé. Aujourd'hui, elles sont simplement perçues comme des customs Triumph d'entrée de gamme.

En 2011, la persistance de Triumph à offrir ces modèles leur donna un nouvel avenir, puisqu'ils se virent tous deux repositionnés afin de mieux refléter les nouveaux besoins du marché. En premier lieu, les prix furent ramenés jusqu'à un niveau presque équivalent à celui des modèles concurrents, ce qui est d'ailleurs bien plus logique, puisqu'il n'y avait auparavant aucune manière de justifier leur facture plus élevée.

En second lieu, l'America et la Speedmaster sont depuis passées de customs de cylindrée moyenne normales à des customs d'initiation. Il s'agit d'une transformation qui rappelle beaucoup celle qu'a subie la Harley-Davidson Sportster 883 SuperLow, le but étant dans tous les cas d'offrir des montures plus appropriées aux besoins de motocyclistes arrivant au sport.

**LE BUT DES DEUX MODÈLES EST D'OFFRIR DES MANIÈRES AUSSI APPROPRIÉES QUE POSSIBLE POUR DE NOUVEAUX MOTOCYCLISTES.**

Pour y arriver, Triumph a modifié la position de conduite en rapprochant considérablement du pilote le guidon et les repose-pieds, en abaissant la selle et en installant une béquille laissant la moto plus droite à l'arrêt afin d'en faciliter le soulèvement. Notons que le design des roues a été revu et que la forme de quelques pièces, comme les garde-boue, les phares et les clignotants, a aussi été modifiée. L'ergonomie revue des modèles atteint son but, puisqu'elle permet à des pilotes novices ou physiquement petits de se sentir immédiatement à l'aise. Le poids est très bien masqué et la proximité des commandes confère à l'ensemble une accessibilité réellement très élevée. En revanche, dans le cas de l'America, les pilotes plus grands se sentent serrés, tandis que les motocyclistes plus expérimentés ont l'impression d'être assis sur une monture de novice. Sa position est détendue et place les pieds et les mains devant à la façon typique des customs de style classique.

La position de conduite de la Speedmaster est nettement plus dégagée et ne causera aucun problème aux pilotes plus grands ou plus expérimentés pour lesquels elle est d'ailleurs nettement plus intéressante. Dans le cas des deux modèles, la mécanique injectée accélère proprement et propose des performances adéquates, à défaut d'être excitante. Il s'agit d'un moteur excessivement doux et silencieux qui renvoie très peu de sensations. Sur la route, les deux se montrent toujours stables et très intuitives à manier et proposent un niveau de confort raisonnable, du moins, sauf en ce qui concerne leur suspension arrière occasionnellement rude.

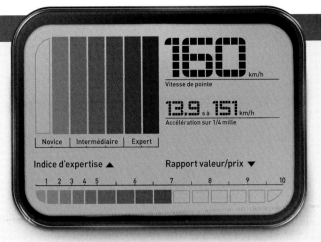

Voir légende en page 18

## QUOI DE NEUF EN 2013 ?  +

Aucun changement

Aucune augmentation

## PAS MAL  ▲

Une certaine originalité provenant d'un bicylindre vertical retrouvé seulement chez Triumph; il s'agit d'une mécanique qui se montre douce et très docile

Un comportement routier faisant preuve de belles manières à presque tous les niveaux, de la stabilité en ligne droite à la solidité en virage en passant par la légèreté de direction

Une facilité de prise en main exceptionnelle, particulièrement dans le cas de l'America qui a justement été revue pour paraître aussi accessible que possible à une clientèle novice ou physiquement petite; la Speedmaster est également très peu intimidante

## BOF  ▼

Une ergonomie tellement compacte dans le cas de l'America que celle-ci devient exclusivement une monture destinée à une clientèle novice ou physiquement petite; la position de conduite de la Speedmaster est nettement plus dégagée

Un niveau de performances qui n'est pas mauvais et qui s'avère tout à fait suffisant dans la majorité des situations, mais qui n'arrivera à satisfaire que les pilotes peu gourmands en chevaux ou les motocyclistes peu expérimentés

Une suspension arrière qui se montre sèche sur les défauts prononcés de la chaussée

Une mécanique dont le caractère est très timide en raison de sa très grande douceur de fonctionnement et de la sonorité étouffée du système d'échappement

## CONCLUSION

L'America et sa cousine la Speedmaster ont été mises sur le marché au début du millénaire afin de profiter de la force dont jouissait le créneau custom à l'époque. Elles étaient chères, se montraient aussi timides au niveau des sensations mécaniques qu'à celui des performances et leur Twin parallèle n'était pas vraiment approprié dans cette classe. Bref, seuls les maniaques aveugles de la marque anglaise pouvaient logiquement s'y intéresser. Les versions révisées actuellement offertes demeurent techniquement très proches des modèles originaux, mais leur attrait, lui, est très différent. Affichant désormais des factures comparables à celles des montures rivales et qui correspondent bien plus à leur valeur réelle, l'America et la Speedmaster peuvent aujourd'hui être considérées comme de bonnes et abordables petites customs d'entrée de gamme. La grande attention portée à l'accessibilité de l'America en fait par ailleurs une option particulièrement attrayante pour une clientèle priorisant avant tout la facilité de pilotage.

Speedmaster

## GÉNÉRAL

| | |
|---|---|
| Catégorie | Custom |
| Prix | America : 9 599 $ (noir : 9 299 $)<br>Speedmaster : 9 599 $ (noir : 9 299 $) |
| Immatriculation 2013 | 557,53 $ |
| Catégorisation SAAQ 2013 | « régulière » |
| Évolution récente | America introduite en 2002, revue en 2011; Speedmaster introduite en 2003, revue en 2011 |
| Garantie | 2 ans/kilométrage illimité |
| Couleur(s) | America : bleu et blanc, noir<br>Speedmaster : bleu et noir, noir |
| Concurrence | Harley-Davidson Sportster 883, Honda Shadow 750, Kawasaki Vulcan 900 Classic, Suzuki Boulevard C50 et M50, Yamaha V-Star 950 |

## MOTEUR

| | |
|---|---|
| Type | bicylindre parallèle 4-temps, DACT, 4 soupapes par cylindre, refroidissement par air |
| Alimentation | injection à 2 corps |
| Rapport volumétrique | 9,2:1 |
| Cylindrée | 865 cc |
| Alésage et course | 90 mm x 68 mm |
| Puissance | 60 ch @ 6 800 tr/min |
| Couple | 53 lb-pi @ 3 300 tr/min |
| Boîte de vitesses | 5 rapports |
| Transmission finale | par chaîne |
| Révolution à 100 km/h | environ 3 500 tr/min |
| Consommation moyenne | 4,9 l/100 km |
| Autonomie moyenne | 393 km |

## PARTIE CYCLE

| | |
|---|---|
| Type de cadre | double berceau, en acier |
| Suspension avant | fourche conventionnelle de 41 mm non ajustable |
| Suspension arrière | 2 amortisseurs ajustables en précharge |
| Freinage avant | 1 disque de 310 mm de Ø avec étrier à 2 pistons |
| Freinage arrière | 1 disque de 285 mm de Ø avec étrier à 2 pistons |
| Pneus avant/arrière | America : 130/90 R16 & 170/80 R15<br>Speedmaster : 100/90 R19 & 170/80 R15 |
| Empattement | America : 1 617 mm<br>Speedmaster : 1 606 mm |
| Hauteur de selle | 690 mm |
| Poids tous pleins faits | 250 kg |
| Réservoir de carburant | 19,3 litres |

Cross Country Tour

**SECOND ASSAUT...** S'il est un facteur absolument incontournable derrière le succès d'une custom, c'est le style. Chez Victory, on s'est d'abord aventuré dans le créneau des customs de tourisme avec la très particulière et inhabituelle Vision donnant comme résultat un accueil moins qu'encourageant de la part des acheteurs généralement très conservateurs. Basés sur la plateforme de la Vision, les modèles Cross Country et Cross Roads représentent la seconde offensive de la marque du Minnesota dans cette classe. Affichant un style beaucoup moins choquant que celui de la Vision et, d'une certaine façon, rappelant celui des modèles Harley-Davidson correspondants que sont les Electra Glide, Street Glide et Road King, elles ont été beaucoup mieux reçues. Toutes les variantes de la série tourisme de Victory partagent le même V-Twin de 106 pouces cubes et le même cadre en aluminium.

Les montures de tourisme de Victory forment une série basée sur une plateforme commune, exactement comme c'est le cas chez Harley-Davidson. Développée d'abord pour la luxueuse Vision en 2008, cette base s'est immédiatement imposée comme l'une des plus sérieusement construites et des plus solidement maniérées du créneau custom. En fait, la Vision était, et demeure, une véritable moto de tourisme propulsée par un gros V-Twin custom, et non une custom accessoirisée pour le tourisme. Cette distinction est d'une importance capitale, puisqu'il s'agit de la raison derrière le comportement agréablement solide et serein de chacun des modèles de la série, de la Cross Roads de tourisme léger jusqu'à la Cross Country Tour plus équipée en passant par l'osée Hard-Ball, et sans oublier la Vision, bien sûr.

Même si toutes les variantes sont pratiquement identiques d'un point de vue mécanique, les différents niveaux d'équipements et les écarts de poids existant entre les modèles confèrent à chacun des particularités propres. La grosse Vision Tour, par exemple, avec son immense selle, sa longue liste d'équipements et son pare-brise électriquement réglable, peut aisément jouer du coude avec la Honda Gold Wing dans l'environnement du voyage, ce qui constitue un enviable compliment. La Cross Country Tour, qui est une Cross Country généreusement accessoirisée, livre une expérience du voyage un peu moins enveloppante, mais non moins plaisante. Elle offre un fort agréable dosage de confort et d'ouverture à la route qui n'est pas sans rappeler celui proposé par des customs de tourisme comme l'Electra Glide de Harley-Davidson ou la Voyager de Kawasaki.

Compte tenu de la très grande popularité des modèles de ce genre chez Harley-Davidson, la Cross Country et sa version Tour représentent les variantes ayant le plus de potentiel de ventes élevées chez Victory, surtout vu que leur style à la fois classique et moderne semble être assez bien reçu par les amateurs de customs. À l'autre extrémité de la série se trouve la Cross Roads Classic, une custom de tourisme léger dont l'équipement minimal ne consiste qu'en une paire de sacoches latérales et en un gros pare-brise. Ironiquement, ce modèle, qui est le moins équipé et le moins cher de la série, est aussi l'un des plus plaisants à piloter. Construite en utilisant une plateforme conçue pour une moto beaucoup plus massive, la Cross Roads propose un comportement routier marqué par une impression d'aisance et de sérénité dans toutes les circonstances. À ses commandes, toutes les manœuvres semblent faciles et sûres, tout se fait légèrement et précisément. La Cross Country est à très peu de choses près la même moto équipée d'un carénage fixé au cadre, tandis que la Hard-Ball a troqué le pare-brise pour un guidon Ape-Hanger.

Le gros V-Twin de 106 pouces cubes commun à toutes les variantes offre des performances tout à fait adéquates. Expressément conçu pour pousser aussi fort que possible, aussi tôt que possible, il arrive à faire bouger toute la masse des divers modèles avec une agréable autorité. Ses qualités acoustiques ne sont peut-être pas aussi musicales que celles des V-Twin de Harley-Davidson, entre autres, mais il reste qu'on a affaire à une excellente mécanique dont le rendement s'avère plus que satisfaisant pour ce genre d'utilisation.

> **TOUTES LES VARIANTES SONT DÉRIVÉES DE LA VISION QUI EST UNE AUTHENTIQUE MACHINE DE TOURISME ET NON UNE SIMPLE CUSTOM.**

## CORY NESS CROSS COUNTRY TOUR

En 2013, c'est à la Cross Country Tour d'avoir l'honneur de subir le traitement Ness, et plus précisément celui de Cory Ness. La recette demeure la même que pour tous les autres modèles associés à Arlen Ness et sa famille, ce qui signifie une peinture et des roues spéciales, le tout complimenté d'une panoplie d'accessoires Ness.

## VISION TOUR

La plateforme de tourisme actuelle de Victory fut lancée en 2008 avec la Vision. Même si plusieurs variantes ont été dérivées de cette base, la Vision reste unique en ce sens qu'aucun autre modèle de la gamme n'aborde le thème du tourisme de manière aussi sérieuse, ce que son extravagante ligne pousse parfois à oublier. La Vision est aussi sans pareil sur le marché, puisqu'elle est le seul véritable modèle de tourisme de luxe à saveur custom. Il s'agit d'un genre de Gold Wing à moteur V-Twin.

## ARLEN NESS VISION

Un peu plus basse que la Vision Tour de série, la version signée Arlen Ness du modèle se distingue par une peinture spéciale et une longue liste de pièces issues des catalogues d'accessoires Victory et Ness.

## CROSS COUNTRY

Chez Victory, la Cross Country joue le rôle de la monture de tourisme léger avec carénage fixe et valises rigides, une formule directement destinée à rivaliser avec la très populaire Street Glide de Harley-Davidson. Elle est propulsée par le V-Twin 106/6, est équipée de l'ABS et offre même un système audio avec intégration iPod installé dans son carénage.

## ZACK NESS CROSS COUNTRY

Le plus jeune de la dynastie Ness signe cette édition spéciale de la Cross Country. L'aspect mécanique demeure inchangé par rapport au modèle de base, mais la peinture unique, les roues taillées dans la masse ainsi qu'une demi-douzaine d'accessoires tirés du catalogue Ness en font une édition à tirage limité.

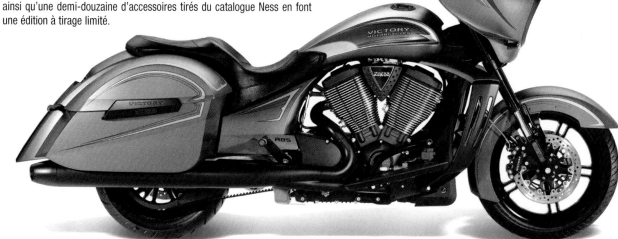

## HARD-BALL

La Hard-Ball combine le style dénudé de la Cross Roads, les valises rigides de la Cross Country, les roues à rayons de la Cross Roads Classic et le guidon de type Ape Hanger de la High-Ball, le tout dans une atmosphère noir mate. Elle est l'exemple parfait du genre de risques que Victory semble désormais prêt à prendre en matière de style custom.

## CROSS ROADS CLASSIC

Désormais la seule Cross Roads offerte, la Classic remplace la variante LE présentée en 2012 et se veut une édition accessoirisée de la Cross Roads de base. Elle se distingue par ses roues à rayons, par sa peinture classique, par la finition soignée de sa selle et de ses sacoches, par son gros pare-brise, par ses phares auxiliaires et par ses barres de protection installées en usine.

## QUOI DE NEUF EN 2013 ?  +

Introduction de la variante Zack Ness Cross Country

Retrait de la variante Cross Roads de base

Arlen Ness Vision et Cross Country Classic coûtent 100 $ de plus qu'en 2012

## PAS MAL  ▲

Un excellent niveau de confort sur les modèles Tour découlant de très bonnes selles, de positions très dégagées et variables, de bonnes suspensions et d'un pare-brise ajustable électriquement qui ne génère presque pas de turbulences dans le cas de la Vision

Une partie cycle extrêmement solide qui se montre stable et rassurante, peu importe les conditions ou la vitesse, et ce, sur toutes les variantes

Un niveau d'équipement généreux sur les modèles Tour

Une ligne qui semble plaire dans le cas des modèles Cross Roads et Cross Country et un style agréablement osé dans le cas de la Hard-Ball

Des selles inhabituellement basses pour des montures de tourisme

## BOF  ▼

Un V-Twin qui réussit à pousser toute cette masse avec une étonnante facilité, mais qui le fait sans la sonorité mélodieuse d'une mécanique de Harley-Davidson

Un poids très élevé qui ne dérange aucunement une fois en mouvement, mais qui demande toute l'attention du pilote à basse vitesse et dans les situations serrées

Des plateformes de passager sur la Vision qui entrent en contact avec l'arrière des mollets du pilote lorsqu'il recule la moto en étant assis dessus; elles ne sont pas repliables

Des valises latérales rigides dont le volume n'est pas très généreux sur la Vision

Une garantie qui devrait être bien plus longue; trois ans serait logique pour de telles motos

Des lignes osées et audacieuses dans le cas de la Vision, mais aussi polarisantes

Un coffre arrière fixé à la moto de manière pas très esthétique sur la Cross Country Tour

Des factures pas très raisonnables dans le cas des modèles Ness qui n'offrent pas beaucoup plus qu'une finition plus poussée et pas toujours de bon goût

## CONCLUSION

La plateforme de tourisme sur laquelle toutes ces variantes sont construites représente une base remarquablement bien maniérée dont la solidité et la précision demeurent constantes autant dans le cas d'une lourde moto de tourisme de luxe que dans celui de modèles plus allégés. Tout aussi remarquable est la flexibilité stylistique et fonctionnelle de cette base, puisqu'elle est à la fois responsable de montures joliment épurées comme la Hard-Ball et des customs de tourisme de luxe comme la Vision Tour. Certains critiquent cette façon « à la Harley-Davidson » de créer un tas de variantes à partir d'une seule base, mais nous ne sommes pas de cet avis. Au contraire, nous trouvons qu'il s'agit de la manière idéale de non seulement plaire au plus grand nombre, mais aussi de donner la plus grande latitude possible aux stylistes plutôt que de les contraindre à un format « sûr ».

Hard-Ball

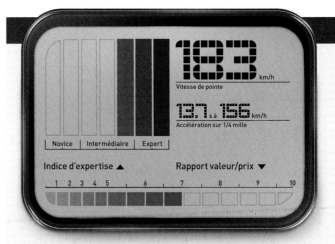

183 km/h
Vitesse de pointe

13.7 s à 156 km/h
Accélération sur 1/4 mille

| Novice | Intermédiaire | Expert |

Indice d'expertise ▲          Rapport valeur/prix ▼

1  2  3  4  5     6     7     8     9     10

Voir légende en page 18

## GÉNÉRAL

| | |
|---|---|
| Catégorie | Tourisme de luxe / Tourisme léger |
| Prix | Cross Country Tour / C. Ness : 23 999 / 31 599 $<br>Cross Country / Z. Ness : 20 699 / 28 299 $<br>Vision Tour / A. Ness : 22 899 / 28 349 $<br>Cross Roads Classic / H-B : 19 699 $ / 20 699 $ |
| Immatriculation 2013 | 557,53 $ |
| Catégorisation SAAQ 2013 | « régulière » |
| Évolution récente | Vision Tour introduite en 2008, Cross Roads et Cross Country en 2010, Cross Country Tour et Hard-Ball en 2012 |
| Garantie | 1 an / kilométrage illimité |
| Couleur(s) | choix multiples |
| Concurrence | Harley-Davidson Série Tourisme, Kawasaki Vulcan 1700 Voyager et Nomad, Yamaha Royal Star Venture |

## MOTEUR

| | |
|---|---|
| Type | bicylindre 4-temps en V à 50 degrés (Freedom 106/6), SACT, 4 soupapes par cylindre, refroidissement par air et huile |
| Alimentation | injection à 2 corps de 45 mm |
| Rapport volumétrique | 9,4:1 |
| Cylindrée | 1 731 cc |
| Alésage et course | 101 mm x 108 mm |
| Puissance | Cross : 88,6 ch @ 4 750 tr/min<br>Vision : 92,3 ch @ 4 750 tr/min |
| Couple | Cross : 105,5 lb-pi @ 2 750 tr/min<br>Vision : 108,3 lb-pi @ 2 600 tr/min |
| Boîte de vitesses | 6 rapports |
| Transmission finale | par courroie |
| Révolution à 100 km/h | environ 2 300 tr/min |
| Consommation moyenne | 6,6 l/100 km |
| Autonomie moyenne | Cross : 333 km; Vision : 344 km |

## PARTIE CYCLE

| | |
|---|---|
| Type de cadre | épine dorsale, en aluminium |
| Suspension avant | fourche inversée de 43 mm non ajustable (Vision : conventionnelle de 46 mm) |
| Suspension arrière | monoamortisseur ajustable en pression d'air |
| Freinage avant | 2 disques de 300 mm de Ø avec étriers à 4 pistons et système ABS |
| Freinage arrière | 1 disque de 300 mm de Ø avec étrier à 2 pistons et système ABS |
| Pneus avant/arrière | 130/70 R18 & 180/60 R16 |
| Empattement | 1 670 mm |
| Hauteur de selle | 667 mm (Vision Tour / A. Ness : 673 / 622 mm) |
| Poids tous pleins faits | CCT / CC / H-B : 400 / 361 / 360 kg<br>VT / CRC : 405 / 366 kg |
| Réservoir de carburant | Cross : 22 litres; Vision : 22,7 litres |

Boardwalk

**MADE IN MEDINA...** Après avoir passé de nombreuses années à continuellement se comparer à Harley-Davidson dans l'espoir de s'identifier comme son rival, Victory semble enfin avoir saisi que les motocyclistes ne réagissent pas très bien à de telles tactiques et que l'authenticité d'un produit les attire beaucoup plus. Depuis, des concepts comme la High-Ball, la Judge et même la nouvelle Boardwalk font surface et démontrent que la marque du Minnesota possède bel et bien son propre talent créatif. D'un autre côté, personne n'a jamais dit qu'il ne fallait absolument rien imiter de chez Harley-Davidson. L'habitude qu'a le constructeur de Milwaukee de multiplier les modèles à partir d'une seule plateforme est même un exemple à suivre dans le créneau custom. C'est exactement ce qui se passe avec la plateforme Vegas sur laquelle est basé un flot constant de nouvelles variantes.

Les modèles de la série Vegas sont très similaires à ceux des familles Softail et Dyna chez Harley-Davidson en ce sens qu'ils sont tous basés sur une plateforme commune et qu'ils se distinguent surtout au niveau de leur style, de leur ergonomie et de certains éléments de leur partie cycle, notamment la grandeur des roues et des pneus.

Bien que les variations en termes de position de conduite et de dimensions de roues et de pneus puissent ne pas sembler majeures, elles suffisent pour changer considérablement les sensations de pilotage d'un modèle à l'autre, et ce, bien que le comportement propose tout de même des caractéristiques communes. La seule exception à cette règle est la Jackpot dont le gros pneu arrière de 250 mm handicape la direction et demande une bonne dose d'expérience de la part du pilote. Bien que sa façon de se comporter rappelle celle d'un chopper artisanal, elle n'est pas du tout à éviter pour autant. Il s'agit tout simplement d'une custom extrême avec un caractère bien particulier qui s'adresse à des amateurs avertis. En ce qui concerne toutes les autres variantes, on constate dès les premiers moments de conduite avoir affaire à des montures agréablement bien maniérées. Très basses, élancées et relativement minces, elles s'avèrent étonnamment peu intimidantes pour des machines d'un tel poids, d'une telle cylindrée et de telles proportions. Il s'agit même aisément des Victory les plus accessibles en matière de pilotage.

À la fois très stables et légères de direction, les montures dérivées de la plateforme Vegas sont si faciles d'accès qu'on pourrait sans problème les

> **CERTAINES SONT SI FACILES D'ACCÈS QU'ON POURRAIT LES RECOMMANDER SANS PROBLÈME À UNE CLIENTÈLE PAS TRÈS EXPÉRIMENTÉE.**

recommander à une clientèle ne détenant pas un niveau d'expérience très élevé. Il s'agit d'une qualité qui est partiellement liée aux selles très basses. Toutefois, comme dans le cas de plusieurs modèles cette caractéristique est atteinte grâce à un débattement réduit de la suspension arrière, des réactions sèches sur mauvais revêtement ne sont pas rares.

Semblable sur la plupart des variantes, la position de conduite est typée sans être extrême. Elle tend les jambes et place les pieds plus ou moins loin devant selon la version, tout en offrant un guidon juste assez reculé pour qu'il tombe bien sous les mains. Notons que la Judge est le seul modèle offrant des repose-pieds en position centrale.

Le V-Twin refroidi par air de 106 pouces cubes — soit plus de 1 700 cc — qui anime toutes les variantes est l'un des plus grands atouts de la plateforme. Produisant près d'une centaine de chevaux, ce qui est exceptionnel chez des motos de ce genre, il livre un niveau de performances plus élevé que celui auquel on s'attendrait sur des montures dont ni le style ni le positionnement ne font allusion à des accélérations particulièrement fortes. Il s'agit d'une mécanique qui tire proprement à partir de très bas régimes sur n'importe lequel des six rapports et qui continue de générer une poussée étonnamment forte jusqu'à l'entrée en jeu du limiteur de régimes. Son seul vrai défaut est de ne pas être particulièrement agréable pour les sens, donc en termes de sons et de pulsations, sans toutefois qu'elle soit déplaisante pour autant, loin de là. Par ailleurs, d'un point de vue esthétique, il ne s'agit pas non plus du moteur le plus soigné qui soit.

ALORS QU'ELLE N'A LONGTEMPS OFFERT QUE DEUX MODÈLES, LA VEGAS ET LA KINGPIN, CETTE SÉRIE EST EN PLEINE CROISSANCE DEPUIS QUELQUES ANNÉES ET COMPTE AUJOURD'HUI CINQ VARIANTES DONT LA NOUVELLE BOARDWALK. LA PLATEFORME VEGAS EST AINSI DEVENUE UN GENRE D'ÉQUIVALENT DES FAMILLES SOFTAIL ET DYNA CHEZ HARLEY-DAVIDSON.

## VEGAS JACKPOT

La Jackpot est à la fois la plus infâme des customs produites par Victory et l'une des plus intéressantes. Caractérisée par la combinaison d'un immense pneu arrière de 250 mm et d'un minuscule pneu avant de 90 mm monté sur une roue de 21 pouces, elle offre un comportement décidément particulier et ne s'adresse certes pas à tout le monde. Il s'agit du modèle le plus cher et le mieux fini de la série Vegas.

## HIGH-BALL

La High-Ball affiche un genre de liberté et de «front» stylistiques qu'on ne voit habituellement que chez Harley-Davidson. S'il est vrai que l'équilibre des proportions et la justesse des lignes ne sont pas tout à fait aussi habiles que chez les modèles semblables provenant de la marque de Milwaukee, Victory a en revanche le mérite d'avoir osé sortir des sentiers battus en termes de style custom. Très peu de constructeurs de customs peuvent en dire autant.

## JUDGE

Avec ses roues inspirées des dessins automobiles des années 70, ses pneus à lettrage blanc surélevé et son nom faisant un clin d'œil à la Pontiac GTO Judge, cette variante mise sur le thème du Muscle Bike à saveur rétro. Techniquement, il s'agit d'une copie presque conforme de la High-Ball, les seules différences se trouvant au niveau du pneu arrière un peu moins large, du guidon plus bas et des repose-pieds en position centrale, les seuls de ce type chez Victory.

## VEGAS 8-BALL

La Vegas 8-Ball est la plus économique des montures de la plateforme Vegas. Elle est équipée d'une selle solo et n'est offerte qu'en noir. Propulsée par le même V-Twin de 106 pouces cubes que toutes les autres variantes de cette famille de modèles, elle représente facilement l'une des meilleures valeurs chez Victory. Grâce à sa selle très basse, à son centre de gravité bas et à sa minceur, elle se montre aussi étonnamment facile à piloter pour une custom poids lourd.

## QUOI DE NEUF EN 2013 ? +

Introduction de la variante Boardwalk

Retrait des variantes Kingpin et Vegas

Vegas 8-Ball coûte 70 $ de moins et High-Ball 1 000 $ de plus qu'en 2012

## PAS MAL ▲

Des lignes fluides sympathiques qui identifient le style Victory ainsi qu'un large choix de variantes, dont certaines, comme la Jackpot, la High-Ball et même la Judge font preuve de plus d'audace stylistique que la majorité des customs non milwaukiennes

Un V-Twin 106/6 à la fois agréablement puissant et coupleux

Des selles basses que les pilotes de petite stature apprécieront et qui donnent aux modèles une position de conduite « au ras le sol » plaisante

Un aspect agréablement abordable pour la Vegas 8-Ball qui est mécaniquement équivalente aux autres et dont la finition « économique » demeure très correcte

Une tenue de route solide, stable et plutôt précise qui rend la conduite accessible sur toutes les variantes sauf la Jackpot, dont le comportement est assez particulier

## BOF ▼

Un comportement routier étonnamment pauvre dans le cas de la Jackpot dont la combinaison du très large pneu arrière et très mince pneu avant ne se fait pas du tout de manière harmonieuse

Des styles plutôt élégants, mais qui commencent parfois à sentir le réchauffé, comme dans le cas de la Vegas 8-Ball; Victory semble néanmoins vouloir petit à petit remplacer les vieux modèles comme il l'a fait en 2013 en lançant la Boardwalk et en éliminant la Kingpin

Une absence de système ABS, même en option

Une mécanique puissante, mais qui fait son travail de manière un peu froide, sans caractère ni sonorité particulière

## CONCLUSION

Outre la très particulière Jackpot qu'on doit traiter un peu différemment, les modèles basés sur la plateforme de la série Vegas attirent relativement peu de critiques en matière de comportement et de performances. Même si le V-Twin qui les anime pouvait s'améliorer en ce qui concerne ses aspects sensoriel et esthétique, toutes les variantes accomplissent un travail plus que satisfaisant pour des customs. Elles ont longtemps été illogiquement chères, mais les prix sont aujourd'hui raisonnables et même intéressants dans certains cas, comme celui de la Vegas 8-Ball qui est une custom de plus de 1 700 cc produisant presque 100 chevaux offerte à un prix approchant celui des 1300 japonaises. Tout ce qui manque vraiment à cette bonne base est donc un habile coup de crayon. Les lignes actuelles sont sympathiques et Victory semble prêt à prendre certains risques, comme le démontre la High-Ball, par exemple. Mais nous croyons que le potentiel de la série est loin d'être atteint et qu'une créativité stylistique encore plus poussée est tout ce dont elle a besoin pour atteindre plus de succès.

Vegas 8-Ball

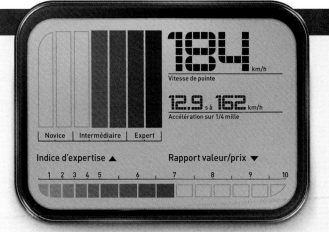

**184** km/h
Vitesse de pointe

**12.9** s à **162** km/h
Accélération sur 1/4 mille

| Novice | Intermédiaire | Expert |

Indice d'expertise ▲          Rapport valeur/prix ▼

| 1 | 2 | 3 | 4 | 5 | 6 | 7 | 8 | 9 | 10 |

Voir légende en page 18

## GÉNÉRAL

| | |
|---|---|
| Catégorie | Custom |
| Prix | Vegas 8-Ball : 13 629 $<br>High-Ball / Judge : 15 699 / 15 299 $<br>Boardwalk / Jackpot : 16 899 / 20 199 $ |
| Immatriculation 2013 | 557,53 $ |
| Catégorisation SAAQ 2013 | « régulière » |
| Évolution récente | 106/6 adopté partout en 2011; Vegas introduite en 2003, Kingpin en 2004, Jackpot en 2006, High-Ball en 2011, Judge en 2012 et Boardwalk en 2013 |
| Garantie | 1 an/kilométrage illimité |
| Couleur(s) | choix multiples |
| Concurrence | Harley-Davidson Softail et Dyna, Kawasaki Vulcan 1700 Classic, Yamaha Road Star et Raider |

## MOTEUR

| | |
|---|---|
| Type | bicylindre 4-temps en V à 50 degrés, (Freedom 106/6) SACT, 4 soupapes par cylindre, refroidissement par air et huile |
| Alimentation | injection à 2 corps de 45 mm |
| Rapport volumétrique | 9,4:1 |
| Cylindrée | 1 731 cc |
| Alésage et course | 101 mm x 108 mm |
| Puissance | 97 ch @ 5 300 tr/min |
| Couple | 113 lb-pi @ 2 900 tr/min |
| Boîte de vitesses | 6 rapports |
| Transmission finale | par courroie |
| Révolution à 100 km/h | environ 2 200 tr/min |
| Consommation moyenne | 6,4 l/100 km |
| Autonomie moyenne | 265 km |

## PARTIE CYCLE

| | |
|---|---|
| Type de cadre | double berceau, en acier |
| Suspension avant | fourche conventionnelle de 43 mm non ajustable |
| Suspension arrière | monoamortisseur ajustable en précharge |
| Freinage avant | 1 disque de 300 mm de Ø avec étrier à 4 pistons |
| Freinage arrière | 1 disque de 300 mm de Ø avec étrier à 2 pistons |
| Pneus avant/arrière | V 8-B : 90/90-21 & 180/55 B18<br>BW / H-Ball : 130/90-16 & 150/80-16<br>Judge: 130/90 B16 & 140/90 B16<br>Jackpot: 90/90-21 & 250/55 B18 |
| Empattement | V 8-B / JP : 1 705 mm<br>H-B / JU / BW : 1 647 mm |
| Hauteur de selle | V 8-B / BW / H-B : 640 / 658 / 635 mm<br>JU / JP : 658 / 653 mm |
| Poids tous pleins faits | V 8-B / JP / BW : 303 / 309 / 320 kg<br>H-B / JU : 313 / 314 kg |
| Réservoir de carburant | 17 litres |

Hammer 8-Ball

*DE PERFORMANCES, GENRE...* Une quinzaine d'années après l'arrivée des premières customs de performances, leur mission exacte continue de ne pas être très bien définie. Doivent-elles vraiment être plus puissantes, comme une V-Rod Muscle ou une M109R, ou peuvent-elles seulement se contenter d'afficher une ligne plus agressive que classique ? Chez Victory, on répond à ces questions sans vraiment s'engager ni dans une direction ni dans l'autre en proposant un modèle dont la ligne est assez «sportive» et dont la mécanique est assez performante. Lancée en 2005, la Hammer est caractérisée par une silhouette fuyante et un puissant V-Twin refroidi par air, mais surtout par un immense pneu arrière de 250 mm. En 2013, la version S équipée de roues sport et dotée d'une meilleure finition disparaît. La 8-Ball de base noire demeure donc la seule Hammer offerte.

Peu importe de quel créneau de l'industrie de la moto il s'agit, la performance constitue toujours un argument de vente très important à une exception : le créneau custom où les amateurs très conservateurs sont bien plus préoccupés par le style de leur monture que par leur vitesse de pointe ou les capacités en virage. Des modèles dits de performances furent bien développés, mais à ce jour, aucun n'a vraiment pu être qualifié de succès, à l'exception possible de la Harley-Davidson V-Rod. Aujourd'hui, la recette gagnante pour une moto de ce type demeure inconnue, ce qui donne lieu à des interprétations assez diverses.

Chez Victory, le premier essai dans le genre aboutit avec la relativement anonyme V92SC Sport Cruiser de 2000. Cinq ans plus tard, la Hammer fut accueillie de manière bien plus chaleureuse, surtout parce qu'il s'agissait de l'une des premières customs de série équipée d'un massif pneu arrière de 250 mm. Ce pneu et la gigantesque aile qui le couvrent caractérisent la ligne du modèle, surtout lorsqu'il est observé de l'arrière. Sans qu'elle verse dans l'extrême, la position de conduite reste assez typée et reflète bien l'esprit de la Hammer. Pieds devant, mains qui tombent sur un guidon relativement bas et plat reculant juste assez, assis sur une selle très basse, on s'y sent rapidement à l'aise.

Les gros pneus arrière comme celui de la Hammer affectent tous plus ou moins le comportement. Dans ce cas, cela devient évident dès la première inclinaison, lorsqu'on constate clairement un effort à la direction considérablement plus élevé que la normale. Qu'il s'agisse d'amorcer une

**LES GROS PNEUS ARRIÈRE COMME CELUI DE LA HAMMER AFFECTENT TOUS PLUS OU MOINS LE COMPORTEMENT.**

longue courbe prononcée à vitesse d'autoroute ou de circuler dans un stationnement, on sent toujours le gros pneu arrière tenter d'empêcher la moto de s'incliner. On s'y habitue en apprenant simplement à pousser plus fort et de manière plus déterminée sur le guidon. Une fois cette conduite particulière assimilée, le tout devient tout à fait vivable. La stabilité en ligne droite est imperturbable tandis que la tenue de cap dans les longues courbes et la solidité dans une enfilade de virages sont toutes deux étonnamment bonnes. Une route sinueuse doit néanmoins être abordée avec un minimum de retenue, puisque les belles manières du châssis se détériorent rapidement sur chaussée dégradée, lorsqu'on exagère le rythme ou si le revêtement est détrempé.

Le niveau de performances proposé par la Hammer surprend agréablement, et ce, même si le massif V-Twin de 106 pouces cubes qui l'anime est finalement le même que sur le reste de la gamme. Générant tout près d'une centaine de chevaux, il s'agit d'une mécanique qui impressionne par la force avec laquelle elle arrive à faire accélérer la Hammer à partir des tout premiers tours et sur toute la plage de régimes. En plus d'être admirablement souple, elle propose un fonctionnement doux et ne tremble franchement qu'en pleine accélération. Il est néanmoins dommage qu'elle manque de charisme, puisqu'une présence sensorielle plus recherchée en ferait potentiellement un moteur qui pourrait être qualifié de référence. Dans son état actuel, il s'agit d'une mécanique qui rappelle un peu les V-Twin des premières customs japonaises qui tiraient fort, mais qui n'avaient pas vraiment de caractère particulier.

## QUOI DE NEUF EN 2013 ? +

Retrait de la version Hammer S

Aucune augmentation pour la Hammer 8-Ball

## PAS MAL ▲

Un style musclé et trapu surtout marqué par l'immense pneu arrière qui semble généralement plaire et qui compte beaucoup dans la décision d'achat

Un V-Twin dont les performances sont impressionnantes et dont la livrée de couple à bas régime est grasse, dense et très plaisante

Une belle position de conduite, typée sans être extrême et qui colle bien au modèle

Une valeur bien plus intéressante sur la version 8-Ball que sur l'ancienne S, qui n'est d'ailleurs plus vendue

## BOF ▼

Un V-Twin proposant une expérience sensorielle qui n'est que moyenne; Victory arrive clairement à extraire beaucoup de puissance de ses moteurs, mais il ne semble pas encore en maîtriser tout à fait les caractéristiques auditives et tactiles

Un gros pneu arrière qui a beaucoup d'effets sur le comportement et la direction; la Hammer demande au pilote de constamment compenser la résistance du pneu en inclinaison; on s'y fait, mais une bonne expérience de pilotage est préférable et il faut rester sur ses gardes sous la pluie lorsque ces réactions sont plus délicates

Une ligne qui commence à prendre du vieux et qui mériterait d'être rafraîchie; on n'a qu'à regarder les Harley rivales pour comprendre que le thème « Muscle » peut devenir très intéressant avec le bon coup de crayon

### CONCLUSION

Contrairement à bien des customs, la Hammer n'est pas qu'une imitation facile d'une quelconque Harley-Davidson. Le thème « performances » qu'évoque sa ligne est légitime, mais surtout en termes de style et d'accélération, et pas vraiment en ce qui concerne sa tenue de route. À ce chapitre, son très gros pneu arrière la prive clairement d'un comportement supérieur à la moyenne. Il s'agit d'une des premières Victory dessinées sans trop regarder ce qui se passait chez les voisins de Milwaukee, un fait qui donne à sa ligne une certaine authenticité. Cela dit, cette silhouette date maintenant de presque 10 ans et si Victory lui accordait un peu d'attention en lui faisant bénéficier de l'audace dont il fait preuve avec des modèles comme les Hard-Ball et High-Ball, l'attrait de la Hammer pourrait atteindre un niveau bien différent. Elle a le potentiel de devenir la V-Rod Muscle de la marque du Minnesota.

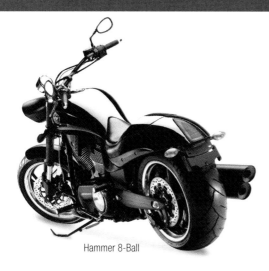

Hammer 8-Ball

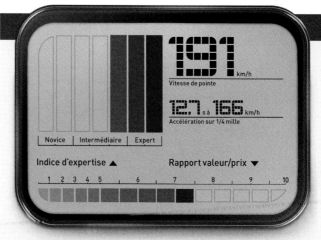

**191** km/h
Vitesse de pointe

**127** à **166** km/h
Accélération sur 1/4 mille

Novice   Intermédiaire   Expert

Indice d'expertise ▲          Rapport valeur/prix ▼

1  2  3  4  5      6      7      8      9      10

Voir légende en page 18

## GÉNÉRAL

| | |
|---|---|
| Catégorie | Custom |
| Prix | 15 799 $ |
| Immatriculation 2013 | 557,53 $ |
| Catégorisation SAAQ 2013 | « régulière » |
| Évolution récente | introduite en 2005, variante 8-Ball introduite en 2010 |
| Garantie | 1 an/kilométrage illimité |
| Couleur(s) | noir |
| Concurrence | Harley-Davidson V-Rod Muscle Harley-Davidson Night Rod Special Suzuki Boulevard M109R |

## MOTEUR

| | |
|---|---|
| Type | bicylindre 4-temps en V à 50 degrés (Freedom 106/6), SACT, 4 soupapes par cylindre, refroidissement par air et huile |
| Alimentation | injection à 2 corps de 45 mm |
| Rapport volumétrique | 9,4:1 |
| Cylindrée | 1731 cc |
| Alésage et course | 101 mm x 108 mm |
| Puissance | 97 ch @ 5 300 tr/min |
| Couple | 113 lb-pi @ 2 900 tr/min |
| Boîte de vitesses | 6 rapports |
| Transmission finale | par courroie |
| Révolution à 100 km/h | environ 2 100 tr/min |
| Consommation moyenne | 6,4 l/100 km |
| Autonomie moyenne | 265 km |

## PARTIE CYCLE

| | |
|---|---|
| Type de cadre | double berceau, en acier |
| Suspension avant | fourche inversée de 43 mm non ajustable |
| Suspension arrière | monoamortisseur ajustable en précharge |
| Freinage avant | 1 disque de 300 mm de Ø avec étrier à 4 pistons |
| Freinage arrière | 1 disque de 300 mm de Ø avec étrier à 2 pistons |
| Pneus avant/arrière | 130/70 R18 & 250/40 R18 |
| Empattement | 1 689 mm |
| Hauteur de selle | 660 mm |
| Poids tous pleins faits | 319 kg |
| Réservoir de carburant | 17 litres |

***VESTIGE...*** Lancée en 1999 et n'ayant jamais reçu la moindre modification depuis, la Royal Star Venture est non seulement l'une des plus vieilles machines de la gamme Yamaha, mais aussi l'une des plus vieilles routières sur le marché. Il s'agit du vestige d'une ère durant laquelle sont nées les premières customs japonaises crédibles, celles dont le style imitait relativement bien celui d'une Harley-Davidson. Animée par un V4 de 1,3 litre emprunté aux défuntes premières Royal Star de 1996 – mais produisant une centaine de chevaux plutôt que les 76 des customs –, la Venture demeure encore alimentée par carburateur et possède toujours un système audio avec lecteur de cassettes, deux éléments qui trahissent de manière évidente son âge. Ce dernier ne l'empêche toutefois pas de continuer de remplir sa mission de touriste de manière assez sérieuse.

Plus les années passent sans que la moindre amélioration soit apportée à la grosse Venture et plus il devient légitime de se plaindre de son âge et, surtout, des lacunes que celui-ci amène. Si cette situation ne fait pas nécessairement de la Yamaha un mauvais achat, elle oblige néanmoins l'acheteur potentiel à se livrer à une sérieuse réflexion, puisque c'est une somme assez considérable dont il s'agit ici. En raison du type de moteur qui l'anime, un rare V4, on peut encore considérer la Venture comme une façon intéressante d'aborder le tourisme à saveur custom, mais cet argument s'avère désormais le seul qui reste à la Yamaha.

Depuis leur arrivée sur le marché au milieu des années 90, la qualité de la tenue de route des customs Royal Star a bien été établie. Leur châssis ayant été rigidifié lors de son adaptation pour la Venture, il arrive à supporter sans problème l'excès de poids qu'elle affiche par rapport aux montures de balade dont elle est dérivée. La Venture est d'ailleurs la seule survivante de cette lignée de customs à moteur V4.

Dans les virages pris à grande vitesse comme en ligne droite, la Venture fait preuve d'une rassurante stabilité. La direction s'avère agréablement légère et précise, pour une moto de ce genre bien sûr. En courbe, le comportement de la grosse Yamaha est solide, sa direction se montre neutre et les imperfections de la route ne l'incommodent pas outre mesure. Le freinage est assez puissant et précis, mais il serait néanmoins grand temps que Yamaha la dote d'un système ABS, une technologie qu'offrent la plupart de ses rivales et qui est aujourd'hui presque considérée comme une obligation morale de la part des constructeurs.

En raison de son gros gabarit et de son poids élevé, la Venture demande une certaine expérience et un bon niveau d'attention lors des manœuvres à l'arrêt ou à très basse vitesse. Le centre de gravité bas facilite la conduite dès qu'on se met en mouvement, mais une hauteur de selle un peu plus faible aiderait à donner encore plus confiance au pilote dans ces circonstances.

Lancés sur la route, le pilote et son passager avalent les kilomètres dans un bon niveau de confort. L'équipement s'avère fonctionnel, bien qu'assez limité, la position de conduite est détendue et dégagée, la selle reste confortable pendant des heures, les suspensions font preuve d'une surprenante efficacité et la protection au vent est excellente. La hauteur du pare-brise entrave néanmoins la visibilité par temps pluvieux, puisqu'on doit regarder au travers plutôt qu'au-dessus. La finition est irréprochable et la garantie de cinq ans reste facilement la meilleure de l'industrie.

**LE V4 QUI L'ANIME, UNE RARETÉ DANS CETTE CLASSE, EST EN TRAIN DE DEVENIR LE DERNIER ARGUMENT QUI RESTE À LA VENTURE.**

Les performances du V4 de 1,3 litre peuvent être décrites comme adéquates. Il développe tout près d'une centaine de chevaux, ce qui est supérieur au rendement de la plupart des V-Twin des modèles rivaux, bien que pas de beaucoup dans certains cas. Coupleux à bas et moyen régimes, le V4 permet à la Venture d'accélérer franchement jusqu'à sa zone rouge, tandis que la sonorité rauque et veloutée qui accompagne chaque montée en régime contribue, elle aussi, à l'agrément de conduite que l'on ressent à ses commandes. Il s'agit d'une mécanique bien adaptée à la mission du modèle, mais qu'une sérieuse révision pourrait transformer en attrait majeur pour le modèle.

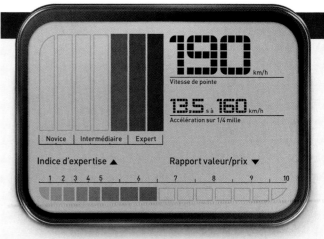

Voir légende en page 18

## QUOI DE NEUF EN 2013 ? +

Aucun changement

Aucune augmentation

## PAS MAL ▲

Un V4 doux et souple qui gronde de façon assez plaisante; il s'agit d'une architecture moteur non seulement unique dans la classe, mais qui appuie aussi le rôle de machine de tourisme du modèle

Une solide partie cycle dont le comportement sain est bien secondé par des suspensions calibrées pour faire face aux réalités de la route

Un prix enfin ajusté à l'âge du modèle, puisque réduit de manière notable depuis 2012; il reste que Yamaha devrait quand même au moins la mettre à jour

Un niveau de confort élevé, une finition sans reproche et encore la meilleure garantie de l'industrie, soit 5 ans sans limite de kilométrage

## BOF ▼

Un gabarit imposant qui complique les manœuvres lentes et demande une bonne expérience de conduite

Un pare-brise dont la hauteur fait qu'on doit regarder au travers plutôt qu'au-dessus, ce qui devient dérangeant par temps pluvieux ou lorsqu'il est couvert d'insectes, une situation qui empire la nuit; il semble évident que toutes ces montures devraient offrir un certain ajustement du pare-brise, ne serait-ce que manuel

Un concept encore intéressant, mais vieux, voire dépassé; de plus, on regrette l'absence d'équipements indispensables aujourd'hui sur ce type de motos : poignées et selle chauffantes, ABS, injection, GPS, système audio moderne, etc.

## CONCLUSION

Yamaha semble être devenu spécialiste dans l'art d'étirer la vie de ses vieilles customs. On se souviendra, par exemple, que la marque a fait languir le monde du motocyclisme de longues années avant de finalement accoucher d'une nouvelle VMAX, et le scénario est possiblement en train de se répéter avec la Venture. Bien qu'elle soit décidément à l'âge de la retraite, la grosse Royal Star continue quand même de représenter une option valable pour enfiler les kilomètres dans un ensemble de style custom. Sa finition est impeccable, sa garantie demeure exceptionnelle et son comportement reste très correct. Mais des carburateurs et un lecteur de cassettes ? *Come on, Yamaha...* Impossible de dire ce qui se passera avec le modèle. La marque pourrait choisir de le retirer du marché, surtout compte tenu du ralentissement du segment custom, mais ce serait dommage. Et même si nous rêvons d'une nouvelle Venture animée soit par le V-Twin de la Roadliner soit par le V4 de la VMAX, une simple mise à niveau technologique demeurerait fort appréciée de ceux qui déboursent quand même 20 000 $ pour l'acquérir.

## GÉNÉRAL

| | |
|---|---|
| Catégorie | Tourisme de luxe |
| Prix | 19 999 $ |
| Immatriculation 2013 | 557,73 $ |
| Catégorisation SAAQ 2013 | « régulière » |
| Évolution récente | introduite en 1999 |
| Garantie | 5 ans/kilométrage illimité |
| Couleur(s) | noir et gris |
| Concurrence | Harley-Davidson Electra Glide, Kawasaki Vulcan 1700 Voyager Victory Cross Country Tour |

## MOTEUR

| | |
|---|---|
| Type | 4-cylindres 4-temps en V à 70 degrés, DACT, 4 soupapes par cylindre, refroidissement par liquide |
| Alimentation | 4 carburateurs à corps de 32 mm |
| Rapport volumétrique | 10,0:1 |
| Cylindrée | 1 294 cc |
| Alésage et course | 79 mm x 66 mm |
| Puissance | 98 ch @ 6 000 tr/min |
| Couple | 89 lb-pi @ 4 750 tr/min |
| Boîte de vitesses | 5 rapports |
| Transmission finale | par arbre |
| Révolution à 100 km/h | environ 3 000 tr/min |
| Consommation moyenne | 7,5 l/100 km |
| Autonomie moyenne | 300 km |

## PARTIE CYCLE

| | |
|---|---|
| Type de cadre | double berceau, en acier |
| Suspension avant | fourche conventionnelle de 43 mm avec ajustement pneumatique de la précharge |
| Suspension arrière | monoamortisseur avec ajustement pneumatique de la précharge |
| Freinage avant | 2 disques de 298 mm de Ø avec étriers à 4 pistons |
| Freinage arrière | 1 disque de 320 mm de Ø avec étrier à 4 pistons |
| Pneus avant/arrière | 150/80-16 & 150/90-15 |
| Empattement | 1 705 mm |
| Hauteur de selle | 750 mm |
| Poids tous pleins faits | 394 kg |
| Réservoir de carburant | 22,5 litres |

***BEAUCOUP, MAIS PAS TOUT...*** Le créneau des montures de sport-tourisme dans lequel évolue la FJR1300 depuis son arrivée sur le marché au début du millénaire est l'un des plus durs du marché. Les acheteurs déboursent des sommes importantes et, avec raison, s'attendent à un produit exceptionnellement avancé et équipé en retour. Il s'agit d'un environnement où une monture datée ou inadéquate peut très difficilement se cacher. Or, la FJR1300 commençait à vieillir et, pour 2013, Yamaha fait donc considérablement évoluer le modèle. Mais la nouveauté propose un côté fort intéressant en ce sens que même si elle bénéficie désormais du contrôle de traction, de modes de puissance et d'un carénage redessiné, entre autres, la base de la FJR, elle, n'a pratiquement pas changé. Une retenue qui permet au prix d'être gardé plus bas que la moyenne de la classe.

Impossible de savoir si la direction choisie par Yamaha pour faire évoluer sa réputée FJR1300 découle de moyens limités dus à la crise économique ou, au contraire, d'un choix conscient. Choix qui équivaudrait à un refus de se laisser emporter dans la course à l'équipement dans laquelle le reste de la classe s'est lancé depuis quelques années. Nous croyons plutôt à la seconde option et que si Yamaha avait vraiment voulu une FJR de 1 700 cc plus équipée qu'une K1600GT, il l'aurait construite.

On découvre, en prenant place sur la confortable selle de la FJR1300 révisée, un environnement renouvelé, mais connu. En fermant les yeux, on pourrait facilement se croire assis sur le modèle précédent, la confortable et naturelle position de conduite demeurant identique. Jambes pliées juste assez pour donner à la posture une saveur sportive, torse à peine basculé vers l'avant, mains tombant naturellement sur des poignées chauffantes idéalement positionnées... Difficile de trouver quelque chose qui cloche.

La FJR n'a jamais été un poids plume et elle ne l'est toujours pas. On la sent plutôt massive. Pas exagérément, mais quand même assez pour devoir faire attention lorsqu'on la pousse à l'arrêt et durant des manœuvres serrées. Prenez néanmoins la route et la grosse Yamaha se transforme comme un poisson qu'on remet dans l'eau. Le temps d'une accélération, sa masse a disparu pour laisser place à un comportement franchement impressionnant. On entend souvent parler des qualités de la tenue de route de modèles comme les BMW et Kawasaki rivales, mais aux commandes de la FJR, au beau milieu d'un tracé sinueux, on se demande bien quoi souhaiter de plus. La direction se montre agréablement légère et précise, mais jamais nerveuse, si bien que la stabilité de l'ensemble demeure imperturbable peu importe les circonstances ou la vitesse. Non seulement on peut vraiment attaquer une route en lacet avec la FJR, mais on peut aussi le faire de manière absolument sereine tellement la partie cycle se comporte bien, et ce, même sur chaussée imparfaite. Les freins ABS sont sans reproches, tandis que l'équipement électronique faisant son arrivée cette année, notamment l'accélérateur «sans câble», le contrôle de traction et les modes de puissance, fonctionne comme il le doit et de manière transparente.

En matière de confort sur long trajet, la FJR livre décidément la marchandise. Ni la plus équipée (il n'y a, par exemple, pas de système audio, de selles chauffantes ou d'ajustement électronique des suspensions) ni la plus rapide ou la plus caractérielle (son coupleux 4-cylindres en ligne offre une sonorité normale pour ce type de moteur, sans plus), elle tire malgré tout brillamment son épingle du jeu en se montrant très compétente à presque tous les niveaux. L'écoulement de l'air n'est pas encore exempt de turbulences avec le pare-brise électrique en position haute, tandis que le moteur, qui n'a pratiquement pas changé et se montre soyeux jusqu'aux mi-régimes, s'avère toujours un peu vibreux lorsqu'il grimpe plus haut. Mais le sentiment d'ensemble, surtout lorsqu'on tient compte de la nouvelle instrumentation et de la ligne rafraîchie, en est un de machine efficace au comportement non seulement de haute qualité, mais aussi étonnamment accessible et invitant.

> **UNE FOIS SUR LA ROUTE OUVERTE, LA FJR1300 SE TRANSFORME COMME UN POISSON QUI RETOURNE À L'EAU.**

NI LA PLUS RAPIDE NI LA MIEUX ÉQUIPÉE, LA FJR1300 PROPOSE TOUT DE MÊME UN ENSEMBLE CAPABLE D'AMENER PILOTE ET PASSAGER AU BOUT DU MONDE AVEC CONFORT ET PLAISIR. SANS QU'ELLE SOIT PARFAITE POUR AUTANT, ELLE INCARNE CETTE FINESSE ET CETTE EFFICACITÉ TYPIQUE DES PRODUITS JAPONAIS.

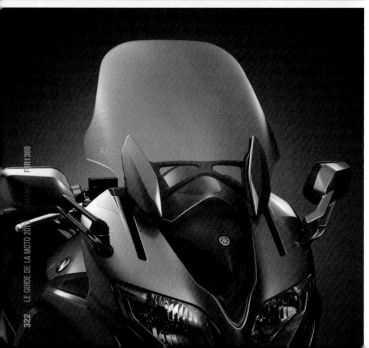

FJR1300

## CHOIX ÉVOLUTIFS...

La liste des améliorations dont bénéficie la FJR1300 en 2013 aurait pu être beaucoup plus longue. En fait, Yamaha aurait carrément pu réinventer le modèle, s'il l'avait voulu, en développant un tout nouveau moteur et en repensant la partie cycle. Le constructeur a plutôt opté pour une direction évolutive en conservant la mécanique et la partie cycle de la version précédente, mais en les améliorant de diverses manières. Du côté du moteur, par exemple, un procédé d'électroplacage des cylindres permet d'éliminer les chemises en acier et d'améliorer la dissipation de la chaleur. Le système d'alimentation par injection a été repensé afin de tirer avantage du nouvel accélérateur électronique YCC-T (Yamaha Chip Controlled Throttle), tandis que le système d'échappement a, lui aussi, été modifié. Ces améliorations permettent au nombre de catalyseurs de passer de quatre à deux et de réduire la masse du système. L'électronique fait également son arrivée sur la FJR1300 au niveau des modes de puissance (Touring ou Sport) et d'un nouveau système de contrôle de traction pouvant être désactivé. Un régulateur de vitesse fait désormais partie de l'équipement de série. Du côté de la partie cycle, la construction interne de la fourche ainsi que les réglages des suspensions avant et arrière sont dans chaque cas nouveaux. Enfin, l'instrumentation a été entièrement repensée et affiche maintenant un design plus moderne, tandis que toute la portion avant du carénage a été redessinée.

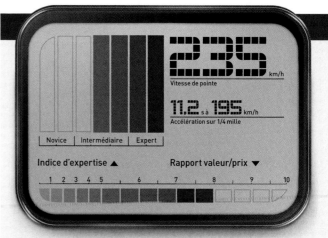

Voir légende en page 18

## QUOI DE NEUF EN 2013 ? +

*Évolution du modèle*

Coûte 500 $ de plus qu'en 2012

## PAS MAL ▲

Un mélange de sportivité et de confort joliment équilibré, fonctionnel et simple; la FJR n'est pas la monture du genre la plus technologiquement avancée, mais elle accomplit sa mission de manière très élégante et satisfaisante

Un 4-cylindres qui pousse fort des bas régimes à la zone rouge, et qui est bien secondé par une partie cycle sportive, stable et précise

Un attrayant compromis entre la complexité et le coût d'une BMW et la sportivité prédominante de la Kawasaki qui fait de la FJR1300 la sport-tourisme au caractère relativement neutre capable de satisfaire une large variété de pilotes

## BOF ▼

Un moteur qui tourne un peu haut sur l'autoroute et qui devient un peu vibreux au-dessus des régimes moyens; l'ajout d'une sixième vitesse surmultipliée à la transmission serait très approprié et manque à la FJR

Un pare-brise qui, en position haute, génère toujours un certain niveau de turbulences au niveau du casque; aucun problème en position basse

Une masse considérable qui demande une bonne attention du pilote à l'arrêt ou à très basse vitesse lors de manœuvres serrées

Une garantie qui devrait être plus longue; la concurrence offre 3 ans, ce qui semble approprié et logique pour des machines de ce prix et dont l'utilisation est axée sur les longues distances

## CONCLUSION

L'approche retenue par Yamaha pour orienter cette évolution de la FJR1300 amène plusieurs questions très intéressantes : de quoi a-t-on vraiment besoin sur une machine de ce type, quels équipements sont superflus et quelle somme doit-on être en mesure d'économiser à l'achat afin de rendre acceptable un niveau moindre d'équipement? L'un des aspects les plus intéressants de ces questions, c'est qu'il est très difficile d'y répondre de manière universelle. Bref, ces réponses dépendent d'un tas de choses allant du budget de l'acheteur jusqu'au sentiment d'appartenance aux diverses marques en passant par l'expérience antérieure. La chose la plus importante à retenir, dans le cas de cette FJR1300 révisée, c'est qu'elle ne s'adresse pas au consommateur recherchant absolument le nec plus ultra ou le dernier cri en matière de gadgets, mais plutôt à celui qui sait tout simplement se contenter d'un produit bien conçu, bien fini et qui, finalement, fonctionne bien.

## GÉNÉRAL

| | |
|---|---|
| Catégorie | Sport-Tourisme |
| Prix | 17 499 $ |
| Immatriculation 2013 | 557,73 $ |
| Catégorisation SAAQ 2013 | « régulière » |
| Évolution récente | introduite en 2001; revue en 2006; version AE introduite en 2006; revue en 2013 |
| Garantie | 1 an/kilométrage illimité |
| Couleur(s) | gris |
| Concurrence | BMW K1600GT, Honda ST1300, Kawasaki Concours 14, Triumph Trophy |

## MOTEUR

| | |
|---|---|
| Type | 4-cylindres en ligne 4-temps, DACT, 4 soupapes par cylindre, refroidissement par liquide |
| Alimentation | injection à 4 corps de 42 mm |
| Rapport volumétrique | 10,8:1 |
| Cylindrée | 1 298 cc |
| Alésage et course | 79 mm x 66,2 mm |
| Puissance | 145 ch @ 8 000 tr/min |
| Couple | 102 lb-pi @ 7 000 tr/min |
| Boîte de vitesses | 5 rapports |
| Transmission finale | par arbre |
| Révolution à 100 km/h | environ 3 100 tr/min |
| Consommation moyenne | 6,9 l/100 km |
| Autonomie moyenne | 362 km |

## PARTIE CYCLE

| | |
|---|---|
| Type de cadre | périmétrique, en aluminium |
| Suspension avant | fourche conventionnelle de 48 mm ajustable en précharge, compression et détente |
| Suspension arrière | monoamortisseur ajustable en précharge et détente |
| Freinage avant | 2 disques de 320 mm de Ø avec étriers à 4 pistons et système ABS |
| Freinage arrière | 1 disque de 282 mm de Ø avec étrier à 2 pistons combiné avec le frein avant et système ABS |
| Pneus avant/arrière | 120/70 ZR17 & 180/55 ZR17 |
| Empattement | 1 545 mm |
| Hauteur de selle | 805/825 mm |
| Poids tous pleins faits | 289 kg |
| Réservoir de carburant | 25 litres |

**INFÂME R1...** Les « Gixxer » de Suzuki – oh ! que nous détestons ce surnom... – et les « Ninja » de Kawasaki font partie des sportives les plus reconnues par le public général. Mais s'il est une moto que ce même public associe invariablement à l'idée de machine démoniaque, c'est la fameuse R1 de Yamaha. Dans les faits, celle qui s'appelle vraiment YZF-R1 et qui est autant crainte par les compagnies d'assurances n'est ni plus ni moins que l'une de la demi-douzaine de sportives pures de 1 000 cc offertes aujourd'hui sur le marché. Au-delà de cette réputation, qui tient d'ailleurs surtout du mythe urbain, la R1 n'a rien du tout de démoniaque. Elle est même construite de manière tout à fait classique, c'est-à-dire autour d'un 4-cylindres en ligne logé dans un massif cadre à double longeron en aluminium. L'antipatinage fait partie de l'équipement de série depuis l'an dernier.

La YZF-R1 a beau être construite de manière classique, cela ne l'empêche pas d'offrir l'une des particularités les plus remarquables de l'univers sportif. En effet, la Yamaha est la seule sportive pure propulsée par un 4-cylindres en ligne qui renvoie le son et les sensations d'un moteur en V. Il s'agit d'une particularité provenant d'une pièce que le constructeur demeure le seul à fabriquer et à utiliser, soit un vilebrequin de type Crossplane qui serait d'ailleurs extrêmement complexe à produire, selon Yamaha.

Grâce à son ordre d'allumage particulier, ce vilebrequin à l'origine développé pour la M1 de MotoGP donne à la R1 un caractère unique dès l'instant où prend vie le moteur, puisqu'on jurerait ne pas avoir affaire à une moto animée par un 4-cylindres en ligne, ce qui est pourtant le cas. On ressent plutôt le tremblement feutré d'un V4, tandis qu'en pleine accélération, on penserait entendre rugir un gros V8, ce qui est stupéfiant. Le but premier de la technologie est d'améliorer la traction en sortie de virage en générant une livrée de puissance plus saccadée que coulée afin de maximiser la « morsure » du pneu au sol et de réduire son patinage. Le moteur de la R1 cherche ainsi à imiter les propriétés inhérentes à un V-Twin dont les pulsations distinctes améliorent la traction en sortie de courbe, sur piste. Notons que Honda a déjà eu un grand succès avec un concept similaire appelé Big Bang qui avait été appliqué à ses dernières machines de Grand Prix, des bêtes de 500 cc dont le moteur 2-temps avait tendance à s'emballer à l'accélération et à faire patiner l'arrière. Le problème avait été résolu en faisant exploser tous les cylindres presque en même temps.

**LE BUT DU VILEBREQUIN CROSSPLANE RAPPELLE UN PEU LE CONCEPT BIG BANG DES DERNIÈRES MACHINES DE GRAND PRIX DE HONDA.**

Dans l'environnement du circuit, on constate vite que la R1 est une 1000 très particulière. Tout d'abord, il s'agit d'un véritable tracteur à bas régime, ce qui va à contre-courant de la tendance actuelle chez ces motos dont les moteurs tournent de plus en plus haut et dont la livrée de puissance est de plus en plus forte à ces hauts régimes. La Yamaha produit plus de couple, plus tôt que n'importe quelle autre 1000 rivale. En piste, avant l'arrivée du contrôle de traction en 2012, ce couple arrivait même de manière tellement précipitée qu'il compliquait le pilotage en rendant les sorties de virages délicates à gérer. Les montées en régimes saccadées « façon V4 » aidaient à favoriser un peu l'adhérence lors des accélérations en pleine inclinaison, mais le couple est tel qu'un contrôle extrêmement précis de l'accélérateur devait constamment faire partie du pilotage. Avec son contrôle de traction, la R1 courante prend plein avantage de tout ce couple et permet au modèle de sortir de courbe avec une impressionnante force et sans le moindre drame. Bref, la technologie marche. Celle-ci analyse, entre autres paramètres, la vitesse de chaque roue, puis en agissant sur l'ouverture de l'accélérateur électronique, sur l'injection et sur l'allumage, prévient le dérapage de l'arrière. Le système, qui peut être désactivé, est ajustable et peut être marié à trois modes de puissance.

Le comportement sur circuit est caractérisé, d'un côté, par la grande précision de la partie cycle et, de l'autre, par une impression de lourdeur surtout ressentie sur un tracé serré. Les deux silencieux hauts sont peut-être sexy, mais cette lourdeur leur est probablement due en grande partie.

## QUOI DE NEUF EN 2013 ?  +

Aucun changement

Aucune augmentation

## PAS MAL  ▲

Une mécanique extraordinairement caractérielle qui renvoie des sensations telles qu'on jurerait avoir affaire à un 4-cylindres en V plutôt qu'en ligne; sa sonorité en pleine accélération rappelle même le grondement d'un gros V8 d'automobile

Une partie cycle très compétente à tous les niveaux, ce qui est d'ailleurs la norme chez ces machines conçues pour la piste

Un niveau de technologie à jour, puisque l'antipatinage fait partie de l'équipement de base et qu'à part l'absence d'un système ABS, rien ne manque

## BOF  ▼

Une mécanique qui n'aime pas traîner à très bas régime sur un rapport élevé

Un comportement en piste marqué par une certaine lourdeur lors des changements de direction qui se transforme en un effort de pilotage plus élevé que la moyenne

Un côté exotique et une réputation de machine d'exception qui définissaient les premières YZF-R1, mais qui se sont beaucoup estompés depuis plusieurs années

Un potentiel de vitesse tellement élevé qu'on n'arrive que très rarement à en bénéficier pleinement, comme sur les autres 1000

### CONCLUSION

L'une des raisons pour lesquelles les ventes de sportives de haut calibre sont en perte de vitesse, c'est qu'elles offrent toutes un niveau de performances tellement élevé que la moyenne des motocyclistes n'en expérimente à peu près jamais la pleine mesure. Et l'une des raisons pour lesquelles les modèles européens de cette classe obtiennent de plus en plus de succès, c'est qu'ils proposent non seulement de hautes performances, mais aussi un caractère fort. Parmi les machines japonaises, la YZF-R1 est pour le moment la seule qui possède ce «bonus caractériel». Ce dernier ne se manifeste pas stylistiquement, puisque la R1 ne fait plus vraiment tourner les têtes, ni même par une performance particulière, puisque la Yamaha n'est pas non plus la plus puissante de sa classe. C'est plutôt grâce aux sensations renvoyées par cette extraordinaire mécanique construite autour du fameux vilebrequin Crossplane que la R1 peut être qualifiée d'unique et de caractérielle. Il s'agit de l'aspect du modèle qui demeure son plus grand atout.

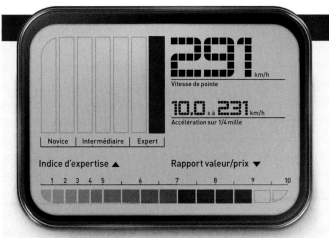

**291** km/h
Vitesse de pointe

**10.0** s à **231** km/h
Accélération sur 1/4 mille

| Novice | Intermédiaire | Expert |

Indice d'expertise ▲          Rapport valeur/prix ▼

1  2  3  4  5      6      7      8      9      10

Voir légende en page 18

## GÉNÉRAL

| | |
|---|---|
| Catégorie | Sportive |
| Prix | 14 999 $ |
| Immatriculation 2013 | 1 116,90 $ |
| Catégorisation SAAQ 2013 | « à risque » |
| Évolution récente | introduite en 1998; revue en 2001, 2004, 2007, 2009 et en 2012 |
| Garantie | 1 an/kilométrage illimité |
| Couleur(s) | bleu, rouge, gris |
| Concurrence | Aprilia RSV4, BMW S1000RR, Honda CBR1000RR, Kawasaki ZX-10R, MV Agusta F4, Suzuki GSX-R1000 |

## MOTEUR

| | |
|---|---|
| Type | 4-cylindres en ligne 4-temps, DACT, 4 soupapes par cylindre, refroidissement par liquide |
| Alimentation | injection à 4 corps de 45 mm |
| Rapport volumétrique | 12,7:1 |
| Cylindrée | 998 cc |
| Alésage et course | 78 mm x 52,2 mm |
| Puissance sans Ram Air | 179,6 ch @ 12 500 tr/min |
| Couple sans Ram Air | 84,6 lb-pi @ 10 000 tr/min |
| Boîte de vitesses | 6 rapports |
| Transmission finale | par chaîne |
| Révolution à 100 km/h | environ 4 200 tr/min |
| Consommation moyenne | 6,8 l/100 km |
| Autonomie moyenne | 264 km |

## PARTIE CYCLE

| | |
|---|---|
| Type de cadre | périmétrique «Deltabox», en aluminium |
| Suspension avant | fourche inversée de 43 mm ajustable en précharge, compression et détente |
| Suspension arrière | monoamortisseur ajustable en précharge, en haute et en basse vitesses de compression et en détente |
| Freinage avant | 2 disques de 310 mm de Ø avec étriers radiaux à 6 pistons |
| Freinage arrière | 1 disque de 220 mm de Ø avec étrier à 1 piston |
| Pneus avant/arrière | 120/70 ZR17 & 190/55 ZR17 |
| Empattement | 1 415 mm |
| Hauteur de selle | 835 mm |
| Poids tous pleins faits | 206 kg |
| Réservoir de carburant | 18 litres |

*ÂME PURE...* La YZF-R6, dans le monde du motocyclisme, c'est un peu l'incarnation du vœu pieux des religieux. Elle n'existe que pour le sport et pour rien d'autre. Équipée de gadgets aussi inusités que des tubulures d'admission à longueur variable, la 600 de Yamaha a la particularité d'être propulsée par un 4-cylindres d'une compacité extrême et ayant la capacité de tourner à tout près de 17 000 tr/min. Comme la plupart des modèles de cette classe, la R6 a peu évolué ces dernières années. Sa dernière évolution remonte à 2008, mais c'est en 2006 que la génération actuelle a vraiment été introduite. Ainsi, même si sa technologie demeure extrêmement poussée, même si le niveau de performances qu'elle offre à son propriétaire reste très pointu et même si elle continue d'être un outil de piste extraordinairement efficace, la R6 ne représente plus aujourd'hui le nec plus ultra en matière de 600.

La philosophie retenue par Yamaha pour développer la YZF-R6 peut être expliquée comme une quête de la performance pure et sans compromis. S'il est vrai que la plupart des autres manufacturiers offrant une 600 sportive à leur catalogue tiennent tous un discours similaire à l'égard de leur propre modèle, dans les faits, personne n'a poussé l'exercice aussi loin que Yamaha et sa R6. Lancée en 2006, cette génération de la YZF-R6 fut ainsi livrée avec un moteur très puissant à très haut régime, mais inhabituellement creux à bas et moyen régimes. Trop creux, en fait, ce qui amena en 2008 un complexe système YCC-I (Yamaha Chip Controlled Intake) variant la longueur des tubulures d'admission. La même année, toujours dans le but de parfaire le comportement en piste, les caractéristiques de rigidité du châssis furent revues, les suspensions furent recalibrées et la distribution du poids fut ajustée par une position de conduite encore plus basculée sur l'avant de la moto.

Bien que le but premier du système YCC-I fût l'amélioration du « couple » très faible offert par la R6 sur la première moitié de sa plage de régimes, toutes les modifications effectuées au modèle en 2008 visaient finalement à en augmenter la finesse et la performance dans l'environnement du circuit.

Même s'ils sont réels, les résultats ne sont pas nécessairement évidents à ressentir, et ce, particulièrement pour le motocycliste moyen ne roulant que sur la route. Quant à l'occasionnel adepte de journées d'essais libres en piste, il ne notera que des améliorations minimes, et seulement s'il possède un calibre de pilotage avancé.

**PERSONNE N'A ENCORE POUSSÉ LE THÈME DE L'EXTRÊME CHEZ LES 600 PLUS LOIN QUE YAMAHA AVEC SA R6.**

L'un des points les plus améliorés depuis 2008 représente aussi LA facette de la R6 qu'on aurait aimé voir encore plus progresser, puisqu'il s'agit de la faible livrée de puissance dans les régimes inférieurs. Toute la technologie de Yamaha fonctionne de façon transparente et arrive bel et bien à éveiller le moteur plus tôt, mais la progression doit être mise en perspective : la R6 n'oblige désormais plus son pilote à garder l'aiguille en haut de 12 000 tr/min pour livrer ses meilleures performances, ce régime étant abaissé à environ 10 000 tr/min, ce qui demeure évidemment très élevé. Sous cette barre, et particulièrement beaucoup plus bas, dans les tours auxquels on a affaire tous les jours, la nature creuse de la R6 devient le trait le plus évident de son caractère.

La réalité, dans le cas de la R6, c'est qu'il faut absolument l'amener en piste pour apprécier ce qu'elle a à offrir. Un peu moins exigeante à pousser fort que la version 2006-2007, la Yamaha prend même tout son sens dans cet environnement. Son exactitude dans le choix des lignes, sa capacité à s'inscrire en courbe en plein freinage, son aisance déconcertante à des angles d'inclinaison extrêmes ainsi que son aisance à soutenir chaque once de puissance de la mécanique en sortie de courbe en font une machine d'une précision exceptionnelle en piste. D'autres 600 sont arrivées sur le marché depuis le lancement de cette génération de la R6, mais la Yamaha demeure celle ayant fait le moins de sacrifice dans le but d'améliorer un peu le comportement sur route. Elle n'existe que pour la piste.

## QUOI DE NEUF EN 2013 ? +

Aucun changement

Aucune augmentation

## PAS MAL ▲

Une mécanique au tempérament furieux à haut régime; garder la R6 dans les tours élevés et l'écouter hurler jusqu'à sa zone rouge est une expérience en soi

Une partie cycle absolument brillante sur circuit où la R6 semble enfin prendre tout son sens et dévoiler sa raison d'être

Une ligne qui, malgré qu'elle soit restée plus ou moins la même depuis plusieurs années, ne demeure rien de moins que spectaculaire

## BOF ▼

Une mécanique que Yamaha a tenté de rendre un peu moins creuse par l'ajout de diverses technologies, mais qui demeure probablement la plus faible à bas régime chez les 600; s'il ne s'agit pas d'un défaut majeur en piste, sur la route, il manque décidément de puissance en bas

Un concept qui ne fait pas la moindre concession aux réalités d'une utilisation routière et qui n'existe que pour accomplir des choses extraordinaires sur circuit

Un niveau technologique qui traîne à certains niveaux, comme l'absence de systèmes ABS ou de contrôle de traction

Une moto qui vieillit et à laquelle une bonne révision ne ferait pas de tort

## CONCLUSION

Il est facile d'être séduit par la philosophie de l'extrême absolu prônée par la YZF-R6. Qui ne voudrait pas de la machine de piste la plus pointue jamais produite dans cette catégorie ou encore de l'une des lignes les plus affûtées jamais vues sur une sportive ? Ligne qui vieillit étonnamment bien, d'ailleurs. Quiconque serait séduit par cette attitude sexy doit toutefois réaliser que tout n'est pas rose dans l'univers de la plus extrême des 600 et qu'une certaine dose d'inconfort accompagnée d'une absence de côté pratique fait partie de la vie quotidienne avec une telle créature. En termes de désirabilité et d'attrait technologique, personne ne peut nier le magnétisme de la flèche de Yamaha. Malgré son âge, celle-ci demeure une superbe machine dont les capacités sur circuit sont carrément extraordinaires. Mais s'il est une chose par-dessus tout qui doit être comprise à son sujet, c'est que ce fameux côté pointu qui la définit représente à la fois sa plus grande force et sa plus grande faiblesse.

264 km/h
Vitesse de pointe

10,7 s à 211 km/h
Accélération sur 1/4 mille

| Novice | Intermédiaire | Expert |

Indice d'expertise ▲          Rapport valeur/prix ▼

1   2   3   4   5      6      7      8      9      10

Voir légende en page 18

## GÉNÉRAL

| | |
|---|---|
| Catégorie | Sportive |
| Prix | 11 999 $ |
| Immatriculation 2013 | 1 116,90 $ |
| Catégorisation SAAQ 2013 | « à risque » |
| Évolution récente | introduite en 1999; revue en 2003, 2006 et en 2008 |
| Garantie | 1 an/kilométrage illimité |
| Couleur(s) | gris, bleu, rouge |
| Concurrence | Honda CBR600RR, Kawasaki ZX-6R, MV Agusta F3, Suzuki GSX-R600, Triumph Daytona 675 |

## MOTEUR

| | |
|---|---|
| Type | 4-cylindres en ligne 4-temps, DACT, 4 soupapes par cylindre, refroidissement par liquide |
| Alimentation | injection à 4 corps de 41 mm |
| Rapport volumétrique | 13,1:1 |
| Cylindrée | 599 cc |
| Alésage et course | 67 mm x 42,5 mm |
| Puissance avec Ram Air | 133 ch @ 14 500 tr/min |
| Puissance sans Ram Air | 127 ch @ 14 500 tr/min |
| Couple avec Ram Air | 49,9 lb-pi @ 10 500 tr/min |
| Couple sans Ram Air | 48,5 lb-pi @ 10 500 tr/min |
| Boîte de vitesses | 6 rapports |
| Transmission finale | par chaîne |
| Révolution à 100 km/h | environ 5 600 tr/min |
| Consommation moyenne | 6,4 l/100 km |
| Autonomie moyenne | 273 km |

## PARTIE CYCLE

| | |
|---|---|
| Type de cadre | périmétrique, en aluminium |
| Suspension avant | fourche inversée de 41 mm ajustable en précharge, en haute et en basse vitesses de compression, et en détente |
| Suspension arrière | monoamortisseur ajustable en précharge, en haute et en basse vitesses de compression, et en détente |
| Freinage avant | 2 disques de 310 mm de Ø avec étriers radiaux à 4 pistons |
| Freinage arrière | 1 disque de 220 mm de Ø avec étrier à 1 piston |
| Pneus avant/arrière | 120/70 ZR17 & 180/55 ZR17 |
| Empattement | 1 375 mm |
| Hauteur de selle | 850 mm |
| Poids tous pleins faits | 189 kg |
| Réservoir de carburant | 17 litres |

***EURO ROUTIÈRE...*** La FZ1 courante se veut la seule descendante de la version originale lancée en 2001. Son introduction remonte à 2006, lorsque Yamaha repensa entièrement le modèle. L'intention du manufacturier, satisfaire à la fois des besoins de vitesse, de confort et de praticité, n'a jamais changé. Propulsée par une version adoucie de la mécanique de la YZF-R1 de 2004, mais présentée sous la forme d'une routière sportive, la FZ1 représente une proposition presque sans pareil sur le marché, puisqu'elle favorise décidément le côté sportif de l'équation sport/route. La Ninja 1000 de Kawasaki est l'un des rares modèles directement comparables. Un peu plus puissante que l'originale, mais aussi moins confortable, la FZ1 est avant tout destinée au marché européen où elle se vend en grand nombre et où elle est aussi offerte en version standard sans carénage.

Marier les performances et le comportement d'une sportive pure comme la YZF-R1 au côté pratique et au confort d'une routière appelée surtout à rouler au quotidien représente un concept extrêmement attirant, mais qui reste pourtant presque impossible à trouver sur le marché actuel. La FZ1 de Yamaha est l'un des très rares modèles qui accomplissent presque cette mission.

Au lieu de l'environnement impitoyable d'une sportive pure qui meurtrit les poignets avec ses poignées basses, la FZ1 propose un guidon tubulaire large et plat qui laisse plutôt le dos du pilote droit et soulage ses mains de tout poids. Même s'ils ne constituent pas une grande protection contre la pluie, le demi-carénage minimaliste et le petit pare-brise réduisent quand même considérablement la pression du vent sur le torse à vitesse d'autoroute. Un gros cadre en aluminium bien en vue, des suspensions ajustables ainsi que plusieurs pièces impressionnantes, comme le bras oscillant ou le moteur fortement incliné sont autant de caractéristiques qui trahissent le côté sportif très sérieux de la FZ1. Celui-ci est d'ailleurs capable de distraire même un habitué de sportives pures, et ce, autant en courbe qu'en ligne droite. Grâce à ses 150 chevaux et à son poids raisonnable de 220 kg, la FZ1 catapulte son pilote à 140 km/h sur le premier rapport, puis à 170 km/h sur le second, tandis que le troisième permet de doubler la limite de vitesse permise sur l'autoroute. L'exercice s'exécute en une dizaine de secondes à peine et avec encore trois rapports à passer. Il s'agit d'un niveau de performances en retrait par rapport à celui d'une sportive pure d'un litre, mais il reste amplement suffisant pour divertir

**TOUT À FAIT À L'AISE EN PISTE, LA FZ1 SUPPORTE SANS LE MOINDRE EFFORT UN RYTHME SPORTIF SUR UNE ROUTE SINUEUSE.**

un pilote habitué aux sensations offertes par ce dernier type de moto. Comme le moteur de la FZ1 est une version recalibrée de celui qui animait la YZF-R1 2004-2006, il affiche en gros les mêmes traits de caractère et demande donc de tourner assez haut pour livrer ses meilleures prestations. Il serait injuste d'aller jusqu'à dire qu'il s'agit d'une mécanique pointue, mais le fait est que celle-ci s'avère quand même un peu molle en bas. Poussez néanmoins les tours dans le dernier tiers de la bande de régimes, entre 8 000 tr/min et la zone rouge de 12 000 tr/min, et vous oublierez assez vite la timidité relative du modèle à bas et moyen régime. Notons que malgré des accélérations décidément puissantes, l'avant de la FZ1 demeure sagement collé au sol durant l'exercice. Comme sur la R1, le travail de la transmission à rapports rapprochés est fluide et précis. Les suspensions sont fermes, mais pas rudes et le système d'injection se montre un peu abrupt à la réouverture des gaz, ce qui a pour résultat de rendre la conduite saccadée, surtout avec un passager à bord.

La selle déçoit un peu en ne se montrant confortable que sur des distances courtes ou moyennes tandis que la protection rappelle celle d'une standard munie d'un saute-vent et n'est pas très généreuse. La position de conduite est compacte et ressemble à celle d'une R1 qui serait munie d'un guidon plat.

Grâce à sa sérieuse partie cycle, la FZ1 affiche une tenue de route d'un niveau suffisamment élevé pour qu'elle se sente tout à fait à l'aise en piste, si bien que c'est sans le moindre effort qu'elle supporte un pilotage agressif et rapide sur une route sinueuse.

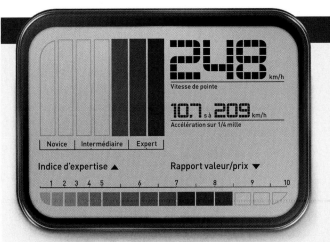

**248** km/h
Vitesse de pointe

**10.7** s à **209** km/h
Accélération sur 1/4 mille

Novice | Intermédiaire | Expert

Indice d'expertise ▲          Rapport valeur/prix ▼

1 2 3 4 5   6   7   8   9   10

Voir légende en page 18

## QUOI DE NEUF EN 2013 ?  +

Aucun changement

Aucune augmentation

## PAS MAL  ▲

Un niveau de performances de très haut calibre qui, sans être équivalent à celui d'une R1, reste amplement suffisant pour divertir un pilote expert, même sur circuit

Une tenue de route très relevée et un comportement routier d'une grande rigueur qui trahissent son héritage sportif; la FZ1 peut tourner en piste toute la journée avec plus de crédibilité qu'on ne le croirait possible pour une «routière»

Le meilleur de deux mondes : performances et tenue de route de très haut niveau rencontrent polyvalence raisonnable et confort décent

## BOF  ▼

Une mécanique dont la souplesse n'est pas mauvaise, mais pas exceptionnelle non plus, un facteur surtout dû à la nature pointue de ce moteur provenant de la génération 2004-2006 de la YZF-R1; à quand le moteur de la R1 actuelle ?

Un niveau de confort en recul par rapport à la première génération du modèle, puisque la selle est ferme et pas vraiment adaptée aux longues distances et que les suspensions ont presque une fermeté de sportive pure, le tout sans raison valable

Une occasion manquée, d'une certaine manière, de créer une véritable sportive confortable, ce dont était très proche la première version; selon nous, l'idéologie de la FZ1 est extrêmement intéressante, mais elle pourrait être mieux réalisée; une nouvelle FZ1 avec le moteur à vilebrequin Crossplane de la R1 actuelle, des suspensions capables de servir sport et confort, une bonne selle et un pare-brise plus généreux la transformeraient sans toucher à sa nature sportive

### CONCLUSION

En raison des goûts du marché européen qui semble toujours demander qu'une moto soit plus sportive, la routière à la fois rapide et polyvalente qu'était au début la FZ1 a vu sa nature considérablement radicalisée lors de la refonte de 2006. Il s'agit d'un cas qui n'est pas sans rappeler celui de la VFR800 de Honda qui, elle aussi, passa d'une petite merveille de polyvalence à une machine un peu trop sportive en 2002. Pour le motocycliste habitué à une sportive pure, mais souhaitant passer à une moto mieux adaptée à une utilisation quotidienne, elle représente une proposition ayant très peu d'équivalents sur le marché. Par contre, ceux qui recherchent l'équilibre parfait entre sport et confort ne trouveront toutefois pas en elle la machine idéale. Une meilleure protection au vent, une selle de tourisme, des suspensions plus souples et, pourquoi pas, le moteur de la R1 actuelle en feraient une machine d'exception.

## GÉNÉRAL

| | |
|---|---|
| Catégorie | Routière Sportive |
| Prix | 11 999 $ |
| Immatriculation 2013 | 557,53 $ |
| Catégorisation SAAQ 2013 | «régulière» |
| Évolution récente | introduite en 2001; revue en 2006 |
| Garantie | 1 an/kilométrage illimité |
| Couleur(s) | bleu |
| Concurrence | Kawasaki Ninja 1000 |

## MOTEUR

| | |
|---|---|
| Type | 4-cylindres en ligne 4-temps, DACT, 5 soupapes par cylindre, refroidissement par liquide |
| Alimentation | injection à 4 corps de 45 mm |
| Rapport volumétrique | 11,5:1 |
| Cylindrée | 998 cc |
| Alésage et course | 77 mm x 53,6 mm |
| Puissance | 150 ch @ 11 000 tr/min |
| Couple | 78,2 lb-pi @ 8 000 tr/min |
| Boîte de vitesses | 6 rapports |
| Transmission finale | par chaîne |
| Révolution à 100 km/h | environ 4 000 tr/min |
| Consommation moyenne | 6,8 l/100 km |
| Autonomie moyenne | 264 km |

## PARTIE CYCLE

| | |
|---|---|
| Type de cadre | périmétrique, en aluminium |
| Suspension avant | fourche inversée de 43 mm ajustable en précharge, compression et détente |
| Suspension arrière | monoamortisseur ajustable en précharge et détente |
| Freinage avant | 2 disques de 320 mm de Ø avec étriers à 4 pistons |
| Freinage arrière | 1 disque de 245 mm de Ø avec étrier à 1 piston |
| Pneus avant/arrière | 120/70 ZR17 & 190/50 ZR17 |
| Empattement | 1 460 mm |
| Hauteur de selle | 815 mm |
| Poids tous pleins faits | 220 kg |
| Réservoir de carburant | 18 litres |

Fazer 8

**80 POUR CENT...** Les sportives pures sont souvent critiquées pour leur côté extrême et pour leur niveau pratique inexistant dans un environnement routier. Mais ce que les auteurs de ces critiques ont tendance à oublier, c'est que la création de routières est souvent rendue possible grâce à ces engins. Chez Yamaha, par exemple, la FZ6R existe grâce à la mécanique de la YZF-R6 et la FZ1, grâce à celle de la R1. Le duo FZ8/Fazer 8 représente une très rare exception à cette règle, puisqu'il n'existe pas de modèle sportif correspondant. Il s'agit plutôt d'une FZ1 à 80 pour cent, offerte en deux versions qui sont presque les jumelles du modèle d'un litre à tous les égards sauf à celui de la cylindrée. Alors que la version dénudée, la FZ8, est aussi offerte aux États-Unis, le modèle semi-caréné, la Fazer 8, n'est offert qu'au Canada en Amérique du Nord. Toutes deux sont légèrement révisées en 2013.

Il y a tellement longtemps que les routières de cylindrée moyenne — les bonnes vieilles 750 — ont carrément disparu du monde du motocyclisme que la cylindrée de 800 cc de la FZ8 en fait presque une curiosité sur le marché actuel. Mais la FZ8 — comme sa version semi-carénée, la Fazer 8 — se veut plutôt l'une des très rares routières à quatre cylindres animées par autre chose qu'une mécanique de 600 ou de 1 000 cc. En fait, sur le marché nord-américain, il n'existe tout simplement pas d'équivalent direct aux deux modèles offerts par Yamaha.

Le constructeur ne présente pas la FZ8 comme une moto destinée à une clientèle débutante ou peu expérimentée, mais plutôt comme une machine de progression, c'est-à-dire comme une monture que l'on acquiert après sa première moto. Dans les faits, la FZ8 s'avère tellement bien maniérée et se montre si amicale à piloter qu'elle pourrait très bien être recommandée à un ou une motocycliste novice. La seule exception à cette affirmation, ce sont les débutants les plus craintifs, ceux pour qui une moto ultra-légère et ultra-docile comme une Honda CBR250R ou une Kawasaki Ninja 300 serait plus appropriée.

Dans le cas de la FZ8 comme dans celui de la Fazer 8, on découvre des montures dont la direction se montre très légère, mais jamais nerveuse et dont la partie cycle se comporte de manière exemplaire. N'oublions pas que la base sur laquelle la FZ8 est construite est pratiquement celle d'une FZ1 et qu'elle est donc conçue pour encaisser sans broncher une puissance 50 pour cent plus élevée que la centaine de chevaux de ces 800. L'un des rares reproches possibles en termes de comportement serait un freinage pas

très mordant. Toutefois, compte tenu de la nature du modèle et de son positionnement, des freins plus abrupts n'auraient pas nécessairement été un avantage, ce qui donne raison à Yamaha de les avoir calibrés ainsi. Par contre, l'ABS devrait absolument être offert, comme il l'est d'ailleurs sur le marché européen.

La FZ8 propose une livrée de puissance à la fois suffisamment douce pour ne pas surprendre une clientèle relativement peu expérimentée et assez vivante pour satisfaire un pilote un peu plus exigeant. À ce chapitre, le rendement de la FZ8 est nettement supérieur à celui d'une 600 comme la FZ6R ou d'une 650 comme la Ninja 650. Même s'il est pratiquement exempt de caractère avec son sifflement électrique, le 4-cylindres en ligne se montre assez souple et décemment puissant. Et même si personne ne confondra ses accélérations avec la fougue d'un 1000, un tel degré de puissance fait de la FZ8 une machine avec laquelle on pourra passer de nombreuses années satisfait, ce qui n'est pas nécessairement le cas pour une routière sportive de 600 cc.

Les différences entre la FZ8 et la Fazer 8 se limitent au carénage de tête dont cette dernière est équipée. La position de conduite est identique et plie les jambes presque autant que sur une sportive, mais garde le dos presque droit et ne met pas de poids sur les mains. La selle est très correcte et les suspensions sont calibrées de manière appropriée pour une utilisation routière. Dans le cas de la Fazer 8, la protection au vent n'est pas très grande, mais elle suffit quand même pour dévier le flot d'air du torse du pilote.

> **IL N'EXISTE TOUT SIMPLEMENT PAS D'ÉQUIVALENT DIRECT AU DUO FZ8/FAZER 8 EN AMÉRIQUE DU NORD.**

226 km/h
Vitesse de pointe

11,4 s à 187 km/h
Accélération sur 1/4 mille

| Novice | Intermédiaire | Expert |

Indice d'expertise ▲            Rapport valeur/prix ▼

1  2  3  4  5      6      7      8      9      10

Voir légende en page 18

## QUOI DE NEUF EN 2013 ?  +

Ajustement de la détente et de la compression ajouté à la fourche

Ajustement de la détente ajouté au monoamortisseur

Silencieux redessiné

Selle recouverte d'un nouveau matériel à double texture

Coûte 100 $ de plus qu'en 2012

## PAS MAL  ▲

Un concept aussi rare qu'intéressant, puisque moins coûteux et moins intimidant qu'une monture d'un litre, et nettement plus plaisant qu'une monture de 600/650 cc

Une partie cycle extrêmement bien maniérée qui se montre à la fois légère, précise et accessible et dont les qualités contribuent beaucoup à mettre le pilote en confiance; de plus, elle est maintenant ajustable

Une mécanique qui s'avère agréable en raison d'un niveau de performances plus que correct et d'une souplesse très honnête

## BOF  ▼

Une mécanique qui accomplit tout ce qu'elle a à faire très bien, mais dont le caractère est pratiquement inexistant; il s'agit d'un banal 4-cylindres en ligne qui monte et descend en régime de manière presque électrique, ni plus ni moins

Des freins qui ne sont pas impressionnants en termes de puissance ou de mordant instantané, mais qui fonctionnent tout de même très bien

Un système ABS qui existe et qui est offert sur les versions européennes, mais qui ne fait même pas partie des options en Amérique du Nord, ce qui est déplorable

## CONCLUSION

*Le Guide de la Moto* se plaint depuis des années de la rareté, pour ne pas dire de l'absence, de routières de cylindrée moyenne sur le marché. Et par cylindrée moyenne, nous parlons d'une zone se situant entre celle des 600, que nous trouvons souvent trop creuses, et celle des 1000, qui ne sont pas toujours accessibles en termes de prix et de performances. Le duo FZ8/Fazer 8 est l'incarnation même de ce type de routière. Offrant un niveau de performances se situant presque exactement entre les 75 chevaux de la FZ6R et les 150 chevaux de la FZ1, elles arrivent à la fois à amuser un pilote modérément expérimenté et à se montrer amicales et sans surprise dans les mains d'un novice. Il ne s'agit pas de machines particulièrement caractérielles, mais elles sont très bien construites (la base est pratiquement celle de la FZ1), représentent de très bonnes valeurs et offrent un comportement routier exemplaire. En fait, l'un des rares reproches qu'on peut leur faire — et qui est vraiment dirigé à Yamaha — c'est de ne pas offrir l'ABS.

FZ8

## GÉNÉRAL

| | |
|---|---|
| Catégorie | Routière Sportive |
| Prix | FZ8 : 9 599 $<br>Fazer 8 : 10 099 $ |
| Immatriculation 2013 | 557,53 $ |
| Catégorisation SAAQ 2013 | « régulière » |
| Évolution récente | introduite en 2011 |
| Garantie | 1 an/kilométrage illimité |
| Couleur(s) | FZ8 : noir<br>Fazer 8 : gris |
| Concurrence | BMW F800R et GT, Ducati Monster 796, Triumph Street Triple |

## MOTEUR

| | |
|---|---|
| Type | 4-cylindres en ligne 4-temps, DACT, 4 soupapes par cylindre, refroidissement par liquide |
| Alimentation | injection à 4 corps de 35 mm |
| Rapport volumétrique | 12,0:1 |
| Cylindrée | 779 cc |
| Alésage et course | 68 mm x 53,6 mm |
| Puissance | 106 ch @ 10 000 tr/min |
| Couple | 60,5 lb-pi @ 8 000 tr/min |
| Boîte de vitesses | 6 rapports |
| Transmission finale | par chaîne |
| Révolution à 100 km/h | environ 4 700 tr/min |
| Consommation moyenne | 6,2 l/100 km |
| Autonomie moyenne | 274 km |

## PARTIE CYCLE

| | |
|---|---|
| Type de cadre | périmétrique, en aluminium |
| Suspension avant | fourche inversée de 43 mm ajustable en compression et détente |
| Suspension arrière | monoamortisseur ajustable en précharge et détente |
| Freinage avant | 2 disques de 310 mm de Ø avec étriers à 4 pistons |
| Freinage arrière | 1 disque de 267 mm de Ø avec étrier à 1 piston |
| Pneus avant/arrière | 120/70 ZR17 & 180/55 ZR17 |
| Empattement | 1 460 mm |
| Hauteur de selle | 815 mm |
| Poids tous pleins faits | FZ8 : 212 kg<br>Fazer 8 : 216 kg |
| Réservoir de carburant | 17 litres |

**SPORT NON EXTRÊME...** Le débat est probablement aussi vieux que le monde. Il oppose, d'un côté, le conservatisme des plus vieux et, de l'autre, la fougue des plus jeunes. Les premiers souhaitent dicter aux seconds la bonne marche à suivre, tandis que les seconds ne souhaitent qu'une chose, qu'on les laisse faire à leur tête. Juxtaposez tout ça dans l'univers du motocyclisme et vous tombez en plein dans l'éternel débat de l'accès idéal à la conduite d'une moto. Construite à partir de composantes simples, mais dont l'efficacité est élevée, animée par une version adoucie à environ 75 chevaux du 4-cylindres qui propulsait la première YZF-R6, légère et affichant des dimensions compactes, la FZ6R illustre parfaitement le type de 600 capable d'amener une clientèle relativement peu expérimentée aux portes du créneau sportif. Elle occupe la place de l'ancienne FZ6 chez Yamaha.

Des modèles dont l'aspect technique et le comportement étaient très similaires à ceux qu'offre la FZ6R ont régulièrement et depuis longtemps été mis en production, notamment par les constructeurs japonais. Toutefois, malgré de belles qualités et un prix généralement intéressant, ils ont presque toujours été ignorés par le type de motocyclistes qu'ils auraient pourtant dû attirer, et ce, surtout en raison d'une retenue beaucoup trop grande en matière d'esthétisme. Comme si bonne valeur ou performances modestes devaient absolument rimer avec style anodin.

Yamaha fut l'un des premiers constructeurs à corriger ce défaut de longue date en proposant une monture à la fois appropriée pour guider une clientèle jeune, inexpérimentée ou craintive dans l'univers sportif ET visuellement attrayante et soignée. Il s'agissait de la FZ6R.

Équipée d'un carénage complet de style sportif, dessinée avec goût et même agrémentée d'un traitement graphique qui rappelle celui des YZF-R de la marque, elle représente une option qui s'est montrée prête à accepter une clientèle qui se serait autrement dirigée vers de très pointues 600 destinées à des experts et conçues pour exceller dans l'environnement de la piste. La FZ6R est également offerte pour une somme de beaucoup inférieure au prix d'une sportive pure de 600 cc, ce qui représente évidemment une motivation de plus pour la clientèle visée.

Bien que techniquement à jour, la FZ6R ne réinvente pas la roue en matière de mécanique. Animée par une version adoucie du 4-cylindres en ligne de la FZ6 (qui était elle-même propulsée par une version moins puissante du moteur

de la YZF-R6 pré-2006) et construite autour d'un cadre assez simple en acier tubulaire, la FZ6R offre une fiche technique plutôt routinière.

Le résultat ne sent toutefois aucunement la monture économique et se comporte même, au contraire, de manière brillante, particulièrement au chapitre de la tenue de route qui est presque digne de celle d'une véritable sportive. Un pilote le désirant pourrait même l'amener en piste pour s'amuser, une réalité qui illustre bien la compétence, la solidité et la précision de la partie cycle. De plus, au chapitre du comportement routier, la FZ6R définit de manière très élégante la notion d'accessibilité en se montrant d'une extrême facilité à piloter tout en réduisant presque à néant les réactions sèches et parfois même difficiles à gérer des sportives plus pointues de cylindrée semblable. On regrette d'ailleurs l'absence d'ABS, puisqu'un tel système serait particulièrement utile à la clientèle visée.

L'une des raisons principales derrière cette grande accessibilité est un niveau de performances relativement modeste. Avec un peu plus de 75 chevaux et un couple à bas régime plutôt limité — origine hypersportive de la mécanique oblige —, la FZ6R n'offre tout simplement pas le genre de puissance ou de caractère qui serait d'un grand intérêt pour un pilote avide de chevaux. Mettez-la néanmoins dans les mains d'un motocycliste inexpérimenté ou facilement intimidé par une grande puissance et ce niveau de performances devient non seulement tout à fait adéquat, mais aussi amusant et facilement exploitable. Tous les autres aspects de son pilotage suivent de manière très fidèle cette philosophie d'accessibilité.

> **D'UN FAIBLE INTÉRÊT POUR LE PILOTE AVIDE DE PUISSANCE, LA FZ6R DEVIENT TOUT À FAIT ADÉQUATE DANS DES MAINS MOINS EXPÉRIMENTÉES.**

Voir légende en page 18

## QUOI DE NEUF EN 2013 ? +

Aucun changement

Aucune augmentation

## PAS MAL ▲

Un concept qui répond à une demande de longue date de la part des motocyclistes, celle d'une sportive tout aussi attrayante et bien finie que celles que les constructeurs alignent sur les lignes de départ des pistes de course, mais dont le comportement et le prix sont beaucoup plus accessibles

Un comportement routier qui impressionne par sa qualité, puisque la solidité, la précision et l'agilité dont fait preuve la partie cycle permettraient à la FZ6R de franchement s'amuser sur une route sinueuse et même de s'aventurer en piste

Un niveau de confort très intéressant en raison, entre autres, de suspensions calibrées pour la route et d'une position à saveur sportive, mais d'aucune façon fatigante

## BOF ▼

Un niveau de performances plutôt modeste qui satisfera soit une clientèle de calibre novice ou moyen – qui en aura plein les bras avec les 75 chevaux – soit une clientèle plus expérimentée, mais que le format et le prix intéressent et dont la gourmandise en termes de performances correspond à ce genre de puissance

Un système ABS qui manque non seulement à l'appel, mais qui devrait aussi être offert de série sur une machine destinée à ce type de clientèle

Une mécanique dont le caractère n'est pas le plus excitant qui soit, puisqu'elle est creuse en bas et qu'elle n'émet qu'une sonorité générique de 4-cylindres en ligne

## CONCLUSION

Jolie, bien finie, peu chère et animée par une mécanique dérivée de celle de la puissante YZF-6R, la FZ6R ne manque pas d'arguments. Mais le fait est qu'elle n'est pas destinée à tout le monde et qu'il est absolument nécessaire d'en réaliser les limites avant d'en envisager l'achat. Limites qui se situent surtout au niveau de performances relativement limitées et d'un caractère mécanique commun. La mettre entre les mains d'un pilote expérimenté et exigeant équivaudrait donc à la sortir du contexte pour lequel elle a été créée. Mais mettez-la plutôt entre les mains d'un pilote novice, d'un motocycliste qui progresse après avoir possédé une plus petite cylindrée ou encore entre celles d'un motocycliste mature, mais n'ayant pas besoin de plus de puissance et elle prend tout son sens. La FZ6R est non seulement une excellente moto d'initiation et de progression, mais elle représente aussi une judicieuse manière d'accéder à l'univers des motos de nature sportive.

## GÉNÉRAL

| | |
|---|---|
| Catégorie | Routière Sportive |
| Prix | 7 999 $ |
| Immatriculation 2013 | 557,53 $ |
| Catégorisation SAAQ 2013 | « régulière » |
| Évolution récente | introduite en 2009 |
| Garantie | 1 an/kilométrage illimité |
| Couleur(s) | blanc, bleu |
| Concurrence | Kawasaki Ninja 650, Suzuki GSX650F |

## MOTEUR

| | |
|---|---|
| Type | 4-cylindres en ligne 4-temps, DACT, 4 soupapes par cylindre, refroidissement par liquide |
| Alimentation | injection à corps de 32 mm |
| Rapport volumétrique | 12,2:1 |
| Cylindrée | 599 cc |
| Alésage et course | 65,5 mm x 44,5 mm |
| Puissance | 76,4 ch @ 10 000 tr/min |
| Couple | 44,1 lb-pi @ 8 500 tr/min |
| Boîte de vitesses | 6 rapports |
| Transmission finale | par chaîne |
| Révolution à 100 km/h | environ 5 300 tr/min |
| Consommation moyenne | 6,4 l/100 km |
| Autonomie moyenne | 270 km |

## PARTIE CYCLE

| | |
|---|---|
| Type de cadre | de type « diamant », en acier tubulaire |
| Suspension avant | fourche conventionnelle de 41 mm non ajustable |
| Suspension arrière | monoamortisseur ajustable en précharge |
| Freinage avant | 2 disques de 298 mm de Ø avec étriers à 2 pistons |
| Freinage arrière | 1 disque de 245 mm de Ø avec étrier à 1 piston |
| Pneus avant/arrière | 120/70 ZR17 & 160/60 ZR17 |
| Empattement | 1 440 mm |
| Hauteur de selle | 785 mm |
| Poids tous pleins faits | 212 kg |
| Réservoir de carburant | 17 litres |

**OPTION NIPPONE...** Ne s'attaque pas qui veut à la BMW R1200GS. En fait, durant des décennies, personne ne le fit. La situation est néanmoins bien différente aujourd'hui, puisque les uns après les autres, des constructeurs rivaux tentent de reprendre la formule allemande avec plus ou moins de succès. Lancée par Yamaha en 2012, la Super Ténéré demeure pour l'instant la seule monture nippone pouvant être considérée comme une rivale directe de la BMW. Le calibre élevé de l'allemande est d'ailleurs bien illustré par le fait que Yamaha n'a rien négligé. Châssis comme mécanique – un bicylindre parallèle de 1,2 litre refroidi par liquide – ont été conçus expressément pour la Ténéré, tandis que l'équipement comprend un système ABS combiné et assisté géré par ordinateur, un contrôle de traction à modes multiples et un accélérateur électronique, entre autres.

Longtemps perçue comme une excentricité allemande par les grands manufacturiers, la BMW R1200GS est aujourd'hui à l'origine de l'une des classes les plus en mouvement du marché, celle des routières aventurières. L'offre de Yamaha dans cette catégorie est toute jeune, puisque son introduction remonte seulement à 2012. Certains diront que la riche histoire de la marque en rallye constitue un avantage, et c'est peut-être vrai. En tous cas, en termes de présence visuelle, la Super Ténéré 1200 donne dès le premier coup d'œil l'impression d'être une machine capable de mener son pilote au bout du monde. Techniquement, tout est en place pour le permettre, des suspensions à long débattement jusqu'à la position joliment équilibrée de type aventurière en passant par un système antipatinage multimode permettant d'accélérer sans dérobade de l'arrière sur terrain glissant, ce qui n'est pas du tout superflu sur une machine de ce poids, surtout avec un pilote moins qu'expert en selle. Ce système peut être désactivé, mais pas l'ABS, ce qui est incompréhensible pour une moto de ce genre. Assisté, combiné et géré par ordinateur, l'ABS de la Ténéré fonctionne de manière efficace et très transparente, même en sentier, mais le fait qu'il ne peut être désactivé va à l'encontre de la logique sur une telle moto. En effet, tout « aventurier » le moindrement digne de ce nom vous confirmera qu'en conduite hors route, on veut pouvoir bloquer la roue arrière. La solution à ce problème est simple, surtout avec toute l'électronique embarquée, et il n'en tient qu'à Yamaha de l'appliquer au modèle. Elle consiste à offrir un mode sur lequel l'ABS de la roue arrière peut être désactivé, comme sur la BMW.

**ELLE DONNE L'IMPRESSION D'ÊTRE CAPABLE DE MENER SON PILOTE AU BOUT DU MONDE, ET TOUT EST EN PLACE POUR LE PERMETTRE.**

Le comportement routier de la Super Ténéré s'avère généralement très bon. Un guidon large garantit une direction très légère tandis que la précision et la solidité du châssis en courbe ne sont prises en défaut que lorsque le rythme est élevé et que la chaussée est en mauvais état, une combinaison qui pousse la moto à danser un peu sur ses suspensions. Ces dernières offrent par ailleurs un bon rendement sur la route, peu importe son état. Les chemins non asphaltés sont survolés sans tracas, mais un sentier beaucoup plus abîmé verra les suspensions talonner si les réglages ne sont pas raffermis.

Le bicylindre parallèle exclusif à la Super Ténéré propose de bonnes performances. Ses accélérations sont semblables à celle d'une R1200GS, mais elles sont livrées différemment. Tellement doux qu'il en devient presque anonyme, le Twin ne s'éveille qu'une fois les tout premiers régimes passés, disons au-delà de 2 000 tr/min. Les mi-régimes sont bien remplis et un amusant punch survient même entre 6 000 tr/min et la zone rouge d'un peu plus de 7 500 tr/min. Ce punch est suffisamment fort pour soulever l'avant en première, mais celui-ci est doucement ramené au sol par le contrôle de traction qui agit dans ce cas comme antiwheelie. Un sélecteur de mode permet de limiter la puissance à un niveau très linéaire, ce qui se montre surtout utile sur surface très glissante.

Le niveau de confort est élevé grâce à une position de conduite naturelle et dégagée, à une bonne selle dont la hauteur s'ajuste facilement, à une protection au vent très correcte, bien que compromise par quelques turbulences, à une mécanique toujours douce et à des suspensions souples.

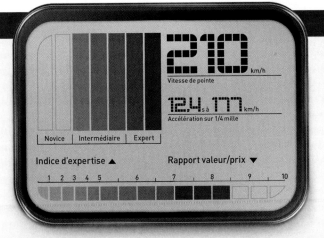

**210** km/h
Vitesse de pointe

**12.4, 177** s à km/h
Accélération sur 1/4 mille

| Novice | Intermédiaire | Expert |

Indice d'expertise ▲　　　　Rapport valeur/prix ▼

1　2　3　4　5　　6　　7　8　9　10

Voir légende en page 18

## QUOI DE NEUF EN 2013 ?　　+

Aucun changement

Aucune augmentation

## PAS MAL　　▲

Un ensemble très impressionnant; de la ligne très évocatrice jusqu'aux multiples technologies de pointe utilisées en passant par l'attention aux détails tels que le radiateur latéral, les roues à rayons sans tubes ou l'impeccable finition, on a affaire à une machine de première classe

Une série d'aides électroniques qui accomplissent chacune de leurs missions de manière irréprochable et surtout complètement transparente

Un prix intéressant compte tenu de toute la technologie embarquée; il s'agit d'un des meilleurs arguments du modèle face à la convoitée BMW R1200GS

Une capacité d'aventurière bel et bien réelle, puisque la Super Ténéré 1200 amènera son pilote au bout du monde s'il le souhaite

## BOF　　▼

Un système ABS extrêmement sophistiqué, mais qui n'offre pas la possibilité d'être désactivé, au moins au niveau de la roue arrière, ce que les adeptes sérieux de pilotage hors route risquent de trouver impardonnable

Une mécanique dont la puissance est tout à fait adéquate, mais qui se montre tellement douce qu'elle devient absente; on aimerait vraiment mieux sentir le Twin

Une liste d'équipements de série où les poignées chauffantes manquent à l'appel

Une selle haute, comme c'est d'ailleurs la coutume chez ces motos

## CONCLUSION

La Super Ténéré, c'est l'une de ces motos qui ont récemment, les unes après les autres, tenté d'entrer dans l'univers «aventure» que la BMW R1200GS a créé et qu'elle domine encore et toujours. Compte tenu du fait qu'aucune de ces motos n'est arrivée à détrôner l'allemande, la performance de la Yamaha s'avère finalement très correcte. En fait, une fois la comparaison mise un peu de côté, on découvre en la Super Ténéré une monture merveilleusement polyvalente et compétente sur laquelle nous ne nous lassons tout simplement pas d'accumuler des kilomètres de bitume ou de poussière. Nous lui reprochons surtout la timidité sensorielle de sa mécanique et nous sommes encore abasourdis que l'ABS ne puisse être désactivé, à tout le moins à l'arrière (voir BMW R1200GS 2013). Mais à ces défauts près, la grosse aventurière de Yamaha doit non seulement être considérée comme une réussite, mais aussi comme l'une des façons les plus invitantes et naturelles de rouler à moto.

## GÉNÉRAL

| | |
|---|---|
| Catégorie | Routière Aventurière |
| Prix | 16 499 $ |
| Immatriculation 2013 | 557,53 $ |
| Catégorisation SAAQ 2013 | « régulière » |
| Évolution récente | introduite en 2012 |
| Garantie | 1 an/kilométrage illimité |
| Couleur(s) | gris, blanc |
| Concurrence | BMW R1200GS, KTM 990 Adventure Moto Guzzi Stelvio, Suzuki V-Strom 1000 |

## MOTEUR

| | |
|---|---|
| Type | bicylindre parallèle 4-temps, DACT, 4 soupapes par cylindre, refroidissement par liquide |
| Alimentation | injection à deux corps de 46 mm |
| Rapport volumétrique | 11,1:1 |
| Cylindrée | 1 199 cc |
| Alésage et course | 98 mm x 79,5 mm |
| Puissance | 110 ch @ 7 250 tr/min |
| Couple | 84 lb-pi @ 6 000 tr/min |
| Boîte de vitesses | 6 rapports |
| Transmission finale | par chaîne |
| Révolution à 100 km/h | environ 3 200 tr/min |
| Consommation moyenne | 6,3 l/100 km |
| Autonomie moyenne | 365 km |

## PARTIE CYCLE

| | |
|---|---|
| Type de cadre | périmétrique, en acier |
| Suspension avant | fourche inversée de 43 mm ajustable en précharge, compression et détente |
| Suspension arrière | monoamortisseur ajustable en précharge et détente |
| Freinage avant | 2 disques «à pétales» de 310 mm de Ø avec étriers à 4 pistons et ABS combiné |
| Freinage arrière | 1 disque «à pétales» de 282 mm de Ø avec étrier à 1 piston et ABS combiné |
| Pneus avant/arrière | 110/80R19 & 150/70R17 |
| Empattement | 1 540 mm |
| Hauteur de selle | 845/870 mm |
| Poids tous pleins faits | 261 kg |
| Réservoir de carburant | 23 litres |

*CHER SATAN...* Les motos qui n'ont aucun équivalent sont très rares. Non seulement la VMAX est l'une d'elles, mais elle pourrait également être considérée comme le parfait exemple de la machine inimitable. Animée par un monstrueux V4 de 1,7 litre crachant 200 chevaux, elle n'existe pas pour être vendue en grand nombre, mais plutôt parce que Yamaha considère qu'elle fait partie de son héritage. En fait, on pourrait décrire la VMAX comme l'incarnation mécanique d'un art noir qui fait surface de temps à autre chez la marque aux trois diapasons. La mécanique qui la propulse lui est exclusive, tout comme son châssis en aluminium coulé sous vide, tandis que toutes les pièces qui la composent sont non seulement noires et massives, mais aussi carrément sinistres. Si Satan avait une moto à choisir, ça ne pourrait être que celle-là.

Les chiffres ne disent pas tout. On entend cette affirmation de temps à autre, mais sans toujours comprendre ce qu'elle signifie. Dans le cas de la VMAX, elle signifie que même si l'on peut assez facilement trouver des chiffres d'accélération ou de vitesse de pointe plus élevés que les siens, surtout du côté sportif de l'univers du motocyclisme, il reste que l'aspect brutal et instantané de l'accélération, lui, n'existe nulle part ailleurs dans cet univers. Après tout, combien connaissez-vous de motos animées par un V4 satanique de 1,7 litre crachant quelque 200 chevaux à la simple ouverture des gaz ?

Le déchaînement de puissance découlant de cette ouverture définit la notion de chaos contrôlé. L'immense V4 s'emballe alors dans un rugissement fou. Comme la VMAX n'est – heureusement ! – pas équipée d'un système de contrôle de traction, le pneu arrière hurle, patine et fume. La poussée instantanée est telle qu'elle catapulte pilote et moto comme s'ils étaient éjectés d'un canon. Heureusement, la bête est construite pour répéter ce genre de scène à volonté, sans le moindre tracas. Elle est non seulement très longue et très lourde, mais elle est également construite de manière extrêmement solide. Malgré l'incroyable furie qui suit chaque ouverture complète des gaz, le châssis encaisse les accélérations brutales comme si de rien n'était. Passez la deuxième agressivement tout en gardant l'accélérateur bien enroulé et l'arrière se remettra à patiner. Finalement, le pneu mordra à nouveau, ce qui soulèvera l'avant, mais seulement de quelques centimètres. N'importe quelle autre moto se serait renversée, et peut-être

même désintégrée, mais la longueur et le poids de la VMAX la gardent en parfait équilibre et sans reproche au niveau de la stabilité. Aucun autre aspect du pilotage ne décrit mieux l'esprit du modèle que ce magique moment de folle accélération et de parfait contrôle. Yamaha a limité la vitesse maximale de la VMAX à 220 km/h, ce qui est littéralement atteint en un clin d'œil. Pour le pilote en selle, la combinaison de la brutalité immédiate et constante de l'accélération, de l'augmentation exponentielle de la force du vent et de l'unique sonorité du V4 représentent un moment de moto absolument unique.

> **POUR LE PILOTE EN SELLE, LA COMBINAISON DU SON ET DE L'ACCÉLÉRATION REPRÉSENTE UN MOMENT DE MOTO ABSOLUMENT UNIQUE.**

Une fois les émotions fortes passées et de retour à une utilisation plus normale, la VMAX tire plutôt bien son épingle du jeu. La position de conduite relevée est confortable, les suspensions travaillent très correctement, les freins ABS sont excellents et toutes les commandes, incluant l'ensemble embrayage/boîte de vitesses, s'actionnent avec douceur et précision. On a clairement l'impression d'être aux commandes d'une monture de haute qualité offrant un grand degré de sophistication. Mais la VMAX n'est pas sans défauts. Extrêmement longue et dotée d'une géométrie de direction très conservatrice – des caractéristiques nécessaires pour maîtriser une telle débauche de chevaux –, la VMAX est un véritable mastodonte en termes de masse et de proportions. Bien qu'elle se montre solide et assez précise en courbe, elle manque clairement d'agilité à basse vitesse, dans les situations serrées, où elle est balourde et maladroite. Par ailleurs, son autonomie s'avère beaucoup trop réduite et limite carrément les déplacements. Un plus grand réservoir serait vraiment une amélioration.

# QUOI DE NEUF EN 2013 ?  +

Aucun changement

Aucune augmentation

## PAS MAL  ▲

Un V4 dément dont les 200 chevaux sont non seulement bel et bien réels, mais qui se manifestent aussi dans un rugissement fou et d'une manière tellement immédiate qu'ils arrivent à enfumer le pneu arrière à volonté

Une partie cycle qui, contrairement à celle de la V-Max originale, est parfaitement à la hauteur des incroyables performances de la VMAX et encaisse sans broncher toute la furie du gros V4

Une ligne qui, quoiqu'un peu prévisible puisque fortement inspirée de celle du modèle original, interprète très bien «l'esprit MAX», en plus d'afficher une finition absolument impeccable

## BOF  ▼

Une livrée de puissance tellement brutale et immédiate qu'elle fait très facilement patiner le pneu arrière; la VMAX demande beaucoup d'expérience et de respect de la part du pilote qui compte en extraire tout le potentiel

Un prix considérablement plus élevé que celui de la V-Max originale et qui déçoit plusieurs fanatiques du modèle en le mettant hors de leur portée; il reste que même à ce prix, la VMAX vaut absolument le coup

Un accueil peu intéressant réservé au passager

Un poids élevé et des dimensions imposantes qui alourdissent le comportement lors de manœuvres serrées

Un réservoir d'essence bien trop petit compte tenu de la consommation très élevée – surtout quand on s'amuse ! – ayant comme résultat une autonomie minuscule

## CONCLUSION

On entend et on lit des tas de choses sur la VMAX. Que c'est une custom. Qu'elle est plus ou moins rapide qu'une Ducati Diavel. Que cette Diavel, justement, représente son équivalent. Mettons une chose au clair. La VMAX est unique et n'a pas d'équivalent sur le marché, un point c'est tout. Ça n'est pas une custom et ça n'est pas une Diavel. C'est une VMAX. Parlez de machine démoniaque, d'une moto dont la mission se résume à accélérer – fort –, d'une bête aussi puissante qu'elle est technologiquement avancée, d'un dragster pur et simple, et là, vous serez beaucoup plus près de la réalité. On la trouve souvent chère, mais nous croyons plutôt qu'il s'agit d'une aubaine. L'expérience de pilotage qu'elle offre est surtout caractérisée par la brutalité phénoménale des accélérations, mais aussi par la sérénité avec laquelle cette furie est livrée et par l'impressionnante sophistication de l'ensemble. C'est qu'il a du goût, ce Satan...

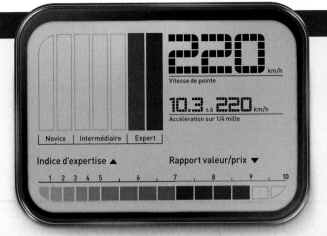

220 km/h
Vitesse de pointe

10.3 s à 220 km/h
Accélération sur 1/4 mille

| Novice | Intermédiaire | Expert |

Indice d'expertise ▲          Rapport valeur/prix ▼

1  2  3  4  5    6    7    8    9    10

Voir légende en page 18

## GÉNÉRAL

| | |
|---|---|
| Catégorie | Muscle Bike |
| Prix | 22 999 $ |
| Immatriculation 2013 | 557,53 $ |
| Catégorisation SAAQ 2013 | «régulière» |
| Évolution récente | introduite en 1985; nouvelle génération introduite en 2009 |
| Garantie | 1 an/kilométrage illimité |
| Couleur(s) | violet foncé |
| Concurrence | Ducati Diavel, Triumph Rocket III Roadster |

## MOTEUR

| | |
|---|---|
| Type | 4-cylindres 4-temps en V à 65 degrés, DACT, 4 soupapes par cylindre, refroidissement par liquide |
| Alimentation | injection à 4 corps de 48 mm |
| Rapport volumétrique | 11.3:1 |
| Cylindrée | 1 679 cc |
| Alésage et course | 90 mm x 66 mm |
| Puissance | 198 ch @ 9 000 tr/min |
| Couple | 123 lb-pi @ 6 500 tr/min |
| Boîte de vitesses | 5 rapports |
| Transmission finale | par arbre |
| Révolution à 100 km/h | environ 3 400 tr/min |
| Consommation moyenne | 9,1 l/100 km |
| Autonomie moyenne | 164 km |

## PARTIE CYCLE

| | |
|---|---|
| Type de cadre | de type «diamant», en aluminium |
| Suspension avant | fourche conventionnelle de 52 mm ajustable en précharge, compression et détente |
| Suspension arrière | monoamortisseur ajustable en précharge, compression et détente |
| Freinage avant | 2 disques de 320 mm de Ø avec étriers radiaux à 6 pistons et système ABS |
| Freinage arrière | 1 disque de 298 mm de Ø avec étrier à 1 piston et système ABS |
| Pneus avant/arrière | 120/70 R18 & 200/50 R18 |
| Empattement | 1 700 mm |
| Hauteur de selle | 775 mm |
| Poids tous pleins faits | 310 kg |
| Réservoir de carburant | 15 litres |

Roadliner S

**SUMMUM MÉTRIQUE...** Propulsées par le plus gros V-Twin de production refroidi par air au monde, construites autour d'un des très rares cadres en aluminium de l'univers custom (seuls Yamaha et Victory les offrent), affichant l'une des finitions les plus soignées jamais vues sur une moto de série et dessinées avec élégance et grâce, les 1900 de Yamaha représentent le summum « métrique » en matière de customs. Elles ont été introduites en 2006, à une époque où la course à l'extrême battait son plein dans cette catégorie de motos. Une version Deluxe équipée d'un carénage de fourche fut introduite en 2010, mais elle n'est présente que sur le marché américain en 2013 et fait une pause au Canada cette année. Rappelons que chaque modèle a fait l'objet d'une baisse de prix importante l'an dernier afin de rendre leur acquisition un peu moins difficile.

Le milieu du motocyclisme a bien changé depuis quelques années. Peu de montures illustrent mieux cette réalité que les modèles du projet « 1900 » de Yamaha. Lancées en 2006, en plein cœur de la course à la custom la plus grosse et la plus désirable du marché, la Roadliner et sa version de tourisme léger, la Stratoliner, avaient l'ambitieuse mission d'incarner le nec plus ultra en la matière et de proposer aux plus exigeants des connaisseurs des machines qui les combleraient à tous les niveaux de l'expérience custom.

Pour y arriver, Yamaha ne recula devant rien. À titre d'exemple, énormément d'efforts furent déployés pour éviter le piège d'une masse très élevée et tous les désavantages qu'amène celle-ci. Le résultat est une paire de montures étonnamment agiles qu'on jurerait plus légères qu'elles ne le sont réellement et qui ne renvoient pas la sensation de lourdeur excessive ressentie sur la plupart des modèles de ce genre lorsqu'ils atteignent une cylindrée aussi importante.

L'une des facettes les plus intéressantes de ces 1900 est le cadre en aluminium qu'elles partagent. Il est fabriqué avec la même technologie que celle des châssis des sportives Yamaha et se veut le principal responsable d'un inhabituel sentiment de pureté et de sérénité ressenti à leurs commandes. Il s'agit d'un sentiment qui est à la fois difficile à décrire et à imaginer sur une custom, mais qu'on peut néanmoins expliquer comme un genre de parallèle avec l'impression de solidité et de précision renvoyée par une sportive pure bâtie autour d'un cadre en aluminium très rigide.

> **LES QUALITÉS DU V-TWIN VONT BEAUCOUP PLUS LOIN QUE LES EXCELLENTES ACCÉLÉRATIONS ET INCLUENT L'ASPECT ACOUSTIQUE.**

Grâce à toute la technologie dont bénéficie leur partie cycle, les Roadliner et Stratoliner se montrent faciles à mettre en angle, où on les sent imperturbables. D'une stabilité impériale en ligne droite et équipées d'excellents freins dont le seul défaut est de ne pas être secondés d'un système ABS, ces customs offrent une qualité de comportement routier pratiquement inégalée dans l'univers des customs. Seule une certaine fermeté de la suspension arrière sur mauvais revêtement affecte le niveau de confort.

Au-delà des belles manières de leur châssis, les 1900 se démarquent surtout grâce à la délicieuse mécanique qui les anime, un gros V-Twin de 1 854 cc qui doit être considéré comme une réussite absolue. Des V-Twin plus puissants existent, mais celui-ci n'est certainement pas timide en ligne droite et s'avère en plus gorgé de couple dès le ralenti. Même les connaisseurs les plus exigeants devraient se montrer comblés par ses accélérations et ses reprises.

Les qualités de cette mécanique vont toutefois bien plus loin. La grande importance qu'accorde Yamaha à la musicalité de ses moteurs de type V-Twin et à leur rythmique élève l'expérience de pilotage à un niveau très impressionnant. Durant chaque instant de la conduite, le pilote se retrouve ainsi traversé de plaisantes pulsations lourdes et graves, tandis que son ouïe est caressée par le doux et profond grondement que seule une cylindrée aussi grande peut produire. Ce V-Twin fait partie des très rares moteurs que nous mettrions dans la même ligue que les mécaniques de Harley-Davidson en termes de qualité de caractère, ce qui est un immense compliment.

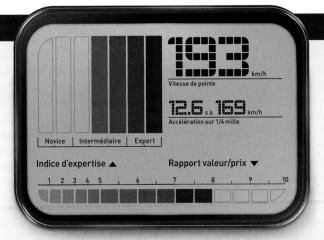

Voir légende en page 18

## QUOI DE NEUF EN 2013 ? +

Effort à l'embrayage réduit de 20 pour cent

Retrait du marché canadien de la version Deluxe

Aucune augmentation

## PAS MAL ▲

Un comportement d'un équilibre très surprenant; malgré son gabarit, la Roadliner se balance avec une grâce et une élégance qui étonnent et séduisent

Un V-Twin de très grosse cylindrée qui propose à la fois un caractère fort et plaisant combiné à un niveau de performances impressionnant

Un style relativement original, du moins dans l'univers des customs japonaises; il est chic et raffiné, tandis que la qualité de la finition doit être considérée comme le standard de l'industrie

## BOF ▼

Une des lignes les plus élégantes du monde custom « métrique », mais qui est encore clairement inspirée du style des modèles de Milwaukee

Une version de tourisme léger, la Stratoliner, qui accomplit son mandat de manière ordinaire, sans plus; une Kawasaki Nomad est, par exemple, bien plus accueillante et beaucoup plus confortable pour son passager

Une suspension arrière ferme et une absence de système ABS

Un gros silencieux qui ne semble pas être au même niveau de design que l'ensemble et qui nuit à la pureté du style

## CONCLUSION

La Roadliner et la Stratoliner, sa variante de tourisme léger, illustrent ce qu'un grand constructeur peut accomplir lorsqu'il se donne la mission de créer ni plus ni moins que la custom ultime. D'un point de vue technique, les deux variantes, qui ne diffèrent que par leur niveau d'équipement, doivent être considérées comme une grande réussite. Très peu de manufacturiers de customs arrivent à réellement transformer un gros V-Twin en machine à émotions. Yamaha y est arrivé dans ce cas, ce qui représente un immense compliment à l'égard de la marque et des modèles. Grâce à un degré élevé de technologie, comme un cadre en aluminium, le comportement routier est, lui aussi, impressionnant. Maintenant, il ne reste donc aux intéressés qu'à trancher l'éternel dilemme des acheteurs potentiels de customs de ce prix : une excellente machine japonaise ou la « vraie chose », une Harley ?

Stratoliner S

## GÉNÉRAL

| | |
|---|---|
| Catégorie | Custom/Tourisme léger |
| Prix | Roadliner S : 15 999 $<br>Stratoliner S : 18 999 $ |
| Immatriculation 2013 | 557,53 $ |
| Catégorisation SAAQ 2013 | « régulière » |
| Évolution récente | R et S introduites en 2006, Deluxe en 2010 |
| Garantie | 1 an/kilométrage illimité |
| Couleur(s) | Roadliner S : noir<br>Stratoliner S : bleu |
| Concurrence | Roadliner S : H-D Softail Deluxe, Kawasaki Vulcan 1700 Classic, Victory Boardwalk<br>Stratoliner S : H-D Road King, Kawasaki Vulcan Nomad, Victory Cross Roads |

## MOTEUR

| | |
|---|---|
| Type | bicylindre 4-temps en V à 48 degrés, culbuté, 4 soupapes par cylindre, refroidissement par air |
| Alimentation | injection à 2 corps de 43 mm |
| Rapport volumétrique | 9,5:1 |
| Cylindrée | 1 854 cc |
| Alésage et course | 100 mm x 118 mm |
| Puissance | 101 ch @ 4 800 tr/min |
| Couple | 123 lb-pi @ 2 500 tr/min |
| Boîte de vitesses | 5 rapports |
| Transmission finale | par courroie |
| Révolution à 100 km/h | environ 2 500 tr/min |
| Consommation moyenne | 6,8 l/100 km |
| Autonomie moyenne | 250 km |

## PARTIE CYCLE

| | |
|---|---|
| Type de cadre | double berceau, en aluminium |
| Suspension avant | fourche conventionnelle de 46 mm non ajustable |
| Suspension arrière | monoamortisseur ajustable en précharge |
| Freinage avant | 2 disques de 298 mm de Ø avec étriers à 4 pistons |
| Freinage arrière | 1 disque de 320 mm de Ø avec étrier à 1 piston |
| Pneus avant/arrière | 130/70 R18 & 190/60 R17 |
| Empattement | 1 715 mm |
| Hauteur de selle | 705 mm |
| Poids tous pleins faits | Roadliner : 340 kg; Stratoliner : 369 kg |
| Réservoir de carburant | 17 litres |

Raider S

**VERS L'INDÉPENDANCE...** La grande majorité des customs ne sont, d'un point de vue stylistique, que des copies plus ou moins réussies d'une ligne bêtement piquée dans le catalogue Harley-Davidson. La silhouette de la Raider, comme celle de la Fury de Honda, s'inspire plutôt du mouvement chopper qui s'estompe aujourd'hui, mais dont la popularité était très élevée il y a encore quelques années. D'un point de vue mécanique, la Raider se rapproche beaucoup du duo Roadliner/Stratoliner auquel elle emprunte la technologie de cadre en aluminium et, surtout, le fabuleux gros V-Twin de 1,9 litre. La version de base propose une finition axée sur les pièces noires, tandis que la version S, légèrement plus chère, est plutôt saupoudrée de pièces chromées. Une édition limitée haut de gamme SCL, pour Star Custom Line, est toujours offerte sur le marché américain, mais pas au Canada.

Les constructeurs détestent carrément qu'on qualifie leurs customs de copies de Harley-Davidson, surtout lorsqu'on ajoute qu'il s'agit de copies plus ou moins réussies. Mais la réalité, c'est que presque aucun d'eux ne semble avoir la créativité artistique pour réaliser autre chose que, justement, une copie. Cela dit, il existe quelques exceptions à cette règle et la Yamaha Raider en fait partie, pour ne pas dire qu'elle en est même l'une des plus intéressantes. Elle est, d'une certaine façon, le fruit du ralentissement du créneau custom, celui-ci ayant poussé les constructeurs à expérimenter et à prendre des risques plutôt qu'à se limiter à bêtement copier.

Dans le cas de la Raider, l'inspiration stylistique ne provient donc pas directement du catalogue Harley-Davidson, mais plutôt du mouvement chopper dont la popularité a explosé grâce à une forte présence au petit écran. Pour en accoucher, les designers du constructeur se sont carrément plongés dans l'univers très particulier qu'est celui des choppers artisanaux. Si la silhouette basse, allongée et caractérisée par un angle de fourche très ouvert est immédiatement identifiable à ce type de customs, c'est en regardant la Raider de plus près qu'on apprécie le travail de stylisme dont elle a fait l'objet. Cela dit, et même si la Raider est de toute évidence l'une des customs métriques les plus réussies en matière de style, il reste que certaines maladresses ressortent assez clairement, notamment le dessin un peu étrange du gros système d'échappement.

En matière d'interaction mécanique avec le pilote, la Yamaha ne marque pratiquement que de hautes notes, et ce, dès le premier contact. Assis très bas sur une selle large et moulante, on doit étirer les jambes pour atteindre les repose-pieds avancés et tendre les bras droit devant pour rejoindre les poignées. Il s'agit d'une position qui ne tente aucunement d'être confortable ou accessible pour des pilotes de toutes les tailles. Elle est ce qu'elle est et on prend ou on laisse. Une telle franchise est rarement retrouvée ailleurs que chez Harley.

Un autre point d'interaction entre pilote et machine se situe évidemment au niveau du moteur et à ce chapitre, la Raider s'avère un pur délice. Emprunté à la Roadliner, le V-Twin de 1,9 litre compte pour une partie très importante du plaisir de pilotage. Puissant et sublimement coupleux à très bas régime, il gronde lourdement, sans toutefois trembler exagérément. On le sent clairement « pulser » en pleine accélération, mais il s'adoucit dès qu'une vitesse de croisière est atteinte. Il s'agit de l'un des meilleurs V-Twin custom actuellement produits, dans la même ligue que ce que Harley-Davidson fait de mieux.

**EN MATIÈRE D'INTERACTION MÉCANIQUE AVEC LE PILOTE, LA RAIDER NE MARQUE PRATIQUEMENT QUE DE HAUTES NOTES.**

Construite autour d'un cadre en aluminium, la partie cycle de la Raider constitue un ensemble de haut calibre pour une moto de ce type. En optant pour un pneu arrière de 210 mm plutôt que 240 mm, Yamaha a épargné au modèle la lourdeur de direction et la maladresse généralement associées aux customs équipées d'une gomme arrière très large. Sans toutefois être particulièrement agile dans les manœuvres serrées en raison de sa direction très ouverte, elle démontre une stabilité royale, offre une bonne précision de direction et se montre très correcte en virage. La selle est étonnamment confortable pour le pilote, mais le passager n'est pas très gâté et souffre de la sévère sécheresse de la suspension arrière.

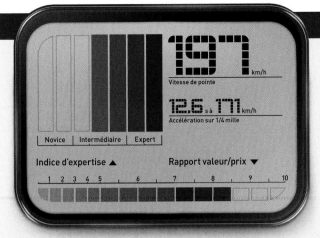

Voir légende en page 18

## QUOI DE NEUF EN 2013 ? +

Effort à l'embrayage réduit de 20 pour cent

Aucune augmentation

## PAS MAL ▲

Un véritable joyau de V-Twin gavé de couple lourd et gras dès les tout premiers régimes, doté d'un délicieux grondement sourd et tremblant juste assez et jamais trop

Une partie cycle étonnamment bien maniérée pour une moto dont la géométrie de direction est aussi extrême

Une selle basse, des repose-pieds avancés et un guidon droit placé bien à l'avant se combinent pour former l'une des positions de conduite les plus cool de l'univers custom

## BOF ▼

Une suspension arrière qui ne donne pas beaucoup de chances au dos du pilote sur les défauts prononcés de la chaussée, où elle peut se montrer très rude

Un niveau de confort très précaire pour le passager, tant au chapitre de la position qu'en ce qui concerne la rude suspension arrière

Un style formé d'une foule de petits détails très réussis, mais dont certains ne semblent pas s'agencer de façon homogène avec l'ensemble; la forme des silencieux qui ne fait pas l'unanimité et le dessin banal des roues sont des exemples

## CONCLUSION

La Raider représente ce que Yamaha fait de mieux en matière de custom. Elle est aussi l'un des modèles de ce genre pour lesquels nous avons le plus d'affection, et ce, pour une multitude de raisons. Par exemple, la manière dont elle installe le pilote à ses commandes, le derrière bas, mains et pieds devant, est franche et sans excuses. C'est néanmoins l'extraordinaire caractère du gros V-Twin qui l'anime qui représente le plus grand atout du modèle. Puissant et coupleux, grondant et pulsant, il est l'incarnation même de ce qu'un V-Twin custom devrait être et de ce qu'une telle mécanique devrait transmettre au pilote en termes de sensations. Très rares sont les moteurs dont la présence mécanique atteint un tel degré. En fait, chez les V-Twin, à part le Twin Cam de Harley-Davidson installé dans les châssis Dyna, aucun autre ne nous vient à l'esprit. Quant à son style, il est décidément intéressant et représente certainement l'un des plus beaux efforts pour une custom ne provenant pas de Milwaukee, et ce, même si la touche magique des artistes américains n'y est pas tout à fait.

Raider

## GÉNÉRAL

| | |
|---|---|
| Catégorie | Custom |
| Prix | Raider : 15 999 $<br>Raider S : 16 499 $ |
| Immatriculation 2013 | 557,53 $ |
| Catégorisation SAAQ 2013 | « régulière » |
| Évolution récente | introduite en 2008 |
| Garantie | 1 an/kilométrage illimité |
| Couleur(s) | Raider : noir<br>Raider S : blanc, rouge |
| Concurrence | Harley-Davidson Dyna Wide Glide<br>Victory Vegas Jackpot |

## MOTEUR

| | |
|---|---|
| Type | bicylindre 4-temps en V à 48 degrés, culbuté, 4 soupapes par cylindre, refroidissement par air |
| Alimentation | injection à 2 corps de 43 mm |
| Rapport volumétrique | 9,5:1 |
| Cylindrée | 1 854 cc |
| Alésage et course | 100 mm x 118 mm |
| Puissance | 101 ch @ 4 800 tr/min |
| Couple | 124 lb-pi @ 2 200 tr/min |
| Boîte de vitesses | 5 rapports |
| Transmission finale | par courroie |
| Révolution à 100 km/h | environ 2 500 tr/min |
| Consommation moyenne | 6,8 l/100 km |
| Autonomie moyenne | 228 km |

## PARTIE CYCLE

| | |
|---|---|
| Type de cadre | double berceau, en aluminium |
| Suspension avant | fourche conventionnelle de 46 mm non ajustable |
| Suspension arrière | monoamortisseur ajustable en précharge |
| Freinage avant | 2 disques de 298 mm de Ø avec étriers à 4 pistons |
| Freinage arrière | 1 disque de 310 mm de Ø avec étrier à 1 piston |
| Pneus avant/arrière | 120/70-21 & 210/40 R18 |
| Empattement | 1 799 mm |
| Hauteur de selle | 695 mm |
| Poids tous pleins faits | 331 kg |
| Réservoir de carburant | 16 litres |

Road Star S

**L'AUTRE FAT BOY...** Il est essentiel de reculer dans le temps pour arriver à comprendre ce qu'est une Road Star. Originalement développée à une époque où plus une custom japonaise ressemblait à une Harley-Davidson, plus son succès commercial était assuré, elle fut lancée en 1999. Au-delà du style carrément calqué sur celui de la Fat Boy, ce fut l'étendue des similitudes mécaniques avec le V-Twin Evolution de Harley-Davidson qui prit par surprise le milieu du motocyclisme. D'ailleurs, près d'une quinzaine d'années plus tard, personne n'est encore allé plus loin que Yamaha à ce chapitre. La seule révision dont la Road Star a bénéficié remonte à 2004 lorsque la cylindrée passa de 1 600 à 1 700 cc. La Silverado se veut la classique variante de tourisme léger. Elle est livrée avec un pare-brise, des valises rigides et un dossier de passager.

Aucun doute n'est possible en ce qui concerne les intentions de Yamaha avec la Road Star, et ce, autant dans le cas de la version originale que dans celui de la seconde génération offerte au catalogue de la marque depuis bientôt 10 ans. Il s'agit d'intentions plutôt simples, puisqu'elles se résument à offrir un produit reprenant le plus fidèlement possible la recette de la custom américaine classique. Un bref coup d'œil à l'architecture du V-Twin illustre d'ailleurs très bien ce point. Avec son refroidissement par air, ses soupapes actionnées par culbutage, ses passages de tiges exposés et ses cylindres ouverts à 43 degrés, le gros bicylindre japonais est, en effet, techniquement très proche des V-Twin ouverts à 45 degrés des Milwaukee.

Malgré ces similitudes, le caractère mécanique du V-Twin de Yamaha n'est pas identique à celui de Harley-Davidson. Grondant de manière étonnamment profonde, il illustre parfaitement l'importance accordée par la marque nippone à l'expérience sensorielle offerte par la conduite d'une custom. Il semblerait même que Yamaha n'ait reculé devant rien pour donner un caractère fort au moteur de la Road Star. Cela devient évident sitôt la première enfoncée, l'embrayage relâché et les gaz enroulés, le pilote étant alors traversé d'un grondement profond et de pulsations franches. Sur l'autoroute, les tours sont bas et chaque mouvement des deux gros pistons s'avère tout aussi clairement audible que palpable. Cette particularité qu'a la Road Star d'accompagner chaque instant de conduite d'une telle présence mécanique en fait l'une des customs les plus communicatives sur le marché. Si communicative en fait qu'il

> **LA FRANCHE PRÉSENCE MÉCANIQUE DU V-TWIN DE LA ROAD STAR S'AVÈRE TROP FORTE POUR CERTAINS MOTOCYCLISTES.**

vaudrait mieux que les intéressés soient certains de vouloir vivre avec une présence mécanique aussi forte. En effet, une caractéristique de ce genre n'est pas nécessairement considérée par tous les amateurs de customs comme un point positif.

Malgré des performances sortant peu de l'ordinaire, la Road Star arrive quand même à satisfaire en ligne droite, mais elle y arrive surtout grâce au caractère fort et à la nature musclée de son V-Twin à bas régime.

Si le comportement routier et le confort proposés par ce modèle ont toujours été très honnêtes, son fabricant est tout de même arrivé à les peaufiner lors de la révision de 2004. La Road Star a depuis toujours offert une direction légère, un comportement sain et solide en courbe, une position de conduite détendue bien équilibrée et des suspensions qui se débrouillent de façon correcte. Le constructeur a toutefois profité de l'arrivée d'une seconde génération pour ajouter une selle mieux formée et plus spacieuse ainsi que pour améliorer le freinage avec des composantes empruntées à la YZF-R1 de l'époque. L'ABS manque néanmoins toujours à l'appel. Les commentaires négatifs au sujet du confort et du comportement routier se résument en trois points : le poids élevé de la moto; les agaçantes turbulences produites par le pare-brise de la version Silverado et le niveau de confort au mieux ordinaire réservé au passager. Les adeptes de longs voyages en duo seraient d'ailleurs bien avisés de sérieusement évaluer les autres choix qui s'offrent à eux avant de s'arrêter sur une Silverado, puisqu'elle n'est pas conçue pour le tourisme véritable.

## QUOI DE NEUF EN 2013 ? +

Aucun changement

Aucune augmentation

## PAS MAL ▲

Un V-Twin extrêmement communicatif et très plaisant pour les sens, du moins pour l'amateur de customs qui s'attend à des sensations mécaniques franches, fortes et certainement pas timides

Un comportement sain provenant d'une bonne stabilité et d'une direction précise et légère, du moins une fois qu'on se met en mouvement

Un niveau de confort appréciable pour le pilote grâce à des suspensions bien calibrées et à une position de conduite dégagée, naturelle et sans exagération

## BOF ▼

Un poids considérable qui complique autant les opérations quotidiennes telle la sortie du garage que les manœuvres serrées et à basse vitesse

Un pare-brise qui mériterait un peu d'attention sur les Silverado, puisqu'il produit depuis toujours d'agaçantes turbulences au niveau du casque

Une très forte présence mécanique qui ne plaît pas à tous; certains sont surpris de ressentir des pulsations aussi fortes, mais s'y habituent, tandis que d'autres considèrent plutôt celles-ci comme des vibrations excessives

Un niveau de confort ordinaire pour le passager, qui ne bénéficie pas du tout du même accueil que sur des modèles rivaux comme la Kawasaki Nomad

## CONCLUSION

Tout le monde connaît d'où provient l'inspiration stylistique de la plupart des customs métriques, mais la Road Star pousse cet « exercice inspirationel » encore plus loin que la moyenne. Elle le fait, par exemple, d'un point de vue technique avec son V-Twin culbuté refroidi par air dont l'architecture est vraiment très proche de celle des moteurs de Milwaukee, particulièrement celle de l'Evolution qui a précédé le Twin Cam. La Road Star propose également l'un des programmes de personnalisation les plus ambitieux. Même les associations de propriétaires sont prises très au sérieux par Yamaha. Les nombreuses similitudes visuelles, notamment avec la Fat Boy, sont par ailleurs évidentes. Cela dit, la ligne est classique et élégante, et la finition très soignée. La plus intéressante caractéristique de la Road Star demeure néanmoins le caractère fort et franc de son gros V-Twin. Il s'agit d'une particularité dont l'intensité ne plaît pas à tous les amateurs de customs, mais qu'adoreront ceux qui recherchent une monture de ce type à forte présence mécanique.

Road Star Silverado S

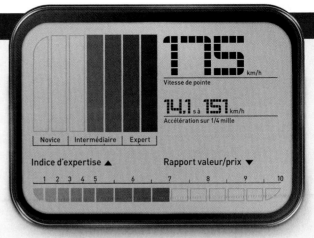

175 km/h
Vitesse de pointe

14,1 s à 151 km/h
Accélération sur 1/4 mille

Novice | Intermédiaire | Expert

Indice d'expertise ▲          Rapport valeur/prix ▼

1  2  3  4  5     6     7     8     9     10

Voir légende en page 18

## GÉNÉRAL

| | |
|---|---|
| Catégorie | Custom/Tourisme léger |
| Prix | Road Star S : 13 999 $<br>Road Star Silverado S : 15 499 $ |
| Immatriculation 2013 | 557,53 $ |
| Catégorisation SAAQ 2013 | « régulière » |
| Évolution récente | introduite en 1999; revue en 2004 |
| Garantie | 1 an/kilométrage illimité |
| Couleur(s) | Road Star S : noir<br>Road Star Silverado S : bleu |
| Concurrence | Road Star S : H-D Fat Boy, Kawasaki Vulcan 1700 Classic, Victory Boardwalk<br>Road Star Silverado S : H-D Heritage Softail Classic, Kawasaki Vulcan 1700 Nomad, Suzuki Boulevard C90T |

## MOTEUR

| | |
|---|---|
| Type | bicylindre 4-temps en V à 48 degrés, culbuté, 4 soupapes par cylindre, refroidissement par air |
| Alimentation | injection à deux corps de 40 mm |
| Rapport volumétrique | 8,4:1 |
| Cylindrée | 1 670 cc |
| Alésage et course | 97 mm x 113 mm |
| Puissance | 72,3 ch @ 4 000 tr/min |
| Couple | 106,3 lb-pi @ 2 500 tr/min |
| Boîte de vitesses | 5 rapports |
| Transmission finale | par courroie |
| Révolution à 100 km/h | environ 2 400 tr/min |
| Consommation moyenne | 6,3 l/100 km |
| Autonomie moyenne | 269 km |

## PARTIE CYCLE

| | |
|---|---|
| Type de cadre | double berceau, en acier |
| Suspension avant | fourche conventionnelle de 43 mm non ajustable |
| Suspension arrière | monoamortisseur ajustable en précharge |
| Freinage avant | 2 disques de 298 mm de Ø avec étriers à 4 pistons |
| Freinage arrière | 1 disque de 320 mm de Ø avec étrier à 4 pistons |
| Pneus avant/arrière | 130/90-16 & 150/80-16 |
| Empattement | 1 688 mm |
| Hauteur de selle | 710 mm |
| Poids tous pleins faits | Road Star S : 337 kg<br>Silverado S : 351 kg |
| Réservoir de carburant | 18 litres |

**BÉBÉ RAIDER...** La Stryker incarne, d'une certaine façon, la consécration du genre chopper et son intronisation dans l'univers de la moto de grande production. En effet, après avoir captivé l'imaginaire collectif en passant par la télé-réalité, après qu'il ait été appliqué à des créations artisanales provenant d'ateliers privés et après qu'il se soit infiltré au haut des gammes de certains grands constructeurs, le style chopper est finalement aujourd'hui devenu accessible grâce à la Stryker. Il s'agit actuellement de la moto affichant un tel style la moins chère sur le marché. Notons que la Fury et la Stateline de Honda sont ses seules réelles rivales. Genre de modèle réduit de la Raider, la Stryker se veut aussi l'une des rares customs du marché dont le style n'est pas directement calqué sur celui d'une Harley-Davidson classique. Elle est animée par le V-Twin de la V-Star 1300.

La Stryker possède plusieurs rôles au sein du catalogue Yamaha. Elle est, tout d'abord et de manière fort évidente, la version plus accessible de la convoitée et très réussie Raider de 1,9 litre. Mais la Stryker occupe aussi le rôle qu'avait jadis la V-Star 1100 dans la gamme du constructeur, celui de la monture s'adressant à une clientèle ne disposant pas de moyens suffisants pour acquérir un modèle de plus grosse cylindrée.

Bien qu'une facture alléchante amène parfois une baisse de qualité et qu'elle trahisse la nature bon marché d'un produit, cela n'est absolument pas le cas de la Stryker. On observe bien, en la comparant à la Raider, une certaine retenue dans l'application de chrome ou dans la finition de certaines pièces, comme les roues, mais dans l'ensemble, l'attention aux détails dont elle a fait l'objet s'avère étonnante. Partout où l'on regarde, l'exercice stylistique qu'elle représente est même carrément impressionnant. Une abondance de pièces dont la forme se marie très bien au thème de la ligne, un réservoir au style élégant, un degré de finition poussé sur le moteur, un entraînement final par courroie et même une instrumentation numérique sont autant d'éléments qui témoignent du fait que l'attrayante facture de la Stryker n'en fait décidément pas une monture de qualité réduite.

Cette conclusion s'applique d'ailleurs également au pilotage, puisqu'à une ou deux exceptions près, la Stryker se comporte généralement très bien sur la route, du moins, pour une moto de ce genre.

> **UNE FACTURE ALLÉCHANTE INDIQUE PARFOIS UN PRODUIT BON MARCHÉ, MAIS CE N'EST ABSOLUMENT PAS LE CAS DE LA STRYKER.**

Le V-Twin de 1 304 cc qui l'anime est exactement celui de la V-Star 1300. Bien qu'on ne retrouve évidemment pas le genre de poussée prodigieuse qui suit l'ouverture des gaz d'une Raider, on s'étonne de découvrir en la Stryker une monture dont la rapidité en ligne droite satisfait, puisque les accélérations sont caractérisées par une livrée de couple assez généreuse dans les premiers régimes, ainsi que par une plaisante sonorité. En termes de performances brutes, bien que les capacités de la Stryker sont ainsi clairement trop limitées pour satisfaire les exigeants amateurs de gros cubage et de grosse poussée, elles devraient toutefois s'avérer suffisantes pour tous les autres. Un agaçant jeu dans le rouage d'entraînement provoque toutefois des à-coups à la remise des gaz et représente l'un des rares reproches possibles envers cette excellente mécanique.

C'est avec beaucoup de fierté que Yamaha affirme avoir trouvé le moyen de contourner les problèmes inhérents à une géométrie de direction aussi extrême que celle de la Stryker, dont l'angle d'ouverture de la fourche est nettement très prononcé. Sur la route, il est surprenant de constater que peu importe les circonstances, que ce soit une manœuvre serrée à la sortie d'un stationnement ou une longue courbe rapide, la Stryker se montre posée, précise et très intuitive à piloter. Du moins, jusqu'à ce qu'on croise une section de pavé abîmée et que l'amortisseur arrière beaucoup trop rude ne vienne ternir le tableau autrement presque impeccable de la tenue de route.

## QUOI DE NEUF EN 2013 ?  +

Aucun changement

Aucune augmentation

## PAS MAL  ▲

Une ligne réussie, autant dans le judicieux choix des proportions qu'au niveau de l'élégance de la vision d'ensemble; après avoir examiné à la loupe – puis imité – des Harley-Davidson durant des années, les stylistes de Yamaha prouvent qu'ils possèdent eux aussi du talent

Un V-Twin dont les performances ne sont pas de l'ordre de celles des très grosses cylindrées, évidemment, mais qui arrive tout de même à satisfaire grâce à une poussée tout à fait correcte à bas et moyen régimes

Un comportement routier d'une surprenante qualité compte tenu de l'agressivité de l'angle de direction; à quelques mineures exceptions près, la Stryker se manie avec la même aisance qu'une custom classique

## BOF  ▼

Une suspension arrière calibrée de manière beaucoup trop rude, puisqu'elle meurtrit le dos du pilote sur mauvais revêtement

Un agaçant jeu dans le rouage d'entraînement qui provoque des à-coups chaque fois que les gaz sont fermés et ouverts de nouveau

Un comportement généralement très correct pour une monture affichant une telle géométrie, mais qui n'est pas pour autant parfait, puisque la direction a une légère tendance à vouloir «tomber» dans l'intérieur du virage lors de manœuvres serrées

## CONCLUSION

Fort agréablement dessinée, mue par une mécanique qui joue bien son rôle, dotée d'un comportement routier très respectable et, surtout, offerte à un prix très raisonnable, la Stryker tente de répéter la performance de la V-Star 1100. Rappelons que cette dernière, qui est aujourd'hui disparue du catalogue Yamaha, avait utilisé les mêmes arguments pour devenir l'un des modèles les plus populaires de la gamme du constructeur. Le contexte de la Stryker est néanmoins un peu différent. D'abord, parce que le créneau custom subit actuellement un ralentissement et ensuite, parce que la popularité du style chopper ne semble pas vraiment attiser un nouveau feu chez les amateurs de customs. Mais peu importe le contexte du marché, il reste que quiconque recherche une monture de ce style à prix raisonnable pourrait difficilement mieux tomber. La Stryker est jolie, bien construite, bien maniérée et impeccablement finie.

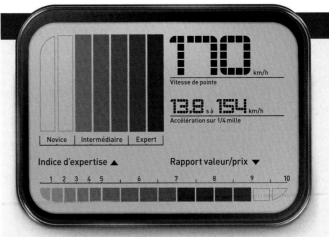

**170** km/h
Vitesse de pointe

**13.8** s à **154** km/h
Accélération sur 1/4 mille

| Novice | Intermédiaire | Expert |

Indice d'expertise ▲          Rapport valeur/prix ▼

1  2  3  4  5      6      7      8      9      10

Voir légende en page 18

## GÉNÉRAL

| | |
|---|---|
| Catégorie | Custom |
| Prix | 12 599 $ |
| Immatriculation 2013 | 557,53 $ |
| Catégorisation SAAQ 2013 | « régulière » |
| Évolution récente | introduite en 2011 |
| Garantie | 1 an/kilométrage illimité |
| Couleur(s) | noir, rouge, blanc |
| Concurrence | Honda Fury, Stateline |

## MOTEUR

| | |
|---|---|
| Type | bicylindre 4-temps en V à 60 degrés, SACT, 4 soupapes par cylindre, refroidissement par liquide |
| Alimentation | injection à 2 corps de 40 mm |
| Rapport volumétrique | 9,5:1 |
| Cylindrée | 1 304 cc |
| Alésage et course | 100 mm x 83 mm |
| Puissance | 76,8 ch @ 5 500 tr/min |
| Couple | 78,8 lb-pi @ 3 500 tr/min |
| Boîte de vitesses | 5 rapports |
| Transmission finale | par courroie |
| Révolution à 100 km/h | environ 3 000 tr/min |
| Consommation moyenne | 6,3 l/100 km |
| Autonomie moyenne | 238 km |

## PARTIE CYCLE

| | |
|---|---|
| Type de cadre | double berceau, en acier |
| Suspension avant | fourche conventionnelle de 41 mm non ajustable |
| Suspension arrière | monoamortisseur ajustable en précharge |
| Freinage avant | 1 disque de 320 mm de Ø avec étrier à 2 pistons |
| Freinage arrière | 1 disque de 310 mm de Ø avec étrier à 1 piston |
| Pneus avant/arrière | 120/70-21 & 210/40R18 |
| Empattement | 1 750 mm |
| Hauteur de selle | 670 mm |
| Poids tous pleins faits | 293 kg |
| Réservoir de carburant | 15 litres |

V-Star 1300

*L'ARGUMENT VALEUR...* Personne ne sait exactement ce qu'il adviendra du créneau custom à court terme. Du côté de Harley-Davidson, comme l'engouement pour la marque continue d'être fort, il est peu probable que les choses changent beaucoup. Mais du côté des autres constructeurs, la situation n'est pas aussi simple. Déjà, il a été établi que les motocyclistes n'étaient pas prêts à débourser de grosses sommes pour une custom Honda, Yamaha ou autres Kawasaki. L'argument qui servirait le mieux ces marques semble pour le moment être celui de la valeur, argument que font très bien valoir les 1300 grâce à la combinaison de puissance décente et de facture raisonnable qu'elles offrent. Chez Yamaha, une variante Deluxe s'ajoute d'ailleurs aux V-Star 1300 et V-Star 1300 Tourer en 2013 afin d'ouvrir cette proposition à un bassin de motards encore plus large.

La mission des 1300, lorsqu'elles furent lancées, fut d'introduire des montures dont le prix se situerait quelque part au milieu de l'important écart qui séparait la facture des cylindrées inférieures (les 1100) et celle des cylindrées supérieures (1500 et plus). Toutefois, le marché actuel a beaucoup changé depuis. Sur celui-ci, les 1100 ont disparu, tandis que les grosses cylindrées ont vu leur facture être considérablement abaissée. Que représentent donc les 1300 aujourd'hui? Elles sont tout simplement les nouvelles 1100. Bref, elles sont les plus petites des grosses customs et on s'attend d'elles qu'elles livrent une valeur exceptionnelle, attente à laquelle la série des V-Star 1300 correspond assez bien.

Trois modèles sont offerts en 2013, mais tant la version Tourer que la nouvelle Deluxe sont en réalité une V-Star 1300 de base à laquelle des accessoires ont été ajoutés.

Arborant un style classique prévisible, mais quand même soigné et élégant, la V-Star 1300 affiche des proportions comparables à celles de modèles plus gros, comme la Road Star. L'accessibilité s'avère néanmoins supérieure en raison d'une masse moins élevée. Par ailleurs, la position de conduite se montrant plus dégagée sur les 1300 que sur les modèles plus petits, on comprend pourquoi un si large éventail de motocyclistes s'intéressent à la cylindrée.

En termes de comportement routier, la V-Star 1300 affiche une stabilité sans faute, et ce, même à un bon rythme. La direction se montre exceptionnellement légère, puisqu'une simple impulsion sur le large guidon suffit à amorcer un virage. Une fois inclinée, la partie cycle fait preuve de manières impeccables et

suit la trajectoire choisie proprement et solidement. Les plateformes finissent par frotter, mais pas de manière prématurée. Si les freins sont puissants, surtout à l'avant, une pression importante au levier est tout de même nécessaire pour arriver aux meilleurs résultats. Notons que l'ABS est toujours absent.

Le V-Twin qui anime la V-Star 1300 possède une cylindrée juste assez imposante pour commencer à stimuler les sens du pilote. Chatouillant ce dernier de douces pulsations sur l'autoroute, le bicylindre tremble juste assez à l'accélération pour rendre l'expérience plaisante et ne vibre jamais exagérément. Sa sonorité est propre et pure. Exempte de tout bruit mécanique parasite, elle est surtout caractérisée par un profond grondement des silencieux. Si la force des sensations mécanique n'est pas aussi forte que sur la très caractérielle Road Star, elle reste nettement plus intéressante que sur une 900 ou 950.

Le couple généré par le V-Twin atteint un niveau appréciable dès le relâchement de l'embrayage, lequel fait preuve d'une belle progressivité. Les accélérations sont franches sur toute la plage de régimes. S'il est clair qu'on n'est pas en présence du genre de couple de tracteur auquel on peut s'attendre de la part d'un gros cubage, ça pousse quand même nettement plus fort que dans le cas d'une 900 ou 950, et juste assez pour qu'un pilote expérimenté puisse s'en déclarer satisfait. La douceur de l'entraînement final par courroie, l'absence de jeu dans le rouage d'entraînement et l'excellente alimentation par injection renvoient par ailleurs une sensation de sophistication et de qualité.

> **SUR LE MARCHÉ ACTUEL, LES 1300 REPRÉSENTENT TOUT SIMPLEMENT LES NOUVELLES 1100. ON ATTEND BEAUCOUP D'ELLES.**

AVEC TOUT SON ÉQUIPEMENT, LA NOUVELLE VARIANTE DELUXE DEVIENT AISÉMENT LA 1300 LA PLUS DÉSIRABLE SUR LE MARCHÉ. MAIS CES ACCESSOIRES ONT AUSSI FAIT GRIMPER LA FACTURE. ATTENTION, YAMAHA...

V-Star 1300 Deluxe

## LA 1300 LA PLUS DÉSIRABLE...

Lorsqu'un constructeur propose une monture de type «achat valeur», le consommateur s'attend à obtenir beaucoup pour son argent, mais reste tout de même conscient qu'il n'obtiendra pas tout. La V-Star 1300 de base représente une excellente offre du genre: prix raisonnable, cubage intéressant, finition sans reproche. La nouvelle variante Deluxe illustre ce qui se passe lorsqu'on commence à ajouter ceci et cela à un produit de cette nature. Elle illustre comment une bonne valeur se transforme petit à petit en achat normal. À 14 499 $, le prix de la V-Star 1300 Deluxe surpasse celui de Road Star S de 1 700 cc de 500 $... Cela dit, l'équipement qui a été ajouté à la Deluxe demeure très intéressant, entre autres parce qu'il transforme la V-Star 1300 en monture de tourisme léger de format unique. La protection au vent est grandement améliorée par la présence du carénage de fourche, tandis que l'équipement contenu dans celui-ci est tout aussi apprécié. Le cœur du système audio/navigation est un GPS Garmin zumo 665 dont les fonctions incluent la connectivité Bluetooth et la radio satellite XM. Un connecteur prêt à recevoir un iPhone/iPod est présent dans une valise, tandis qu'une commande située sur la poignée gauche permet de naviguer dans le contenu de l'appareil connecté. À l'arrière, une paire de valises rigides latérales offre une contenance de 28,5 litres chacune. Elles sont peintes à la couleur de la moto et peuvent être verrouillées. Au total, ces ajouts font grimper la facture de la V-Star 1300 de base de 2 500 $.

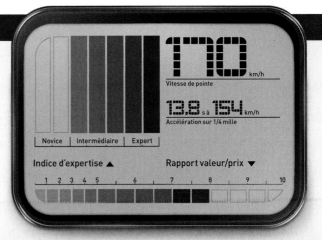

Voir légende en page 18

# QUOI DE NEUF EN 2013 ? +

Introduction d'une variante Deluxe équipée d'un carénage de fourche, d'un système audio/navigation et de valises rigides de couleur agencée à celle de la moto

Aucune augmentation

## PAS MAL ▲

Un comportement équilibré et sain qui s'avère à la fois satisfaisant pour les pilotes expérimentés et rassurant pour les motocyclistes moins avancés

Un V-Twin offrant un intéressant niveau de couple à bas régime et que l'on prend plaisir à écouter et à sentir vrombir

Une attention aux détails qui surprend pour une moto de ce prix; la V-Star 1300 abonde en pièces travaillées, bien finies et élégamment dessinées

## BOF ▼

Un style classique élégant, mais aussi très prévisible; il arrive à satisfaire l'amateur de customs moyen, mais accomplit peu pour combler le besoin de nouveauté en matière de style dont le genre custom semble avoir besoin

Une suspension arrière plutôt ferme qui se montre adéquate sur un revêtement de bonne qualité, mais trop rude quand celui-ci se détériore

Une facture qui grimpe considérablement dans le cas de la nouvelle Deluxe et qui s'écarte de l'esprit «d'achat valeur» que représente une 1300

Un pare-brise haut sur la version Tourer; il ne génère pas trop de turbulences, mais il force le pilote à regarder au travers, ce qui peut devenir embêtant la nuit ou par temps pluvieux

## CONCLUSION

La série V-Star 1300 propose des performances respectables, démontre un excellent comportement routier et accorde une impressionnante attention aux détails et à la finition. Comme la facture s'avère raisonnable dans presque tous les cas, les modèles de la série représentent d'excellentes manières d'acquérir des customs de cylindrée, disons, assez grosse sans tomber dans les factures considérablement plus élevées des modèles haut de gamme. Cette cylindrée a également l'avantage d'être le plus petit cubage qui donne l'impression d'être aux commandes d'une «grosse» custom en termes de sensations mécaniques et de couple à bas régime, ce qui rend ces Yamaha d'autant plus attrayantes. Quant à la nouvelle Deluxe, l'ensemble d'équipements qu'elle propose est décidément intéressant et agrémentera assurément toute balade. Mais cet ensemble fait aussi grimper le prix jusqu'à une zone où se trouvent des cylindrées plus grosses.

V-Star 1300 Tourer

## GÉNÉRAL

| | |
|---|---|
| Catégorie | Custom/Tourisme léger |
| Prix | V-Star 1300 : 11 999 $<br>V-Star 1300 Tourer : 13 499 $<br>V-Star 1300 Deluxe : 14 499 $ |
| Immatriculation 2013 | 557,53 $ |
| Catégorisation SAAQ 2013 | «régulière» |
| Évolution récente | introduite en 2007 |
| Garantie | 1 an/kilométrage illimité |
| Couleur(s) | V-Star 1300 : noir<br>V-Star 1300 Tourer : rouge<br>V-Star 1300 Deluxe : bleu |
| Concurrence | Harley-Davidson Sportster 1200<br>Honda Stateline, Suzuki Boulevard C90T |

## MOTEUR

| | |
|---|---|
| Type | bicylindre 4-temps en V à 60 degrés, SACT, 4 soupapes par cylindre, refroidissement par liquide |
| Alimentation | injection à 2 corps de 40 mm |
| Rapport volumétrique | 9,5:1 |
| Cylindrée | 1 304 cc |
| Alésage et course | 100 mm x 83 mm |
| Puissance | 76,8 ch @ 5 500 tr/min |
| Couple | 81,8 lb-pi @ 4 000 tr/min |
| Boîte de vitesses | 5 rapports |
| Transmission finale | par courroie |
| Révolution à 100 km/h | environ 3 000 tr/min |
| Consommation moyenne | 6,3 l/100 km |
| Autonomie moyenne | 293 km |

## PARTIE CYCLE

| | |
|---|---|
| Type de cadre | double berceau, en acier |
| Suspension avant | fourche conventionnelle de 41 mm non ajustable |
| Suspension arrière | monoamortisseur ajustable en précharge |
| Freinage avant | 2 disques de 298 mm de Ø avec étriers à 2 pistons |
| Freinage arrière | 1 disque de 298 mm de Ø avec étrier à 1 piston |
| Pneus avant/arrière | 130/90-16 & 170/70-16 |
| Empattement | 1 690 mm |
| Hauteur de selle | 690 mm |
| Poids tous pleins faits | V-Star 1300 : 303 kg<br>V-Star 1300 Tourer : 323 kg<br>V-Star 1300 Deluxe : 331 kg |
| Réservoir de carburant | 18,5 litres |

V-Star 950

***AVANTAGE CUBIQUE...*** Chez les customs poids moyens, catégorie où la Yamaha V-Star 950 évolue depuis son dévoilement en 2009, toutes les caractéristiques sont offertes en dose relativement restreinte, facture alléchante oblige. L'une des directions évidentes, afin d'obtenir un avantage sur les modèles rivaux, se résume donc à offrir « plus ». C'est exactement ce qu'a fait Yamaha en donnant à son modèle une cylindrée plus grande que les 750 cc des Honda et que les 800 cc des Suzuki comparables, et ce, en prenant soin de ne pas déraisonnablement gonfler le prix. Il s'agit d'un facteur décidément intéressant chez ces machines propulsées par des V-Twin souvent un peu, disons, paresseux. La version de tourisme léger, la Tourer, est identique à la V-Star 950 de base, mais est équipée d'un pare-brise, de sacoches latérales et d'un dossier de passager.

En éliminant la V-Star 650 de son catalogue l'an dernier et en faisant de la 950 son modèle « pour adultes » le plus petit, Yamaha ne faisait que suivre une tendance du marché clairement documentée. Les motocyclistes demandaient plus de cubage et le constructeur allait leur en donner. Seulement voilà, depuis la « Grande Crise Économique » de 2008, le marché est en pleine métamorphose et personne n'est plus certain des goûts du motocycliste moyen. Si une chose est toutefois claire, c'est que les constructeurs semblent croire que toute croissance passera par de nouveaux arrivants au sport et que ces derniers favorisent plutôt des cylindrées plus petites. D'où le retour de la V-Star 650 en 2013.

Mais ce contexte en évolution ne change en rien l'attrait de la V-Star 950. Sans qu'elle soit exactement un poids plume, celle-ci demeure conçue pour offrir un comportement accessible. Grâce à une masse et à des proportions très habilement déterminées, elle s'avère tout aussi accessible pour les motocyclistes débutants que pour les femmes qui craignent souvent le poids trop élevé des plus grosses cylindrées. Il est par ailleurs très intéressant de noter que cette accessibilité n'empêche en rien la V-Star 950, qui est tout de même propulsée par une mécanique de près d'un litre, de satisfaire un pilote un plus expérimenté.

Si le niveau de puissance offert par la 950 n'est pas exceptionnel, il reste que la quantité de couple produite par le V-Twin est juste assez bonne pour qu'on n'ait pas l'impression d'être aux commandes d'une custom de petite cylindrée. Cette qualité représente un avantage non négligeable puisqu'elle place la 950 du côté

favorable de cette fine ligne qui sépare les customs à « petit » V-Twin des modèles bénéficiant d'une cylindrée qu'on peut commencer à qualifier de grosse. De plus, Yamaha a déployé des efforts considérables afin de donner au bicylindre de la V-Star 950 une sonorité propre et aussi profonde que possible compte tenu de la cylindrée, ce qui ne fait qu'ajouter à l'agrément de conduite.

S'il est une caractéristique qui ressort de manière prédominante de la V-Star, c'est l'impression de qualité et d'homogénéité que renvoie l'ensemble. Tout, et ce, sans exception, fonctionne bien et de manière transparente, presque instinctivement.

La selle très basse, le poids étonnamment faible, la position de conduite joliment équilibrée et la direction très légère se combinent pour en faire une custom qu'on semble apprivoiser de manière immédiate. L'embrayage progressif qui demande un effort très faible, la transmission douce et précise, les freins assez puissants – bien que malheureusement dépourvus d'ABS – et les suspensions habilement calibrées sont autant de caractéristiques additionnelles qui renforcent cette plaisante sensation d'ensemble cohérent et fonctionnel.

Le comportement routier de la V-Star 950 s'avère pratiquement impeccable en proposant une excellente stabilité, une bonne précision en virage et une grande légèreté de direction en entrée de courbe. La seule petite ombre au tableau concerne la garde au sol, puisque les plateformes frottent relativement tôt en virage. On ne s'en rend pas compte en conduite normale, mais on doit en être conscient et adapter son rythme en conséquence en courbe.

> **TOUT, SUR LA V-STAR 950, FONCTIONNE DE MANIÈRE TRANSPARENTE, PRESQUE INSTINCTIVE.**

## QUOI DE NEUF EN 2013 ?　　+

Aucun changement

Aucune augmentation

## PAS MAL　　▲

Une bonne valeur puisqu'on obtient, pour un prix pas beaucoup plus élevé que celui des modèles rivaux, une mécanique de cylindrée plus forte, ce qui représente un avantage clair chez les customs, surtout dans cette classe

Un comportement aussi bon qu'on peut l'espérer pour une custom; il est suffisamment relevé pour satisfaire les pilotes de longue date et assez facile d'accès pour mettre à l'aise les moins expérimentés

Un V-Twin agréablement coupleux dont la cylindrée est juste assez importante pour qu'il génère un vrombissement plaisant et qu'il ne renvoie pas des sensations de « petit moteur »

## BOF　　▼

Un pare-brise qui provoque une certaine quantité de turbulence à la hauteur du casque sur la version Tourer; on a vu pire, malgré tout

Une faible hauteur de selle dictant un emplacement proportionnellement bas des plateformes qui frottent relativement tôt en virage; il ne s'agit pas d'un défaut majeur, mais plutôt d'un facteur dont il faut toujours tenir compte en s'engageant dans une courbe

Une ligne élégante et propre, mais quand même un peu anonyme; Yamaha tente bien de faire évoluer ses customs, mais le côté prévisible de ce style « classique » persiste

## CONCLUSION

En raison d'une cylindrée atteignant presque un litre, la V-Star 950 a complètement changé la réalité des customs de cette classe qui, avant son arrivée (et celle de la Vulcan 900 de Kawasaki), était composée de montures de 650 à 800 cc. Montures qui existent d'ailleurs toujours et auxquelles ces options de 900 et 950 cc font décidément la vie dure. Personne ne nie que les modèles les plus gros, dont la V-Star 950, sont accompagnés d'une facture de quelques centaines de dollars plus élevée. Mais les acheteurs qui analysent la justification de ce surplus ne tardent pas à comprendre que tous les avantages amenés par une cylindrée plus importante transforment la proposition en aubaine. Surtout que la Yamaha offre davantage que seulement du cubage additionnel, puisqu'il s'agit aussi d'un ensemble bien manié, accessible, quand même intéressant à piloter et impeccablement fini.

V-Star 950 Tourer

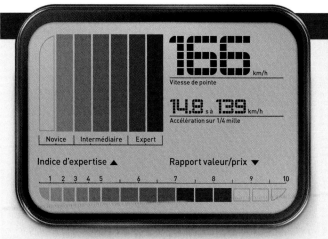

**166** km/h
Vitesse de pointe

**14,8** s à **139** km/h
Accélération sur 1/4 mille

| Novice | Intermédiaire | Expert |

Indice d'expertise ▲　　　　Rapport valeur/prix ▼

1　2　3　4　5　　6　　7　　8　　9　　10

Voir légende en page 18

## GÉNÉRAL

| | |
|---|---|
| Catégorie | Custom/Tourisme léger |
| Prix | V-Star 950 : 9 899 $<br>V-Star 950 Tourer : 10 999 $ |
| Immatriculation 2013 | 557,53 $ |
| Catégorisation SAAQ 2013 | « régulière » |
| Évolution récente | introduite en 2009 |
| Garantie | 1 an/kilométrage illimité |
| Couleur(s) | V-Star 950 : noir, blanc<br>V-Star 950 Tourer : noir, rouge |
| Concurrence | V-Star 950 : Harley-Davidson Sportster 883, Honda Shadow 750, Kawasaki Vulcan 900 Classic, Suzuki Boulevard C50<br>V-Star 950 Tourer : Kawasaki Vulcan 900 Classic LT, Suzuki Boulevard C50 SE et T |

## MOTEUR

| | |
|---|---|
| Type | bicylindre 4-temps en V à 60 degrés SACT, 4 soupapes par cylindre, refroidissement par air |
| Alimentation | injection à corps unique de 35 mm |
| Rapport volumétrique | 9,0:1 |
| Cylindrée | 942 cc |
| Alésage et course | 85 mm x 83 mm |
| Puissance | 54 ch @ 6 000 tr/min |
| Couple | 58,2 lb-pi @ 3 500 tr/min |
| Boîte de vitesses | 5 rapports |
| Transmission finale | par courroie |
| Révolution à 100 km/h | n/d |
| Consommation moyenne | 5,4 l/100 km |
| Autonomie moyenne | 314 km |

## PARTIE CYCLE

| | |
|---|---|
| Type de cadre | double berceau, en acier |
| Suspension avant | fourche conventionnelle de 41 mm non ajustable |
| Suspension arrière | monoamortisseur ajustable en précharge |
| Freinage avant | 1 disque de 320 mm de Ø avec étrier à 2 pistons |
| Freinage arrière | 1 disque de 298 mm de Ø avec étrier à 1 piston |
| Pneus avant/arrière | 130/70-18 & 170/70-16 |
| Empattement | 1 685 mm |
| Hauteur de selle | 675 mm |
| Poids tous pleins faits | V-Star 950 : 278 kg<br>V-Star 950 Tourer : 298 kg |
| Réservoir de carburant | 17 litres |

Bolt R

***PREUVE...*** Nous répétons régulièrement depuis des années que s'il est un constructeur « métrique » qui comprend le genre custom, et ce, autant en termes de style que de mécanique, c'est Yamaha. S'inspire-t-il sans honte de Harley-Davidson comme tous les autres ? Bien sûr que oui. Mais contrairement à la plupart des autres manufacturiers, Yamaha semble depuis longtemps avoir l'ambition d'aller au-delà de la copie. Les Raider et Stryker ont laissé voir que les stylistes de la marque avaient une imagination qui leur était propre, tandis que le V-Twin de 1,9 litre qui anime la Raider et la Roadliner a permis à Yamaha de prouver que ses ingénieurs comprennent la notion de rythme et d'acoustique dans une mécanique custom. En 2013, l'introduction de la Bolt – officiellement une 2014 – illustre mieux que tout autre modèle le niveau de compréhension atteint par Yamaha en matière de custom.

Il serait très facile de conclure, en jetant un rapide coup d'œil à la nouvelle Bolt (la version R est équipée d'amortisseurs à réservoir séparé et d'une selle au fini suède), qu'il s'agit d'une énième imitation de Harley-Davidson. Et en examinant les similitudes qui existent entre la ligne et les proportions de la nouveauté de Yamaha et celles de la Sportster 883 Iron de la compagnie américaine, contredire cette conclusion serait ardu. Mais pas impossible.

L'on ne peut nier que la Bolt appartient à la même famille stylistique que l'Iron. Mais lorsqu'on y regarde de plus près, et ce, surtout lorsqu'on fait partie des amateurs de customs suffisamment connaisseurs pour saisir et apprécier les nuances qui distinguent, par exemple, chaque membre de la famille Softail, on voit plus. On voit, tout d'abord, que la Bolt n'est absolument pas une V-Star 950 rhabillée, comme il serait facile de le croire. On comprend aussi que cette direction, bien qu'elle eut été possible, n'aurait pu permettre ni l'équilibre des proportions ni la justesse du tableau d'ensemble. Pour arriver à l'effet voulu, non seulement le développement d'un cadre fut nécessaire, mais le style de celui-ci fut tout aussi critique. La portion avant qui flotte un peu dans le vide, la partie arrière volontairement exposée, la section « non finie » et « accidentellement » visible entre la selle et le réservoir... Aucun de ces détails n'est là par hasard et chacun d'eux joue un rôle bien précis dans l'image finale. L'on pourrait, de la même manière, parler du style des roues, de celui du système d'échappement, du couvercle de batterie, du réservoir, etc. Chacun de ces détails n'imite pas ceux d'une 883 Iron. La Bolt est un tableau différent.

**LA BOLT N'EST PAS UNE V-STAR 950 HABILLÉE DIFFÉREMMENT. ET MÊME SI ELLE LUI RESSEMBLE, ÇA N'EST PAS UNE 883 IRON.**

L'on peut disserter tant qu'on le voudra sur les nuances qui distinguent la Bolt d'une 883 en termes de style, mais en matière d'ergonomie et de proportions, la Yamaha et la Harley sont décidément proches. Ce qui n'a rien de négatif, bien au contraire, puisqu'il s'agit de dimensions relativement compactes pour une monture de nature custom. Grâce à une selle dont la faible hauteur et dont la portion avant est étroite, même les pilotes courts arrivent à poser les pieds bien à plat au sol à l'arrêt. En ajoutant une masse raisonnable et un centre de gravité bas, on obtient une monture dont l'accessibilité est agréablement élevée pour le créneau. Et en ajoutant une partie cycle solide et précise, une direction légère et neutre, des suspensions dont le travail est respectable et une garde au sol permettant de bons angles en virage, on obtient une custom étonnamment intéressante à piloter. Par ailleurs, bien qu'ils ne soient pas munis d'ABS, les freins sont faciles à moduler et suffisamment puissants.

Bien qu'elle ait été très habilement maquillée dans la transition, la mécanique qui anime la Bolt demeure exactement la même que celle de la V-Star 950. Les performances absolues qu'elle génère ne sont pas électrisantes, mais la Bolt les utilise étonnamment bien. Un pilote très gourmand en chevaux la trouvera timide, mais lorsqu'on s'ajuste au contexte du modèle, ses prestations deviennent adéquates et satisfaisantes, surtout si l'on tient compte de l'agréable sonorité que dégage le V-Twin. Et encore plus lorsqu'on tient compte de l'intéressante valeur que constitue la Bolt. Cela dit, on ne dirait certainement pas non à une version animée par le moteur de la V-Star 1300...

Bolt R

Harley-Davidson Sportster 883 Iron

MAIS AUX YEUX DES CONNAISSEURS, DE CEUX QUI REGARDENT DE PRÈS ET QUI COMPRENNENT ET APPRÉCIENT LES NUANCES ET L'ART DERRIÈRE LE STYLE D'UNE CUSTOM, LA BOLT EST QUELQUE CHOSE DE DIFFÉRENT. ET DE FORT RÉUSSI.

Bolt

## CAMÉLÉON...

La possibilité de la personnalisation fait partie intégrante de l'expérience custom. Or, on peut personnaliser banalement, en ajoutant un bout de chrome, ou on peut personnaliser profondément, en changeant la ligne tout entière. Nous n'arrivons pas à nous souvenir d'un constructeur « métrique » ayant déjà offert au consommateur moyen une formule de base aussi malléable que celle qu'incarne la Bolt. Il s'agit clairement d'une caractéristique ayant fait partie intégrante du développement du modèle, puisqu'on n'arrive tout simplement pas par hasard à des résultats comme ceux-ci. En fait, les deux exemples ci-contre de Bolt personnalisées sont tellement réussis qu'on pourrait facilement croire qu'il s'agit d'autres membres d'une famille créée autour du modèle de base. Étonnamment, dans chacun des cas, l'effet a été accompli avec très peu de modifications.

## QUOI DE NEUF EN 2013 ?                    +

Nouveau modèle

## PAS MAL                                    ▲

Un coup de crayon exquis et d'un rare goût; les similitudes générales avec la ligne d'une Sportster 883 Iron sont évidentes, mais il reste que dans le détail, les stylistes de Yamaha ont effectué un travail remarquable

Une très grande accessibilité de pilotage amenée par un châssis solide, une direction légère et une masse très bien dissimulée

Une valeur très intéressante, puisqu'aucun coin n'a été coupé rond

Une mécanique qui remplit très bien son rôle en offrant des performances adéquates et un caractère aussi franc que la cylindrée le permet

## BOF                                        ▼

Un comportement si invitant qu'on aimerait bien pouvoir profiter de performances un peu plus relevées que celles de la V-Star 950

Un niveau de confort réservé au passager qui s'avère moyen, au mieux

Un système de freinage qui n'est pas muni de l'ABS et qui devrait l'être, surtout lorsqu'on tient compte de la nature plus ou moins expérimentée de la clientèle visée

### CONCLUSION

La Bolt nous plaît. Beaucoup. D'abord, pour des raisons évidentes, comme les excellentes manières qu'elle démontre à pratiquement tous les niveaux du comportement, comme sa finition impeccable, comme sa mécanique plaisante malgré une puissance limitée ou encore comme sa facture tellement raisonnable que nous ne serions pas étonnés de la voir disparaître de chez les détaillants. Puis, parce qu'elle représente l'une des plus intéressantes nouveautés que nous ayons vues à ce jour dont le rôle est d'amener une nouvelle clientèle vers la moto. Il est encore bien trop tôt pour dire si elle atteindra son but, mais comme tentative dans un format « pour adultes », nous aurions beaucoup de difficulté à pointer quelque chose de plus prometteur. Quoi qu'il en soit, qu'elle y arrive ou pas ne changera rien à ses qualités ou au goût stylistique dont a fait preuve Yamaha.

Bolt

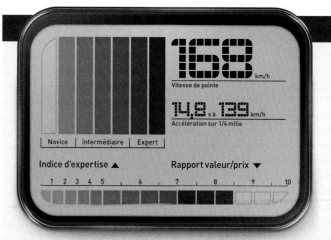

**168** km/h
Vitesse de pointe

**14,8** s à **139** km/h
Accélération sur 1/4 mille

Novice | Intermédiaire | Expert

Indice d'expertise ▲          Rapport valeur/prix ▼

1  2  3  4  5  6  7  8  9  10

Voir légende en page 18

## GÉNÉRAL

| | |
|---|---|
| Catégorie | Custom |
| Prix | Bolt : 8 999 $<br>Bolt R : 9 199 $ |
| Immatriculation 2013 | 557,53 $ |
| Catégorisation SAAQ 2013 | « régulière » |
| Évolution récente | introduite en 2014 |
| Garantie | 1 an/kilométrage illimité |
| Couleur(s) | Bolt : blanc, noir<br>Bolt R : gris, vert |
| Concurrence | Harley-Davidson Sportster 883 |

## MOTEUR

| | |
|---|---|
| Type | bicylindre 4-temps en V à 60 degrés SACT, 4 soupapes par cylindre, refroidissement par air |
| Alimentation | injection à corps unique de 35 mm |
| Rapport volumétrique | 9,0:1 |
| Cylindrée | 942 cc |
| Alésage et course | 85 mm x 83 mm |
| Puissance | 54 ch @ 6 000 tr/min |
| Couple | 59,3 lb-pi @ 3 000 tr/min |
| Boîte de vitesses | 5 rapports |
| Transmission finale | par courroie |
| Révolution à 100 km/h | n/d |
| Consommation moyenne | 5,4 l/100 km |
| Autonomie moyenne | 222 km |

## PARTIE CYCLE

| | |
|---|---|
| Type de cadre | double berceau, en acier |
| Suspension avant | fourche conventionnelle de 41 mm non ajustable |
| Suspension arrière | 2 amortisseurs ajustables en précharge |
| Freinage avant | 1 disque de 298 mm de Ø avec étrier « à pétales » à 2 pistons |
| Freinage arrière | 1 disque de 298 mm de Ø avec étrier « à pétales » à 1 piston |
| Pneus avant/arrière | 100/90-19 & 150/80-16 |
| Empattement | 1 570 mm |
| Hauteur de selle | 690 mm |
| Poids tous pleins faits | 247 kg |
| Réservoir de carburant | 12 litres |

V-Star 650 Custom

## RETOUR OPPORTUN...

Tout portait à croire que la V-Star 650, qui n'a pratiquement pas changé depuis son lancement en 1998, avait disparu pour de bon l'an dernier. Même Yamaha avait annoncé la fin de sa production. Mais l'arrivée récente et importante de «petites» cylindrées sur le marché a poussé le constructeur à changer d'avis et à ramener le modèle à la vie, et ce, sans la moindre modification. Toutes les variantes demeurent offertes, c'est à dire la Custom, la Classic et la Silverado de tourisme léger, et toutes bénéficient d'une baisse de prix de plus ou moins 1 000 $ par rapport à 2011.

Bien qu'elle soit construite sur une plateforme âgée d'une quinzaine d'années, la V-Star 650 propose une ligne encore d'actualité pour la simple et bonne raison qu'il s'agit d'une custom et que le style des customs ne change que très peu.

Même s'il demeure recommandable, surtout en raison des intéressantes baisses de prix accordées par Yamaha en 2013, le modèle reste vieux et

utilise une technologie un peu vieillotte, notamment au niveau de l'alimentation qui est encore par carburateur et du freinage qui n'est pas muni de l'ABS. Les V-Star 650 sont néanmoins bien construites et affichent une finition soignée. Stables, légères à manier et aussi faciles d'accès que des customs peuvent l'être, elles proposent un comportement généralement sain. Se trouvant pratiquement sans concurrence sur notre marché – la désuète Suzuki Boulevard S40 n'est qu'une monocylindre alors que la Shadow VLX 600 et la Kawasaki Vulcan 500 LTD ont disparu –, la V-Star 650 bénéficie presque d'une position de monopole. Un motocycliste novice cherchant à faire ses premiers tours de roues sur une custom ayant un minimum d'authenticité visuelle et mécanique n'a, en fait, aucun autre choix. À moins, bien entendu, d'opter pour des modèles un peu plus chers et plus gros. En dépit de sa faible puissance et d'une livrée de couple modeste, la V-Star 650 demeure capable d'affronter les aléas des déplacements quotidiens de manière honnête. On se satisfait des accélérations tant qu'on n'a jamais connu quelque chose de plus rapide et qu'on n'est pas trop gourmand à ce chapitre.

## GÉNÉRAL

| | |
|---|---|
| Catégorie | Custom |
| Prix | V-Star 650 Custom : 6 999 $ |
| | V-Star 650 Classic : 7 499 $ |
| | V-Star 650 Silverado : 8 999 $ |
| Immatriculation 2013 | 557,53 $ |
| Catégorisation SAAQ 2013 | « régulière » |
| Évolution récente | introduite en 1988 |
| Garantie | 1 an/kilométrage illimité |
| Couleur(s) | noir |
| Concurrence | Honda Shadow 750, Suzuki Boulevard S40 |

## MOTEUR

| | |
|---|---|
| Type | bicylindre 4-temps en V à 70 degrés, SACT, 2 soupapes par cylindre, refroidissement par air |
| Alimentation | 2 carburateurs à corps de 28 mm |
| Rapport volumétrique | 9,0:1 |
| Cylindrée | 649 cc |
| Alésage et course | 81 mm x 63 mm |
| Puissance | 40 ch @ 6 500 tr/min |
| Couple | 37,5 lb-pi @ 3 000 tr/min |
| Boîte de vitesses | 5 rapports |
| Transmission finale | par arbre |

## PARTIE CYCLE

| | |
|---|---|
| Type de cadre | double berceau, en acier |
| Suspension avant | fourche conventionnelle de 41 mm non ajustable |
| Suspension arrière | monoamortisseur ajustable en précharge |
| Freinage avant | 1 disque de 298 mm de Ø avec étrier à 2 pistons |
| Freinage arrière | tambour mécanique |
| Pneus avant/arrière | 130/90-16 (Custom: 100/90-19) & 170/80-15 |
| Empattement | 1 625 mm (Custom: 1 610 mm) |
| Hauteur de selle | 710 mm (Custom: 695 mm) |
| Poids tous pleins faits | Custom : 233 kg; Classic : 247 kg; Silverado : 265 kg |
| Réservoir de carburant | 16 litres |

## CASE DÉPART...

La V-Star 250 fait partie de ces modèles qui existent depuis une éternité et qui n'ont jamais évolué, mais qui reviennent quand même année après année, sans qu'on comprenne toujours pourquoi. Mais en raison de la récente renaissance des montures de très petite cylindrée, celle qui s'appelait Virago 250 jusqu'en 2007 pourrait potentiellement voir sa popularité augmenter grâce à l'arrivée de nouveaux motocyclistes. Animée par un V-Twin et dessinée de manière crédible et élégante, elle bénéficie en plus d'une concurrence directe pratiquement inexistante.

Comme quelques autres modèles «anciens», dont sa grande sœur la V-Star 650, la petite V-Star 250 vit un genre de renaissance ces temps-ci. En effet, l'arrivée de plusieurs montures de petite cylindrée destinées à attirer de nouveaux motocyclistes la rend soudainement presque d'actualité. Il reste qu'à part un changement de nom en 2008 et un nouveau guidon en 2012, la petite

custom de Yamaha demeure identique au modèle original lancé en 1988.

Offrant l'avantage d'être propulsée par un V-Twin, la V-Star 250 possède une authenticité tant visuelle que mécanique qui lui a toujours permis de se distinguer des modèles qui l'ont concurrencée au cours des années. Les défuntes Honda Rebel 250 et Suzuki Marauder 250 en sont des exemples. Ses 21 chevaux lui permettent de suivre la circulation urbaine et de s'aventurer occasionnellement sur l'autoroute sans trop de problèmes, du moins tant qu'on n'est pas pressé. Le modèle s'adresse strictement à une clientèle inexpérimentée sans aucune attente en termes de performances. Son comportement routier honnête est caractérisé par une grande maniabilité imputable surtout à son poids très peu élevé et à une hauteur de selle très faible. Souvent utilisées par les écoles de conduite, les motos de ce type sont relativement peu intéressantes sur la route et servent surtout durant la période d'apprentissage. La plupart des adeptes s'en lassent rapidement ensuite et désirent passer à quelque chose de plus sérieux.

## GÉNÉRAL

| | |
|---|---|
| Catégorie | Custom |
| Prix | 4 499 $ |
| Immatriculation 2013 | 351,25 $ |
| Catégorisation SAAQ 2013 | «régulière» |
| Évolution récente | introduite en 1988 |
| Garantie | 1 an/kilométrage illimité |
| Couleur(s) | bleu |
| Concurrence | Suzuki TU 250 |

## MOTEUR

| | |
|---|---|
| Type | bicylindre 4-temps en V à 60 degrés, SACT, 2 soupapes par cylindre, refroidissement par air |
| Alimentation | 1 carburateur à corps de 26 mm |
| Rapport volumétrique | 10,0:1 |
| Cylindrée | 249 cc |
| Alésage et course | 49 mm x 66 mm |
| Puissance | 21 ch @ 8 000 tr/min |
| Couple | 15,2 lb-pi @ 6 000 tr/min |
| Boîte de vitesses | 5 rapports |
| Transmission finale | par chaîne |

## PARTIE CYCLE

| | |
|---|---|
| Type de cadre | double berceau, en acier |
| Suspension avant | fourche conventionnelle de 33 mm non ajustable |
| Suspension arrière | 2 amortisseurs ajustables en précharge |
| Freinage avant | 1 disque de 282 mm de Ø avec étrier à 2 pistons |
| Freinage arrière | tambour mécanique |
| Pneus avant/arrière | 3,00-18 & 130/90-15 |
| Empattement | 1 490 mm |
| Hauteur de selle | 685 mm |
| Poids tous pleins faits | 147 kg |
| Réservoir de carburant | 9,5 litres |

## À L'EUROPÉENNE...

Fruit d'un croisement entre un maxiscooter et une moto, le TMAX est un véhicule unique. Empruntant son style, son ergonomie, ses divers espaces de rangement et sa transmission automatique au milieu du scooter, il retient du monde de la moto la technologie derrière sa partie cycle et son bicylindre parallèle logé horizontalement entre les pieds du pilote. Toujours exclu du marché des États-Unis en 2013, le TMAX représente un type de deux-roues surtout développé pour les goûts des motocyclistes européens. Notons qu'il a été entièrement revu l'an dernier.

L'idée du maxiscooter mi-moto, mi-scooter rappelle un peu le genre de suggestion qu'aiment bien lancer les gens de marketing pour élargir leur bassin de clients potentiels. Mais cette nature à cheval sur deux types de deux-roues est bien celle du TMAX. On le reconnaît tout d'abord en l'observant. Il s'agit évidemment d'un gros scooter, mais aussi d'une belle machine, impeccablement finie et

affichant des pièces clairement dérivées ou empruntées à la moto. Prenez place à ses commandes et cette double nature demeure toujours présente. La position est détendue et offre l'intéressante latitude typique des scooters au niveau des jambes, mais il n'y a pas de « plancher » plat. Le TMAX doit être enfourché comme une moto. Le gros coffre (il contient un casque intégral, mais pas deux) s'avère très pratique, la selle, qui est large et un peu haute, se montre assez confortable et la protection au vent est plutôt généreuse. Mais une fois les gaz enroulés, c'est par-dessus tout l'entrain du bicylindre et la qualité du comportement routier qui retiennent l'attention. Les performances sont plutôt impressionnantes pour une mécanique d'un demi-litre qui, de plus, est mariée à une transmission automatique. Le TMAX bondit de manière amusante à partir d'un arrêt, atteint un rythme d'autoroute sans délai et accélère même à partir de ces vitesses avec une autorité étonnante. Par ailleurs, ces belles performances sont parfaitement secondées par un excellent châssis dont la stabilité, l'aplomb en virage et la précision de direction sont véritablement dignes des caractéristiques d'une bonne moto.

## GÉNÉRAL

| | |
|---|---|
| Catégorie | Scooter |
| Prix | 557,53 $ |
| Immatriculation 2013 | 10 499 $ |
| Catégorisation SAAQ 2013 | « régulière » |
| Évolution récente | introduit en 2001; revu en 2008 et en 2012 |
| Garantie | 1 an/kilométrage illimité |
| Couleur(s) | anthracite |
| Concurrence | BMW C600 Sport |

## MOTEUR

| | |
|---|---|
| Type | bicylindre parallèle 4-temps, DACT, 4 soupapes par cylindre, refroidissement par liquide |
| Alimentation | injection à 2 corps de 34 mm |
| Rapport volumétrique | 10,9:1 |
| Cylindrée | 530 cc |
| Alésage et course | 68 mm x 73 mm |
| Puissance | 43 ch @ 6 750 tr/min |
| Couple | 38,3 lb-pi @ 5250 tr/min |
| Boîte de vitesses | automatique |
| Transmission finale | par courroie |

## PARTIE CYCLE

| | |
|---|---|
| Type de cadre | périmétrique, en aluminium, moteur porteur |
| Suspension avant | fourche conventionnelle de 43 mm non ajustable |
| Suspension arrière | monoamortisseur ajustable en précharge |
| Freinage avant | 2 disques de 267 mm de Ø avec étriers à 2 pistons |
| Freinage arrière | 1 disque de 282 mm de Ø avec étrier à 1 piston |
| Pneus avant/arrière | 120/70-15 & 160/6-15 |
| Empattement | 1 580 mm |
| Hauteur de selle | 800 mm |
| Poids tous pleins faits | 218 kg |
| Réservoir de carburant | 15 litres |

# PAS TROP GROS, PAS TROP PETIT...

Chez ces scooters surdimensionnés que sont les maxiscooters, le format du Majesty 400 représente un intéressant compromis. Équipé d'un moteur assez puissant pour laisser loin derrière les scooters de plus ou moins 250 cc et considérablement plus économique à l'achat que les plus gros modèles comme le Suzuki Burgman 650 ou le TMAX de Yamaha, il représente l'une des options les plus sensées dans cette classe de véhicules. De retour sans changement en 2013, il est propulsé par un monocylindre injecté de 395 cc et bénéficie d'un châssis partiellement réalisé en aluminium.

Sa conduite ne nécessitant ni le maniement d'un embrayage ni de changements de vitesses, le Majesty 400 peut être considéré comme l'un des véhicules à deux roues les plus faciles à piloter qui soient. Son utilisation quotidienne est caractérisée par un côté pratique impressionnant, un fait facilement démontré par les multiples usages possibles du vaste coffre de 60 litres se cachant sous la

selle. Les 34 chevaux générés par le monocylindre sont appréciables, mais la masse considérable de l'ensemble limite les performances à un niveau qu'on pourrait qualifier d'utile mais timide. L'accélération reste amplement suffisante pour suivre une circulation pressée et à part une légère paresse à s'élancer à partir d'un arrêt complet, le moteur suffit toujours à la tâche. Plus à l'aise une fois en route, non seulement il passe le cap des 100 km/h sans peiner, mais il est aussi capable d'atteindre et maintenir plus de 140 km/h avec une étonnante facilité. À ces vitesses, l'un de ses plus grands atouts, outre la bonne stabilité, est l'impressionnante efficacité du carénage et du pare-brise ne générant presque aucune turbulence. En plus d'une position de conduite reposante et d'une bonne selle, on a droit à une grande latitude au niveau de la position des jambes. La seule ombre au tableau en termes de confort concerne les suspensions qui sont calibrées fermement, surtout à l'arrière.

Le Majesty est un scooter facile d'accès, assez puissant pour affronter toutes les situations quotidiennes et étonnamment confortable sur de longues distances. Son côté pratique lui permet même de remplacer occasionnellement une voiture.

## GÉNÉRAL

| | |
|---|---|
| Catégorie | Scooter |
| Prix | 7 499 $ |
| Immatriculation 2013 | 351,25 $ |
| Catégorisation SAAQ 2013 | « régulière » |
| Évolution récente | introduit en 2005 |
| Garantie | 1 an/kilométrage illimité |
| Couleur(s) | gris foncé |
| Concurrence | Suzuki Burgman 400 |

## MOTEUR

| | |
|---|---|
| Type | monocylindre 4-temps, DACT, 4 soupapes, refroidissement par liquide |
| Alimentation | injection à corps unique de 38 mm |
| Rapport volumétrique | 10,6:1 |
| Cylindrée | 395 cc |
| Alésage et course | 83 mm x 73 mm |
| Puissance | 34 ch @ 7 250 tr/min |
| Couple | 26,8 lb-pi @ 6 000 tr/min |
| Boîte de vitesses | automatique |
| Transmission finale | par courroie |

## PARTIE CYCLE

| | |
|---|---|
| Type de cadre | tubulaire, en acier et en aluminium |
| Suspension avant | fourche conventionnelle de 41 mm non ajustable |
| Suspension arrière | 2 amortisseurs ajustables en précharge |
| Freinage avant | 1 disque de 267 mm de Ø avec étrier à 2 pistons |
| Freinage arrière | 1 disque de 267 mm de Ø avec étrier à 1 piston |
| Pneus avant/arrière | 120/80-14 & 150/70-13 |
| Empattement | 1 565 mm |
| Hauteur de selle | 760 mm |
| Poids tous pleins faits | 212 kg |
| Réservoir de carburant | 14 litres |

*SAINT-ANDREWS, ÉCOSSE*

Photo : Alessio Barbanti

### SAINT-ANDREWS, ÉCOSSE

*Le Guide de la Moto* a été invité à rouler un peu partout sur la planète au cours des années, mais jamais en Écosse. En raison de la proximité de ce pays avec l'Angleterre, où Triumph est basé, l'endroit fut choisi pour le lancement mondial de la nouvelle génération de la Trophy. Il ne s'agit pas du décor le plus spectaculaire qui soit, mais il s'en échappe tout de même une grande sérénité et sa beauté est indéniable. Le genre d'endroit parfait à voir défiler depuis le cockpit d'une machine à avaler les kilomètres.

Photo : Stefano Gadda

## SAINT-ANDREWS, ÉCOSSE

Cela peut sembler étrange comme réflexion, mais l'une des impressions que raconte avoir eues l'auteur du Guide lors de son passage en Écosse fut celle de se retrouver sur «les routes de Top Gear». Top Gear est un magazine-télé britannique sur l'automobile dont les essais sont régulièrement filmés dans des endroits féériques où les animateurs et leurs bolides défilent, apparemment seuls au monde, le long de routes en lacets bordées de pâturages et de collines verdoyantes. Des routes exactement comme celle-ci

Photo : Bertrand Gahel

## AUSTIN, TEXAS

Le Circuit Of The AmeriCas, c'est un majestueux complexe tout neuf construit au coût de 400 000 000 $ à quelques kilomètres d'Austin au Texas. Ce fut aussi l'endroit choisi par Ducati pour présenter sa 1199 Panigale R à la presse mondiale. Selon Gahel, la piste n'a qu'un point faible, celui d'être conçue avant tout pour la Formule 1. En effet, elle comporte de multiples virages ultra-lents suivant des zones de freinage intenses dans le but de permettre aux voitures de se dépasser. Or, à moto, ce genre de coins serrés n'amènent rien de très intéressant en termes de pilotage. Est-il vraiment en train de se plaindre ?

Photo : Milgaro

## AUSTIN, TEXAS

Les lecteurs du Guide de la Moto sont souvent très intrigués par le déroulement des essais, surtout lors de lancements officiels. Quand un constructeur invite la presse spécialisée à évaluer son meilleur produit, ce genre d'accueil est typique.

Photo : Bertrand Gahel

## LAC SONOMA, CALIFORNIE

La Californie représente une destination fréquente pour les présentations nord-américaines de nouveautés. Ce fut le cas de la Ninja 300 que Kawasaki lança à Healdsburg, à proximité du Lac Sonoma. L'auteur du Guide avait déjà roulé dans cette région quelques années auparavant, mais il n'eut pas la moindre réticence à y retourner.

Photo : Adam Campbell

## HEALDSBURG, CALIFORNIE

L'une des routes qui mènent au Lac Sonoma à partir de Healdsburg est très particulière. Elle se tortille sans arrêt durant des dizaines de kilomètres, mais selon des arcs bien précis. Il s'agit d'un tracé public apparemment conçu par les ingénieurs de l'armée américaine, bien que la raison de cette implication militaire soit floue. Sa particularité vient du rayon toujours assez grand des courbes et de l'absence totale de virages serrés. On y entre dans un rythme coulé et rapide qui permet même à une toute petite cylindrée comme la Ninja 300, qui était lancée à cet endroit, de procurer un immense plaisir de conduite.

Photo : Adam Campbell

Aucune randonnée californienne digne de ce nom n'est complète sans une balade le long de la Pacific Coast Highway. Et tant qu'à y être, pourquoi ne pas profiter du décor pour réaliser quelques saisissantes images? Dans cette scène typique, Gahel donne de précieux conseils à l'excellent photographe Kevin Wing qui, en retour, assure l'auteur du Guide que ses suggestions sont géniales.

Photo : Adam Campbell

JENNER, CALIFORNIE

Photo : Kevin Wing

## GEORGE, AFRIQUE DU SUD

Le lancement de la nouvelle BMW R1200GS correspondait à une quatrième présence en Afrique du Sud pour *Le Guide de la Moto*. Dans chacun des cas précédents, il s'agissait également d'une présentation du constructeur allemand qui semble avoir une affection toute particulière pour ce coin de la planète. Compte tenu de la mission aventurière de la GS, on comprend facilement pourquoi en observant des panoramas semblables.

Photo : Bertrand Gahel

**GEORGE, AFRIQUE DU SUD**

Si l'on peut assez facilement y apercevoir des animaux exotiques comme des girafes et des antilopes dans le cadre d'excursions organisées, l'Afrique du Sud offre en revanche des rencontres très communes avec des autruches, qui semblent même être l'élevage de choix du pays.

Photo : Alberto Martinez

## GEORGE, AFRIQUE DU SUD

Le choix d'un pays comme l'Afrique du Sud pour présenter une monture comme la R1200GS ne s'explique pas qu'en raison de la nature magique de l'environnement en termes de pilotage hors-route. Les routes pavées qui sillonnent les canyons rocheux sont également un régal à parcourir.

Photo : Alberto Martinez

## BILBAO, ESPAGNE

La Ducati Multistrada pourrait être décrite comme une aventurière routière, bref, une machine à voir du pays, mais sans trop s'écarter des routes pavées. Et c'est exactement le genre d'expérience qu'a réservée Ducati à la presse mondiale lors de la présentation de la version 2013 du populaire modèle. Ici, des essayeurs de partout dans le monde s'apprêtent à passer à tour de rôle devant la lentille de Milgaro pour une image d'ambiance devant un monastère.

Photo : Bertrand Gahel

## BILBAO, ESPAGNE

Sur la terrasse du Gran Hotel Domine, Ducati n'a reculé devant rien pour impressionner la presse. Avec la ville de Bilbao et le célèbre musée Guggenheim comme arrière-plan, la nouvelle Multistrada (montée là avec une grue) agit à titre d'hôte d'un souper aux innombrables services. Ce genre de luxe est commun lors de tels événements, et il est aussi l'une des manières utilisées par les constructeurs pour favoriser une bonne presse. Les journalistes qui écriraient n'importe quoi juste pour être invités de nouveau dans ce genre d'événements sont beaucoup plus nombreux qu'on ne pourrait le croire, et ce, même si personne n'avouera ouvertement une telle chose, bien évidemment.

Photos : Bertrand Gahel

La Californie n'est pas choyée par les constructeurs que pour ses routes, mais aussi pour ses pistes dont plusieurs sont méconnues, comme celle-ci, où la Ninja ZX-6R 2013 a été présentée. Il s'agit d'un ruban d'asphalte nommé Thunderhill Park Raceway situé à environ 3 heures de route de San Francisco et qui serpentine de manière extrêmement amusante à travers les collines.

Photo : Kevin Wing

## ORVILLE, CALIFORNIE

C'est presque ridicule. Cette route à la fois féérique et pratiquement déserte n'était même pas prévue par l'équipe de Kawasaki chargée de l'organisation de la présentation de la ZX-6R. Elle a été découverte sur place, à proximité de la piste de course choisie pour la partie circuit de l'essai. La portion sur laquelle nous avons roulé nous a permis de demeurer dans ce type d'environnement durant presque une heure sans répit et sans la moindre ligne droite.

Photo : Kevin Wing

## GEORGE, AFRIQUE DU SUD

Au lieu du typique luxueux hôtel cinq étoiles, c'était plutôt un camp qui attendait les journalistes à la fin de la première journée du lancement mondial de la nouvelle R1200GS. En quelques semaines à peine, et à grand coût, le constructeur avait fait ériger un véritable petit village au milieu de nulle part, question de faire vivre l'Aventure à ses invités de manière un peu plus authentique. Malheureusement, le journaliste britannique Kevin Ash ne s'y est jamais rendu. Sur une route de terre poussiéreuse, mais pourtant presque droite, en plein jour, à quelques kilomètres seulement du camp, il a chuté et s'est tué. Il avait 53 ans, était extrêmement expérimenté et personne ne croit que le rythme était inapproprié lors de l'accident. En fait, à ce jour, on ne connaît pas la raison exacte de l'accident qui causé la perte de cet homme respecté de tous. La toute petite communauté des journalistes spécialisés fut consternée par l'événement, et BMW opta pour annuler la présentation.

Ça arrive aux meilleurs. Soyez prudents.

Photo : Bertrand Gahel

# INDEX DES CONCESSIONNAIRES

L'index des concessionnaires du Guide de la Moto est un service payant. Seuls les concessionnaires et les manufacturiers participants y figurent.

**ANDRÉ JOYAL MOTONEIGE**
438, rang Thiersant, St-Aimé Massueville
450 788-2289
www.andrejoyal.com

**AS MOTO INC.**
8940, boul. Ste-Anne, Château-Richer
418 824-5585
www.asmoto.com

**ATELIER CSP**
505, 2e Rue Est, Rimouski
418 725-4843
www.ateliercsp.com

**ATELIER DE RÉPARATION LAFORGE**
1167, boul. Laure, Sept-Îles
418 962-6051
www.atelierlaforge.com

**BEAUCE SPORT**
610, boul. Vachon Sud, Ste-Marie-de-Beauce
418 387-6655
www.beaucesports.com

**CENTRE DU SPORT LAC ST JEAN**
2500, avenue du Pont Sud, Alma
418 662-6140
www.lecentredusportlacstjean.com

**CENTRE DU SPORT LAC ST JEAN**
1218, rue Principale, St-Prime
418 902-3030
www.lecentredusportlacstjean.com

**CENTRE MOTO FOLIE**
7777, Métropolitain Est, Montréal
514 493-1956

**CLÉMENT MOTOS**
630, Grande Carrière, Louiseville
819 228-5267
www.clementmoto.com

**DENIS GÉLINAS MOTOS**
1430, boul. Ducharme, La Tuque
819 523-8881

**DESHAIE'S MOTOSPORT**
8568, boul. St-Michel, Montréal
514 593-1950
www.deshaiesmotosport.com

**DUFOUR ADRÉNALINE**
967, boul. Monseigneur-de-Laval, Baie-St-Paul
418 240-6357

**ÉQUIPEMENTS MOTORISÉS LES CHUTES**
975, 5e avenue, Shawinigan Sud
819 537-5136
www.equipementsleschutes.com

**ÉQUIPEMENT R.S. LACROIX**
552, Principale Sud, Amos
819 732-2177

**GAUTHIER MARINE**
1 095, rue L'escale, Val-d'Or
819 825-5955

**GÉNÉRATION SPORT**
945, chemin Rhéaume
St-Michel-de-Napierville
450 454-9711
www.generation-sport.ca

**JAC MOTOSPORT**
3215, route 117 Sud, Rivière-Rouge
819 275-0009
www.jacrivirerouge.ca

**JAC MOTOSPORT**
855, boul. des Laurentides, St-Jérôme
450 431-1911
www.jacmotosport.com

**LAVAL MOTO**
315, boul. Cartier, Laval
450 662-1919
www.lavalmoto.com

**LOCATION BLAIS INC.**
280, avenue Larivière, Rouyn-Noranda
819 797-9292
www.locationblais.com

**MATANE MOTOSPORT**
1455 Du Phare Ouest, Matane
418 562-3322
www.matanemotosport.ca

**MOTEURS C-A**
106, Route 132 Est, Gascons
418 396-5504

**MOTO DUCHARME**
761, chemin des Prairies, Joliette
450 755-4444
www.motoducharme.com

**MOTO EXPERT BAIE COMEAU**
1884, Laflèche, Baie Comeau
418 295-3030

**MOTO EXPERT STE-ROSALIE**
6500, boul. Laurier Est, Sainte-Rosalie
450 799-3000

**MOTO FALARDEAU**
1670, boul. Paquette, Mont-Laurier
819 440-4500
www.motofalardeau.com

**MOTO MAG**
2, du Pont, Chicoutimi
418 543-3750

**MOTO PERFORMANCE 2000 INC.**
1500, Forand, Plessisville
819 362-8505
www.motoperformance2000.com

**MOTOPRO GRANBY**
564, Dufferin, Granby
450 375-1188
www.motoprogranby.net

**MOTOS ILLIMITÉES**
3250, des Entreprises, Terrebonne
450 477-4000
www.motosillimitees.com

**MOTOSPORT NEWMAN**
7308, boul. Newman, LaSalle
514 366-4863
www.motosportnewman.com

**MOTOSPORT NEWMAN PIERREFOND**
14 400, boul. Pierrefonds, Pierrefonds
514 626-1919
www.motosportnewman.com

**MOTOSPORT NEWMAN RIVE-SUD**
3259, boul. Taschereau, Greenfield Park
450 656-5006
www.motosportnewman.com

**MOTO VANIER QUÉBEC**
776, boul. Wilfrid-Hamel, Québec
418 527-6907
www.motovanier.com

**NADON SPORT**
280, Béthanie, Lachute
450 562-2272
www.nadonsportlachute.com

**NADON SPORT**
62, St-Louis, St-Eustache
450 473-2381
www.nadonsport.com

**PELLETIER MOTOSPORT**
356, rue Temiscouata, Rivière-du-Loup
418 867-4611

**R-100 SPORTS**
512, chemin Chapleau, Bois-des-Filions
450 621-7100
www.r-100sport.com

**ROCK MOTO SPORT**
989, rue Fortier Sud, Sherbrooke
819 564-8008
www.rockmotosport.com

**ROGER A. PELLETIER**
6, rue des Érables, Cabano
418 854-2680
www.fautvoirpelletier.ca

**R.P.M. RIVE-SUD**
226, chemin des Îles, Lévis
418 835-1624
www.rpmrivesud.com

**SPORT COLLETTE RIVE-SUD**
1233, rue Armand-Frappier, Ste-Julie
450 649-0066
www.sportcollette.com

**SPORT PLUS ST-CASMIR**
480, Notre-Dame, St-Casimir
418 339-3069
www.sportsplusst-casimir.com

**ST-JEAN MOTO**
8, route 144, St-Jean-sur-Richelieu
450 347-5999
www.stjeanmoto.ca

**TECH MINI-MÉCANIQUE**
196, chemin Haut-de-la-Rivière, St-Pacôme
418 852-2922

**TRUDEL PERFORMANCE 3-RIVIÈRES**
1908, rue St-Phillip, Trois-Rivières
819 376-7436

*À LA POINTE DE LA PUISSANCE / DE LA PERFORMANCE / DE LA PASSION*

**Kawasaki**

**ATELIER DE RÉPARATION LAFORGE**
1167, boul. Laure, Sept-Îles
418 962-6051
www.atelierlaforge.com

**BAIE-COMEAU MOTOSPORT**
2633, boul. Laflèche, Baie-Comeau
418 589-2012

**CENTRE MOTO FOLIE**
7777, boul. Metropolitain Est, Anjou
514 493-1956

**CLAUDE STE-MARIE SPORTS**
5925, chemin Chambly, St-Hubert
450 678-4700

**CLÉMENT MOTOS**
630, chemin de la Grande Carrière
Louiseville
819 228-5267

**ÉQUIPEMENTS F.L.M.**
1346, boul. St-Antoine, (St-Antoine)
St-Jérôme
450 436-8838

**GARAGE J-M VILLENEUVE**
206, boul. St-Benoit Est, Amqui
418 629-1500

**GERMAIN BOUCHER SPORTS**
980, boul. Iberville, Iberville
450 347-3457

**GRÉGOIRE SPORT**
2061, Route 131, Notre-Dame-de-Lourdes
450 752-2442

**LAVAL MOTO**
315, boul. Cartier Ouest, Laval
450 662-1919
www.lavalmoto.com

**MARTIAL GAUTHIER LOISIRS**
1015, boul. Ste-Geneviève, Chicoutimi
418 543-6537
www.martialgauthier.com

**MINI MOTEUR RG**
1012, avenue Bergeron, St-Agapit
418 888-3692
www.minimoteursrg.com

**MOTO JMF**
842, boul. Frontenac Ouest, Thetford Mines
418 335-6226
www.motojmf.com

**MOTO REPENTIGNY**
101, rue Grenier, Charlemagne
450 585-5224

**MOTOS ILLIMITÉES**
3250, boul. de L'Entreprise, Terrebonne
450 477-4000

**MOTOS THIBAULT SHERBROOKE**
3750, rue du Blanc Côteau, Sherbrooke
819 569-1155
www.motosthibault.com

**PERFORMANCE GP MONTMAGNY**
230, chemin des Poiriers, Montmagny
418 248-9555
www.performancegp.com

**PRESTIGE MOTOSPORT**
15 655, boul. Lacroix Est
St-Georges (Beauce)
418 228-6619
www.prestigemotosport.com

**PRO-PERFORMANCE GPL**
5750, boul. Ste-Anne
Boischatel
418 822-3838
www.properformance.ca

**PULSION SUZUKI**
150 D, Route 122,
(St-Germain) Drummondville
819 395-4040
www.pulsionsuzuki.com

**RM MOTOSPORT**
22, boul. Arthabasca (Route 116)
Victoriaville
819 752-6427
www.rmmotosport.com

**ROLAND SPENCE & FILS**
4364, boul. du Royaume, Jonquière
418 542-4456

**RPM RIVE-SUD**
226, chemin des Îles, Lévis
418 835-1624
www.rpmrive-sud.com

**SM SPORT**
11 337, boul. Valcartier
(Loretteville) Québec
418 842-2703
www.smsport.ca

**SPORT BELLEVUE**
1395, boul. du Sacré-Cœur
St-Félicien
418 679-1005
www.sportbellevue.ca

**SPORT DRC (1991)**
3055, Avenue du Pont
Alma
418 668-7389
www.sportsdrc.com

**SUZUKI AUTO & MOTO RC**
688, boul. Du Rivage
Rimouski
418 723-2233
www.suzukiautorc.com

**ABITIBI-TÉMISCAMINGUE**
**DIMENSION SPORT**
208, route 393 Sud, La Sarre
819 333-3030
www.dimensionsport.com

**HARRICANA AVENTURES**
211, rue Principale Sud, Amos
819 732-4677
www.harricanaaventures.com

**MOTO SPORT DU CUIVRE**
2045, boul. Rideau, Rouyn-Noranda
819 768-5611
www.motosportducuivre.com

**RM SPORT INC.**
1601, 3e avenue, Val-d'Or
819 874-2233
www.rmsport.com

**SCIE ET MARINE FERRON**
7, rue Principale Nord, Béarn
819 726-3231
www.scieetmarineferron.com

**BAS ST-LAURENT**
**GARAGE GHISLAIN ST-PIERRE**
1207 Route 185 Sud, Dégelis
418 853-2310

**LIONEL CHAREST & FILS**
472, rue Principale, Pohénégamook
418 893-5334
www.lcharest.com

**PELLETIER MOTO SPORT**
356, rue Témiscouata, Rivière-du-Loup
418 867-4611

**P. LABONTÉ ET FILS**
1255, rue Industrielle, Mont-Joli
418 775-5877
www.plabonte.com

**CENTRE DU QUÉBEC**
**EUGÈNE FORTIER & FILS**
100, boul. Baril, Princeville
819 364-5339
www.eugenefortier.com

**LE DOCTEUR DE LA MOTO**
4919, rang St-Joseph, Ste-Perpétue
819 336-6307
www.docteurdelamoto.qc.ca

**SPORT 100 LIMITES**
825, rue St-Joseph, Drummondville
819 445-6686
www.sport100limites.com

**CHAUDIÈRE-APPALACHES**
**MINI MOTEURS R.G.**
1012, avenue Bergeron, St-Agapit
418 888-3692
www.minimoteursrg.com

**MOTO JMF**
842, boul. Frontenac Ouest, Thetford Mines
418 335-6226
www.motojmf.com

**MOTO PRO**
6685, 127e rue, St-Georges-Est (Beauce)
418 228-7574
www.equipemotopro.com

**N.D.B. SPORT**
309, rue St-Louis, Warwick
819 358-2275
www.ndbsports.com

**PERFORMANCE G.P. MONTMAGNY**
230, chemin des Poirier, Montmagny
418 248-9555
www.promoto.qc.ca

**SPORT TARDIF**
428, rue Principale, Vallée-Jonction
418 253-6164
www.sporttardif.com

**CÔTE NORD**
**BAIE-COMEAU MOTORSPORTS**
2633, boul. La Flèche, Baie-Comeau
418 589-2012

**XTREM MOTOSPORTS**
487, avenue du Québec, Sept-Iles
418 961-2111
www.xtremmotosports.com

**ESTRIE**
**GAGNÉ-LESSARD SPORTS**
16, route 147, Coaticook
819 849-4849
www.gagnelessard.com

**GARAGE RÉJEAN ROY**
2760, rue Laval, Lac Mégantic
819 583-5266
www.garagerejeanroy.com

**MOTOS THIBAULT SHERBROOKE**
3750, Du Blanc-Coteau, Sherbrooke
819 569-1155
www.motosthibault.com

**PICOTTE MOTOSPORT**
1257, rue Principale, Granby
450 777-5486
www.picottemotosport.com

**GASPÉSIE**
**ABEL-DENIS HUARD MARINE ET MOTO**
12, route Leblanc, Pabos
418 689-6283
www.abeldenishuard.com

**AVENTURES SPORT MAX**
161, Perron Ouest, Caplan
418 388-2231
www.sportsmax.ca

**AVENTURES SPORT MAX**
141, boul. Interprovincial, Pointe-à-la-Croix
418 788-5666
www.sportsmax.ca

**BOUTIQUE DE LA MOTO (MATANE)**
1416, avenue du Phare Ouest, Matane
418 562-5528
www.boutiquedelamoto.com

**GARAGE LÉON COULOMBE ET FILS**
40, rue Prudent-Cloutier, Mont-St-Pierre
418 797-2103

**LANAUDIÈRE**
**GRÉGOIRE SPORT**
2061, boul. Barrette (route 131),
Notre-Dame-de-Lourdes
450 752-2201
www.gregoiresport.com

**MOTOS ILLIMITÉES**
3250, boul. des Entreprises, Terrebonne
450 477-4000
www.motosillimitees.com

**LAURENTIDES**
**CENTRE DU SPORT ALARY**
1324, route 158 (boul. St-Antoine), St-Jérôme
450 436-2242
www.sportalary.com

**DESJARDINS STE-ADÈLE MARINE**
1961, boul. Ste-Adèle, Ste-Adèle
450 229-2946
www.desjardinsmarine.com

**GÉRALD COLLIN SPORTS**
1664, route 335, St-Lin-des-Laurentides
450 439-2769
www.geraldcollinsport.com

**MONT-LAURIER SPORTS**
224, boul. des Ruisseaux, Mont-Laurier
819 623-4777
www.mont-laurier-sports.com

**NADON SPORT LACHUTE**
280, avenue Béthany, Lachute
450 562-2272
www.nadonsportlachute.com

**XTREME MILLER SPORT**
175 Route 117, Mont-Tremblant
819 681-6686
www.xtrememillersport.com

**MAURICIE**
**DENIS GÉLINAS MOTOS**
1430, boul. Ducharme, La Tuque
819 523-8881

**J. SICARD SPORT**
811, boul. St-Laurent Est, Louiseville
819 228-5803
www.jsicardsport.com

**MOTOS THIBAULT MAURICIE**
205, rue Dessureault, Trois-Rivières
819 375-2222
www.motosthibault.ca

**MAURICIE ÉVASION SPORTS**
645, route 153, St-Tite
418 365-3223
www.mauricieevasionsports.com

**SPORTS PLUS ST-CASIMIR**
480, rue Notre-Dame, St-Casimir
418 339-3069
www.sportsplusst-casimir.com

**MONTÉRÉGIE**
**JASMIN PÉLOQUIN SPORTS**
1210, boul. Fiset, Sorel-Tracy
450 742-7173
www.jasminpeloquinsport.com

**MOTO R.L. LAPIERRE**
1307, rue St-Édouard, St-Jude
450 792-2366
www.motorl.com

**MOTO SPORT NEWMAN RIVE-SUD**
3259, boul. Taschereau, Greenfield Park
450 656-5006
www.motosportnewman.com

**SÉGUIN SPORT**
5, rue St-Jean-Baptiste Est, Rigaud
450 451-5745
www.seguinsport.ca

**SPORT COLLETTE RIVE-SUD**
1233, boul. Armand-Frappier, Ste-Julie
450 649-0066
www.sportcollette.com

**MONTÉRÉGIE**
**SUPER MOTO ST-HILAIRE**
581, boul. Laurier, St-Hilaire
450 467-1521
www.super-moto.ca

**VARIN YAMAHA**
245, rue St-Jacques, Napierville
450 245-3663
www.varinyamaha.com

**OUTAOUAIS**
**CHARTRAND YAMAHA**
1087, chemin de Montréal, Gatineau
819 986-3595
www.chartrandyamaha.com

**EARL LÉPINE GARAGE**
1235, Chapeau Waltham Road, Chapeau
819 689-2972

**LES SPORTS DAULT ET FRÈRES**
383, boul. Desjardins, Maniwaki
819 449-1001
www.sportsdault.qc.ca

**MOTO GATINEAU**
656, boul. Maloney Est, Gatineau
819 663-6162
www.motogatineau.com

**RÉGION DE MONTRÉAL**
**ALEX BERTHIAUME & FILS**
4398, rue De la Roche, Montréal
514 521-0230
www.alexberthiaume.com

**CENTRE MOTO FOLIE**
7777, boul. Métropolitain Est, Montréal
514 352-9999
www.centremotofolie.com

**DESHAIES MOTOS**
8568, boul. St-Michel, Montréal
514 593-1950
www.deshaiesmotosport.com

**MOTOSPORT NEWMAN LASALLE**
7308, boul. Newman, LaSalle
514 366-4863
www.motosportnewman.com

**MOTOSPORT NEWMAN PIERREFONDS**
1440, boul. Pierrefonds, Pierrefonds
514 626-1919
www.motosportnewman.com

**NADON SPORT ST-EUSTACHE**
62, rue St-Louis, St-Eustache
450 473-2381
www.nadonsport.com

**RÉGION DE QUÉBEC**
**G.L. SPORT**
94, rue Principale
Saint-Gervais-de-Bellechasse
418 887-3691
www.glsport.ca

**PERFORMANCE VOYER**
125, Grande Ligne, St-Raymond-de-Portneuf
418 337-8744
www.performancevoyer.com

**PRO-PERFORMANCE**
5750, boul. Ste-Anne, Boischatel
418 822-3838
www.properformance.ca

**RPM RIVE-SUD**
226, chemin des Îles, Lévis
418 835-1624
www.rpmrivesud.com

**S.M. SPORT**
113, boul. Valcartier, Loretteville
418 842-2703
www.smsport.ca

**SAGUENAY/LAC ST-JEAN**
**CENTRE DU SPORT LAC ST-JEAN**
1454, rue Principale, Chambord (Lac St-Jean)
418 342-6202
www.centredusportlacstjean.com

**CENTRE DU SPORT LAC ST-JEAN**
2500, ave. du Pont Sud, Alma
418 662-6140
www.centredusportlacstjean.com

**CENTRE DU SPORT LAC ST-JEAN**
1218, rue Principale, St-Prime
418 902-3030
www.centredusportlacstjean.com

**ÉVASION SPORT D.R.**
2639, route 170, Laterrière
418 678-2481
www.evasion-sport.com

**GAUDREAULT YAMAHA**
2872, boul. Wallberg, Dolbeau-Mistassini
418 276-2393

**MARTIAL GAUTHIER LOISIRS**
1015, boul. Ste-Geneviève, Chicoutimi-Nord
418 543-6537
www.martialgauthier.com

**SAGUENAY MARINE**
1911, rue Sainte-Famille, Jonquière
418 547-2022
www.saguenaymarine.com

**SPORTS PLEIN-AIR GAGNON**
870, 3e Rue, Chibougamau
418 748-3134

# INDEX DES CONCESSIONNAIRES DUCATI

www.ducati.com

**DUCATI MONTRÉAL**
6816, boul. St-Laurent, Montréal
514 658-0610
www.ducatimontreal.com

**MONETTE SPORTS**
251, boul. des Laurentides, Laval
450 668-6466
1 800 263-6466
www.monettesports.com

**MOTOS THIBAULT SHERBROOKE**
3750, rue du Blanc-Coteau
Sherbrooke
819 569-1155
1 877 524-5798
www.motosthibault.com

**MOTO VANIER QUÉBEC**
776, boul. Wilfrid-Hamel
Québec
418 527-6907
1 888 527-6907
www.motovanier.ca

# INDEX DES CONCESSIONNAIRES BMW

www.bmw-motorrad.ca

**ÉVASION BMW**
5020, boul. Industriel, Sherbrooke
819 821-3595
www.performancenc.ca

**MONETTE SPORTS**
251, boul. des Laurentides, Laval
450 668-6466
www.monettesports.com

**MOTO INTERNATIONALE**
6695, rue St-Jacques Ouest
Montréal
514 483-6686
www.motointer.com

**MOTO VANIER QUÉBEC**
776, boul. Wilfrid-Hamel, Québec
418 527-6907
www.motovanier.ca

# INDEX DES CONCESSIONNAIRES TRIUMPH

www.triumphmotorcycles.com

**ANDRÉ JOYAL MTG**
438, rang Thiersant, St-Aimé Massueville
450 788-2289
www.andrejoyal.com

**MONETTE SPORTS**
251, boul. des Laurentides, Laval
450 668-6466
www.monettesports.com

**MOTO MONTRÉAL**
1601, Wellington, Montréal
514 932-9718 • 1 800 561-0609
www.motomontreal.com

**MOTOS THIBAULT SHERBROOKE**
3750, rue du Blanc-Coteau, Sherbrooke
877 524-5798
www.motosthibault.com

**MOTO VANIER QUÉBEC**
776, boul. Wilfrid-Hamel, Québec
418 527-6907 • 1 888 527-6907
www.motovanier.ca

# INDEX DES CONCESSIONNAIRES MV AGUSTA

www.mvagustacanada.com

**MONETTE SPORTS**
251, boul. des Laurentides, Laval
450 668-6466
www.monettesports.com

**CLAUDE STE-MARIE SPORTS**
5925, chemin Chambly, St-Hubert
450 678-4700
www.stemariesport.com

www.harleycanada.com

**BÉCANCOUR HARLEY-DAVIDSON®**
4350, avenue Arsenault, Bécancour
819 233-3303
www.becancourharley.com

**BIBEAU MOTO SPORT**
1704, chemin Sullivan, Val-d'Or
819 824-2541
www.bibeaumotosport.ca

**CARRIER HARLEY-DAVIDSON®**
5630, rue Martineau, St-Hyacinthe
450 253-6686
855 730-6688
www.carrierhd.ca

**CARRIER HARLEY-DAVIDSON®
DRUMMONDVILLE**
176, boul. Industriel, St-Germain-de-Grantham
819 395-2464

**HARLEY-DAVIDSON® LAVAL**
4501, autoroute 440 Ouest, Laval
450 973-4501
www.harleydavidsonlaval.com

**HARLEY-DAVIDSON® CÔTE-NORD**
305, boul. Lasalle, Baie Comeau
418 296-9191

**HARLEY-DAVIDSON® DE L'OUTAOUAIS**
22, boul. Mont-Bleu, Gatineau
819 772-8008
www.hdoutaouais.ca

**HARLEY-DAVIDSON® MONTREAL**
6695, rue Saint-Jacques Ouest, Montréal
514 483-6686
888 484-1678
www.harleydavidsonmontreal.ca

**HARLEY-DAVIDSON® RIMOUSKI**
424, Montée Industrielle, Rimouski
418 724-0883
888 724-0883
www.harleydavidsonrimouski.com

**LEO HARLEY-DAVIDSON®**
8705, boul. Taschereau, Brossard
450 443-4488
www.leoharleydavidson.com

**MOTO ROUTE 66 HARLEY-DAVIDSON®**
1083, boulevard Vachon Nord
Suite 66, Sainte-Marie
418 387-8066
866 937-8066
www.motoroute66.com

**MOTOSPORTS G.P.**
12, boul. Arthabaska Est, Victoriaville
819 758-8830
www.motosportsgp.com

**PRÉMONT HARLEY-DAVIDSON®**
1071, boul. Pierre-Bertrand, Québec
418 683-1340
877 683-1340
www.premont-harley.com

**R.P.M. MOTO PLUS**
2510, rue Dubose, Jonquière
418 699-7766
866 951-8640
www.rpmmotoplus.com

**SHAWINIGAN HARLEY-DAVIDSON®**
6013, boul. des Hêtres, Shawinigan
819 539-1450
866 539-1450
www.shawiniganharleydavidson.com

**SHERBROOKE HARLEY-DAVIDSON®**
4203, rue King Ouest, Sherbrooke
819 563-0707
www.sherbrookeharley.com

**SPORT BOUTIN**
2000, boul. Hébert, Valleyfield
450 373-6565
www.sportboutin.com

**VISION HARLEY-DAVIDSON®**
47, rue de Lyon, Repentigny
888 540-3975
www.visionharley.com

**VISION HARLEY-DAVIDSON®
SAINT-SAUVEUR**
131, chemin du lac Millette, suite 102
Saint-Sauveur
450 227-4888
www.visionharley.com

www.victorymotorcycles.com

**ATELIER CSP**
505, 2e rue Est, Rimouski
418 725-4843
www.ateliercsp.com

**GOBEIL ÉQUIPEMENT**
2138, boul. Saint-Jean-Baptiste, Chicoutimi
418 549-3956
www.gobeilequipement.ca

**MALTAIS PERFORMANCE**
190, boul. Gérard D. Lévesque Est, Paspébiac
418 752-7000
www.maltaisperformance.com

**MARINE NOR-SPORT**
25, boul. des Hauteurs, St-Jérôme
450 436-2070
www.nor-sport.com

**MARTIN AUTO CENTRE**
1832, 3e avenue, Val-d'Or
819 824-4575
www.martinautocentre.com

**MOTO DUCHARME**
761, chemin des Prairies, Joliette
450 755-4444
www.motoducharme.com

**MOTOS ILLIMITÉES**
3250, boul. des Entreprises, Terrebonne
450 477-4000
www.motosillimitees.com

**NADON SPORTS ST-EUSTACHE**
62, rue St-Louis, St-Eustache
450 473-2381
www.nadonsport.com

**PASSION SPORT**
731, boul. Saint-Laurent Est, Louiseville
819 228-2066
www.passionsport.ca

**PICOTTE MOTORSPORT**
1257, rue Principale, Granby
450 777-5486
www.picottemotorsport.com

**PINARD MOTO**
1193, route 125, Ste-Julienne
450 831-2212
www.pinardmoto.com

**RM MOTOSPORT**
22, boul. Arthabasca Est, Victoriaville
819 752-6427
www.rmmotosport.com

**RPM RIVE-SUD**
226, chemin des îles, Lévis
418 835-1624
www.rpmrivesud.com

**SPORT 100 LIMITES**
825, boul. St-Joseph, Drummondville
819 445-6686
www.sport100limites.com

**SPORT COLLETTE RIVE-SUD**
1233, boul. Armand Frappier, Ste-Julie
450 649-0066
www.sportcollette.com

**NOTES**

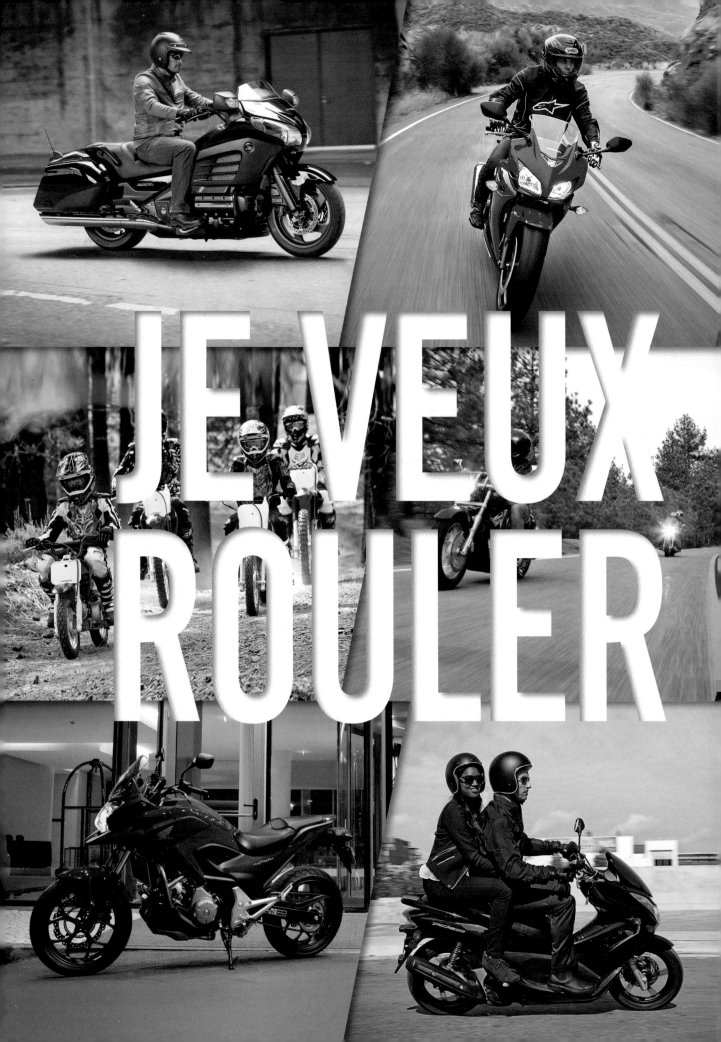